DIREITOS SOCIAIS
EM TEMPOS DE CRISE ECONÔMICA

FLÁVIO MARTINS

DIREITOS SOCIAIS
EM TEMPOS DE CRISE ECONÔMICA

2ª edição
revista, ampliada e atualizada
2022

Av. Paulista, 901, 3º andar
Bela Vista – São Paulo – SP – CEP: 01311-100

SAC | sac.sets@saraivaeducacao.com.br

Diretoria executiva	Flávia Alves Bravin
Diretoria editorial	Ana Paula Santos Matos
Gerência editorial e de projetos	Fernando Penteado
Novos projetos	Dalila Costa de Oliveira Aline Darcy Flor de Souza
Gerência editorial	Isabella Sánchez de Souza
Edição	Deborah Caetano de Freitas Viadana
Produção editorial	Daniele Debora de Souza (coord.) Estela Janiski Zumbano
Arte e digital	Mônica Landi (coord.) Camilla Felix Cianelli Chaves Claudirene de Moura Santos Silva Deborah Mattos Guilherme H. M. Salvador Tiago Dela Rosa
Projetos e serviços editoriais	Daniela Maria Chaves Carvalho Emily Larissa Ferreira da Silva Kelli Priscila Pinto Klariene Andrielly Giraldi
Diagramação e revisão	Desígnios Editoriais
Capa	Deborah Mattos
Produção gráfica	Marli Rampim Sergio Luiz Pereira Lopes
Impressão e acabamento	EGB Editora Gráfica Bernardi Ltda

DADOS INTERNACIONAIS DE CATALOGAÇÃO NA PUBLICAÇÃO (CIP)
VAGNER RODOLFO DA SILVA - CRB-8/9410

M386d   Martins, Flávio

Direitos sociais em tempos de crise econômica / Flávio Martins. – 2. ed. – São Paulo : SaraivaJur, 2022.
592 p.

ISBN 978-65-5559-727-1 (Impresso)

1. Direito. 2. Direito Constitucional. 3. Direitos Sociais. 4. Crise. 5. Crise Econômica. 6. Reserva do Possível. 7. Eficácia. 8. Pandemia. 9. Ordem Econômica. 10. Ordem Social. 11. Retrocesso Social. 12. Mínimos Existenciais. I. Título.

	CDD 342
2021-3203	CDU 342

Índices para catálogo sistemático:

1. Direito Constitucional 342
2. Direito Constitucional 342

Data de fechamento da edição: 13-10-2021

Dúvidas? Acesse www.editorasaraiva.com.br/direito

Nenhuma parte desta publicação poderá ser reproduzida por qualquer meio ou forma sem a prévia autorização da Saraiva Educação. A violação dos direitos autorais é crime estabelecido na Lei n. 9.610/98 e punido pelo art. 184 do Código Penal.

CL	607540	CAE	781160

"À ceux qui ignorent, enseignez-leur le plus de choses que vous pourrez; la société est coupable de ne pas donner l'instruction gratis; elle répond de la nuit qu'elle produit. Cette âme est pleine d'ombre, le péché s'y commet. Le coupable n'est pas celui qui y fait le péché, mais celui qui y a fait l'ombre."

"Ensinem o mais possível aos que não sabem. A sociedade é culpada de não instruir gratuitamente e responderá pela escuridão que provoca. Uma alma na sombra da ignorância comete um pecado? A culpa não é de quem o faz, mas de quem provocou a sombra."

Victor Hugo (*Os miseráveis*)

Para meu saudoso pai, por me ensinar que através da educação eu poderia realizar meus sonhos.

Para meu saudoso tio Paulo, por me ensinar que uma origem pobre e humilde pode definir nosso passado, mas jamais definirá nosso futuro.

Para Elisabete, que me mostrou que Saint-Exupéry estava certo: "Amar não é olhar um para o outro, mas olhar juntos na mesma direção".

Para Gabriel, para quem pretendo deixar raízes e asas. As primeiras, decorrentes dos valores pelos quais vivi e pelos exemplos que espero deixar. As últimas, para que possa voar sem limites.

Para Ringo, Paul e Eleanor, que me ensinaram que, como disse John, "não há nada que não possa ser feito, nada que não possa ser cantado. Tudo que você precisa é amor".

Para minha mãe, minha irmã e minha sobrinha, e para Zenaide, Quintino e Eduardo, por todos os momentos de ternura. Como disse Tom Jobim, "fundamental é mesmo o amor. É impossível ser feliz sozinho".

Para Catarina Botelho, brilhante constitucionalista portuguesa e querida amiga, cuja obra serviu de inspiração, não apenas para o título desse livro, como para o seu conteúdo.

SUMÁRIO

Apresentação à 2ª edição 13

I OS DIREITOS SOCIAIS 21

1.1. O surgimento do constitucionalismo social 21
1.2. Uma nova geração de direitos 30
1.3. Uma questão de nomenclatura 36
1.4. Normas internacionais acerca dos direitos sociais 38
    1.4.1. A proteção do direito internacional geral 38
        1.4.1.1. Declaração Universal dos Direitos Humanos e Carta das Nações Unidas 38
        1.4.1.2. Pacto Internacional dos Direitos Econômicos, Sociais e Culturais (PIDESC) 42
            1.4.1.2.1. Os Comentários Gerais do Comitê como Instrumento de *soft law* 47
        1.4.1.3. O Protocolo Facultativo de 2008 e a busca por eficácia das normas internacionais 63
    1.4.2. A proteção do direito internacional regional 67
        1.4.2.1. A proteção do direito internacional regional (Europa) ... 72
        1.4.2.2. A proteção do direito internacional regional (América) .. 76
            1.4.2.2.1. Meios de proteção dos direitos sociais decorrentes do Protocolo de San Salvador 79
        1.4.2.3. Decisões interamericanas sobre direitos sociais 97
    1.4.3. A mudança paradigmática urgente e necessária no Brasil. 106
1.5. Proteção constitucional dos direitos sociais 110
    1.5.1. Proteção constitucional dos direitos sociais no Brasil 144
1.6. A natureza jurídica dos direitos sociais 148
    1.6.1. Teorias negativas 149
    1.6.2. Direitos sociais como direitos fundamentais 153
        1.6.2.1. Direitos sociais como direitos públicos subjetivos 159

1.7. Históricas distinções entre os direitos individuais e sociais........ 164

    1.7.1. Direitos sociais como direitos positivos (direitos de prestação)............... 165

    1.7.2. Maior onerosidade dos direitos sociais............................... 169

    1.7.3. Titularidade setorial dos direitos sociais............................. 170

    1.7.4. Indeterminabilidade do conteúdo constitucional dos direitos sociais......... 171

1.8. Regime jurídico-constitucional dos direitos sociais.................... 183

II OS LIMITES DA EXIGÊNCIA IMEDIATA DOS DIREITOS SOCIAIS: A RESERVA DO POSSÍVEL (*DER VORBVEHALT DES MÖGLICHEN*) E O MÍNIMO EXISTENCIAL (*THE MINIMAL CORE OBLIGATION, EXISTENZMINIMUMS*).... 191

2.1. A reserva do possível: antecedentes históricos............................ 191

2.2. Natureza da reserva do possível......................... 196

2.3. A reserva do possível na doutrina e na jurisprudência............... 207

2.4. Mínimo existencial: antecedentes teóricos e jurisprudenciais.... 238

2.5. Mínimo existencial e mínimo vital......................... 269

2.6. Núcleo essencial dos direitos fundamentais 273

2.7. Fundamentos teóricos de um mínimo existencial dos direitos sociais: a proposta de John Rawls......... 287

2.8. Críticas à teoria do mínimo existencial............................. 301

2.9. Mínimo existencial como pressuposto da cidadania e da democracia............ 306

2.10. Mínimo existencial como corolário da dignidade da pessoa humana............. 312

2.11. Nossa posição acerca do mínimo existencial............................. 339

    2.11.1. A educação pública de qualidade como mínimo dos mínimos existenciais............. 356

III OS LIMITES DO RETROCESSO SOCIAL EM TEMPOS DE CRISE............ 385

3.1. Proibição do retrocesso: prolegômenos......................... 385

3.2. A proibição do retrocesso na Constituição de 1988 396

3.2.1. A irretroatividade lesiva a direito adquirido, ato jurídico perfeito e coisa julgada 396
3.2.2. A irredutibilidade normativa dos direitos fundamentais (as cláusulas pétreas) 401
3.3. A proibição do retrocesso: um princípio constitucional?............ 413
3.4. A proibição do retrocesso como princípio político e os seus limites em tempos de crise econômica 419
    3.4.1. A proibição do retrocesso como princípio decorrente da progressividade dos direitos sociais 431
    3.4.2. Os limites do retrocesso 436
        3.4.2.1. A razoabilidade e a proporcionalidade da restrição 445
        3.4.2.2. A intangibilidade do mínimo existencial ou do núcleo essencial dos direitos fundamentais 456
        3.4.2.3. O respeito ao princípio da confiança 460

IV OS DIREITOS SOCIAIS EM ESPÉCIE E SUA RESPECTIVA EFICÁCIA 475

4.1. Prolegômenos 475
4.2. Mínimo dos mínimos existenciais 478
4.3. Direitos sociais em espécie 485
    4.3.1. Saúde 486
        4.3.1.1. Medicamentos 491
        4.3.1.2. Competência para acionar o Estado 494
        4.3.1.3. Ações cabíveis para pleitear remédios, tratamentos e outros insumos 497
        4.3.1.4. Legitimidade para pleitear o fornecimento de remédios 499
    4.3.2. Educação 499
    4.3.3. Alimentação 502
    4.3.4. Trabalho 504
        4.3.4.1. O "valor social do trabalho" como fundamento da República 505
        4.3.4.2. A liberdade de escolha do trabalho 506
        4.3.4.3. A valorização do trabalho humano como fundamento da Ordem Econômica 507

4.3.4.4. A "busca pelo pleno emprego" como princípio
da Ordem Econômica 508
4.3.4.5. O "primado do trabalho" como base da Ordem Social 512
4.3.4.6. O direito ao trabalho como direito social.................. 513
4.3.4.7. Políticas Públicas brasileiras relacionadas ao
trabalho 515
4.3.5. Moradia 520
4.3.6. Transporte 522
4.3.7. Lazer 523
4.3.8. Segurança 525
4.3.8.1. O duplo aspecto do direito à segurança................. 525
4.3.8.2. A eficácia jurídica do direito à segurança 526
4.3.9. Previdência social 531
4.3.10. Proteção à maternidade 533
4.3.11. Proteção à infância.. 536
4.3.12. Assistência aos desamparados... 538

V DIREITOS SOCIAIS E PANDEMIA... **541**

Conclusão.. **549**
Referências **561**

APRESENTAÇÃO À 2ª EDIÇÃO

Com muita alegria, chegamos à 2ª edição do nosso livro *Direitos sociais em tempos de crise econômica*. Quando escrevemos a 1ª edição desta obra, pretendíamos examinar os impactos de uma crise econômica sobre os direitos sociais, estabelecendo os limites do retrocesso. Todavia, nunca poderíamos imaginar que o mundo passaria por uma das mais profundas crises econômicas e sanitárias, decorrentes da pandemia da Covid-19. Por isso, a obra se tornou ainda mais importante e atual.

Agradeço imensamente a todos os que tornaram possível o sucesso da 1ª edição deste livro, em especial a todos os integrantes da Editora Saraiva, aos professores, pesquisadores, advogados e demais operadores do Direito.

Nesta nova edição, atualizamos, ampliamos e revisamos a obra, que agora conta com a análise minuciosa doutrinária e jurisprudencial dos direitos sociais em espécie, bem como da jurisprudência da Corte Interamericana de Direitos Humanos, dentre outros temas. Nosso objetivo principal é fazer com que este livro, despido de visões românticas e utópicas acerca de pseudoprincípios aparentemente salvadores, como a "proibição do retrocesso" (que, em vez de auxiliar na concretização dos direitos sociais, enfraquece a sua juridicidade), possa contribuir com a efetiva, razoável e proporcional efetividade dos direitos sociais, estabelecendo os critérios brasileiros capazes de definir nosso mínimo existencial, como a educação pública e gratuita de qualidade.

Foram incluídos dois novos capítulos: o IV - Os direitos sociais em espécie e sua respectiva eficácia e o V - Direitos sociais e pandemia. Outrossim, destacamos alguns dos pontos que passam a fazer parte desta 2ª edição:

1. Gráfico esquemático sobre a evolução do constitucionalismo.
2. Limitação do despejo e desocupações durante a pandemia da Covid-19 (ADPF 828).
3. Os Comentários Gerais do Comitê como instrumento de *soft law*.
4. Relatório da Comissão Interamericana de Direitos Humanos (CIDH) sobre os direitos no Brasil.
5. Sistema de Monitoramento das Recomendações da Comissão Interamericana de Direitos Humanos sobre direitos sociais.
6. Mudança da eficácia das "recomendações" da Comissão Interamericana de Direitos Humanos.
7. Posição atual da jurisprudência da Corte Interamericana de Direitos Humanos no tocante aos direitos sociais.
8. Lista de ações internacionais a serem praticadas para proteção dos direitos sociais.
9. Criação do item "a mudança paradigmática urgente e necessária no Brasil".
10. Ferramentas internacionais efetivas para proteção dos direitos sociais.
11. Meios de proteção dos direitos sociais decorrentes do Protocolo de San Salvador.

12. Instruções para peticionamento junto à Comissão Interamericana de Direitos Humanos (da OEA) e ao Comitê de Direitos Humanos (da ONU) em caso de violação de direitos sociais.
13. Tendência na jurisprudência da Corte Interamericana.
14. A nova Constituição chilena e os direitos sociais.
15. Compromisso do novo Presidente do Peru para elaborar uma nova Constituição para prestigiar os grupos minoritários e os direitos sociais.
16. O controle social das políticas públicas e a Emenda Constitucional 108, de 2020.
17. O controle jurisdicional das escolhas orçamentárias, à luz da teoria da "despesa pública justa", da professora portuguesa Maria d'Oliveira Martins.
18. O princípio da "qualidade" da educação, como decorrência da Emenda Constitucional 108, de 2020.
19. Custo Aluno Qualidade (CAQ) e a Emenda Constitucional 108, de 2020.
20. Violação do direito à educação e a possibilidade de peticionar à Comissão Interamericana de Direitos Humanos, com fundamento nos artigos 13 e 19 do Protocolo de San Salvador.
21. Inconstitucionalidade de lei que inclui inativos nos gastos mínimos constitucionais com a Educação (ADI 5.719).
22. Mandado de Injunção 7.300 e renda básica de cidadania.
23. O direito à vida digna como mínimo dos mínimos existenciais.
24. A renda básica de cidadania como dever constitucional do Estado.
25. O direito à segurança pública e greve de policiais civis e militares.
26. O direito à segurança pública e determinação judicial de designação de policiais em uma cidade.
27. Recomendações da Comissão Interamericana de Direitos Humanos ao Brasil sobre segurança pública.

28. Condenação do Brasil junto à Corte Interamericana (caso Nova Brasília).

Para aqueles que terão contato com nossa obra a partir de agora, informo que este livro é fruto dos meus estudos de doutorado (no Brasil) e pós-doutorado (na Espanha) e também é fruto de duas décadas de docência e estudos de Direito Constitucional. Todavia, ele tem uma clara inspiração: a obra da brilhante professora portuguesa Catarina Botelho, uma das primeiras a abordar os reflexos da crise econômica na efetividade dos direitos fundamentais sociais. Foi uma honra tê-la presente na banca que avaliou minha tese de doutorado, ao lado de Zélia Pierdoná, Gianpaolo Smanio, Guilherme Madeira e Ricardo Victorino, brilhantes juristas e professores. Posso dizer que esses ilustres mestres foram os primeiros a lerem a maior parte deste trabalho, ao lado do professor espanhol Jose Julio Fernandez Rodriguez, orientador de minha tese de pós-doutorado. Como disse Isaac Newton, "se vi mais longe, foi por estar sobre o ombro de gigantes".

Dentre os temas mais discutidos hodiernamente no Direito Constitucional, destacam-se a natureza, a eficácia e os limites dos *direitos sociais*, máxime nos países em que há um histórico déficit no cumprimento das necessidades básicas das pessoas, como saúde, saneamento básico, moradia etc. Parece precoce num país, como o Brasil (em que nem sequer as liberdades públicas são plenamente asseguradas), discutir e perquirir temas relacionados aos direitos sociais. Não obstante, tal tarefa se mostra imperiosa, por duas razões: o descumprimento histórico e generalizado de aspectos mínimos de tantos direitos sociais e o tratamento incauto de grande parte da doutrina e jurisprudência, que, sem examinar o tema com a necessária profundidade, cede a fórmulas fáceis como a de que "qualquer restrição a direito fundamental é inconstitucional".

Ora, quando vivemos num mundo em que "tudo é inconstitucional", "nada é inconstitucional". Na tentativa de proteger os direitos fundamentais contra quaisquer restrições fáticas ou normativas, a doutrina acaba por desproteger os direitos fundamentais, máxime os direitos sociais. Por essa razão, parece-nos necessário identificar quais são os limites das restrições aplicados aos direitos fundamentais, sobretudo quando tratamos de retrocessos normativos decorrentes de crises econômicas.

A inspiração para a elaboração desta obra se deu em razão de dois fatores. Primeiramente, a percepção de que a fórmula ainda adotada por grande parte da doutrina e jurisprudência brasileiras de que "todo retrocesso normativo é inconstitucional" não responde mais à realidade dos fatos, impactada por uma profunda crise econômica que atingiu o Brasil nos últimos anos. Diante de sistemáticos e reiterados cortes orçamentários nas áreas da saúde, segurança, habitação, educação, a doutrina faz "ouvidos moucos" aos fatos para não colocar à prova a teoria da proibição do retrocesso, ainda bastante defendida em nosso país. Outrossim, outro fator que nos motivou a estudar e escrever sobre o tema foi perceber que em outros países, como Portugal, o tema conta com análises bem mais maduras e profundas, como a que foi feita por Catarina dos Santos Botelho, cuja obra nos inspirou, como se poderá notar no transcorrer das páginas deste livro.

O primeiro desafio que nos foi apresentado foi o de identificar a natureza dos direitos sociais, à luz de uma análise das normas internacionais e nacionais, analisando os vários existentes sistemas de proteção (Geral e Regionais). Ato contínuo, analisar-se-á o tratamento dado aos direitos sociais pelas Constituições dos países da América do Sul, bem como pelos seus respectivos Tribunais Constitucionais.

Num segundo momento, tentaremos desmistificar algumas afirmações historicamente repetidas e presentes em grande parte da doutrina brasileira: a distinção entre "direitos negativos" e "direitos positivos", na qual os direitos sociais figuram no segundo grupo; a afirmação de que os direitos sociais seriam mais onerosos, motivo pelo qual sua eficácia é reduzida se comparada à dos direitos individuais; a titularidade setorial dos direitos sociais etc.

Identificar a natureza e a eficácia dos direitos sociais é uma tarefa importante não apenas para o operador do Direito como também para o legislador constituinte reformador, para que saiba a consequência econômica e social de seus atos normativos. Quando se opta por uma norma-regra para tratar de determinado direito social, sua eficácia será bem diferente da de uma norma-princípio, como abordaremos ainda no primeiro capítulo.

Verificada a natureza e a eficácia dos direitos sociais, a segunda tarefa desta obra é identificar os limites da exigência imediata dos direitos sociais. Nesse ponto, examinar-se-á a teoria da "reserva do possível", bem como a noção de "mínimo existencial" dos direitos sociais. Quanto ao primeiro tema, analisar-se-á sua origem, evolução histórica (e adaptação feita em terras brasileiras), sua natureza, suas modalidades e seu critério de aplicação, com os respectivos limites de utilização. Ato contínuo, dedicar-nos-emos à análise do "mínimo existencial" dos direitos sociais, analisando sua origem, seus fundamentos, sua evolução histórica, a distinção entre o "mínimo existencial" e o "mínimo vital" e uma tentativa de identificar o seu conteúdo, à luz das especificidades brasileiras: nossa história e nossas carências.

Dentre os possíveis fundamentos teóricos do "mínimo existencial" dos direitos sociais, estudaremos com mais vagar a proposta de John Rawls. Segundo o autor, para que os homens tenham a capacidade para, sob o *véu da ignorância*, estabelecer quais os critérios de justiça, "presume-se, porém, que conhecem os fatos genéricos acerca da sociedade humana. Elas entendem os assuntos políticos e os princípios da teoria econômica; conhecem a base da organização social e as leis da psicologia humana"[1]. Por essa razão, e outras que enfrentaremos no decorrer do livro, defenderemos a tese de que a "educação pública de qualidade" é o "mínimo dos mínimos existenciais". Dentre as duas teorias possíveis, posicionar-nos-emos no sentido de que o mínimo existencial varia de acordo com a conjuntura política, so-

---

1 John Rawls. *Uma teoria da justiça*. São Paulo: Martins Fontes, 2008, p. 167.

cial, cultural e histórica de cada país. Por essa razão, em vez de propormos um rol dos direitos sociais (ou alguns de seus aspectos) que seriam os "mínimos" jurisdicionáveis, elegeremos a educação de qualidade como mínimo precedente sobre os demais.

Com a ajuda de doutrina especializada, tentaremos encontrar, à luz da legislação já existente, quais os parâmetros normativos de qualidade que podem ser exigidos. Exigir a qualidade por meio de parâmetros objetivos nos parece necessário porque, como afirmaram Michelle Asato Junqueira e Aline da Silva Freitas, "a qualidade do ensino deve ser almejada como elemento de efetivação do próprio direito à educação. Inserida entre os princípios que regem o ensino, bem como tida por objetivo, a discussão da qualidade ganha relevo após a expansão das instituições de ensino do ponto de vista numérico, bem como do número de pessoas atendidas pela rede. Assim, torna-se necessária a conjugação do binômio quantidade/qualidade"[2].

Por sua vez, depois de compreendida a natureza e a eficácia dos direitos sociais, bem como a amplitude das limitações ou restrições que lhes podem ser impostas, debruçar-nos-emos sobre um dos aspectos mais polêmicos e importantes de nosso trabalho: identificar os limites do retrocesso social em tempos de crise econômica.

Não prevista expressamente na Constituição brasileira (e em nenhuma outra Constituição, na realidade), a fórmula genérica da "proibição do retrocesso" seria um princípio constitucional implícito? Decorreria do Estado Social, da dignidade da pessoa humana (aliás, quando se tem dúvida quanto às fontes de um instituto, normalmente o fundamentam na dignidade da pessoa humana – como estudaremos no decorrer da obra), do princípio da segurança jurídica? Analisaremos todas essas afirmações.

Começaremos estudando as cláusulas de proibição de retrocesso expressamente previstas na Constituição brasileira: a irretroatividade

---

[2] Políticas públicas de avaliação da educação básica no Brasil. *In:* SMANIO, Gianpaolo Poggio; BERTOLIN, Patrícia Tuma Martins. *O direito e as políticas públicas no Brasil.* São Paulo: Atlas, 2013.

lesiva a direito adquirido, ato jurídico perfeito e coisa julgada e também a irredutibilidade normativa dos direitos fundamentais (as cláusulas pétreas). Nesse segundo tema, veremos qual a exata amplitude da irretroatividade normativa no tocante aos direitos fundamentais. Seriam os direitos sociais cláusulas pétreas (embora tal regra não esteja prevista expressamente na Constituição)?

Passada essa etapa, analisaremos os impactos do princípio da "progressividade" dos direitos sociais, tão presente em tratados internacionais, na teoria da proibição do retrocesso. Seria a progressividade a nova face da proibição do retrocesso, como indaga Catarina Botelho em sua obra? Ou seriam as bases das diretrizes para contenção dos retrocessos abusivos? Como se verá ao longo deste livro, somos favoráveis à segunda resposta.

Por fim, pretendemos identificar e examinar quais são os limites do retrocesso social, que poderá ocorrer em tempos de crise econômica. Diante de um quadro de "escolhas trágicas" orçamentárias, quando a realidade se mostra ainda mais "trágica", o que, como e quanto reduzir o orçamento de políticas públicas? Analisaremos os princípios da razoabilidade (e seus critérios objetivos de aferição), da proporcionalidade, do "mínimo existencial" dos direitos sociais e o princípio da confiança, tão pouco abordado pela doutrina e jurisprudência pátrias.

OS DIREITOS SOCIAIS

1.1. O SURGIMENTO DO CONSTITUCIONALISMO SOCIAL

Segundo a doutrina majoritária, o Constitucionalismo tem origem remota já na Idade Antiga, máxime na tentativa de contenção dos poderes do governante à luz das escrituras (no povo hebreu[1]) ou nas ações públicas (*graphes*) ajuizadas pelo cidadão ateniense (na Grécia Antiga)[2]. Passando pela Idade Média ainda de forma incipiente, com

---

1 Karl Loewenstein foi um dos primeiros a identificar que as primeiras demonstrações do constitucionalismo podem ser encontradas na Antiguidade, primeiramente junto ao povo hebreu, máxime na conduta dos profetas, responsáveis por verificar se os atos do poder público eram compatíveis com o texto sagrado *Teoría de la Constitución* (Barcelona: Ariel, 1964, p. 154). Segundo o autor, "a existência de uma Constituição escrita não se identifica com o Constitucionalismo. Organizações políticas anteriores viveram sob um governo constitucional sem sentir a necessidade de articular os limites estabelecidos ao exercício do poder político; estas limitações estavam tão profundamente enraizadas nas convicções da comunidade e nos costumes nacionais, que eram respeitadas por governados e governados" (p. 154).

2 Nas palavras de Karl Loewenstein, "todas as instituições políticas dos gregos refletem sua profunda aversão a todo tipo de poder concentrado e arbitrário, e

alguns documentos importantes e históricos, como a *Magna Charta Libertatum*, de 1215³, o Constitucionalismo recebe novos contornos no final do século XVII, com desdobramentos até os dias atuais.

O movimento denominado pela doutrina "constitucionalismo moderno", que eclodiu com a Constituição norte-americana de 1787 e a Constituição francesa de 1791, consiste na tentativa de limitar o poder do Estado por meio de uma Constituição escrita, nas palavras de Canotilho, "uma técnica específica de limitação do poder com fins garantísticos"⁴. Dessa maneira, Constituição moderna é "a ordenação

---

    sua devoção quase fanática pelos princípios do Estado de Direito de uma ordem regulada democrática e constitucionalmente, assim como pela igualdade e justiça igualitária (isonomia). As diferentes funções estatais foram amplamente distribuídas entre diversos detentores de cargos, órgãos ou magistrados, o poder dos últimos foi restrito por engenhosas instituições de controle" (*op. cit.*, p. 155).

3   "Regressando à Inglaterra, João enfrentou uma rebelião de muitos de seus barões, descontentes com as políticas fiscais e o tratamento dado a muitos dos mais poderosos nobres ingleses. Os barões ingleses, oprimidos por Henrique II, derrotados em sua oferta por autonomia, na rebelião de 1173, levantaram-se para demandar o que eles denominavam como suas 'liberdades'. A derrota de Bouvines ofereceu àqueles homens uma oportunidade que há tempos eles esperavam. Quanto à igreja, embora alguns bispos tivessem aderido à rebelião, o Papa ficou do lado do Rei João. Negociações foram iniciadas para elaboração de uma legislação, sendo que em janeiro de 1215 um conselho foi criado em Londres para facilitar as tratativas. Acirrados os ânimos, em junho desse ano, foi escolhido 'Runnymede' como local das negociações, estando a meio caminho dos rebeldes londrinos e o castelo real de Windsor. Baseando-se em tradições anteriores, o documento foi escrito em latim e selado no dia 15 de junho de 1215. De todas as cláusulas da Magna Carta, a mais conhecida é a cláusula 39: 'nenhum homem livre será preso, aprisionado ou privado de sua propriedade, ou tomado fora da lei, ou exilado, ou de maneira alguma destruído, nem agiremos contra ele ou mandaremos alguém contra ele, a não ser por julgamento legal dos seus pares, ou pela lei da terra'. A expressão 'lei da terra' (ou 'law of the land', em inglês, ou 'per legem terrae', em latim) é o antecedente do devido processo legal ('due process of law'), tão repetido nas legislações contemporâneas" (Flávio Martins, *Curso de direito constitucional*. 5. ed. São Paulo: Saraivajur, 2021, p. 59).

4   *Direito constitucional e teoria da Constituição*. Coimbra: Almedina, 2012, p. 51.

sistemática e racional da comunidade política através de um documento escrito no qual se declaram as liberdades e os direitos e se fixam os limites do poder político"[5].

O século XVIII e o século anterior foram marcados pela ascensão política da burguesia, opondo-se ao absolutismo. As aspirações humanistas, bem como o anseio pela eliminação dos privilégios e a incerteza dos direitos daqueles que não compartilhavam do poder político deram a base política, económica e social para a eclosão de movimentos revolucionários conhecidos como "revoluções burguesas". Assim, o Constitucionalismo moderno tem o escopo principal de sedimentar os anseios da burguesia que ascendera ao poder. Nas palavras de Dalmo de Abreu Dallari, "para dar certeza e segurança às relações econômicas e financeiras, bem como para deixar o caminho livre para novos empreendimentos, era necessário fixar regras claras e duráveis, não sujeitas a decisões arbitrárias de governantes e aos caprichos de uma classe social parasitária e detentora de privilégios, como era a nobreza. A consciência dessa necessidade contribuiu muito para que se desenvolvesse a ideia da Constituição como estatuto político-jurídico fundamental"[6]. Nesse estágio, o Constitucionalismo nasce com a concepção burguesa da ordem política.

A Primeira Grande Guerra Mundial (de 28 de julho de 1914 a 11 de novembro de 1918) abriu os olhos de muitos pensadores da escola liberal para um fato irrefutável, destacado por Paulo Bonavides: enquanto trabalhadores "morriam de fome e de opressão, (...) os mais respeitáveis tribunais do Ocidente assentavam as bases de toda sua jurisprudência constitucional na inocência e no lirismo daqueles formosos postulados de que 'todos são iguais perante a lei'..."[7].

O antigo liberalismo não poderia resolver os problemas gravíssimos das camadas mais pobres da sociedade. A liberdade, por si só,

---

5   José Joaquim Gomes Canotilho, *op. cit.*, p. 52.
6   *A Constituição na vida dos povos.* São Paulo: Saraiva, 2012, p. 100.
7   *Op. cit.*, p. 61.

era um remédio inócuo aos famintos e oprimidos[8]. O Estado deveria abandonar sua postura passiva, eminentemente liberal, e assumir um papel positivo, ativo, a fim de que a igualdade jurídico-formal apregoada nos textos constitucionais fosse, de fato, concretizada. Nesse contexto, nasce o chamado "Constitucionalismo Social", que tem como iniciais marcos históricos a Constituição do México, de 1917, e a Constituição alemã de Weimar, de 1919.

Não obstante, é oportuno frisar que, como demonstraremos, os direitos sociais nasceram antes do Estado Social, ao contrário do que se pode imaginar. As primeiras Constituições modernas traziam, embora sem a sistematização advinda do constitucionalismo social, alguns direitos sociais. Por exemplo, a Constituição francesa de 1793, no seu artigo 21º, previa que *"les secours publics sont une dette sacrée"* ("a assistência pública é uma dívida sagrada"). Oportuno lembrar que o lema da Revolução não era apenas liberdade e igualdade, mas também fraternidade (embora esta última sem a mesma projeção das duas anteriores). Como brilhantemente afirma Catarina dos Santos Botelho, "contrariamente ao que seria de supor, a gênese histórica dos direitos sociais remonta ao período histórico dos movimentos liberais, ainda que as suas raízes ideológicas se tenham alicerçado nos séculos anteriores e desenvolvido durante o movimento liberal europeu e americano, mormente através de estudos de vários filósofos, dos quais realçamos Thomas More (séculos XV-XVI), Georg Hegel (séculos XVIII-XIX), Alexis de Tocqueville (século XIX), e da própria doutrina social da igreja católica. Com efeito, iremos verificar que o ideário dos direitos sociais enquanto direitos de categoria constitucional antecede o do próprio Estado so-

---

8   Herbert Kretzmer, o compositor que adaptou para o inglês as canções do musical *Les misérables*, com sua sensibilidade artística, colocou na voz do pequeno Gavroche uma mensagem impactante de aflição e revolta: "There was a time we killed the King. We tried to change the world too fast. Now we have got another King. He's no better than the last. This is the land the fought for liberty. Now when we fight, we fight for bread. Here is the thing about equality. Everyone's equal when they're dead".

cial. A nosso ver, o que justificou o seu nascimento tardio foi que os direitos fundamentais sociais careciam de toda uma estrutura (estadual) de implementação. Foi necessário, por conseguinte, aguardar pelo nascer e apogeu do Estado social para que os direitos fundamentais sociais pudessem lograr efetividade prática"[9].

No caso brasileiro, por exemplo, nossas primeiras Constituições (1824 e 1891), eminentemente liberais, previram, ainda que de forma incipiente, alguns direitos sociais, como a educação primária gratuita. Como afirmamos em nosso *Curso de direito constitucional*, a Constituição de 1824 previu entre os direitos civis e políticos a gratuidade da instrução primária para todos os cidadãos: "Art. 179. A inviolabilidade dos Direitos Civis, e Políticos dos Cidadãos Brazileiros, que tem por base a liberdade, a segurança individual, e a propriedade, é garantida pela Constituição do Imperio, pela seguinte maneira: XXXII. A instrução primária, e gratuita a todos os cidadãos". Outrossim, previu a criação de Colégios e Universidades, no art. 179, XXXIII: "Colégios e Universidades, onde serão ensinados os elementos das Ciências, Bellas Letras e Artes". Não previu o texto constitucional imperial a atribuição de competências específicas das províncias para efetivação das garantias sobreditas. Outorgada a Constituição, assegurando a gratuidade da instrução primária, foi-se avolumando uma pressão sobre a coroa, exigindo vagas escolares. Em 15 de outubro de 1827 foi promulgada lei, ordenando a criação de "escolas de primeiras letras" em vilas e lugares mais populosos do Império, sob às expensas das províncias[10].

---

9   *Os direitos sociais em tempos de crise.* Coimbra: Almedina, 2012, p. 92.

10 Segundo o artigo 1º dessa lei: "Em todas as cidades, vilas e lugares mais populosos, haverão as escolas de primeiras letras que forem necessárias". O mesmo se passou em Portugal, como lembra Catarina dos Santos Botelho: "a primeira Constituição portuguesa, de 1822, consagrava a existência de 'escolas suficientemente dotadas' em todos os lugares do reino, onde convier' e apoio das Cortes e Governo a serviços de assistência pública, em especial 'casas de misericórdia e de hospitais civis e militares' (artigos 237 e 240)" (*op. cit.*, p. 93).

Não obstante, como dissemos acima, malgrado os direitos sociais estivessem presentes perfunctoriamente nos textos constitucionais modernos, "no primeiro quartel do século XX, vislumbram-se os primeiros indícios da conversão do Estado na direção do Estado social, na Constituição mexicana (1917) e na Constituição da República de Weimar (WRV), de 1919"[11].

A primeira Constituição que atribuiu o caráter de fundamentalidade aos direitos sociais, ao lado das liberdades públicas e dos direitos políticos, foi a "Constituição Política dos Estados Unidos Mexicanos", de 1917[12]. Nesse período, na Europa, nascia a consciência de que os direitos fundamentais também teriam uma dimensão social (após a grande guerra de 1914-1918, culminando com a Constituição de Weimar, de 1919, as convenções da recém-criada Organização Internacional do Trabalho e a Revolução Russa e a consequente "Declaração dos Direitos do Povo Trabalhador e Explorado", de janeiro de 1918).

Promulgada em 5 de fevereiro de 1917, na cidade de Querétaro, a "Constituição Política dos Estados Unidos Mexicanos" decorreu de um manifesto clandestino elaborado em 1906 por um grupo revolucionário (*Regeneración*), liderado por Ricardo Flore Magón, contra a ditadura de Porfírio Diaz. Várias propostas desse manifesto foram inseridas no texto constitucional de 1917 (proibição de reeleição para Presidente da República, já que Porfírio Diaz havia governado por mais de 30 anos, quebra do poder da Igreja Católica, expansão do sistema de educação pública, reforma agrária etc.).

Não obstante, o ponto mais significativo da "Constituição Política dos Estados Unidos Mexicanos" foi a inserção de um título específico ao direito fundamental social do trabalho (o título sexto – *Del Trabajo y de la Previsión Social*, composto de um único artigo – art. 123).

---

11 *Op. cit.*, p. 93.
12 Disponível em: http://www.juridicas.unam.mx/infjur/leg/conshist/pdf/1917.pdf.

Dispõe o *caput* do sobredito artigo: *"El Congreso de la Unión y las Legislaturas de los Estados deberán expedir leyes sobre el trabajo, fundadas en las necesidades de cada región, sin contravenir a las bases siguientes, las cuales regirán el trabajo de los obreros, jornaleros, empleados, domésticos y artesanos, y de una manera general todo contrato de trabajo".*

Segundo Fábio Konder Comparato, "o que importa, na verdade, é o fato de que a Constituição mexicana foi a primeira a estabelecer a desmercantilização do trabalho, própria do sistema capitalista, ou seja, a proibição de equipará-lo a uma mercadoria qualquer, sujeita a lei da oferta e da procura no mercado. A Constituição mexicana estabeleceu, firmemente, o princípio da igualdade substancial na posição jurídica entre trabalhadores e empresários na relação contratual de trabalho, criou a responsabilidade dos empregadores por acidentes de trabalho e lançou, de modo geral, as bases para a construção do moderno Estado Social de Direito. Deslegitimou, com isso, as práticas de exploração mercantil do trabalho, e portanto da pessoa humana, cuja justificação se procurava fazer, abusivamente, sob a invocação da liberdade de contratar"[13].

O direito ao trabalho teve na Constituição do México de 1917 inúmeros dispositivos a ele dedicados. Inicialmente, o direito individual de liberdade de escolha do trabalho[14], bem como a vedação do trabalho pessoal sem justa retribuição e consentimento[15]. Todavia, é

---

13 A Constituição mexicana de 1917, artigo retirado da internet em 17 de outubro de 2015: http://www.dhnet.org.br/educar/redeedh/anthist/mex1917.htm.

14 "Art. 4º A ninguna persona podrá impedirse que se dedique a la profesión, industria, comercio o trabajo que le acomode, siendo lícitos. El ejercicio de esta libertad sólo podrá vedarse por determinación judicial, cuando se ataquen los derechos de tercero o por resolución gubernativa, dictada en los términos que marque la ley, cuando se ofendan los derechos de la sociedad. Nadie puede ser privado del producto de su trabajo, sino por resolución judicial."

15 "Art. 5º Nadie podrá ser obligado a prestar trabajos personales sin la justa retribución y sin su pleno consentimiento, salvo el trabajo impuesto como pena por la autoridad judicial, el cual se ajustará a lo dispuesto en las fracciones I y II del artículo 123."

o Título Sexto (*Del Trabajo y de La Previsión Social*) o trecho mais marcante e historicamente pioneiro.

A Constituição de Weimar, de 1919, que instituiu a primeira república alemã, foi elaborada e votada na cidade de Weimar, sendo produto da grande guerra de 1914-1918, sete meses após o armistício. Antes da edição da Constituição de Weimar[16], movimentos revolucionários alemães contra o *kaiser* Guilherme II deram ensejo à sua abdicação, constituindo-se um governo provisório (Conselho dos Delegados do Povo), cujos primeiros decretos foram o estabelecimento da jornada de trabalho de oito horas e a atribuição do direito de voto às mulheres, bem como medidas de assistência social aos setores mais carentes da população. Promulgada a lei eleitoral em novembro de 1918, foi convocada Assembleia Nacional Constituinte, eleita em 6 de fevereiro de 1919, votando e aprovando a nova Constituição em 31 de julho de 1919.

Tem uma importância histórica ímpar, ao instituir um Estado Social, cujas ideias centrais foram introduzidas pela Constituição do México de 1917, influenciando todas as legislações do mundo ocidental. Dividida em duas grandes partes, tem na sua primeira parte a organização do Estado e na sua segunda parte as liberdades individuais e os novos direitos de conteúdo social.

Foi pioneira na previsão da igualdade entre marido e mulher (art. 119), na equiparação de filhos legítimos e ilegítimos (art. 121), na tutela estatal da família e da juventude (art. 119 e 122), mas tem importância histórica marcante na previsão de disposições sobre educação pública e direito trabalhista, a partir do artigo 157. Segundo esse artigo, "o trabalhador recebe especial proteção do *Reich*. O *Reich* elaborará uniforme legislação acerca do tema". A sindicalização está garantida no artigo 159 ("o direito de formar sindicatos e melhorar as condições do trabalho e da economia é garantido para cada indivíduo e para todas as ocupações. Todos os acordos e medidas que limitem ou obstruam esse direito são ilegais"). Inovadora e vanguardista foi a previsão de

---

16 Disponível na internet, em inglês, no *link*: http://www.zum.de/psm/weimar/weimar_vve.php.

um direito internacional de garantias mínimas do trabalho, no artigo 162 ("o *Reich* defende uma regulamentação internacional sobre os direitos dos trabalhadores, que se esforça para garantir um mínimo de direitos sociais para a classe trabalhadora da humanidade").

Talvez o mais marcante dispositivo seja o artigo 163, que prevê expressamente o direito ao trabalho: "Apesar de sua liberdade pessoal, todo alemão é obrigado a investir sua energia física e intelectual de forma necessária ao benefício público. A cada alemã será dada a oportunidade de ganhar a vida mediante um trabalho econômico. Não sendo oferecidas aberturas apropriadas de trabalho, ele receberá apoio financeiro. Mais detalhes são especificados pela Lei do *Reich* (império)".

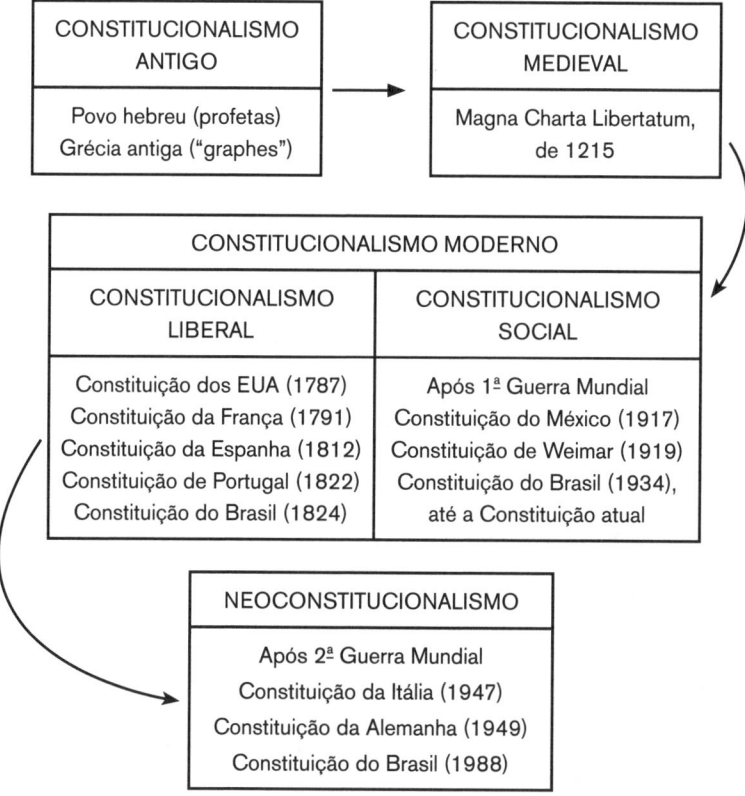

1.2. UMA NOVA GERAÇÃO DE DIREITOS

Embora haja críticas por parte de alguns autores[17], costuma-se classificar os direitos fundamentais em "gerações" ou "dimensões". Trata-se de uma classificação idealizada pelo jurista tcheco-francês Karel Vasak, a partir de uma conferência proferida em 1979 no Instituto Internacional de Direitos Humanos, em Estrasburgo[18]. Segundo o autor, haveria três *gerações* de direitos fundamentais[19]. Atualmente,

---

17 Canotilho afirma que "É discutida a natureza destes direitos. Critica-se a pré-compreensão que lhes está subjacente, pois ela sugere a perda de relevância e até a substituição dos direitos das primeiras gerações. A ideia de *generatividade* geracional também não é totalmente correta: os direitos são de todas as gerações" (*op. cit.*, p. 384). Catarina dos Santos Botelho sintetiza algumas das críticas à clássica classificação: "(i) esta é uma classificação 'enganosa' (*trompeuse*), pois sugere que os direitos da segunda, terceira e posteriores gerações são *inferiores* ou de importância secundária quando comparados com os direitos da primeira geração; (ii) parece assentar numa *separação estanque* entre as várias gerações de direitos; (iii) os direitos das várias gerações 'não são a soma pura e simples' de direitos, sendo que, em alguns casos, 'conflituam' entre si, pelo que, se recorrermos à metáfora aritmética podemos dizer que, neste caso, estaríamos perante uma 'subtração' (*sottrazione*), da qual resultaria uma diferença (*differenza*); (iv) esta divisão é um 'mero cliché', que traz consigo o perigo de aderir a uma distinção entre direitos de liberdade e direitos sociais baseada numa 'pretensa existência de dois paradigmas (direito privado e direito social)', quando uma análise de História Constitucional nos demostra a existência de direitos sociais já no Estado liberal e a manutenção dos direitos de liberdade no hodierno Estado de Direito Social; (v) Esta orientação cronológica apresenta um caráter 'fragmentário', ou um 'formato demasiado compacto e simplificado'; (vi) eventualmente, concede alguma doutrina, um tal entendimento apenas tem sentido em termos históricos, ou melhor dizendo, de posicionamento histórico; (vii) a crescente relevância que os direitos sociais conquistaram acabou por trazer consigo uma 'mitigação da destrinça' entre as diferentes gerações".
18 Karel Vasak, nascido em junho de 1929 na então Tcheco-Eslováquia, mudou-se para a França para estudar Direito, adquirindo cidadania francesa. Tornou-se, em 1969, Secretário-Geral do Instituto Internacional de Direitos Humanos em Estrasburgo, posição que manteve até 1980.
19 Karel Vasak, *The international dimensions of human rights*. Paris: Greenwook Press, 1982, *passim*.

prefere-se a expressão *dimensões*, em vez de *gerações*[20]. Isso porque a expressão "geração" dá a ideia de substituição do velho pelo novo, o que não ocorre com os direitos fundamentais. Uma nova dimensão de direitos fundamentais não substitui a primeira. Pelo contrário, ambas coexistem e se complementam, motivo pelo qual é preferível utilizar a expressão *dimensão*.

Embora tenha sido criada por Karel Vasak, essa classificação foi largamente difundida graças à obra *A era dos direitos*, de Norberto Bobbio[21], jurista e filósofo italiano. Segundo o mestre italiano, "do ponto de vista teórico, sempre defendi – e continuo a defender, fortalecido por novos argumentos – que os direitos do homem, por mais fundamentais que sejam, são direitos históricos, ou seja, nascidos em certas circunstâncias, caracterizadas por lutas em defesa de novas liberdades contra velhos poderes, e nascidos de modo gradual. (...) Ao lado dos direitos sociais, que foram chamados de direitos de segunda geração, emergiram hoje os chamados direitos de terceira geração, que constituem uma categoria, para dizer a verdade, ainda excessivamente heterogênea e vaga. (...) O mais importante deles é o reivindicado pelos movimentos ecológicos: o direito de viver num ambiente não poluído. Mas já se apresentam novas exigências que só poderiam chamar-se de direitos de quarta geração, referentes aos efeitos cada vez mais traumáticos da pesquisa biológica, que permitirá manipulações do patrimônio genético de cada indivíduo"[22].

Se não bastasse a divergência acerca da nomenclatura, há divergência acerca das gerações ou dimensões existentes. Por exemplo, na doutrina pátria não há um consenso sobre o que seriam os

---

20 "... a solidariedade já era uma dimensão 'indimensionável' dos direitos econômicos, sociais e culturais. Precisamente por isso, preferem hoje os autores falar de *três dimensões de direitos do homem* (E. Riedel) e não de 'três gerações'" (José Joaquim Gomes Canotilho, *op. cit.*, p. 385).
21 *A era dos direitos*. Rio de Janeiro: Elsevier, 2004.
22 *Op. cit.*, p. 9.

"direitos de quarta dimensão"[23], bem como se diverge sobre a existência e a configuração de eventuais "direitos de quinta dimensão"[24].

---

[23] Como relatamos em nosso *Curso de direito constitucional*, "parte da doutrina aponta uma nova dimensão dos direitos fundamentais, além das gerações identificadas por Karel Vasak: a quarta dimensão. Para parte da doutrina, direitos de quarta dimensão são os direitos decorrentes do avanço tecnológico, mormente relacionado à ciência genética, à noção de biodireito e biotecnologia. Essa é a posição de Norberto Bobbio, para o qual 'os direitos da nova geração, como foram chamados, que vieram depois daqueles em que se encontraram as três correntes de ideias do nosso tempo, nascem todos dos perigos à vida, à liberdade e à segurança, provenientes do aumento do progresso tecnológico. Bastam estes três exemplos centrais do debate atual: o direito de viver em um ambiente não poluído, do qual surgiram os movimentos ecológicos que abalaram a política tanto dentro dos próprios Estados quanto no sistema internacional; o direito à privacidade, que é colocado em sério risco pela possibilidade que os poderes públicos têm de memorizar todos os dados relativos à vida de uma pessoa e, com isso, controlar os seus comportamentos sem que ela perceba; o direito, o último da série, que está levando debates nas organizações internacionais, e a respeito do qual provavelmente acontecerão os conflitos mais ferrenhos entre duas visões opostas da natureza do homem: o direito à integridade do próprio patrimônio genético, que vai bem mais além do que o direito à integridade física, já afirmado nos artigos 2 e 3 da Convenção Europeia dos Direitos do Homem'. Não obstante, há outro entendimento do que seriam os direitos de quarta dimensão: seriam os direitos decorrentes da democracia, informação e pluralismo. Trata-se da posição de Paulo Bonavides, com o qual concordamos. Segundo o autor, 'a globalização política neoliberal caminha silenciosa, sem nenhuma referência de valores. (...) Há, contudo, outra globalização política, que ora se desenvolve, sobre a qual não tem jurisdição a ideologia neoliberal. Radica-se na teoria dos direitos fundamentais. A única verdadeiramente que interessa aos povos da periferia. Globalizar direitos fundamentais equivale a universalizá-los no campo institucional. (...) A globalização política na esfera da normatividade jurídica introduz os direitos de quarta geração o direito à democracia, o direito à informação e o direito ao pluralismo. Deles depende a concretização da sociedade aberta do futuro, em sua dimensão de máxima universalidade, para a qual parece o mundo inclinar-se no plano de todas as relações de convivência (...) Os direitos da primeira geração, direitos individuais, os da segunda, direitos sociais, e os da terceira, direitos ao desenvolvimento, ao meio ambiente, à paz e à fraternidade, permanecem eficazes, são infra-estruturais, formam a pirâmide cujo ápice é o direito à democracia'" (5. ed., 2021, p. 669).

[24] Como afirmamos em nosso *Curso de direito constitucional*, "Parte da doutrina entende existirem direitos de quinta dimensão, definindo-os assim: 'José Alcebíades de Oliveira e Antonio Wolkmer tal dimensão trata dos direitos

Primeiramente, os *direitos de primeira dimensão (ou geração)* são os que primeiro surgiram na legislação dos povos. Por isso mesmo, são os direitos individuais ou liberdades públicas, como vida, liberdade, propriedade etc. Nos direitos de primeira dimensão, o Estado tem o dever principal de não fazer, de não agir, de não interferir na liberdade pública do indivíduo. "São, por este motivo, apresentados como direitos de cunho 'negativo', uma vez que dirigidos a uma abstenção, e não a uma conduta positiva por parte dos poderes públicos, sendo, nesse sentido, 'direitos de resistência ou de oposição perante o Estado'." (grifamos)[25]

Todavia, como dissemos, nos direitos de primeira dimensão, o Estado tem o dever principal de não fazer, restando um dever secundário de fazer, de agir. Por exemplo, no tocante ao *direito à vida*, o Estado tem o dever principal de não tirar a vida, mas tem o dever secundário de garantir a todos uma vida digna (dever de fazer). Por essa razão, Stephen Holmes e Cass Sunstein (na obra *Cost of rights*[26]) criticam essa distinção, entre direitos de primeira dimensão (negativos) e direitos de segunda dimensão (positivos), afirmando que todos os direitos têm custos, já que obrigam direta ou indiretamente o Estado a praticar atos custosos. Também podem ser incluídos no rol dos direitos de primeira dimensão ou geração os direitos políticos, que historicamente nasceram com os direitos civis. No Brasil, por exemplo, na Constituição de 1824, estavam previstos, quase que exclusivamente, os direitos individuais e os direitos políticos (as pessoas com renda

---

vinculados aos desafios da sociedade tecnológica e da informação, do ciberespaço, da internet e da realidade virtual em geral. Para José Adércio Sampaio, a quinta dimensão abarca o dever de cuidado, amor e respeito para com todas as formas de vida, bem como direitos de defesa contra as formas de dominação biofísica geradores de toda sorte de preconceitos'. Entendemos, à luz daquilo que foi sugerido por José Adércio Sampaio, que direitos de terceira dimensão são os direitos de dever, cuidado, respeito quanto a outras formas de vida, além da humana" (p. 670).

25 Paulo Bonavides. *Curso de direito constitucional*. 24. ed. São Paulo: Malheiros, 2009, p. 517. In: SARLET, Ingo Wolfgang *et al*. *Curso de direito constitucional*. 8. ed. São Paulo: Saraiva, 2019, p. 325.
26 Ingo Wolfgang Sarlet, *op. cit.*, *passim*.

anual superior a 100.000 réis poderiam votar e os com renda superior a 200.000 réis poderiam ser votados).

Por sua vez, os *direitos de segunda dimensão ou geração* são os direitos sociais, como a saúde, a educação, o trabalho, a assistência aos desamparados. Ao contrário dos direitos de primeira dimensão, aqui o Estado tem o dever principal de fazer, de agir, de implementar políticas públicas que tornem realidade os direitos constitucionalmente previstos. Embora previstos de forma perfunctória nas constituições brasileiras liberais, foram previstos substancialmente a partir da Constituição de 1934. Nessa Constituição, a partir do seu art. 121, estavam previstos os direitos do trabalhador (como o salário mínimo, proibição do trabalho infantil, férias anuais remuneradas etc.), bem como, no art. 149, a educação como direito de todos, devendo ser ministrada pela família e pelos Poderes Públicos. As normas sobre saúde pública não compunham um capítulo especial, mas se achavam disseminadas em capítulos diferentes dessa Constituição.

Classificação diversa é feita por Thomas Humphrey Marshall, sociológico britânico nascido em 1893 e falecido em 1981, conhecido por seus ensaios, entre os quais se destaca *Citizenship and Social Class* (Cidadania, Classe Social e *Status*), escrito em 1949. Tendo como referencial analítico a Inglaterra do século XX, estabelece o conceito de cidadania sob novas bases. Para Marshall, o conceito de cidadania é dividido em três partes ou elementos: civil, política e social. Segundo ele, "o **elemento civil** é composto dos direitos necessários à liberdade individual – liberdade de ir e vir, liberdade de imprensa, pensamento e fé, o direito à propriedade (...). Por **elemento político** se deve entender o direito de participar no exercício do poder político, como um membro de um organismo investido da autoridade política ou como um eleitor dos membros de tal organismo. (...) O **elemento social** se refere a tudo o que vai desde o direito a um mínimo de bem-estar econômico e segurança ao direito de participar, por completo, na herança social e levar a vida de um ser civilizado de acordo com os padrões que prevaleçam na sociedade. As instituições mais intimamente ligadas com ele são o sistema educacional e os serviços sociais"[27].

Segundo o autor, a participação nas comunidades locais e associações funcionais constitui a fonte original dos direitos sociais. Essa fonte foi complementada e progressivamente substituída por uma *Poor Law* (Lei dos Pobres)[28]. Para Marshall, a *poor law* elisabetiana não tinha apenas o escopo de aliviar a pobreza: "seus objetivos construtivos sugeriam uma interpretação do bem-estar social que lembrava os mais primitivos, porém mais genuínos, direitos sociais"[29]. Todavia, houve um retrocesso nesse pensamento, segundo o autor: "Pela lei de 1834, a *poor law* renunciou a todas as suas reivindicações de invadir o terreno do sistema salarial ou de interferir nas forças do mercado livre. Oferecia assistência somente àqueles que, devido à idade e à doença, eram incapazes de continuar a lutar. (...) os direitos sociais mínimos que restaram foram desligados do status da cidadania"[30]. Segundo Marshall, dessa maneira, os direitos sociais na Inglaterra quase que desapareceram no século XVIII e princípio do século XIX. O ressurgimento dos direitos sociais teria ocorrido com o desenvolvimento da educação primária gratuita, sendo que somente a partir do século XX é que eles teriam atingido o plano de igualdade com os outros dois elementos da cidadania.

---

27 *Cidadania, classe social e* status. Rio de Janeiro: Zahar, 1977, p. 64-65. Segundo Catarina dos Santos Botelho, "há quem atribua a Thomas H. Marshall o caráter pioneiro da distinção entre direitos civis, políticos e sociais, apesar de uma notória confusão entre as várias categorias, em especial as duas primeiras" (*op. cit.*, p. 115).
28 As *poor laws* foram um sistema de assistência aos pobres desenvolvido na Inglaterra e Gales, desenvolvido desde a Idade Média tardia e das Leis Tudor. Podemos dividir a história das *poor laws* em dois principais estatutos: a antiga *poor law*, aprovada durante o reinado de Elizabeth, e a nova *poor law*, aprovada em 1834.
29 *Op. cit.*, p. 71.
30 *Op. cit.*, p. 72.

1.3. UMA QUESTÃO DE NOMENCLATURA

Embora a maioria da doutrina pátria utilize a expressão *direitos sociais*[31], por vezes são utilizadas as expressões *direitos econômicos e sociais* ou *direitos econômicos, sociais e culturais*. De fato, enquanto a Constituição brasileira utiliza a expressão "direitos sociais", vários documentos internacionais, como a Declaração Universal de Direitos do Homem e o Pacto Internacional dos Direitos Econômicos, Sociais e Culturais, utilizam a última nomenclatura, o que foi seguido por várias constituições europeias posteriores, como a portuguesa. Segundo Catarina dos Santos Botelho, a doutrina majoritária prefere a expressão *direitos sociais* "pelo seu maior grau de generalidade ou indeterminação designativa"[32]. Entendemos que a expressão *direitos sociais*, em sentido amplo, abrange os *direitos sociais em sentido estrito* (saúde, moradia, assistência social etc.), bem como os direitos econômicos e culturais (trabalho, cultura, desporto, educação etc.). Aliás, a própria doutrina brasileira aponta a dificuldade de apontar a diferença clara entre os *direitos sociais em sentido estrito* e os demais direitos econômicos e culturais: "Não é fácil extremar, com nitidez, os direitos sociais dos direitos econômicos. Basta ver que alguns colocam os direitos dos trabalhadores entre os direitos econômicos, e não há nisso motivo de censura, porque, em verdade, o trabalho é um componente das relações de produção e, nesse sentido, tem dimensão econômica indiscutível"[33].

Doutrina tradicional costumava classificar os direitos sociais como *direitos positivos*, em contraposição aos direitos individuais (ou civis ou liberdades públicas) como *direitos negativos*. Enquanto os primeiros gerariam para o Estado um dever de fazer, os demais gerariam um dever de não fazer. Não obstante, como apontaremos

---

31 Seguramente por força da nomenclatura utilizada pela Constituição Federal de 1988 (Capítulo II do Título II).
32 *Op. cit.*, p. 116.
33 *Op. cit.*, p. 286.

no próximo capítulo, modernamente, vê-se como essa classificação é, em grande parte, equivocada. Mesmo nos direitos de 1ª dimensão, o Estado tem um dever de fazer (no direito à vida, por exemplo, o Estado tem o dever de assegurar a todos uma vida minimamente digna). Basta lembrar que, para a execução dos direitos políticos (como o voto, o plebiscito etc.), tidos como direitos de 1ª dimensão, é necessário um aparato estatal extremamente custoso, para que haja o seu regular exercício. Outrossim, no tocante aos direitos de 2ª dimensão o Estado terá obrigações de não fazer (como, no direito à saúde, não discriminar os doentes na execução do direito social à saúde, ou, no direito à moradia, evitar o despejo de famílias em tempos de pandemia[34]). Nos Estados Unidos, Cass Sunstein e Stephen Holmes abordaram bem tal tema na conhecida obra *The Cost of Rights*. Em Portugal, Catarina Botelho afirma que "as fronteiras entre os direitos de liberdade como direitos de abstenção e direitos sociais como direitos de prestação estão cada vez mais diluídas. Afinal de contas, se atendermos ao conteúdo prescritivo dos direitos sociais, verificamos que o seu conteúdo tanto pode articular-se como direito de defesa (v.g., a proibição de trabalho infantil) ou como direito de prestação (atribuição de subsídios sociais)"[35].

---

34   Em Medida Cautelar na ADPF 828, o STF decidiu no dia 03 de junho de 2021 que "no contexto da pandemia da Covid-19, o direito social à moradia (art. 6º, CF) está diretamente relacionado à proteção da saúde (art. 196, CF), tendo em vista que a habitação é essencial para o isolamento social, principal mecanismo de contenção do vírus. (...) Diante dessa condição excepcional, os direitos de propriedade, possessórios e fundiários precisam ser ponderados com a proteção da vida e da saúde das populações vulneráveis, dos agentes públicos envolvidos nas remoções e também com os riscos de incremento da contaminação para a população em geral. (...) Justifica-se a suspensão, por 6 (seis) meses, da emoção de ocupações coletivas instaladas antes do início da pandemia. (...) No que diz espeito às situações de despejo por falta de pagamento de aluguel (...), no período da pandemia do coronavírus, suspendo, por 6 (seis) meses, tão somente a possibilidade de despejo liminar de pessoas vulneráveis, sem a audiência da parte contrária" (cautelar concedida pelo Min. Luís Roberto Barroso).

35   *Op. cit.*, p. 119. Prossegue a autora: "em bom rigor, os direitos sociais também implicam obrigações negativas. Senão veja-se: o direito à saúde pressupõe o

Não obstante, embora os direitos sociais não sejam apenas e tão somente direitos positivos, possuem uma carga majoritariamente prestacional por parte do Estado, enquanto os direitos de liberdade (ou liberdades públicas) possuem majoritariamente um dever de abstenção estatal.

Tal predominância do caráter prestacional dos direitos sociais é que faz deles serem "mais custosos". Embora todos os direitos tenham custos (como ficou provado na obra *The cost of rights*, de Sunstein e Holmes), alguns direitos "custam mais que outros". Como disse Rui Medeiros, "a efetivação de todos os direitos fundamentais 'custa dinheiro', mas a dos direitos sociais poderá 'custar muito dinheiro'"[36].

1.4. NORMAS INTERNACIONAIS ACERCA DOS DIREITOS SOCIAIS

1.4.1. A proteção do direito internacional geral

1.4.1.1. *Declaração Universal dos Direitos Humanos e Carta das Nações Unidas*

A Carta das Nações Unidas, assinada em São Francisco, a 26 de junho de 1945, por ocasião da Conferência da Organização Internacional das Nações Unidas, entrou em vigor no Brasil por força do Decreto n. 19.841, de 22 de outubro de 1945[37]. Já no Preâmbulo, a

---

dever estatal de não privar os cidadãos do acesso à saúde, e o direito à educação, o dever de a não anular" (p. 120).

36 *Apud* Catarina dos Santos Botelho, *op. cit.*, p. 121.

37 A Carta das Nações Unidas é o tratado que estabeleceu as Nações Unidas. No dia 12 de junho de 1941, por meio da *Declaração do Palácio de St. James*, em Londres, diversos governos reafirmaram sua fé na paz e esboçaram o futuro pós-guerra. No dia 14 de agosto de 1941 foi publicada a *Carta do Atlântico*, mais uma etapa na direção da organização mundial. Em 1943, os marcos principais foram as *conferências de Moscou e de Teerã*. A Carta das Nações Unidas foi elaborada pelos representantes de 50 países presentes na *Conferência sobre Organização Internacional*, que se reuniu em São Francisco de 25 de abril a 16 de junho de 1945. No dia 26 de junho, último dia da Conferência, foi

referida Carta traz como um dos seus objetivos "promover o progresso social e melhores condições de vida dentro de uma liberdade ampla". No Capítulo IX, por exemplo, a referida Carta prevê a realização de "níveis mais altos de vida, trabalho efetivo e condições de progresso e desenvolvimento econômico e social" (art. 55, *a*). Com a Carta das Nações Unidas, inaugura-se, no plano positivo internacional, a proteção aos direitos sociais.

Segundo Flávia Piovesan, "a criação das Nações Unidas, com suas agências especializadas, demarca o surgimento de uma nova ordem internacional, que instaura um novo modelo de conduta nas relações internacionais, com preocupações que incluem a manutenção de paz e segurança internacional, o desenvolvimento de relações amistosas entre os Estados, a adoção da cooperação internacional no plano econômico, social e cultural, a adoção de um padrão internacional de saúde, a proteção ao meio ambiente, a criação de uma nova ordem econômica internacional e a proteção internacional dos direitos humanos"[38].

Já a Declaração Universal dos Direitos Humanos, aprovada pela Assembleia Geral das Nações Unidas, em 10 de dezembro de 1948, nas palavras de Catarina Botelho, "foi um dos primeiros diplomas internacionais a aglomerar, num único dispositivo normativo, direitos e liberdades clássicas juntamente com direitos sociais"[39]. Segundo Flávia Piovesan, "embora a Carta das Nações Unidas seja enfática em

---

assinada pelos 50 países a Carta. As Nações Unidas começaram a existir oficialmente em 24 de outubro de 1945, após a ratificação da Carta por China, Estados Unidos, França, Reino Unido e a ex-União-Soviética, bem como pela maioria dos signatários.

38 *Direitos humanos e o direito constitucional internacional*. 16. ed. São Paulo: Saraiva, 2016, p. 210.
39 *Op. cit.*, p. 221. Prossegue a autora: "A Carta das Nações Unidas de 1945 consolida, assim, o movimento de internacionalização dos direitos humanos, a partir do consenso de Estados que elevam a promoção desses direitos a propósito e finalidade das Nações Unidas. Definitivamente, a relação de um Estado com seus nacionais passa a ser uma problemática internacional, objeto de instituições internacionais e do Direito Internacional" (p. 215).

determinar a importância de defender, promover e respeitar os direitos humanos e as liberdades fundamentais – como demonstram os dispositivos destacados –, ela não define o conteúdo dessas expressões, deixando-as em aberto. Daí o desafio de desvendar o alcance e significado da expressão 'direitos humanos e liberdades fundamentais', não definida pela Carta. Três anos após o advento da Carta das Nações Unidas, a Declaração Universal dos Direitos Humanos, de 1948, veio a definir com precisão o elenco dos 'direitos humanos e liberdades fundamentais' a que fazia menção os arts. 1º, 13, 55, 56 e 62 da Carta"[40].

A partir do artigo 22, a referida Declaração previu alguns direitos sociais, como segurança social[41], direito ao trabalho[42], condições razoáveis de trabalho[43], saúde, alimentação e moradia[44], direito à

---

40 *Op. cit.*, p. 216.
41 "Art. 22. Todo ser humano, como membro da sociedade, tem direito à segurança social e à realização, pelo esforço nacional, pela cooperação internacional e de acordo com a organização e recursos de Cada Estado, dos direitos econômicos, sociais e culturais indispensáveis à sua dignidade e ao livre desenvolvimento de sua personalidade."
42 "Art. 23. 1. Todo ser humano tem direito ao trabalho, à livre escolha de emprego, a condições justas e favoráveis de trabalho e à proteção contra o desemprego. 2. Todo ser humano, sem qualquer distinção, tem direito a igual remuneração por igual trabalho. 3. Todo ser humano que trabalhe tem direito a uma remuneração justa e satisfatória, que lhe assegure, assim como à sua família, uma existência compatível com a dignidade humana, e a que se acrescentarão, se necessário, outros meios de proteção social. 4. Todo ser humano tem direito a organizar sindicatos e nele ingressar para proteção de seus interesses."
43 "Art. 24. Todo ser humano tem direito a repouso e lazer, inclusive à limitação razoável das horas de trabalho e férias periódicas remuneradas."
44 "Art. 25. 1. Todo ser humano tem direito a um padrão de vida capaz de assegurar a si e a sua família saúde e bem estar, inclusive alimentação, vestuário, habitação, cuidados médicos e os serviços sociais indispensáveis, e direito à segurança em caso de desemprego, doença, invalidez, viuvez, velhice ou outros casos de perda dos meios de subsistência fora de seu controle. 2. A maternidade e a infância têm direito a cuidados e assistências especiais. Todas as crianças nascidas dentro ou fora do matrimônio, gozarão da mesma proteção social."

educação[45] e direito à cultura[46]. Segundo José Eduardo Faria, "ao enfatizar o direito do indivíduo à 'segurança social e à satisfação das necessidades indispensáveis ao livre desenvolvimento de sua personalidade', esse artigo representa um importante salto qualitativo em relação às declarações de direitos anteriores à de 1948: ele substituiu a ideia de um Estado sem qualquer outro compromisso a não ser o de garantir a ordem com base numa lei de liberdade, que constitui a essência dos 'direitos humanos de primeira geração', pela noção de um Estado proativo, ou seja, um Estado capaz de tornar as relações sociais e econômicas mais equilibradas, mediando os conflitos coletivos e neutralizando as diferenças de classe ao proteger os mais fracos, seja convertendo-os em portadores de determinados direitos perante os Poderes Públicos"[47].

---

45 "Art. 26. 1. Todo ser humano tem direito à instrução. A instrução será gratuita, pelo menos nos graus elementares e fundamentais. A instrução elementar será obrigatória. A instrução técnico-profissional será acessível a todos, bem como a instrução superior, esta baseada no mérito. 2. A instrução será orientada no sentido do pleno desenvolvimento da personalidade humana e do fortalecimento do respeito pelos direitos humanos e pelas liberdades fundamentais. A instrução promoverá a compreensão, a tolerância e a amizade entre todas as nações e grupos raciais ou religiosos, e coadjuvará as atividades das Nações Unidas em prol da manutenção da paz. 3. Os pais têm prioridade de direito na escolha do gênero de instrução que será ministrada a seus filhos."

46 "Art. 27. 1. Todo ser humano tem direito de participar livremente da cultura da comunidade, de fruir as artes e de participar do processo científico e de seus benefícios. 2. Todo ser humano tem direito à proteção dos interesses morais e materiais decorrentes de qualquer produção científica, literária ou artística da qual seja autor."

47 *The Article 26th of the Human Rights Universal Declaration:* some remarks about its fulfillment conditions. Disponível em: https://www.tjrs.jus.br/export/poder_judiciario/historia/memorial_do_poder_judiciario/memorial_judiciario_gaucho/revista_justica_e_historia/issn_1676-5834/v1n1_2/doc/09._Jose_Eduardo_Faria.pdf. Segundo Flávia Piovesan, "a Declaração de 1948 introduz extraordinária inovação ao conter uma linguagem de direitos até então inédita. Combinando o discurso liberal da cidadania com o discurso social, a Declaração passa a elencar tanto direitos civis e políticos (arts. 3º a 21) como direitos

Não obstante, como lembra Catarina Botelho, "ainda que, em boa verdade, muitos direitos internacionais não tenham logrado obter um patamar satisfatório de proteção, daí não se retira que não constem dos tratados e convenções internacionais. Na Conferência dos Direitos Humanos de Teerã (1968) já se proclamou a indivisibilidade e interdependência dos direitos humanos, em especial, 'que a plena realização dos direitos civis e políticos é impossível sem o gozo dos direitos econômicos, sociais e culturais'. Na Conferência Mundial dos Direitos Humanos de Viena (1993), o ponto I.5 da Declaração e Programa da Ação de Viena deixou claro que todos os direitos humanos são universais, indivisíveis e interdependentes e estão relacionados entre si. A comunidade internacional deve tratar os direitos humanos de forma global e de maneira justa e equitativa, em pé de igualdade e dando-lhe a todos o mesmo peso"[48].

1.4.1.2. Pacto Internacional dos Direitos Econômicos, Sociais e Culturais (PIDESC)

Trata-se de um tratado multilateral adotado pela Assembleia Geral das Nações Unidas em 16 de dezembro de 1966, entrando em

---

sociais, econômicos e culturais (arts. 22 a 28). Duas são as inovações introduzidas pela Declaração: parificar, em igualdade de importância, os direitos civis e políticos e os direitos econômicos, sociais e culturais; e) afirmar a inter-relação, indivisibilidade e interdependência de tais direitos" (*op. cit.*, p. 227).

48 *Op. cit.*, p. 223. Prossegue a autora: "alguma doutrina, porém, entende que existe 'uma boa dose de retórica' na 'posição oficial' das Nações Unidas de defender a interdependência e a indivisibilidade de todos os direitos. Em sintonia, Friedrich A. Hayek critica duramente a inserção dos direitos sociais da DUDH, uma vez que se trata de um mero *exercício de retórica*, uma vez que como contrapartida da proclamação de direitos, não se vislumbra a atribuição da obrigação ou ônus de os assegurar. (...) Nestas circunstâncias, também José Melo Alexandrino afirma que a ideia 'tão propalada como pouco trabalhada' da indivisibilidade dos direitos humanos consagrados no Direito Internacional geral acaba por ser 'retórica' e pouco 'justificada juridicamente', em especial porque consta de 'declarações e preâmbulos'" (*op. cit.*, p. 222-223).

vigor desde 3 de janeiro de 1976. Faz parte da Carta Internacional de Direitos Humanos, juntamente com a Declaração Universal dos Direitos Humanos (DUDH) e o Pacto Internacional dos Direitos Civis e Políticos (PIDCP), incluindo o primeiro e o segundo protocolos opcionais deste último.

Como lembra Catarina Santos Botelho, "a Declaração Universal dos Direitos Humanos não efetuava uma distinção clara entre os direitos sociais e os demais direitos. Com efeito, esta diferenciação surgiu apenas de forma expressa com a aprovação dos Pactos Internacionais de 1966, em que se optou por caracterizar os direitos fundamentais internacionais segundo esta classificação dicotômica: direitos econômicos, sociais e culturais, por um lado, e direitos civis e políticos, por outro"[49].

O *Pacto Internacional dos Direitos Econômicos, Sociais e Culturais (PIDESC)* entrou em vigor no direito brasileiro por força do Decreto presidencial n. 591, de 6 de julho de 1992.

Já no Preâmbulo do PIDESC, reconhece-se que os direitos econômicos, sociais e culturais, que a partir de agora vamos resumir à expressão *direitos sociais*, "decorrem da dignidade inerente à pessoa humana". O artigo 2º, item 1, determina que "Cada Estado-Parte do presente Pacto compromete-se a adotar medidas, tanto por esforço próprio como pela assistência e cooperação internacionais, principalmente nos planos econômico e técnico, *até o máximo de seus recursos disponíveis*, que visem a assegurar, *progressivamente*, todos os meios apropriados, o pleno exercício dos direitos reconhecidos no presente Pacto, incluindo, *em particular, a adoção de medidas legislativas*" (grifamos).

Esse artigo é bastante elucidativo, destacando-se os seguintes aspectos: a) o presente Pacto não quer retirar a autonomia de cada

---

49 *Op. cit.*, p. 223.

Estado (tanto que, no artigo 1º, reconhece o direito à autodeterminação dos povos e, por isso, o direito de realizar seu estatuto político que assegure "livremente seu desenvolvimento econômico, social e cultural"); b) ao utilizar a expressão "progressivamente", o Pacto mostra ser uma *norma essencialmente programática*, com toda a problemática inerente que essa expressão traz (estabelece um programa de ação para os Estados-parte, dando ensejo à discussão de quais aspectos dos direitos nele previstos podem ser exigidos imediatamente do Estado[50]); c) com a expressão "até o máximo de seus recursos disponíveis", o Pacto impõe aos Estados-parte o dever de priorizar a implantação de políticas públicas em busca da concretização dos direitos sociais, no máximo possível; d) ao utilizar a expressão "em particular, a adoção de medidas legislativas", o Pacto se inspira na doutrina tradicional, de origem germânica, segundo a qual os direitos sociais devem ser concretizados, principalmente, por meio das opções do legislador. Segundo Ingo Wolfgang Sarlet e Mariana Filchtiner Figueiredo, "a doutrina e a jurisprudência alemãs partem – de um modo mais cauteloso – da premissa de que existem diversas maneiras de realizar esta obrigação, incumbindo ao legislador a função de dispor sobre a forma de prestação, seu montante, as condições para sua fruição etc., podendo os tribunais decidir sobre este padrão existencial mínimo, nos casos de omissão ou desvio de finalidade por parte dos órgãos legiferantes"[51]. Por fim, a *reserva do possível orçamentário*, que será objeto de estudo porvindouro nesse trabalho, aparece em inúmeros dispositivos do Pacto, a começar pelo artigo 2º, nas expressões "progressivamente" e "recursos

---

50 Abordaremos, no próximo capítulo, a questão do *mínimo existencial dos direitos sociais*.
51 Ingo Wolfgang Sarlet e Mariana Filchtiner Figueiredo, Reserva do possível, mínimo existencial e direito à saúde: algumas aproximações. *In: Direitos fundamentais.* Porto Alegre: Livr. do Advogado Ed., 2010, p. 23.

possíveis" (item 1) e "levando devidamente em consideração (...) a situação econômica nacional" (item 3).

O Pacto determina que os Estados-partes reconheçam e implementem o direito ao trabalho (art. 6º), condições de trabalho justas e favoráveis (art. 7º), direitos coletivos do trabalho (art. 8º), direito à previdência social e seguridade social (art. 9º), proteção à família, à maternidade e à criança e adolescente (art. 10), um mínimo de direitos relacionado à vida digna (art. 11)[52], saúde física e mental (art. 12), educação (arts. 13 e 14), acesso aos recursos culturais (art. 15).

Segundo o artigo 16 do Pacto, "Os Estados-Partes do presente Pacto comprometem-se a apresentar, de acordo com as disposições da presente parte do Pacto, relatórios sobre as medidas que tenham adotado e sobre o progresso realizado com o objetivo de assegurar a observância dos direitos reconhecidos no Pacto".

Não obstante, o Brasil somente apresentou seu primeiro informe ao Comitê de Direitos Econômicos, Sociais e Culturais em 2001[53], depois de ter sido enviado relatório pela sociedade civil (elaborado por vários setores da sociedade civil[54], sob a coordenação da Comissão de

---

52 Segundo o artigo 11 do Pacto: "1. Os Estados-Partes do presente Pacto reconhecem o direito de toda pessoa a um nível de vida adequado para si próprio e sua família, inclusive à alimentação, vestimenta e moradia adequadas, assim como a uma melhoria contínua de suas condições de vida. Os Estados-Partes tomarão medidas apropriadas para assegurar a consecução desse direito, reconhecendo, nesse sentido, a importância essencial da cooperação internacional fundada no livre consentimento. 2. Os Estados-Partes do presente Pacto, reconhecendo o direito fundamental de toda pessoa de estar protegida contra a fome...". Como veremos no capítulo seguinte, daí se costuma extrair a noção de *mínimo existencial* ou *mínimo vital*.

53 Disponível em: http://www.prr4.mpf.gov.br/pesquisaPauloLeivas/arquivos/informe_governo_2001.pdf.

54 Constam como signatários do documento o *Movimento Nacional de Direitos Humanos*, a *Ordem dos Advogados do Brasil*, a *Comissão Pastoral da Terra*, dentre outras instituições.

Direitos Humanos da Câmara dos Deputados)⁵⁵. O Comitê de Direitos Econômicos, Sociais e Culturais emitiu em maio de 2003 observações conclusivas acerca do cumprimento do PIDESC pelo Brasil, incluindo recomendações e sugestões para sua efetivação⁵⁶. Em setembro de 2006 foi apresentado o II Relatório pelo Governo brasileiro⁵⁷. Em 4 de junho de 2020, o Brasil apresentou seu terceiro relatório ao Comitê (referente aos anos de 2007 e 2018), tendo sido distribuído no dia 23 de julho de 2020⁵⁸.

Nesse relatório, o governo brasileiro aponta suposto avanço no direito dos povos indígenas (artigo 1º), no combate à desigualdade racial, dando ênfase às leis sobre cotas raciais (artigo 2º), combate à desigualdade social (artigo 6º), incremento do direito ao trabalho (artigo 7º), direitos sindicais dos trabalhadores (artigo 8º), seguridade social (artigo 9º), direito à saúde (artigo 12) etc.

O Comitê dos Direitos Econômicos, Sociais e Culturais foi instituído em 1985 pelo Conselho Econômico e Social das Nações Unidas, a fim de controlar a aplicação, pelos Estados-Partes, das disposições do Pacto Internacional. O Comitê recebe os relatórios elaborados pelos Estados-parte, enunciando as medidas tomadas para efetivação dos direitos previstos no Pacto e depois elabora um relatório conclusivo, salientando os aspectos positivos e apontando os problemas detectados, apresentando as recomendações e as sugestões para minimizá-los ou saná-los. Outrossim, o Comitê dispõe de competência para elaborar comentários gerais relativos a determinados artigos do Pacto.

---

55 Documento disponível em: http://www.prr4.mpf.gov.br/pesquisaPauloLeivas/arquivos/informe_alternativo_sociedade_2000.pdf.

56 Documento disponível em: http://www.prr4.mpf.gov.br/pesquisaPauloLeivas/arquivos/recomendacoes_CDESC_2003.pdf.

57 Disponível em: http://www.prr4.mpf.gov.br/pesquisaPauloLeivas/arquivos/Relatorio_2006.pdf.

58 Disponível em: https://tbinternet.ohchr.org/_layouts/15/treatybodyexternal/Download.aspx?symbolno=E%2fC.12%2fBRA%2f3&Lang=en.

1.4.1.2.1. Os Comentários Gerais do Comitê como Instrumento de *soft law*

Embora não haja um consenso acerca da origem da expressão *soft law*, parte da doutrina aponta como marco inicial provável o texto escrito por Arnold McNair, "The Functions and Deffering Legal Character of Treaties", no *British Year Book of International Law*, de 1930[59]. Segundo Thibierge, instrumentos de *soft law* são "compostos, simultaneamente ou não, por três facetas, ou seja, ele pode ser *mou* (mole), *flou* (fluido) ou *doux* (doce). Quando composto por premissas vagas, imprecisas, ele será tido como um direito fluido; quando não for obrigatório, será tido como doce; e, se não prever sanções, será mole. Logo, um instrumento jurídico pode ser triplamente *soft* quanto ao seu conteúdo, obrigatoriedade e efeitos"[60].

Segundo Miguel Neves, "a crescente relevância da *soft law* no desenvolvimento do direito internacional e no reforço da regulação global pós-1945 constitui uma das tendências estruturantes do direito internacional atual que se materializa em mecanismos distintos que variam com o tipo de *soft law* em causa. A *soft law* primária ou autônoma teve um impacto inovador ao constituir o pilar estruturante da gênese de novas áreas do direito internacional, como sucedeu nos casos da Declaração Universal dos Direitos Humanos em 1948, em relação ao direito internacional dos direitos humanos, e da Declaração de Estocolmo de 1972, relativamente ao direito internacional do ambiente. <u>A *soft law* secundária está associada a instrumentos de *hard law* e depende deles, em especial dos tratados internacionais, contribuindo para a sua interpretação ou para a integração de lacunas, como no caso dos comentários gerais elaborados pelo Comitê dos Direitos Humanos, no âmbito do Pacto Internacional Sobre Direitos Civis e Políticos, e pelo Comitê dos Direitos Econômicos Sociais e Culturais no âmbito do Pacto Internacional sobre Direitos Econômicos, Sociais e Culturais</u>"[61] (grifamos).

---

59 Liziane Paixão Silva Oliveira; Márcia Rodrigues Bertoldi. *A Importância do Soft Law na Evolução do Direito Internacional*, p. 6.271.
60 *Op. cit.*, p. 6.273.
61 Miguel Neves. *Direito Internacional da Água e Conflitualidade Internacional*, p. 53.

Dessa maneira, os Comentários Gerais do Comitê, que abaixo descreveremos, inserem-se no contexto de *"soft law* secundária", já que decorre de uma norma de *hard law*, que é o Pacto Internacional sobre Direitos Econômicos, Sociais e Culturais. Tais Comentários Gerais têm, sobretudo, uma importância interpretativa e que deve ser considerada na aplicação dos direitos sociais pelos operadores do Direito brasileiros.

No Brasil, por inúmeras razões (como a pouca importância histórica dada ao Direito Internacional, na academia e na jurisprudência, por exemplo), surgiu um fenômeno que abordamos no nosso *Curso de Direito Constitucional* e que foi cunhado por André de Carvalho Ramos de "tratados internacionais nacionais", ou seja, uma interpretação nacional dos tratados internacionais, muitas vezes contrária às interpretações das Cortes e Comitês que possuem a competência máxima para tal interpretação. Segundo palavras do referido autor, "O modo de criação dessa espécie tipicamente brasileira é o seguinte: o Brasil ratifica tratados e reconhece a jurisdição de órgãos internacionais encarregados de interpretá-los; porém, subsequentemente, o Judiciário nacional continua a interpretar tais tratados nacionalmente, sem qualquer remissão ou lembrança da jurisprudência dos órgãos internacionais que os interpretam. (...) Verifico, então, que o Direito Internacional no Brasil está manco: formalmente, o Brasil está plenamente engajado; na aplicação prática, há quase um total silêncio sobre a interpretação dada pelo próprio Direito Internacional (na voz de seus intérpretes autênticos, como, por exemplo, a Corte Interamericana de Direitos Humanos, o Tribunal Permanente de Revisão do Mercosul etc.)"[62].

Assim, é absolutamente imperioso que os juristas brasileiros, desde a Academia, conheçam detalhadamente esses instrumentos de *soft law*, como os Comentários Gerais do Comitê, sob pena de

---

62 *Pluralidade das ordens jurídicas: uma nova perspectiva na relação entre o direito internacional e o direito constitucional*, p. 512.

transformar o *soft law* em *illusory law* (lei apenas ilusória, imaginária). Por isso, a partir de agora, examinaremos os principais Comentários Gerais, sobre direitos sociais.

Dentre os Comentários Gerais do Comitê, destacamos[63] os Comentários Gerais n. 4 e 7 (direito à moradia), 11 e 13 (educação), 12 (alimentação), 14 (saúde), 15 (direito à água), 18 e 23 (direito ao trabalho), 19 (seguridade social) e 21 (vida cultural).

Comentários Gerais n. 4, de 1991, e 7, de 1997 (moradia): O direito social à moradia está previsto no artigo 11, item 1, do Pacto Internacional Sobre Direitos Econômicos, Sociais e Culturais, que dispõe: "Os Estados-Partes do presente Pacto reconhecem o direito de toda pessoa a um nível de vida adequado para si próprio e sua família, inclusive à alimentação, vestimenta e moradia adequadas, assim como a uma melhoria contínua de suas condições de vida" (grifamos). O Comitê começa o Comentário Geral n. 4 afirmando que, "apesar de que a comunidade internacional tenha reafirmado com frequência a importância do pleno respeito a uma moradia adequada, segue existindo um abismo preocupante entre as normas fixadas no parágrafo 1 do artigo 11 do Pacto e a situação reinante em muitas regiões do mundo". Outrossim, afirma que o direito à moradia é composto dos seguintes elementos: a) segurança jurídica da posse; b) disponibilidade de serviços, materiais, facilidades e infraestrutura; c) gastos suportáveis; d) habitabilidade; e) acessibilidade; f) lugar que permita acesso a opções de emprego, serviços de saúde, escolas e outros serviços sociais; g) adequação cultural.

---

63 Isso porque os demais Comentários versam sobre temas transversais, que não tratam especificamente do conteúdo dos direitos sociais: o Comentário Geral n. 1 versa sobre "apresentação de relatórios", o Comentário Geral n. 2 sobre "assistência técnica internacional", o Comentário Geral n. 3 sobre "natureza das obrigações dos Estados-Partes", o Comentário Geral n. 8 sobre "sanções econômicas", o Comentário Geral n. 9 trata sobre "aplicação do Pacto no nível interno", o Comentário Geral n. 10 sobre "papel das instituições nacionais de direitos humanos" e o Comentário Geral n. 20 versa sobre "não discriminação".

O Comitê determina, nesse Comentário Geral, que os recursos destinados às políticas públicas relacionadas à moradia não devem ser destinados aos grupos sociais mais abastados, mas aos mais necessitados. Para tanto, determina que os Estados-Partes têm o dever de cumprir imediatamente uma obrigação: proporcionar informação detalhada sobre os grupos da sociedade que se encontram em situação de vulnerabilidade e desvantagem em matéria de moradia, incluindo, em particular, as pessoas sem casa e suas famílias, as alojadas inadequadamente e as que não têm acesso às instalações básicas, as que vivem em assentamentos ilegais etc. Outrossim, "o Comitê considera que as instâncias de despejos forçados são *prima facie* incompatíveis com os requisitos do Pacto e só poderão se justificar nas circunstâncias mais excepcionais e de conformidade com os princípios pertinentes ao direito internacional"[64].

Depois de reconhecer "a incapacidade dos governos de satisfazerem plenamente o déficit da moradia", o Comitê sugere iniciativas combinadas do setor público e privado, de modo que seja realizado o direito de moradia "de cada indivíduo no tempo mais breve possível, em conformidade com o máximo dos recursos disponíveis".

Comentários Gerais n. 11 e 13, ambos de 1999 (educação): o Comentário Geral n. 11 se destina a interpretar o artigo 14 do Pacto, que dispõe: "todo Estado-Parte do presente pacto que, no momento em que tornar-se Parte, ainda não tenha garantido em seu próprio

---

64 Para esclarecer melhor esse entendimento e atenuar o rigor dessa afirmação, o Comitê elaborou a Observação Geral n. 7, em 1997, esclarecendo o que seria "despejo forçado" e quando ele seria vedado ou permitido. No parágrafo 3, o Comitê esclarece que "o emprego da expressão 'despejos forçados' é de certo modo problemática. Esta expressão pretende transmitir o sentido de arbitrariedade e ilegalidade". No parágrafo 11, afirma que "ainda que alguns despejos sejam justificáveis, por exemplo, em caso de não pagamento persistente do aluguel ou danos à propriedade alugada sem causa justificada, as autoridades competentes deverão garantir que os despejos se levem a cabo de maneira permitida por uma legislação compatível com o Pacto e que as pessoas afetadas disponham de todos os recursos jurídicos apropriados".

território ou territórios sob sua jurisdição a obrigatoriedade e a gratuidade da educação primária, se compromete a elaborar e a adotar, dentro de um prazo de dois anos, um plano de ação detalhado destinado à implementação progressiva, dentro de um número razoável de anos estabelecidos no próprio plano, do princípio da educação primária obrigatória e gratuita para todos" (grifamos).

No parágrafo 3º, o Comitê aborda a questão das crises econômicas, que aumentaram "consideravelmente a medida em que se denega o direito à educação primária", mas conclui que "estas dificuldades não podem eximir os Estados-Parte da obrigação de apresentar ao Comitê um plano de ação". Outrossim, nos parágrafos 6º a 11, o Comitê esclarece alguns aspectos desse direito: a) obrigatoriedade: nem os pais, nem o Estado, têm o direito a tratar como optativa a decisão de se a criança deve ter acesso à educação primária; b) gratuidade: quaisquer custos, diretos ou indiretos (como gastos com uniforme, por exemplo) "são desincentivos do desfrute do direito que podem pôr em perigo sua realização"; c) adoção de um plano detalhado: o Estado-Parte tem o dever de apresentar em dois anos um plano de ação para implementação do direito; d) obrigações: ainda que o Estado alegue que não tem recursos necessários, deverá elaborar o plano de ação e, se o caso, poderá contar com ajuda internacional; e) aplicação progressiva: o plano de ação deve ter como objetivo a implantação da aplicação progressiva do direito à educação primária obrigatória e gratuita.

Já o Comentário Geral n. 13, também de 1999, esclarece o conteúdo do artigo 13 do Pacto, que trata da educação[65], apontando

---

65 "1. Os Estados-Partes do presente Pacto reconhecem o direito de toda pessoa à educação. Concordam em que a educação deverá visar ao pleno desenvolvimento da personalidade humana e do sentido de sua dignidade e fortalecer o respeito pelos direitos humanos e liberdades fundamentais. Concordam ainda em que a educação deverá capacitar todas as pessoas a participar efetivamente de uma sociedade livre, favorecer a compreensão, a tolerância e a amizade entre todas as nações e entre todos os grupos raciais, étnicos ou religiosos e promover as atividades das Nações Unidas em prol da manutenção da paz. 2.

quatro características essenciais: a) disponibilidade; b) acessibilidade; c) aceitabilidade (a forma e o fundo da educação, compreendidos os programas de estudo e os métodos pedagógicos, hão de ser aceitáveis [por exemplo, pertinentes, adequados culturalmente e de boa qualidade] para os estudantes); d) adaptabilidade.

Depois de reconhecer, no parágrafo 43, "as restrições devidas às limitações dos recursos disponíveis", o Comitê afirma que os Estados têm algumas obrigações imediatas: garantir o direito "sem discriminação alguma" e "adotar medidas" para lograr a plena aplicação do disposto no artigo 13 do Pacto. A expressão "gradualmente", segundo o Comitê, significa que os "Estados têm a obrigação concreta e permanente de proceder a mais expedita e eficazmente possível para a plena realização do direito".

Os Estados-Partes do presente Pacto reconhecem que, com o objetivo de assegurar o pleno exercício desse direito: a) a educação primária deve ser obrigatória e acessível gratuitamente a todos; b) a educação secundária em suas diferentes formas, inclusive a educação secundária técnica e profissional, deverá ser generalizada e tornar-se acessível a todos, por todos os meios apropriados, e, principalmente, pela implementação progressiva do ensino gratuito; c) a educação de nível superior deverá igualmente tornar-se acessível a todos, com base na capacidade de cada um, por todos os meios apropriados e, principalmente, pela implementação progressiva do ensino gratuito; d) dever-se-á fomentar e intensificar, na medida do possível, a educação de base para aquelas pessoas que não receberam educação primária ou não concluíram o ciclo completo de educação primária; e) será preciso prosseguir ativamente o desenvolvimento de uma rede escolar em todos os níveis de ensino, implementar-se um sistema adequado de bolsas de estudo e melhorar continuamente as condições materiais do corpo docente; 1. Os Estados-Partes do presente Pacto comprometem-se a respeitar a liberdade dos pais e, quando for o caso, dos tutores legais de escolher para seus filhos escolas distintas daquelas criadas pelas autoridades públicas, sempre que atendam aos padrões mínimos de ensino prescritos ou aprovados pelo Estado, e de fazer com que seus filhos venham a receber educação religiosa ou moral que esteja de acordo com suas próprias convicções; 2. Nenhuma das disposições do presente artigo poderá ser interpretada no sentido de restringir a liberdade de indivíduos e de entidades de criar e dirigir instituições de ensino, desde que respeitados os princípios enunciados no parágrafo 1 do presente artigo e que essas instituições observem os padrões mínimos prescritos pelo Estado."

Prevê a possibilidade do retrocesso, em casos excepcionalíssimos (no parágrafo 45): "a admissão de medidas regressivas adotadas em relação ao direito à educação, e outros direitos enunciados no Pacto, é objeto de grandes prevenções. Se deliberadamente adota alguma medida regressiva, o Estado-Parte tem a obrigação de demonstrar que foi implantada depois da consideração mais cuidadosa de todas as alternativas e que se justifica plenamente em relação à totalidade dos direitos previstos no Pacto e no contexto do aproveitamento pleno do máximo dos recursos de que se dispõe o Estado-Parte".

Comentário Geral n. 12, de 1999 (alimentação): o direito à alimentação adequada está reconhecido em direitos instrumentos de direito internacional, como o Pacto Internacional sobre Direitos Econômicos, Sociais e Culturais, de 1966, no seu artigo 11, parágrafo 1º: "Os Estados-Partes do presente Pacto reconhecem o direito de toda pessoa a um nível de vida adequado para si próprio e sua família, inclusive à alimentação..." e no seu parágrafo 2º, que reconhece o dever do Estado proteger a pessoa contra a fome a e má nutrição.

O Comitê afirma que "o direito à uma alimentação adequada está inseparavelmente vinculado à dignidade inerente a toda pessoa humana e é indispensável para o desfrute de outros direitos humanos consagrados na Carta Internacional de Direitos Humanos. É também inseparável da justiça social, pois requer a adoção de políticas econômicas, ambientais e sociais adequadas, nos planos nacional e internacional, orientadas à erradicação da pobreza e ao desfrute de todos os direitos humanos por todos". Não obstante, relata os problemas sociais referentes ao tema: "Mais de 840 milhões de pessoas em todo o mundo, a maioria delas dos países em desenvolvimento, sofrem de fome crônica".

No parágrafo 6º, o Comitê afirma que "o direito à alimentação adequada se exerce quando todo homem, mulher ou criança, sozinho ou em comum com outros, tem acesso físico e econômico, em todo o momento, à alimentação adequada ou aos meios para obtê-la".

Quanto às obrigações aplicadas ao Estado, o Comitê afirma, no parágrafo 14, que "a principal obrigação é de adotar medidas para lograr progressivamente o pleno exercício do direito a uma alimentação adequada. Ele impõe a obrigação de avençar o mais rapidamente possível para alcançar esse objetivo"[66]. Outrossim, no parágrafo 17, afirma o Comitê que "o Pacto é violado quando um Estado não garante a satisfação de, pelo menos, o nível mínimo essencial necessário para estar protegido contra a fome". Todavia, admite que, em casos excepcionalíssimos, por razões econômicas, esse direito pode não ser cumprido na plenitude, ressalvando que o Estado "deve demonstrar que fez todos os esforços possíveis por utilizar todos os recursos de que dispõe, com o fim de cumprir, com caráter prioritário, essas obrigações mínimas". Quanto à discricionariedade da implantação de planos para cumprimento do direito a uma alimentação adequada, o Comitê afirma que "os meios mais adequados para aplicar o direito a uma alimentação adequada variarão inevitavelmente e de modo considerável de um Estado-Parte para outro. Cada Estado terá uma margem de eleição para dizer seus próprios enfoques, mas o Pacto especifica claramente que cada Estado-Parte adotará as medidas que sejam necessárias para garantir que todas as pessoas fiquem

---

[66] No parágrafo 15, o Comitê afirma que "o direito à alimentação adequada, como qualquer outro direito humano, impõe três tipos ou níveis de obrigações a todos os Estados-Partes: as obrigações de *respeitar, proteger* e *realizar*. Por sua vez, a obrigação de *realizar* compreende tanto a obrigação de *facilitar* como a obrigação de *tornar efetivo*. A obrigação de *respeitar* o acesso existente a uma alimentação adequada requer que os Estados não adotem medidas de nenhum tipo que tenham por resultado impedir esse acesso. A obrigação de *proteger* requer que o Estado-Parte adote medidas para velar para que as empresas ou os particulares não privem as pessoas do acesso a uma alimentação adequada. A obrigação de *realizar* (*facilitar*) significa que o Estado deve procurar iniciar atividades com o fim de fortalecer o acesso e a utilização por parte da população dos recursos e meios que assegurem seus meios de vida, incluída a segurança alimentar. Por último, quando um indivíduo ou grupo seja incapaz, por razões que escapem a seu controle, de desfrutar o direito a uma alimentação adequada pelos meios a seu alcance, os Estados têm a obrigação de *realizar* (*fazer efetivo*) esse direito diretamente. Esta obrigação também se aplica às pessoas que são vítimas de catástrofes naturais ou de outra índole".

livres da fome e que possam desfrutar o mais rapidamente possível do direito a uma alimentação adequada" (parágrafo 21).

Comentário Geral n. 14, de 2000 (saúde): o Comentário Geral n. 14 tem o escopo de esclarecer os limites do artigo 12 do Pacto, que trata da saúde[67]. Segundo o Comitê (parágrafo 3º), "o direito à saúde está estreitamente vinculado com o exercício de outros direitos humanos e depende desses direitos, que se enunciam na Carta Internacional de Direitos, em particular o direito à alimentação, moradia, trabalho, educação, dignidade humana, vida, não discriminação, igualdade, a não ser submetido a torturas, vida privada, acesso à informação e liberdade de associação, reunião e circulação. Esses outros direitos e liberdades abordam os componentes integrais do direito à saúde". Já no parágrafo 5º o Comitê entende que os obstáculos econômicos à implantação do direito à saúde são quase intransponíveis: "o Comitê é consciente de que para milhões de pessoas em todo o mundo o pleno exercício do direito à saúde continua sendo um objetivo remoto. (...) O Comitê é consciente de que os formidáveis obstáculos estruturais e de outra índole resultantes de fatores internacionais e outros fatores fora do controle dos Estados impedem a plena realização do artigo 12 em muitos Estados-Partes".

Como elementos do direito à saúde, o Comitê elenca as seguintes características, no parágrafo 12: a) disponibilidade; b) acessibilidade; c) aceitabilidade; d) qualidade. Embora seja um direito de implantação progressiva, no parágrafo 30, o Comitê aponta duas obrigações

---

[67] "1. Os Estados-Partes do presente Pacto reconhecem o direito de toda pessoa de desfrutar o mais elevado nível possível de saúde física e mental. 2. As medidas que os Estados-Partes do presente Pacto deverão adotar com o fim de assegurar o pleno exercício desse direito incluirão as medidas que se façam necessárias para assegurar: a) a diminuição da mortinatalidade e da mortalidade infantil, bem como o desenvolvimento das crianças; b) a melhoria de todos os aspectos de higiene do trabalho e do meio ambiente; c) a prevenção e o tratamento das doenças epidêmicas, endêmicas, profissionais e outras, bem como a luta contra essas doenças; d) a criação de condições que assegurem a todos assistência medida e serviços médicos em caso de enfermidade."

imediatas aplicáveis aos Estados-Partes: não praticar nenhum tipo de discriminação, bem como adotar medidas para a plena realização do artigo 12 do Pacto.

Outrossim, no parágrafo 32, reconhece a possibilidade excepcional de retrocesso social, em se tratando da saúde: "Igual ao que ocorre com os demais direitos enunciados no Pacto, existe uma forte presunção de que não são permitidas medidas regressivas adotadas em relação ao direito à saúde. Se se adotam quaisquer medidas deliberadamente regressivas, deve o Estado-Parte demonstrar que foram aplicadas após o exame mais exaustivo de todas as alternativas possíveis e que essas medidas estão devidamente justificadas com referência à totalidade dos direitos enunciados no Pacto em relação com a plena utilização dos recursos máximos disponíveis do Estado-Parte".

Por fim, no parágrafo 33, afirma que "assim como todos os direitos humanos, o direito à saúde impõe três tipos ou níveis de obrigações aos Estados-Partes: a obrigação de *respeitar, proteger* e *cumprir*. Por sua vez, a obrigação de cumprir compreende a obrigação de facilitar, proporcionar e promover. A obrigação de respeitar exige que os Estados se abstenham de interferir direta ou indiretamente no exercício do direito à saúde. A obrigação de *proteger* requer que os Estados adotem medidas para impedir que terceiros interfiram na aplicação das garantias previstas no artigo 12. Por último, a obrigação de *cumprir* requer que os Estados adotem medidas apropriadas de caráter legislativo, administrativo, judicial ou de outra índole para dar plena efetividade ao direito à saúde" (grifamos).

Comentário Geral n. 15, de 2003 (direito à água): o Comentário Geral n. 15 foi elaborado como corolário dos artigos 11 e 12 do Pacto Internacional de Direitos Econômicos, Sociais e Culturais. Segundo o Comitê, "a água é um recurso natural limitado e um bem público fundamental para a vida e a saúde. O direito humano à água é indispensável para viver dignamente e é condição prévia para a realização de outros direitos humanos" (parágrafo 1º).

No parágrafo 11, o Comitê afirma que, apesar da possível variação do exercício do direito à água, os seguintes fatores se aplicam em qualquer circunstância: a) disponibilidade; b) qualidade; c) acessibilidade. Assim como em outros direitos sociais, o acesso à água é de cumprimento progressivo, mas o Estado tem alguns deveres imediatos, previstos no parágrafo 17: a garantia de que o direito será exercido sem discriminação alguma e a obrigação de adotar medidas para a realização do direito. Da mesma forma, no parágrafo 19, o Comitê afirma que medidas regressivas só se justificam em casos excepcionais, depois de um exame exaustivo de todas as alternativas possíveis e que essas medidas estejam devidamente justificadas.

Comentários Gerais n. 18, de 2005 e 23, de 2016 (direito ao trabalho): o Comentário Geral n. 18 visa a esclarecer o artigo 6º do Pacto de Direitos Econômicos, Sociais e Culturais[68]. Já no parágrafo 1º do Comentário, o Comitê afirma que "O direito ao trabalho é um direito fundamental, reçonhecido em diversos instrumentos de direito internacional. O Pacto Internacional de Direitos Econômicos, Sociais e Culturais, através de seu artigo 6º, trata este direito mais extensamente que qualquer outro instrumento. O direito ao trabalho é essencial para a realização de outros direitos humanos e constitui uma parte inseparável e inerente da dignidade humana. Toda pessoa tem o direito a trabalhar para poder viver com dignidade. O direito ao trabalho serve, ao mesmo tempo, à sobrevivência do indivíduo e de sua família e contribui também, enquanto o trabalho é

---

68 "1. Os Estados-Partes do presente Pacto reconhecem o direito ao trabalho, que compreende o direito de toda pessoa de ter a possibilidade de ganhar a vida mediante um trabalho livremente escolhido ou aceito, e tomarão medidas apropriadas para salvaguardar esse direito. 2. As medidas que cada Estado-Parte do presente Pacto tomará a fim de assegurar o pleno exercício desse direito deverão incluir a orientação e a formação técnica e profissional, a elaboração de programas, normas e técnicas apropriadas para assegurar um desenvolvimento econômico, social e cultural constante e o pleno emprego produtivo em condições que salvaguardem aos indivíduos o gozo das liberdades políticas e econômicas fundamentais."

escolhido ou aceito livremente, a sua plena realização e a seu reconhecimento no seio da comunidade".

No parágrafo 12, o Comitê estabelece os elementos interdependentes e essenciais do direito ao trabalho: a) disponibilidade; b) acessibilidade; c) aceitabilidade e qualidade. Quanto às obrigações de cada Estado-Parte, o parágrafo 19 determina que "a principal obrigação dos Estados-Partes é velar pela realização progressiva do exercício do direito ao trabalho", mas estabelece como obrigações imediatas a garantir que o direito seja exercido sem qualquer discriminação e de implantar medidas destinadas ao exercício desse direito.

Como ocorre com outros direitos previstos no Pacto, no parágrafo 21, o Comitê prevê a excepcionalidade de medidas regressivas.

Já o Comentário Geral 23, de 2016 versa sobre o direito a condições de trabalho equitativas e satisfatórias, previstas no artigo 7º, do Pacto Internacional de Direitos Econômicos, Sociais e Culturais[69]. Segundo o Comitê, "o direito de toda pessoa ao gozo de condições de trabalhos equitativas e satisfatórias está reconhecido no Pacto Internacional de Direitos Econômicos, Sociais e Culturais e em outros tratados internacionais e regionais de direitos humanos, assim como em diversos instrumentos jurídicos internacionais conexos, como os convênios e as recomendações da Organização Internacional do

---

[69] "Os Estados-Partes do presente Pacto reconhecem o direito de toda pessoa de gozar de condições de trabalho justas e favoráveis, que assegurem especialmente: a) uma remuneração que proporcione, no mínimo, a todos os trabalhadores: i) um salário equitativo e uma remuneração igual por um trabalho de igual valor, sem qualquer distinção; em particular, as mulheres deverão ter a garantia de condições de trabalho não inferiores às dos homens e perceber a mesma remuneração que eles por trabalho igual; ii) uma existência decente para eles e suas famílias, em conformidade com as disposições do presente Pacto; b) a segurança e a higiene no trabalho; c) igual oportunidade para todos de serem promovidos, em seu Trabalho, à categoria superior que lhes corresponda, sem outras considerações que as de tempo de trabalho e capacidade; d) O descanso, o lazer, a limitação razoável de trabalho e férias periódicas remuneradas, assim como a remuneração dos feridos."

Trabalho (OIT). Esse direito é um componente importante de outros direitos laborais consagrados no Pacto e o corolário do direito a um trabalho livremente escolhido e aceito" (parágrafo 1º).

Comentário Geral n. 19, de 2008 (seguridade social): o Comitê elaborou esse comentário para esclarecer o conteúdo do artigo 9º do Pacto, segundo o qual "Os Estados-Partes do presente Pacto reconhecem o direito de toda pessoa à previdência social, inclusive ao seguro social". No parágrafo 3º, o Comitê lembra que "a seguridade social, devido ao seu caráter redistributivo, desempenha um papel importante para reduzir e mitigar a pobreza, prevenir a exclusão social e promover a inclusão social".

No parágrafo 4º, o Comitê sugere meios para implantação do direito à seguridade social, através de planos contributivos ou planos baseados em um seguro, bem como planos não contributivos, destinado a determinados beneficiários mais necessitados. Outrossim, no parágrafo 5º também entende como aceitáveis outras formas de seguridade social como os planos privados e as medidas de autoajuda, como planos comunitários e planos de assistência mútua.

Pensando nas gerações futuras, o Comitê afirma, no parágrafo 11, que "o direito à seguridade social requer, para ser exercido, que seja estabelecido e funcione um sistema, composto de um ou vários planos, que garanta as prestações correspondentes aos riscos e imprevistos sociais de que se trate. (...) Os planos também devem ser sustentáveis, incluídos os planos de pensões, a fim de assegurar que as gerações presentes e futuras possam exercer desse direito".

Nos parágrafos 12 e seguintes, o Comitê estabeleceu que "o sistema de seguridade social deve abarcar os seguintes nove ramos da seguridade social: a) atenção à saúde; b) enfermidade; c) velhice; d) desemprego; e) acidentes do trabalho; f) prestações familiares; g) maternidade; h) invalidez; i) viuvez e orfandade.

Assim como nos demais direitos sociais, o Comitê, no parágrafo 40, entende que o direito é de aplicação progressiva, havendo obstáculos gerados pelos recursos disponíveis. Todavia, reconhece algumas obrigações imediatas: garantir o exercício desse direito sem discriminação alguma, a igualdade de direitos entre homens e mulheres e a obrigação de adotar medidas para o exercício do direito em tela.

Por sua vez, no parágrafo 42, o Comitê prevê a excepcionalidade de medidas restritivas. Ao final desse dispositivo consta que "o Comitê examinará detidamente: a) se houve uma justificação razoável das medidas; b) se foram estudadas exaustivamente as possíveis alternativas; se houve uma verdadeira participação dos grupos afetados no exame das medidas e alternativas propostas; d) se as medidas eram diretamente ou indiretamente discriminatórias; e) se as medidas terão uma repercussão no exercício do direito à seguridade social ou um efeito injustificado nos direitos adquiridos em matéria de seguridade social, ou <u>se se priva a alguma pessoa ou grupo do acesso ao nível mínimo indispensável de seguridade social</u>; e f) se se fez um exame independente das medidas em nível nacional" (grifamos).

Comentário Geral n. 21, de 2009 (vida cultural): o presente comentário visa a esclarecer o conteúdo do artigo 15, parágrafo 1º, a, do Pacto Internacional de Direitos Econômicos, Sociais e Culturais, segundo o qual: "Os Estados-Partes do presente pacto reconhecem a cada indivíduo o direito de: a) participar da vida cultural". Segundo o parágrafo 1º do Comentário Geral, "os direitos culturais são parte integrante dos direitos humanos e, como os demais, são universais, indivisíveis e interdependentes. Sua promoção e respeito cabais são essenciais para manter a dignidade humana e para a interação social positiva de indivíduos e comunidades em um mundo caracterizado pela diversidade e pela pluralidade cultural".

O conteúdo do direito é examinado a partir do parágrafo 8 do referido Comentário Geral. Nos parágrafos 11 a 13, por exemplo, consta a definição de cultura que, "a juízo do Comitê, a cultura é um conceito amplo e inclusivo que compreende todas as expressões da existência humana. A expressão 'vida cultural' faz referência explícita ao caráter da cultura como um processo vital, histórico, dinâmico e evolutivo, que tem um passado, um presente e um futuro" (parágrafo 11). "O conceito de cultura não deve entender-se como uma série de expressões isoladas ou compartimentos estanques, mas sim como um processo interativo através do qual os indivíduos e as comunidades, mantendo suas peculiaridades e seus fins, dão expressão à cultura da humanidade. Esse conceito tem em conta a individualidade e a alteridade de cada cultura como criação e produto social" (parágrafo 12).

No parágrafo 19, o Comitê trata de eventuais limitações ao exercício do direito: "em algumas circunstâncias pode ser necessário impor limitações ao direito de toda pessoa participar da vida cultural, especialmente no caso de práticas negativas, incluindo as atribuídas ao costume e à tradição, que atentam contra outros direitos humanos. Essas limitações devem perseguir um fim legítimo, devem ser compatíveis com a natureza desse direito e ser estritamente necessárias para a promoção do bem-estar geral de uma sociedade democrática".

Referindo-se à escassez de recursos, o parágrafo 45 do Comentário afirma que "o Pacto se refere à realização 'progressiva' dos direitos nele consagrados e reconhece os problemas que decorrem da falta de recursos, impõe aos Estados-partes a obrigação expressa e contínua de adotar medidas deliberadas e concretas destinadas à plena realização do direito de toda pessoa participar da vida cultural". Por fim, entendendo ser excepcional, mas possível, o retrocesso do cumprimento desse direito, o Comitê afirma que "Como no caso dos demais direitos reconhecidos no Pacto, não é possível tomar medidas regressivas em relação ao direito de toda pessoa participar da vida cultural. Em consequência, se se tomar deliberadamente uma medida desse tipo, o Estado-Parte tem que provar que o fez depois de um cuidadoso exame de todas as opções e que a medida está justificada tendo em conta a totalidade dos direitos reconhecidos no Pacto" (parágrafo 46).

Comentário Geral 24, de 2017 (atividades de negócio): segundo o parágrafo 1 do referido comentário, "as atividades de negócio[70] são regras importantes na realização dos direitos econômicos, sociais e culturais, em razão da criação de oportunidades de emprego e através do investimento privado a garantir o desenvolvimento. Contudo, o Comitê tem recebido regularmente algumas situações em que, como um resultado do insucesso dos Estados em garantir conformidade com os direitos humanos internacionalmente reconhecidos sob sua jurisdição, atividades corporativas negativamente afetaram os direitos econômicos, sociais e culturais. Esse Comentário Geral procura esclarecer as dúvidas dos Estados-Partes do Pacto nessas situações, com um ponto de vista preventivo e abordando os diversos impactos das atividades de negócio nos direitos humanos". Segundo o parágrafo 11 do Comentário Geral, de acordo com a lei internacional, os Estados-Partes podem ser responsabilidade diretamente pela ação ou inação das entidades de negócio se a entidade estiver agindo de acordo com as instruções desse Estado-Parte, quando a entidade está habilitada de acordo com a legislação do Estado-Parte a exercer elementos de autoridade governamental ou se as circunstâncias exigem tal exercício, na ausência de autoridades oficiais.

Por fim, segundo o parágrafo 12 do referido comentário, "a obrigação de respeitar os direitos econômicos, sociais e culturais é violada quando os Estados-Partes priorizam os interesses das empresas sobre os direitos do Pacto, sem a devida justificação, ou quando eles realizam políticas que negativamente afetam esses direitos. Povos indígenas, valores culturais e direitos associados com suas terras ancestrais estão particularmente em risco"[71].

---

70 Segundo o parágrafo 3º, "atividades de negócio incluem todas as entidades de negócio, tanto se operam transnacionalmente ou se operam suas atividades de forma puramente doméstica, se totalmente privadas ou públicas, independentemente de tamanho, setor, propriedade e estrutura".

71 A Lei n. 13.465, de 11 de julho de 2017 (conhecida como "Lei da Grilagem"), flexibiliza e amplia as possibilidades de regularização fundiária de terras da União ocupadas na Amazônia Legal. Outrossim, a Medida Provisória n. 756,

I • Os direitos sociais 63

Em resumo, percebe-se que há preocupações comuns que se apresentam em todos os Comentários Gerais, como a intenção de delinear de forma mais objetiva o conteúdo de cada direito fundamental, determinando quais são os aspectos atrelados à dignidade da pessoa humana (que compõem o respectivo núcleo essencial), bem como a necessidade de fundamentação e justificação de quaisquer medidas restritivas, bem como a progressividade necessária no cumprimento de todos os direitos sociais.

1.4.1.3. *O Protocolo Facultativo de 2008 e a busca por eficácia das normas internacionais*

Em que pese a ratificação de pactos, convenções e demais documentos internacionais por parte de vários países signatários, uma crítica recorrente é a astenia de mecanismos que permitam a responsabilização do Estado por violações aos direitos sociais, reduzindo seus pronunciamentos a pressões políticas e morais não vinculantes. A exigência do envio de informes por parte dos Governos signatários, discriminando as melhorias legislativas, políticas e administrativas realizadas na implementação de tais direitos, é um importante avanço na busca por sua maior eficácia, mas está longe de ser o instrumento ideal. Por exemplo, o relatório enviado pelo Brasil em 2020 para o Comitê de Direitos Econômicos, Sociais e Culturais, em alguns aspectos (como direito dos indígenas e das minorias sexuais), parece uma obra de ficção.

Não obstante o Pacto Internacional sobre Direitos Econômicos, Sociais e Culturais da ONU exigir dos Estados signatários o envio de informes (bem como o envio de contrainformes por parte da sociedade civil, a fim de contestar os dados oficiais) no dia 10 de dezembro de 2008, foi aprovado por unanimidade pela Assembleia Geral da Organização

---

de 2016, retirou 305 mil hectares da Floresta Nacional do Jamanxim, localizada no município de Novo Progresso, no sudoeste do Pará, atendendo a pressão da "bancada ruralista" no Congresso Nacional, já que tal medida permite a permanência no local de posseiros e grandes propriedades rurais.

das Nações Unidas o Protocolo Facultativo ao Pacto Internacional de Direitos Econômicos, Sociais e Culturais (PF-PIDESC). Segundo esse protocolo, as vítimas de violações de direitos econômicos, sociais e culturais, que não encontram solução em seus próprios países, poderão apresentar suas queixas e denúncias em âmbito internacional ante o Comitê de Direitos Econômicos, Sociais e Culturais da ONU.

Na abertura da cerimônia da assinatura do Protocolo Facultativo, Navi Pillay afirmou que "o Protocolo Facultativo vai permitir, pela primeira vez, que as vítimas procurem justiça internacional por violações a seus direitos econômicos, sociais e culturais, enviando comunicações individuais ao Comitê dos Direitos Econômicos, Sociais e Culturais (DESC). Assim, representa um verdadeiro marco histórico no sistema internacional de direitos humanos"[72]. O PF-PIDESC estabelece três procedimentos internacionais de proteção: a) comunicações individuais; b) comunicações interestaduais; c) procedimento de investigação das violações graves ou sistemáticas dos direitos sociais. No primeiro caso, qualquer pessoa que se considerar vítima de violação de direitos econômicos, sociais e culturais poderá apresentar reclamação perante o Comitê, que poderá determinar aos Estados as respectivas reparações. No segundo caso, um Estado-Parte poderá comunicar ao Comitê o não cumprimento de obrigações assumidas por outro Estado, desde que ambos tenham feito uma declaração de aceitação desse mecanismo. Por fim, o Comitê poderá iniciar uma investigação, sempre que receber informação fidedigna de sistemáticas ou graves violações dos direitos estabelecidos no PIDESC. A primeira medida que tome ser tomada pelo Comitê está no artigo 5 do referido Protocolo Facultativo: "a qualquer tempo depois do recebimento da comunicação e antes que a decisão sobre o mérito tenha sido tomada, o Comitê pode transmitir ao Estado-Parte interessado, para sua urgente consideração, um pedido para que o Estado-Parte tome medidas provisórias, dentro do que for

---

72 Disponível em: http://acnudh.org/wp-content/uploads/2010/12/Carta-PIDESC-PORTUGUES-FINAL.pdf.

necessário, em circunstâncias excepcionais, para evitar possíveis danos irreparáveis para a vítima ou vítimas das violações alegadas". Outrossim, o Protocolo Facultativo, prevê um possível "acordo amigável" entre as partes interessadas: "O Comitê deve disponibilizar os seus bons préstimos às partes interessadas com a finalidade de alcançar um acordo amigável em relação à questão com base no respeito às obrigações estabelecidas pelo Pacto. Um entendimento com acordo amigável encerra a consideração da comunicação de acordo com o presente Protocolo" (art. 7º). Por fim, proferida a decisão acerca das demandas que lhe são levadas, o Comitê transmitirá sua decisão sobre o mérito, juntamente com as recomendações, às partes interessadas (art. 9º), devendo o Estado submeter ao Comitê uma resposta, por escrito, no prazo de seis meses, informando as ações adotadas (art. 9º, item 2). Segundo o artigo 18 do referido Protocolo, ele entraria em vigor três meses após a data do depósito junto ao Secretário-Geral das Nações Unidas do décimo instrumento de ratificação ou adesão, o que ocorreu em 5 de maio de 103, três meses depois que o Uruguai depositou sua ratificação, depois de Argentina, Bolívia, Bósnia-Herzegovina, El Salvador, Equador, Eslováquia, Espanha, Mongólia e Portugal[73].

A maioria das demandas levadas até hoje ao Comitê não teve o mérito julgado, por falta dos requisitos de admissibilidade[74]. Não obstante, a Comunicação n. 1/2013, interposta por Miguel Ángel Lópes Rodríguez, que versa sobre o "acesso à prestação não contributiva por incapacidade de pessoa privada de liberdade em centro penitenciário",

---

73 Atualmente, aderiram ao Protocolo Facultativo os seguintes países: Angola, Argentina, Armênia, Azerbaijão, Bélgica, Benin, Bolívia, Bósnia-Herzegovina, Burkina Faso, Cabo Verde, Chile, Congo, Costa Rica, República Democrática do Congo, Equador, El Salvador, Finlândia, França, Gabão, Gana, Guatemala, Guiné-Bissau, Irlanda, Itália, Cazaquistão, Luxemburgo, Madagascar, Maldivas, Mali, Mongólia, Montenegro, Holanda, Níger, Paraguai, Portugal, São Marino, Senegal, Eslováquia, Eslovênia, Ilhas Salomão, Espanha, Macedônia, Timor-Leste, Togo, Ucrânia, Uruguai e Venezuela (informações disponíveis no site da ONU: https://treaties.un.org/Pages/ViewDetails.aspx?src=TREATY&mtdsg_no=IV-3-a&chapter= 4&lang=em).

74 Como na Comunicação 4/2014 (Merino Sierra *et al.*), Comunicação 3/2014 (A.M.B.), Comunicação 13/2016 (E.C.P. *et al.*), Comunicação 12/2016 (J. M. R. H. *et al.*) etc.

foi julgada admissível e procedente, por entender ter sido violado o artigo 9º, parágrafo 1º, do Protocolo Facultativo. Outrossim, na Comunicação n. 2/0214, acerca do direito à moradia, o Comitê julgou ser admissível e procedente, estabelecendo recomendações para o Estado-Parte (Espanha)[75].

Infelizmente, o Brasil ainda não aderiu ao Protocolo Facultativo, embora tenha ocorrido grande demanda da sociedade civil junto ao Poder Público. Todavia, Consta do *Diário Oficial* que o Congresso Nacional brasileiro referendou o Protocolo Facultativo, por meio do Decreto Legislativo 226/1991[76]. A omissão, portanto, é do Poder Executivo nas últimas três décadas. É compreensível, embora inadmissível, tal omissão, já que a maior fiscalização pela omissão no cumprimento dos direitos sociais recairia sobre o Poder Executivo.

Temos dúvidas se essa omissão do Poder Executivo pode ser suprida judicialmente (por meio de um mandado de injunção, por exemplo). Todavia, entendemos que uma alternativa jurídica viável seria uma nova aprovação pelo Congresso Nacional do Protocolo Facultativo, através do procedimento do artigo 5º, § 3º, da Constituição Federal (nas 2 Casas do Congresso Nacional, em 2 turnos e por 3/5 dos seus membros). Como defendemos no nosso livro *Curso de Direito Constitucional*, além de ingressar no ordenamento jurídico brasileiro com força de norma constitucional (por determinação da própria Constituição – art. 5º, § 3º), dispensaria a necessidade de um decreto presidencial para sua entrada em vigor, por analogia ao procedimento das Emendas Constitucionais. Essa posição, embora ainda minoritária no Brasil, parece-nos de indispensável adoção, como um passo necessário à concretização dos direitos, como os direitos sociais.

---

75 "O Estado-Parte tem a obrigação de proporcionar à autora uma reparação efetiva, em particular: a) assegurar que o leilão da moradia da autora não ocorra sem que ela conte com a devida proteção processual e um processo com as devidas garantias, conforme as disposições do Pacto e tomando em conta as observações gerais do Comitê números 4 e 7; e b) reembolsar a autora os custos legais incorridos na tramitação desta comunicação."

76 Disponível em: https://legis.senado.leg.br/norma/538595/publicacao/15647457.

Em 2021, segundo o *site* da ONU[77], vinte e seis Estados haviam adotado o Protocolo Facultativo, instrumento mais eficaz para o controle das violações contra os direitos sociais:

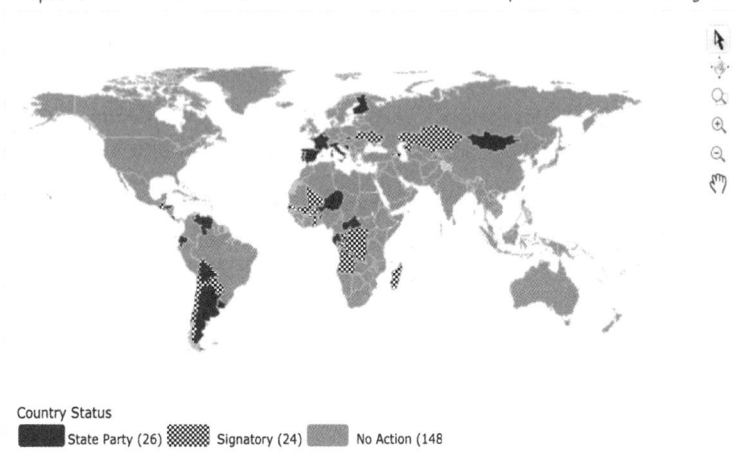

Optional Protocol to the International Covenant on Economic, Social and Cultural Rights

Country Status
State Party (26)   Signatory (24)   No Action (148

1.4.2. A proteção do direito internacional regional

Além do sistema global de proteção dos direitos humanos, foram criados espontaneamente sistemas regionais de proteção: o europeu, o americano e o africano[78], cada qual com o escopo de zelar pela

---

77 Disponível em: https://indicators.ohchr.org/. Acesso em: 4 ago. 2021.
78 Daremos enfoque aos modelos europeu e americano, malgrado haja importante trabalho sobre o Sistema Africano de Proteção Internacional dos Direitos Humanos, como a obra de Mariana Feferbaum. Segundo a autora: "Criada em 1963, a Organização da Unidade Africana é o alicerce institucional do sistema regional africano. (...) Sua missão original era a descolonização do continente e o combate ao *apartheid*. (...) O objetivo da OUA foi alcançado. Politicamente, a Organização afirmou a soberania africana perante os colonizadores, angariando novos membros a cada nova conquista. Em 1993, com a independência da Eritreia, a África continental finalmente tornou-se independente. (...) Definida no art. VII da Carta da OUA, a estrutura da Organização é composta pelos seguintes órgãos: 1. Assembleia dos Chefes de Estado e de Governo, também denominada Conferência dos Chefes de Estado e de Governo; 2. Conselho de

Ministros; 3. Secretário-Geral; 4. Comissão de Mediação, Conciliação e Arbitragem. (...) Considerando sua missão original, a OUA cumpriu seus objetivos e foi além, criando condições sólidas para uma integração continental. Mas a estrutura enxuta prevista na Carta de 1963 tornara-se insuficiente para as novas aspirações do pan-africanismo que, por sua vez, exigia uma reorientação nos objetivos da Organização. Razões como essa levaram à reestruturação da OUA, cujo resultado foi a criação de uma nova Organização. Assim, a Assembleia Geral da OUA adotou em 11 de julho de 2000 o Ato Constitutivo da União Africana, que entrou em vigor menos de um ano depois, em 26 de maio de 2001. Entre as várias mudanças, a sucessora da OUA deu nova dimensão à proteção dos direitos humanos. (...) O discurso dos direitos humanos introduzidos na OUA pela Carta de Direitos Humanos e Direitos dos Povos (UA, 1981) não resultou de um processo espontâneo. Ele não surge de uma genuína preocupação dos Estados em evitar violações de direitos humanos. (...) Estabelecida em 29 de julho de 1987, a Comissão de Direitos Humanos e Direitos dos Povos é um órgão convencional autônomo, criado pela Carta Africana de Direitos Humanos e Direitos dos Povos (arts. 30 a 46), composta por 11 membros (art. 31) de nacionalidades obrigatoriamente distintas (art. 32), eleitos pela Assembleia em votação secreta entre candidatos nacionais dos Estados-partes na Carta Africana. Os membros são eleitos por um prazo de seis anos, permitida a reeleição. A Comissão foi concebida para a promoção (art. 45, I) e asseguração da proteção dos direitos humanos e direitos dos povos (art. 45, 2), interpretação dos dispositivos da Carta Africana (art. 45, 3), bem como execução de tarefas delegadas pela Assembleia (art. 45, 4). Também é competência da Comissão, embora não conste do texto da Carta, receber e analisar os relatórios produzidos pelos Estados em cumprimento do dever estabelecido no art. 62. Essa competência foi reconhecida expressamente pela Assembleia dos Chefes de Governo e de Estado na sua 24ª sessão ordinária, em atendimento à recomendação da Comissão nesse sentido. (...) Com o objetivo de aperfeiçoar seu sistema de proteção de direitos humanos, a OUA em 1998 abriu para ratificações o Protocolo à Carta Africana de Direitos Humanos e Direitos dos Povos, que entrou em vigor em 2004, conforme disposto em seu art. 34, 3. A finalidade única desse protocolo foi a criação do Tribunal Africano de Direitos Humanos e Direitos dos Povos, finalmente estabelecido em 2006, quando da eleição de seus primeiros juízes. O Tribunal é composto por 11 juízes nomeados pelos Estados-partes (art. 11, 1), escolhidos pela Assembleia (art. 14, 1), limitado a um juiz por nação (art. 11, 2), devendo haver representações das cinco regiões africanas (art. 14, 2). Para que as decisões sejam livres de influências políticas, os juízes estão impedidos de participar de casos envolvendo o Estado de que são nacionais, sendo defeso que desempenhem qualquer atividade que comprometa sua imparcialidade e independência. (...) Atualmente, a jurisdição do Tribunal se estende por 26 dos 53 Estados que compõem a União Africana (UA, 2011), compreendendo todos os tratados internacionais relevantes ratificados pelo Estado demandado efetividade dos direitos previstos nas Convenções firmadas em cada continente (na Europa, em 1950; na América, em 1969 e na África, em 1981). Segundo Hélio Bicudo, "os sistemas de promoção e proteção dos Direitos Humanos foram instituídos à medida que os Estados dos continentes europeus, americano e africano assumiam a relevância dos direitos humanos, como fundamento para a construção e a sobrevivência de um Estado Democrático"[79]. Nos itens seguintes, concentrar-nos-emos nos sistemas regionais europeu e americano, pois, como afirma Marina Feferbaum, "A atividade da UA na promoção e proteção dos direitos humanos resume-se, quanto à especificação de ferramentas, à atividade de monitoramento e de construção da paz, embora o Tribunal Africano de Direitos Humanos já esteja em funcionamento. Por ora, é pouco cedo para abordar sua atuação, haja vista inexistirem dados suficientes para tanto"[80].

Christof Heyns, David Padilla e Leo Zwaak fazem um quadro comparativo entre os três sistemas regionais de direitos humanos, elencando várias diferenças[81]. Segundo os autores, enquanto a Corte Interamericana julga cerca de 100 casos anualmente, a Corte europeia decide milhares de casos por ano. Uma das diferenças mais importantes recai sobre a participação do indivíduo. Como afirma André Pires Gontijo, diferentemente do Sistema Americano, no Sistema Europeu, "podem apresentar queixa perante a Corte quaisquer pessoas individuais ou coletivas, tais como sociedades, sindicatos, partidos políticos, associações, bem como instituições religiosas e grupos de particulares que constituam uma associação informal"[82]. Segundo o autor, o sistema

---

(art. 3º, 1)" (*Proteção internacional dos direitos humanos*: análise do Sistema Africano. São Paulo: Saraiva, 2012, p. 90-100).

79 Defesa dos direitos humanos: Sistemas Regionais. *Estud. av.*, São Paulo, v. 17, n. 47, p. 225-236, abr. 2003, p. 225.

80 *Op. cit.*, p. 100.

81 *Comparação esquemática dos Sistemas Regionais de Direitos Humanos:* uma atualização. Disponível em: http://www.scielo.br/pdf/sur/v3n4/09.pdf.

82 *O papel do sujeito perante os Sistemas de Proteção dos Direitos Humanos:* a construção de uma esfera pública por meio do acesso universal como

de peticionamento americano "merece ser revisto com certa urgência, uma vez que os indivíduos não estão legitimados para levar uma demanda perante a Corte I.D.H. diretamente. Dessa forma, se um Estado-Parte obteve a vitória em um assunto no âmbito da Comissão I.D.H., não há incentivo (seja pela Comissão I.D.H., seja pelo Estado-Parte) de submeter (ainda que seja outro o julgamento) à Corte I.D.H., a qual representa a única via para que todos os meios de proteção operem de forma plena"[83].

Outra diferença recai sobre a aplicação da "teoria da margem da apreciação", criada pela Corte Europeia, derivada das práticas do direito administrativo europeu[84], e pouco aplicada pela Corte Interamericana[85]. Como afirma Paloma Morais Corrêa, a "margem de

---

instrumento na luta contra violação dos direitos humanos. Disponível em: http://www.corteidh.or.cr/tablas/r24779.pdf, p. 123.

83 Op. cit., p. 134.

84 Segundo Jânia Maria Lopes Saldanha e Márcio Morais Brum, a margem nacional de apreciação não é peculiar à jurisprudência das cortes internacionais de direitos humanos. "Ela deriva das práticas do direito administrativo europeu: na França é conhecida como 'marged'appréciation'; na Itália como 'marge de discrizionalità' e na Alemanha 'Ermessensspielraum'. Em todos esses países ocorre a reserva de apreciação ao administrador e ao legislador, considerada um caminho de respeito à autonomia entre os poderes, um espaço de manobra para as autoridades públicas. Trata-se de respeito e prestígio à doutrina 'interna corporis', 'justizloseHoheitsakte', 'actes de haute administration' em ordem de tornar imunes ao sistema de justiça determinados tipos de decisões" (*A margem nacional de apreciação e sua (in)aplicação pela Corte Interamericana de Direitos Humanos em matéria de anistia*: uma figura hermenêutica a serviço do pluralismo ordenado? Disponível em: https://ac.els-cdn.com/ S1870465415000070/ 1-s2.0-S1870465415000070-main.pdf?_tid=b76c515d-3d01-45c4-b1b6-6147eb9b0778&acdnat=1523241590_979b6360206df602e6d 13fc5127b9792, p. 202).

85 Segundo Yule Luiz Tavares dos Santos, "No contexto das relações entre os âmbitos internacional e interno de proteção dos direitos humanos, a Corte EDH criou a doutrina (ou teoria) da margem de apreciação (*margin of appreciation*) (ademais MOA) para outorgar ao Estado-Membro da CEDH áreas de manobra para cumprir suas obrigações convencionais. (...) A margem de apreciação é uma espécie de discricionariedade que dispõe as autoridades nacionais

discricionariedade estatal tem tido aplicação muito mais expressiva – e, portanto, problemática – no Sistema Europeu do que no Sistema Interamericano. Se na Europa as aplicações jurisprudenciais da referida doutrina por parte do Tribunal Regional para Proteção dos Direitos do Homem são frequentes e difundem a cada dia as críticas doutrinárias contrárias à prática, no continente americano a margem de apreciação foi concebida até agora em apenas uma Opinião Consultiva. Enquanto na Europa percebe-se um aumento do uso da doutrina como justificativa para a não interferência dos tribunais internacionais nos assuntos de cada Estado, na América a discricionariedade estatal foi ratificada no contexto da discussão acerca do direito à nacionalidade e à proibição de discriminação, porém de uma forma bastante específica"[86].

---

para efetivar e restringir certos dispositivos da CEDH, visto que, a proteção internacional dos direitos humanos é subsidiária à nacional e que as autoridades nacionais estão em melhores condições, em tese, de avaliar situações como a 'necessidade' de uma 'restrição' ou 'penalidade'. (...) O instituto da margem de apreciação é uma criação jurisprudencial da Corte EDH utilizada pela primeira vez em 1976 no julgamento do caso Handyside vs. Reino Unido. No caso, o Estado confiscou os exemplares do livro didático Little Red Schookbook sob a justificativa de restringir o conteúdo obsceno inapropriado para o público. (...) A Corte entendeu que o fato de existir legislação interna (*obscene publications acts 1959/1964*) restringindo o direito à liberdade de expressão, não haveria violação do direito alegado, tendo em vista que o Estado estava utilizando sua margem de apreciação que o próprio artigo convencional outorga, ou seja, as publicações estão submetidas às formalidades impostas pelo Estado o qual pode restringir, sancionar e condicionar estas quando tais medidas forem necessárias para proteção da moral naquela sociedade democrática" (A aplicabilidade da doutrina da margem de apreciação no Sistema Interamericano de Proteção aos Direitos Humanos).

86 Corte Interamericana de Direitos Humanos: opinião consultiva 4/84 – a margem de apreciação chega à América. *Revista de Direito Internacional*, v. 10, n. 2, 2013, p. 19. A autora relata críticas e elogios à referida teoria. Segundo ela, "por um lado, a margem de apreciação permite um nível de desvio cultural enquanto preserva o consenso geral; por outro, revela-se um empecilho à universalização. Os defensores da Teoria, como os juízes internacionais que a aplicam, pregam que a doutrina reconcilia a diversidade política, social, cultural

1.4.2.1. A proteção do direito internacional regional (Europa)

O Sistema Europeu de Direitos Humanos (SEDH) nasceu em decorrência da Segunda Guerra Mundial, tendo como texto base a *Convenção Europeia para Proteção dos Direitos Humanos e das Liberdades Fundamentais*, de 4 de novembro de 1950. Na sua primeira parte, a Convenção Europeia dá destaque aos direitos individuais ou liberdade públicas, não abordando claramente a tutela dos direitos sociais, mas apenas incidentalmente (por exemplo, no artigo 4º, com a vedação do trabalho forçado e no artigo 11, que trata da liberdade sindical).

Não obstante, como aponta a doutrina, o Tribunal Europeu de Direitos Humanos (TEDH), ou Tribunal de Estrasburgo, tem feito

---

e econômica dos Estados-membros. Os críticos, por sua vez, descrevem-na como '(...) uma teoria legalmente imprecisa, que desvaloriza direitos e liberdades consagrados na Convenção, causando impacto no exame e na proteção judicial'. Entre os argumentos favoráveis à aplicação da doutrina da margem de apreciação está o da vantagem institucional, uma vez que a capacidade decisória das autoridades nacionais é superior a dos órgãos internacionais, que via de regra carecem de recursos, informações, análise de dados e acesso à perícia técnica. (...) Autores contrários à aplicação da doutrina, contudo, ponderam que a margem de apreciação proporciona o desenvolvimento de um direito paralelo, criado pelos magistrados, e que a discricionariedade conferida aos juízes na aplicação das normas internacionais dificultaria a efetividade dessas normas" (*op. cit.*, p. 268-269). Quanto ao caso em que a Corte Interamericana se utilizou do princípio da margem de apreciação, a autora esclarece: "Em 1983, a Corte Interamericana de Direitos Humanos recebeu do governo da Costa Rica uma solicitação de Opinião Consultiva relativa a propostas de emendas aos dispositivos constitucionais que regiam a naturalização naquele país. A solicitação costa-riquenha originou, em 19 de janeiro de 1984, a publicação da Opinião Consultiva 4/84, na qual a Corte Interamericana, pela primeira e única vez, fez referência, no seu parecer, à doutrina da margem de apreciação desenvolvida pela Corte Europeia de Direitos Humanos. (...) Na análise do mérito, a Corte deliberou a respeito da discricionariedade dos Estados em relação à regulação do direito à nacionalidade, fazendo, posteriormente, expressa referência à margem de apreciação quando se manifestou acerca do princípio da não discriminação. (...)" (*op. cit.*, p. 264-266).

uma interpretação evolutiva, em decorrência do princípio da indivisibilidade dos direitos, extraindo do texto direitos sociais inferidos[87], a fim de "demonstrar, de entre os limites da sua jurisdição, que os direitos sociais não são direitos de segunda categoria, acometidos de uma espécie de presunção de não justiciabilidade"[88].

Em 1961, em Turim, foi assinada a Carta Social Europeia (CSE), instrumento regional europeu de proteção dos direitos sociais, que complementa a Convenção Europeia para Proteção dos Direitos Humanos e das Liberdades Fundamentais. Nas palavras de Catarina Botelho, "descortina-se já um texto completo e ambicioso, composto

---

87 "No caso *Marckx vs. Bélgica*, o Tribunal decidiu que as obrigações das autoridades estatais não tinham caráter meramente negativo, mas, por vezes, exigiam também um empenho ativo. Mais concretamente, estava em causa o direito à vida familiar (art. 8º) e o Tribunal entendeu que este direito, apesar de ter uma orientação primariamente negativa, não impõe ao Estado apenas um dever de abstenção, compreendendo também ações positivas por forma a garantir esse direito. No *caso Airey*, que teve um grande eco na doutrina, o Tribunal deixou claro que 'não ignora que o desenvolvimento dos direitos econômicos, sociais e culturais depende muito da situação dos Estados, em especial das suas finanças'. Com efeito, 'não se trata de proteger direitos teóricos ou ilusórios, mas sim concretos e efetivos'. No mesmo sentido, no Acórdão *'Platform Ärzte für das Leben' v. Áustria*, o Tribunal concedeu que a proteção efetiva de direitos negativos pode impor também deveres positivos às autoridades estaduais nacionais" (Catarina Santos Botelho, *op. cit.*, p. 230).

88 *Op. cit.*, p. 230. A omissão ou parca menção aos direitos sociais na referida convenção parece ter sido uma tática política, de modo a facilitar a aceitação por parte dos Estados signatários. "Voos mais altos", com a previsão da tutela dos direitos sociais, viria anos depois com a Carta Social Europeia, de 1961. "O silêncio, ou, se se preferir, a pouca ressonância da CEDH quanto aos direitos sociais acabou por ser compensado pela CSE. E tal não deverá ser de surpreender: o Conselho da Europa começou por adotar um documento que pudesse ser facilmente aceite pelos Estados membros do Conselho da Europa – a CEDH – para depois almejar voos mais altos e, neste caso, um acréscimo de proteção jusfundamental. Esta parece ter sido, assim, uma tática política de cautela e alguma resiliência quanto à tutela dos direitos, não significando, quanto a nós, um abandono da vontade de também os consagrar futuramente" (*op. cit.*, p. 232).

por trinta e oito artigos (...) [estabelecendo para] os Estados Contratantes um mandado de desenvolvimento social. Trata-se, portanto, mais da consagração de objetivos sociais para os legisladores estaduais, do que de direitos diretamente aplicáveis para os seus cidadãos"[89]. Em 3 de maio de 1996 foi aberta para assinatura a Carta Social Europeia Revista (CSErev), combinando a versão original da Carta, de 1961, com o Protocolo de 1988 e novos direitos (como a proteção contra a pobreza e exclusão social).

A Carta Social Europeia implantou um *sistema de relatórios*, no qual as Partes devem submeter seus relatórios a cada dois anos (art. 31), reportando quais provisões da Carta os Estados não aceitam (art. 22). Nas palavras de Catarina Botelho, esse *sistema de relatórios*, em razão da falta de sanções, "é mais político do que jurídico. A influência da CSE acabou por não ser a pretendida e talvez o seu calcanhar de Aquiles seja mesmo a problemática da *ineficácia* do seu sistema de controlo"[90]. Essa ausência de proteção adequada dos direitos sociais justificou a sua catalogação na *Carta de Direitos Fundamentais da União Europeia* (CDFUE).

O Tratado da União Europeia (TUE), além de prever, no seu artigo 3º, que " a União combate a exclusão social e as discriminações e promove a justiça e a proteção sociais", afirma, no quarto "considerando" do seu preâmbulo o seu "apego aos direitos sociais fundamentais, tal como definidos na Carta Social Europeia, assinada em Turim, em 18 de outubro de 1961, e na Carta Comunitária dos Direitos Sociais Fundamentais dos Trabalhadores, de 1989".

---

89 *Op. cit.*, p. 232. "No protocolo Adicional de 1995, institui-se um sistema de *reclamações coletivas*. Deste modo, permite-se às organizações (ONG, organizações internacionais de comércio/trabalhadores, representativas de parceiros sociais) submeterem queixas e assim iniciarem um procedimento de supervisão" (*op. cit.*, p. 233).

90 *Op. cit.*, p. 234. "Nesta esteira, grande parte da doutrina continua a apelidar os direitos civis e políticos de 'direitos imediatos' (*droits immédiats*) e, em contraposição, os direitos econômicos e sociais de 'direitos progressivos' (*droits progressifs*)" (p. 234).

Não obstante, com o Tratado de Lisboa[91], deu-se maior projeção e visibilidade à Convenção de Direitos Fundamentais da União Europeia (CDFUE), em razão da sua inserção no *corpus iuris* comunitário, com força vinculativa, em razão do n. 1 do artigo 6º: "A União reconhece os direitos, as liberdades e os princípios enunciados na Carta dos Direitos Fundamentais da União Europeia (...) e que tem o mesmo valor jurídico que os Tratados". Outrossim, no n. 3 do mesmo artigo, fica disposto que "do direito da União fazem parte, enquanto princípios gerais, os direitos fundamentais tal como os garante a Convenção Europeia para a Proteção dos Direitos do Homem e das Liberdades Fundamentais e tal como resultam das tradições constitucionais comuns aos Estados-Membros".

Dessa maneira, o Tratado de Lisboa teve como efeito que a Convenção de Direitos Fundamentais da União Europeia "deixasse de integrar, até certo ponto, o *soft law*, para ser, com toda a plenitude, um verdadeiro instrumento de *hard law*"[92]. A Carta dos Direitos Fundamentais da União Europeia (CDFUE), aprovada em 7 de dezembro de 2000, com o novo *status* dado pelo Tratado de Lisboa, malgrado não seja inovadora, bem como não tenha um conteúdo extenso de direitos sociais[93], é tida como dos principais repositórios dos direitos em matéria social, adotando o princípio da *indivisibilidade dos*

---

91 O Tratado de Lisboa é um tratado assinado pelos Estados-membros da União Europeia em 13 de dezembro de 2007, reformando o funcionamento da União, quando entrou em vigor, em 1º de dezembro de 2009.
92 Catarina dos Santos Botelho, *op. cit.*, p. 240.
93 "Neste domínio, parece ser de salientar uma tendência de considerar a Convenção como um *standard* mínimo de proteção, que poderá ser desenvolvido pela Carta. Contrariamente à CEDH, a CDFUE nasceu num contexto onde, independentemente de certas carências, os direitos fundamentais beneficiavam já de uma proteção efetiva no quadro comunitário. Com efeito, a Carta consagra o patamar mínimo de direitos garantidos na legislação constitucional e/ou ordinária dos seus Estados-membros, assumindo, porém e algo paradoxalmente, quer uma maior generosidade na promoção de alguns direitos (quando comparada com constituições de índole mais liberal), quer uma omissão ou catalogação mais restrita de outros direitos" (Catarina dos Santos Botelho, *op. cit.*, p. 243).

direitos fundamentais[94], tendo como principal escopo "fazer ecoar, com uma ressonância crescente, os catálogos de direitos fundamentais existentes. Destarte, ante o exposto, a Carta testemunha, outrossim, o crescente compromisso europeu e dá provas da identidade do modelo social europeu".

A conclusão a que chega a professora do Porto é absolutamente aplicável ao cenário latino-americano, como adiante se verá: malgrado tenham ocorrido inúmeros avanços, "ao nível do Direito Internacional Regional europeu há ainda um longo caminho a percorrer para dotar os direitos sociais de plena efetividade"[95].

1.4.2.2. *A proteção do direito internacional regional (América)*

O Sistema Interamericano de Direitos Humanos (SIDH) é um dos três sistemas regionais de proteção dos direitos, ao lado dos sistemas europeu e africano. Embora o Capítulo VIII da Carta da ONU faça menção expressa a acordos regionais com vistas à paz e segurança internacionais, ele não é claro quanto à cooperação no que toca aos direitos humanos. Todavia, os sistemas regionais de proteção aos direitos fundamentais foram sendo criados, primeiramente, na Europa, em 1950, com a Convenção Europeia de Direitos Humanos e em 1969, com a Convenção Americana de Direitos Humanos. Há vantagens na criação dos sistemas regionais, pois, como lembra Flávia Piovesan, "na medida em que um número menor de Estados está envolvido, o consenso político se torna mais facilitado, seja com relação aos textos convencionais, seja quanto aos mecanismos de monitoramento.

---

94 "Um dos aspectos mais inovadores da CDFUE foi precisamente o *princípio da indivisibilidade dos direitos fundamentais*, que se traduziu na inexistência de catalogação e/ou previsão de regime diferenciado para os direitos civis e políticos, por um lado, e os direitos econômicos, sociais e culturais, por outro lado. Esta noção, em complemento com a proclamação dos valores indivisíveis da dignidade, igualdade e liberdade, terá certamente um 'efeito de irradiação' (*mainstreaming effect*) nos Estados-membros" (Catarina dos Santos Botelho, *op. cit.*, p. 246).

95 *Op. cit.*, p. 235.

Muitas regiões são ainda relativamente homogêneas, com respeito à cultura, à língua e às tradições, o que oferece vantagens"[96].

O Sistema Interamericano de Direitos Humanos (SIDH) é formado por uma série de documentos internacionais, dentre eles: a) Declaração Americana dos Direitos e Deveres do Homem (1948); b) Convenção Americana de Direitos Humanos ou Pacto de São José da Costa Rica (1969); c) Protocolo Adicional à Convenção Americana de Direitos Humanos em Matéria de Direitos Econômicos, Sociais e Culturais ou Protocolo de San Salvador (1988); d) Protocolo à Convenção Americana de Direitos Humanos para Abolição da Pena de Morte (1990); e) Convenção Interamericana para Prevenir, Punir e Erradicar a Violência contra a Mulher (1994); f) Convenção Interamericana para Prevenir e Punir a Tortura (1985); g) Convenção Interamericana sobre a Eliminação de Todas as Formas de Discriminação contra Pessoas Portadoras de Deficiências (1999); h) Convenção Interamericana sobre Desaparecimentos Forçados (1994).

Como lembra Flávia Piovesan, "a Convenção Americana não enuncia de forma específica qualquer direito social, cultural ou econômico; limita-se a determinar aos Estados que alcancem, progressivamente, a plena realização desses direitos, mediante a adoção de medidas legislativas e outras que se mostrem apropriadas, nos termos do art. 26 da Convenção[97]. Posteriormente, em 1988, a Assembleia

---

[96] *Op. cit.*, p. 342. Outrossim, "enquanto o sistema global de proteção dos direitos humanos geralmente sofre com a ausência de capacidade sancionatória que têm os sistemas nacionais, os sistemas regionais de proteção dos direitos humanos apresentam vantagens comparativamente ao sistema da ONU: podem refletir com maior autenticidade as peculiaridades e os valores históricos de povos de uma determinada região, resultando em uma aceitação mais espontânea e, devido à aproximação geográfica dos Estados envolvidos, os sistemas regionais têm a potencialidade de exercer fortes pressões em face de Estados vizinhos, em casos de violações" (*op. cit.*, p. 342).

[97] "Art. 26. Os Estados-Partes comprometem-se a adotar providências, tanto no âmbito interno como mediante cooperação internacional, especialmente econômica e técnica, <u>a fim de conseguir progressivamente a plena efetividade dos direitos que decorrem das normas econômicas</u>, sociais e sobre educação, ciência

Geral da Organização dos Estados Americanos adotou um Protocolo Adicional à Convenção, concernente aos direitos sociais, econômicos e culturais (Protocolo de San Salvador, que entrou em vigor em novembro de 1999, por ocasião do depósito do 11º instrumento de ratificação, nos termos do art. 22 do Protocolo)"[98].

O Preâmbulo do *Protocolo de San Salvador* já aponta a correlação entre os direitos sociais e a dignidade da pessoa humana: "considerando a estreita relação que existe entre a vigência dos direitos econômicos, sociais e culturais e a dos direitos civis e políticos, porquanto as diferentes categorias de direito constituem um todo indissolúvel que encontra sua base no reconhecimento da dignidade da pessoa humana, pelo qual exigem uma tutela e promoção permanente, com o objetivo de conseguir sua vigência plena, sem que jamais possa justificar-se a violação de uns a pretexto da realização de outros" (grifamos)[99]. O *Protocolo de San Salvador* possui artigos que tutelam o direito ao trabalho (art. 6º), condições adequadas de trabalho (art. 7º), direitos sindicais (art. 8º), direito à previdência social (art. 9º), direito à saúde (art. 10), direito ao meio ambiente sadio (art. 11), direito à alimentação (art. 12), direito à educação (art. 13), direito aos benefícios da cultura (art. 14), direito à constituição e proteção da família (art. 15), direito da criança (art. 16), proteção de pessoas idosas (art. 17) e proteção de deficientes (art. 18).

---

e cultura, constantes da Carta da Organização dos Estados Americanos, reformada pelo Protocolo de Buenos Aires, na medida dos recursos disponíveis, por via legislativa ou por outros meios apropriados" (grifamos).

98 *Op. cit.*, p. 349.

99 Prossegue o preâmbulo: "Levando em conta que, embora os direitos econômicos, sociais e culturais fundamentais tenham sido reconhecidos em instrumentos internacionais anteriores, tanto de âmbito universal como regional, é muito importante que esses direitos sejam reafirmados, desenvolvidos, aperfeiçoados e protegidos, a fim de consolidar na América, com base no respeito pleno dos direitos da pessoa, o regime democrático representativo de governo, bem como o direito de seus povos ao desenvolvimento, à livre determinação e a dispor livremente de suas riquezas e recursos naturais".

O Protocolo Adicional à Convenção Americana sobre Direitos Humanos em Matéria de Direitos Econômicos e Culturais ingressou no Direito brasileiro por força do Decreto nº. 3.321, de 30 de dezembro de 1999.

Segundo Flávia Piovesan, "um importante avanço merece ser celebrado no âmbito da Organização dos Estados Americanos (OEA): a inédita utilização de indicadores para medir o modo pelo qual os Estados garantem direitos sociais, econômicos e culturais enunciados no Protocolo de San Salvador. Em sessão na OEA, realizada de 24 a 26 de fevereiro de 2015, o Grupo de Trabalho relativo ao Protocolo de San Salvador (...) examinou detidamente o alcance do exercício dos direitos à saúde, à educação e à seguridade social, avaliando com rigor metodológico do sistema de indicadores como estes direitos estão sendo efetivados na região"[100].

1.4.2.2.1. Meios de proteção dos direitos sociais decorrentes do Protocolo de San Salvador

A Convenção Americana estabelece um aparato de monitoramento e implementação dos direitos, destacando-se dois organismos destinados ao controle e cumprimento dos direitos humanos, inclusive os direitos sociais: a Comissão Interamericana de Direitos Humanos e a Corte Interamericana.

Segundo o artigo 19, parágrafo 1º, do Protocolo de San Salvador, "Os Estados-Partes neste Protocolo comprometem-se a apresentar, de

---

100 *Op. cit.*, p. 350. Prossegue a autora: "três são os extraordinários avanços decorrentes da aplicação do sistema de indicadores para mensurar o exercício dos direitos sociais: a) permite incorporar a perspectiva de direitos humanos nas políticas públicas; b) fomenta a geração de informações, dados e estatísticas a compor uma base sólida para diagnosticar a situação dos direitos sociais, sob as perspectivas de gênero, étnico-racial, etária e diversidade sexual; e c) contribui para o fortalecimento de políticas públicas, identificando prioridades e estratégias" (p. 350).

acordo com o disposto por este artigo e pelas normas pertinentes que a propósito deverão ser elaboradas pela Assembleia Geral da Organização dos Estados Americanos, relatórios periódicos sobre as medidas progressivas que tiverem adotado para assegurar o devido respeito aos direitos consagrados no mesmo Protocolo". Os respectivos relatórios serão examinados pelo Conselho Interamericano Econômico e Social e pelo Conselho Interamericano de Educação, Ciência e Cultura (art. 19, parágrafo 2º). Atualmente, em razão da fusão desses dois Conselhos, o relatório deve ser encaminhado ao Conselho Interamericano para o Desenvolvimento Integral. Como lembra André de Carvalho Ramos, "pode a Comissão Interamericana de Direitos Humanos elaborar relatório sobe a situação dos chamados direitos sociais e econômicos, com posterior encaminhamento à Assembleia Geral da OEA, para decisão política"[101].

Com base nesses relatórios nacionais, serão elaborados relatórios periódicos pelos organismos da OEA. Por exemplo, em 2021, a Comissão Interamericana de Direitos Humanos publicou minucioso relatório denominado "Situação dos Direitos Humanos no Brasil", em que parte trata dos direitos sociais no Brasil, como saúde e educação[102]. Dentre as recomendações constantes desse documento, no tocante aos direitos sociais, afirmou a Comissão Interamericana que deve o Brasil "estabelecer uma política fiscal coordenada que possa contribuir com a redistribuição da riqueza para a diminuição das brechas de desigualdade, correções das deficiências do mercado, investimentos necessários para o cumprimento dos direitos humanos, especialmente os direitos econômicos, sociais e culturais", bem como "estabelecer canais de participação social nos processos de elaboração e aprovação de leis e políticas fiscais, especialmente quando a adoção desses instrumentos possa representar a violação do princípio da não regressividade em direitos humanos".

---

101 *Op. cit.*, p. 347.
102 Disponível em: http://www.oas.org/pt/cidh/relatorios/pdfs/Brasil2021-pt.pdf. Acesso em: 4 ago. de 2021.

Essa última recomendação é muito importante e será estudada no decorrer dessa obra: a necessária maior participação popular na criação e gestão das políticas públicas, especialmente aquelas que implicam alguma forma de retrocesso na concretização dos direitos sociais.

Embora os relatórios de Comissões Internacionais, como a Comissão Interamericana de Direitos Humanos (CIDH) sejam uma modalidade de *soft law* secundária[103], decorrente dos Tratados e Convenções Internacionais, cada vez mais estão sendo criados instrumentos jurídicos internacionais, aproximando-as da *hard law*, ou seja, da norma jurídica internacional de cumprimento obrigatório e com previsão de sanções. Por exemplo, a Comissão Interamericana de Direitos Humanos colocou em funcionamento em 2018 a *Seção de Monitoramento de Recomendações*, vinculada estruturalmente à Secretaria Executiva Adjunta para Acompanhamento, Promoção e Cooperação Técnica em Direitos Humanos, tendo como função servir ao trabalho de acompanhamento desenvolvido por toda a Secretaria Executiva da CIDH, de maneira integral, transversal e coordenada em todas as suas áreas.

Sobre o fortalecimento da eficácia das "recomendações" da Comissão Interamericana de Direitos Humanos, André de Carvalho Ramos explica bem esse fenômeno. Segundo ele, nos primeiros casos propostos pela Comissão, o caráter de "mera recomendação não vinculante" dos Informes da Comissão foi reconhecido pela Corte Interamericana. "Ocorre que essa posição da Corte está ultrapassada. No caso *Loayza Tamayo* e nos posteriores, a Corte sustentou que o princípio da boa-fé, consagrado também na Convenção de Viena sobre Direitos dos Tratados,

---

103 "é importante ressaltar que as soluções da CIDH (sejam amistosas ou recomendações) não são consideradas obrigatórias aos Estados-membros, ao contrário dos julgamentos da Corte Interamericana. Ainda que a CIDH considere o cumprimento integral de suas decisões um 'elemento indispensável' (CIDH, 2017, p. 105) para assegurar os direitos humanos nas Américas, elas têm efeito de *recomendação*. Ainda assim, a instituição tem sido crescentemente demandada" (Adriano Sousa Costa e João Roriz, *As recomendações e as soluções amistosas da Comissão Interamericana de Direitos Humanos*, p. 2).

obriga os Estados contratantes da Convenção Americana de Direitos Humanos a realizar seus melhores esforços para cumprir as deliberações da Comissão, que é também órgão principal da OEA, organização que tem como uma de suas funções justamente *promover a observância e a defesa dos direitos humanos* no continente americano"[104].

Além disso, não se pode afastar a importante possibilidade da Comissão Interamericana de Direitos Humanos levar à Corte Interamericana o caso, em razão do descumprimento das recomendações feitas ao Estado-Parte. Foi o que ocorreu no *Caso Favela Nova Brasília vs. Brasil*. Foram feitas inúmeras recomendações ao Brasil pela Comissão Interamericana. Segundo descrito pela própria Corte, na sentença, "o relatório de Mérito foi notificado ao Estado em 19 de janeiro de 2012, e nele foi concedido um prazo de dois meses para informar sobre o cumprimento das recomendações. Após a concessão de dois adiamentos, a Comissão deter-minou que o Estado não havia avançado de maneia concreta no cumpri-mento das recomendações. Em 19 de maio de 2015, a Comissão submeteu à jurisdição da Corte, 'diante da necessidade de obtenção de justiça', os fatos e as violações de direitos humanos descritos no Relatório de Mérito".

A atribuição da *Comissão Interamericana de Direitos Humanos* abrange todos os Estados-Partes da Convenção Americana, bem como todos os Estados da Organização dos Estados Americanos, quanto aos direitos consagrados na Declaração de 1948[105]. A referida

---

104 *Processo Internacional de Direitos Humanos*, p. 246.
105 A *Declaração Americana dos Direitos e Deveres do Homem* é uma declaração internacional aprovada em 1948 na IX Conferência Internacional Americana, realizada em Bogotá, a mesma conferência em que foi criada a Organização dos Estados Americanos (OEA). Já no Preâmbulo, a referida declaração afirma que "é dever do homem exercer, manter e estimular a cultura por todos os meios ao seu alcance, porque a cultura é a mais elevada expressão social e histórica do espírito". Outrossim, possui dispositivos que tutelam a saúde (art. XI), a educação (art. XII), a cultura (art. XIII), o trabalho (art. XIV), o descanso (art. XV) e a previdência social (art. XVI).

Comissão deve promover a observância e a proteção dos direitos humanos na América, fazendo recomendações aos governos dos Estados-partes, prevendo a adoção de medidas adequadas à proteção desses direitos, preparando relatórios e estudos que se mostrem necessários, solicitando aos governos informações relativas às medidas por eles adotadas, submetendo um relatório anual à Assembleia Geral da Organização dos Estados Americanos.

Segundo o artigo 59 do Regulamento da CIDH, em decorrência desse regular *"sistema de monitoramento"*, a Comissão dará seguimento às medidas adotadas para dar cumprimento às recomendações formuladas nos relatórios de país ou temáticos. Já no *"sistema de casos e petições"*, a Comissão poderá adotar as medidas de acompanhamento que considerar oportunas, nos termos do artigo 48 do regulamento da CIDH. Por sua vez, no sistema de *"medidas cautelares concedidas"*, o artigo 25 do regulamento da CIDH afirma que a Comissão poderá tomar as medidas de seguimento adequadas, podendo incluir cronogramas de implementação, audiências, reuniões de trabalho e visitas de acompanhamento e revisão.

Quanto ao "sistema de casos e petições", nos termos do artigo 44 da Convenção Americana de Direitos Humanos, "qualquer pessoa ou grupo de pessoas, ou entidade não governamental legalmente reconhecida em um ou mais Estados membros da Organização, pode apresentar à Comissão petições que contenham denúncias ou queixas de violação desta Convenção por um Estado-Parte". Segundo Flávia Piovesan, "O Estado, ao se tornar parte da Convenção, aceita automática e obrigatoriamente a competência da Comissão para examinar essas comunicações, não sendo necessário elaborar declaração expressa e específica para tal fim"[106]. O trâmite dessas petições e os corolários

---

106 *Op. cit.*, p. 354. Prossegue a autora: "a petição, tal como no sistema global, deve responder a determinados requisitos de admissibilidade, como o prévio esgotamento dos recursos internos – salvo no caso de injustificada demora processual, ou no caso de a legislação doméstica não prover o devido processo legal" (p. 355).

do procedimento estão previstos nos arts. 46 e seguintes da Convenção Americana, bem como no Regulamento da Comissão[107].

Infelizmente, o Protocolo de San Salvador só reservou o "sistema de casos e petições" em matéria de direitos sociais a dois direitos: a) direito à livre associação sindical e liberdade sindical e b) direito à educação. Isso decorre do artigo 19, parágrafo 6º, do Protocolo: "caso os direitos estabelecidos na alínea a do artigo 8º (liberdade sindical), e no artigo 13 (direito à educação), forem violados por ação imputável

---

107 Segundo Flávia Piovesan, "Recebidas as informações do Governo, ou transcorrido o prazo sem que as tenha recebido, a Comissão verifica se existem ou se subsistem os motivos da petição ou comunicação. Na hipótese de não existirem ou não subsistirem, a Comissão mandará arquivar o expediente. Contudo, se o expediente não for arquivado, a Comissão realizará, com o conhecimento das partes, um exame acurado do assunto e, se necessário, realizará a investigação dos fatos. Feito o exame da matéria, a Comissão se empenhará em buscar uma solução amistosa entre as partes – denunciante e Estado. Se alcançada a solução amistosa, a Comissão elaborará um informe que será transmitido ao peticionário e aos Estados-partes da Convenção, sendo comunicado posteriormente à Secretaria da Organização dos Estados Americanos para publicação. Esse informe conterá uma breve exposição dos fatos e da solução alcançada. Entretanto, se não for alcançada qualquer solução amistosa, a Comissão redigirá um relatório, apresentando os fatos e as conclusões pertinentes ao caso e, eventualmente, recomendações ao Estado-Parte. (...) O relatório é encaminhado ao Estado-Parte, que tem o prazo de três meses para conferir cumprimento às recomendações feitas. Durante esse período de três meses, o caso pode ser solucionado pelas partes ou encaminhado à Corte Interamericana de Direitos Humanos. Se, ao longo desse prazo, o caso não for solucionado pelas partes e nem mesmo for submetido à Corte, por maioria absoluta de votos, poderá emitir sua própria opinião e conclusão. A Comissão fará as recomendações pertinentes e fixará um prazo, dentro do qual o Estado deverá tomar as medidas que lhe competirem para remediar a situação. Vencido o prazo fixado, a Comissão decidirá, por maioria absoluta de votos de seus membros, se as medidas recomendadas foram adotadas pelo Estado e se publicará o informe por ela elaborado no relatório anual de suas atividades. No entanto, como já foi dito, no período de três meses, contados da data da remessa do relatório ao Estado denunciado, o caso poderá ser encaminhado à apreciação da Corte Interamericana, que é o órgão jurisdicional desse sistema regional. Apenas a Corte Interamericana e os Estados-partes podem submeter um caso à Corte Interamericana, não estando prevista a legitimação do indivíduo, nos termos do art. 61 da Convenção Americana".

diretamente a um Estado-Parte desse Protocolo, essa situação poderia dar lugar, mediante participação da Comissão Interamericana de Direitos Humanos e, quando cabível, da Corte Interamericana de Direitos Humanos, à aplicação do sistema de petições individuais...".

Essa proteção internacional menor dada aos direitos sociais é percebida pela doutrina. Ela decorre da preocupação dos Estados-Partes em serem obrigados a realizar uma série de ações onerosas, para implementação de tais direitos, apesar da escassez orçamentária. Ainda que não haja uma profunda escassez orçamentária, ter que cumprir certas determinações para a concretização de determinados direitos implica ter que investir menos em outros direitos ou outras políticas públicas, o que pode contrariar as vontades do governo do país. Esse é o principal motivo de resistência em aprimorar os mecanismos internacionais de fiscalização e cumprimento dos direitos sociais. Como afirma André de Carvalho Ramos, "O desenvolvimento da responsabilidade internacional do Estado, estabelecida nos textos convencionais sobre os direitos sociais em sentido amplo, é o menor já obtido para os chamados direitos civis e políticos. De fato, é imenso o caminho a ser percorrido, mesmo em sistemas coletivos de proteção de direitos humanos como o europeu, para que os mecanismos de apuração de violação de direitos sociais sejam equivalentes aos relativos aos direitos civis e políticos"[108].

Por sua vez, a *Corte Interamericana de Direitos Humanos* é o órgão jurisdicional do sistema regional, sendo composta por sete juízes nacionais de Estados-membros da OEA, eleitos a título pessoal pelos Estados-Partes da Convenção e possui competência consultiva e contenciosa. Quanto à competência consultiva, qualquer Estado-membro da OEA (parte ou não da Convenção) pode solicitar o parecer da Corte em relação à interpretação da Convenção ou de qualquer outro tratado relativo à proteção dos direitos humanos nos Estados americanos[109].

---

108 *Op. cit.*, p. 349.
109 Como afirma Flávia Piovesan, "A Corte ainda não pode opinar sobre a compa-

No plano contencioso, a Corte tem competência para o julgamento de casos, limitando-se aos Estados-partes da convenção que reconheçam tal jurisdição expressamente, nos termos do artigo 62 da Convenção[110]. O Brasil reconheceu a competência jurisdicional da Corte Interamericana somente em 2002, por meio do Decreto Presidencial n. 4.463, de 8 de novembro de 2002. Não obstante, conforme consta do art. 1º do referido decreto, "é reconhecida como obrigatória, de pleno direito e por prazo indeterminado, a competência da Corte Interamericana de Direitos Humanos em todos os casos relativos à interpretação ou aplicação da Convenção Americana de Direitos Humanos (Pacto de São José), de 22 de novembro de 1969, de acordo com art. 62 da citada Convenção, sob reserva de reciprocidade e para fatos posteriores a 10

---

tibilidade de preceitos da legislação doméstica em face dos instrumentos internacionais, efetuando, assim, o 'controle de convencionalidade das leis'. (...) Dentre as opiniões emitidas pela Corte, destaca-se o parecer acerca da impossibilidade da adoção da pena de morte no Estado da Guatemala (Opinião Consultiva n. 3, de 8-9-1983). (...) Merece destaque também o parecer emitido pela Corte sobre a filiação obrigatória de jornalistas, por solicitação da Costa Rica (Opinião Consultiva n. 5, de 13-11-1985). (...) Em outro parecer (Opinião Consultiva n. 8, de 30-1-1987), por solicitação da Corte Interamericana, a Corte considerou que o *habeas corpus* é garantia de proteção judicial insuscetível de ser suspensa, ainda que em situações de emergência, em respeito ao art. 27 da Convenção Americana" (*op. cit.*, p. 361-362).

110 "Art. 62. 1. Todo Estado pode, no momento do depósito do seu instrumento de ratificação desta Convenção ou de adesão a ela, ou em qualquer momento posterior, declarar que reconhece como obrigatória, de pleno direito e sem convenção especial, a competência da Corte em todos os casos relativos à interpretação ou aplicação desta Convenção. 2. A declaração pode ser feita incondicionalmente, ou sob condição de reciprocidade, por prazo determinado ou para casos específicos. Deverá ser apresentada ao Secretário-Geral da Organização, que encaminhará cópias da mesma aos outros Estados membros da Organização e ao Secretário da Corte. 3. A Corte tem competência para conhecer de qualquer caso relativo à interpretação e aplicação das disposições desta Convenção que lhe seja submetido, desde que os Estados--Partes no caso tenham reconhecido ou reconheçam a referida competência, seja por declaração especial, como preveem os incisos anteriores, seja por convenção especial".

de dezembro de 1998"[111]. O artigo 7º do Ato das Disposições Constitucionais Transitórias afirma que "o Brasil propugnará pela formação de um tribunal internacional dos direitos humanos" (grifamos).

Como afirma Antonio A. Cançado Trindade, "para a compatibilização entre dispositivos convencionais e de direito interno no presente contexto também contribui a possibilidade aberta aos Estados de formulação de reservas. Estas últimas, como é sabido, visam a viabilizar a ratificação ou adesão do maior número possível de Estados a um tratado sem comprometer ou minar destes. As reservadas, autorizadas pelo tratado, não poderão, assim, ser incompatíveis com o objeto e propósito do tratado"[112]. No caso brasileiro, o governo do Brasil fez a seguinte declaração, no ato da adesão à Convenção: "o Governo do Brasil entende que os artigos 43 e 48, *d*, não incluem o direito automático de visitas e investigações *in loco* da Comissão Interamericana de Direitos Humanos, que dependerão da anuência expressa do Estado".

Como afirma Flávia Piovesan, "a decisão da Corte tem força jurídica vinculante e obrigatória, cabendo ao Estado seu imediato cumprimento. Se a Corte fixar uma compensação à vítima, a decisão

---

111 A data de 1998 se refere à data do depósito da Declaração de aceitação da competência obrigatória da corte Interamericana de Direitos Humanos junto à Secretaria-Geral da Organização dos Estados Americanos em 10 de dezembro de 1998. Aliás, consta do preâmbulo do referido Decreto n. 4.463, de 8 de novembro de 2002: "Considerando que pelo Decreto n. 678, de 6 de novembro de 1992, foi promulgada a Convenção Americana sobre Direitos Humanos (Pacto de São José), de 22 de novembro de 1969; Considerando que o Congresso Nacional aprovou, pelo Decreto Legislativo n. 89, de 3 de dezembro de 1998, solicitação de reconhecimento da competência obrigatória da Corte Interamericana de Direitos Humanos, em todos os casos relativos à interpretação ou aplicação da Convenção, de acordo com o previsto no art. 62 daquele instrumento; Considerando que a Declaração de aceitação da competência obrigatória da Corte Interamericana de Direitos Humanos foi depositada junto à Secretaria-Geral da Organização dos Estados Americanos em 10 de dezembro de 1998".

112 *A proteção internacional dos direitos humanos*. Rio de Janeiro: Destaque, 1988, p. 150.

valerá como título executivo, em conformidade com os procedimentos internos relativos à execução de sentença desfavorável ao Estado"[113].

Segundo a doutrina, as decisões da Corte Interamericana passam paulatinamente a ganhar maior projeção no sistema jurídico interno de cada país, máxime com seu acolhimento pelas Cortes Constitucionais, bem como pelo controle de convencionalidade adotado por vários países[114]. Segundo Thalita Leme Franco, em dissertação específica sobre o tema, "é fato que as normativas ligadas aos sistemas de proteção aos direitos humanos no plano internacional têm avançado em sentido considerável nas últimas décadas, e nesse mesmo contexto, a interpretação da Corte Interamericana quanto a importantes instrumentos jurídicos nesse campo progredindo acerca de assuntos fundamentais, tais como o dever de garantir, investigar e sancionar as violações de direitos humanos, o devido processo e o juiz natural, dentre outros. A partir daí, importa se observar acerca do impacto que essa evolução na cultura jurídica incitada pela jurisprudência da Corte Interamericana dentro do Sistema Interamericano de Direitos Humanos denota na conduta dos órgãos judiciais dos Estados da Região, uma vez que é por meio destes que tais normativas podem efetivamente impulsionar ou reverter os benefícios possíveis de serem atingidos em matéria de direitos humanos"[115].

---

113 *Op. cit.*, p. 365.
114 Segundo André de Carvalho Ramos, "O Direito Internacional é uma realidade impressionante no Brasil do século XXI. Do ponto de vista da produção normativa, o Brasil aderiu a centenas de tratados nos mais diversos planos (universal, regional) e temas (gerais, setoriais), bem como acatado inúmeros diplomas normativos de *soft law*. A cada ano, novas demandas são traduzidas em textos internacionais e o Brasil é um dos países mais receptivos a essa produção normativa" (Pluralidade das ordens jurídicas: uma nova perspectiva na relação entre o direito internacional e o direito constitucional. *Revista da Faculdade de Direito da Universidade de São Paulo*, v. 106/107, p. 497-524, jan./dez. 2011/2012, p. 497).
115 *Efetividade das decisões proferidas pela Corte Interamericana de Direitos Humanos:* identificação dos marcos teóricos e análise da conduta do Estado brasileiro. Dissertação (mestrado). Disponível em: http://www.iri.usp.br/documentos/defesa_20140924.Thalita_Leme_FrancoME.pdf, p. 56. Sob essa

Outrossim, como afirma André de Carvalho Ramos, o processo de integração econômica presente na Europa e, em menor medida, na América do Sul tem um reflexo imediato na tutela dos direitos fundamentais. Segundo o autor, "a construção de um mercado comum como existente na Europa de hoje ou como aquele objetivado pelo Mercosul envolve, necessariamente, apreciação de direitos humanos. Em apertada síntese, a construção de um mercado comum em um processo de integração econômica regional *exige* que haja, entre outros ou mais Estados a liberdade de circulação de bens e serviços, de capitais e de estabelecimento, também conhecidas como as 'quatro liberdades', como bem salienta Casella. Essas liberdades econômicas possuem, em várias ocasiões, conteúdo idêntico ao dos direitos fundamentais reconhecidos em diplomas nacionais e internacionais. Assim, a liberdade de estabelecimento confunde-se com a liberdade de locomoção e o livro exercício de uma profissão"[116].

No Brasil, por exemplo, várias foram as decisões do Supremo Tribunal Federal que se basearam na Convenção Americana de Direitos Humanos ou em decisões da Corte Interamericana de Direitos Humanos. Nas palavras de André de Carvalho Ramos, "vivemos em um momento de reapreciação e evidente valorização do Direito Internacional dos Direitos Humanos pelo Supremo Tribunal Federal (STF).

---

perspectiva, prossegue a autora: "o que se observa revela uma evolução: importantes tribunais nacionais do continente americano vão se nutrindo cada vez mais dos *standards* jurisprudenciais da Corte em seus julgados internos, em um fenômeno que pode ser encarado de forma positiva e peculiar, e que tem sido por alguns autores denominado de 'nacionalização do direito internacional dos direitos humanos'. Ademais, nesse diálogo com os sistemas nacionais consolida-se o chamado 'controle de convencionalidade', que pode ser interpretado em sua forma difusa e/ou concentrada (...). Na Colômbia, em alguns processos que seguem perante a Corte Constitucional, o dever do Estado de investigar graves violações de direitos humanos tem sido em reiteradas ocasiões tratado por seus magistrados, que têm ponderado em seus julgados quanto à importância de se observar a jurisprudência da Corte Interamericana" (p. 61).

116 *Direitos humanos na integração econômica*. Rio de Janeiro: Renovar, 2008, p. 32.

A Emenda Constitucional 4, de 8 de dezembro de 2004 (EC 45/04), que introduziu o parágrafo 3º do artigo 5º da Constituição Federal (CF/88), estimulou a revisão da jurisprudência do STF sobre os tratados internacionais de direitos humanos. Assim, vários Ministros do STF adotaram novos padrões hermenêuticos sobre o estatuto interno dos tratados de direitos humanos, formando recente maioria e modificando a visão tradicional de outrora, que os via apenas como equivalentes à lei ordinária federais, sujeitos à suspensão de eficácia caso surgisse lei posterior em sentido contrário"[117].

Para exemplificar essa mudança na postura do Supremo Tribunal Federal, podemos citar o Recurso Extraordinário n. 511.961/SP, que entendeu ser inconstitucional a exigência de diploma de jornalismo para a prática de atividades jornalísticas, na própria ementa da decisão, o STF afirma que "a Corte Interamericana de Direitos Humanos proferiu decisão no dia 13 de novembro de 1985, declarando que a obrigatoriedade do diploma universitário e da inscrição em ordem profissional para o exercício de profissão de jornalista viola o art. 13 da Convenção Americana de Direitos Humanos, que protege a liberdade de expressão em sentido amplo (caso 'La colegiación obligatoria de periodistas' Opinião Consultiva OC-5/85, de 13 de novembro de 1985)". Outrossim, no julgamento da ADI 3.239, sobre o decreto que regulamenta o procedimento para identificação, reconhecimento, delimitação, demarcação e titulação das terras ocupadas por remanescentes de comunidades dos quilombos, a Ministra Rosa Weber, em seu voto, faz referência a várias decisões da Corte Interamericana de Direitos Humanos[118].

---

117 O diálogo das cortes: o Supremo Tribunal Federal e a Corte Interamericana de Direitos Humanos. *In:* AMARAL JÚNIOR, Alberto do; JUBILUT, Liliana Lyra. *O STF e o direito internacional dos direitos humanos*. São Paulo: Quartier Latin, 2009, p. 805.

118 "A temática mereceu debate no âmbito do sistema regional interamericano de proteção internacional dos direitos humanos. No caso da comunidade *Moiwana v. Suriname* (2005), a Corte Interamericana de Direitos Humanos reconheceu o direito de propriedade de comunidade descendente dos *maroons* – designação dada em diversos países das Américas aos escravos fugitivos que formaram

Por sua vez, no *Habeas Corpus* n. 110.185, o Supremo Tribunal Federal, na ementa de sua decisão, faz novamente menção à Corte: "uma relevante sentença da Corte Interamericana de Direitos Humanos ('Caso Palamara Iribarne vs. Chile', de 2005): determinação para que a República do Chile, adequando a sua legislação interna aos padrões internacionais sobre jurisdição penal militar, adote medidas com o objetivo de impedir, quaisquer que sejam as circunstâncias, que 'um civil seja submetido à jurisdição dos tribunais penais militares'".

Por fim, em importante decisão na Ação Penal n. 470 (conhecida como "Caso do Mensalão"), o Ministro Celso de Mello acolheu os recursos interpostos pelos réus (embargos infringentes), mesmo sem previsão legal, à luz da Convenção Americana de Direitos Humanos e precedente da Corte Interamericana de Direitos Humanos[119].

---

grupos independentes, que guardam evidentes similaridades com os quilombolas brasileiros – sobre as terras tradicionais com as quais mantidas relações territoriais específicas. Já no caso da comunidade *Saramaka v. Suriname* (2007), também descendente de *maroons*, a Corte Interamericana ressaltou que o Estado demandado estava sujeito, forte no art. 21 do Pacto de San José da Costa Rica, a uma obrigação positiva 'consistente em adotar medidas especiais que garantam os membros do povo Saramaka o pleno e igualitário exercício do seu direito aos territórios que tradicionalmente tem utilizado e ocupado', aí incluídos os recursos naturais imprescindíveis à sua sobrevivência neles contidos".

119 "Esse direito ao duplo grau de jurisdição, consoante adverte a Corte Interamericana de Direitos Humanos, é também intocável mesmo nas hipóteses de condenações penais em decorrência de prerrogativa de foro, decretadas, em sede originária, por Cortes Supremas de Justiça estruturadas no âmbito dos Estados integrantes do sistema interamericano que hajam formalmente reconhecido, como obrigatória, a competência da Corte Interamericana de Direitos Humanos em todos os casos relativos à interpretação ou aplicação do Pacto de São José da Costa Rica. Não custa lembrar que o Brasil, apoiando-se em soberana deliberação, submeteu-se à jurisdição contenciosa da Corte Interamericana de Direitos Humanos, o que significa – considerado o formal reconhecimento da obrigatoriedade de observância e respeito da competência da Corte (Decreto n. 4.463/2002) – que o Estado brasileiro comprometeu-se, por efeito de sua própria vontade política, 'a cumprir a decisão da Corte em todo caso' de que é parte (Pacto de São José da Costa Rica, Art. 68). 'Pacta sunt servanda'...".

Todavia, parte da doutrina critica a postura do Judiciário brasileiro que dá aos tratados internacionais uma interpretação doméstica, muitas vezes divorciada dos naturais intérpretes desses tratados, como as Cortes Constitucionais, dando ensejo ao que André de Carvalho Ramos chamou de "tratados internacionais nacionais". Segundo o autor, "o modo de criação dessa espécie tipicamente brasileira é o seguinte: o Brasil ratifica tratados e reconhece a jurisdição de órgãos internacionais encarregados de interpretá-los; porém, subsequentemente, o Judiciário nacional continua a interpretar tais tratados nacionalmente, sem qualquer remissão ou lembrança da jurisprudência dos órgãos internacionais que os interpretam"[120].

Esse fenômeno brasileiro de criar seus "tratados internacionais nacionais", que mencionamos anteriormente, deu ensejo não só a decisões divorciadas da interpretação dos órgãos internacionais, como também a decisões que descumprem decisões da Corte Interamericana de Direitos Humanos. Dois casos têm maior destaque.

O primeiro deles se refere ao entendimento absolutamente distinto dado pelo Supremo Tribunal Federal e pela Corte Internacional de Direitos Humanos quanto à Lei da Anistia (Lei n. 6.683/79). No dia 29 de abril de 2010, o STF julgou a ADPF 15, que apreciou a recepção pela Constituição de 1988 da "Lei da Anistia" (Lei n. 6.683/79). Segundo essa decisão, a lei que anistiou os crimes praticados no contexto político do regime militar, inclusive os crimes de tortura, foi recepcionada pela Constituição Federal de 1988. Dessa maneira,

---

120 *Op. cit.*, p. 511. Prossegue o autor: "De que adiantaria a Constituição pregar o respeito a tratados internacionais se o Brasil continuasse a interpretar os comandos neles contidos nacionalmente? (...) Contudo, há pouca discussão sobre a consequência natural da ratificação de tratados internacionais pelo Brasil, que é a adoção dos parâmetros internacionais de interpretação dessas normas. Verifico, então, que o Direito Internacional no Brasil está *manco*: formalmente, o Brasil está plenamente engajado; na aplicação prática, há quase um total silêncio sobre a interpretação dada pelo próprio Direito Internacional (na voz de seus intérpretes autênticos, como, por exemplo, a Corte Interamericana de Direitos Humanos, o Tribunal Permanente de Revisão do Mercosul, etc.)" (p. 511).

como a punibilidade referente a esses crimes foi extinta, não podem ser investigados ou processados criminalmente[121]. No final do mesmo ano, em 24 de novembro de 2010, a Corte Interamericana de Direitos Humanos proferiu sentença no Caso *Gomes Lund e outros ("Guerrilha do Araguaia") vs. Brasil*, condenando o Brasil, decidindo que "As disposições da Lei da Anistia brasileira que impedem a investigação e sanção de graves violações de direitos humanos são incompatíveis com a Convenção Americana, carecem de efeitos jurídicos e não podem seguir representando um obstáculo para a investigação dos fatos do presente caso, nem para a identificação e punição dos responsáveis, e tampouco podem ter igual ou semelhante impacto a respeito de outros casos de graves violações de direitos humanos consagrados na Convenção Americana ocorridos no Brasil". Dessa maneira, condenou o Brasil, determinado que ele deva "conduzir eficazmente, perante a jurisdição ordinária, a investigação penal dos fatos do presente caso a fim de esclarecê-los, determinar as correspondentes responsabilidades penais e aplicar efetivamente as sanções e consequências que a lei preveja".

Caso semelhante e mais recente é conhecido como "Sétimo Garibaldi". Em 1998, Sétimo Garibaldi foi morto em Querência do Norte, noroeste do Estado do Paraná, em ação repentina de pistoleiros que visavam retirar do imóvel pessoas ligadas ao Movimento dos Trabalhadores Rurais Sem Terra – MST. No ano de 2003, o caso foi denunciado perante a Comissão Interamericana de Direitos Humanos, em razão da inércia das autoridades brasileiras no sentido de apurar os fatos e punir os mandantes e executores do crime. Em 2004, o Ministério Público requereu o arquivamento do inquérito policial,

---

121 Segundo o STF, "A chamada Lei da Anistia veicula uma decisão política assumida naquele momento – o momento da transição conciliada de 1979. A lei 6.683/79 é uma lei-medida, não uma regra para o futuro, dotada de abstração e generalidade. Há de ser interpretada a partir da realidade no momento em que foi conquistada".

que foi deferido pelo juízo local, decisão mantida pelo Tribunal de Justiça do Estado do Paraná. Em 2007, a Comissão Interamericana submeteu o caso à Corte Interamericana de Direitos Humanos, que condenou o Estado Brasileiro a "conduzir eficazmente e dentro de um prazo razoável o inquérito e qualquer processo que chegar a abrir, como consequência deste, para identificar, julgar e, eventualmente, sancionar os autores da morte do senhor Garibaldi. Da mesma maneira, o Estado deve investigar e, se for o caso, sancionar faltas funcionais nas quais poderiam ter incorrido os funcionários públicos a cargo do Inquérito, nos termos dos parágrafos 165 a 169 da presente Sentença". Ocorre que, internamente, em 17 de março de 2016, a 6ª Turma do Superior Tribunal de Justiça, no Recurso Especial n. 1.351.177, por maioria de votos, manteve o arquivamento do inquérito policial, sob o argumento de que inexistem novas provas a autorizar a reabertura do inquérito policial. O voto vencido, proferido pelo Ministro Rogério Schietti Cruz, que lamentou o descumprimento da decisão da Corte Interamericana de Direitos Humanos, não teve o condão de convencer seus pares[122].

Trata-se de casos emblemáticos em que o Judiciário brasileiro não cumpre as decisões da Corte Interamericana de Direitos Humanos, dando ensejo a possíveis sanções internacionais, em razão de nossa aparente incapacidade de conciliar a pluralidade de ordens normativas e órgãos jurisdicionais. Como vimos, isso decorre dos inusitados

---

122 Segundo o Ministro, em seu voto: "Creio desnecessário dizer o quão constrangedor é para o sistema judiciário brasileiro ver apontada, em âmbito internacional, a incúria com que, conforme afirmado, se houveram as autoridades responsáveis pela investigação de um crime de homicídio, classificado por nossa Constituição da República como hediondo. (...) Acredito, entretanto, ser ainda mais constrangedor perceber que, mesmo após o reconhecimento formal dessas inúmeras falhas e omissões estatais na condução das investigações relativas ao caso de homicídio de um nacional, não houve qualquer esforço do Judiciário brasileiro em dar efetivo cumprimento à sentença proferida pela Corte Interamericana de Direitos Humanos".

"tratados internacionais nacionais", praxe exclusivamente brasileira, na qual o Judiciário brasileiro interpreta livremente o conteúdo dos tratados internacionais, de fora divorciada da dos seus principais intérpretes (as Cortes Internacionais). Nas palavras e André de Carvalho Ramos: "sempre defendi que não é suficiente ratificar e incorporar tratados de Direitos Humanos ou ainda defender seu estatuto normativo especial (supralegal ou mesmo constitucional). É necessário aceitar – em sua integralidade – a consequência da internacionalização dos Direitos Humanos, que vem a ser o acatamento da interpretação internacional sobre esses direitos. A internacionalização dos Direitos Humanos não pode ser restrita aos textos dos tratados: a interpretação deles não pode continuar a ser nacional"[123].

Ricardo Victalino de Oliveira inicia sua tese de doutorado mencionando decisão da Corte Permanente de Justiça Internacional, proferida em 1926, no caso *Certos Interesses Alemães na Silésia Superior Polonesa*, segundo a qual, "do ponto de vista do Direito Internacional e deste Tribunal, as leis internas são meros fatos que expressam a vontade e constituem a atividade dos Estados". À luz desse raciocínio, a decisão do Supremo Tribunal Federal (no caso da "Lei da Anistia") e a decisão do STJ (mantendo o arquivamento do inquérito policial no caso "Sétimo Garibaldi") seriam fatos que comprovam a efetiva violação dos direitos humanos pelo Estado brasileiro. Segundo o autor, "Tem-se, pois, como certo que a jurisprudência internacional moldou o posicionamento referido para impedir que os Estados buscassem, em seus respectivos ordenamentos jurídicos, fundamentos e estratégias

---

123 *Op. cit.*, p. 516. A conclusão do autor é dura: "Esse caminho nacionalista nega a universalidade dos Direitos Humanos e transforma os tratados e a Declaração Universal dos Direitos Humanos em peças de retórica, pois permite que cada país interprete o que é tortura, intimidade, devido processo legal e outros comandos abertos dos textos de Direitos Humanos, gerando riscos de abuso e relativismo puro e simples. No caso brasileiro, esse caminho nacionalista é, além disso, um beco sem saída, pois o Brasil já reconheceu a jurisdição da Corte Interamericana de Direitos Humanos, do Tribunal Internacional Penal (TPI), bem como se submeteu a diversos Comitês de Direitos Humanos estabelecidos em tratados celebrados sob os auspícios da Organização das Nações Unidas" (p. 517).

que os isentassem da responsabilidade internacional decorrente de violação da norma exterior"[124].

O tema é bastante complexo e não é o objeto principal de nosso trabalho. A complexidade referida é abordada pela doutrina, segundo a qual não se deve fazer uma cisão entre o direito interno e o direito internacional, sob pena de, adotando o dogma do primado do Direito Internacional, criar "um indesejável conjunto de mandamentos internacionais ineficazes porque desconectados da realidade social, política e humana que cada Estado encarna, a qual se reflete e se consolida nas normas constitucionais"[125]. Segundo Ricardo Victalino de Oliveira, o Judiciário tem um grande desafio pela frente, que é se adaptar à nova realidade (o aumento significativo do número de mandamentos passíveis de aplicação a casos concretos, cuja origem é internacional), sem que as instâncias judiciárias domésticas tenham sido eficazmente preparadas para isso[126]. Não obstante, mostra-se necessária, internamente, a elaboração de um regramento específico para o cumprimento de decisões internacionais no Brasil, bem como a responsabilidade pelo seu não cumprimento, como já ocorre em alguns países, como Colômbia, Peru, Honduras, Venezuela e Costa Rica[127].

---

124 *A abertura do Estado constitucional brasileiro ao direito internacional*. Tese (doutorado). Disponível em: http://www.teses.usp.br/teses/disponiveis/2/2134/tde-21012015-083107/pt-br.php, p. 11.

125 *Op. cit.*, p. 12. O referido autor cita, em sua defesa, Peter Häberle, para o qual: "o Estado Constitucional e o Direito Internacional transformam-se em conjunto. O Direito Constitucional não começa onde cessa o Direito Internacional. Também não é válido o contrário, ou seja, o Direito Internacional não termina onde começa o Direito Constitucional. Os cruzamentos e as ações recíprocas são por demais intensivas para que se dê a esta forma externa de complementariedade uma ideia exata'. Há, portanto, um claro e progressivo entrelaçamento entre as ordens jurídicas dirigido não pela preocupação de definir a hierarquia de um tipo de norma sobre o outro, mas pela verificação de uma salutar identidade de matérias objeto de normatização" (p. 12).

126 *Op. cit.*, p. 180.

127 "A dúvida quanto à competência e a ausência de previsão de um procedimento e de instrumentos mais específicos atuam, no mais das vezes, em desfavor da efetividade dos comandos condenatórios das decisões internacionais, seja pela inércia de alguns órgãos e instituições, seja pela negativa de competência de outros, seja

1.4.2.3. Decisões interamericanas sobre direitos sociais

Em pesquisa elaborada pelos constitucionalistas colombianos Clara María Mira González e Milton Andrés Rojas Betancur[128], até 2010 a Corte Interamericana de Direitos Humanos processou cento e cinco casos contenciosos, dos quais somente três correspondem a direitos sociais e um deles ao direito à seguridade social em casos de reajuste pensional (os demais se referem à violação do direito à liberdade sindical). Desde então, houve outras decisões importantes ordenando o Estado a implementar políticas públicas referentes à saúde (como no *caso Atalia Riffo e Crianças vs. Chile*, em que o Estado foi condenado a "prestar atendimento médico e psicológico ou psiquiátrico gratuito, e de forma imediata, adequada e efetiva, mediante suas instituições públicas especializadas de saúde, às vítimas que o solicitem", ou no *caso Furlan e Familiares vs. Argentina*, em que o Estado foi condenado a "oferecer a atenção médica e psicológica gratuita e de forma imediata, adequada e efetiva, através de suas instituições públicas de saúde especializadas às vítimas que assim o solicitem")

Dentre as decisões da Corte Interamericana de Direitos Humanos acerca dos direitos econômicos, sociais e culturais, destacam-se os seguintes casos, que comentaremos na sequência: "Cinco Aposentados vs. Peru", "Crianças Yean e Bosico vs. República Dominicana",

---

pela negativa de responsabilidade de outros. Normas que consigam dirimir essas situações parecem tornar a atuação estatal mais ágil e efetiva nesse ponto. Não há uma regulamentação sobre o cumprimento de decisões internacionais no Brasil, diferente do que ocorre em outros países da América Latina, como Colômbia, Peru, Honduras, Venezuela e Costa Rica, nos quais foram editadas normas que disciplinam a execução das resoluções internacionais" (Juliana Corbacho Neves dos Santos. A execução das decisões emanadas da Corte Interamericana de Direitos Humanos e do Sistema Jurídico Brasileiro e seus efeitos. *Revista Prismas: Direito Político, Público e Mundial*, Brasília, v. 8, n. 1, jan./jun. 2011, p. 288).

128 *La protección de los derechos sociales en el Sistema Interamericano de Derechos Humanos*. Disponível em: https://dialnet.unirioja.es/descarga/articulo/3392672.pdf.

"Ximenes Lopes vs. Brasil", "Acevedo Buendía e outros vs. Peru", "González e Outras vs. México", "Comunidade Indígena Xákmok Kásek vs. Paraguai", "Atala Riffo e Crianças vs. Chile", "Fornerón e Filha vs. Argentina", "Furlan e Familiares vs. Argentina" e Artavia Murillo e outros vs. Costa Rica".

O caso *Cinco Aposentados vs. Peru*, cuja sentença data de 28 de fevereiro de 2003, versa sobre suposta violação, dentre outros dispositivos da Convenção Americana, do artigo 26 (direito ao desenvolvimento progressivo), em razão de alteração do regime previdenciário (redução de 78% do valor de suas aposentadores, sem prévio aviso) desfrutado pelos senhores Carlos Torres Benvenuto, Javier Mujica Ruiz-Huidobro, Guillermo Alvares Hernández, Reymert Bartra Vasquez e Maximiliano Gamarra Ferreyra (os "cinco aposentados"). Nesse caso, embora tenha julgado procedente a demanda, fundamentou a sentença na violação da propriedade privada (art. 21 da CADH) e da proteção judicial (artigo 25 da CADH). No tocante à progressividade dos direitos sociais e ao grande retrocesso ocorrido no caso, decidiu: "os direitos econômicos, sociais e culturais têm uma dimensão tanto individual como coletiva. Seu desenvolvimento progressivo, sobre o qual já se pronunciou o Comitê de Direitos Econômicos, Sociais e Culturais das Nações Unidas, se deve medir, no critério deste Tribunal, em função da crescente cobertura dos direitos econômicos, sociais e culturais em geral, e do direito à previdência social e à aposentadoria em particular, sobre o conjunto da população, tendo presentes os imperativos da equidade social e não em função das circunstâncias de um grupo muito limitado de aposentados não necessariamente representativos da situação geral"[129].

---

129 Como afirma a Defensoria Pública Federal Wilza Carla Folchini Barreiros, essa decisão, por extrair o fundamento dos direitos individuais de propriedade e acesso à justiça, "considera os direitos econômicos, sociais e culturais como direitos programáticos e pouco vinculantes" (*A proteção dos direitos econômicos, sociais e culturais no Sistema Interamericano de Direitos Humanos.* Disponível em: http://www.dpu.def.br/images/esdpu/repositorio/Ed_2016_67_Wilza_Carla_Paper.pdf). Conclusão semelhante é a de Marco Aurélio Serau

O *Caso das Crianças Yean e Bosico vs. República Dominicana*, cuja sentença data de 8 de setembro de 2005, versa sobre demanda contra a República Dominicana, que se negou a emitir certidões de nascimento a um grupo de crianças (as "crianças Yean e Bosico"), o que impossibilitou por parte destas o exercício de vários direitos, como a educação. Outrossim, alegou-se violação da proteção da família (art. 17, do Pacto), em razão do possível risco de separação das crianças de seus familiares. A Corte julgou procedente a demanda, condenando a República Dominicana a realizar "um ato público de reconhecimento de responsabilidade internacional e de pedido de desculpas às vítimas", bem como a realizar "medidas legislativas, administrativas e de qualquer outro caráter que sejam necessárias para regulamentar o procedimento e os requisitos exigidos para adquirir a nacionalidade dominicana, mediante o registro tardio de nascimento", além de indenizar as vítimas.

O *Caso Ximenes Lopes vs. Brasil*, cuja sentença data de 4 de julho de 2006, versa sobre supostas condições desumanas e degradantes da hospitalização do senhor Damião Ximenes Lopes, portador de deficiência mental, máxime porque teria sido vítima de golpes a ataques contra sua integridade pessoal por parte de funcionários da

---

Júnior: "A decisão ora analisada ao assegurar os direitos previdenciários dos cidadãos peruanos (atualização de suas aposentadorias, conforme reconhecido pelo Poder Judiciário daquele país), entendeu que o Peru descumpriu os artigos 21 e 25 da Convenção Americana (direito de propriedade e direito de acesso à justiça), com o que agiu com profundo acerto. Contudo, deixou de apreciar incisivamente a questão da progressividade dos direitos econômicos, sociais e culturais. Com isso, embora tenha decidido de forma acertada, perdeu oportunidade de se manifestar acerca de importante tema dos direitos humanos, bem como sobre a perspectiva da proteção à dignidade humana, fundamento ético contemporâneo dos direitos humanos. A omissão é criticável, mormente quando se considera que a América Latina se encontra, atualmente, num contexto de redução da rede de proteção social" (*Análise do Caso "Cinco Pensionistas vs. Peru", da Corte Interamericana de Direitos Humanos*. Disponível em: http://dspace.uces.edu.ar:8180/xmlui/bitstream/handle/123456789/899/Analise_do_caso_Sera.pdf?sequence=1).

Casa de Repouso Guararapes, levando-o à morte. O estabelecimento, embora privado, operava no âmbito do sistema público de saúde (SUS). A corte julgou a demanda parcialmente procedente, reconhecendo a parcial responsabilidade internacional do Estado brasileiro, condenando-o a investigar e sancionar os responsáveis pelos fatos supradescritos, bem como a "desenvolver um programa de formulação e capacitação para o pessoal médico, de psiquiatria e psicologia, de enfermagem e auxiliares de enfermagem e para todas as pessoas vinculadas ao atendimento de saúde mental, em especial sobre os princípios que devem reger o trato das pessoas portadoras de deficiência mental, conforme os padrões internacionais sobre a matéria".

O *Caso "Demitidos e Aposentados da Controladoria" vs. Peru*, cuja sentença data de 1º de julho de 2009, versa sobre o não pagamento de remunerações, gratificações e bonificações por parte da Controladoria-Geral da República do Peru a um grupo de aposentados e demitidos, contrariando decisão do Tribunal Constitucional daquele país. Julgando procedente a demanda, a Corte determinou a realização dos pagamentos respectivos, bem como a publicação no Diário Oficial ou jornal de ampla circulação nacional da Sentença da Corte Interamericana.

O *Caso González e Outras ("Campo Algodoeiro") vs. México*, cuja sentença data de 16 de novembro de 2009, versa sobre o desaparecimento e posterior morte das jovens Gonzáles, Herrera e Ramos, cujos corpos foram encontrados em uma plantação de algodão de Ciudad Juárez no dia 6 de novembro de 2001. Alegou-se a "falta de medidas de proteção às vítimas, duas das quais eram menores de idade; a falta de prevenção destes crimes, apesar do pleno conhecimento da existência de um padrão de violência de gênero que havia deixado centenas de mulheres e meninas assassinadas". Julgando parcialmente procedente a demanda, a Corte Interamericana entendeu que o Estado mexicano violou os direitos da criança (artigo 19 da Convenção Americana), dentre outros direitos. Assim decidindo, determinou que o México realizasse novas investigações acerca dos crimes, erigisse um monumento em memória das vítimas. Outrossim, condenou o México a criar, no prazo de seis meses, um site atualizado permanentemente com informações pessoais de todas as mulheres que desapareceram em Chihuahua desde 1993, bem como "dentre de um prazo razoável, realizar um programa de educação destinado à população em geral do Estado de Chihuahua, com o fim de superar esta situação", dentre outras medidas.

 O *Caso da Comunidade Indígena Xákmok Kásek vs. Paraguai*, cuja sentença data de 24 de agosto de 2010, versa sobre suposta responsabilidade internacional do Estado pela falta de garantia do direito de propriedade ancestral da comunidade indígena Xákmok Kásek, por conta do atraso na resolução de demanda referente à posse e propriedade de determinado território, implicando um estado de vulnerabilidade alimentar, médica e sanitária. Julgando procedente a demanda, a Corte Interamericana determinou que o Estado paraguaio devolvesse aos membros da comunidade indígena os 10.700 hectares reclamados. Outrossim, condenou o Paraguai a realizar ato público de reconhecimento de sua responsabilidade internacional, bem como a estabelecer um posto de saúde permanente, com os medicamentos e insumos necessários para o atendimento de saúde adequado, no prazo de seis meses, à comunidade indígena, dentre outras medidas.

 O *Caso Atala Riffo e Crianças vs. Chile*, cuja sentença data de 24 de fevereiro de 2012, versa sobre suposta responsabilidade internacional do Estado pelo tratamento discriminatório e interferência arbitrária na vida privada e familiar, devido à orientação sexual da vítima. A vítima, demandante, perdeu a guarda de seus filhos decorrentes do casamento, por conta da sua convivência com companheira do mesmo sexo. A questão tramitou por toda a justiça chilena, até chegar na Corte Suprema de Justiça que, por três votos contra dois, entendeu que as crianças estavam em um "estado de vulnerabilidade em seu meio social, pois é evidente que seu ambiente familiar excepcional se diferenciava significativamente daquele em que vivem seus companheiros de escola". A demanda foi julgada procedente o Estado chileno foi condenado a "prestar atendimento médico e psicológico ou psiquiátrico gratuito, e de forma imediata, adequada e efetiva, mediante suas instituições públicas especializadas de saúde, às vítimas que o solicitem", bem como a implementar "num prazo razoável, programas e cursos permanentes de educação e treinamento destinados a funcionários públicos no âmbito regional e nacional e, especialmente, a funcionários judiciais de todas as áreas e escalões do setor jurídico".

O *Caso Fornerón e Filha vs. Argentina*, cuja sentença data de 27 de abril de 2012, versa sobre suposta violação do direito à proteção da família do senhor Fornerón e de sua filha biológica, que foi entregue por sua mãe à guarda pré-adotiva de um casal sem o consentimento de seu pai biológico, que não possui acesso à criança, não tendo o Estado implementado um regime de visitas, apesar dos inúmeros pedidos realizados pela vítima. A Corte julgou procedente a demanda, determinado que o Estado argentino estabeleça imediatamente um regime que vise a aproximar o pai biológico de sua filha, bem como "implementar, no prazo de um ano e com a respectiva alocação orçamentária, um programa ou curso obrigatório dirigido a operadores judiciais, incluindo juízes, defensores, promotores, assessores e demais funcionários da Província Entre Ríos vinculados à administração de justiça em relação às crianças que contemple, entre outros, os padrões internacionais em direitos humanos, particularmente em matéria dos direitos das crianças, seu interesse superior e o princípio de não discriminação".

O *Caso Furlan e Familiares vs. Argentina*, cuja sentença data de 31 de agosto de 2012, trata da alegada responsabilidade internacional do Estado pela "falta de resposta oportuna por parte das autoridades judiciais argentinas, que teriam incorrido em uma demora excessiva na resolução de uma ação civil contra o Estado, de cuja responsabilidade dependia o tratamento médico da suposta vítima, em sua condição de criança portadora de deficiência". Julgando a demanda procedente, a Corte Interamericana condenou o Estado argentino a "oferecer a atenção médica e psicológica gratuita e de forma imediata, adequada e efetiva, através de suas instituições públicas de saúde especializadas às vítimas que assim o solicitem", bem como "conformar um grupo interdisciplinar (...), o qual determinará as medidas de proteção e assistência que seriam mais apropriadas para sua inclusão social, educativa, vocacional e laboral" e também "adotar as medidas necessárias para assegurar que no momento em que uma pessoa é diagnosticada com graves problemas ou sequelas relacionadas com deficiência, seja entregue à pessoa ou a seu grupo familiar uma carta de direitos que resuma de forma sintética, clara e acessível os benefícios contemplados na legislação".

Já o *Caso Artavia Murillo e outros ("Fecundação in Vitro") vs. Costa Rica*, cuja sentença é de 28 de novembro de 2012, versa sobre a proibição geral de realizar a fecundação *in vitro*, depois de uma decisão proferida pela Sala Constitucional da Corte Suprema da Justiça. Foi alegado que a proibição absoluta constitui uma ingerência arbitrária nos direitos à vida privada e familiar e a formar uma família. Além disso, alegou-se que a proibição constitui uma violação do direito à igualdade das vítimas, já que o Estado lhes impediu o acesso a um tratamento que lhes teria permitido superar sua situação de desvantagem em relação à possibilidade de ter filhas ou filhos biológicos. Além disso, este impedimento teria produzido um impacto desproporcional nas mulheres. A Corte julgou por maioria de votos que o Estado é responsável pelas violações apontadas, condenando-o a "regulamentar, com brevidade, os aspectos que considere necessários para a implementação da fertilização *in vitro* (...) e deve estabelecer sistemas de inspeção e controle de qualidade das instituições ou profissionais qualificados que desenvolvam este tipo de técnica de reprodução assistida", bem como "oferecer às vítimas atendimento psicológico gratuito e de forma imediata, por até quatro anos, através de suas instituições estatais de saúde especializadas", "implementar programas e cursos permanentes de educação e capacitação em direitos humanos, direitos reprodutivos e não discriminação, dirigidos a funcionários judiciários de todas as áreas e escalões do Poder Judiciário".

1.4.2.3.1. Tendência na jurisprudência da Corte Interamericana

O fortalecimento da proteção internacional dos direitos sociais (ou direitos econômicos, sociais e culturais) é um pleito de todos os operadores dos direitos humanos. É inegável que há uma disparidade entre os instrumentos de proteção dos direitos individuais (ou direitos civis e políticos) e os direitos sociais, no plano internacional.

Para minimizar essa disparidade, a Corte Interamericana de Direitos Humanos vem se utilizando de uma visão unitária dos direitos humanos (individuais e sociais), protegendo os direitos sociais, como um corolário da proteção dos direitos individuais. Por exemplo: proteger o direito à vida não significa apenas evitar que o Estado tire indevidamente a vida de alguém, mas também significa exigir que o Estado garanta a todos uma vida digna (e isso significa criar políticas públicas para a concretização de uma vida digna).

Como lembra André de Carvalho Ramos, "nesse sentido, a Corte IDH determinou que o direito à vida compreende não somente o direito de todo ser humano de não ser privado da vida arbitrariamente, mas também o direito a que não sejam geradas situações que impeçam ou dificultem o acesso à uma existência digna. Fica consagrado, então, o novo conteúdo da proteção do direito à vida, sob a forma de prestações positivas do Estado *vinculadas às condições de vida*. O paradigma deste giro copernicano na proteção do direito à vida foi adotado no Caso *Niños de la Calle (Villagrán Moraes y otros)* da Corte Interamericana de Direitos Humanos, que estabeleceu que cabe ao Estado, na proteção da vida, garantir *"el acesso a las condiciones que garanticen uma experiencia digna"*[130].

Esse mesmo fenômeno (de proteção indireta dos direitos sociais, como consequência da proteção dos direitos individuais) também foi descrita por Ana Claudia Santano: "a Convenção Americana de Direitos Humanos estabelece direitos civis e políticos, mas não foi

---

130 *Op. cit.*, p. 355. Continua o autor: "essa visão abrangente do direito à vida é coerente com a chamada indivisibilidade dos direitos humanos, reconhecida na Declaração e Programa de Ação de Viena (1993), que prega que todos os direitos humanos devem ter a mesma proteção jurídica, uma vez que são essenciais para uma vida digna. Ultimamente, a proteção à vida desdobra-se para abarcar os chamados riscos ambientais, que afetam o direito à vida digna, consagrando o direito à vida sustentável", (p. 356).

omissa quanto aos DESC. Ainda que de forma tímida, o art. 26 traz a aplicação progressiva de direitos sociais, e isso deve ser lido conjuntamente ao contido no Protocolo de San Salvador. Essa característica programática dos DESC tem levado a Corte Interamericana a decisões que, embora reconheçam a violação de tais direitos, se utilizam do subterfúgio de vincular essa violação à afronta de outro direito (civil ou político) para legitimar a decisão e a consequente punição. Nesse sentido, a Corte tem firmado convencimento na tese de estreita relação entre os direitos civis e políticos e os DESC, tal como atesta a indivisibilidade e a interdependência dos direitos humanos"[131].

Vários casos julgados pela Corte Interamericana que se utilizaram dessa estratégia podem ser mencionados: o caso *Baena Ricardo vs. Panamá*, que tratou da liberdade de associação sindical, os casos *Albán Cornejo vs. Equador* e *Suárez Peralta vs. Equador*, que tratam do mau atendimento em hospitais e negligência médica.

Outra estratégia utilizada pela Corte Interamericana, embora nesses casos sem unanimidade dos julgadores, é a utilização dos princípios da indivisibilidade e interdependência dos direitos humanos, combinada com o princípio *jura novit curia*. Isso começou no caso *Lagos del Campos vs. Peru* em que, como lembra a doutrina, "nos termos do art. 26, a Corte fez a sua leitura conectada com os direitos que derivam das normas econômicas, sociais e culturais e sobre educação, ciência e cultura contidas na Carta da OEA, dizendo que isso gera, portanto, obrigações aos Estados-Membros (no caso em exame, obrigações no campo do direito à estabilidade laboral, proteção aos trabalhadores e disposição de mecanismos de reclamação e de fiscalização para garantir o acesso à Justiça). A Corte entende que é competente para conhecer e resolver controvérsias relativas ao art. 26 do Pacto de San José, considerando que o art. 1º confere obrigações gerais de respeito e garantia por parte dos Estados"[132].

---

131 *Direitos Sociais e Desenvolvimento: uma abordagem do ativismo judicial na Corte Interamericana de Direitos Humanos*, p. 10.
132 *Op. cit.*, p. 290.

Outros casos em que a Corte agiu dessa forma, agora referente à saúde, foram *Poblete Vilches e outros vs. Chile* e *Cuscul Pivaral e outros vs. Guatemala*. Como lembra a doutrina, "novamente, trazendo o caso *Lagos del Campo vs. Peru*, a Corte inicia a sua fundamentação com a indivisibilidade e a interdependência dos direitos humanos e que o art. 26, por sua vez, aporta dois tipos de obrigações, sendo a primeira a adoção de medidas gerais de maneira progressiva, e a segunda, a adoção de medidas de caráter imediato. Por consequência, isso também gera a vedação ao retrocesso na primeira obrigação de realização progressiva, e que as medidas de caráter imediato devem ser eficazes para assegurar a concretização dos DESC. Ou seja, deve-se começar para seguir adiante. (...) Assim, a Corte condenou – dessa vez, por unanimidade – o Chile pela violação do art. 26. OU seja, já aparenta haver maior consenso sobre direitos mais específicos e que, por meio dessa interpretação sistêmica, possam ser mais acatados para a sua apreciação pela Corte"[133].

1.4.3. A mudança paradigmática urgente e necessária no Brasil

Inúmeros são os motivos pelos quais o Direito Internacional de proteção dos direitos humanos nunca gozou, em terras brasileiras, de elevado prestígio.

Primeiramente, períodos de hiato democrático fizeram com que a incorporação dos tratados e convenções internacionais sobre direitos humanos ocorresse tardiamente no Brasil. Por exemplo, a Convenção Americana de Direitos Humanos só foi incorporada no Direito brasileiro na década de 1990, décadas depois de sua assinatura.

Outrossim, na academia brasileira, o Direito Internacional somente passou a ser uma disciplina obrigatória segundo o Ministério da Educação há poucos anos. Hoje, ainda que seja uma disciplina obrigatória, tem carga horária reduzidíssima, em regra, bem com não rece-

---

133 *Op. cit.*, p. 292.

be dos estudantes de Direito a atenção devida, máxime porque é pouco cobrada nas provas de avaliação profissional, como o Exame da OAB.

Além disso, percebe-se um claro receio, por parte dos membros do Poder Judiciário, até mesmo de Ministros do Supremo Tribunal Federal, em dar a importância devida aos documentos internacionais e à jurisprudência das Cortes Internacionais, como se isso fosse, de alguma forma, retirar sua autoridade.

Enfim, como dissemos, uma soma de fatores faz com que, no Brasil, o Direito Internacional de proteção dos direitos humanos tenha um longo caminho a trilhar. Todavia, como afirmamos no título deste item, é necessária uma "mudança paradigmática urgente" no Brasil, quanto ao tema. Precisamos urgentemente fomentar a utilização de mecanismos internacionais de proteção dos direitos humanos, pois essa é uma das maneiras mais eficazes de conter retrocessos constitucionais e democráticos, como tem mostrado a União Europeia, com seu já existente, embora incipiente, constitucionalismo transnacional.

Em resumo, entendemos ser necessária uma mudança paradigmática, envolvendo estudantes, pesquisadores, professores, advogados, juízes e todos os operadores do Direito para tornar real, efetiva, prática e próxima a utilização de todos os mecanismos internacionais existentes. Em 2021, convencido de que essa mudança paradigmática é necessária no Direito brasileiro, em parceria com a Universidade Autônoma de Centro América, da Costa Rica, criei um módulo internacional de estudos *online*, com o nome "Direitos Humanos – Teoria e Prática", coordenado por mim e pelos professores Geison Barrantes (Costa Rica), Rubén Miranda (Espanha) e Ricardo Victalino (Brasil), com o propósito principal de ensinar os profissionais do Direito a peticionar em organismos internacionais.

Para que haja essa mudança paradigmática por nós sugerida, apontamos uma pauta de ações que todos devemos fazer, para fortalecimento dos direitos sociais, à luz das ferramentas internacionais já disponíveis:

a) petição para a Comissão Interamericana por violação dos direitos sociais à liberdade sindical (art. 8º do Protocolo de San Salvador) e à educação (art. 13 do Protocolo de San Salvador), expressamente admitida pelo artigo 19, § 6º, do Protocolo de San Salvador.

Como explicamos acima, o Protocolo de San Salvador admite expressamente o sistema de petições apenas para alguns direitos sociais (liberdade sindical e direito à educação). Respeitados os requisitos legais (como o esgotamento dos recursos internos ou mora excessiva na solução, por exemplo), sugerimos veementemente seja acionada a Comissão Interamericana por meio de petições apontando eventuais violações do Estado brasileiro quanto a esses direitos.

b) petição para a Comissão Interamericana por violação indireta dos direitos sociais, em decorrência da violação de direitos individuais, como o direito à vida.

Como vimos, a tendência da jurisprudência da Corte Interamericana é reconhecer a proteção dos direitos sociais em decorrência da proteção dos direitos individuais, já que são unos e interdependentes. Assim, em caso de violação do direito à saúde, à moradia, à alimentação, poder-se-á peticionar à Comissão Interamericana, com base no direito à vida, por exemplo.

c) petição para o Comitê de Direitos Humanos da ONU por violação indireta dos direitos sociais, em decorrência da violação de direitos individuais, como o direito à vida.

Assim como é possível peticionar à Comissão Interamericana de Direitos Humanos, também é possível peticionar a alguns Comitês da ONU. Embora, infelizmente, o Brasil não reconheça a Competência do Comitê da ONU de Direitos Sociais, reconhece a competência do Comitê de Direitos Humanos[134]. Assim, seria possível afirmar a violação indireta dos direitos sociais em razão da violação direta de direitos civis e políticos, objeto principal da análise desse Comitê.

---

134 Essa questão é um tanto polêmica, tendo em vista que o Congresso Nacional reconheceu, por decreto legislativo, essa competência do Comitê de Direitos Humanos, da ONU, mas não houve decreto presidencial. Todavia, recentemente, houve peticionamento a essa comissão por parte de um brasileiro (o ex-Presidente Lula), sendo que a Comissão deu seguimento a seu pleito. Portanto, abriu-se um precedente importante para os brasileiros.

d) Difundir largamente a jurisprudência das Cortes Internacionais, bem como interpretações, recomendações, Comentários Gerais, entre estudantes, pesquisadores, professores e operadores do Direito, a fim de evitar o fenômeno dos "tratados internacionais nacionais".

Como vimos antes, o fenômeno dos "tratados internacionais nacionais", ou seja, a interpretação exclusivamente brasileira de documentos internacionais decorre do desprestígio e desestímulo do estudo do Direito Internacional de proteção dos direitos humanos. É necessária uma difusão intensa entre todos os setores do Direito, para que possamos finalmente dar aos legítimos intérpretes dessas normas internacionais (comitês, cortes internacionais, comissões etc.) o eco necessário em nosso Direito.

e) Estimular um movimento social destinado a pressionar o Congresso Nacional a aprovar o Protocolo Facultativo ao Pacto Internacional dos Direitos Econômicos, Sociais e Culturais (PIDESC) com o procedimento do artigo 5º, § 3º, da Constituição Federal.

Segundo posição por nós defendida, ainda que minoritária, aprovado um documento internacional sobre direitos humanos nos termos do artigo 5º, § 3º, da Constituição Federal, por analogia ao procedimento das Emendas Constitucionais, seria desnecessário um decreto presidencial publicando-o. Assim, o Protocolo Facultativo, que reconhece a competência do Comitê de Direitos Sociais, seria uma ferramenta importantíssima para a proteção desses direitos no Brasil.

f) Estimular um movimento social destinado a pressionar o Poder Executivo Federal a publicar decreto sobre o Protocolo Facultativo ao Pacto Internacional dos Direitos Econômicos, Sociais e Culturais (PIDESC) com o procedimento do artigo 5º, § 3º, da Constituição Federal.

g) Estimular um movimento social destinado a pressionar o Poder Judiciário, especialmente o Supremo Tribunal Federal, a reconhecer o *status* constitucional a todos os tratados internacionais de direitos humanos, como já ocorre em inúmeros países. A posição majoritária, hoje adotada pelo STF, de que a maioria dos tratados internacionais sobre direitos humanos têm força de norma infraconstitucional (e supralegal) é um motivo de desestímulo ao estudo dessas normas.

1.5. PROTEÇÃO CONSTITUCIONAL DOS DIREITOS SOCIAIS

Analisando o texto constitucional de vários países, chega-se à conclusão de que a previsão constitucional dos direitos sociais é heterogênea, desde a previsão de um rol detalhado de direitos sociais até a ausência de previsão. Em excelente trabalho de síntese, Catarina dos Santos Botelho[135] compilou na doutrina portuguesa e estrangeira argumentos *pro* e *contra* a positivação constitucional dos direitos sociais.

São argumentos a favor da positivação dos direitos sociais: a) a positivação impõe ao legislador uma orientação legislativa de promoção da igualdade real e do bem-estar entre os cidadãos; b) maior legitimação democrática do poder constituinte originário, na medida em que tais direitos encontram forte apoio popular; c) permitem aos tribunais atuarem como "atores pró-majoritários"; d) os direitos consagrariam patamares mínimos a que todos os indivíduos têm direito; d) a "retórica dos direitos" acaba por ser também um elemento fundamental na "retórica política", tendo um impacto político que não é despiciendo; e) uma igualdade hierárquica entre os direitos sociais e os direitos individuais, ou até mesmo uma preponderância daqueles sobre esses ("com efeito, os direitos de liberdade não terão significado sem meios para os usufruir, pelo que, os direitos sociais assumem um valor *mais elevado* do que os primeiros"[136]).

Por sua vez, são argumentos contrários à constitucionalização expressa dos direitos sociais: a) os direitos sociais não teriam a mesma fundamentalidade dos direitos civis e políticos; b) a justiciabilidade dos direitos sociais seria muito diferente da dos direitos civis e políticos; c) a constitucionalização dos direitos sociais seria uma "hipocrisia

---

135 *Op. cit.*, p. 158-165.
136 *Op. cit.*, p. 160.

ou cinismo", já que seriam meras quimeras de pouca aplicabilidade prática; d) difícil conceitualização dogmática dos direitos sociais, em razão da indeterminação do seu conteúdo; e) os direitos sociais teriam um caráter *especialmente oneroso (cost-intensive)*, em contraposição com os direitos civis e políticos; f) incompatibilidade do controle jurisdicional das dimensões positivas dos direitos sociais com o princípio da separação dos poderes; g) parca formação dos magistrados constitucionais em questões de grande relevância econômica e social; h) falta de legítimo mandato democrático direto dos Tribunais para implantação dos direitos sociais; i) a previsão constitucional dos direitos sociais traz implicitamente o risco de sua proliferação etc.

Vejamos o tratamento constitucional dado aos direitos sociais em alguns países.

Embora o tema *direitos sociais* já tenha sido abordado por Constituições portuguesas anteriores (as primeiras constituições portuguesas do século XIX consagravam prestações sociais, sobretudo quanto à educação), a Constituição portuguesa de 1976 é "a mais vasta e complexa de todas as Constituições anteriores (...) e considerada um dos documentos mais singulares do constitucionalismo europeu das últimas décadas"[137].

Com a queda da ditadura salazarista, o texto originário da Constituição portuguesa de 1976 tinha teor marxista-leninista muito acentuado e, por isso, excessivamente programática, que foi atenuado nas revisões constitucionais de 1982 e 1989. Mesmo após as revisões constitucionais, o componente social na Constituição portuguesa é bastante acentuado, a começar pelo artigo 1º, que prevê o empenho

---

137 Catarina Santos Botelho, *op. cit.*, p. 167. "A histórica constitucional portuguesa registrou também, na vigência da Constituição de 1933, a existência de intervenções estatais na vida econômica e social. Além do direito ao trabalho, estavam consagrados o direito à constituição de lares independentes e em condições de salubridade (art. 14, n. 1), o direito à cooperação do Estado na educação dos filhos (art. 14, n. 4), o direito à educação e à cultura (art. 43), o direito a proteção e pensão dos que se inutilizem no serviço militar em defesa da Pátria ou da ordem e das famílias dos que nele perderam a vida (art. 58), entre outros".

na "construção de uma sociedade livre, justa e solidária". Por sua vez, o artigo 2º prevê a "realização da democracia econômica, social e cultural e o aprofundamento da democracia participativa". Da mesma forma, no artigo 9, alínea *d*, estabelece que uma das tarefas fundamentais do Estado é a "efetivação dos direitos econômicos, sociais, culturais e ambientais, mediante a transformação e modernização das estruturas econômicas e sociais".

Após prever no Título II os "Direitos, Liberdades e Garantias", no Título III a Constituição portuguesa trata dos "Direitos e deveres econômicos, sociais e culturais", fazendo uma divisão entre eles[138]. Estão previstos o direito ao trabalho (arts. 58 e 59), direitos dos consumidores (art. 60), segurança social (art. 63), direito à saúde (art. 64) direito à educação, cultura e ciência (art. 73), dentre outros.

Como afirma Catarina Santos Botelho, "depois da Constituição portuguesa, a Constituição italiana de 1947 é a que compete mais diretamente na elevada quantidade de direitos sociais constitucionalmente consagrados (ainda que de forma dispersa)"[139]. Diferentemente da Constituição portuguesa, que fez uma separação entre os direitos sociais e os direitos individuais, a Constituição italiana não fez uma distinção estrutural entre esses direitos (provavelmente com o escopo de aumentar a tutela dos direitos sociais, equiparando-os às tradicionais liberdades públicas[140]). Já no artigo 3º há a previsão da

---

138 "Os direitos sociais *econômicos* serão aqueles relacionados com assuntos econômicos das pessoas (artigos 58 a 62). Já os direitos sociais *sociais*, passe o pleonasmo, serão aqueles direitos que procuram contribuir para a melhoria das condições de vida das pessoas ou de instituições que precisam de uma atenção especial para desempenharem a sua função social com proficiência (artigos 63 a 72). Por último, os direitos sociais *culturais* podem respeitar a bens culturais fundamentais (de que é exemplo o ensino) ou às instituições que os irão satisfazer, tais como, no exemplo mencionado, as escolas e universidades" (Catarina Santos Botelho, *op. cit.*, p. 171).

139 *Op. cit.*, p. 172.

140 "A doutrina italiana também qualifica de 'sociais' direitos que têm uma estrutura semelhante aos tradicionais direitos de liberdade, tais como os direitos à livre escolha de profissão, greve, emigração e educação das crianças. Por sua vez, o

"dignidade social", afirmando que os direitos sociais visam a promoção de uma igualdade real entre as pessoas.

Na França, os direitos sociais foram primeiramente consagrados no Preâmbulo da Constituição da IV República, em 1946 (em contraposição ao aspecto individual da Declaração de 1789), tendo sido a primeira constituição europeia do pós-Guerra a consagrar expressamente a cláusula do *bem-estar social*.

A Constituição de 1958 curiosamente não possui um catálogo de direitos fundamentais (e, por isso, não prevê os direitos sociais, embora no artigo 1º se proclame uma *República Social*). Não obstante, na engenharia constitucional francesa, entendeu-se desnecessário prever um rol de direitos fundamentais, na medida em que houve uma remissão aos direitos consagrados no Preâmbulo da Constituição de 1946. Trata-se do chamado *bloco de constitucionalidade* ("*bloc de constitucionnalité*"), oriunda da doutrina administrativista de Hauriou, que tratava do "bloco de legalidade" ou "bloco legal". O *leading case* que marcou a definição do bloco de constitucionalidade na França foi a decisão do Conselho Constitucional da França, em 16 de julho de 1971, que estabeleceu as bases do valor jurídico do Preâmbulo da Constituição de 1958, o qual inclui em seu texto o respeito tanto à Declaração dos Direitos do Homem e do Cidadão de 1789, como preâmbulo da Constituição anterior[141]. Sobre essa decisão, afirma Catarina Botelho

---

Tribunal Constitucional italiano tem considerado vários destes direitos como direitos subjetivos. Por exemplo, o direito à saúde é considerado um '*diritti inviolabili*', ou seja, um genuíno direito subjetivo cuja estrutura se assemelha à dos tradicionais direitos de defesa. Desta forma, o TC italiano tem vindo a colaborar, com as próprias interpretações, à formação de um '*diritto vivente*'. No entanto, como seria de se esperar, nem todos os direitos fundamentais sociais atribuem posições jurídicas subjetivas. Com efeito, os direitos de assistência e segurança social estão consagrados em normas programáticas (*norme programmattiche*), que carecem de concretização legislativa e que dependem das condições financeiras do Estado" (Catarina Santos Botelho, *op. cit.*, p. 173).

141 A decisão trata do direito à liberdade de associação. O Conselho Constitucional francês, para verificar a constitucionalidade de um projeto de lei, deveria verificar se a liberdade de associação estaria no rol dos direitos humanos, servindo de parâ-

que houve um grande salto qualitativo do ordenamento jurídico constitucional francês, no qual "o *Conseil* Constitutionnel declarou que os direitos sociais não eram meros princípios políticos ou linhas de orientação, mas sim princípios de direito, que estavam acima do Parlamento e da lei"[142]. Segundo a doutrina, o fenômeno do *bloco de constitucionalidade* não é uma realidade apenas francesa. Já é adotado na Espanha, na Itália e em grande parte da América Latina[143].

---

metro no controle de constitucionalidade. O Conselho afirmou que existe um bloco de valores, que, apesar de não estarem expressos na Constituição, servem de parâmetro nesse controle. A sobredita decisão revela que o Conselho Constitucional, a partir dessa decisão, passou a considerar um bloco de normas e princípios materialmente constitucionais, ampliando os domínios estritos da Constituição.

142 *Op. cit.*, p. 180. "Segundo a jurisprudência do Conselho Constitucional, os direitos sociais possuem a mesma categoria do que os direitos de liberdade, precisando contudo da intervenção do legislador as modalidades da sua efetivação prática. Compreende-se, por conseguinte, a razão das críticas que apontam a ampla liberdade que se concede ao legislador na concretização dos direitos sociais e que provoca o efeito perverso de se retomar ao originário 'caráter caritativo' da assistência social, e de os '*droits-créances*' se tornarem 'direito virtual'" (p. 180).

143 Segundo Manuel Eduardo Góngora Mera, "algunas cortes constitucionales han reconocido jerarquía constitucional a las normas del DIDH introduciendo la doctrina del bloque de constitucionalidad por vía de la interpretación de cláusulas de apertura. Por ejemplo, las cortes de Bolivia, Colombia, Ecuador, Perú y la antigua Corte Suprema de Venezuela reconocieron que la cláusula abierta de derechos constitucionales (según la cual ciertos derechos no incluidos expresamente en el texto constitucional pueden tener estatus constitucional) concedía jerarquía a los tratados que incorporaran derechos fundamentales. Colombia y Ecuador invocaron, además, la cláusula de primacía (según la cual, en caso de conflicto entre una norma nacional y un tratado internacional, debe primar el tratado) para incluir a tratados de derechos humanos dentro del parámetro de constitucionalidad. Para similares propósitos, las cortes constitucionales de Bolivia, Colombia y Perú han invocado también la cláusula interpretativa (según la cual los derechos constitucionales deben interpretarse de conformidad con los tratados internacionales ratificados por el país). En otros países donde no se efectuaron reformas constitucionales de apertura al derecho internacional de los derechos humanos, sus cortes constitucionales han avanzado hacia el reconocimiento de la jerarquía constitucional de los tratados de derechos humanos invocando reformas constitucionales y legislativas relacionadas con la justicia constitucional o el procedimiento de las acciones de constitucionalidad como el amparo" (*La difusión del bloque de*

A Constituição espanhola, em seu artigo 53, prevê um *triplo nível de proteção* dos direitos previstos na Constituição. No item 1 desse artigo[144], há um *nível de proteção intermédio*, para todos os direitos previstos nos artigos 14 a 38. Já o item 2 desse artigo[145] consagra um *nível reforçado* de proteção, exclusivamente aos direitos salvaguardados nos artigos 14, 15 a 29 e 30, n. 2, da Constituição espanhola. Por fim, o item 3 desse artigo refere-se ao *nível atenuado* de proteção, relativamente aos princípios orientadores da política social econômica, que possuem apenas um *valor informador*: "El reconocimiento, el respeto y la protección de los principios reconocidos en el Capítulo tercero informarán la legislación positiva, la práctica judicial y la actuación de los poderes públicos. Sólo podrán ser alegados ante la Jurisdicción ordinaria de acuerdo con lo que dispongan las leyes que los desarrollen" (grifamos).

Segundo Catarina Santos Botelho, "o texto constitucional espanhol possui – a par da Constituição portuguesa – o catálogo mais extenso de direitos sociais de entre os Estados da União Europeia. (...) Contudo, segundo a orientação doutrinal ainda majoritária – mas que se nos afigura num certo *esmorecimento* – os direitos sociais não resultam consagrados constitucionalmente como genuínos direitos fundamentais, sendo meros direitos fundamentais *in fieri*"[146].

---

constitucionalidade en la jurisprudencia latinoamericana y su potencial en la construcción del ius constitutionale commune latino-americano. Instituto Max Planck de Derecho Público Comparado y Derecho Internacional. Disponível em: http://www.corteidh.or.cr/tablas/r31277.pdf).

144 "Los derechos y libertades reconocidos en el Capítulo segundo del presente Título vinculan a todos los poderes públicos. Sólo por ley, que en todo caso deberá respetar su contenido esencial, podrá regularse el ejercicio de tales derechos y libertades, que se tutelarán de acuerdo con lo previsto en el artículo 161, 1, *a*."

145 "Cualquier ciudadano podrá recabar la tutela de las libertades y derechos reconocidos en el artículo 14 y la Sección primera del Capítulo segundo ante los Tribunales ordinarios por un procedimiento basado en los principios de preferencia y sumariedad y, en su caso, a través del recurso de amparo ante el Tribunal Constitucional. Este último recurso será aplicable a la objeción de conciencia reconocida en el artículo 30."

146 *Op. cit.*, p. 206. Prossegue a autora: "Em acréscimo, o silêncio constitucional na atribuição de natureza jusfundamental aos direitos sociais foi superado

Como reação ao anterior regime político, que derruiu com a Segunda Guerra Mundial, a Lei Fundamental alemã consagrou um pormenorizado catálogo de direitos fundamentais, nos artigos 1º a 19 da GG. Os direitos sociais estavam previstos na Constituição de Weimar[147], como os direitos sociais ao trabalho e à segurança social.

---

através do acolhimento desenvolvido de tais direitos sociais nos Estatutos de Autonomia, em especial nos casos da Catalunha e da Andaluzia. Para finalizar, é curioso verificar o modo como, na década de setenta do século passado, duas Constituições com uma história assaz semelhante e com situações macroeconômicas aproximadas – a Constituição portuguesa de 1976 e a Constituição espanhola de 1978 – acabaram por conferir um enquadramento constitucional aos direitos sociais tão diferente" (*op. cit.*, p. 207).

147 Como descrevemos em nosso *Curso de direito constitucional*: "Trata-se da Constituição que instituiu a primeira república alemã, elaborada e votada na cidade de Weimar, sendo produto da grande guerra de 1914-1918, sete meses após o armistício. Antes da edição da Constituição de Weimar, movimentos revolucionários alemães contra o kaiser Guilherme II deram ensejo à sua abdicação, constituindo-se um governo provisório (Conselho dos Delegados do Povo), cujos primeiros decretos foram o estabelecimento da jornada de trabalho de oito horas e a atribuição do direito de voto às mulheres, bem como medidas de assistência social aos setores mais carentes da população. Promulgada a lei eleitoral em novembro de 1918, foi convocada Assembleia Nacional Constituinte, eleita em 6 de fevereiro de 1919, votando e aprovando a nova Constituição em 31 de julho de 1919. Tem uma importância histórica ímpar, ao instituir um Estado Social, cujas ideias centrais foram introduzidas pela Constituição do México de 1917, influenciando todas as legislações do mundo ocidental. Dividida em duas grandes partes, tem na sua primeira parte a organização do Estado e na sua segunda parte as liberdades individuais e os novos direitos de conteúdo social. Foi pioneira na previsão da igualdade entre marido e mulher (art. 119), na equiparação de filhos legítimos e ilegítimos (art. 121), na tutela estatal da família e da juventude (art. 119 e 122), mas tem importância histórica marcante na previsão de disposições sobre educação pública e direito trabalhista, a partir do artigo 157. Segundo esse artigo, 'o trabalhador recebe especial proteção do *Reich*. O *Reich* elaborará uniforme legislação acerca do tema'. A sindicalização está garantida no artigo 159 ('o direito de formar sindicados e melhorar as condições do trabalho e da economia é garantido para cada indivíduo e para todas as ocupações. Todos os acordos e medidas que limitem ou obstruam esse direito são ilegais'). Inovadora e vanguardista foi a previsão de um direito internacional de garantias mínimas do trabalho, no artigo 162 ('o *Reich* defende uma regulamentação internacional sobre os direitos

Não obstante, como eles não lograram efetividade prática, a ponto da doutrina afirmar que tais direitos sociais eram "direitos fundamentais somente no plano legislativo, uma vez que a sua efetivação prática estava inevitavelmente dependente de *interpositio legislatoris* que determinasse o seu conteúdo"[148], na Lei Fundamental de Bonn não há um rol de direitos sociais.

Não obstante, logo nos artigos 1º, n. 1, art. 20, n. 1, e 28, n. 1, da GG está presente o compromisso com o princípio do Estado Social (*Sozialstaat*). Quanto às razões da não previsão dos direitos sociais na Lei Fundamental alemã, Catarina Santos Botelho[149] compilou os argumentos doutrinários mais relevantes: a) o insucesso a aplicabilidade prática dos direitos sociais na Constituição de Weimar; b) a Lei Fundamental seria provisória, pois, posteriormente, seria feito um

---

dos trabalhadores, que se esforça para garantir um mínimo de direitos sociais para a classe trabalhadora da humanidade'). Talvez o mais marcante dispositivo seja o artigo 163, que prevê expressamente o direito ao trabalho: 'Apesar de sua liberdade pessoal, todo alemão é obrigado a investir sua energia física e intelectual de forma necessária ao benefício público. A cada alemã será dada a oportunidade de ganhar a vida mediante um trabalho econômico. Não sendo oferecidas aberturas apropriadas de trabalho, ele receberá apoio financeiro. Mais detalhes são especificados pela Lei do *Reich* (império)'" (5. ed. 2021, p. 100-101).

148 Catarina Santos Botelho, *op. cit.*, p. 209. Prossegue a autora: "No fundo, durante a vigência desta Constituição, a exequibilidade dos direitos fundamentais contra o legislador não estava garantia. Tende-se, por isso, a considerar que os direitos fundamentais eram meros 'avisos para futura legislação' (...)_, sem consequências jurídicas. Estamos plenamente conscientes de que um tal entendimento não obsta a reconhecer que foi esta Constituição que edificou 'os alicerces do modelo de Estado social de Direito'".

149 *Op. cit.*, p. 211-214. "A falta de aplicabilidade prática dos direitos sociais durante a República de Weimar trouxe consigo o receio de que esse estado de coisas se mantivesse e que se repetisse a mesma situação. Era, pois, necessário exorcizar um passado a que não se queria retomar, razão pela qual José Melo Alexandrino se refere à 'funesta lição de Weimar'. Expressão superlativa desse desprezo foi, de fato, ter-se evitado, durante mito tempo, a terminologia 'direito social (*soziales Recht*) ou 'direito fundamental social' para a concepção estatista e paternalista da política social, que dominou até o fim da Segunda Guerra Mundial" (p. 211).

novo texto constitucional; c) como os direitos sociais implicam gastos por parte do poder público, dependentes do orçamento, limitariam a atuação do legislador; d) a implantação dos direitos sociais depende mais das condições econômicas que da previsão legal; e) ao prever na Constituição o "Estado Social", deu maior margem de liberdade ao legislador, que poderá implantar os direitos sociais de acordo com as pretensões da sociedade a cada tempo, não "cimentando" um rol de direitos sociais no texto constitucional; f) o constituinte não quis estabelecer uma norma programática jusfundamental social de pouca aplicabilidade; g) não se trata de uma aversão aos direitos sociais, haja vista a jurisprudência que os implementa com grande eficácia; h) os direitos sociais estão previstos expressamente em alguns entes federados alemães.

Dessa forma, conclui Catarina Santos Botelho: "seja como for, parece-nos que esta foi uma opção consciente e uma tomada de posição por parte do poder constituinte. Temia-se, por conseguinte, que a consagração constitucional expressa de direitos fundamentais sociais trouxesse consigo uma transformação do processo político, permitindo ao Tribunal Constitucional Federal alemão ter a última palavra quanto à decisão das prioridades políticas dos recursos estatais. Ora, no entendimento da doutrina majoritária, este é um papel que o Tribunal não pode desempenhar, porquanto não possui nem legitimidade, nem os instrumentos necessários para decidir nesses domínios. (...) Os direitos sociais possuem, destarte, uma 'eficácia limitada'(*begrenzte Wirksamkeit*), tendo como principal destinatário o legislador"[150].

Estados Unidos da América: como afirma Catarina Santos Botelho, "o que separa o constitucionalismo norte-americano do

---

150 *Op. cit.*, p. 218. "Se, por um lado, a Lei Fundamental recusou a consagração expressa de direitos sociais (e o legislador de revisão não concorda, por maioria, mudar de caminho), por outro lado, basta uma pesquisa temática na doutrina alemã para aferir o enorme interesse que o tema suscita – que se espelha na quantidade e qualidade inegáveis de inúmeros contributos acadêmicos – e basta também uma análise jurisprudencial para confirmar o empenho na tutela desses direitos".

constitucionalismo ocidental europeu não é apenas um distante oceano, mas sim toda uma *filosofia constitucional endógena* aos próprios textos constitucionais. (...) Algumas limitações do constitucionalismo norte-americano resultam da antiguidade e brevidade do próprio texto constitucional e da onipresente preocupação de nunca trair o seu sentido histórico/original. Se atentarmos na Constituição americana, verificamos que esta possui um elenco bastante diminuto de direitos – de cariz essencialmente negativo – e que não se prevê a possibilidade de limites aos direitos. Por outro lado, os direitos fundamentais negativos são considerados como normas 'autoexequíveis' (*self-executing*)"[151].

Nos anos 30, durante o *New Deal*, de Franklin Roosevelt, surgiram propostas para constitucionalização dos direitos sociais, mas que não prosperaram. Até os dias de hoje, os Estados Unidos se recusaram a ratificar o Pacto Internacional de Direitos Econômicos, Sociais e Culturais (PIDESC), e o atual Presidente norte-americano luta no Congresso para desconstruir as políticas públicas de assistência à saúde da população (*The Patient Protection and Affordable Care Act*, conhecido como *Obamacare*).

Dessa maneira, até os dias de hoje a Constituição norte-americana não prevê um rol de direitos sociais. Isso se dá, sobretudo, pelo momento e pela conjuntura histórica em que a Constituição foi feita. De índole essencialmente liberal (foi escrita em 1787), a Constituição norte-americana tinha a preocupação principal de construir as bases de um novo país, suas instituições e o relacionamento entre elas. Ora, estava-se criando um novo país, que era até então uma colônia inglesa. A previsão dos direitos fundamentais não era o principal escopo do constituinte (tanto que, no texto originário, nem mesmo os direitos individuais estavam presentes, que foram inseridos posteriormente por meio de emendas constitucionais).

A *Constitución de la Nación Argentina*, sancionada em 1853, já passou por várias reformas (em 1860, 1866, 1868, 1957 e 1994). A

---

151 *Op. cit.*, p. 194.

reforma constitucional de 1957 introduziu no artigo *14 bis* conceitos próprios do Estado Social de Direito, como a ideia de *justiça social*. Segundo a doutrina argentina, essa reforma implantou "la necesidad de armonizar el techo ideologico de la Constitución de 1853 con la nueva cuña ideológica de 1957. En 'Berçaitz', la Corte Suprema explicitó que el objetivo preeminente de la Constitución es lograr el bienestar general, es decir, la justicia en su máxima expresión, teniendo categoria constitucional el princípio *in dubio pro iustitia social*"[152].

Depois de um hiato provocado pelo regime militar argentino[153], a reforma constitucional de 1994[154] foi mais ampla, em matéria de direitos fundamentais (em especial, os direitos sociais). Nas palavras de Néstor Sagüés, *"La reforma de 1994 resultó amplia. Entre otros temas, en materia de derechos, añadió un nuevo capítulo (el segundo) a la Parte Primera de la Constitución, con derechos y garantías al sufragio, a formar partidos, igualdad entre el hombre y la mujer, iniciativa y consulta popular) y otros de índole general, llamados 'de tercera generación', referentes a la ecología y a los consumidores y usuarios. También acopló, al reformar la Parte Segunda de la Constitución,*

---

152 Néstor Pedro Sagüés. *Manual de derecho constitucional*. 2. ed. Buenos Aires: Astrea, 2014, p. 534.

153 "La última dictadura militar (1976-1983) modificó esencialmente el rol del Estado aceptado convencionalmente hasta entonces. Autoritariamente se dejaron de lado las políticas de promoción industrial y los convenios colectivos de trabajo. También se abandonó el nacionalismo económico, cuyas bases eran el proteccionismo de la producción local y lo que se ha conocido como Estado Benefactor. Se propuso en cambio la liberación de la economía, y se menospreció el rol del Estado como garante de una distribución equitativa de la riqueza" (Elina S. Mecle Armiñana. Los derechos sociales en la Constitución argentina y su vinculación con la política y las políticas sociales. *In: Pobreza, desigualdade social y ciudadanía*: los límites de las políticas sociales en América Latina. Consejo Latinoamericano de Ciencias Sociales, p. 42).

154 "Los convencionales constituyentes fueron elegidos el 10 de abril de 1994, iniciaron sus sesiones el 25 de mayo y las culminaron el 22 de agosto. La Convención funcionó en las ciudades de Santa Fe y Paraná. El nuevo texto constitucional fue jurado el 24 de agosto de 1994" (Néstor Pedro Sagüés. *Manual de derecho constitucional*, p. 118).

derechos relativos a los niños, madres, trabajadores, indígenas, educandos, autores, etcétera"[155].

Outrossim, com a reforma constitucional de 1994, tratados e convenções internacionais receberam, pelo texto constitucional (art. 75, item 22), hierarquia superior às leis (*"jerarquía superior a las leyes"*)[156] e alguns tratados e convenções internacionais sobre direitos humanos (como a *Convenção Americana de Direitos Humanos* e o *Pacto Internacional de Direitos Econômicos, Sociais e Culturais*) receberam *status* de norma constitucional (*"tienen jerarquía constitucional"*). Como afirma Lisandro Fastman, "la reforma de la Constitución Nacional en el año 1994 produjo una modificación sustancial en materia de derechos humanos en general, y derechos sociales en particular, al otorgar jerarquía constitucional a una cantidad expresa y determinada de tratados internacionales de derechos humanos (aunque ello en las condiciones de su vigencia) y posibilitar que otros tratados y convenciones sobre derechos humanos también pasen a gozar del más alto rango normativo"[157].

---

155 *Op. cit.*, p. 118.
156 "La Declaración Americana de los Derechos y Deberes del Hombre; la Declaración Universal de Derechos Humanos; la Convención Americana sobre Derechos Humanos; el Pacto Internacional de Derechos Económicos, Sociales y Culturales; el Pacto Internacional de Derechos Civiles y Políticos y su Protocolo Facultativo; la Convención sobre la Prevención y la Sanción del Delito de Genocidio; la Convención Internacional sobre la Eliminación de todas las Formas de Discriminación Racial; la Convención sobre la Eliminación de todas las Formas de Discriminación contra la Mujer; la Convención contra la Tortura y otros Tratos a Penas Crueles, Inhumanos o Degradantes; la Convención sobre los Derechos del Niño; en las condiciones de su vigencia, tienen jerarquía constitucional, no derogan artículo alguno de la primera parte de esta Constitución y deben entenderse complementarios de los derechos y garantías por ella reconocidos. Sólo podrán ser denunciados, en su caso, por el Poder Ejecutivo Nacional, previa aprobación de las dos terceras partes de la totalidad de los miembros de cada Cámara".
157 Lisandro Ezequiel Fastman. *Los derechos sociales y su exigibilidad judicial en la República Argentina y en la Ciudad Autónoma de Buenos Aires:* la aplicación interna de los derechos fundamentales, *passim*.

Dessa maneira, como afirmamos em nosso *Curso de direito constitucional*[158], a Constituição argentina, que originariamente era *codificada ou unitária* (formada por um único documento), passou a ser *variada ou dispersa* (formada por mais de um documento). Fenômeno semelhante, mas mais tímido, ocorreu com a Constituição brasileira, com o advento do art. 5º, § 3º, da Constituição Federal (criado pela Emenda Constitucional n. 45/2004). No Brasil, tratados internacionais sobre direitos humanos aprovados pelas duas casas do Congresso Nacional, por três quintos dos seus membros, ingressam no direito brasileiro com forma de norma constitucional. Até o momento, somente a Convenção Internacional sobre os Direitos das Pessoas com Deficiência e seu Protocolo Facultativo, assinados em Nova York, em 30 de março de 2007, ingressou no direito brasileiro com força de norma constitucional (e ingressou no direito brasileiro por força do Decreto presidencial n. 6.949, de 25 de agosto de 2009).

A questão da efetividade dos direitos sociais na Argentina é tema importante na doutrina constitucional[159] e na jurisprudência, como no *Caso Asociación Benghalensis vs. Ministerio de Salud y Acción Social*[160],

---

158 "Curiosamente, pois, nossa Constituição nasceu unitária e passou a ser variada. Segundo as palavras do constitucionalista argentino Néstor Sagüés, poderia ser chamada de *constituição mista*: 'a constituição mista inicia-se como codificada, mas incorpora apêndices ou constitucionaliza normas que alteram sua fisionomia inicial, como é o caso da atual Constituição da Argentina'" (p. 203).

159 Lisandro Ezequiel Fastman, *op. cit., passim*. Referencias jurisprudenciales de la Corte Suprema de Justicia argentina: un decisorio de honda magnitud institucional y otro que reivindica el valor de los informes de la Comisión Interamericana de Derechos Humanos. *In:* BAZÁN, Victor. *Justicia constitucional y derechos fundamentales;* la protección de los derechos sociales. Las sentencias estructurales. Disponível em: http://www.kas.de/wf/doc/kas_41796-1522-4-30.pdf?150622205823, *passim*.

160 Um grupo de organizações não governamentais, dedicado ao desenvolvimento de atividades contra a AIDS, promoveu ação a fim de obrigar o Estado a cumprir com assistência, tratamento e reabilitação e oferta de medicamentos a pessoas enfermas. A Corte afirmou o direito à preservação da saúde como compreendido no direito à vida e ressaltou a obrigação impostergável do Estado de garantir esse direito com ações positivas (Corte Suprema de Justicia

caso Diaz, Brígida vs. Buenos Aires[161], *caso Martín vs. Fuerza Aérea Argentina*[162] *e caso Lifschitz vs. Estado Nacional*[163].

A atual Constituição boliviana entrou em vigor no dia 7 de fevereiro de 2009 e provavelmente é a Constituição mais farta na previsão de direitos sociais de toda a América do Sul[164]. Já no artigo 1º da Constituição boliviana, já há a afirmação de que a Bolívia é um *"Estado*

– CSJN, 1º-6-2000, Asociación Benghalensis y otros v. Ministerio de Salud y Acción Social – Estado Nacional).

161 A autora solicitou que o Estado providenciasse um marca-passo que ela necessitava para preservar sua saúde por padecer de enfermidade cardíaca (doença de Chagas). A Corte determinou cautelarmente que a Província demandada devia oferecer tal insumo (*Corte Suprema de Justicia* – CSJN – 25-2-2003).

162 Aqui estava em jogo o direito à saúde de uma menina descapacitada cuja obra social de caráter estatal se negava a lhe dar tratamento, invocando falta de adesão a um regime de prestações mínimas. A corte decidiu que o Estado tinha o dever de prover-lhe tratamento médico, em conformidade com o previsto em pactos de direitos humanos com hierarquia constitucional. O fundamento foi que a obra social formava parte do Estado Nacional e este tem o dever de realizar todas as ações necessárias para garantir de forma prioritária a proteção da saúde das crianças e dos descapacitados (*Corte Suprema de Justicia* – CSJN – 8-6-2004).

163 Os pais de uma criança deficiente, ante a falta de recursos econômicos suficientes e o fato de não existir vagas em escolas públicas nem transporte público especial, acionaram judicialmente o Estado para pagar tanto a educação como o transporte especial, o que foi deferido pela Corte (*Corte Suprema de Justicia* – CSJN, 15-6-2004) – Consta da ementa da respectiva decisão: "Ante la claridad de las leyes 24.431 y 24.901 y del dec. 762/97(Adla, XLI-A, 230; LVII-E, 5555; LVII-D, 4329), que ponen a cargo del Estado el sistema de prestaciones básicas para los discapacitados en la medida en que éstos, las personas de quienes dependan o las obras sociales no puedan afrontarlos y atento a la jerarquía de los intereses en juego, cabe concluir que no existen en el caso elementos de juicio para invalidar los beneficios – costo de educación escolar y transporte especial otorgados a un menor por el juez de primera instancia, sin perjuicio de que el Estado Nacional demandado pueda demostrar la aptitud económica de los padres y repetir las contra ellos o contra la obra social, si así correspondiere, las erogaciones realizadas (Del dictamen del Procurador General que la Corte hace suyo)".

164 A primeira Constituição boliviana data de 19 de novembro de 1826 (projeto enviado por Simón Bolívar), seguida de inúmeras outras constituições (1831, 1834, 1839, 1843, 1851, 1861, 1868, 1878, 1880, 1938, 1945, 1947, 1961, 1967).

Unitario Social de Derecho Plurinacional Comunitario". Outrossim, no artigo 9º, verifica-se que são fins e funções essenciais do Estado *"constituir una sociedad justa y armoniosa, cimentada en la descolonización, sin discriminación ni explotación, con plena justicia social, para consolidar las identidades plurinacionales"* (item 1), *"garantizar el bienestar, el desarrollo, la seguridad y la protección e igual dignidad de las personas"* (item 2) *"garantizar el acceso de las personas a la educación, a la salud y al trabajo"* (item 5).

A inviolabilidade, indivisibilidade, progressividade dos direitos estão previstas no artigo 13 da Constituição boliviana, bem como a previsão expressa de que não há hierarquia entre eles ("*la clasificación de los derechos establecida en esta Constitución no determina jerarquía alguna ni superioridad de unos derechos sobre otros*") (inciso IV).

Os direitos sociais estão enumerados em dispositivos diversos da Constituição boliviana. No Capítulo Segundo, reservado a normas gerais sobre direitos fundamentais, há dispositivos referentes a direitos individuais e direitos sociais, lado a lado. Há previsão sobre o direito à água e à alimentação (art. 16), direito à educação (art. 17), direito à saúde (art. 18), direito à moradia (art. 19), direito a serviços básicos como eletricidade e gás domiciliar (art. 20). Por sua vez, o Capítulo Quinto é reservado exclusivamente aos *Derechos Sociales y Económicos*, destacando-se o meio ambiente (arts. 33 e 34), saúde e seguridade social (arts. 35 a 45), direito ao trabalho e ao emprego (arts. 46 a 55), função social da propriedade (arts. 56 e 57), direitos da infância, adolescência e juventude (arts. 58 a 61), direito das famílias (arts. 62 a 66), proteção dos idosos (arts. 67 a 69), pessoas com deficiência (arts. 70 a 72), pessoas privadas da liberdade (arts. 73 e 74) e direitos do consumidor (arts. 75 e 76). Por sua vez, o Capítulo Sexto é reservado à *Educación, Interculturalidad y Derechos Culturales*, com dispositivos específicos sobre Educação (arts. 77 a 97), cultura (arts. 98 a 102), ciência, tecnologia e pesquisa (art. 103), esporte (arts. 104 e 105) e comunicação social (arts. 106 e 107).

Outrossim, a Bolívia aderiu ao Pacto Internacional de Direitos Econômicos, Sociais e Culturais por meio do Decreto n. 18.950, de 17 de maio de 1982. Bastante inovadora e corajosa é a Constituição boliviana no tratamento da hierarquia dos tratados internacionais de direitos humanos. Por expressa previsão constitucional, os tratados sobre direitos humanos devidamente aprovados ingressam no ordenamento jurídico boliviano com força de norma constitucional, formando o bloco de constitucionalidade (*"bloque de constitucionalidad"*): "La Constitución es la norma suprema del ordenamiento jurídico boliviano y goza de primacía frente a cualquier otra disposición normativa. El bloque de constitucionalidad está integrado por los Tratados y Convenios internacionales en materia de Derechos Humanos y las normas de Derecho Comunitario, ratificados por el país" (art. 410, II – grifamos)[165].

Quanto à jurisprudência, como afirma a doutrina, nos primeiros anos da vigência da Constituição, o Tribunal Constitucional Plurinacional adotou uma posição bastante conservadora, em se tratando de direitos fundamentais[166]. Não obstante, passada essa fase de transição

---

165 Sobre o assunto, afirma a doutrina boliviana: "a tempo de declarar a la Constitución como la norma suprema de todo el ordenamiento jurídico boliviano, con primacía frente a otra disposición normativa, se establece el bloque de constitucionalidad, integrado por los Tratados y Convenios Internacionales en materia de DDHH y las normas de Derecho Comunitario ratificadas por Bolivia (CPE art. 410). Resulta bastante necesario el posicionamiento de los DDHH dentro del bloque de constitucionalidad, dado que su nivel de protección y aplicación debe corresponderse al nivel superior que el Estado pudiera darles para asegurar el efectivo cumplimiento de los derechos dentro y fuera del territorio boliviano" (Nataly Viviana Vargas Gamboa. *Los tratados internacionales de derechos humanos en la nueva Constitución política del Estado Plurinacional de Bolivia*. Disponível em: https://www.upf.edu/dhes-alfa/materiales/res/pmdh_pdf/PMDH_Manual.329-342.pdf, p. 334).

166 "En los años 2010 y 2011, período en el que el órgano de control de constitucionalidad funcionó con magistrados interinos designados por Decreto Presidencial, el Tribunal Constitucional asumió una posición conservadora y funcional al gobierno de turno, neutralizando la fuerza normativa de la Constitución, convalidando acciones y determinaciones que violaron los derechos fundamentales y garantías constitucionales; y emitió una jurisprudencia que constituyó un lamentable retroceso en la protección de los derechos, y que vació de contenido la acción tutelar del amparo constitucional y la acción de inconstitucionalidad

do novo Tribunal Constitucional Plurinacional, "se han emitido sentencias que constituyen un significativo avance en la protección de los derechos fundamentales y garantías constitucionales. (...) En materia de protección de derechos fundamentales y derechos humanos, el Tribunal Constitucional Plurinacional, gradualmente, va asumiendo el desafío que le impone la Constitución promulgada el 7 de febrero de 2009 y el nuevo modelo de Estado configurado en ella"[167].

Por exemplo, na *Sentença Constitucional Plurinacional 80/2012*, proferida em 16 de abril de 2012, tendo como Magistrada Relatora a Dra. Ligia Mónica Velásquez Castaños, o Tribunal Constitucional Plurinacional determinou a matrícula da filha de Ayda Choque em unidade educativa, com os seguintes argumentos: "La Constitución Política del Estado, en cuanto al derecho a la educación en su art. 9.5 dispone que es fin del Estado: 'El garantizar el acceso de las personas a la educación, a la salud y al trabajo', y los arts. 13.I de la Norma Fundamental, señala: 'Los derechos reconocidos por esta Constitución son inviolables, universales, interdependientes, indivisibles y progresivos. El Estado tiene el deber de promoverlos, protegerlos y respetarlos' y el 14.III, establece: 'El Estado garantiza a todas las personas y colectividades, sin discriminación alguna, el libre y eficaz ejercicio de los derechos establecidos en esta Constitución, las leyes y los tratados internacionales de derechos humanos'. En conclusión, el derecho a la educación, exige de los poderes públicos acciones reales que garanticen en todos los casos su efectivo disfrute. El derecho a la educación es un derecho in crescendo en su ejercicio, en la medida en que se accede a una mayor extensión formativa en los distintos niveles del proceso de aprendizaje y formación, para lograr una digna subsistencia, mejorando el nivel de vida y siendo útil a la sociedad, fines éstos encaminados al 'vivir bien'".

---

concreta" (José Antonio Rivera S. Avances de la justicia constitucional de Bolivia en la protección de derechos fundamentales. *In:* BAZÁN, Victor. *Justicia constitucional y derechos fundamentales*).

167 *Op. cit.*, p. 163.

A Constituição do Chile, de 24 de outubro de 1980, já no artigo 1º, afirma que "El Estado está al servicio de la persona humana y su finalidad es <u>promover el bien común</u>, para lo cual debe contribuir a <u>crear las condiciones sociales que permitan a todos y a cada uno de los integrantes de la comunidad nacional su mayor realización espiritual y material posible</u>, con pleno respeto a los derechos y garantías que esta Constitución establece. Es deber del Estado resguardar la seguridad nacional, dar protección a la población y a la familia, propender al fortalecimiento de ésta, <u>promover la integración armónica de todos los sectores de la Nación y asegurar el derecho de las personas a participar con igualdad de oportunidades en la vida nacional</u>" (grifamos).

Os "direitos e deveres constitucionais" estão previstos no Capítulo III da Constituição chilena, não se fazendo distinção entre direitos civis, políticos, sociais, econômicos ou culturais. Tal configuração pode, de lado, mostrar que não houve uma grande preocupação com a descrição de um rol de direitos sociais, mas, de outro lado, dar a eles maior importância, já que equiparados aos direitos individuais ou liberdades públicas. Dentre os direitos sociais enumerados na Constituição, destacam-se o direito de viver em um meio ambiente livre de contaminação (art. 19, 8º), proteção à saúde (art. 19, 9º), direito à educação (art. 19, 10º), direito ao trabalho (art. 19, 16) e direito à seguridade social (art. 19, 18).

Todavia, esse tratamento diferenciado (e menos incisivo) aos direitos sociais foi um dos fatores determinantes de um movimento popular intenso que ensejou uma nova Assembleia Nacional Constituinte, para elaboração de uma nova Constituição. Se a Constituição "pinochetista" era mais liberal, dando ênfase aos direitos individuais e coletivos, a nova Constituição chilena se afasta desse modelo, aproximando-se das Constituições de seus vizinhos, de cunho mais social. Como afirma o professor Eric Palma Gonzalez, da Universidade do Chile, "todas e cada uma das demandas do 'povo unido e acordado' são fruto de uma muito má avaliação dos frutos do modelo neoliberal e dos abusos e arbitrariedades que o caracterizam em sua aplicação. A desigualdade e discriminação que acompanharam o modelo, desde 1977, se desnudaram completamente ao começar a se aplicar o modelo privado de seguridade social. As Administradoras de Fundos de Pensões (AFP), e suas pensões paupérrimas, estão provocando dificuldades na manutenção da qualidade de vida pela classe média, condenando-a ao retorno ao mundo popular de onde saiu com os créditos que pagou ao longo de sua vida laboral. As miseráveis pensões, a má qualidade da saúde, o lucro com os direitos sociais e econômicos golpeiam as idosas e os idosos que se aposentam pelo sistema AFP. A população está rechaçando o modelo de Estado subsidiário, que deixa aos privados total liberdade na atividade econômica, sendo parte significativa desta atividade lucrativa a provisão de saúde, habitação, educação, aposentadorias..."[168].

Acerca dos tratados internacionais, o artigo 5º da Constituição chilena (que foi alterado por uma reforma constitucional em 1989) afirma que "Es deber de los órganos del Estado respetar y promover tales derechos, garantizados por esta Constitución, así como por los tratados internacionales ratificados por Chile y que se encuentren vigentes". Embora a Constituição não seja clara quanto à hierarquia dos tratados internacionais sobre direitos humanos, aponta a doutrina chilena que eles possuem natureza constitucional[169],

---

168 Notas Sobre o Processo Constituinte Chileno 2019-2020, p. 18.

169 Segundo Claudio Nasch Rojas, "hay que considerar que la consagración y protección de los derechos humanos no es resultado exclusivamente de un sentir nacional, sino que responde también a un movimiento internacional, del cual Chile, y particularmente los proponentes de la enmienda y aquéllos a los que les fue propuesta, estaban perfectamente conscientes y del que se encontraban dispuestos a participar. Además, si se examina atentamente la Constitución de 1980 original – aún sin la enmienda reseñada –, a la luz de lo señalado en los párrafos anteriores, se llega a la conclusión de que 'los derechos esenciales de la naturaleza humana' son un límite constitucional al ejercicio de la soberanía y, por lo tanto, gozan de esa jerarquía desde que entró en vigencia dicha Constitución. Además, del propio texto del artículo 5.2 puede concluirse que los derechos humanos consagrados en tratados de los cuales Chile es parte son derechos esenciales de la persona humana, ya que la Constitución se refiere a los derechos consagrados en los tratados como 'tales derechos'" (*Derecho internacional de los derechos humanos en Chile:* recepción y aplicación em el ámbito interno. Santiago: Universidad de Chile, Centro de Derechos Humanos, 2012, p. 22).

tendo sido aventada até mesmo a eventual supraconstitucionalidade desses tratados[170].

A Corte Interamericana de "Direitos Humanos condenou o Chile em alguns procedimentos, dentre eles o *Caso La Última Tentación de Cristo*"[171], referente ao direito à cultura e a vedação à censura por parte do Estado. Já a Corte Suprema do Chile, em se tratando da efetividade dos direitos sociais, parece delegar ao legislador

---

170 "Por último, cabe señalar que hablar en este caso de supraconstitucionalidad es una posibilidad legítima, tal como lo ha señalado la Corte Suprema, ya que los derechos humanos entendidos por la propia Constitución como un límite a la soberanía del Estado podrían ser considerados jerárquicamente superiores a la misma Constitución" (Claudio Nasch Rojas, *op. cit.*, p. 23). Segundo a Corte Suprema do Chile, no *Caso López López* (*sentencia* de 14 de octubre de 2009, considerando n. 10): "esta construcción determinó que esta Corte Suprema haya expresado en innumerables fallos que 'de la historia fidedigna del establecimiento de la norma constitucional contenida en el artículo 5º de la Carta Fundamental, queda claramente establecido que la soberanía interna del Estado de Chile reconoce su límite en los valores que emanan de la naturaleza humana; valores que son superiores a toda norma que puedan disponer las autoridades del Estado, incluido el propio Poder Constituyente, lo que impide sean desconocidos', construcción supraconstitucional que importa incluso reconocer que los derechos humanos están por sobre la Constitución Política de la República, entre ellos los que se encuentren en tratados internacionales, no por estar dichos derechos fundamentales consagrados en instrumentos internacionales, los que siempre tendrán rango legal y deberán ser aprobados por el quórum respectivo, sino por referirse a derechos esenciales, en lo cual existe concordancia con lo resuelto por el Tribunal Constitucional".

171 Olmedo Bustos e outros vs. Chile, Sentença de 5 de fevereiro de 2001. O caso versa sobre a proibição da exibição do filme *A última tentação de Cristo*, em 29 de novembro de 1988, pelo *Consejo de Calificación Cinematográfica* chileno. A Corte ordenou que o Chile adapte seu ordenamento jurídico interno, de modo a vedar a censura prévia, como estabelecido na Convenção. No dispositivo da sentença, decidiu a Corte Interamericana: "El Estado, como consecuencia de las violaciones a los artículos 12, 13, 2 y 1.1. de la Convención, debe: 1. Autorizar la normal exhibición cinematográfica y publicidad de la película 'La Última Tentación de Cristo'; 2. Adecuar sus normas constitucionales y legales a los estándares sobre libertad de expresión consagrados en la Convención Americana, a fin de eliminar la censura previa a las producciones cinematográficas y su publicidad".

a tarefa de estabelecer os parâmetros para o exercício dos direitos, entendendo que o Judiciário não pode determinar a realização desses direitos. Foi o que decidiu no *caso Gallardo Soto con Servicio de Salud Metropolitano Oriente*, de 1988, que entendeu ser impossível oferecer um tratamento imediato de diálise por parte dos organismos de saúde, sob o argumento de que "no puede calificarse de arbitraria la negativa de que se reclama, dado que ella se funda en que ese servicio no dispone de los medios que la ley prevé para atención que se solicita, y este hecho priva a la negación de la condición de abusiva o carente de justificación". Como afirma a doutrina chilena, comentando a jurisprudência da Corte Suprema, "la Corte Suprema reitera la idea de que la satisfacción de prestaciones de salud está en directa relación con los recursos económicos disponibles para tal efecto. En concreto señaló que de acuerdo a la ley dichas prestaciones se relacionan con políticas de salud que deben ser definidas y aplicadas por las autoridades pertinentes del Ministerio indicado, que constituyen el personal idóneo para la fijación de las normas de acceso a las prestaciones, habida cuenta que en su otorgamiento han de tenerse en cuenta variados parámetros, entre otros, como resulta evidente, el relativo a los costos que ellos involucren y los fondos de que se dispongan para ello"[172]. Todavia, a jurisprudência da Corte Suprema do Chile vem evoluindo de modo a dar cada vez mais efetividade aos direitos sociais. Por exemplo, na *Sentencia n. 976, considerando vigésimo sexto*, de 26 de junho de 2008, a Corte Suprema decidiu que "la amplia mayoría de la doctrina nacional y extranjera reconoce que los derechos sociales, llamados también derechos de prestación o de la segunda generación, son tales y no simples declamaciones o meras expectativas, cuya materialización efectiva quede suspendida hasta que las disponibilidades presupuestarias del Estado puedan llevarlos a la práctica".

A Constituição da Colômbia, de 1991, depois de prever no seu Preâmbulo a garantia de "uma ordem política, econômica e social justa",

---

172 José Ignacio Martínez Estay. Los derechos sociales de prestación en la jurisprudencia chilena. *Estudios Constitucionales*, v. 8, n. 2, p. 125-1662, 2010.

já no artigo 1º afirma que a "Colômbia é um Estado Social de Direito". No artigo 2º, prevê que são fins essenciais do Estado "servir a comunidade, promover a prosperidade geral e garantir a efetividade dos princípios, direitos e deveres consagrados na Constituição", dentre outros.

No Título II, trata dos "Direitos, das garantias e dos deveres", fazendo uma distinção entre os "direitos fundamentais" (Capítulo 1), "direitos sociais, econômicos e culturais" (Capítulo 2), "direitos coletivos e meio ambiente" (Capítulo 3), bem como reserva um capítulo sobre "A Proteção e Aplicação dos Direitos" (Capítulo 4) e sobre "Os Deveres e Obrigações" (Capítulo 5). No Capítulo reservado aos direitos sociais, econômicos e culturais, possui vários artigos, enumerando vários dos direitos sociais, como a proteção da família (art. 42), proteção da mulher (art. 43), direitos das crianças, adolescentes e idosos (arts. 44 a 46), direito à saúde (art. 49), seguridade social (art. 50), direito à moradia (art. 51), direito ao trabalho (art. 53), direito à educação (art. 67), acesso à cultura (art. 70) etc.

Quanto aos tratados internacionais, afirma a doutrina colombiana: "La Constitución colombiana vigente desde 1886 hasta 1991 no hacía referencia expresa a los tratados internacional, sólo mencionaba en su artículo 121 el derecho internacional humanitario al establecer que el Gobierno tendrá todas las facultades que 'conforme a las reglas aceptadas por el Derecho de Gentes, rigen para la guerra entre naciones'. En 1991 fue promulgada una nueva constitución por la Asamblea Nacional Constituyen, que fuera convocada con el objetivo de renovar el pacto social que se había visto resquebrajado por más de un siglo de guerras. La nueva constitución incluyó múltiples referencias expresas tanto al derecho internacional, como a los derechos humanos y otro tipo de obligaciones internacionales"[173]. De fato, o artigo 93 da Constituição colombiana afirma que: "Los tratados y

---

[173] María Angélica Prada. *La integración del derecho internacional en el sistema colombiano.* Disponível em: https://www.upf.edu/dhes-alfa/materiales/res/pmdh_pdf/PMDH_Manual.365-392.pdf, p. 365.

convenios internacionales ratificados por el Congreso, que reconocen los derechos humanos y que prohíben su limitación en los estados de excepción, prevalecen en el orden interno. Los derechos y deberes consagrados en esta Carta, se interpretarán de conformidad con los tratados internacionales sobre derechos humanos ratificados por Colombia".

Embora não previsto expressamente no texto constitucional (como ocorre na constituição boliviana), a Corte Constitucional colombiana adota a teoria do "bloco de constitucionalidade", para dar tratamento especial aos tratados internacionais de direitos humanos, como afirma a doutrina: "en su jurisprudencia más temprana la Corte Constitucional distinguió entre los sentidos de la noción del bloque de constitucionalidad (*Sentencia* C-1991, de 1998; *Sentencia* C-358 de 1997; *Sentencia* C-582 de 1999). El primero es el 'bloque de constitucionalidad stricto sensu', el cual incluye aquellos principios y normas que han sido normativamente integrados a la Constitución, es decir que tienen rango constitucional. Estas normas internacionales que son integradas por este mecanismo son aquellas a las que se refiere el primer inciso del artículo 93, los tratados internacionales que reconocen los derechos humanos y que prohíben su limitación en los estados de excepción"[174] (grifamos).

Quanto à jurisprudência, podemos afirmar que a Corte Constitucional colombiana costuma ser bastante arrojada no tocante à implantação dos direitos sociais, buscando dar a eles maior efetividade, superando a postura do Supremo Tribunal Federal brasileiro,

---

174 María Angélica Prada, *op. cit.*, p. 372. "En segundo lugar se encuentra el 'bloque de constitucionalidad *lato sensu*', el cual se 'refiere a aquellas disposiciones que 'tienen un rango normativo superior a las leyes ordinarias', aunque a veces no tengan rango constitucional, como las leyes estatutarias y orgánicas, pero que sirven como referente necesario para la creación legal y para el control constitucional. Un ejemplo de los tratados internacionales que fueron integrados al sistema jurídico colombiano a través del bloque de constitucionalidad *lato sensu* son los tratados que establecen los límites territoriales del país y los tratados mediante los cuales la comunidad internacional establece las reglas generales para la fijación de los límites territoriales, marítimos, y del espacio aéreo y ultraterrestre" (p. 366).

inclusive. A Corte utiliza a tese da chamada "conexidade" para dar maior efetividade aos direitos sociais: se os direitos sociais (de segunda geração) estiverem conexos com um direito individual (de primeira dimensão), poderá ser exigido imediatamente perante o Poder Judiciário[175]. Segundo Mónica Arbeláez Rudas, "Partiendo de una interpretación sistemática de las cláusulas constitucionales que consagran el Estado social de derecho y la dignidad humana como principios, la Corte ha concluido que, una y otra, <u>exigen del Estado el cumplimiento de una serie de obligaciones tendentes a la realización progresiva de los derechos sociales de prestación los cuales, en determinadas ocasiones, pueden ser directamente exigibles mediante la acción de tutela</u>. Derivada esta doctrina hacia la protección constitucional del derecho a la salud, la Corte desarrolla una línea jurisprudencial que se centra en la solución de los casos en los cuales es evidente una conexión determinante entre el derecho a la salud y un derecho fundamental como el derecho a la vida o el mínimo vital"[176] (grifamos). Nesse diapasão, várias decisões tutelaram casos concretos relacionados ao direito à saúde (T-131 e T-159, de 1995, T-640, de 1997, T-556, de 1998, T-179, de 2000)[177],

---

175 "La acción de tutela ha permitido acercar a los ciudadanos con la constitución y su contenido protector, ha facilitado que el discurso de los derechos humanos y los derechos fundamentales haga parte necesaria de la estructura social y de las exigencias de equidad y justicia social. Ha sido el principal instrumento judicial para permitir la exigencia jurisdiccional de los DESC como derechos fundamentales directamente asegurables. La primera vía de ampliación a los DESC de la acción de tutela fue la llamada 'conexidad', que indicaba que los DESC son amparables por vía de tutela por cuanto en cada caso particular de análisis tienen directa con un derecho de primera generación" (Hernán Darío Martinez Hincapié. *Protección constitucional de los derechos sociales*: implementación de instrumentos internacionales en las decisiones de la Corte Constitucional. Disponível em: https://aprendeenlinea.udea.edu.co/revistas/index.php/red/article/view/23108/0, p. 24).

176 La protección constitucional del derecho a la salud: la jurisprudencia de la Corte Constitucional colombiana. *DS*, v. 14, n. 2, jul./dez. 2006, p. 216.

177 Nesse caso, que versa sobre uma criança de cinco anos portadora de paralisia cerebral e enfermidades derivadas que pedia a tutela da saúde e de direitos relacionados à seguridade social, a Corte considera que a exclusão de qualquer tratamento que conduza a melhorar a qualidade de vida do infante viola a Constituição.

dando-se destaque a decisões relacionadas a pessoas portadoras de vírus HIV (T-197, de 2004, T-067, de 2005, T-213-2006 etc.). Nessa última ação, por exemplo, decidiu a Corte Constitucional que "los portadores del virus del SIDA son sujetos de especial protección constitucional, lo que torna su derecho a la salud en un derecho de carácter fundamental en conexidad con el de la vida, razón por la cual se garantiza a los nombrados la atención médica integral y la posibilidad de exigir el suministro de la totalidad del tratamiento ordenado por el médico tratante, en la forma prescrita por éste". Na *Sentencia SU 225/98* a Corte Constitucional determinou que o Poder Público é obrigado a fornecer vacina para a meningite a todas as crianças carentes.

Um dos pontos de maior destaque da jurisprudência da Corte Constitucional colombiana foi a construção da teoria do "estado de coisas inconstitucional". Trata-se de uma expressão originária da Corte Constitucional da Colômbia, decorrente de algumas *Sentencias de Unificación* (*Sentencia* SU-559, de 6 de novembro de 1997; *Sentencia* T-068, de 5 de março de 1998; *Sentencia* SU-250, de 26 de maio de 1998; *Sentencia* T-590, de 20 de outubro de 1998; *Sentencia* T-525, de 23 de julho de 1999; *Sentencia* T-253, de 28 de abril de 1998; *Sentencia* T-025, de 22 de janeiro de 2004)[178].

Segundo a Corte Constitucional colombiana, o *Estado de Coisas Inconstitucional* decorre da constatação de violações generalizadas, contínuas e sistemáticas de direitos fundamentais, por vários órgãos

---

178 O primeiro caso julgado pela Corte Constitucional colombiana (*Sentencia* SU-559/97) versava sobre problemas sistemáticos relacionados à educação (inequitativa distribuição fiscal na seara da educação, desrespeito a regras previdenciárias dos professores etc.). Decidiu a Corte colombiana: "A Corte tem o dever de colaborar de maneira harmônica com os órgãos restantes do Estado para a realização de seus fins. Do mesmo modo deve comunicar a autoridade competente sobre a notícia relativa à prática de um delito e notificá-la de que um determinado estado de coisas resulta violatória da Constituição Política. (...) Como a situação descrita se apresenta em muitos municípios, adverte-se às autoridades competentes que o tal *estado de coisas* deverá corrigir-se dentro do marco das funções que lhe são atribuídas pela lei, em prazo que seja razoável" (grifamos).

estatais, demandando soluções estruturais igualmente amplas, para a solução dos problemas e supressão das omissões estatais. Segundo a Corte Constitucional Colombiana, estará presente o *Estado de Coisas Inconstitucional*, quando presente o seguinte cenário: a) grave, permanente e generalizada violação de direitos fundamentais, afetando um amplo e indeterminado número de pessoas; b) comprovada omissão reiterada de órgãos estatais diversos, no cumprimento de seus deveres institucionais para a tutela dos direitos fundamentais (por exemplo, falta de medidas legislativas, administrativas e políticas); c) insuficiência de uma solução unilateral, voltada para um único órgão (é necessária a construção de uma solução múltipla, plurilateral, dirigindo-se a uma pluralidade de órgãos e autoridades, sob a coordenação do Poder Judiciário). Tal postura, por óbvio, recebe críticas em terras colombianas, atribuindo-se à Corte Constitucional um exacerbado "ativismo judicial"[179].

A Constituição do Equador, de 2008, é uma das mais inovadoras da América do Sul, sendo, ao lado da Constituição da Bolívia, o exemplo mais robusto do movimento denominado "novo constitucionalismo latino-americano". Além de incorporar valores e princípios das populações indígenas (como a proteção a "la Pacha Mama" – a mãe natureza), prevê cinco poderes (que de forma muito adequada denomina de cinco funções estatais), reserva um espaço especial para os direitos fundamentais. Já no artigo 1º a Constituição afirma ser o Equador um Estado Social: "El Ecuador es un Estado constitucional de derechos y justicia, social, democrático, soberano, independiente,

---

179 "La tarea básica del desarrollo económico y social en Colombia está seriamente amenazada por la inestabilidad jurídica agravada por el activismo de la Corte Constitucional, advirtiendo que sus fallos ordenan incrementar el gasto público sin atender sus negativos efectos macroeconómicos, vulnerando seriamente la separación de poderes a través de la cual se delegaba en el Congreso el gasto público" (Sebastián Escobar Torres. *El juez constitucional como garante de los derechos sociales en Colombia:* una mirada crítica al activismo judicial de la Corte Constitucional colombiana. Disponível em: http://cienciasjuridicas.javeriana.edu.co/documents/3722972/4350738/7+el+juez+constitucional+125-156.pdf/6f7d3646-64d7-4f90-bab0-7a370cd777be, p. 148).

unitario, intercultural, plurinacional y laico" (grifamos). No artigo 3º da Constituição, reservado aos deveres primordiais do Estado, o primeiro eles é "garantizar sin discriminación alguna el efectivo goce de los derechos establecidos en la Constitución y en los instrumentos internacionales, en particular la educación, la salud, la alimentación, la seguridad social y el agua para sus habitantes" (grifamos).

O Título II da Constituição equatoriana é reservado aos Direito. No Capítulo I estão os "Princípios de Aplicação dos Direitos". Os direitos sociais, previstos no Capítulo II, são denominados *derechos del buen vivir*, com dispositivos relacionados à água e alimentação (arts. 12 e 13), meio ambiente sadio (arts. 14 e 15), comunicação e informação (arts. 16 a 20), cultura e ciência (arts. 21 a 25), direito à educação (arts. 26 a 29), direito à moradia (arts. 30 e 32), trabalho e seguridade social (arts. 33 e 34) etc. Curiosamente, os direitos sociais são previstos na Constituição antes mesmo dos direitos individuais (denominados *derechos de libertad*), o que mostra a efetiva preocupação do poder constituinte originário com tal temática.

Quanto aos tratados internacionais, o artigo 417 da Constituição equatoriana prevê que "en el caso de los tratados y otros instrumentos internacionales de derechos humanos se aplicarán los principios pro ser humano, de no restricción de derechos, de aplicabilidad directa y de cláusula abierta establecidos en la Constitución". Quanto à hierarquia dos tratados internacionais, aparentemente receberam da Constituição o caráter de supralegalidade e infraconstitucionalidade (art. 425). Não obstante, a Corte Constitucional equatoriana já decidiu que tratados internacionais sobre direitos humanos possuem hierarquia de normas constitucionais (*Sentencia* 077-12-SEP e *Sentencia* 065-12-SEP).

Quanto à efetividade dos direitos sociais, a questão, polêmica em toda a América do Sul, já foi enfrentada pela Corte Constitucional equatoriana, que, por exemplo, na Resolución 0749-2003, decidiu "El Estado ecuatoriano debe precautelar el derecho a la salud de los ecuatorianos, derecho consignado en la Declaración Americana de los Derechos y Deberes del Hombre (...) De lo referido y de las piezas procesales que constan del expediente, se torna evidente que por parte del Ministerio de Salud existe omisión, al no haber dado una solución inmediata, diligente y eficaz, cual es su obligación, lo que indefectiblemente ha lesionado gravemente la condición de vida de los enfermos de VIH – SIDA".

A Constituição do Paraguai, de 22 de junho de 1992, afirma, já em seu artigo 1º, que a República do Paraguai é "Estado social de derecho, unitario, indivisible, y descentralizado en la forma que se establecen esta Constitución y las leyes". O Título II trata dos "Direitos, Deveres e Garantias", sem fazer uma divisão estanque entre direitos individuais e direitos sociais. Trata do direito à vida e do meio ambiente (capítulo I), liberdade (capítulo II), igualdade (capítulo III), direitos da família (capítulo IV), direitos dos povos indígenas (capítulo V), saúde (capítulo VI), educação e cultura (capítulo VII), direitos econômicos (capítulo IX) etc. A preocupação com os direitos sociais por parte do poder constituinte originário paraguaio é evidente, como aponta a doutrina local: "Paraguay, mediante la Constitución de 1992 asumida a inicios de una democracia plena. Desde el preámbulo en que reconoce la dignidad humana y se constituye en Estado Social de Derecho democrático y republicano comprendemos los alcances de esta afirmación. Indudablemente incorpora y reafirma que los derechos fundamentales son pieza clave principal del constitucionalismo social que adopta para el país"[180].

Quanto aos tratados internacionais de direitos humanos, embora a Constituição paraguaia não seja muito clara, aparentemente receberam eles o *status* de norma supralegal e infraconstitucional (art. 137). Todavia, os tratados sobre direitos humanos possuem uma hierarquia superior à dos demais tratados, tendo em vista que o procedimento de denúncia ou alteração é o mesmo que o destinado às emendas constitucionais, motivo pelo qual é possível entender que

---

180 Shirley Diana Franco Mancuello. La constitucionalización de los derechos sociales. *Rev. Secr. Trib. Perm. Revis.*, n. 6, p. 88-102, ago. 2015, p. 91.

possuem, esses últimos, hierarquia constitucional. Nesse sentido, afirma a doutrina paraguaia: "La Constitución del Paraguay en el artículo 142 equiparó a su propia jerarquía, al menos en cuanto a estabilidad se refiere, los tratados relativos de derechos humanos, ya que éstos no podrán ser denunciados sino por los procedimientos que rigen para la enmienda de la Constitución. Asimismo, la Constitución de 1992 optó por incluir como principio de la conducción de la política exterior: 'La República admite los principios del derecho internacional y proclama el respeto de los derechos humanos'. En su artículo 145, establece que el Paraguay, en condiciones de igualdad con otros Estados, admite un orden jurídico supranacional que garantice la vigencia de los derechos humanos"[181].

Por fim, embora de forma mais tímida que a Corte Constitucional colombiana ou o Supremo Tribunal Federal brasileiro, a Corte Suprema de Justiça paraguaia também já reconheceu que os direitos sociais podem ser considerados fundamentais e, em algumas situações, podem ser exigidos perante o Poder Judiciário. Foi o que decidiu na *sentencia 671*, de 2012: "el derecho a la vida y a la salud son derechos fundamentales consagrados en nuestra Constitución Nacional, por tanto, no solo las instituciones públicas sino también las privadas están obligadas al absoluto cumplimiento de sus obligaciones en cuando a la salud de cualquier ciudadano y más aún cuando se trata de enfermedades de extrema gravedad en el que la vida de las personas está en juego. (...) Los Centros de Salud sean públicos o privados deben atender a los enfermos y en su caso el Estado es quien debe asumir los costos, de lo contrario estaríamos contraviniendo los principios fundamentales consagrados en nuestra Constitución Nacional".

Antecedida por outros onze textos constitucionais, a Constituição do Peru de 1993 traz em seu artigo 1º a "defesa da pessoa humana

---

[181] Cynthia Gonzáles Feldmann. *La implementación de tratados internacionales de derechos humanos por el Paraguay*. Disponível em: https://archivos.juridicas.unam.mx/www/bjv/libros/5/2226/5.pdf, p. 20.

e o respeito a sua dignidade" como fins supremos da sociedade e do Estado. Enquanto os direitos individuais estão no artigo 2º da Constituição (no Capítulo reservado aos "direitos fundamentais da pessoa humana"), os "direitos sociais e econômicos" estão previstos no Capítulo II, nos artigos 4º a 29. A Constituição elenca uma série de direitos sociais, como a proteção especial à criança, adolescente, idoso e mães (art. 4º), direito à saúde (art. 7º), seguridade social (art. 10), direito à educação (arts. 13 a 20) e direito ao trabalho (arts. 22 a 29).

Quanto aos tratados internacionais sobre direitos humanos, embora façam parte do ordenamento jurídico peruano (como dispõe expressamente o artigo 55 da Constituição), não está clara sua hierarquia, ao contrário do que fazia a Constituição anterior, de 1979, que dada a eles hierarquia constitucional. Não obstante, a doutrina peruana[182] costuma fazer uma interpretação sistemática dos dispositivos constitucionais e, com isso, atribuir *status* constitucional aos tratados sobre direitos humanos. Por exemplo, a cláusula quarta das disposições constitucionais transitórias afirma que "las normas relativas a los derechos y a las libertades que la Constitución reconoce se interpretan de conformidad con la Declaración Universal de Derechos Humanos y con los tratados y acuerdos internacionales sobre las mismas materias ratificados por el Perú".

---

182 "En la Constitución Política se establece que los tratados o acuerdos en materia de derechos humanos, soberanía, dominio o integridade del Estado, defensa nacional y obligaciones financieras del Estado, son aprobados por el Congreso antes de ser ratificados por el Presidente de la República. En lo que se refiere específicamente a los tratados de derechos humanos, el artículo 105 de la Constitución Política del Perú de 1979 establecía que los tratados relativos a derechos humanos tienen jerarquía constitucional. Sin embargo, a pesar que ello no está expresamente señalado en la actual Constitución, consideramos que al haberse prescrito en el artículo 2º de la Carta Magna la enumeración de derechos fundamentales, en consecuencia, se les otorga rango constitucional. Asimismo, por la existencia del artículo 3º, se hace extensivo este rango constitucional a todos los demás derechos fundamentales contenidos en otros instrumentos, como los tratados de derechos humanos que se encuentran debidamente ratificados y en vigor por nuestro país" (Wuille M. Ruiz Figueroa. *Perú:* Constitución política y tratados de derechos humanos. Disponível: em https://www.servindi.org/actualidad/3450, p. 14).

Já o Tribunal Constitucional peruano, embora reconheça que os direitos sociais são direitos fundamentais decorrentes da dignidade da pessoa humana (Sentença 4232-2004-AA/TC), a exigibilidade judicial desses direitos decorre de fatores como gravidade e razoabilidade do caso: "sostener que los derechos sociales se reducen a un vínculo de responsabilidad política entre el constituyente y el legislador, no solo es una ingenuidad en cuanto a la existencia de dicho vínculo, sino también una distorsión evidente en cuanto al sentido y coherencia que debe mantener la Constitución. En consecuencia, la exigencia judicial de un derecho social dependerá de factores tales como la gravedad y razonabilidad del caso, su vinculación o afectación de otros derechos y la disponibilidad presupuestal del Estado, siempre y cuando puedan comprobarse acciones concretas de su parte para la ejecución de políticas sociales" (Sentença n. 2945-2003-AA/TC)[183].

Em sua posse como novo Presidente da República peruana, Pedro Castillo afirmou seu desejo de lutar pela elaboração de uma nova Constituição, reiterando o que já dissera durante a sua candidatura.

---

183 No expediente n. 0052-2004-AA/TC o Tribunal Constitucional peruano determinou que o Estado efetuasse a matrícula de uma criança na escola: "El deber de educar a los hijos que se ha impuesto a los padres de familia conforme el artículo 13º de la Constitución, está en correlación con el derecho de los hijos de ser educados. No solo se trata de un deber de los padres para con sus hijos, sino también de un derecho – el de educación – que cabe oponer y exigir al Estado: 'El educando tiene derecho a una formación que respete su identidad, así como al buen trato psicológico y físico' (segundo párrafo del artículo 15º de la Constitución). Si la Constitución ha establecido que los padres tienen el deber de brindar educación a sus hijos, respecto del Estado ha declarado que este está en la obligación de proteger especialmente al niño y al adolescente (art. 4º). Naturalmente, esta protección especial implica primeramente la obligación de permitirle ingresar a un centro educativo, así como que se adopten todas las medidas necesarias y oportunas destinadas a impedir que nadie se vea impedido de recibir educación adecuada por razón de su situación económica o de limitaciones mentales o físicas (art. 16º). Evidentemente, se incumple ese deber especial, por ejemplo, cuando el Estado, a través de sus órganos y funcionarios competentes, niega a un menor la posibilidad de continuar sus estudios, sin existir motivos razonables para ello".

Segundo ele, com uma nova Constituição, "avançaremos seguros dentro da causa democrática. Para terminar com a histórica discriminação que sofrem nossos povos andinos, amazônicos, afrodescendentes e nossas populações vulneráveis à violência machista, classista e racista", priorizando "um crescimento que não se distancie do desenvolvimento social e da reconquista dos direitos laborais, ecológicos, sociais e econômicos, para que os peruanos deixemos de subsistir e possamos viver dignamente"[184]. Como se vê, se concretizado o escopo do Presidente peruano, uma nova Constituição daria ainda maior ênfase aos direitos sociais.

O texto constitucional uruguaio é de 1967, já tendo sofrido várias reformas constitucionais, principalmente em 1997. A sua Seção II é reservada aos "Direitos, Deveres e Garantias", com um primeiro capítulo reservado aos direitos individuais e um segundo reservado aos direitos sociais, com dispositivos referentes à família (art. 40), saúde (art. 44), moradia (art. 45), trabalho (art. 53), educação (arts. 68 a 71). Como afirma a doutrina uruguaia, "A partir de la Constitución de 1934, se incorporan – al lado y complementando los clásicos derechos individuales (vida, honor, libertad, seguridad, propiedad, libertad de pensamiento etc.) – los llamados *derechos sociales*, o derechos económico-sociales, y los derechos culturales. La Constitución reconoce así, además de los derechos humanos clásicos – básicamente ya reconocidos desde la Revolución Francesa – derechos gremiales (sindicalización, huelga etc.), derechos de menores, de enfermos, de indigentes, pasividades para quienes ya no están físicamente aptos para trabajar, derecho a recibir enseñanza gratuita, derecho a salarios dignos etc. (...) En el terreno estrictamente jurídico, nos parece oportuno señalar que estos 'derechos sociales', consagrados constitucionalmente a partir de la Carta de 1934 recibieron una posibilidad

---

184 Segundo reportagem do jornal *Los Angeles Times*, disponível em: https://www.latimes.com/espanol/internacional/articulo/2021-07-16/pedro-castillo-pedido-nueva-constitucion-peru.

de aplicación muy importante – por lo menos desde la perspectiva jurídica a partir de la Constitución de 1942, cuyo art. 282 (actual art. 332) ordenó su aplicación aun cuando no estuviesen reglamentados"[185].

Quanto aos tratados internacionais, não dispõe expressamente a Constituição uruguaia acerca de sua hierarquia, prevalecendo o entendimento de que possuem força legal. Não obstante, como já decidiu a *Suprema Corte de Justicia*, os tratados internacionais sobre direitos humanos possuem força de norma constitucional: "La corporación comparte la línea de pensamiento según la cual las convenciones internacionales de derechos humanos e integran a la Carta por la vía del art. 72, por tratarse de derechos inherentes a la dignidad humana que la comunidad internacional reconoce en tales pactos" (*Sentencia* 201/02 S.C.J.).

No tocante à efetividade dos direitos sociais, sob os auspícios do artigo 332 da Constituição (segundo o qual "los preceptos de la presente Constitución que reconocen derechos a los individuos, así como los que atribuyen facultades e imponen deberes a las autoridades públicas, no dejarán de aplicarse por falta de la reglamentación respectiva"), a jurisprudência uruguaia[186] em vários momentos, exigiu que o Estado uruguaio fornecesse, por exemplo, medicamentos de alto custo, à luz do direito constitucional à saúde.

---

185 José Korzeniak. *Primer curso de derecho público:* derecho constitucional. Montevideo: Fundación de Cultura Universitaria, 2008, p. 213.

186 Por exemplo: o *Tribunal de Apelaciones en lo Civil de Septimo Turno (TAC 7)* condenou o Ministério da Saúde a ministrar o tratamento necessário a um portador de hepatite C (Amparo n. 002-00012/2017), a *Suprema Corte de Justicia* declarou inconstitucional limitação ao acesso a medicamentos ("Teniendo en cuenta que según el art. 44 de la Carta la obligación del Estado se extiende a proporcionar asistencia no sólo a los indigentes sino también a aquellos que carezcan de recursos para cubrir los costos de la atención médica, en aplicación del principio pro homine el Estado no puede desconocer el mandato constitucional citado, derechos respecto de los cuales la Constitución no autoriza ni habilita limitación de especie alguna") (*Sentencia* n. 396, 5-10-2016).

A "Constituição da República Bolivariana da Venezuela", de 15 de dezembro de 1999, foi aprovada e submetida a um referendo popular, realizado em 25 de abril do mesmo ano. Já no Preâmbulo, a Constituição da Venezuela prega a busca pela solidariedade, o bem comum, a cultura, educação, justiça social etc. O artigo 2º define a Venezuela como sendo um "Estado democrático e social de Direito e Justiça". O Título II é reservado aos "Deveres, Direitos Humanos e Garantias", sendo que no Capítulo I há dispositivos sobre "disposições gerais", no capítulo II há regras sobre "nacionalidade e cidadania", o capítulo III versa sobre "direitos civis", o capítulo IV versa sobre "direitos políticos e referendo popular", o capítulo V versa sobre "direitos sociais e das famílias", o capítulo VI versa sobre "direitos culturais e educativos", o capítulo VII sobre "os direitos econômicos", o capítulo VIII sobre "os direitos dos povos indígenas", o capítulo IX sobre "direitos ambientais" e o capítulo X sobre "os deveres".

Acerca dos tratados internacionais de direitos humanos, seguindo os exemplos das Constituições argentina e Peruana (de 1979), a Constituição da Venezuela lhes dá *status* de norma constitucional: "Los tratados, pactos y convenciones relativos a derechos humanos, suscritos y ratificados por Venezuela, tienen jerarquía constitucional y prevalecen en el orden interno, en la medida en que contengan normas sobre su goce y ejercicio más favorables a las establecidas por esta Constitución y la ley de la República, y son de aplicación inmediata y directa por los tribunales y demás órganos del Poder Público" (art. 23).

Por estar em uma profunda crise econômica e política, a Venezuela vê o retrocesso na tutela estatal de inúmeros direitos sociais, como alimentação, saúde e moradia, por exemplo. Mesmo assim, a Suprema Corte de Justiça da Venezuela, no *Caso Cruz Bermudez vs. Ministerio de Sanidad y Asistencia Social*, condenou o Ministério da Saúde a fornecer a medicação e o tratamento necessário aos portadores do vírus HIV, bem como fizesse o necessário remanejamento orçamentário para cumprir a ordem.

1.5.1. Proteção constitucional dos direitos sociais no Brasil

Como afirmamos anteriormente, embora fosse marcadamente uma Constituição liberal, na Constituição de 1824 poderia ser encontrado, ainda que de forma tênue, o primeiro direito social constitucional brasileiro: a garantia dos socorros públicos e o direito à instrução primária gratuita (art. 179, incisos XXXI e XXXII), "uma precoce manifestação da influência do constitucionalismo francês revolucionário, com destaque para a Constituição de 1793"[187]. Já a Constituição de 1891, ainda mais liberal, não previu nenhum direito social, mas apenas e tão somente os direitos individuais e políticos.

Por sua vez, diversa foi a Constituição de 1934, inspirada na Constituição mexicana de 1917 e na Constituição de Weimar, de 1919. A Constituição brasileira de 1934 foi a primeira a prever sistematicamente os direitos sociais, dentre eles a inviolabilidade do direito à subsistência (art. 113, *caput*), os direitos à assistência judiciária gratuita, direitos ao trabalho e à assistência dos indigentes), além de afirmar a existência digna como objeto da ordem econômica (art. 115), bem como dispor sobre assistência social e saúde pública (art. 138), bem como o direito à educação (art. 149).

Já a Constituição de 1937 (*A Polaca*) previa igualmente um rol de direitos sociais, dentre eles a educação dos filhos (art. 125), a proteção da infância e da juventude (art. 127), a gratuidade e obrigatoriedade do ensino primário (art. 130) e o dever social do trabalho e o direito à subsistência mediante o trabalho (art. 136).

Por sua vez, a Constituição de 1946 também previu uma série de direitos sociais, dentre eles o direito dos necessitados à assistência judiciária (art. 141, § 35), bem como o direito ao trabalho (art. 145, parágrafo único), a assistência à maternidade e à infância (art. 164) e o direito à educação (art. 166). A Constituição de 1967 manteve o conteúdo social das constituições anteriores, que igualmente foi mantido pela Emenda Constitucional n. 1, de 1969.

---

187 Ingo Wolfgang Sarlet e outros. *Curso de direito constitucional*, p. 587.

Todavia, é com a Constituição de 1988 que os direitos sociais ganham maior projeção, não só por estarem previstos no início da Constituição Federal (a partir do art. 6º da CF) como também pelo grau de amplitude e especificidade de muitos dos direitos sociais. Aliás, essa preocupação com os direitos sociais já aparece no Preâmbulo da Constituição, que assinala a função do constituinte originário: "instituir um Estado Democrático, destinado a assegurar o exercício dos <u>direitos sociais</u> e individuais, a liberdade, a segurança, o <u>bem-estar</u>, o desenvolvimento, a igualdade e <u>justiça</u> como valores supremos de uma <u>sociedade fraterna, pluralista e sem preconceitos</u>..." (grifamos). Se não bastasse, no art. 3º da Constituição Federal encontramos entre os objetivos da República: "construir uma sociedade livre, justa e solidária", bem como "erradicar a pobreza e a marginalização e reduzir as desigualdades sociais e regionais". Dessa maneira, podemos afirmar que o Brasil, além de ser um Estado Democrático de Direito, também é um Estado Social.

No art. 6º da Constituição Federal, encontramos um rol de direitos sociais básicos: educação, saúde, alimentação, trabalho, moradia, transporte, segurança, lazer, previdência social, proteção à maternidade e à infância e assistência aos desamparados.

Importante frisar que esse rol vem sendo ampliado sistematicamente. Primeiramente, foi acrescido o direito à "moradia", pela Emenda Constitucional n. 26, de 2000. Anos depois, foi acrescido o direito à alimentação (Emenda Constitucional n. 64/2010). Mais recentemente foi acrescido o direito ao transporte, por força da Emenda Constitucional n. 90/2015. Esse rol ainda pode ser ampliado, tendo em vista que tramita no Congresso Nacional a Proposta de Emenda n. 19/2010, que insere no art. 6º da Constituição Federal o "direito à busca da felicidade" (conhecida como PEC da Felicidade).

Como afirma Ingo Wolfgang Sarlet, "boa parte dos direitos sociais consagrados, em termos gerais, no artigo 6º, da CF, foi objeto de densificação por meio de dispositivos diversos ao longo do texto constitucional, especialmente nos títulos que tratam da ordem econômica (por exemplo, no que diz com aspectos ligados à função social da propriedade urbana e rural) e da ordem social (normas sobre o sistema de seguridade social, designadamente, saúde, assistência e previdência social, bens culturais, família, proteção do idoso, meio ambiente, educação etc.), destacando-se os diversos direitos dos trabalhadores enunciados nos arts. 7º a 11, que constituem um conjunto de direitos e garantias que concretizam o direito geral ao trabalho e à proteção ao trabalhador (contemplado no artigo 6º, em condição de igualdade em relação aos demais direitos sociais), especialmente no sentido de imposição dos deveres de proteção do trabalho e dos trabalhadores, além de uma série de garantias específicas"[188].

O cientista político e imortal José Murilo de Carvalho, em seu livro *Cidadania no Brasil:* O Longo Caminho[189], afirma que a escravidão, a grande propriedade rural e o comprometimento do Estado com o poder privado fizeram com que os direitos civis previstos na primeira Constituição brasileira fossem socialmente ineficazes. Os constitucionalistas, concordando com esse ponto de vista, classificam a Constituição de 1824 como "semântica", utilizando a expressão de Karl Loewenstein (por esconder a realidade social do país). De fato, embora falasse da liberdade, o Brasil só aboliu a escravidão em 1888 (através de uma lei ordinária!). Por essa razão, segundo o sobredito autor, os primeiros direitos fundamentais socialmente eficazes no Brasil foram os direitos políticos[190]. O autor igualmente entende que as duas primeiras constituições brasileiras foram fruto de um liberalismo ortodoxo, superado em outros países. A Constituição de 1891, por exemplo, proibia o governo federal de interferir na regulamentação do trabalho pois "tal interferência era considerada

---

188 *Op. cit.*, p. 595.
189 *Cidadania no Brasil:* o longo caminho. 10. ed. Rio de Janeiro: Civilização Brasileira, 2008.
190 "A Constituição regulou os direitos políticos, definiu quem teria direito de votar e ser votado. Para os padrões da época, a legislação brasileira era muito liberal. (...) note-se que houve eleições ininterruptas de 1822 até 1930. Elas foram suspensas apenas em casos excepcionais e em locais específicos" (*op. cit.*, p. 31).

violação da liberdade do exercício profissional"[191]. Como mencionamos anteriormente, somente com a Reforma Constitucional de 1926 é que a União passou a poder regular o direito do trabalho (o que permanece até a presente Constituição). Para o autor, a liderança política que assumiu o governo brasileiro em 1930 dedicou grande atenção ao problema trabalhista e social. Segundo ele, "o período de 1930 a 1945 foi o grande momento da legislação social. Mas foi uma legislação introduzida em ambiente de baixa ou nula participação política e de precária vigência dos direitos civis. Este pecado de origem e a maneira como foram distribuídos os benefícios sociais tornaram duvidosa sua definição como conquista democrática e comprometeram em parte sua contribuição para o desenvolvimento de uma cidadania ativa"[192].

Na parte final de seu livro, o autor afirma que a trajetória brasileira é diferente da inglesa pois, segundo ele, "aqui, primeiro vieram os direitos sociais, implantados em período de supressão dos direitos políticos e de redução dos direitos civis por um ditador que se tornou popular. Depois vieram os direitos políticos, de maneira também bizarra (...). Finalmente, ainda hoje muitos direitos civis, a base da sequência de Marshall, continuam inacessíveis à maioria da população"[193].

Embora não concordemos com o autor nessa cronologia[194], concordamos com algumas de suas conclusões: a) como os direitos sociais

---

191 *Op. cit.*, p. 62.
192 *Op. cit.*, p. 110.
193 *Op. cit.*, p. 219.
194 Entendemos que os direitos civis (liberdades públicas) nasceram, com *status* constitucional já na Constituição de 1824, assim como os direitos políticos. Obviamente, pela percepção política da época, esses direitos não pertenciam a todos. O direito de votar era reservado aos mais ricos e os direitos civis aos não escravos (assim como na Grécia antiga, os estrangeiros, as mulheres e os escravos estavam igualmente alijados do direito). Outrossim, o fato de não se considerar, como hoje, a "força normativa da Constituição" não significa que os direitos não existiam, ainda que formalmente. Assim como a Constituição de 1824 não impediu a escravidão, a Constituição de Weimar não impediu o nazismo. Portanto, entendemos que os direitos fundamentais individuais ou civis (liberdades públicas) e os direitos políticos surgiram constitucionalmente

foram originalmente implantados em regimes ditatoriais, para a maioria da população o Poder Executivo é o mais forte e importante do Estado; b) considerando o Executivo o mais importante do Estado, o povo procura soluções messiânicas para o cargo de chefe desse Poder, pouco valorizando os outros poderes; c) a força do corporativismo mostrou-se na Constituinte de 1988 (grupos defendendo seus privilégios e outros grupos buscando novos benefícios), como funcionários públicos que conseguiram estabilidade, aposentados que conseguiram o limite de um salário mínimo nas pensões etc.[195], e ainda pauta a ação do Poder Legislativo, muitas vezes; d) há uma "esquizofrenia política", já que a maioria dos eleitores critica os políticos, mas continua votando neles na esperança de benefícios pessoais. Esse quadro só será resolvido com a maturidade da democracia brasileira, que felizmente já é um valor sedimentado entre a maioria das correntes políticas do país; e) o cenário internacional (e agora nacional) de crise econômica coloca em risco o avanço dos direitos sociais e atenua (no caso europeu, por exemplo) a eficácia dos direitos políticos, em razão do poder de organismos econômicos internacionais.

1.6. A NATUREZA JURÍDICA DOS DIREITOS SOCIAIS

Da mesma forma que há divergência acerca da nomenclatura "direitos sociais", como vimos anteriormente neste capítulo, a divergência

---

na Constituição de 1824 (tendo avanços e retrocessos ao longo de nossa história). Já os direitos sociais receberam *status* constitucional a partir da Constituição de 1934, igualmente com avanços e retrocessos, como demonstramos nos itens anteriores. Todavia, inegavelmente, a Constituição de 1988 é a que mais expandiu formalmente os direitos civis (com a criação de novos remédios constitucionais, com a constitucionalização de vários novos direitos), direitos políticos (considerando cláusula pétrea o voto direto, secreto, universal e periódico, permitindo o voto dos analfabetos etc.) e os direitos sociais (elencando a moradia, a alimentação, o trabalho, a educação, a saúde e, mais recentemente, o transporte, no rol constitucional).

195 Segundo o autor, "o corporativismo é particularmente forte na luta de juízes e promotores por melhores salários e contra o controle externo, e na resistência das polícias militares e civis a mudanças em sua organização" (p. 223).

se agiganta quando se perquire a natureza jurídica de tais direitos. Como lembra Ingo Wolfgang Sarlet, "dentre os temas preferidos pela doutrina (e que acabam refletindo, com maior ou menor intensidade, na esfera jurisprudencial, legislativa e administrativa) destacam-se, notadamente em matéria de dos assim chamados direitos sociais, tanto as teses que questionam a própria constitucionalização de tais direitos sociais (sustentando até mesmo que, no todo ou em parte, tais direitos sequer deveriam estar na Constituição!) quanto as vozes daqueles que, embora admitam a possibilidade de ter tais direitos previstos no texto constitucional, refutam a sua condição de autênticos direitos fundamentais"[196].

Como adiante se verá, enquanto parte da doutrina os considera normas de determinação dos fins do Estado ou normas de organização ou garantias institucionais ou normas programáticas desprovidas de eficácia jurídica, outra parte os considera direitos fundamentais, tais como os direitos civis e políticos ou liberdades públicas, malgrado haja variações de entendimento, como explicaremos na sequência.

Dessa maneira, podemos dividir as várias correntes doutrinárias em dois grandes grupos: *a) teorias negativas*, que não reconhecem os direitos sociais como direitos fundamentais; *b) teorias afirmativas*, que reconhecem os direitos fundamentais como direitos fundamentais, embora haja variações de entendimento, como veremos a seguir.

1.6.1. Teorias negativas

Parte da doutrina entende que os chamados "direitos sociais" não são, de fato, direitos fundamentais, tais como os direitos individuais (ou liberdades públicas), mas meras *normas que estabelecem determinações dos fins do Estado*. Como afirma Catarina Botelho, "Rupert Sholz entende que os direitos sociais não poderão ser mais

---

196 *Os direitos sociais como direitos fundamentais:* contributo para um balanço aos vinte anos da Constituição Federal de 1988. Disponível em: http://www.stf.jus.br/arquivo/cms/processoAudienciaPublicaSaude/anexo/artigo_Ingo_DF_sociais_PETROPOLIS_final_01_09_08.pdf.

do que 'determinações dos fins do Estado' (*Staatzielbestimmungen*), sob pena de uma nefasta 'politização da Constituição' (*Politisierung der Verfassung*) e 'despolitização da própria política' (*Depolitisierung der Politik selbst*), que teria como consequência que a Constituição se tornasse 'literalmente maleável'"[197].

Dessa maneira, as normas definidoras de direitos sociais seriam espécies de normas programáticas, que fixam um programa de atuação para o Estado, mas que não seriam imediatamente exigíveis. Norteariam as ações do Estado, bem como a interpretação normativa. Nas palavras de José Joaquim Gomes Canotilho, "as normas consagradoras de direitos sociais, econômicos e culturais são, segundo alguns autores, normas programáticas. As constituições condensam, nestas normas programáticas, princípios definidores dos fins do Estado, de conteúdo eminentemente social. A relevância delas seria essencialmente política, pois servem apenas para pressão política sobre os órgãos competentes"[198].

Importante aqui destacar a clara modificação do conceito e aplicação das chamadas normas programáticas ao longo das últimas décadas. A expressão "normas programáticas" remonta ao constitucionalismo de Weimar, cuja constituição previu uma série de direitos de aplicação apenas mediata ou indireta. O fracasso dessas normas no tocante à eficácia concreta trouxe duas claras consequências: a) na nova Constituição alemã, de 1949, malgrado considere a Alemanha um "Estado Social", não previu expressamente um rol de direitos sociais; b) a percepção que muitos têm das normas programáticas continua sendo muito pejorativa.

Não obstante, o fato é que, atualmente, grande parte da doutrina extrai das normas programáticas eficácia jurídica. Evidentemente, não se pode equiparar a eficácia de uma norma-regra com uma norma--princípio programática. Por essa razão, em clássica obra de Direito Constitucional, José Afonso da Silva classifica a norma programática como uma norma de eficácia limitada, capaz de produzir poucos efeitos

---

197 *Op. cit.*, p. 135.
198 *Op. cit.*, p. 470.

(e não desprovida de eficácia). Como afirma Catarina Botelho, "as normas programáticas são, antes de mais, normas jurídicas, geradoras de obrigações, ainda que de cariz progressivo e mediato"[199].

De fato, a vetusta visão de "normas programáticas" não mais existe, por conta da "força normativa da constituição". É o que diz Canotilho: "marcando uma decidida ruptura em relação à doutrina clássica, pode e deve falar-se da 'morte' das normas programáticas. Existem, é certo, normas-fim, normas-tarefa, normas-programa que 'impõem uma atividade' e 'dirigem' materialmente a concretização constitucional. O sentido destas normas não é, porém, o assinalado pela doutrina tradicional: 'simples programas', 'exortações morais', 'declarações', 'sentenças políticas', 'aforismos políticos', 'promessas', 'apelos ao legislador', 'programas futuros', 'aforismos políticos', 'promessas', 'apelos ao legislador', juridicamente desprovidos de qualquer vinculatividade. Às 'normas programáticas' é reconhecido hoje um valor jurídico constitucionalmente idêntico ao dos restantes preceitos da constituição"[200].

Várias são as decisões do Supremo Tribunal Federal extraindo das normas programáticas um mínimo de eficácia concreta, sob pena de violar o princípio da força normativa da Constituição. Dessa forma, como conclui a professora portuguesa, as normas definidoras de direitos sociais não seriam "direitos fundamentais", não seriam "genuínos direitos", "mas sim como '*standards*' que deverão orientar a ação do Estado, em especial do legislador e, no melhor dos casos, a interpretação constitucional das normas jurídicas. Em acréscimo, também se entende que os direitos sociais colocam um 'dever moral'

---

199 *Op. cit.*, p. 136. Prossegue a autora: "o que se deva entender, destarte, por norma programática merece cautela. Com efeito e em crítica a esse conceito, quando interpretado no sentido de as normas programáticas serem meras cláusulas gerais não vinculativas, Friedrich Muller sublinha que todas as normas de direitos fundamentais possuem um conteúdo denso e rico, pelo que são genuínas normas *stricto sensu*. Jorge Miranda classifica-as como 'normas que não são de execução atual, mas potencial, normas dependentes de outras normas'" (p. 136-137).
200 *Op. cit.*, p. 1.161.

(*moral duty*) ao Governo no sentido de providenciar um certo nível de proteção, definindo assim uma 'ideia social' (*social idea*) em vez de reconhecer um direito"[201].

Por sua vez, parte da doutrina entende que as normas definidoras de direitos sociais são apenas *normas de organização*, destituídas de sua carga dogmática, vistos "apenas como instrumentos reguladores do funcionamento/organização dos poderes do Estado"[202]. Nas palavras de Canotilho, "os direitos sociais como normas de organização é outro dos instrumentos jurídicos para a estatuição de direitos sociais. As normas constitucionais organizatórias atributivas de competência imporiam ao legislador a realização de certos direitos sociais. Ao impor constitucionalmente a certos órgãos a emanação de medidas tendentes à prossecução do bem-estar do povo, à sua segurança econômica e social, abrir-se-ia o caminho para as regulamentações legais dos direitos sociais. Mas, tal como no caso das normas programáticas, à não atuação dos órgãos competentes para a concretização destas imposições não se ligam quaisquer sanções jurídicas mas apenas efeitos políticos"[203].

De igual maneira, parte da doutrina afirma que os direitos sociais são *garantias institucionais*, que estabelecem deveres de atuação para os poderes públicos. Tal tipificação decorre dos tempos da República de Weimar, tendo como principais teóricos Martin Wolff e Carl Schmitt. Segundo Catarina Botelho, as garantias institucionais surgem ligadas à dimensão objetiva dos direitos fundamentais, consubstanciando-se em normas constitucionais que visam essencialmente a sua proteção. Em consequência, as garantias institucionais vinculam o

---

201 *Op. cit.*, p. 137.
202 Catarina dos Santos Botelho, *op. cit.*, p. 138. Assim como a autora, entendemos que, embora não sejam expressões sinônimas, os direitos sociais vistos como normas definidoras dos fins do Estado, bem como as normas de organização têm muitos pontos de contato. Segundo a autora: "Em abono da verdade, porém, não resulta fácil estabelecer uma separação precisa entre os conceitos de direitos sociais como normas de determinação dos fins do Estado e como normas de organização, na medida em que os conceitos acabam por estar, tantas vezes, associados" (p. 138).
203 *Op. cit.*, p. 471.

legislador, referem-se a elementos objetivos e não atribuem direitos subjetivos[204]. Nas palavras de Canotilho, "os direitos fundamentais como garantias institucionais é a terceira possibilidade de positivação de direitos sociais. A constitucionalização das garantias institucionais traduzir-se-ia numa imposição dirigida ao legislador, obrigando-o, por um lado, a respeitar a essência da instituição e, por outro lado, a protegê-la tendo em atenção os dados sociais, econômicos e políticos (ex.: medidas protetoras da família, da saúde pública, da administração local). Não se trata, porém, ainda do reconhecimento de direitos subjetivos, embora as garantias institucionais sejam elementos importantes da interpretação da lei e da Constituição no âmbito dos direitos sociais"[205].

1.6.2. Direitos sociais como direitos fundamentais

Ao contrário das doutrinas sobreditas, é farta a doutrina no sentido de que os direitos sociais, ao lado dos direitos individuais ou liberdades públicas, são direitos fundamentais.

Relegar as normas definidoras de direitos sociais a meras normas programáticas desprovidas de eficácia implica contrariar a teoria da força normativa da Constituição, apregoada por Konrad Hesse. Outrossim, tal visão contraria uma série de princípios hermenêuticos decorrentes do Neoconstitucionalismo como o "princípio da eficiência ou máxima efetividade".

Por muitos anos, o distanciamento dogmático dos direitos individuais dos direitos sociais foi tamanho a ponto de não considerar estes últimos efetivamente direitos fundamentais. Um dos principais influenciadores dessa cisão foi o jurista e filósofo alemão Georg Jellinek, graduado em Direito, História da Arte e Filosofia pela Universidade de Viena, de onde passou a ser professor a partir de 1879. Em 1891 se tornou professor da Universidade de Heidelberg e escreveu

---

204 *Op. cit.*, p. 140.
205 *Op. cit.*, p. 471.

sua principal obra, *Teoria geral do Estado*[206]. Todavia, a distinção ora em comento é o tema central da obra *Sistema dos direitos públicos subjetivos*[207], da qual extrairemos as noções principais. Jellinek elabora uma classificação baseada na situação jurídica envolvendo o *indivíduo* e o *Estado*. Para ele, o estado negativo (*status libertatis*) é aquele no qual o Estado não interfere na esfera de atuação do indivíduo, podendo este até mesmo repelir eventual interferência estatal. Atrelados ao *status libertatis* ou *status negativus* ou *status negativo* estariam os direitos de cunho defensivo, precipuamente os denominados de primeira dimensão ou direitos negativos, incluindo os direitos à vida, liberdade, igualdade, propriedade típicos direitos individuais. Por sua vez, diferentemente do *status libertatis* (negativo), no *status positivo* há a necessidade de uma ação positiva do Estado, constituindo uma obrigação de dar, fazer ou prestar estatal. Atrelados ao *status positivo* ou *status civitatis* de Jellinek estarão os direitos de segunda dimensão, ou direitos positivos, como saúde, educação, assistência aos desamparados etc. Jellinek abre o capítulo (O estado positivo – *status civitatis*), com esse raciocínio: "toda ação estatal é uma ação no interesse público. O interesse geral não é absolutamente necessário que coincida, mas pode coincidir com o interesse individual. Quando essa hipótese se verifica e a coincidência é reconhecida pelo Estado, este concede ao indivíduo pretensões jurídicas mediante atividades estatais e fornece-lhe remédios jurídicos para realizá-las"[208].

Não obstante, malgrado não sejam idênticos (e, por conta disso, muitos defendem um tratamento diverso, como se verá nos itens seguintes), não há como retirar a fundamentalidade dos direitos sociais, seja sob o ponto de vista jurídico-positivo, seja sob o ponto de vista filosófico.

Sob o ponto de vista dogmático, a Constituição de 1988 insere os direitos sociais no Título destinado aos direitos e garantias fundamentais. Sob esse aspecto, afirma Marcus Orione Gonçalves

---

206 *Teoría general del Estado*. Montevideo: Julio Cesar Faira Editor, 2015.
207 *Sistema dei diritti pubblici subbiettivi*. Milano: Societá Editrice Libraria, 1912.
208 *Op. cit.*, p. 127.

Correia: "sob as perspectivas dos direitos fundamentais da pessoa humana, os direitos sociais foram destacados, em nosso contexto, para o título II do texto constitucional, que se refere exatamente aos direitos e garantias fundamentais. A despeito da impossibilidade, admitida pela doutrina e jurisprudência em geral (incluída aqui a do Supremo Tribunal Federal), de hierarquização das normas constitucionais, não há como se esconder"[209]. Não obstante, evidentemente aqui não se quer resumir os direitos fundamentais àqueles que estão previstos expressamente na Constituição. Aliás, o próprio art. 5º, § 2º, da Constituição Federal traz uma cláusula de abertura, segundo a qual os direitos fundamentais expressos não excluem outros direitos decorrentes dos princípios constitucionais e de tratados internacionais.

É certo de que os direitos fundamentais não se resumem àqueles previstos expressamente no texto constitucional. Não obstante, há certa dúvida doutrinária se todos os direitos previstos na Constituição são efetivamente fundamentais. Aliás, tratamos desse assunto em nosso livro *Curso de direito constitucional*: "Questão polêmica é a seguinte: pode um direito fundamental perder sua 'fundamentabilidade' com o passar do tempo? Um direito constitucional pode deixar de ser fundamental? Existe uma polêmica grande acerca da eventual possibilidade de se utilizar o princípio da *dignidade da pessoa humana* para considerar a perda da 'fundamentalidade' de alguns direitos fundamentais. Por exemplo, poder-se-ia argumentar que o art. 5º, LVIII, da Constituição Federal, que veda a identificação criminal àqueles já identificados civilmente, com o passar do tempo e com o avanço da tecnologia para colheita de impressões digitais, perdeu o seu caráter de fundamentalidade. Seria fundamental quando da década de 80, quando feita a Constituição Federal, mas não possui mais tal caráter essencial"[210]. Sobre o tema, Sarmento afirma: "o tema é polêmico e ainda não foi enfrentado pela jurisprudência brasileira. A possibilidade é enfaticamente rejeitada por Ingo Wolfgang Sarlet, que aduziu que a sua admissão exporia a

---
209 *Os direitos sociais enquanto direitos fundamentais*, p. 307.
210 *Op. cit.*, p. 1.030.

grave risco os direitos fundamentais, em razão da diversidade de filosofias constitucionais existentes, o que acabaria tornando o reconhecimento da fundamentalidade dependente da ideologia do juiz de plantão. Um juiz libertário, por exemplo, poderia adotar leitura que excluísse a fundamentalidade dos direitos sociais, enquanto um marxista poderia fazê-lo em relação às liberdades civis tradicionais. Para evitar esse risco – afirma Sarlet – seria preferível tratar a todos os direitos inseridos no catálogo constitucional como fundamentais, independentemente de qualquer juízo acerca do seu conteúdo"[211].

Segundo Ingo Wolfgang Sarlet, "a sustentação da fundamentalidade de todos os direitos assim designados no texto constitucional (que alcança todo o Título II e, portanto, os direitos sociais do artigo 6º e os direitos dos trabalhadores), por sua vez, implica reconhecer pelo menos a presunção em favor da fundamentalidade também material desses direitos e garantias, ainda que possamos ter, a depender da orientação ideológica ou concepção filosófica professada, boas razões para questionar tal fundamentalidade"[212]. E conclui o autor: "firma-se aqui posição em torno da tese de que – pelo menos no âmbito do sistema de direito constitucional positivo nacional – todos os direitos, tenham sido eles expressa ou implicitamente positivados, estejam eles sediados no Título II da CF (dos direitos e garantias fundamentais), estejam localizados em outras partes do texto constitucional ou nos tratados internacionais regularmente firmados e incorporados pelo Brasil, são direitos fundamentais"[213].

Ainda que não estivesse expresso na Constituição (como ocorre na Alemanha), não seria possível nos dias atuais negar a fundamentalidade a direitos básicos como saúde, educação, alimentação e moradia, por exemplo, podendo ser extraídos de outros direitos (como o direito à vida, por exemplo), da cláusula constitucional do Estado Social de Direito ou do princípio da solidariedade, da dignidade da pessoa

---

211 *Op. cit.*, p. 85.
212 *Os direitos sociais como direitos fundamentais:* contributo para um balanço aos vinte anos da Constituição Federal de 1988.
213 *Os direitos sociais como direitos fundamentais:* contributo para um balanço aos vinte anos da Constituição Federal de 1988.

humana etc. Quanto a este último argumento, afirma Cláudio Ari Mello que "uma interpretação constitucionalmente adequada do princípio da dignidade da pessoa humana como ideia fonte do sistema de direitos fundamentais deve compreender uma composição analítica de todos os direitos que, no programa da Constituição, garantem a vida boa para a pessoa humana. Conforme Ingo Sarlet, se os direitos fundamentais constituem explicitações da dignidade da pessoa humana, em cada direito fundamental se faz presente conteúdo ou uma projeção da dignidade da pessoa humana. Portanto, garantir a cada membro da comunidade 'igual consideração e respeito' (*equal concern and respect*), no sentido de Dworkin, exige levar a sério também os direitos sociais *lato sensu* e vislumbrar na proteção à saúde, à educação, ao meio ambiente, ao trabalho ou à assistência social, tanto quanto nos demais direitos de prestação bens portadores de um valor autônomo para a felicidade humana, que devem ser juridicamente garantidos não porque protegem ou reforçam a liberdade do homem, mas porque são por si só indispensáveis à dignidade da existência humana"[214].

Depois de comentar a questão de que alguns países não preveem direitos sociais em seus textos constitucionais, afirmou Ingo Wolfgang Sarlet que "com isto não se está a dizer – é bom enfatizar – que os níveis de proteção social, concretizados pela via da legislação ordinária e das políticas públicas, não sejam em vários casos até mesmo mais altos do que em países onde a opção foi pela constitucionalização dos direitos sociais"[215]. Não obstante, como afirma Jorge Reis Novais, em Constituições que não preveem os direitos sociais (decorrentes estes de princípios como vida ou Estado Social, como Alemanha), dificilmente os direitos sociais se tornam judiciáveis: "a exploração da primeira via – dedução dos direitos sociais como direitos constitucionais através de uma interpretação/concretização criativas do princípio do Estado social – permitia deduzir deveres e tarefas ou encargos

---

214 *Democracia constitucional e direitos fundamentais*. Porto Alegre: Livraria do Advogado Ed., 2004, p. 140.
215 *Os direitos sociais como direitos fundamentais*: contributo para um balanço aos vinte anos da Constituição de 1988.

objetivos que o legislador e os órgãos políticos estariam obrigados a realizar, mas dificilmente permitia conferir a esses comandos constitucionais uma vinculatividade justiciável"[216] (grifamos).

No caso brasileiro, por influência da doutrina e jurisprudência alemãs, os direitos sociais estão expressos no texto constitucional como direitos fundamentais, o que é um enorme indício (pelo menos) de fundamentalidade. Aliás, é o que afirma Jorge Reis Novais: "com efeito, quando uma Constituição consagra e reconhece inequivocamente os direitos sociais como direitos fundamentais, elencando-os, de resto, de forma muito pormenorizada e desenvolvida, toda a discussão sobre a sua controversa natureza jusfundamental perde grande parte do sentido. Portanto, se, como acontece entre nós, o legislador constituinte, atendendo à respectiva fundamentalidade no quadro de um Estado social e democrático de Direito, intencionalmente acolhe os direitos sociais como direitos fundamentais, podemos discutir o alcance desse reconhecimento, podemos discutir o que significa ser um direito fundamental, mas deixa de fazer sentido consumir o essencial dos esforços dogmáticos a apurar se há ou não, e com que fundamentos, direitos constitucionais sociais"[217].

Dessa maneira, entendemos que os direitos sociais são efetivamente "direitos fundamentais", embora haja diferença de tratamento, como adiante se verá, com os direitos individuais ou liberdades públicas. Esse também é o entendimento de Ingo Wolfgang Sarlet: "como corolário desta decisão em prol da fundamentalidade dos direitos sociais na ordem constitucional brasileira, e por mais que se possa, e, até mesmo (a depender das circunstâncias e a partir de uma exegese sistemática), por mais que seja possível reconhecer eventuais diferenças de tratamento, os direitos sociais – por serem fundamentais –, comungam do regime da dupla fundamentalidade (formal e material) dos direitos fundamentais"[218].

---

216 *Direitos sociais*. Coimbra: Almedina, 2016, p. 77.
217 *Op. cit.*, p. 84.
218 *Op. cit.*, p. 194.

De fato, os direitos sociais são formalmente fundamentais (estão previstos no texto constitucional como direitos fundamentais) e materialmente fundamentais. Segundo Ana Carolina Lopes Olsen, "a fundamentalidade material está relacionada à correspondência havida entre os direitos fundamentais e o núcleo de valores que informa a Constituição (...) dentre os quais vale destacar a dignidade da pessoa humana"[219]. Nesse sentido, concordam com a fundamentalidade dos direitos sociais autores como José Joaquim Gomes Canotilho, Jorge Miranda, Vital Moreira, Ricardo Maurício Freire Soares[220], dentre outros.

1.6.2.1. Direitos sociais como direitos públicos subjetivos

Malgrado entendamos que os direitos sociais sejam direitos fundamentais, entendemos que nem todos eles sejam "direitos públicos subjetivos", estes últimos na acepção do direito civil.

A noção de "direitos subjetivos" surgiu num contexto diferente dos direitos sociais, histórico inclusive. Como afirmaram Rodrigo

---

219 *Direitos fundamentais sociais.* Curitiba: Juruá, 2008, p. 26.
220 Segundo o autor, "a partir da leitura principiológica da dignidade da pessoa humana, pode-se asseverar que o sistema constitucional brasileiro não previu nenhum regime jurídico diferenciado para os direitos fundamentais, seja para os direitos individuais, seja para os direitos sociais. Esse entendimento se reforça pela constatação de que o Poder Constituinte pátrio optou por um modelo de constitucionalismo dirigente, a ser implementado por um Estado intervencionista no campo econômico-social (arts. 1º e 3º), além da Carta Magna, no art. 5º, § 1º, estabelecer que as normas definidoras dos direitos e garantias fundamentais têm aplicação imediata, aqui englobando todas as normas de direitos fundamentais, até mesmo aquelas que regulam os direitos sociais, e não somente as que tratam dos direitos individuais dos cidadãos. (...) Sendo assim, revela-se, portanto, insustentável a interpretação constitucional de que os direitos sociais a prestações positivas do Estado estão excluídos da categoria dos direitos fundamentais, não apresentando eficácia plena e imediata aplicáveis, porquanto a dignidade da pessoa humana e os demais direitos fundamentais, inclusive individuais, só se realizam plenamente com o reconhecimento da aplicabilidade e efetividade dos direitos sociais" (*O princípio constitucional da dignidade da pessoa humana*. São Paulo: Saraiva, 2010, p. 154).

Coimbra e Rafael de Freitas Dresch, "A tutela de direitos individuais, no contexto econômico e social da denominada idade moderna, é constituída, inicialmente, pelos seguintes pilares: individualismo, patrimonialismo, voluntarismo e direito subjetivo. Vive-se, nessa época, sob a égide do Estado liberal clássico, e tais pilares se entrelaçam e complementam-se, formando um conjunto de características que reflete as relações jurídicas da época. (...) Dito de outro modo: em resposta aos períodos históricos anteriores, visando à diminuição da insegurança jurídica e das discriminações pessoais daquele tempo, o Direito do Estado Liberal (estatal e burguês), como resposta da modernidade, consagra a igualdade (formal) de todos os indivíduos perante a lei. Todavia, tal igualdade formal está caldada na ideia abstrata de pessoa (como sujeito de direito), desprezando as reais desigualdades econômicas e sociais (sistema neutro), revelando nítida prevalência de valores relativos à apropriação de bens ('ter' patrimonialismo) e provocando uma 'desumanização do jurídico', cujas sequelas estão presentes até hoje"[221]. Por fim, prosseguem os autores: "nesse cenário, o direito subjetivo, que passa a ser, na época do modelo de Estado Liberal, uma das mais altas expressões da autonomia dos sujeitos, com um casamento perfeito com o individualismo, é uma fundamental categoria jurídica para a construção e a sedimentação tanto do direito privado como do direito processual, com raízes importantes na Idade Média"[222].

Segundo a doutrina, o primeiro a edificar teoria sobre o direito subjetivo teria sido o monge franciscano Ockam (1285-1347), em

---

221 *Reflexões sobre a noção de direito subjetivo frente à tutela dos direitos individuais e transindividuais*, p. 280.
222 *Op. cit.*, p. 282. Mas adiante, no mesmo trabalho, afirmam os autores: "a noção de direito subjetivo tem assentamento no jusnaturalismo em atenção à consideração do Direito em função do indivíduo. A experiência cultural do Renascimento produz um pensamento filosófico de caráter individualista que valoriza a liberdade humana. Trata-se de uma exigência do jusnaturalismo, a fim de garantir as prerrogativas fundamentais do homem em confronto com os poderes do soberano. Nesse contexto, o direito subjetivo ganha o centro do sistema jurídico como expressão da livre personalidade humana e sua personalidade em face da vontade do soberano" (p. 286).

meados do século XIV, por ocasião de uma disputa que surge entre a congregação dos franciscanos com o papado na Idade Média[223]. Já o pensamento de Savigny estabelece noções importantes sobre o direito subjetivo: é um poder da vontade do indivíduo, numa clara vinculação histórica com o individualismo e voluntarismo (vontade individual).

Sob esse aspecto, afirma Ovídio Baptista que o direito subjetivo, nessa época, "deve ser entendido como poder da vontade exercido contra alguém individualmente, já que seria impensável a existência de um direito subjetivo, assim definido, pressupondo a supremacia de vontade do respectivo titular, exercido contra a comunidade jurídica inteira"[224].

Windscheid (1817-1892) entende que direito subjetivo é faculdade que se manifesta em duplo sentido: o direito objetivo prevê uma série de vantagens, deixando à livre disposição dos seus beneficiários fazer valer ou não a faculdade. Por sua vez, o direito objetivo atribui ao beneficiário da vantagem, em razão da autonomia da vontade, a faculdade de não realização, mas para a formação de direitos estabelecidos. Enquanto os primeiros seriam direitos subjetivos a uma prestação ou direitos subjetivos prestacionais, os últimos seriam direitos subjetivos potestativos ou formativos.

Criticando a teoria voluntarista de Windscheid, Jhering (1818-1892) afirma que o direito subjetivo não é o objeto da vontade, mas sua

---

[223] "Os franciscanos têm como regra o voto de pobreza, porém, como sua ordem religiosa se estende rapidamente e muitos de seus seguidores são possuidores de bens importantes, o Papa João XXII teme que essa ordem religiosa fique sem os bens de seus seguidores. Diante disso, o Papa João XXII, baseado na opinião de ilustres especialistas em direito canônico e romano da época, habilmente, cria uma solução para o conflito: as propriedades dos franciscanos permanecem na disposição da congregação (usufruto – *ius utente* e *ius fruendi*), mas o domínio de tais bens pertence à Santa Sé. Então, o monge franciscano Ockam intervém na discussão a favor dos franciscanos, sustentando que o direito (*ius*) não é o bem de que desfrutamos, mas o poder que se tem sobre esse bem" (Rodrigo Coimbra; Rafael de Freitas Valle Dresh, *op. cit.*, p. 283).

[224] *Jurisdição e execução na tradição romano-canônica*. 3. ed. Rio de Janeiro: Forense, 2007, p. 120-121.

condição. Para ele, numa clássica formulação, os direitos subjetivos são "interesses juridicamente protegidos".

Visando a traçar um conceito de direito público subjetivo, Georg Jellinek (1851-1911), estabelece uma teoria mista, que combina o poder de vontade com a finalidade de proteger os interesses dos indivíduos. Segundo a doutrina, "para o autor, o direito subjetivo (subjetividade jurídica) se expressa por meio do reconhecimento, pelo Estado, da posição do indivíduo como pessoa, como membro do Estado e dotado de direitos individuais perante a esfera pública, pois essa concessão do Estado possibilita ao indivíduo (poder de vontade) colocar em movimento o sistema jurídico para realizar um interesse, mediante o reconhecimento do ordenamento jurídico (Direito objetivo). Para essa concepção, o direito subjetivo é, portanto, um poder da vontade humana que recai sobre um bem ou um interesse e que o ordenamento jurídico reconhece e protege"[225].

Em outras palavras, como afirma Clarice Seixas Duarte, "o jurista alemão Georg Jellinek, cuja obra, publicada em 1892, é um marco para a temática, definiu esta figura jurídica como sendo 'o poder da vontade humana que, protegido e reconhecido pelo ordenamento jurídico, tem por objetivo um bem ou interesse'. (...) Trata-se de uma capacidade reconhecida ao indivíduo em decorrência de sua posição especial como membro da comunidade, que se materializa no poder de colocar em movimento normas jurídicas no interesse individual. Em outras palavras, o direito público subjetivo confere ao indivíduo a possibilidade de transformar a norma geral e abstrata contida num determinado ordenamento jurídico em algo que possua como próprio. A maneira de fazê-lo é acionando as normas jurídicas (direito objetivo) e transformando-se em seu direito (direito subjetivo)"[226].

Segundo Clarice Seixas Duarte, "a grande inovação desta figura (direito público subjetivo) na época do seu surgimento na Alemanha

---

225 Rodrigo Coimbra; Rafael de Freitas Valle Dresh, *op. cit.*, p. 291.
226 Clarice Seixas Duarte. Direito público subjetivo e políticas educacionais. *São Paulo em perspectiva*, v. 18, n. 2, p. 113, 2004. Disponível em: <http://www.scielo.br/pdf/spp/ v18n2/a12v18n2.pdf>. Acesso em: 29 jan. 2020.

do final do século XIX, foi o reconhecimento de um poder de exigência (pretensão) do particular em face dos Poderes Públicos, tendo como objeto a prestação devida. Como pressuposto para a aceitação deste poder conferido aos indivíduos, está a ideia de que entre o Estado e seus membros existe uma relação jurídica e, consequentemente, os conflitos dela resultantes podem ser resolvidos judicialmente"[227].

Dessa maneira, por serem origens, finalidades e razões muito distintas, tentar aplicar a noção de direito subjetivo aos direitos sociais, parece ser bastante inadequada. Aliás, é o que concluem Coimbra e Dresch: "embora as teorias clássicas de direitos subjetivos sejam diferentes (...) todas foram pensadas tendo em vista apenas a tutela de direitos aos indivíduos (no máximo, para pessoas jurídicas), norteados pelos pilares do individualismo, do voluntarismo, do patrimonialismo e tendo por elemento nuclear dessa construção jurídica a noção de direito subjetivo. Ocorre que nos dias atuais existem direitos que não se enquadram nessa moldura"[228].

De fato, seria ingenuidade admitir que todos os direitos sociais são "direitos públicos subjetivos", plenamente exequíveis, tanto porque a efetividade dos direitos sociais muitas vezes está condicionada pela disponibilidade financeira do Estado ou por outras contingências fáticas ou econômicas. Como afirma Catarina Botelho, "a título de exemplo, quanto ao direito a um posto de trabalho numa economia de mercado, o Estado não possui o monopólio desta decisão, nem se poderia comprometer a atribuir um posto de trabalho a cada um dos seus cidadãos"[229].

Aliás, concordamos com Catarina dos Santos Botelho, segundo a qual "não existe uma identidade absoluta entre os direitos fundamentais e os direitos subjetivos *stricto sensu*, isto é, na acepção do Direito Civil. Tanto podemos encontrar direitos subjetivos que não são

---

227 *Op. cit.*, p. 113-114.
228 *Op. cit.*, p. 295.
229 *Op. cit.*, p. 145.

direitos fundamentais (v.g., em matéria cível) como direitos fundamentais que não sejam direitos subjetivos públicos. (...) Daqui deriva, a nosso ver, que o conceito de direito subjetivo tipicamente privatista não possa ser transferido *ad nutum* para o mundo do Direito Público"[230].

No caso brasileiro, concordamos com Clarice Seixas Duarte, segundo a qual o ensino obrigatório e gratuito, previsto no art. 208, § 1º, da Constituição Federal, é um direito público subjetivo. Segundo a autora, "o reconhecimento expresso do direito ao ensino obrigatório gratuito como direito público subjetivo autoriza a possibilidade de, constatada a ocorrência de uma lesão, o mesmo ser exigido contra o Poder Público de imediato e individualmente"[231]. Todavia, não se pode chegar à mesma conclusão com outros direitos sociais constitucionalmente previstos como "segurança", "transporte", "lazer" etc. Quanto à exigibilidade desses direitos, que podem ou não configurar subjetivos, trataremos em itens seguintes.

Dessa maneira, perquirir a eficácia das normas definidoras de direitos sociais, de acordo com sua estrutura, é medida que se impõe e à qual nos dedicaremos em itens posteriores desse trabalho.

1.7. HISTÓRICAS DISTINÇÕES ENTRE OS DIREITOS INDIVIDUAIS E SOCIAIS

Como vimos anteriormente, ainda que se defenda a fundamentalidade dos direitos sociais, há que se perquirir o seu regime jurídico-constitucional, a fim de verificar a eficácia das normas definidoras de tais direitos, comparando-a com o regime tradicional de eficácia das liberdades públicas. Embora ambos sejam fundamentais, conforme defendemos acima, direitos sociais e liberdades públicas são diversos em vários aspectos.

Segundo Jorge Reis Novais existem três fatores que diferenciam os direitos sociais das liberdades públicas, que justificam um

---

230 *Op. cit.*, p. 144.
231 *Op. cit.*, p. 115.

tratamento diferenciado entre eles. Segundo o autor: "as reservas dogmáticas que sistematicamente (...) se invocam como fatores de uma especificidade que impediria a sua equiparação de princípio aos direitos de liberdade, fundam-se nas seguintes pretensas características naturais, normativas ou estruturais próprias daquele tipo de direitos: a) o fato de os direitos sociais valerem sob reserva do (financeiramente) possível; b) o fato de os direitos sociais apresentarem uma estrutura de direitos positivos; e c) a indeterminabilidade do conteúdo constitucional dos direitos sociais"[232]. Além dessas diferenças, podemos acrescentar outras, apontadas pela doutrina: d) maior onerosidade dos direitos sociais; e) a titularidade setorial dos direitos sociais.

1.7.1. Direitos sociais como direitos positivos (direitos de prestação)

Tradicionalmente, por influência da teoria de Georg Jellinek, enquanto os direitos individuais ou liberdades públicas são direitos negativos (que impõem ao Estado um dever de não fazer), os direitos sociais são direitos positivos (que impõem ao Estado um dever de fazer). Por exemplo, no tocante ao direito à vida, o Estado teria o dever de não tirar a vida das pessoas, enquanto, no que toca ao direito à saúde, o Estado teria uma série de deveres destinados a implementar esse direito social.

Essa distinção tradicionalmente admitida por grande parte da doutrina impactou na justiciabilidade dos direitos fundamentais, prestigiando os direitos individuais ou liberdades públicas, na comparação com os direitos sociais. Segundo Jorge Novais, "uma pretendida justiciabilidade efetiva dos direitos sociais colocava assentavam na diferença estrutural entre os tradicionais direitos negativos, em que aquilo a que o particular tem direito é uma omissão, uma abstenção de atuação por parte do Estado, e os direitos sociais enquanto direitos a uma prestação fática, e, logo, a uma atuação estatal positiva.

---

232 *Op. cit.*, p. 200.

Essa diferença estrutural projetar-se-ia em duas consequências de peso desvalorizadoras dos direitos sociais no plano da vinculatividade jurídica das obrigações estatais que lhes correspondiam e da correspondente justiciabilidade"[233].

Todavia, como aponta largamente a doutrina, essa classificação não é mais consentânea com a doutrina constitucional moderna. Como afirma Catarina Santos Botelho, "os direitos sociais também implicam obrigações negativas. Senão veja-se: o direito à saúde pressupõe o dever estatal de não privar os cidadãos do acesso à saúde, e o direito à educação, o dever de a não anular. (...) Em contrapartida, os direitos, liberdades e garantias possuem uma vertente de prestação estadual, ainda que de natureza diversa das prestações estaduais nos direitos sociais"[234].

No mesmo sentido, Jorge Reis Novais afirma que "podemos considerar o direito à vida como um direito de liberdade, mas, por exemplo o direito à proteção da vida nele integrável é, sobretudo, um direito positivo: ele exige que o Estado desenvolva todo um conjunto de atuações normativas ou fáticas, jurídicas ou materiais, com vista à proteção da vida. O direito à vida como um todo integra direitos ou pretensões negativas, mas também direitos ou pretensões positivas"[235].

---

233 *Op. cit.*, p. 124. Em outras palavras, resume o autor: "há uma diferença estrutural entre direitos negativos e direitos positivos que determina, como inevitabilidade lógica, ou uma não justiciabilidade ou, pelo menos, uma justiciabilidade relativamente enfraquecida dos segundos" (p. 127).

234 *Op. cit.*, p. 120. Aliás, foi o que afirmamos em nosso *Curso de direito constitucional*: "nos direitos de primeira dimensão o Estado tem o dever principal de não fazer, restando um dever secundário de fazer, de agir. Por exemplo, no tocante ao direito à vida, o Estado tem o dever principal de não tirar minha vida, mas tem o dever secundário de garantir a todos uma vida digna (dever de fazer). Por essa razão, Stephen Holmes e Cass Sunstein (na obra *Cost of rights*) criticam essa distinção, entre direitos de primeira dimensão (negativos) e direitos de segunda dimensão (positivos), afirmando que todos os direitos têm custos, já que obrigam direta ou indiretamente o Estado a praticar atos custosos" (*op. cit.*, p. 667).

235 *Op. cit.*, p. 130.

Nos Estados Unidos, Stephen Holmes e Cass Sunstein iniciam sua clássica obra *The cost of rights*, criticando a clássica distinção entre "direitos positivos" e "direitos negativos", já que todos os direitos impõem ao Estado deveres de fazer e não fazer, em maior ou menor intensidade. Por essa razão, concordamos com Jorge Reis Novais, segundo o qual essa distinção vem se mostrando superada. Aliás, na Constituição brasileira, por exemplo, encontramos alguns direitos sociais que produzem mais obrigações negativas, que positivas ao Estado, como o direito de greve, previsto no art. 9º: "Em que pese a definição ser adequada a uma série de direitos fundamentais sociais, ela não pode se aplicar indistintamente a todos aqueles assim considerados pela Constituição Federal de 1988. A título de exemplo, vale considerar o direito fundamental social à greve, previsto no art. 9º da Constituição Federal. Nesta hipótese, a primeira dimensão jurídica que se sobressai é o direito a que o Estado não obste a realização da greve, um direito à não intervenção"[236].

Outrossim, depois de examinar as obras de Alexy, Holmes e Sunstein, dentre outros, Ana Carolina Lopes Olsen afirma que "há que se ressaltar que a partir da noção de feixe de posições jusfundamentais, não mais se defende – mesmo entre nós – que existem direitos fundamentais exclusivamente negativos, ou de defesa e outros exclusivamente positivos ou prestacionais. É certo que não se pode falar em uma dicotomia entre as duas funções, na medida em que já se assumiu que, em verdade, ambas as dimensões dos direitos fundamentais se completam e, no caso concreto, podem ser depreendidas de uma mesma norma jusfundamental"[237].

Malgrado a distinção entre direitos negativos e positivos (direitos de defesa e de prestação) não goze do mesmo prestígio de outrora, ainda temos que reconhecer que, na maioria das vezes, os direitos possuem um caráter majoritariamente de defesa ou de prestação[238] e que

---

236 Ana Carolina Lopes Olsen, *op. cit.*, p. 49.
237 *Op. cit.*, p. 60.
238 Como afirma Ana Carolina Lopes Olsen, "é possível falar-se em normas de direitos fundamentais que apresentem o caráter preponderante de direito de

a justiciabilidade dos primeiros é maior do que a dos segundos. Não que os segundos não sejam direitos fundamentais, como vimos acima. Importantes fatores que serão adiante estudados (como a reserva do possível e a estrutura normativa das normas que definem os direitos) impactam diretamente na eficácia e na justiciabilidade das normas. Tal conclusão não retira em nada (talvez apenas restrinja) a justiciabilidade dos direitos sociais, que deve ser perquirida, como adiante se fará. Segundo Jorge Reis Novais: "não será correto extrapolar para a conclusão de que, por esse fato, da menor ou menos densa justiciabilidade dos direitos positivos resulta uma injusticiabilidade dos direitos sociais e a impossibilidade da sua justfundamentalização"[239]. Outrossim, a reduzida justiciabilidade não se refere apenas e tão somente aos direitos sociais (chamados positivos) mas a todas as obrigações positivas do Estado, ainda que decorrentes dos direitos chamados negativos. Como afirma o autor português: "também um direito de liberdade terá uma justiciabilidade enfraquecida se aquilo que estiver em causa no caso concreto for uma dimensão positiva"[240].

---

defesa ou de direito a prestação. A título de exemplo, observe-se que o direito de liberdade de expressão – ainda que seja possível dele depreender um direito a uma prestação fática e normativa, no sentido de criação de meios para que o pensamento seja manifestado, e esta manifestação seja juridicamente protegida – representa primordialmente o direito do titular a uma abstenção do Estado, no sentido de que ele não poderá tolher a livre manifestação do pensamento. (...) Logo, ainda que seja possível deduzir um direito positivo, é a dimensão negativa do direito de livre manifestação do pensamento que se sobressai" (*op. cit.*, p. 61).

239 *Op. cit.*, p. 129.

240 *Op. cit.*, p. 131. Prossegue o autor: "Se considerarmos o direito à vida ou o direito à integridade física – direitos de liberdade –, mas considerarmos apenas o direito que cada um de nós tem a que o Estado proteja a nossa vida ou a nossa integridade física, este direito à proteção enquanto direito positivo, não tem seguramente a mesma densidade de controle judicial, não tem a mesma justiciabilidade, que tem o direito a que o Estado não atente contra a nossa vida ou a nossa integridade física" (p. 131).

1.7.2. Maior onerosidade dos direitos sociais

Tradicionalmente, outra distinção entre os direitos de liberdade e direitos sociais, que afetaria a sua justiciabilidade, seria a maior onerosidade dos segundos. Como sintetiza Catarina dos Santos Botelho, "não se estranhe ou se tome por bizarra a afirmação de que os direitos sociais são direitos especialmente onerosos e, nessa medida, a sua proteção varia consoante as possibilidades econômicas, financeiras, culturais de um determinado Estado. Pois bem, dentro do perímetro constitucional, este é um denominador comum em várias obras doutrinais. A confirmá-lo, Rui Medeiros, num interessante jogo de palavras, refere que a efetivação de todos os direitos fundamentais 'custa dinheiro', mas a dos direitos sociais poderá 'custar muito dinheiro'"[241].

Não obstante, assim como está atualmente enfraquecida a estanque separação entre direitos positivos e negativos, discute-se a afirmação de que apenas os direitos sociais seriam onerosos. Aliás, esse é o tema central da obra *The cost of rights* dos norte-americanos Stephen Holmes e Cass Sunstein. Segundo os autores, no segundo capítulo de sua obra (*All rights are positive* – Todos os direitos são positivos), afirmam que: "'onde há um direito, há um remédio' é uma máxima legal clássica. Os indivíduos gozam dos direitos, em um sentido jurídico oposto a um sentido moral, apenas se os erros que sofrem são razoavelmente e previsivelmente corrigidos pelo governo. Este ponto simples é um longo caminho para divulgar a inadequação da distinção de direitos negativos / direitos positivos. O que mostra é que todos os direitos legalmente aplicados são necessariamente direitos positivos"[242].

Ora, como vimos no item anterior, os direitos de liberdade também implicam pretensões de prestação a cargos do Estado, que invariavelmente têm um custo. Outrossim, para garantia dos direitos

---

241 *Op. cit.*, p. 121.
242 *Op. cit.*, p. 43.

individuais, negativos ou liberdades públicas, existe um aparato judicial bastante oneroso: "com o advento da modernidade, tornou-se claro que a eficaz proteção da generalidade dos direitos e liberdades fundamentais passa pela existência de um aparelho judiciário com os recursos necessários para funcionar de forma célere e independente, e de autoridades policiais munidas de toda uma logística que implica avultados custos"[243].

Dessa maneira, como afirma Gerardo Pisarello, "todos os direitos fundamentais podem caracterizar-se como pretensões híbridas frente ao poder: positivas e negativas, em parte custosas e em parte não custosas"[244]. Por exemplo, no tocante ao direito de moradia, aparentemente muito custoso (a construção ou o financiamento de casas populares), há também obrigações estatais não custosas, como a proibição de desalojamentos arbitrários, a proibição de cláusulas abusivas nos contratos de aluguel, a proibição de preceitos discriminatórios nas legislações urbanísticas etc.

Conclui Catarina Botelho que a pretensamente menor e pouco conhecida onerosidade dos direitos de liberdade se dá por razões históricas e culturais e não jurídicas. Segundo a autora, "a menor relevância atribuída aos custos dos direitos de liberdade poderá explicar-se pelo fato de estes direitos, que historicamente antecedem à geração dos direitos sociais, serem encarados comais naturalidade, porquanto os cidadãos longamente conviveram com as estruturas administrativas, judiciais e policiais que lhes subjazem, que se foram sedimentando e ganhando consistência".

1.7.3. Titularidade setorial dos direitos sociais

Como afirma Catarina Botelho, "alguma doutrina sufraga a ideia que os direitos sociais se desviam da titularidade universal dos

---
243 Catarina Santos Botelho, *op. cit.*, p. 123.
244 *Apud* Catarina dos Santos Botelho, *op. cit.*, p. 123.

direitos fundamentais, no sentido de não serem automaticamente direitos de todos, mas sim direitos daqueles que deles carecem, enquanto deles necessitarem e na exata medida dessa carência. Acolhem, por conseguinte, a titularidade setorial dos direitos sociais e a sua não universalidade"[245].

Com a devida vênia, a teoria da titularidade setorial dos direitos sociais não merece prosperar. Ora, nem todas as pessoas são pobres, desempregadas, desabrigadas ou famintas, mas, se caso precisem de um desses direitos sociais deles serão titulares. Por essa razão, Jorge Miranda afirma que os direitos sociais são igualmente universais, na medida em que "todos fazem parte de uma só comunidade e porque todos, conforme as suas circunstâncias e vicissitudes, podem vir a carecer dos correspondentes bens"[246].

1.7.4. Indeterminabilidade do conteúdo constitucional dos direitos sociais

Como afirma Jorge Reis Novais, as normas definidoras de direitos individuais ou liberdades públicas comumente são mais objetivas, precisas, específicas, trazendo importantes consequências: "no caso dos direitos negativos, se o direito é indiscutivelmente reconhecido e se a violação é objetivamente determinável e atalhável, não há dúvidas sobre a adequação de uma intervenção judicial de controle: a justiciabilidade do direito é plena porque qualquer juiz, recorrendo pura e simplesmente à verificação dos fatos, se pode bastar com critérios jurídicos para determinar a eventual violação do direito e encontrar, consequentemente, a correspondente reparação. Já no caso dos direitos positivos, quando se pede que o Estado atue, faça alguma coisa, só podemos determinar objetivamente uma violação se o ato devido for indiscutivelmente configurado como preciso, concreto, único e de realização exigível num tempo delimitado. Se não for assim,

---

245 *Op. cit.*, p. 128.
246 *Op. cit.*, p. 497.

e na maior parte das situações envolvendo direitos sociais não é, ou seja, não é possível determinar um único ato constitucionalmente devido num determinado tempo, então já muito dificilmente conseguiremos demonstrar, recorrendo a critérios jurídicos, se a atuação ou não atuação do Estado é inconstitucional e, neste caso, como deveria ser necessariamente substituída por outra força dos ditames constitucionais"[247].

Em nosso entender, esse é o ponto principal para verificação da eficácia da norma definidora dos direitos sociais. Como vimos acima, a distinção entre direitos negativos e positivos está largamente enfraquecida na doutrina atual (e, por alguns, abandonada). Da mesma forma, parece ser equivocado o entendimento de que a titularidade é universal nos direitos de liberdade e setorial nos direitos sociais. Outrossim, a suposta exclusiva onerosidade dos direitos sociais parece ter sido igualmente abandonada (basta verificar os altíssimos custos para se manter um aparato eleitoral destinado a assegurar o direito de voto). O que definirá a eficácia da norma definidora dos direitos sociais é a sua estrutura como *regra* ou *princípio*. A grande maioria das normas definidoras dos direitos sociais é formada por normas-princípios, enquanto uma minoria é formada por normas-regras.

Como afirma Ana Carolina Lopes Olsen, "foi a partir da distinção entre regras e princípios que uma série de problemas decorrentes da aplicação das normas de direitos fundamentais passaram a encontrar uma justificação racional, já que os critérios positivistas de subsunção se mostravam insuficientes para a solução dos casos concretos"[248].

Assim como afirma Canotilho, "a teoria da metodologia jurídica tradicional distinguia entre *normas* e *princípios* (*norm-prizip, principles-rules, norm und Grundsatz*). Abandonar-se-á aqui essa distinção para, em sua substituição, se sugerir: 1) as regras e princípios são

---

247 *Op. cit.*, p. 125.
248 *Op. cit.*, p. 63.

duas espécies de normas; 2) a distinção entre regras e princípios é uma distinção entre duas espécies de normas"[249]. De fato, a anterior classificação (hoje em dia praticamente em desuso) não considerava o princípio uma norma constitucional. Antes do neoconstitucionalismo, muitos diriam que os princípios previstos na Constituição nem sequer eram normas jurídicas, mas metas programáticas a serem cumpridas com o passar do tempo, de reduzidíssimo (ou inexistente) teor normativo. Bem, com o advento do neoconstitucionalismo, os princípios ganharam alto grau de normatividade e eficácia, motivo pelo qual, ao lado das regras, também são normas constitucionais.

Daniel Sarmento resume a evolução dos princípios até se tornarem uma das normas jurídicas, aludindo três fases de normatividade: "Na primeira, correspondente ao predomínio do jusnaturalismo, os princípios eram encarecidos no plano moral, concebidos como postulados de justiça, mas não se lhes reconhecia natureza propriamente normativa. Na segunda fase, de domínio do positivismo jurídico, os princípios não eram concebidos como normas, mas sim como meios de integração do Direito. Naquele período, os princípios eram considerados como imanentes ao ordenamento, e não transcendentes a ele, e a sua construção dava-se por meio de um processo de abstração que extraía do próprio sistema jurídico as suas principais orientações. Já a fase atual, equivalente ao pós-positivismo, teria como característica central a valorização dos princípios, não só na dimensão ético-moral, como também no plano propriamente jurídico"[250].

Embora a doutrina pátria, majoritariamente positivista, tenha por muito tempo negado normatividade aos princípios[251], a grande

---

249 *Op. cit.*, p. 1.144.
250 Daniel Sarmento e Cláudio Pereira de Souza Neto. *Direito constitucional*: teoria, história e métodos de trabalho. 2. ed. Belo Horizonte: Fórum, 2016, p. 379.
251 Segundo Daniel Sarmento: "O reconhecimento da normatividade dos princípios ocorreu em paralelo à crise do positivismo jurídico, deflagrada após o final da II Guerra Mundial, e à onda de constituições fortemente principiológicas, editadas em seguida, que contavam com robustos mecanismos de controle

"virada" metodológica se deu a partir da década de 1990, com a obra e teoria de dois grandes filósofos, um deles norte-americano (Ronald Dworkin), e um alemão (Robert Alexy).

O primeiro jurista brasileiro a conceituar os princípios constitucionais, de forma monográfica, foi Sampaio Dória, no livro *Princípios constitucionais*, de 1926[252], já apontando a generalidade e abstração dos princípios. Embora não seja uma nomenclatura uníssona[253],

---

judicial de constitucionalidade. A tendência, estimulada pela jurisdição constitucional, foi no sentido do paulatino reconhecimento de que todas as normas constitucionais eram normas jurídicas, inclusive os princípios mais indeterminados, antes vistos como meras proclamações políticas. No Brasil, até não muito tempo atrás, prevalecia a concepção legalista, tributária do positivismo, de que os princípios jurídicos não seriam propriamente normas, mas meros instrumentos para integração de lacunas, aos quais o intérprete não deveria se socorrer senão em situações excepcionais. Essa posição está positivada no art. 4º da hoje denominada Lei de Introdução às Normas do Direito Brasileiro, segundo o qual 'quando a lei for omissa, o juiz decidirá o caso de acordo com a analogia, os costumes e os princípios gerais do Direito'. Os princípios eram, portanto, mera fonte subsidiária do Direito. Só era legítimo que o magistrado recorresse a eles quando não houvesse nenhuma outra fonte do Direito aplicável. Atualmente, esta concepção não corresponde mais ao ponto de vista dominante na doutrina e na jurisprudência nacionais, que têm enfatizado não só a força normativa, como também a máxima relevância dos princípios – especialmente os constitucionais. Pelo contrário, hoje já se percebem até excessos nesta área, que culminam numa equivocada desvalorização das regras jurídicas, e num uso muitas vezes pouco racional e fundamentado da principiologia constitucional, caracterizando o fenômeno da 'euforia dos princípios', ou até mesmo, nos seus momentos mais patológicos, da 'carnavalização da Constituição'. Na literatura jurídica brasileira, a 'virada' principiológica deu-se a partir da década de 90, com a recepção das lições sobre princípios, nem sempre bem compreendidas, de dois grandes filósofos do Direito contemporâneos – Ronald Dworkin e Robert Alexy –, que buscaram traçar diferenças *qualitativas* e não meramente *quantitativas* entre estas espécies normativas" (*op. cit.*, p. 380).

252 Ruy Samuel Espíndola. *Conceito de princípios constitucionais*. São Paulo: Revista dos Tribunais, 1999, p. 107.
253 Em obra específica sobre o tema, Ruy Samuel Espíndola menciona classificações de Celso Antônio Bandeira de Mello, José Afonso da Silva, Eros Roberto Grau, Paulo Bonavides, Luís Roberto Barroso, dentre outros (*op. cit., passim*).

prevalece o entendimento de que há duas espécies de normas constitucionais: as regras e os princípios. Por muito tempo, difundiu-se a percepção de que a diferença entre ambos era hierárquica: os princípios seriam hierarquicamente superiores às regras. Isso se deve, em parte, a importantes doutrinadores de Direito Administrativo, dentre os quais destacamos Celso Antônio Bandeira de Mello, no seu famoso *Curso de direito administrativo*, que afirma: "violar um princípio é muito mais grave que transgredir uma norma. A desatenção ao princípio implica ofensa não apenas a um específico mandamento obrigatório, mas a todo o sistema de comandos"[254].

A distinção entre regras e princípios é um dos pilares fundamentais no edifício da teoria dos direitos fundamentais[255]. Não obstante, vários são os entendimentos doutrinários através dos quais princípios e regras constitucionais são identificados (e a hierarquia formal-normativa não é um deles)[256].

---

254 Celso Antônio Bandeira de Mello. *Curso de direito administrativo*. 26. ed. São Paulo: Malheiros, 2009, p. 38.
255 Letícia Balsamão Amorim. *A distinção entre regras e princípios, segundo Robert Alexy*.
256 Em obra específica sobre o tema, Humberto Ávila assim define as regras e princípios: "As regras são normas imediatamente descritivas, primariamente retrospectivas e com pretensão de decidibilidade e abrangência, para cuja aplicação se exige a avaliação da correspondência, sempre centrada na finalidade que lhes dá suporte ou nos princípios que lhes são axiologicamente sobrejacentes, entre a construção conceitual da descrição normativa e a construção conceitual dos fatos. Os princípios são normas imediatamente finalísticas, primariamente prospectivas e com pretensão de complementariedade e de parcialidade, para cuja aplicação se demanda uma avaliação da correlação entre o estado de coisas a ser promovido e os efeitos decorrentes da conduta havida como necessária à sua promoção". *Teoria dos princípios:* da definição à aplicação dos princípios jurídicos 4. ed. São Paulo: Malheiros, 2005, p. 70. Canotilho lembra os critérios de distinção entre regras e princípios: "saber como distinguir, no âmbito do superconceito *norma* entre *regras* e *princípios* é uma tarefa particularmente complexa. Vários são os critérios sugeridos. *a) grau de abstração:* os princípios são normas com um grau de abstração relativamente elevado; de modo diverso, as regras possuem uma abstração relativamente reduzida; *b) grau de determinabilidade* na aplicação do caso concreto: os princípios, por

Segundo o filósofo do Direito norte-americano Ronald Dworkin, princípio é "um padrão que deve ser observado, não porque vá promover ou assegurar uma situação econômica, política ou social considerada desejável, mas porque <u>é uma exigência de justiça ou equidade ou alguma outra dimensão da moralidade</u>"[257] (grifamos). Para o autor, a diferença entre princípios e regras jurídicas é de natureza lógica. Segundo ele, "princípios e regras distinguem-se quanto à natureza da orientação que oferecem. As regras são aplicáveis à maneira do tudo-ou-nada. Dado os fatos que uma regra estipula, então ou a regra é válida, e neste caso a resposta que ela fornece deve ser aceita, ou não é válida, e neste caso em nada contribui para a decisão"[258].

Por sua vez, enquanto as regras possuem apenas a dimensão da validade, os princípios também têm a dimensão do peso[259]. Segundo

---

serem vagos e indeterminados, carecem de mediações concretizadoras (do legislador, do juiz), enquanto as regras são suscetíveis de aplicação direta; *c) caráter de fundamentalidade* no sistema das fontes do direito: os princípios são normas de natureza estruturante ou com um papel fundamental no ordenamento jurídico devido à sua posição hierárquica no sistema das fontes (ex.: princípios constitucionais) ou à sua importância estruturante dentro do sistema jurídico (ex.: princípio do Estado de Direito); *d) proximidade da ideia de direito:* os princípios são *standards* juridicamente vinculantes radicados nas exigências de *justiça* (Dworkin) ou na ideia de direito (Larenz); as regras podem ser normas vinculativas com um conteúdo meramente formal; *f) natureza normogenética*: os princípios são fundamentos de regras, isto é, são normas que estão na base ou constituem a *ratio* de regras jurídicas desempenhando, por isso, uma função normogenética fundamentante" (*op. cit.*, p. 1.145).

257 *Levando os direitos a sério*, p. 36. Dessa maneira, distingue o "princípio" da "política", que, segundo ele, é "aquele tipo de padrão que estabelece um objetivo a ser alcançado, em geral uma melhoria em algum aspecto econômico, político ou social da comunidade)" *op. cit.*, p. 36.

258 *Op. cit.*, p. 39. Segundo o autor, as regras podem até ter exceções, mas elas devem estar previstas no próprio texto, sob pena de estarem incorretas. Assim, "pelo menos em teoria, todas as exceções podem ser arroladas e quanto mais o forem, mais completo será o enunciado da regra" (p. 40).

259 Como disse Virgílio Afonso da Silva, "no caso dos princípios, essa indagação acerca da validade não faz sentido. No caso de colisão entre princípios, não há que se indagar sobre problemas de validade, mas somente de peso. Tem prevalência

Dworkin, "os princípios possuem uma dimensão que as regras não têm – a dimensão do peso ou importância (...), aquele que vai resolver o conflito tem de levar em conta a força relativa de cada um"[260]. As regras são diferentes, já que, "se duas regras estão em conflito, uma suplanta a outra em virtude de sua importância maior. Se duas regras entram em conflito, uma delas não pode ser válida. (...) Um sistema jurídico pode regular esses conflitos através de outras regras, que dão precedência à regra promulgada pela autoridade de grau superior, à regra promulgada mais recentemente, à regra mais específica ou outra coisa desse gênero"[261].

Dworkin alerta, com razão, que "a forma de um padrão nem sempre deixa claro se ele é uma regra ou um princípio. (...) Em muitos casos a distinção é difícil de estabelecer"[262]. Outrossim, os princípios costumam atuar de forma mais vigorosa nas questões judiciais difíceis ("hard cases"), como a utilização de células-tronco embrionárias, interrupção da gravidez do feto anencefálico ou o Caso "Riggs contra Palmer", muito utilizado pelo filósofo norte-americano[263]. O positivismo enfrenta esses casos difíceis e enigmáticos através da "teoria do poder discricionário" (se um caso não é regido por uma regra estabelecida,

---

aquele princípio que for, para o caso concreto, mais importante, ou, em sentido figurado, aquele que tiver maior peso. Importante é ter em mente que o princípio que não tiver prevalência não deixa de valer ou de pertencer ao ordenamento jurídico. Ele apenas não terá tido peso suficiente para ser decisivo naquele caso concreto. Em outros casos, porém, a situação pode inverter-se" (*Princípios e regras:* mitos e equívocos acerca de uma distinção).

260 *Levando os direitos a sério*, p. 42. Em razão dessa característica, uma consequência é inevitável: "esta não pode ser, por certo, uma mensuração exata e o julgamento que determina que um princípio ou uma política particular é mais importante que outra frequentemente será objeto de controvérsia. Não obstante, essa dimensão é uma parte integrante do conceito de um princípio, de modo que faz sentido perguntar que peso ele tem ou quão importante ele é" (p 42-43).

261 *Op. cit.*, p. 43.

262 *Op. cit.*, p. 43.

263 "Um Tribunal de Nova Iorque teve que decidir se um herdeiro nomeado no testamento de seu avô poderia herdar o disposto naquele testamento, muito embora ele tivesse assassinado seu avô com esse objetivo" (*op. cit.*, p. 37).

o juiz deve decidi-lo exercendo seu poder discricionário). Quanto maior o apego ao positivismo, maiores serão as críticas ao uso dos princípios pois, como disse Ronald Dworkin, "o positivismo é um modelo de e para um sistema de regras". Por isso, sugere o filósofo, ao criticar o positivismo, enquanto sistema de regras: "sua representação do direito como um sistema de regras tem exercido um domínio tenaz sobre nossa imaginação, talvez graças a sua própria simplicidade. Se nos livrarmos desses modelos de regras, poderemos ser capazes de construir um modelo mais fiel à complexidade e sofisticação de nossas próprias práticas"[264].

Robert Alexy entende que, enquanto as regras contêm determinações no âmbito fático e juridicamente possível, princípios são as normas que ordenam que algo seja realizado na maior medida possível, dentro das possibilidades jurídicas e fáticas existentes. Segundo o constitucionalista alemão, "o ponto decisivo na distinção entre regras e princípios é que os princípios são normas que ordenam que algo seja realizado na maior medida possível dentro das possibilidades jurídicas e fáticas existentes. Princípios são, por conseguinte, *mandamentos de otimização*, que são caracterizados por poderem ser satisfeitos em graus variados e pelo fato de que a medida devida de sua satisfação não depende somente das possibilidades fáticas, mas também das possibilidades jurídicas. O âmbito das possibilidades jurídicas é determinado pelos princípios e regras colidentes"[265].

Assim, em resumo, enquanto as *regras* são normas de conteúdo mais determinado, delimitado, claro, preciso[266], os *princípios* são

---

264 *Op. cit.*, p. 71-72.
265 *Teoria dos direitos fundamentais*. São Paulo: Malheiros, 2008, p. 90. Continua Robert Alexy: "já as regras são normas que são sempre ou satisfeitas ou não satisfeitas. Se uma regra vale, deve se fazer exatamente aquilo que ela exige; nem mais, nem menos. Regras contêm, portanto, determinações no âmbito daquilo que é fática e juridicamente possível. Isso significa que a distinção entre regras e princípios é uma distinção qualitativa, e não uma distinção de grau. Toda norma é ou uma regra ou um princípio" (p. 91).
266 Segundo Ana Paula de Barcellos, "a repercussão da estrutura das regras sobre sua eficácia jurídica é bastante evidente. Em primeiro lugar, as regras caracterizam-se

normas de conteúdo mais amplo, vago, indeterminado, impreciso. O que diferencia a regra do princípio não é o assunto da norma jurídica, mas a forma através da qual ela é tratada. Por exemplo, o assunto "transporte" é tratado pela Constituição de forma diversa. Há um princípio constitucional, no art. 6º da Constituição Federal (alterado pela Emenda Constitucional n. 90/2015) de que o "transporte" é um direito social. Trata-se de um princípio (a Constituição não diz a amplitude desse direito, os limites de sua proteção etc.). Trata-se de uma norma ampla, vaga e abstrata, prevendo o direito social ao transporte. Por sua vez, o art. 230, § 2º, prevê que "aos maiores de sessenta e cinco anos é garantida a gratuidade dos transportes coletivos urbanos". A norma, que também trata de transporte, dessa vez é uma *regra* constitucional, pois é uma norma clara, precisa, delimitada. Ambas tratam do mesmo tema (transporte), mas a primeira é um princípio e a segunda é uma regra.

Outrossim, enquanto as regras devem ser cumpridas integralmente (aplicando-se a máxima "ou tudo ou nada"), os princípios devem ser cumpridos na maior intensidade possível (ou, como disse Robert Alexy, são "mandamentos de otimização"). Isso se dá exatamente porque os princípios são vagos, amplos, imprecisos. Impossível seria cumpri-los na integralidade, motivo pelo qual devem ser cumpridos na maior intensidade possível[267].

---

pela eficácia positiva ou simétrica, isto é, pela possibilidade que oferecem de exigir-se, diante do Judiciário, exatamente o tal efeito definido por seu comando, e em particular as condutas que o concretizam. Essa é sua eficácia padrão, independentemente de qualquer referência explícita do texto legal nesse sentido. Na medida em que o efeito pretendido pela norma esteja de logo identificado, é natural que a modalidade de eficácia seja a positiva, tendo em conta o propósito da coatividade da ordem jurídica é realizar tais efeitos" (*A eficácia jurídica dos princípios constitucionais*. Rio de Janeiro, 2002, p. 108).

267 Ana Paula de Barcellos propõe um modelo semelhante de eficácia aplicado às regras e princípios constitucionais. Depois de enumerar e explicar uma série de modalidades de eficácia jurídica (simétrica ou positiva, nulidade, ineficácia, anulabilidade, negativa, vedativa do retrocesso, penalidade e interpretativa), a autora afirma que as eficácias sobreditas se aplicam às regras e princípios de

Utilizando-se de nosso exemplo anterior, não pode o poder público descumprir a norma do art. 230, § 2º, que trata da gratuidade do transporte urbano aos maiores de 65 anos. Trata-se de uma regra. O descumprimento ensejará a impetração de mandado de segurança

> formas diversas: "Em primeiro lugar, as regras caracterizam-se pela eficácia positiva ou simétrica, isto é, pela possibilidade que oferecem de exigir-se, diante do Judiciário, exatamente o tal efeito definido por seu comando, e em particular as condutas que o concretizam. Nada obstante, e como já se mencionou, outras modalidades de eficácia jurídica podem igualmente ser associadas às regras, como a nulidade, a anulabilidade e a ineficácia. (...) Por fim, no caso das regras constitucionais, é possível identificar também algum potencial de eficácia interpretativa. Isto é especialmente verdadeiro quando se trate de regras que cuidam da proteção de direitos fundamentais, já que sua incidência poderá interferir na interpretação de outros enunciados normativos. (...) A eficácia negativa também se aplica às regras, mas, em geral, de acordo com uma lógica muito mais simples, se comparada aos princípios. A regra não convive com disposições ou comportamentos que a contrariem. (...) A relação dos princípios com as modalidades de eficácia jurídica é consideravelmente diversa, mesmo porque a normatividade dos princípios é fenômeno recente. O esforço da doutrina, portanto, partiu praticamente do zero, além de utilizar todo um instrumental cunhado sob a ótica das regras, e não dos princípios. As modalidades de eficácia jurídica reconhecidas tradicionalmente pela doutrina aos princípios são 3 (três): a interpretativa, a negativa e a vedativa do retrocesso, sendo que esta última, além de envolver alguma controvérsia acerca de seu próprio sentido, ainda não se consolidou inteiramente na doutrina e na prática jurisprudencial. (...) Como consequência da eficácia interpretativa, cada disposição infraconstitucional, ou mesmo constitucional, deverá ser interpretada de modo a realizar o mais amplamente possível o princípio que rege a matéria. A eficácia negativa exige mais elaboração quando se trata dos princípios, igualmente por força de seus efeitos indeterminados. Como já referido, essa modalidade de eficácia funciona como uma espécie de barreira de contenção, impedindo que sejam praticados atos, editados comandos ou aplicadas normas que se oponham aos propósitos dos princípios. (...) A vedação do retrocesso, por sua vez, desenvolveu-se especialmente tendo em conta os princípios constitucionais e, em particular, aqueles que estabelecem fins materiais relacionados aos direitos fundamentais, para cuja consecução é necessária a edição de disciplina infraconstitucional. (...) Não há dúvida de que a tripla eficácia reconhecida aos princípios constitucionais – interpretativa, negativa e vedativa do retrocesso – representa um considerável avanço no esforço de construção da sua normatividade, uma vez que, embora de forma indireta, procura assegurar, coativamente inclusive, os efeitos pretendidos pelos princípios" (*op. cit.*, p. 108-112).

por parte do titular do direito (ou outra medida coletiva juridicamente possível)[268].

Como afirma Ana Carolina Lopes Olsen, a regra só pode ser descumprida em casos excepcionais: "se um direito fundamental social se configura como regra, caberá ao intérprete tão somente cumprir a conduta prevista em grau de definitividade na norma, adotando uma postura coerente com o mandado, proibição ou permissão nela estampados. Não haveria espaço para cumprir o mandamento apenas em parte, pois com o cumprimento integral dá-se a observância da norma, com seu cumprimento parcial ou não cumprimento, verifica-se sua violação. A lógica que sustenta a aplicação das regras é a do *tudo ou nada*. A única hipótese para a não aplicação da regra, como já referido, seria a existência de uma cláusula de exceção, que determina o seu afastamento. Seria o caso, por exemplo, de estarem presentes todos os pressupostos para a aplicação da regra segundo a qual a jornada de trabalho não poderá exceder oito horas diárias (art. 7º, XIII, Constituição Federal). Todavia, o trabalho realizado é o de contenção de um incêndio pelo único grupo de bombeiros de uma cidade pequena. Se todos os empregados abandonarem os postos de serviço quando encerrada sua jornada de trabalho, o incêndio assumirá proporções impossíveis de serem contidas. Nestas condições, outros princípios aplicáveis ao caso concreto acabam por representar uma cláusula de exceção que determina o afastamento da regra, apesar de presentes as circunstâncias de fato que determinariam sua aplicação"[269].

---

268 Foi o que decidiu o Supremo Tribunal Federal na Ação Direta de Inconstitucionalidade n. 3.768: "A norma constitucional é de eficácia plena e aplicação imediata". A Ministra Relatora Cármen Lúcia, em seu voto, afirmou que: "os direitos dos idosos ao transporte gratuito, previsto na norma do § 2º do art. 230 da Constituição da República, é de eficácia plena e tem aplicabilidade imediata. <u>Assim, desde a promulgação da Constituição da República, esse direito compõe o sistema normativo na condição de direito exigível pelos idosos, sem a necessidade de criação de qualquer outra norma que trate da matéria</u>" (grifamos).

269 *Op. cit.*, p. 68-69. Quanto aos princípios, afirma a autora: "no caso de direito fundamental social materializado sob a forma de princípio, vale observar que

Por sua vez, quanto à norma do art. 6º da Constituição (direito ao transporte), impossível o Estado cumpri-la integralmente. Cumprirá essa norma na maior intensidade possível, dentro dos limites fáticos, jurídicos e orçamentários. Isso por se tratar de um princípio.

Como se vê, ao contrário da Constituição alemã (que não prevê um rol de direitos sociais, malgrado preveja a cláusula do Estado Social), a Constituição brasileira adota, no tocante aos direitos sociais, um modelo híbrido: há normas constitucionais definidoras dos direitos sociais que possuem a forma de regras e outras a forma de princípios. Essa também é a conclusão de Ana Carolina Lopes Olsen: "parece mais adequado considerar os direitos fundamentais sociais de caráter prestacional como pertencentes a um modelo normativo híbrido de regras e princípios"[270].

No exemplo acima mencionado, um dos direitos sociais (o transporte) foi tratado pela Constituição por meio de regras (art. 230, § 2º, da CF) e princípios (art. 6º da CF). A eficácia dessas normas, como vimos acima, é diversa. Enquanto a regra deve ser aplicada integralmente, no modelo *ou tudo ou nada* (como afirma Ronald Dworkin), os princípios devem ser aplicados na maior intensidade possível, já que são *mandamentos de otimização* (como afirma Robert Alexy). Sendo um princípio que estabelece um programa para o Estado, é uma *norma programática*, que, como vimos em item anterior, não é desprovida de eficácia, produzindo efeitos concretos, como lembra

---

o mandamento jurídico poderá ser densificado a partir de circunstâncias fáticas ou jurídicas, de modo a gerar, ao final, também um mandamento definitivo – o qual não será *prima facie*, pois o mandamento definitivo *prima facie* só está presente nas regras. Voltando-se ao exemplo da norma prevista no inc. XXII do art. 7º da Constituição Federal, pode-se imaginar a situação de um trabalhador em uma mina. Se existem duas formas de escavação de um túnel, uma mais dispendiosa, mas mais segura, e outra mais econômica, entretanto, menos segura para o trabalhador, estará presente o mandamento definitivo, tal como de uma regra, que seja adotada a forma mais dispendiosa, porém mais segura" (p. 69).

270 *Op. cit.*, p. 72.

Canotilho: "a positividade jurídico-constitucional das normas programáticas significa fundamentalmente: 1) vinculação do legislador, de forma permanente, à sua realização (imposição constitucional); 2) vinculação positiva de todos os órgãos concretizadores, devendo estes tomá-las em consideração como diretivas materiais permanentes, em qualquer dos momentos da atividade concretizadora (legislação, execução, jurisdição); 3) vinculação, na qualidade de limites materiais negativos, dos poderes públicos, justificando a eventual censura, sob a forma de inconstitucionalidade, em relação aos atos que as contrariam".

1.8. REGIME JURÍDICO-CONSTITUCIONAL DOS DIREITOS SOCIAIS

Como afirma Ingo Wolfgang Sarlet, "mesmo dentre os que aceitam, em princípio, a tese da fundamentalidade dos direitos sociais existe tanto quem queira negar os direitos sociais a aplicação do regime jurídico pleno assegurado pela Constituição aos direitos fundamentais, quanto quem discuta o exato conteúdo deste regime"[271]. Prossegue o autor: "um problema central relacionado com a própria eficácia e efetividade dos direitos fundamentais sociais é o de estabelecer, no âmbito do marco constitucional brasileiro (e, portanto, de modo afinado com os limites do nosso direito constitucional positivo), os contornos do seu (dos direitos sociais) respectivo regime jurídico-constitucional, o qual, além do que expressamente – e implicitamente – foi estabelecido pelo Constituinte, tem sido objeto de fecundo – mas amplamente controverso – desenvolvimento doutrinário e jurisprudencial"[272].

Em outras palavras, Ana Carolina Lopes Olsen também afirma que "há que se ter em mente, entretanto, que apesar da fundamentalidade que une os direitos sociais na Constituição, as respectivas normas apresentam diferentes estruturas deônticas, ora estabelecendo

---
271 *Op. cit.*, p. 73.
272 *Op. cit.*, p. 74.

prestações de cunho positivo por parte dos poderes públicos, ora estabelecendo uma posição de defesa do seu titular contra a ingerência do Estado"[273].

A doutrina constitucional pode ser assim dividida, no que toca ao regime jurídico-constitucional dos direitos sociais: *a) teoria unitária*, para a qual direitos sociais e direitos individuais fazem parte do mesmo fenômeno constitucional (ainda que, para alguns, com algumas variações); *b) teoria dual*, para a qual direitos sociais e direitos individuais são institutos diversos, com regimes jurídicos diversos; *c) teoria mista*, que reconhece a diferenciação entre os dois direitos, mas visa a reaproximá-los.

Segundo a *teoria unitária*, todos os direitos fundamentais, sejam eles individuais, sejam sociais, têm o mesmo regime jurídico-constitucional. "A sua defesa, em Portugal, é ainda relativamente recente. Teve início no final da década de 80 do século passado, pelo contributo de André Salgado de Matos, tendo sido densificada e defendida com mais rigor por Jorge Reis Novais. No Brasil, Ingo Wolfgang Sarlet defende, mais matizadamente; uma dogmática tendencialmente unitária', que 'não é incompatível com alguma diferenciação interna'"[274].

A *teoria dual*, estimulada pelos textos constitucionais que separam os direitos individuais, de um lado, e os direitos sociais, de outro lado, bem como os tratados internacionais que tratam dos direitos de forma diversa, entende que direitos individuais e sociais têm sistemas jurídicos diversos, já que essencialmente diferentes: "uma perspectiva didática e tradicional tem defendido uma *antinomia de raiz* entre os direitos fundamentais clássicos e os (mais recentes) direitos econômicos, sociais e culturais, que interagem entre si numa permanente 'área de tensão'. (...) A ideia fulcral é a de que os direitos de liberdade tradicionais se realizam por si mesmos, enquanto os direitos sociais são 'direitos de criação'(...) que carecem de concretização

---

273 *Op. cit.*, p. 47.
274 Catarina Santos Botelho, *op. cit.*, p. 291.

legislativa"²⁷⁵. Muitas seriam as supostas distinções entre direitos individuais e sociais, que os colocariam em categorias distintas: a) enquanto os direitos individuais seriam "negativos", os direitos sociais seriam "positivos"; b) a titularidade seria distinta, já que os primeiros seriam universais e os últimos setoriais; c) enquanto os primeiros exigem uma abstenção, os últimos exigem uma ação, dentre outras diferenças.

Por fim, uma terceira via, conciliatória (a *teoria mista*), tenta aproximar os direitos individuais e sociais, preservando e reconhecendo suas distinções. Como vimos anteriormente, se o critério da onerosidade não é capaz de diferenciar direitos sociais e individuais (já que todos os direitos têm seus custos), bem como o tradicional critério da ação e abstenção (já que todos os direitos geram obrigações de fazer e não fazer ao Estado), bem como a titularidade setorial dos direitos sociais é um equívoco doutrinário, um fato há de ser reconhecido: em regra, os direitos sociais estão consagrados em normas sem determinabilidade constitucional, carecendo de concretização legislativa. Isso se dá porque, em regra, os direitos sociais, para serem implementados, precisam de maior ação por parte do Estado. As normas constitucionais definidoras de direitos sociais são normas-princípios, e não normas-regras. Somente quando o constituinte originário entendeu extremamente urgente e prioritário o cumprimento do direito social é que o definiu através de uma norma-regra. Outrossim, esse indeterminabilidade dos direitos sociais também tem um condicionante diverso: a reserva do financeiramente possível, como afirma a doutrina: "esta indeterminabilidade não é apenas 'semântica', no sentido de juridicamente determinável mediante critérios interpretativos,

---

275 Catarina Santos Botelho, *op. cit.*, p. 279. Continua a autora: "a distinção entre direitos de liberdades e direitos sociais teve eco tanto em teses: a) *substancialistas ou essencialistas*, para as quais a destrinça entre os direitos assume uma natureza material associada a uma superioridade hierárquica dos primeiros em relação aos segundos; b) *e formais*, que apelam a diferenças estruturais, de regime entre ambos os direitos, à natureza dos deveres estatais envolvidos, à maior ou menor determinabilidade do seu conteúdo" (p. 279).

mas 'advém da reserva do (financeiramente) possível. Com efeito, o caráter indeterminado destas normas não alude à noção de *conceitos indeterminados* de que partilham grande parte das normas constitucionais consagradoras de direitos fundamentais, mas, mais complexamente, diz respeito a uma indeterminabilidade que carece de opções políticas, econômicas e sociais, a par da mera interpretação jurídica de normas"[276].

Concordamos com a terceira via. Em nosso entender, a eficácia da norma definidora dos direitos fundamentais (e isso se aplica tanto aos direitos individuais como aos direitos sociais) dependerá, inicialmente, da forma normativa que lhe é dada: norma-regra ou norma-princípio. O constituinte originário, para os direitos fundamentais que considerou essencial, não querendo deixar uma margem de concretização ao legislador ordinário, estabeleceu normas-regra, de cumprimento imediato e integral, não sujeito a ponderação ou sopesamento, aplicando-se de acordo com a máxima *ou tudo ou nada*, como afirma Ronald Dworkin. Nesses casos, além da dimensão objetiva que todo direito fundamental possui, a norma possuirá uma elevada dimensão subjetiva, como afirma Canotilho: "Alguns direitos econômicos, culturais e sociais, são verdadeiros direitos *self-executing* (ex.: liberdade de profissão, liberdade sindical, direito de propriedade)"[277]. Essa aplicação imediata se dá por conta da estrutura da norma, por sua determinabilidade, como afirma a doutrina: "a determinabilidade consubstancia, assim, um passo lógico prévio à aplicabilidade direta: é porque os direitos resultam determinados ou determináveis que possuem a aplicabilidade direta"[278]. Dessa forma, as regras devem ser cumpridas integralmente, somente podendo ser excepcionadas em casos absolutamente excepcionais, como vimos acima. Nas palavras de Canotilho, nesses casos, estamos diante de "direitos originários a prestações": "com base na indiscutível

---

276 Catarina Santos Botelho, *op. cit.*, p. 302.
277 *Op. cit.*, p. 474.
278 Catarina dos Santos Botelho, *op. cit.*, p. 297.

dimensão subjetiva dos direitos sociais afirma-se a existência de *direitos originários a prestações* quando: a partir da garantia constitucional de certos direitos se reconhece, simultaneamente, o dever do Estado na criação dos pressupostos materiais, indispensáveis ao exercício efetivo desses direitos e a faculdade de o cidadão exigir, de forma imediata, as prestações constitutivas desses direitos"[279].

Por sua vez, grande parte das normas definidoras de direitos sociais é formada por normas-princípios e, por essa razão, devem ser aplicadas na maior intensidade possível (como afirma Robert Alexy). Sob o aspecto objetivo, seus efeitos são inequívocos, como aponta Canotilho: "as normas consagradoras de direitos econômicos, sociais e culturais, modelam a dimensão objetiva de duas formas: 1) imposições legiferantes, apontando para a obrigatoriedade de o legislador atuar positivamente, criando as condições materiais e institucionais para o exercício desses direitos (...); 2) fornecimento de prestações aos cidadãos, densificadoras da dimensão subjetiva essencial desses direitos e executoras do cumprimento das imposições institucionais"[280]. Sob o aspecto subjetivo, sua exigibilidade ou jurisdicionalidade dependerá de uma densificação verificável pela tensão entre dois fatores: a reserva do possível e o mínimo existencial do direito.

Esse modelo brasileiro (algumas normas-regras e muitas normas--princípio) é previsto por Jorge Reis Novais: "é certo que, em abstrato, o legislador constituinte poderia consagrar os direitos sociais com um outro grau, mais intenso, de determinação. Tal como o legislador ordinário, também ele poderia determinar precisa e especificamente aquilo que fica o Estado obrigado a prestar e determinar o conteúdo das pretensões subjetivas com uma tal precisão que possibilitasse a sua imediata judiciabilidade. Algumas Constituições, pelo menos pontualmente, adotam essa modalidade de positivação mais densa em

---

279 *Op. cit.*, p. 473.
280 *Op. cit.*, p. 473.

algumas disposições sobre direitos sociais"[281]. Entendemos que tal modelo é um avanço se comparado ao histórico de ineficácia sistemática dos direitos sociais, mas deve ser aplicado com cautela, para não contrariar as vontades democráticas da maioria existente nas novas gerações. Outrossim, há um risco de constitucionalizar excessivamente a política.

Não obstante, esse modelo é passível de crítica: como manter os compromissos constitucionais originários em tempos de grave crise econômica? Como garantir juridicamente aquilo que não pode ser garantido pelos fatos? Em nosso entender, diante de uma interpretação sistemática da Constituição Federal, podemos encontrar a saída dada pelo constituinte originário. Ao estabelecer as cláusulas pétreas (matérias que não podem ser suprimidas da Constituição Federal), o constituinte originário de 1988 estabeleceu que não podem ser objeto de deliberação as propostas de emenda tendentes a abolir os "direitos e garantias individuais" (art. 60, § 4º, IV, CF). Embora parte da doutrina faça uma interpretação extensiva, ampliativa ou generosa desse dispositivo constitucional, parece clara a opção do constituinte originário: caso, no futuro, não seja possível continuar a cumprir os direitos sociais estabelecidos por normas-regras (como o art. 230, § 2º, da Constituição Federal), poderá ser tal direito reduzido por emenda constitucional, desde que seja razoável e proporcional e desde que tal restrição não atinja o "núcleo essencial" do direito, que, como veremos no item a seguir, em se tratando de direitos sociais, recebe o nome de mínimo existencial.

Dessa forma, podemos assim sintetizar: todas as normas constitucionais definidoras de direitos sociais (sejam elas normas-regras ou normas-princípios) produzem a eficácia objetiva, influenciando toda a interpretação da Constituição, servindo de parâmetro para o controle de constitucionalidade, não recepcionando as legislações

---

281 *Op. cit.*, p. 143.

anteriores incompatíveis e vinculando o Estado (administração, juiz e legislador) a concretizar os ditames constitucionais. Por sua vez, quanto ao aspecto subjetivo, enquanto as normas-regras são de cumprimento imediato e pleno, as normas-princípios são objetivadas por meio do legislador ordinário e das normas concretas que implementam as políticas públicas. Quanto a estas últimas, afirma Jorge Reis Novais que "é ao legislador ordinário que cabe, em função das disponibilidades financeiras e das margens de avaliação e opção políticas de correntes do princípio democrático, determinar específica e concretamente, no domínio de cada direito social, o que fica o Estado juridicamente obrigado a fazer e o que pode o particular exigir judicialmente. Mas, neste sentido, como o direito social só cobra determinabilidade e conteúdo preciso através da legislação ordinária, isso significaria, diz-se, que a respectiva vinculatividade jurídica – seja como dever estatal ou como pretensão ou direito subjetivos – é uma criação infraconstitucional, da responsabilidade do legislador e, naturalmente, como é próprio do direito ordinário, na sua disponibilidade"[282].

---

282 *Op. cit.*, p. 142.

II

OS LIMITES DA EXIGÊNCIA IMEDIATA DOS DIREITOS SOCIAIS:
A reserva do possível (*der vorbvehalt des möglichen*) e o mínimo existencial (*the minimal core obligation, existenzminimums*)

2.1. A RESERVA DO POSSÍVEL: ANTECEDENTES HISTÓRICOS

A indeterminabilidade dos direitos sociais, que, como vimos acima, é a regra das normas que os preveem, se dá não apenas por razão linguística ou semântica, mas sobretudo por razão jurídica. Como afirma Jorge Reis Novais, "conferir aos direitos sociais um conteúdo muito preciso significaria, inevitavelmente, a impossibilidade de o Estado, obrigado posteriormente ao cumprimento estrito das imposições constitucionais, ser capaz de reagir rápida e adequadamente à modificação das condições econômicas. A remissão da tarefa de determinação do respectivo conteúdo para o legislador ordinário é a resposta natural adequada ao fato de os direitos sociais estarem sujeitos e dependentes da ocorrência de vicissitudes que nenhum Estado pode ter a pretensão de dominar antecipadamente e, logo, daí resulta, na generalidade dos casos, a impossibilidade natural de determinação do respectivo conteúdo no plano constituinte"[1-2]. Conforme Ana Carolina Lopes Olsen, "a reserva do possível corresponde a um dado de realidade, um elemento do mundo dos fatos que influencia na aplicação do Direito. O Direito é um fenômeno prescritivo, ou seja, as normas jurídicas têm por fundamento uma determinada realidade fática, a partir da qual prescrevem condutas. Dentro desta concepção, é certo que o Direito não pode prescrever o impossível – e é neste sentido, em um primeiro momento, que se pode abordar a temática da reserva do possível, embora trazendo a discussão para o campo dos direitos fundamentais sociais a prestações".

Assim, as normas constitucionais definidoras dos direitos sociais que têm o formato de princípios carecem da concretização operada pelo legislador ordinário, que positivará o direito, à luz da reserva do possível: "por força da sua natureza especial, e não de qualquer opção livremente tomada pelo legislador constituinte quanto ao respectivo regime, os direitos sociais, pelo menos em princípio e na sua dimensão principal de direitos a prestações estatais fáticas, não são diretamente aplicáveis por invocação do seu titular a partir da norma constitucional Eles carecem da prévia intervenção conformadora do legislador para que o dever imposto ao Estado ou a pretensão do titular passem a ser juridicamente exigíveis e justiciáveis"[3].

Acerca da sua origem histórica, Luis Fernando Sgarbossa afirma: "as origens da reserva do possível (*Der Vorbehalt des Möglichen*) comumente apontadas pela doutrina constitucionalista remontam a uma série de decisões do Tribunal Constitucionalista Federal alemão, notadamente ao célebre caso de *numerus clausus I* (BVerfGE

---

1   *Op. cit.*, p. 143. Mais adiante, prossegue o autor: "a indeterminabilidade dos direitos sociais não deriva só da indeterminabilidade semântica – esta, sim, também estaria presente nos direitos de liberdade – mas de uma causa específica que advém da reserva do possível e que inibe os operadores jurídicos de chegarem ao conteúdo do direito recorrendo unicamente a critérios jurídicos de interpretação da norma constitucional" (p. 147).

2   *Op. cit.*, p. 201.

3   Jorge Reis Novais, *op. cit.*, p. 151.

33, 303, de 1973), em entendimento reiterado na denominada *decisão sobre as universidades ou Hochschul-Urteil* (BVerfGE 35, 79, de 1973), e reafirmado no julgamento alcunhado *números clausus II* (BVerfGE 43, 291, de 1977). (...) Não obstante esta origem jurisprudencial mais recente e corriqueiramente indicada, a racionalidade subjacente à 'reserva do possível' é bem mais antiga, e foi a causa de dissensões no âmbito do Direito Internacional dos Direitos Humanos, acarretando uma cisão ainda hoje existente no Sistema Global de Proteção dos Direitos Humanos das Nações Unidas, com mais de duas décadas de antecedência ao primeiro precedente citado (BVerfGE), que data de 1973. (...) Pode-se afirmar, portanto, que a corrente do pensamento que condiciona o direito à proteção social à disponibilidade de recursos provém de longa data, e que sua longa história pode ser traçada através dos tempos até o pensamento contemporâneo"[4].

O primeiro caso comumente apontado como origem da "reserva do possível" na jurisprudência alemã (BVerfGE 33, 303, de 1973) versa sobre a adoção do sistema do *numerus clausus* e de outros critérios de admissão ao ensino superior em cursos de medicina, com base no direito à livre escolha da profissão e do local de formação, ambos previstos no art. 12 da Lei Fundamental alemã de 1949. Como afirma Sgarbossa, "após uma longa fundamentação, considerando o aumento da demanda relativa aos cursos superiores em períodos precedentes e as iniciativas concretas tomadas pelos órgãos competentes para suprir o déficit, o Tribunal Constitucional Federal alemão rejeitou a pretensão dos demandantes no sentido da declaração de inconstitucionalidade das disposições legais referidas e a pretendida criação das vagas necessárias a admissão dos pretendentes ao curso superior de medicina"[5]. Segundo o Tribunal Constitucional Federal Alemão, "na medida em que os direitos de tomar parte são

---

4   *Crítica à teoria dos custos dos direitos*: reserva do possível. Porto Alegre: Sergio Antonio Fabris, 2010, v. 1, p. 128-129.
5   *Op. cit.*, p. 136.

limitados e não existentes a priori, encontram-se sob a reserva do possível, no sentido daquilo que o indivíduo pode racionalmente esperar da sociedade. (...) Por outro lado, não há qualquer ordem constitucional no sentido de que, para cada candidato, em qualquer época e local de estudo à sua escolha, os custosos investimentos em educação superior sejam orientados exclusivamente em função da demanda pelos flutuantes e variados fatores individuais. Isso conduziria a uma outra falsa concepção da liberdade, na qual seria desconsiderado que a liberdade pessoal não pode ser dissociada da função da capacidade e do equilíbrio do conjunto, permitindo realizar uma conexão ilimitada da compreensão dos direitos subjetivos em detrimento da coletividade, a qual é incompatível com a ideia de Estado Social".

No mesmo ano de 1973, o Tribunal Constitucional alemão voltou a mencionar a "reserva do possível", na *decisão das universidades* ou *Hochschul-Urteil* (BVerfGE 35, 79). O processo versava sobre a participação de diversos setores do mundo universitário em órgãos colegiados da universidade. Decidiu o Tribunal que, "mesmo se, no que concerne às autorizações à participação algumas coisas ainda tenham de ser esclarecidas, elas são, em princípio – como entendeu o Senado na decisão do *numerus clausus,* em regra geral para os casos justificados, de acordo com a Constituição, um direito de participação (BVerFGE 33, 303) – sob a reserva do possível, no sentido daquilo que o indivíduo pode racionalmente esperar da sociedade".

Depois de analisar ambas as decisões, Sgarbossa conclui que o Tribunal buscou limitar a hipertrofia das demandas dos cidadãos em face do Estado, através do recurso à razoabilidade e à racionalidade como balizas dos referidos pleitos[6].

No ano de 1977, o Tribunal Constitucional Federal alemão julgou a questão conhecida como *numerus clausus II* (BVerfGE 43, 291), que questionava a constitucionalidade da "Lei sobre o ensino

---

6   *Op. cit.,* p. 142.

superior", de 1976. Os dispositivos questionados tratavam das condições de acesso ao ensino superior, como a adoção de cotas para a seleção de candidatos, dentre outros aspectos. Decidiu o Tribunal: "do artigo 12, parágrafo 1º da Lei Fundamental que garante o direito à livre escolha da profissão e do local de formação em conjunto com o princípio geral de igualdade e o Princípio do Estado Social, decorre uma garantia constitucional ao direito subjetivo de acordo com os requisitos de admissão ('*hochschulreifen*') para a universidade de sua eleição. Tal direito subjetivo é tão extenso quanto possível e <u>encontra-se limitado nos termos do que os indivíduos podem racionalmente pretender com base na regulamentação legal</u>, e – sob a condição do uso exaustivo de todas as capacidades de formação, a prioridade constitucional de medidas anteriores à seleção do candidato" (grifamos).

Malgrado tenha sido recepcionada pela doutrina e jurisprudência brasileiras, a teoria da "reserva do possível" passou por uma sensível transformação, como lembra Sgarbossa: "da análise da doutrina se observa que vem sendo hoje considerada, sob a expressão *reserva do possível*, em geral, toda restrição à realização de direitos fundamentais sociais baseada em escassez de recursos, seja esta compreendida como inexistência ou insuficiência econômica (real) dos recursos, seja compreendida como indisponibilidade jurídica dos mesmos, por força da legislação orçamentária, v.g. Tal compreensão se afasta sensivelmente do modelo originário"[7].

Na concepção original (alemã), a "reserva do possível" refere-se àquilo que é razoavelmente concebido como prestação social devida, em decorrência da interpretação dos direitos fundamentais sociais, eliminando as demandas irrazoáveis, desproporcionais e excessivas. Nas palavras de Ingo Wolfgang Sarlet, "mesmo em disposto o Estado dos recursos e tendo o poder de disposição, não se pode falar em uma obrigação de prestar algo que não se mantenha nos limites do

---

7   *Op. cit.*, p. 148.

razoável"[8]. Como lembra Sgarbossa, "apenas secundariamente entraram na fundamentação da sentença aspectos relativos à reserva orçamentária"[9]. Essa mutação da "reserva do possível" também é verificada por Catarina dos Santos Botelho: "Assim, foi na jurisprudência alemã que, no domínio dos direitos sociais, primeiramente se invocou a noção de 'reserva do possível ou do razoável' (*Vorbehalt des Möglichen oder der Vernunftigen*) no sentido de aquilo que os cidadãos poderiam razoavelmente exigir do Estado. Com o passar do tempo, o conceito de reserva do possível foi sendo depurado e acabou por se direcionar no sentido originalmente referido pela doutrina, ou seja, enfatizando as condições financeiras e orçamentais do Estado – 'reserva do financeiramente possível'. A 'dependência de recursos' (*Ressourcenabhändigkeit*) ou a 'escassez de recursos' (*Ressourcenknappheit*) surge, portanto, como um 'limite constitucional' (*verfassungsrechtliche Schranke*) ao Estado social"[10].

2.2. NATUREZA DA RESERVA DO POSSÍVEL

A doutrina brasileira diverge acerca da natureza da "reserva do possível". Enquanto alguns afirmam ser um princípio[11], outros

---

8   Reserva do possível, mínimo existencial e direito à saúde: algumas aproximações, p. 29.
9   *Op. cit.*, p. 153.
10 *Op. cit.*, p. 432.
11 Patrícia Gomes Ribeiro afirma que "o princípio da reserva do possível originou-se na Alemanha, nos anos 1970, sendo igualmente conhecido como *reserva do financeiramente possível*. Tal princípio consiste na garantia dos direitos já previstos no ordenamento jurídico, desde que existentes os recursos públicos correlatos" (O direito à saúde e o princípio da reserva do possível. *Revista Eletrônica Jurídico-Institucional do Ministério Público do Estado do Rio Grande do Norte*. Disponível em: http://www.mprn.mp.br/revistaeletronicamprn/abrir_artigo.asp?cod=16). Também usa a expressão "princípio" Allan Thiago Barbosa Arakaki "resta evidenciado que o princípio da reserva do possível concilia o papel do Estado na consecução dos direitos de segunda geração com os limites estatais e que, por conseguinte, não se destoa com o sistema constitucional vigente ao promover uma discussão conciliatória da

afirmam ser uma cláusula ou postulado, e, por fim, outros consideram uma condição da realidade que impacta na eficácia dos direitos fundamentais.

Nas palavras de Ruy Samuel Espíndola, "os princípios são normas jurídicas impositivas de uma *optimização*, compatíveis com vários graus de concretização, consoante os condicionalismos fáticos e jurídicos; as *regras* são normas que prescrevem imperativamente uma exigência (impõe, permitem ou proíbem) que é ou nada é cumprida (...); a convivência dos princípios é conflitual (Zagrebelsky); a convivência de regras é antinômica: os princípios coexistem; as regras antinômicas excluem-se"[12]. Como afirma Robert Alexy, os princípios são mandamentos de otimização. "Isto significa que eles são normas que ordenam que algo seja realizado na maior medida possível, dentro das possibilidades jurídicas e fáticas existentes"[13]. Se assim considerarmos os princípios, entendemos que a "reserva do possível" não se enquadra nessa modalidade de norma constitucional, já que não se trata de um mandamento de otimização. Quando se analisa a reserva do possível, não se busca sua maior aplicabilidade, mas exatamente o contrário, visando minimizar seus impactos na eficácia dos direitos sociais. Esse também é o entendimento de Ana Carolina Lopes Olsen: "parece inadequado conceber a reserva do possível como esta espécie normativa. A reserva do possível não prescreve um determinado estado de coisas a ser atingido, não corresponde a um mandado de otimização"[14].

---

responsabilidade civil estatal nesses casos diante da razoabilidade e da realidade estatal" (grifamos) (*A limitação da responsabilidade estatal pelo princípio da reserva do possível*).

12 *Conceito de princípios constitucionais*. São Paulo: Revista dos Tribunais, 1999, p. 66.
13 Paulo Gilberto Cogo Leivas. *Teoria dos direitos fundamentais sociais*, p. 39.
14 *Op. cit.*, p. 200. Não obstante, parecendo não concordar com tais afirmações, Catarina dos Santos Botelho afirma que "o princípio da *reserva do possível* não pode funcionar como manobra escapatória para o Estado, que dele não se poderá servir para afastar a exigência do cumprimento dos direitos sociais" (*op. cit.*, p. 433).

A expressão "postulado", na doutrina brasileira, pode ser atribuída a Humberto Ávila, segundo o qual "os postulados normativos situam-se num plano distinto daquele das normas cuja aplicação estruturam. São, por isso, metanormas, ou normas de segundo grau. (...) os postulados (...) não prescrevem indiretamente comportamentos, mas modos de raciocínio e de argumentação relativamente a normas que indiretamente prescrevem comportamentos"[15]. Parte da doutrina utiliza a expressão "cláusula" ou "postulado" para se referir à "reserva do possível", como Goedert e Lenhardt: "conquanto seja patente a dislexia entre a publicidade fulcrada nas políticas públicas e o cotidiano social, tendo-se clara a defasagem de investimentos na área da saúde, o Poder Público, com ênfase no âmbito executivo, cultiva o <u>postulado da reserva do possível</u> para afastar a eficácia da tutela integral da saúde, na iminência de vinculá-la ao orçamento efetivamente empenhado, em detrimento ao que realmente deveria ser comprometido"[16] (grifamos). Não obstante, como menciona Ana Carolina Lopes Olsen, a impropriedade das expressões "cláusula" ou "postulado" decorre do fato de que essas, por serem metanormas, não estariam sujeitas à ponderação"[17].

Decisões do STF apontam a "reserva do possível" ora como uma "cláusula" ou "postulado", ora como "princípio". Na ADPF 45 MC/DF, relatada pelo Min. Celso de Mello, o STF utilizou a expressão "cláusula": "Considerações em torno da <u>cláusula</u> da reserva do possível. Necessidade de preservação, em favor dos indivíduos, da integridade e da intangibilidade do núcleo consubstanciador do 'mínimo existencial'" (grifamos). Por sua vez, no Recurso Extraordinário n. 642.536 AgR, relatado pelo Min. Luiz Fux, o STF utilizou a expressão princípio: "A controvérsia objeto destes autos – possibilidade, ou

---

15   *Teoria dos princípios*, p. 88.
16   *O direito social fundamental à saúde e seu tratamento frente ao postulado da reserva do possível*. Disponível em: http://www.ajuris.org.br/OJS2/index.php/REVAJURIS/article/download/392/326.
17   *Op. cit.*, p. 200.

não, de o Poder Judiciário determinar ao Poder Executivo a adoção de providências administrativas visando à melhoria da qualidade da prestação do serviço e saúde prestado por hospital da rede pública – foi submetida à apreciação do Pleno do STF na SL 47 AgR, rel. min. Gilmar Mendes. Naquele julgamento, esta corte, ponderando os princípios do 'mínimo existencial' e da 'reserva do possível', decidiu que, em se tratando de direito à saúde, a intervenção judicial é possível em hipóteses como a dos autos" (grifamos).

Diante dessa divergência terminológica, parte da doutrina considera a "reserva do possível" uma condição da realidade que interfere na aplicação dos direitos fundamentais. Nesse sentido, Ana Carolina Lopes Olsen afirma que "a reserva do possível corresponde a um dado de realidade, um elemento do mundo dos fatos que influencia na aplicação do Direito"[18]. Nesse ponto, concordamos com a autora. A "reserva do possível" não é um princípio constitucional implícito, já que não se trata de um mandamento de otimização. Da mesma forma, não parece ser um postulado, já que será sujeita a ponderação, à luz dos valores em conflito. Assim, entendemos que a "reserva do possível" é uma situação fática que limita a aplicação e a eficácia dos direitos sociais.

Outra polêmica doutrinária diz respeito à natureza da limitação operada pela "reserva do possível". Seria uma limitação interna (ou limite imanente) ou seria uma limitação externa? Como já explicamos em nosso *Curso de direito constitucional*, há duas formas de se definir limites imanentes (limitações internas dos direitos fundamentais). Para Canotilho, são os limites que estão presentes dentro da própria Constituição, impostos por outros direitos fundamentais. Por exemplo, a liberdade de consciência e crença está limitada por outros direitos como a vida (não se pode praticar sacrifícios humanos durante um culto religioso). Da mesma forma, a liberdade de manifestação do pensamento está limitada por outros direitos como a

---

18 *Op. cit.*, p. 201.

honra e a intimidade (art. 5º, X). Assim, para o mestre português: "os chamados 'limites imanentes' são o resultado de uma ponderação de princípios jurídico-constitucionais conducente ao afastamento definitivo, num caso concreto, de uma dimensão, que *prima facie*, cabia no âmbito prospectivo de um direito, liberdade e garantia"[19]. Canotilho refere-se à imanência da limitação com relação ao texto constitucional como um todo, ou seja, limite imanente é aquele que está contido dentro da própria Constituição, mas imposto por outros direitos, em razão do sopesamento no caso concreto. Críticas são feitas à posição do mestre português: como seria imanente um limite que decorre de outros direitos? Segundo Virgílio Afonso da Silva: "não me parece acertado denominar *imanente* um limite que não apenas surge somente com o caso concreto, como também dele depende"[20]. Outra posição acerca dos limites imanentes é aquela segundo a qual são limites existentes dentro do próprio direito, por um processo interno, não definido nem influenciado por aspectos externos (como colisões com outros direitos). Assim, sem a necessidade de ponderar o direito fundamental com outros direitos igualmente tutelados, analisaríamos *a priori* a extensão do direito, verificando qual seria sua amplitude, quais seriam seus limites. Segundo Virgílio Afonso da Silva, várias são as estratégias de se tentar encontrar os limites que restringem o "suporte fático" dos direitos fundamentais, excluindo-se, de antemão, determinadas condutas do âmbito da proteção desses direitos. Segundo o autor, "as estratégias mais importantes são: a) a interpretação histórico-sistemática; b) a delimitação do âmbito da norma, sobretudo na versão desenvolvida por Friedrich Müller; c) a fixação de uma prioridade estanque das liberdades básicas, na forma como proposta por John Rawls"[21].

---

19   *Op. cit.*, p. 1.148.
20   *Direitos fundamentais*, p. 166.
21   *Op. cit.*, p. 82-83. Explicamos os detalhes de cada posição doutrinária em nosso *Curso de direito constitucional*, p. 729.

Por sua vez, como afirma Sgarbossa, para a teoria externa, "os direitos fundamentais não possuem delimitação apriorística. Existem direitos fundamentais *prima facie* que, ulteriormente, através da metódica da *ponderação* (*Abwägung*), são desenvolvidos para a verificação de seu caráter *definitivo*, após a identificação de eventuais restrições e a verificação da proporcionalidade destas".

No Brasil, parte minoritária da doutrina defende que a "reserva do possível" seria um limite imanente dos direitos sociais. Isso significa que, *a priori*, o direito fundamental social nasceria limitado, com um limite implícito, intrínseco, imanente. Influenciado fortemente pela teoria do *Custo dos Direitos* de Stephen Holmes e Cass Sunstein, Fernando Galdino afirma que o custo não é um mero óbice externo à consecução dos direitos, mas um elemento integrante deles: "de fato, parece correto sustentar que não se deve afirmar a existência de um direito público subjetivo em especial (ou determinado, ou seja, o direito de uma determinada pessoa receber uma determinada prestação) quando seja absolutamente impossível, sob prisma prático, realizá-lo"[22].

Jorge Reis Novais defende a tese de que a "reserva do possível" seria um limite imanente dos direitos sociais. Afirma que "a *reserva do possível* passa a ser essencialmente entendida como constituindo essa limitação imanente a este tipo de direitos: mesmo quando a pretensão de prestação é razoável, o Estado só está obrigado a realizá-la se dispuser dos necessários recursos, daí a designação mais expressiva de *reserva do financeiramente possível*"[23]. Conclui o autor que: "a 'reserva do possível' *invade* o próprio plano jurídico, é o direito que está intrinsecamente condicionado pela 'reserva do possível' e não apenas as condições da sua efetividade social ou da sua realização otimizada. E a 'reserva do possível' invade o próprio plano normativo do

---

22 O custo dos direitos. *In:* TORRES, Ricardo Lobo (org.). *Legitimação dos direitos humanos*, Rio de Janeiro: Renovar, 2002, p. 214.
23 *Op. cit.*, p. 90.

direito social quando seu objeto a título principal se traduza, como dissemos, numa prestação financeira ou numa prestação fática direta e imediatamente convertível em prestação financeira. (...) De facto, a não ser que a Constituição expressamente consagre uma pretensão, um direito ou um dever de realizar uma dada prestação social em termos precisos e definitivos – o que será, todavia, sempre uma exceção – todos os direitos sociais, na sua dimensão principal, são entendidos como intrinsecamente condicionados por aquela reserva, mesmo que o legislador constituinte não o refira expressamente"[24].

Não obstante, prevalece na doutrina brasileira o entendimento de que a "reserva do possível" é uma limitação externa dos direitos fundamentais sociais. Nesse sentido, Ana Carolina Lopes Olsen afirma: "tratar da reserva do possível como limite imanente dos direitos fundamentais sociais quando ela se relaciona a aspectos lógicos de escassez de recursos poderia parecer até aceitável. (...) Todavia, a reserva do possível costuma ser invocada em relação à dimensão do custo dos direitos, ou seja, a existência de recursos econômicos capazes de tornar as prestações previstas nas normas de direito fundamental efetivamente factíveis. (...) Ver na reserva do possível um limite imanente dos direitos fundamentais, ainda que seja logicamente aceitável, gera um grave enfraquecimento no sistema de proteção destes direitos, já que poderes constituídos legitimados a descrever o âmbito normativo de um direito, com seus limites inerentes, terão total discricionariedade para afirmar o que é possível e o que não é. (...) A escassez dos recursos econômicos destinados à realização destes direitos não é natural, essencial, mas artificial, fruto da escolha realizada pelos poderes públicos"[25].

No mesmo sentido, afirma Ingo Wolfgang Sarlet: "não nos parece correta a afirmação de que a reserva do possível seja elemento integrante dos direitos fundamentais, como se fosse parte do seu núcleo essencial ou mesmo como se estivesse enquadrada no âmbito

---

24 *Op. cit.*, p. 100-101.
25 *Op. cit.*, p. 191-192.

do que se convencionou denominar de limites imanentes dos direitos fundamentais".

De fato, em nosso entender, considerar a "reserva do possível" como um limite imanente dos direitos sociais tem o condão de enfraquecer a tutela jurídica de tais direitos, na medida em que só seriam fundamentais os aspectos dos direitos que o Estado teria a possibilidade orçamentária de cumprir[26]. O que não está no orçamento não seria fundamental. Tal posicionamento, de fato, enfraqueceria a força normativa dos direitos fundamentais sociais, já que, como afirma Virgílio Afonso da Silva, a norma constitucional decorrente dos limites imanentes deve ser considerado uma regra, desprovida de sopesamentos posteriores: "a partir do enfoque da teoria interna (...) que o processo de definição dos limites de cada direito é algo interno a ele. É sobretudo nessa perspectiva que se pode falar em limites imanentes. (...) A fixação desses limites, por ser um processo interno, não é definida nem influenciada por aspectos externos, sobretudo não por colisões com outros direitos. Se isto é assim – ou seja, se a definição do conteúdo e da extensão de cada direito não depende de fatores externos e, sobretudo, não sofre influência de possíveis colisões posteriores –, a conclusão a que se pode chegar, em termos de estrutura normativa, é que direitos definidos a partir do enfoque da teoria interna têm sempre a estrutura de regras. (...) Se a norma tem validade estrita, ela segue o raciocínio 'tudo-ou-nada', analisado anteriormente, e não pode ser objeto de sopesamentos"[27]. Aliás, esse é o entendimento

---

26 Discordam do nosso posicionamento as advogadas da União Juliana Tiemi Maruyama Matsuda, Helida Maria Pereira e Luciana Camila de Souza, para as quais "o importante para a preservação dos direitos fundamentais é que os limites a eles impostos sejam submetidos ao controle de constitucionalidade e proporcionalidade, pouco importando se são considerados 'limites imanentes' ou 'restrições'" (*O mínimo existencial como limite à aplicação da reserva do possível aos direitos fundamentais sociais*. Disponível em: http://www.agu. gov.br/page/download/index/id/%207306306).
27 *Direitos fundamentais*. conteúdo essencial, restrições e eficácia. São Paulo: Malheiros, 2009, p. 128-129.

de Flávio Galdino, influenciado pela teoria dos americanos Sunstein e Holmes: "na medida em que o Estado é indispensável ao reconhecimento e efetivação dos direitos, e considerando que o Estado somente funciona em razão das contingências de recursos econômico-financeiros captados junto aos indivíduos singularmente considerados, <u>chega-se à conclusão de que os direitos só existem onde há fluxo orçamentário que o permita</u>" (grifamos)[28].

Jorge Reis Novais, defensor da teoria de que a "reserva do possível" seria uma limitação imanente dos direitos sociais, não reconhece os corolários desabonadores de tal opção, ao defender que "posteriores restrições ou impedimentos infraconstitucionais à realização plena dos direitos sociais sustentados em dificuldades financeiras seriam, então, eventualmente admissíveis, mas de constitucionalidade igualmente sindicável pelo poder judicial, tal como ocorre com os limites posteriormente apostos aos direitos de liberdade. Só não seria assim, isto é, tais impedimentos ou restrições só não seriam potencialmente admissíveis se o legislador constituinte tivesse já consagrado os direitos sociais sob forma de comando definitivo, absoluto, de *regra*"[29]. Aliás, em outra passagem de sua obra, o autor é ainda mais enfático: "aqui já divergimos profundamente das concepções negacionistas. É verdade que os direitos sociais são indeterminados no plano constitucional, mas essa indeterminabilidade advém do fato de os direitos sociais serem, na sua dimensão principal, direitos sob *reserva do possível*, o que aconselha, na maior parte dos casos, o legislador constituinte a estabelecer, quando for esse o caso, apenas um dever jurídico de realização do direito social de forma gradual e diferida no tempo por parte do Estado e a remeter implicitamente para o legislador ordinário a fixação das prestações devidas no cumprimento dessa obrigação em função das disponibilidades e das circunstâncias de cada momento"[30].

---

28 *Op. cit.*, p. 188.
29 *Op. cit.*, p. 106.
30 *Op. cit.*, p. 152. Prossegue o autor: "mas isso significa, também, que a indeterminação do conteúdo do direito social é superável, no tempo, através da correspondente atuação do legislador ordinário. Mais, a partir do momento em que

Por sua vez, Luís Fernando Sgarbossa adota uma posição intermediária, entendendo que a reserva do possível pode ser uma limitação imanente ou uma limitação externa (uma restrição), dependendo da hipótese. Segundo ele, "quando se fala em reserva do possível baseada em escassez real, de natureza econômica devidamente demonstrada, se está diante de um *limite* ao direito fundamental. De outro lado, sustenta-se que ao se falar em escassez ficta, de natureza jurídica, está-se diante de uma verdadeira *restrição* a direitos fundamentais. De se tentar divisar, para tanto, *limite*, na acepção aqui tomada, em grande medida compatível com o entendimento da *teoria interna* ou dos *limites imanentes*, de *restrição*, também na acepção aqui tomada, em grande medida compatível com o entendimento da *teoria externa*"[31].

---

o legislador ordinário fixa, com elevado grau de precisão e certeza – até por razões de igualdade e segurança jurídicas – o conteúdo do direito exigível do Estado, o direito social adquire na ordem jurídica um grau pleno de definitividade e densidade, de resto bastante superiores aos que apresenta, em geral, a conformação legal dos direitos de liberdade. (...) Os direitos sociais, apesar de dever ser tida em conta, pelo legislador, a reserva do possível que os afeta, abrem-se intrinsecamente a uma concretização legislativa muito mais densa, seja pela natureza da prestação que está em causa – em regra uma subvenção ou uma prestação traduzível financeiramente – seja pelas aludidas exigências de igualdade, segurança e certeza jurídicas" (p. 152).

31 *Op. cit.*, p. 226. O autor, ao adotar essa posição, diferencia "limite" e "restrição", afirmando que o primeiro, que estabelece a extensão da norma definidora do direito fundamental, é imanente à norma, dela fazendo parte. Por sua vez, a restrição é um elemento externo, que reduz e interfere na aplicação da norma. Para chegar a essa conclusão, o autor socorreu-se da doutrina alemã, que distingue *Grenze* de *Schranke*. "*Grenze* é traduzível para o português como *fronteira* ou *linde*, segundo Luiz Machado. (...) Ainda de acordo com Machado, *Schranke* ostenta significado que traduzido corresponde às expressões lusófonas de *barreira* ou *contenção*. Em língua portuguesa, limite é a 'linha de demarcação', a 'raia', uma 'linha real ou imaginária que separa dois terrenos ou territórios contíguos; estrema, baliza, divisa, fronteira'. (...) Restrição, por sua vez, consiste no 'ato ou efeito de restringir', 'condicionante'. Restringir, por sua vez, consiste em 'tornar mais estreito ou apertado'. (...) Vista a distinção entre a reserva do possível baseada na escassez real ou econômica e

Concordamos com Sgarbossa. A reserva do possível pode configurar um limite imanente ou uma limitação externa, a depender da sua natureza (veremos no item seguinte as classificações possíveis). Em se tratando da *reserva do possível como limitação fática (com base na escassez real ou econômica)*, a limitação é imanente. O exemplo de Sgarbossa é elucidativo: "a interpretação do direito fundamental à preservação da vida e da saúde, constitucionalmente consagrado, não permite concluir encontrar-se tutelado em seu âmbito de proteção o direito subjetivo a um bem cuja escassez seja real, como, por exemplo, órgãos e tecidos humanos para transplante"[32]. Aliás, parece concordar com tal posicionamento Ana Carolina Lopes Olsen, quando dá como exemplo de limite imanente a pretensão de um medicamento capaz de fornecer a cura definitiva para a AIDS[33].

---

a reserva do possível com base na escassez ficta ou jurídica, está-se aqui, pois, a propugnar entendimento segundo o qual os direitos fundamentais possuem *limites* ou *Grenze* – o que é compatível com a corrente dos limites imanentes – e que podem eventualmente sofrer *restrições* ou *Einschränkung* – o que é compatível com a teoria externa, sendo que *escassez real implica limites dos direitos fundamentais, ao passo que a escassez jurídica implica restrições a tais direitos*" (p. 265-266).

32 *Op. cit.*, p. 267. O autor dá outro exemplo, referente à moradia: "outro exemplo seria o direito à moradia, incluído no art. 6º da Constituição da República Federativa do Brasil de 1988 por Emenda à Constituição. Parece plausível s.m.j. concluir, em princípio, que inexistem recursos suficientes à outorga, *aqui e agora*, de moradia a todos os brasileiros que não usufruem de tal direito, ou que se encontram em situações precárias de moradia, habitando favelas, barracos, casas de chão-batido, sapê, palafitas e o mais. Segundo o entendimento ora proposto, aqui, não há falar em direito *subjetivo* ao bem objeto do direito, a moradia, em vista da impossibilidade *real*, econômica e física, de se erigir, com os recursos públicos disponíveis e do dia para a noite, imóveis residenciais suficientes e adequadas às existências de qualidade e segurança ao atendimento da demanda. Ninguém imaginaria, ademais, a justiciabilidade do direito à moradia, em semelhantes termos" (p. 268).

33 "Uma pretensão a um medicamento capaz de fornecer a cura definitiva para a AIDS mostra-se como flagrantemente impossível. Logo, esta pretensão não se encontra dentro do âmbito normativo do direito à saúde, de modo que não seria juridicamente exigível. Não há este direito, assim como não haveria o

Por sua vez, em se tratando da *reserva do possível como limitação jurídica*, com os seus respectivos desdobramentos (que adiante se verá), deve ser considerada uma limitação externa (ou restrição) e, por isso, devendo ser submetida a controle de sua legitimidade por meio de já consagrados princípios. Em outras palavras, "a alegação de ausência de disponibilidade jurídico-financeira sobre *recursos existentes*, seja por força de lei orçamentária, seja em virtude de dispositivo legal que imponha padrões de austeridade fiscal, caracteriza uma situação em que a decisão alocativa consubstanciada no diploma legal implica restrição a direitos fundamentais sociais, sendo interpretada, portanto, a partir de tal ponto de vista, como restritiva de tais direitos fundamentais"[34]. Sendo ela uma restrição a um direito fundamental, aplicar-se-á teoria da "restrição das restrições" (também chamada pela doutrina de "limites dos limites" ou, no original alemão, *Schranken der Schranken*), que adiante estudaremos[35].

2.3. A RESERVA DO POSSÍVEL NA DOUTRINA E NA JURISPRUDÊNCIA

Parte da doutrina brasileira repudia a tese de que a "reserva do possível" seria um limite jurídico à consecução dos direitos sociais, sendo tal instituto uma influência nefasta neoliberal sobre o direito constitucional. Segundo Ana Carolina Lopes Olsen, "pode-se sentir a influência da doutrina neoliberal no constitucionalismo a medida em que nunca se falou tanto em aspectos econômicos da realização dos

---

direito de o pintor pintar um quadro em um cruzamento de ruas, interrompendo o trânsito, no exemplo fornecido por Friedrich Müller" (*op. cit.*, p. 189).

34 Luís Fernando Sgarbossa, *op. cit.*, p. 273.

35 Quanto à consequência da "teoria externa", afirma Ana Carolina Lopes Olsen: "a reserva do possível, enquanto condição que determina a verificação, pelo aplicador do direito, da existência de condições materiais para a sua realização, pode ser considerada como um elemento externo à norma de direito fundamental. (...) Assim, enquanto elemento externo, a reserva do possível poderia reduzir mais ou menos o âmbito normativo do direito, e esta redução estaria sujeita ao controle de constitucionalidade, especialmente a partir do exame da proporcionalidade" (*op. cit.*, p. 193).

direitos fundamentais. E esta preocupação econômica vem vestida de um manto de cientificidade, como se somente agora doutrina e jurisprudência estivessem finalmente abrindo os olhos para a realidade irrefutável de escassez econômica"[36]. No mesmo sentido, Vicente Paulo Barretto afirma que a "reserva do possível" corresponde a três "falácias políticas" criadas pelo pensamento neoliberal com o intuito de enfraquecer a força normativa dos direitos sociais. A primeira "falácia" seria a afirmação de que os direitos sociais são direitos de segunda ordem, a segunda "falácia" seria a de que os direitos sociais dependeriam de uma "economia forte" (sendo que, na realidade, tudo seria questão de "vontade política") e, por fim, a terceira "falácia" seria o alto custo dos direitos sociais, pois "o curso é consubstancial a todos os direitos fundamentais"[37]. Minimizando tais críticas, Ingo Sarlet afirma que "as limitações vinculadas à reserva do possível não são, em si mesmas, necessariamente uma falácia. O que tem sido, de fato, falaciosa, é a forma pela qual muitas vezes a reserva do possível tem sido utilizada entre nós como argumento impeditivo da intervenção judicial e desculpa genérica para a omissão estatal no campo da efetivação dos direitos fundamentais, especialmente de cunho social"[38].

A "reserva do possível" já foi largamente reconhecida pela jurisprudência de Tribunais federais, estaduais e dos Tribunais Superiores. No Supremo Tribunal Federal, por exemplo, várias foram as vezes em que mencionada a "reserva do possível", ora aplicando-a para refutar a exigibilidade dos direitos fundamentais sociais, ora para afastá-la. Uma das mais importantes decisões refere-se à ADPF 45, relatada pelo Min. Celso de Mello, segundo o qual "a realização dos direitos econômicos, sociais e culturais – além de caracterizar-se pela gradualidade de seu processo de concretização – depende, em grande medida, de um inescapável vínculo financeiro

---

36   *Op. cit.*, p. 185.
37   Vicente de Paulo Barretto. Reflexões sobre os direitos sociais. *In:* SARLET, Ingo Wolfgang (org.), *Direitos fundamentais sociais*: estudos de direito constitucional, internacional e comparado. Rio de Janeiro: Renovar, 2003, p. 117-121.
38   *Op. cit.*, p. 32.

subordinado às possibilidades orçamentárias do Estado, de tal modo que, comprovada, objetivamente, a incapacidade econômico-financeira da pessoa estatal, desta não se poderá razoavelmente exigir, então, considerada a limitação material referida, a imediata efetivação do comando fundado no texto da Carta Política".

A doutrina tenta classificar a "reserva do possível", dependendo da causa e das consequências. Ana Carolina Lopes Olsen propõe a seguinte divisão da reserva do possível: *o logicamente possível* e *b) a disponibilidade de recursos materiais* (dividindo-a em *disponibilidade fática* e *disponibilidade jurídica*).

Segundo a autora, quanto ao primeiro aspecto, "a aplicação dos direitos fundamentais sociais está condicionada pela realidade, é certo que o intérprete não poderá demandar dos poderes públicos o que for logicamente impossível, ou seja, não se pode exigir o absurdo"[39]. Por sua vez, "o aspecto que assume maior relevância na discussão da efetividade dos direitos fundamentais prestacionais diz respeito à existência de recursos materiais, a qual está relacionada a dois aspectos: a disponibilidade fática do meio necessário à realização do direito, e a disponibilidade jurídica deste meio. O objeto previsto na norma deve estar disponível para o agente público destinatário da obrigação, ou seja, os meios necessários à realização da prestação normativamente prevista devem estar disponíveis, tanto fática, quanto juridicamente. Não basta a existência de recursos, o Estado deve ter a capacidade jurídica para deles dispor"[40].

Luís Fernando Sgarbossa propõe a seguinte classificação[41]: a) reserva do possível como limitação fática (com base na escassez

---

39 Ana Carolina Lopes Olsen, *op. cit.*, p. 204. Prossegue a autora: "Por exemplo, embora a Constituição preveja como direito fundamental de todo cidadão o direito à saúde, não poderá o titular deste direito pleitear em juízo, o fornecimento do remédio capaz de promover a cura para a AIDS. Trata-se de prestação totalmente inviável" (p. 206).
40 Ana Carolina Lopes Olsen, *op. cit.*, p. 205.
41 *Op. cit.*, p. 216.

real ou econômica); b) reserva do possível como limitação jurídica, esta última podendo ter o seguinte desdobramento: b.1) limitação imposta aos direitos sociais com base na *escassez ficta*; b.2) limitação imposta por ausência de razoabilidade ou proporcionalidade da pretensão.

De forma bastante semelhante, mas utilizando-se de outras palavras, Ingo Sarlet propõe uma dimensão tríplice da reserva do possível: "a) a efetiva disponibilidade fática dos recursos para a efetivação dos direitos fundamentais; b) a disponibilidade jurídica dos recursos materiais e humanos, que guarda íntima conexão com a distribuição das receitas e competências tributárias, orçamentárias, legislativas e administrativas, entre outras (...); c) já na perspectiva (também) do eventual titular de um direito a prestações sociais, a reserva do possível envolve o problema da proporcionalidade da prestação, em especial no tocante à sua exigibilidade e, nesta quadra, também da sua razoabilidade"[42].

Tendo em vista que a noção de "reserva do possível" está intimamente ligada à escassez real ou jurídica de recursos, é oportuno trazer à baila a classificação das modalidades de "escassez", segundo Jon Elster, filósofo norueguês radicado nos Estados Unidos, largamente mencionada pela doutrina brasileira. Segundo o autor, há três modalidades de escassez: natural (dividindo-se em severa e suave), quase natural e artificial (ou ficta).

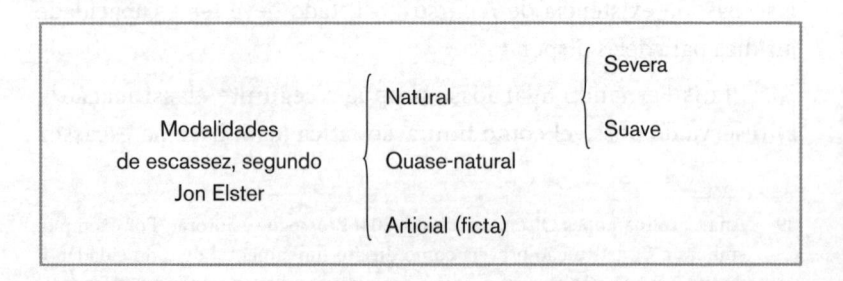

Modalidades de escassez, segundo Jon Elster	Natural	Severa
		Suave
	Quase-natural	
	Articial (ficta)	

---

42 *Op. cit.*, p. 30.

Segundo o autor, "dizer que um bem é escasso significa que não há o suficiente para satisfazer a todos. A escassez pode ser, em maior ou menor grau, *natural, quase natural ou artificial*. A *escassez natural severa* aparece quando não há nada que alguém possa fazer para aumentar a oferta. Pinturas de Rembrandt são um exemplo. A *escassez natural suave* ocorre quando não há nada que se possa fazer para aumentar a oferta a ponto de atender a todos. As reservas de petróleo são um exemplo, a disponibilização de órgãos de cadáveres para transplante é outro. A *escassez quase natural* ocorre quando a oferta pode ser aumentada, talvez a ponto da satisfação, apenas por condutas não coativas dos cidadãos. A oferta de crianças para adoção e de esperma para inseminação artificial são exemplos[43]. A *escassez artificial* surge nas hipóteses em que o governo pode, se assim decidir, tornar o bem acessível a todos, a ponto da satisfação. A dispensa do serviço militar e a oferta de vagas em jardim da infância são exemplos"[44].

Dessa forma, as duas primeiras modalidades de escassez de Jon Elster (natural e quase natural) enquadram-se na hipótese de *reserva do possível por limitação fática*, considerada por nós (e por parte da doutrina, como vimos) como *limitação interna* ou *limite imanente* dos direitos sociais. Por sua vez, a *escassez ficta ou artificial* de Jon Elster pode ser enquadrada na *reserva do possível por limitação jurídica*. Esse também é o entendimento de Ana Carolina Lopes Olsen: "parece que a questão dos recursos financeiros disponíveis para a

---

43 Malgrado sem utilizar essa nomenclatura, Guido Calabresi e Philip Bobbit referem-se a essa hipótese de escassez quando afirmam que "a mais frequente escassez – e a necessidade de selecionar o sofrimento que ela impõe – pode ser absoluta num determinado momento do tempo (como o número de cirurgiões capazes de realizar um transplante renal), mas não é absoluta todo o tempo" (*Tragic choices*: the conflitcts society confronts in the allocation of tragically scarce resources, p. 22).
44 *Apud* Gustavo Amaral. *Direito, escassez & escolha:* em busca de critérios jurídicos para lidar com a escassez de recursos e as decisões trágicas. Rio de Janeiro: Renovar, 2001, p. 21-22.

efetivação dos direitos fundamentais sociais revela-se mais propriamente como uma escassez artificial que natural. Os recursos econômicos se tornam escassos para um fim porque houve uma decisão política que os manejou para outro. Não existem recursos suficientes para promover uniformemente todos os direitos: este é um dado de realidade do qual muitos autores tomam como premissa básica e irrefutável para teorizar a reserva do possível"[45].

Adotemos a classificação utilizada pelos dois últimos autores (Sgarbossa e Sarlet), para assim sintetizar a "reserva do possível":

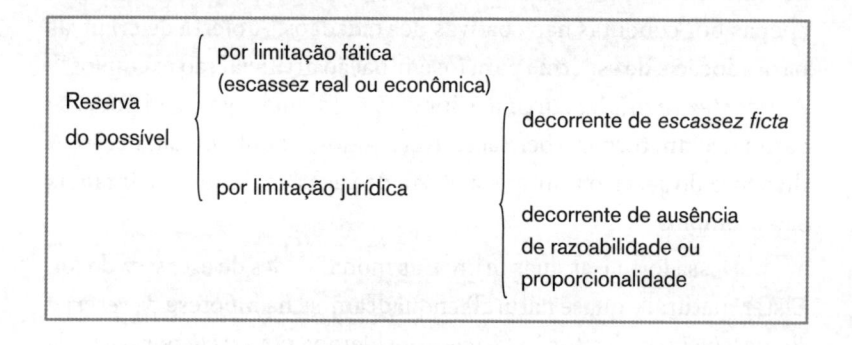

Reserva do possível	por limitação fática (escassez real ou econômica)	
	por limitação jurídica	decorrente de *escassez ficta*
		decorrente de ausência de razoabilidade ou proporcionalidade

Quanto à primeira modalidade de "reserva do possível" (por limitação fática, decorrente de escassez real ou econômica), estamos diante de um *limite imanente*, como defendemos acima. Isso porque "a impossibilidade de satisfazer determinada necessidade com base em uma situação de escassez real ou econômica caracteriza uma limitação fática à normatividade, um choque entre realidade concreta, independente do desígnio humano, e comando normativo. Em tal tipo de situação encontra-se a origem da forte carga de racionalidade característica da elaboração conhecida como *reserva do possível*, que ostenta ares de evidência lógica aparentemente inegável e incontrolável, no sentido de que aquilo que não existe não pode ser postulado ou deferido, e outros truísmos que se tem afirmado

---

45   *Op. cit.*, p. 191.

com base em tal compreensão"⁴⁶. Enquadra-se nessa primeira modalidade de "reserva do possível" a impossibilidade de ofertar um medicamento que não existe, ou transplante de órgãos a todos os que dele necessitam.

Por sua vez, quanto à segunda modalidade de "reserva do possível" (por limitação jurídica), os recursos econômicos faticamente existem, mas sua "alocação em determinados setores acaba por implicar o não atendimento de outras necessidades, por uma decisão disjuntiva do órgão ou agente com competência em matéria alocativa, seja ele qual for. (...) Vislumbra-se aqui a existência de uma escolha alocativa pelo órgão competente, notadamente pelos órgãos políticos e pela Administração Pública, privilegiando determinados setores com o investimento de recursos que não são escassos por natureza, em detrimento de outros. As escolhas revestem-se de nítido caráter político, eis que os recursos podem ou poderiam ser alocados de diferentes maneiras no caso concreto, segundo as prioridades definidas pelos órgãos com atribuição legal para tanto"⁴⁷.

Essa alocação dos recursos (que são limitados) foi denominada "escolhas trágicas" (*tragic choices*) pelos professores norte-americanos Guido Calabresi e Philip Bobbit, na obra *Tragic choices*⁴⁸. Segundo os autores, "a alocação de recursos enfrenta uma sociedade com

---

46 Luís Fernando Sgarbossa, *op. cit.*, p. 219.
47 Luís Fernando Sgarbossa, *op. cit.*, p. 220-221.
48 Guido Calabresi e Philip Bobbitt. *Tragic choices*. New York: W. W. Norton & Company, 1978. Essa expressão também é utilizada pela professor da Universidade de Chicago Martha Nussbaum, na obra *Creating capabilities*: "Algumas vezes as condições sociais tornam impossíveis entregar uma quantidade mínima das dez capacidades para todos: duas ou mais delas podem estar em conflito. (...) Quando as capacidades têm valor intrínseco e importância, a situação produzida quando duas delas coligem é trágica: qualquer caminho que seguirmos envolve fazer algo errado a alguém. A situação de *escolha trágica* não é totalmente capturada na análise de custo-benefício padrão: a violação de um direito fundamentado na justiça básica não é só o alto custo; é um custo de um tipo distinto, que em uma sociedade totalmente justa ninguém deve suportar" (*op. cit.*, p. 419-420).

duas distintas, mas interligadas, questões: quantos recursos a sociedade deve disponibilizar e a quem deve premiar. Uma sociedade obviamente tem grande variedade de opções para decidir como responder a essas questões. Calabresi e Bobbitt procuram desenvolver os papéis da moral e economia em fazer escolhas trágicas. Eles acreditam que a investigação cuidadosa dos métodos e resultados das escolhas trágicas de uma sociedade revela muito sobre os padrões e ideias morais dessa sociedade"[49]. Como afirma Fernando Facury Scaff, "o orçamento é o *locus* adequado para a realização das *escolhas trágicas públicas*, também chamadas de *escolhas políticas*. É no espaço democrático do Parlamento que devem ser realizadas as opções políticas referentes às receitas e aos gastos públicos que determinam o caminho escolhido pela sociedade para a realização de seus ideais. (...) É no âmbito do processo de elaboração do Orçamento – que deveria ser de atuação privilegiada do Poder Legislativo – que se realizam as primeiras *escolhas trágicas*, mesmo com os recursos vinculados estabelecidos pelo 'orçamento mínimo social'"[50].

Calabresi e Bobbit iniciam sua obra com a seguinte premissa: "Nós não sabemos porque o mundo sofre. Mas nós sabemos como o mundo decide que o sofrimento possa vir para algumas pessoas e não para outras"[51]. Sistematizando as "escolhas trágicas", os autores americanos identificam "dois movimentos" distintos quando da realização dessas difíceis escolhas alocativas por parte do Poder Público: num *primeiro movimento*, decidir-se-á quanto será produzido, levando-se em conta os limites materiais (que eles definem como *determinação de primeira ordem*) e quem deve obter aquilo que foi feito (*determinação de segunda ordem*). Já o *segundo movimento* é

---

49 Jules L. Coleman, Tragic choices. *Faculty Scholarship Series.* Paper 4203. Disponível em: http://digitalcommons.law.yale.edu/cgi/viewcontent.cgi?article=5209&context=fss_papers, p. 1379.
50 *Reserva do possível pressupõe escolhas trágicas.* Disponível em: http://www.conjur.com.br/2013-fev-26/contas-vista-reserva-possivel-pressupoe-escolhas-tragicas.
51 *Op. cit.,* p. 17.

formado pela sucessão de decisão, racionalização por meio da qual a sociedade faz as escolhas trágicas[52].

Dessa maneira, como afirmamos acima, não podemos afirmar que a utilização da "reserva do possível" é uma falácia neoliberal, como o faz Vicente de Paulo Barretto[53]. Em um famoso trocadilho feito pelos norte-americanos Holmes e Sunstein acerca da clássica obra de Ronald Dworkin (*Levando os Direitos a Sério*), afirmam os constitucionalistas sobreditos: "levar os direitos a sério é levar a escassez a sério"[54]. Não obstante, como a "reserva do possível" por razões jurídicas (decorrente das "escolhas trágicas" na alocação de recursos finitos) é uma limitação à eficácia dos direitos fundamentais sociais, é natural que haja limites.

Outrossim, se a invocação da "reserva do possível", por si só, não é uma "falácia", o seu uso indiscriminado, como escusa para a má administração, é falacioso e inconstitucional. Nas palavras de Ricardo Maurício Freire Soares, "o argumento da reserva do possível não deve ser usado indiscriminadamente para qualquer situação concreta em matéria de direitos fundamentais, sem a necessária consideração da realidade social, pois não se afigura difícil a um ente público justificar sua omissão social perante critérios de

---

52 Segundo os autores, "Tragic choices show two kinds of moving progressions. First, there is society's oscillation between the two sorts os decisions it must make about the scarce good. It must decide how much of it will be produced, within the limits set by natural scarcity, and also who shall get what is made. In this book the former decision is called a first-order determination and the latter a second-order determination or decision. Secondly, there is the motion that is composed of the succession of decision, rationalization, and violence as quiet replaces anxiety and is replaced by it when society evades, confronts, and remakes the tragic choice" (*op. cit.*, p. 19). Segundo os autores, esses dois movimentos ocorrem em quaisquer decisões alocativas. Todavia, as escolhas "não trágicas" são feitas conjuntamente, enquanto as "escolhas trágicas" são feitas separadamente ("It is characteristic of tragic decisions, however, that first and second-order determinations are made separately") (*op. cit.*, p. 20).
53 *Op. cit.*, p. 117-121.
54 *Op. cit.*, p. 187.

política orçamentária e financeira, mitigando a obrigatoriedade do Estado em cumprir os direitos fundamentais, especialmente aqueles direitos sociais de cunho prestacional, que, por conseguinte, restariam inoperantes"[55]. Por isso, como afirma Ingo Sarlet, "dada a íntima conexão desta problemática com a discussão em torno da assim designada 'reserva do possível' na condição de limite fático e jurídico à efetivação judicial (e até mesmo política) de direitos fundamentais (...) vale destacar que também <u>resta abrangida na obrigação de todos os órgãos estatais e agentes políticos a tarefa de maximizar os recursos e minimizar o impacto da reserva do possível</u>"[56] (grifamos).

Esse, em nosso entender, é o ponto nevrálgico e que precisa ser o foco principal da atuação dos órgãos públicos, em todas as suas respectivas funções (legislativa, administrativa e jurisdicional). Quando se discute hodiernamente a "reserva do possível", normalmente se busca encontrar os limites da adjudicação por parte do Judiciário dos direitos sociais, com todas as implicações e discussões daí decorrentes (suposta violação da separação dos Poderes, violação das escolhas democráticas, ativismo judicial etc.).

Não obstante, embora a questão da adjudicação dos direitos sociais seja uma questão que sempre estará presente, deve ser ela subsidiária, residual, na medida em que deve o poder público "maximizar os recursos e minimizar o impacto da reserva do possível", como dissemos acima. Para tanto, são indispensáveis ao menos dois fatores: a) controle social e jurisdicional da moralidade; b) controle social e jurisdicional das alocações financeiras.

A moralidade exerce papel central no processo das "escolhas trágicas" na alocação dos recursos públicos destinados à satisfação das necessidades da sociedade. Calabresi e Bobbit afirmam que "a honestidade é também a luz que colore as percepções da

---

55 *Op. cit.*, p. 156.
56 Reserva do possível, mínimo existencial e direito à saúde, p. 32.

sociedade de suas alocações por meio de suas decisões", concluindo que "a honestidade é o braço mais influente no equilíbrio trágico. (...) Nós queremos viver, mas não podemos. Nós queremos que os homens sejam iguais, mas eles não são. Nós queremos que o sofrimento acabe, mas isso não ocorrerá. A honestidade nos permite saber o que pode ser aceito e, aceitando, reclamar nossa humanidade e luta contra indignidade"[57]. Em outras palavras, Ingo Sarlet afirma que "os princípios da moralidade e eficiência, que direcionam a atuação da administração pública em geral, assumem um papel de destaque nesta discussão, notadamente quando se cuida de administrar a escassez de recursos e otimizar a efetividade dos direitos sociais"[58].

Dessa maneira, é essencial o controle social e jurisdicional do poder público, no tocante aos princípios da moralidade e eficiência. Se o Judiciário brasileiro é bastante pródigo no tocante à adjudicação dos direitos sociais, qual direitos subjetivos, assim como na Colômbia, é bastante tímido quando o assunto é controle jurisdicional da (i)moralidade na Administração Pública. A sua omissão no controle da moralidade e da eficiência é um dos motivos causadores de tantas demandas por direitos sociais mínimos e cujas decisões são, muitas vezes, acusadas de inconstitucionais, autoritárias, decorrentes de exacerbado ativismo etc. Podemos dizer que, em parte, o Judiciário também é causador do problema que o tenta arduamente resolver (a busca por maior eficácia dos direitos fundamentais sociais).

É essencial o controle dos atos estatais que impactam diretamente nas "escolhas trágicas", como corolário do Estado democrático. Aliás, Jean-Jacques Rousseau, no *Contrato social*, já afirmava que a democracia efetiva é aquela que ocorre entre as eleições. Segundo ele: "o povo inglês pensa ser livre – engana-se redondamente: só o é durante a eleição dos membros do Parlamento; uma vez que

---

57 *Op. cit.*, p. 26.
58 *Op. cit.*, p. 32.

são eleitos ele é escravo, ele não é nada. Nos efêmeros momentos de sua liberdade, o uso que dela faz indica que merece perdê-la"⁵⁹.

Aliás, é o que afirma Ana Paula de Barcellos: "ora, toda e qualquer ação estatal envolve gasto de direito público e os recursos públicos são limitados. Essas são evidências fáticas e não teses jurídicas. A rigor, a simples existência de órgãos estatais – do Executivo, do Legislativo e do Judiciário – envolve dispêndio permanente, ao menos com a manutenção das instalações físicas e a remuneração dos titulares dos poderes e dos servidores públicos, afora outros custos. As políticas públicas, igualmente, envolvem gastos. Como não há recursos ilimitados, será preciso priorizar e escolher em que o dinheiro público disponível será investido. Essas escolhas, portanto, recebem a influência direta das opções constitucionais acerca dos fins que devem ser perseguidos em caráter prioritário. Ou seja: as escolhas em matéria de gastos públicos não constituem um tema integralmente reservado à deliberação política: ao contrário, o ponto recebe importante incidência de normas jurídicas constitucionais"⁶⁰.

---

59 *Op. cit.*, p. 114.
60 *Neoconstitucionalismo, direitos fundamentais e controle das políticas públicas.* Disponível em: http://bibliotecadigital.fgv.br/ojs/index.php/rda/article/view/43620/44697, p. 90. Segundo a autora, "a construção de uma dogmática jurídica consistente que viabilize o controle jurídico das políticas públicas no Brasil depende do desenvolvimento teórico de ao menos três temas: (i) a identificação dos parâmetros de controle; (ii) a garantia de acesso à informação; e (iii) a elaboração dos instrumentos de controle. (...)" (p. 93). Primeiramente, a autora menciona os critérios objetivos e normativos da Constituição (como o mínimo exigido na saúde e educação): "essa primeira modalidade de parâmetro é, sem dúvida, a mais simples e objetiva e de emprego mais fácil. Do ponto de vista da sua utilização, bastam duas operações: (i) apurar a quanto correspondem os percentuais referidos pela Constituição em matéria de saúde e educação, considerando a arrecadação dos impostos referidos nos dispositivos e o valor total da receita gerada pelas contribuições; e (ii) verificar se tais recursos estão efetivamente sendo investidos em políticas públicas vinculadas aos fins constitucionais referidos acima" (p. 95) Mais complexa é a tarefa de identificar como parâmetro de controle o resultado final esperado pela atuação estatal: "trata-se de identificar que bens mínimos devem ser afinal ofertados

II • Os limites da exigência imediata dos direitos sociais

Assim, o controle social e jurisdicional da moralidade é uma *conditio sine qua non* para minimizar o sofrimento causado pelas "escolhas trágicas". Como afirma Ingo Sarlet, "assume releve os princípios da moralidade e probidade da administração pública, de tal sorte que (...) é possível afirmar que a maximização da eficácia e efetividade de todos os direitos fundamentais, na sua dupla dimensão defensiva e prestacional, depende, em parte significativa (e a realidade brasileira bem o demonstra!) da otimização do direito fundamental a uma boa (e portanto proba e moralmente vinculada) administração"[61].

Segundo relatório do Tribunal de Contas da União, a administração pública federal (incluindo Executivo, Legislativo e Judiciário federais) gasta R$ 3,47 bilhões por mês com funcionários em cargos de

---

pelo Estado no que diz respeito à promoção dos direitos fundamentais e da dignidade humana. A construção desses parâmetros envolve um trabalho hermenêutico que consiste em extrair das disposições constitucionais efeitos específicos, que possam ser descritos como metas concretas a serem atingidas em caráter prioritário pela ação do Poder Público. Assim, e.g., é possível afirmar que o Estado brasileiro está obrigado a, prioritariamente, oferecer educação fundamental a toda a população, sem qualquer custo para o estudante (CF, art. 208, I). Os recursos públicos disponíveis, portanto, devem ser investidos em políticas capazes de produzir esse resultado até que ele seja efetivamente atingido. Enquanto essa meta concreta não houver sido alcançada, outras políticas públicas não prioritárias do ponto de vista constitucional terão de aguardar. (...) Se o resultado em questão for atingido com um investimento menor do que o mínimo constitucionalmente previsto constitucionalmente, o restante dos recursos continuará a ser aplicado em educação, agora na realização de outras metas previstas pelo texto constitucional, como, e.g., a progressiva universalização do ensino médio" (p. 96). Prossegue a autora: "Um terceiro parâmetro de que se pode cogitar, mais complexo, envolve o controle da própria definição das políticas públicas a serem implementadas. Isto é: dos meios escolhidos pelo Poder público para realizar as metas constitucionais. Essa modalidade de parâmetro poderá ser utilizada em conjunto com as anteriores, que envolvem, como se viu, não o processo para alcançar as metas constitucionais, mas a definição das próprias metas. (...) Assim, se houver consenso técnico-científico de que o meio escolhido pelo Poder Público é ineficiente, ele será também juridicamente inválido, pois não se poderá considerá-lo um meio legitimamente destinado a realizar o fim constitucional" (p. 98).

61 *Op. cit.*, p. 36.

confiança e comissionados, totalizando 35% de toda a folha de pagamento do funcionalismo público federal[62].

Evidentemente, investir bilhões de reais na criação de cargos comissionados é uma opção política, na maioria das vezes pautada na imoralidade, já que possui como escopo principal a perpetuação no poder ou a retribuição de favores políticos àqueles que apoiam o governante do momento. Ora, a opção por manter essa engrenagem imoral que sustenta a administração pública brasileira impacta diretamente no orçamento dos direitos sociais. Ora, em famoso discurso proferido no ano de 1983, Margaret Thatcher afirmou que "um dos grandes debates do nosso tempo é sobre quanto do seu dinheiro deve ser gasto pelo Estado e com quanto você deve ficar para gastar com sua família. Não esqueçamos nunca desta verdade fundamental: o Estado não tem outra fonte de recursos além do dinheiro que as pessoas ganham por si próprias. Se o Estado deseja gastar mais, ele só pode fazê-lo tomando emprestado sua poupança ou cobrando mais tributos. (...) Não existe essa coisa de dinheiro público, existe apenas o dinheiro pago dos pagadores de impostos".

Outrossim, o controle social e jurisdicional não deve recair apenas sobre a moralidade e a eficiência da administração (que precede a decisão acerca da alocação dos recursos públicos), mas também sobre o próprio procedimento de alocação. Nas palavras de Ana Paula de Barcellos, "a construção do controle das políticas públicas depende do desenvolvimento teórico de três temas: (i) a identificação dos parâmetros de controle; (ii) a garantia de acesso à informação; e (iii) a elaboração dos instrumentos de controle. Assim, em primeiro lugar, é preciso definir, a partir das disposições constitucionais que tratam da dignidade humana e dos direitos fundamentais, o que o Poder Público está efetiva e especificamente obrigado a fazer em caráter prioritário; isto é, trata-se de construir parâmetros

---

62 Disponível em: https://oglobo.globo.com/brasil/cargos-de-confianca-custam-35-bi-por-mes-aponta-tcu-19383152.

constitucionais que viabilizem o controle. O segundo tema diz respeito à obtenção de informação acerca dos recursos públicos disponíveis, da previsão orçamentária e da execução orçamentária. O terceiro tema, por sua vez, envolve o desenvolvimento de consequências jurídicas a serem aplicadas na hipótese de violação dos parâmetros construídos, seja para impor sua observância, para punir o infrator ou para impedir que atos praticados em violação dos parâmetros produzam efeitos"[63].

No mesmo sentido, Ingo Sarlet afirma que "quanto mais diminuta a disponibilidade de recursos, mais se impõe uma deliberação responsável a respeito de sua destinação, o que nos remete diretamente à <u>necessidade de buscarmos o aprimoramento dos mecanismos de gestão democrática do orçamento público</u>"[64] (grifamos). Mais adiante, afirma o autor: "o eventual impacto da reserva do possível certamente poderá ser, se não completamente neutralizado, pelo menos minimizado, mediante o controle (também jurisdicional!) das decisões políticas acerca da alocação dos recursos, inclusive no que diz com a transparência das decisões e a viabilização do controle social sobre a aplicação dos recursos alocados no âmbito do processo político"[65].

A participação popular no controle das políticas públicas, na alocação dos recursos e na elaboração das "escolhas trágicas" é um corolário da cidadania (um fundamento da República, nos termos do art. 1º, II, CF). Segundo Paulo Hamilton Siqueira Júnior, "a escolha e o procedimento da política pública é atribuição do governo, bem como a sua implementação e responsabilidade. Mas, a sociedade civil e os partidos políticos devem efetivamente participar da construção do processo de políticas públicas. O verdadeiro sentido da democracia alia-se à cidadania, que é a efetiva participação nos negócios do

---

63 Op. cit., p. 103.
64 Op. cit., p. 31.
65 Op. cit., p. 34.

Estado. O cidadão pleno deve participar da seleção das políticas públicas e não simplesmente votar em eleições"⁶⁶.

Esse pensamento, que decorria implicitamente do texto constitucional, passa a constar expressamente na Lei Maior brasileira, com a Emenda Constitucional 108, de 2020, sobretudo ao acrescentar o parágrafo único ao artigo 193. Segundo a nova norma, "O Estado exercerá a função de planejamento das políticas sociais, assegurada, na forma da lei, a participação da sociedade nos processos de formulação, monitoramento, de controle e de avaliação dessas políticas". Como afirmamos no nosso livro *Curso de Direito Constitucional*,

---

66 Cidadania e políticas públicas. *Revista do Instituto dos Advogados de São Paulo*, v. 18, p. 1199-223, jul./dez. 2006, p. 4. Prossegue o autor: "A cidadania pode ser exercida na esfera jurídica e política. Dessa feita, o sistema jurídico pátrio criou instrumentos jurídicos e políticos para a participação do cidadão nos assuntos do Estado. (...) A doutrina tem discutido essa possibilidade para implementação de políticas públicas. Num primeiro momento, podemos afirmar que a administração pública, segundo os critérios de conveniência e oportunidade, teria discricionariedade para a implantação de políticas públicas. Entretanto, com o advento do Estado Democrático e Social de Direito, surge a obrigação constitucional de implementar as políticas públicas, que configuram-se como verdadeiros direitos. (...) Indubitavelmente, o Estado Democrático e Social de Direito exige essa prestação positiva por parte do Estado, obrigando o governo a realizar concretamente as políticas públicas elencadas, como obrigatórias. O Poder Judiciário possui competências para julgar questões políticas, fato esse que não ofende o princípio da separação dos poderes. A inércia do Estado em realizar as políticas públicas previstas na Constituição importa em clara inconstitucionalidade omissiva. A partir da força vinculante da Constituição, bem como da aplicação imediata das normas constitucionais, que se pode falar em um direito constitucional à efetividade da Constituição. (...) O Poder Judiciário não é o único órgão de realização da cidadania e consequentemente da efetivação da Constituição. O próprio sistema jurídico traz outros instrumentos de exercício da cidadania. O Estado Democrático e Social de Direito exige a atuação da sociedade civil e do poder público para a implementação de políticas públicas. O conceito de cidadania é expansivo e includente" (*passim*). Como instrumentos destinados ao controle cidadão das políticas públicas, o autor menciona o princípio da publicidade, as audiências públicas, conselhos de políticas públicas, a sociedade civil organizada, participação popular no processo legislativo etc.

"trata-se de uma inovação importantíssima. A democracia não se resume à participação popular no momento das eleições. A verdadeira democracia é aquela que é exercida entre as eleições, com a efetiva participação popular nas escolhas do Estado. Dessa maneira, seguramente, havendo efetiva e consciente participação do povo nas escolhas referentes às políticas públicas, poderemos aperfeiçoar imensamente as escolhas na tutela dos direitos sociais. Já existem leis específicas sobre a participação popular na gestão da seguridade social, da saúde, da educação etc. Não obstante, entendemos que é necessária, por ser agora uma determinação constitucional, uma "Lei Geral" sobre a participação popular nos ciclos das políticas públicas. Dessa maneira, estamos diante de uma norma constitucional de eficácia limitada. Caso o Congresso Nacional não edite, num prazo razoável, a norma legal prevista nesse dispositivo constitucional, será possível ajuizar Ação Direta de Inconstitucionalidade Por Omissão (ADO) ou Mandado de Injunção (MI)" (grifamos).

Outrossim, além do controle social sobre a alocação dos gastos públicos, é indispensável o controle jurisdicional.

O controle jurisdicional excepcional e parametrizado das políticas públicas não viola a separação dos Poderes. Ora, como já defendemos em nosso *Curso de direito constitucional*, assim como a maioria dos constitucionalistas brasileiros, filiamo-nos ao *Substancialismo*, segundo o qual a Constituição estabelece quais são os valores que devem ser perseguidos pelo Estado, e não apenas tutelando um procedimento democrático de escolha desses valores (*Procedimentalismo*)[67]. Em obra específica sobre o tema, Jorge Silva Sampaio afirma que "a defesa da *judicial review* reside na força de um *argumento genérico de síntese* que vai desde o fato de no mundo real em que vivemos

---

67 "No nosso entendimento, o *Procedimentalismo* é defensável à luz da Constituição norte-americana de 1787 (vigente até hoje), pois inegavelmente, reduzida, desprovida de muitos valores e princípios econômicos, políticos, valorativos, é um instrumento de garantia de competências e procedimentos, nos moldes de um Estado mínimo de ideologia liberal" (*Curso de direito constitucional*, p. 417).

existirem sempre situações que merecem ser tuteladas jusfundamentalmente perante a, muitas vezes, tirânica vontade majoritária; passando pela ideia dos direitos fundamentais como trunfos contra a maioria e a necessidade de resolução dos problemas jurídicos concretos criados, desde logo, pela própria necessidade de coexistência entre os diversos direitos fundamentais; chegando até várias ideias de que também os juízes possuem *credenciais democráticas*, ainda que indiretas, (...) a ideia de que o controle judicial é mais um dos muitos canais de acesso concedidos aos cidadãos pelo sistema jurídico-político, sendo necessário, no seio de uma *democracia pluralista*, avaliar a legitimidade do conjunto de canais de acesso à cidadania como *um todo* e não apenas a legitimidade democrática de um mero componente"[68].

Sobre a fundamentação jurídica do controle jurisdicional das escolhas orçamentárias, foi escrita por uma querida amiga e professora de Direito Constitucional e Financeiro em Portugal, Maria d'Oliveira Martins, uma obra ímpar, *A despesa pública justa*.

Primeiramente, a professora Maria d'Oliveira Martins justifica o necessário controle jurisdicional das despesas públicas como decorrência da dignidade da pessoa humana. Segundo ela, "quanto ao modo de atuação do Estado, o respeito pela dignidade da pessoa humana implica desde logo, a necessidade do consentimento democrático para a autorização de imposições estatais que possam afetar o direito de autodeterminação, depois, a sujeição das imposições estatais a crivos de igualdade, proibição do excesso, proporcionalidade e proteção da confiança, uma vez que a afetação desses princípios coloca em causa a própria dignidade do homem; e também – e sobretudo para o que aqui nos interessa – a proibição de afetação ou esvaziamento do 'núcleo mínimo de possibilidades de levar uma vida digna em condições de liberdade e de autoconformação que vêm implicadas na necessária consideração do indivíduo como sujeito', por

---

68 *O controlo jurisdicional das políticas públicas de direitos sociais*. Coimbra: Coimbra Ed., 2014, p. 412.

meio de intervenções do Estado"[69]. Prossegue a autora: "no que toca à despesa pública, são de destacar efeitos particulares. <u>Desde logo, é a centralidade jurídica da dignidade da pessoa que coloca o Estado ao serviço do Homem, impedindo-o de assumir despesa para se servir, antes de mais, ou exclusivamente a si próprio</u>. De fato, sob a lente da dignidade da pessoa humana, percebemos quais as primeiras necessidades a ter em conta quando falamos nas necessidades coletivas"[70] (grifamos). Dessa maneira, escolhas orçamentárias desarrazoadas deveriam ser aferidas pelo Poder Judiciário. Por exemplo, em nosso livro *Curso de Direito Constitucional*, defendemos a inconstitucionalidade do bilionário Fundo Especial de Financiamento de Campanha, além do Fundo Partidário, igualmente bilionário. Num país como o Brasil, com milhões de pessoas miseráveis, sem o mínimo de dignidade garantida pelo Estado, é irrazoável, imoral e, portanto, inconstitucional, uma escolha orçamentária destinada a prestigiar a classe política. Utilizando as palavras de Maria d'Oliveira Martins, a dignidade da pessoa humana, como centro do ordenamento jurídico, impede que as escolhas orçamentárias sejam feitas para servir o próprio Estado ou a classe política, em detrimento da pessoa humana.

Não obstante, se podemos criticar a omissão de órgãos públicos[71] que poderiam melhor fiscalizar a (i)moralidade e a (im)probidade

---

69 *Despesa pública justa*, p. 354-355.
70 *Op. cit.*, p. 354.
71 O Ministério Público, por exemplo, tem papel importantíssimo no controle das políticas públicas, como afirma a doutrina: "O controle externo da atuação ou omissão do Estado em relação a políticas públicas é uma forma de salvaguardar a realização de direitos fundamentais previstos na Constituição. O Ministério Público, enquanto instituição permanente de defesa da cidadania, é órgão de controle da Administração pública e tem como dever, entre outras funções, zelar pela implementação de políticas e serviços públicos de qualidade. Nesse sentido, o MP deverá atuar quando a inércia da Administração ou o mau funcionamento do serviço público estiverem impedindo a concretização do próprio direito constitucional. Todavia, a sua fiscalização não está limitada ao exame da legalidade, como nos casos em que é possível identificar de plano o desvio de finalidade do Poder Público, de verbas, ou outro vício que torne o ato nulo, mas abrange também a análise da própria pertinência ou adequação

na Administração Pública, menor crítica deve ser feita à sociedade, quanto maior for o seu *déficit* educacional. Quanto menos culta uma sociedade, menor será o seu poder de questionar, interpelar. Dessa

---

da política ou programa governamental aos fins a que se propõe. Com efeito, há muito já foi superada a ideia de que as políticas estariam imunes a controles externos, seja exercido pelo Poder Judiciário, seja exercido por outros poderes autônomos como o Ministério Público. Ainda que se enquadrem as ações do Estado visando à satisfação dos interesses da coletividade na categoria de atos políticos e de gestão, elas não estão excluídas do controle externo exercido sobre os atos administrativos em geral" (Mona Lisa Duarte Abdo Aziz Ismail. O papel do Ministério Público no controle das políticas públicas. *Boletim Científico ESMPU*, Brasília, ano 13, n. 42-43, p. 179-208, jan./dez. 2014, p. 181). Prossegue a autora: "Para exercer o controle sobre políticas públicas, antes de ingressar judicialmente, o Ministério Público poderá utilizar-se dos meios extrajudiciais de que dispõe, quais sejam, instauração de procedimentos administrativos e inquéritos civis, expedição de recomendação, celebração de termo de ajustamento de conduta e promoção de audiências públicas. É óbvio que não existe regra preestabelecida ou gradação entre as medidas que devem ser adotadas. Somente o exame do membro oficiante no caso concreto poderá indicar qual medida se mostrará mais eficaz para tornar efetiva ou aprimorar a política pública questionada. Comumente, a via judicial é resguardada para as hipóteses em que as medidas extrajudiciais se mostrarem infrutíferas para garantir o efetivo exercício do direito social obstado. (...) A atuação do membro do Ministério Público também poderá ocorrer de forma preventiva. Com efeito, nos casos em que a violação ao direito fundamental a ser tutelado ainda não houver se consumado ou quando não existirem dados suficientes para se formar um juízo de valor sobre os fatos em apuração. (...) Para tais finalidades, poderá o MP promover ou participar de audiências públicas realizadas por outros entes públicos. (...) Nessa perspectiva, deve-se acrescentar a participação de membros do Ministério Público em órgãos colegiados e multidisciplinares, de que são exemplos conselhos deliberativos como o Conselho Nacional do Meio Ambiente (CONAMA), o Conselho Estadual de Meio Ambiente (CONSEMA) e a Comissão Técnica Nacional de Biossegurança (CTNBio)" (p. 188-189). "Esgotadas todas as tentativas de solução extrajudicial sem que se tenha logrado a efetiva implementação da política pública, outra alternativa não restará ao membro do Ministério Público senão o ingresso de ação civil pública contra o ente político. Para o exercício dessa atribuição que a Constituição expressamente lhe outorgou, dispõe o *Parquet* do inquérito civil, que serve para apuração dos fatos e colheita de provas a fim de instruir a ação judicial" (p. 190 e s.).

maneira, a educação de qualidade é uma *conditio sine qua non* para minimizar os impactos da "reserva do possível" como limitadora da eficácia dos direitos fundamentais sociais. Por essa razão, como defenderemos mais adiante, é a educação de qualidade "o mínimo dos mínimos existenciais", sem a qual todos os direitos fundamentais (sociais ou não) ficam prejudicados. Como afirma Ana Carolina Lopes Olsen, "uma atuação jurisdicional ativa na defesa dos direitos fundamentais sociais (...) só tem sentido a partir do efetivo acesso ao Judiciário pelos cidadãos. (...) Ao lado do acesso ao Judiciário, é necessário que ele próprio tome consciência de sua responsabilidade na estrutura institucional do Estado Democrático de Direito. Como observou Galinari, 'o maior passo para garantir esses direitos, portanto, é a garantia do acesso à Justiça eficiente: não basta ser possível levar a demanda ao Judiciário, é preciso que ele tenha meios para defender o direito contido na Lei e que está sendo violado'"[72].

Segundo Ana Paula de Barcellos, "em condições de pobreza extrema ou miserabilidade, e na ausência de níveis básicos de educação e informação, a autonomia do indivíduo para avaliar, refletir e participar conscientemente do processo democrático estará amplamente prejudicada. Nesse ambiente, o controle social de que falavam os críticos do controle jurídico apresenta graves dificuldades de funcionamento. (...) Na ausência de controle social, a gestão das políticas públicas no ambiente de deliberações majoritárias tende a ser marcada pela corrupção, pela ineficiência e pelo clientelismo, este último em suas mais variadas manifestações: seja nas relações entre Executivo e parlamentares – frequentemente norteada pela troca de favores – seja nas relações entre os agentes públicos e a população"[73].

Por sua vez, além do controle social e jurisdicional destinado a minimizar os impactos da "reserva do possível" (fiscalizando a

---

72 *Op. cit.*, p. 292.
73 *Constitucionalização das políticas públicas em matéria de direitos fundamentais:* o controle político-social e o controle jurídico no espaço democrático, p. 109.

moralidade, a probidade da administração e as próprias alocações dos recursos e sua respectiva distribuição), devem ser identificados os limites de sua utilização.

Como a *"reserva do possível" por limitação jurídica* é uma espécie de restrição a um direito fundamental social *prima facie*, poderá ter sua constitucionalidade verificada através de critérios identificados pela doutrina pátria e alienígena, ao que se denominou "limites dos limites" ou "restrições das restrições" ou (*Schranken--Schranken*). Como afirma a doutrina, tal ideia se difundiu na dogmática germânica sob a égide da Lei Fundamental de Bonn, e visa a identificar os obstáculos que restringem a possibilidade de o poder público restringir os direitos fundamentais (individuais ou sociais). "Tal locução originou-se de uma conhecida conferência sobre os limites dos direitos fundamentais proferida por Karl August Betterman, na sociedade jurídica de Berlim, em 1964. (...) Consoante seu pensamento, as condições mais importantes estabelecidas na Lei Fundamental são a garantia do conteúdo essencial e a dignidade humana, sendo também relevante o imperativo de que todas as limitações aos direitos fundamentais devem objetivar a promoção do bem comum"[74]. Segundo Gilmar Mendes, a expressão "limites dos limites", que teria sido utilizada primeiramente por K. H. Wernicke, "balizam a ação do legislador quando restringe direitos. (...) Esses limites, que decorrem da própria Constituição, referem-se tanto à necessidade de proteção de um núcleo essencial do direito fundamental quanto à clareza, determinação, generalidade e proporcionalidade das restrições impostas"[75].

Segundo Ingo Wolfgang Sarlet, "Na Constituição do Brasil, diferentemente de outros países, como é o caso da Alemanha (art. 19, II,

---

74 Clovis Demarchi e Fernanda Sell de Souto Goulart Fernandes. Teoria dos limites dos limites: análise da limitação à restrição dos direitos fundamentais no direito brasileiro. *Revista Brasileira de Direitos e Garantias Fundamentais*, Minas Gerais, v. 1, n. 2, p. 73-89, jul./dez. 2015, p. 83.
75 *Op. cit.*, p. 211.

da Lei Fundamental de 1949) e Portugal (art. 18, II e III, da Constituição de 1976), não existe, consoante já adiantado, previsão constitucional expressa a respeito dos limites dos limites dos direitos fundamentais. A tradição doutrinária e jurisprudencial brasileira, todavia, ainda que nem sempre da mesma forma, acabou por recepcionar tal noção, objeto de farta análise doutrinária e expressiva (embora muitas vezes extremamente controversa) prática jurisprudencial. Dentre tais limites dos limites, despontam, pela sua repercussão teórica e prática, a proporcionalidade (e a razoabilidade), assim como a garantia do núcleo essencial"[76].

Dessa maneira, podemos elencar como critérios destinados a verificar a constitucionalidade da restrição operada pela "reserva do possível" por limitações jurídicas, os seguintes critérios: a proporcionalidade, com seus corolários: a) proibição do excesso (*übermassverbot*) e b) proibição da proteção insuficiente (*untermassverbot*), a razoabilidade, a proteção do mínimo existencial dos direitos sociais (*existenzminimum*) e, para aqueles que consideram um princípio jurídico limitativo, a cláusula da proibição de retrocesso (*verbot des sozialen rückschritts*).

a) O princípio da proporcionalidade

Primeiramente, existe uma divergência terminológica quanto à expressão "princípio" da proporcionalidade, alguns preferindo a expressão "regra" da proporcionalidade ou "dever" da proporcionalidade[77]. Diferentemente do princípio da razoabilidade, o princípio da

---

76 *A eficácia dos direitos fundamentais*. Porto Alegre: Livr. do Advogado Ed., 2007, p. 413.

77 Segundo Virgílio Afonso da Silva, "no Brasil, o termo mais difundido para designar o objeto do presente estudo é *princípio da proporcionalidade*, aceito sem grandes controvérsias terminológicas. Em trabalho recente, contudo, Humberto Bergmann Ávila demonstra, com razão, que a questão é mais controversa do que parece e que a utilização do termo 'princípio' pode ser errônea, principalmente quando se adota o conceito de princípio jurídico em contraposição

proporcionalidade tem origem no Tribunal Constitucional alemão, em julgado de 1971. Segundo Virgílio Afonso da Silva, "a regra da proporcionalidade no controle das leis restritivas de direitos fundamentais surgiu por desenvolvimento jurisprudencial do Tribunal Constitucional alemão. (...) Na forma desenvolvida pela jurisprudência constitucional alemã, tem ela uma estrutura racionalmente definida, com subelementos independentes – a análise da adequação, da necessidade e da proporcionalidade em sentido estrito – que serão aplicados em uma ordem pré-definida, e que conferem à regra da proporcionalidade a individualidade que a diferencia, claramente, da mera exigência da razoabilidade"[78].

Está implícito na Constituição brasileira e expresso na Constituição portuguesa de 1976 (art. 18, item 2): "... devendo as restrições limitar-se ao necessário para salvaguardar os direitos ou interesses constitucionalmente protegidos".

O objetivo do princípio da proporcionalidade é verificar a constitucionalidade das leis, atos normativos e omissões do Poder Público que afetam os direitos fundamentais. Para o primeiro aspecto da proporcionalidade (a proibição do excesso), não poderá o ato estatal restringir excessivamente um direito fundamental, a ponto de ferir seu núcleo essencial. A avaliação desse excesso é feita por meio de três critérios, que devem ser utilizados nessa ordem: 1) adequação; 2) necessidade; 3) proporcionalidade em sentido estrito.

---

ao conceito de regra jurídica, com base na difundida teoria de Robert Alexy. (...) O problema terminológico é evidente. O chamado princípio da proporcionalidade não pode ser considerado um princípio, pelo menos não com base na classificação de Alexy, pois não tem como produzir efeitos em variadas medidas, já que é aplicado de forma constante, sem variações. (...) Mas Alexy enquadra-o, sim, em outra categoria, pois classifica-o explicitamente como regra" (O proporcional e o razoável. *Revista dos Tribunais*, n. 798, p. 23-50, 2002, p. 26).

[78] *Op. cit.*, p. 25. Continua o autor: "a regra da proporcionalidade, portanto, não só tem a mesma origem que o chamado princípio da razoabilidade, como frequentemente se afirma, mas também deste se diferencia em sua estrutura e em sua forma de aplicação" (*op. cit.*, p. 25).

Primeiramente, pela *adequação*, verifica-se uma relação de causa e efeito. Analisa-se se a norma restritiva do direito constitucional alcança os objetivos pelos quais ela foi estabelecida. Trata-se de uma análise linear: a lei restritiva alcança os objetivos por ela traçados? Virgílio Afonso da Silva faz um reparo a esse conceito tradicional: adequação, em vez de aferir se os objetivos são "alcançados", verifica se os objetivos foram "fomentados, promovidos". Assim, segundo o autor, "uma medida somente pode ser considerada inadequada se sua utilização não contribuir em nada para fomentar a realização do objetivo pretendido"[79].

Por sua vez, *necessidade* não é uma análise linear, mas comparativa. O intérprete compara a solução dada pela lei restritiva com outras alternativas que poderiam ser menos lesivas ao direito fundamental violado. Nas palavras de Virgílio Afonso da Silva, "um ato estatal que limita um direito fundamental é somente necessário caso a realização do objetivo perseguido não possa ser promovida, com a mesma intensidade, por meio de outro ato que limite, em menor medida, o direito fundamental atingido"[80].

Por fim, *proporcionalidade em sentido estrito* consiste na ponderação de interesses em conflito. Verifica-se o peso entre o direito violado pela norma restritiva e o direito por ela tutelado. A restrição legislativa será inconstitucional, caso o direito por ela restrito seja mais importante que o direito por ela tutelado. Segundo Virgílio Afonso da Silva, "consiste em um sopesamento entre a intensidade da restrição ao direito fundamental atingido e a importância

---

79 *Op. cit.*, p. 14. Segundo o autor: "a causa do problema está na tradução imprecisa da decisão. A sentença em alemão seria melhor compreendida se se traduzisse o verbo *fördern*, usado na decisão, por *fomentar*, e não por *alcançar*, como faz Gilmar Ferreira Mendes, porque, de fato, o verbo *fördern* não pode ser traduzido por *alcançar*. *Fördern* significa fomentar, promover. Adequado, então, não é somente o meio com cuja utilização um objetivo é alcançado, mas também o meio com cuja utilização a realização de um objetivo é fomentada, promovida, ainda que o objetivo não seja completamente realizado" (*op. cit.*, p. 30).
80 *Op. cit.*, p. 17.

da realização do direito fundamental que com ele colide e que fundamenta a adoção da medida restritiva"[81].

Muitas são as normas restritivas de direitos fundamentais. Para verificar a constitucionalidade dessas normas, deve-se usar o princípio da proporcionalidade. Vejamos alguns exemplos. A Lei n. 13.301, de 27 de junho de 2016 (conhecida como "Lei do Mosquito"), permite o "ingresso forçado em imóveis públicos e particulares, no caso de situação de abandono, ausência ou recusa de pessoa que possa permitir o acesso de agente público, regularmente designado e identificado, quando se mostre essencial para a contenção das doenças". Trata-se de uma restrição da inviolabilidade domiciliar, além das hipóteses previstas ano art. 5º, XII, da Constituição Federal. Seria uma restrição constitucional? Entendemos que sim. Primeiramente, parece atender o critério da *adequação*. Isso porque a Lei n. 13.301 parece alcançar o objetivo de diminuir, ainda que relativamente, o número de focos do mosquito transmissor do vírus *chikungunya* e do vírus *zika*. Por sua vez, em nosso entender, foi atendido igualmente o critério da *necessidade*. Isso porque inexistiam hipóteses menos lesivas e imediatas capazes de conter tais focos do mosquito. Por fim, inegável que o direito tutelado pela norma legal (a saúde pública) é bem maior que o direito supostamente violado pela respectiva norma (a intimidade do proprietário).

Outro exemplo importante é o art. 303 do Código Brasileiro de Aeronáutica (Lei n. 7.565/86), alterado pela Lei n. 9.614/98, que permite a destruição de aeronaves hostis, quando esgotados os meios coercitivos legalmente previstos. A sobredita lei foi criada com o condão de evitar o tráfico de armas, drogas, o contrabando nas fronteiras e, em última análise, o terrorismo praticado por meio de aeronave. Em nosso entender, a restrição clara do direito à vida é igualmente constitucional. O critério da *adequação* nos parece que foi atendido, pois a lei alcança seus objetivos: consegue diminuir os crimes sobreditos. Por sua vez, o critério da *necessidade* parece que foi

---

[81] *Op. cit.*, p. 20.

igualmente alcançado, já que a restrição feita pela lei, tão excepcional, parece ser a maneira menos lesiva para solucionar o problema proposto, dentre todas as medidas possíveis. Por fim, o critério da *proporcionalidade em sentido estrito* parece igualmente atendido, na medida em que a segurança pública, tão intensamente abalada pelo narcotráfico, contrabando, tráfico de armas etc., é mais relevante que a vida dos tripulantes.

Por fim, segundo o Tribunal Constitucional alemão (e tal entendimento é igualmente adotado pelo Supremo Tribunal Federal), além do primeiro aspecto do princípio da proporcionalidade (proibição de excesso – *Übermaßverbot*), um segundo aspecto absolutamente relevante para nosso estudo é a proibição de insuficiência / proibição de proteção insuficiente – *Untermaßverbot*. O termo *Untermaßverbot* (proibição da proteção insuficiente) foi utilizado pela primeira vez, ao que tudo indica, por Claus-Wilhelm Canaris, "Grundrechte und Privatrecht", e ganhou importância na jurisprudência do Tribunal Constitucional alemão em decisão importante sobre a legalização do aborto[82]. Nas palavras de Daniel Sarmento, "no cenário contemporâneo, sabe-se que os poderes públicos têm funções positivas importantes para a proteção e a promoção dos direitos e a garantia do bem-estar coletivo. (...) A ideia de proporcionalidade como proibição de proteção deficiente desenvolveu-se no direito constitucional germânico a partir da concepção de que os direitos fundamentais não são meros direitos subjetivos negativos, mas possuem também uma dimensão objetiva, na medida em que tutelam certos bens jurídicos e valores que devem ser promovidos e protegidos diante de riscos e ameaças originários de terceiros"[83].

---

82 Em 1974, o Tribunal Constitucional Federal alemão reconheceu a inconstitucionalidade da lei que legalizara o aborto nos primeiros três meses de gestação, entendendo que o legislador alemão, ao legalizar o aborto, deixara de proteger, no grau necessário, a vida do feto.

83 *Op. cit.*, p. 482.

Nas palavras de Jorge Silva Sampaio, "sob pena de um completo esvaziamento normativo daqueles direitos e princípios, o que seria incompatível com a natureza constitucional dos respectivos comandos de garantia, a conclusão lógica será a de que, em qualquer das hipóteses a que se adira, pelo menos um mínimo estará sempre constitucionalmente garantido. Basicamente, a contenda consiste em encontrar um limite mínimo abaixo do qual saibamos que existe uma inconstitucionalidade, algo que só será possível caso consigamos encontrar um critério que o mostre"[84]. Quanto a esse aspecto, é essencial identificarmos o mínimo existencial dos direitos sociais, tema que será visto a seguir.

Da mesma forma, o Supremo Tribunal Federal, no ARE 745.745, decidiu: "a colmatação de omissões inconstitucionais como necessidade institucional fundada em comportamento afirmativo dos juízes e tribunais e de que resulta uma positiva criação jurisprudencial do direito – controle jurisdicional de legitimidade da omissão do Poder Público: atividade de fiscalização judicial que se justifica pela necessidade de observância de certos parâmetros constitucionais (proibição de retrocesso social, proteção ao mínimo existencial, vedação da proteção insuficiente e proibição de excesso)" (grifamos).

Ao contrário da doutrina majoritária brasileira, que reconhece a inconstitucionalidade por omissão apenas quando o Estado deixa de legislar, nos casos em que a própria Constituição exige, defendemos em nosso *Curso de direito constitucional*[85] duas espécies de inconstitucionalidade por omissão: a inconstitucionalidade por omissão normativa e a inconstitucionalidade por omissão não normativa. Esta última consiste na não realização de um mínimo necessário à salvaguarda dos direitos fundamentais. Enquanto à primeira pode ser vergastada por meio de Ação Direta de Inconstitucionalidade por Omissão (ADO) e Mandado de Injunção (MI), esta última

---

84 *Op. cit.*, p. 585.
85 *Op. cit.*, p. 551-557.

pode ser questionada judicialmente mediante ação popular (art. 5º, LXIII, CF), ação civil pública (Lei n. 7.347/85), ADPF (art. 102, § 1º, CF), Mandado de Segurança (art. 5º, LXIX, CF) e ADI Interventiva (arts. 34, VII, e 36, III, CF). Nesse ponto, parece nosso entendimento estar em consonância com a doutrina do português Jorge Silva Sampaio: "sempre que se conclua que a omissão de implementação de uma política pública fere inconstitucionalmente um direito fundamental social, o juiz constitucional, ainda que limitado pelo sistema jurídico-constitucional (...) pode controlar a omissão inconstitucional de proteção ou promoção de um determinado direito fundamental social"[86].

b) O princípio da razoabilidade

Embora alguns autores (e até mesmo algumas decisões do Supremo Tribunal Federal) confundam esse princípio com a *proporcionalidade*, há diferenças substanciais, a começar pela própria origem do princípio. Trata-se de um princípio com origem na Suprema Corte norte-americana, derivado do princípio do *devido processo legal* (*due processo of law*). Como lembra Daniel Sarmento, "experiência paralela ocorreu nos Estados Unidos, com o desenvolvimento pela Suprema Corte do país, a partir de meados do século XIX, da ideia do devido processo legal substantivo, que pode ser associado à exigência de razoabilidade das normas e condutas estatais"[87].

---

86 *Op. cit.*, p. 541.
87 *Op. cit.*, p. 468. Prossegue o autor: "Inicialmente, o principal foco do devido processo legal substantivo foi a proteção dos direitos econômicos e patrimoniais. Naquele contexto, a Suprema Corte norte-americana tornou-se verdadeiro bastião do liberalismo econômico e do absenteísmo estatal, bloqueando a edição de normas que intervinham nas relações sociais e econômicas, inclusive daquelas editadas para proteger as partes mais fracas, dos abusos das mais poderosas. Este período ficou conhecido como *Era de Lochner*. A expressão faz referência ao caso *Lochner v. New York*, julgado pela Suprema Corte americana em 1905, quando aquele Tribunal invalidou lei do Estado de Nova

Segundo a teoria norte-americana, o *devido processo legal* teria duas modalidades: processual ou procedimental e material ou substantivo. Enquanto o *devido processo legal processual* (*procedure due process of law*) consiste no conjunto de direitos e garantias aplicadas ao processo (contraditório, ampla defesa, devido processo legal, publicidade etc.), o *devido processo legal substantivo ou material* (*substantive due process of law*) consiste na invalidade dos atos do poder público que não sejam razoáveis.

O Supremo Tribunal Federal, embora timidamente, já se utilizou do princípio da razoabilidade para a declaração da inconstitucionalidade de atos normativos do poder púbico, fundamentando, inclusive, suas decisões, no art. 5º, LIV, da Constituição Federal (devido processo legal). Na ADI 1.158/AM, o Supremo Tribunal Federal decidiu: "A norma legal, que concede a servidor inativo gratificação de férias correspondente a um terço (1/3) do valor da remuneração mensal, ofende o critério da razoabilidade que atua, enquanto projeção concretizadora da cláusula do *substantive due process of law*, como insuperável limitação ao poder normativo do Estado". Outrossim, na ADI 2019, o STF decidiu: "Ato normativo que, ao erigir em

---

Iorque que estabelecera jornada máxima de trabalho para os padeiros em 10 horas diárias e 60 horas semanais. Entendeu a Corte que aquela intromissão do Estado no campo da autonomia contratual se afigurava indevida, ofendendo a cláusula do devido processo legal. Essa orientação conservadora se estendeu até o final da década de 30, quando a Corte foi praticamente forçada a mudar de orientação, após confrontar-se com o popularíssimo Presidente Franklin Roosevelt, que vinha empreendendo medidas econômicas fortemente intervencionistas no contexto do chamado *New Deal*, com o objetivo de salvar o país da depressão econômica em que mergulhara. A cláusula do devido processo legal, na sua dimensão substantiva, deixa então de ser vista como obstáculo às medidas de intervenção estatal na economia. Só medidas absolutamente desarrazoadas nesta área seriam consideradas inconstitucionais. O controle de razoabilidade torna-se extremamente autocontido e deferente em relação às decisões dos poderes Legislativo e Executivo. O devido processo legal substantivo ganha então um novo foco nos Estados Unidos: a proteção das liberdades civis não econômicas, campo em que a atuação judicial vai se caracterizar pelo maior ativismo" (p. 469).

pressuposto de benefício assistencial não o estado de necessidade dos beneficiários, mas sim as circunstâncias em que foram eles gerados, contraria o princípio da razoabilidade, consagrado no mencionado dispositivo constitucional. Ação direta julgada procedente, para declarar a inconstitucionalidade da lei sob enfoque".

Poderá o Judiciário se utilizar excepcionalmente do princípio da razoabilidade como controle dos atos ou omissões do Poder Público, como afirma Jorge Silva Sampaio: "o princípio da razoabilidade aprece como (...) parâmetro da proibição da insuficiência, com a função de delimitar o limiar da insuficiência acima das condições mínimas de subsistência humana, nas situações em que, ainda que a dignidade humana não tenha sido afetada, devam as atuações em causa ser consideradas inconstitucionais pela sua *manifesta desrazoabilidade*. Embora consideremos que este princípio também é importante para a operacionalização do princípio da dignidade da pessoa humana, ele permite-nos ir ainda para além da dignidade humana, i.e., permite-nos discernir situações em que, embora não estejam em causa violações da dignidade humana, se vislumbram violações inaceitáveis de direitos fundamental à luz do Estado de Direito"[88].

A razoabilidade deve ser utilizada como parâmetro de utilização da "reserva do possível", haja vista que, da mesma forma como julgado no BVerfGE 33, 303, de 1973 (sobre os critérios de admissão ao ensino superior em cursos de medicina, na Alemanha), assim como não é razoável assegurar uma vaga na melhor universidade pública para cada pessoa, é igualmente irrazoável determinar que o Estado custeie uma cirurgia milionária no exterior, gerando um impacto orçamentário que deixará à míngua um grupo de pessoas certamente mais vulneráveis do que aquela que pleiteou a medida judicialmente.

Nesse sentido, a doutrina do Comitê de Direitos Econômicos, Sociais e Culturais afirma que "uma aplicação inadequada de recursos

---

88 *Op. cit.*, p. 601.

para a saúde pode dar lugar a uma discriminação que talvez não seja manifesta. Por exemplo, as inversões não devem favorecer desproporcionalmente aos serviços curativos caros que são acessíveis unicamente a uma pequena fração privilegiada da população, em detrimento da atenção primária e preventiva de saúde em benefício de uma parte maior da população"[89].

Quanto à proteção do mínimo existencial dos direitos sociais (*existenzminimum*) e à cláusula da proibição de retrocesso (*verbot des sozialen rückschritts*), por serem temas de grande importância, serão estudados, respectivamente, no item seguinte e no capítulo seguinte.

2.4. MÍNIMO EXISTENCIAL: ANTECEDENTES TEÓRICOS E JURISPRUDENCIAIS

A origem da discussão acerca do "mínimo existencial" dos direitos fundamentais, principalmente os direitos sociais, está na doutrina alemã, no texto "Begriff und Wesen des sozialen Rechtsstaates" (*Conceito e essência dos Estados Sociais de Direito*), de Otto Bachof[90]. Inusitada a fonte doutrinária, não pelo brilho do autor, mas pelo fato de que, escrito em 1954, comentava a Lei Fundamental alemã de 1949, que não previu expressamente um rol de direitos sociais, diferentemente da Constituição brasileira[91].

---

89 Observação Geral n. 14.
90 Begriff und Wesen des sozialen Rechtsstaates. *In*: *Veröffentlichungen der Vereinigung der deutschen Staatsrechtlehrer (VVDStRL)* n. 12. Berlin: Walter de Gruyter & Co., 1954, n. 12.
91 Segundo Ingo Sarlet, "em que pese não existirem, de um modo geral, direitos sociais típicos, notadamente de cunho prestacional, expressamente positivados na Lei Fundamental da Alemanha (1949), (...) a discussão em torno da garantia do mínimo indispensável para uma existência digna ocupou posição destacada não apenas nos trabalhos preparatórios no âmbito do processo constituinte, mas também após a entrada em vigor da Lei Fundamental de 1949, onde foi desenvolvida pela doutrina, mas também no âmbito da práxis legislativa, administrativa e jurisprudencial" (Ingo Wolfgang Sarlet e Mariana

II • Os limites da exigência imediata dos direitos sociais

Afirma Bachof que "o princípio do bem-estar social não está apenas nos artigos 20[92] e 28[93] da Lei Básica (...) Todos os direitos fundamentais devem ser vistos e interpretados à luz do Estado do bem-estar. (...) A prestação da dignidade humana requer não só a liberdade, mas também um nível mínimo de segurança social"[94]. Por exemplo, ao tratar dos direitos à vida e à integridade física, o autor afirma que não se trata apenas da proibição do "extermínio pela intervenção governamental", mas também na obrigação estatal de garantir "um mínimo de existência assegurado" (*existenzminimum*).

Dessa maneira, como vimos acima, o autor alemão, "já no início da década de 1950, considerou que o princípio da dignidade da pessoa humana (art. 1º, inc. I, da Lei Fundamental da Alemanha), não reclama apenas a garantia da liberdade, mas também um mínimo de segurança social, já que, sem os recursos materiais para uma existência digna, a própria dignidade da pessoa humana ficaria sacrificada"[95].

Um ano depois do texto de Otto Bachof, o recém-criado Tribunal Federal Administrativo da Alemanha (*Bundesverwaltungsgericht*) reconheceu o direito subjetivo do indivíduo carente a auxílio material por parte do Estado, com base na dignidade da pessoa humana. Anos depois o legislador regulamentou, em nível infraconstitucional, um direito a prestações no âmbito social (art. 4º, inc. I, da Lei Federal sobre Assistência Social). Ato contínuo, o Tribunal Constitucional Federal (*Bundesverfassungsgericht* ou *BVerfG*) também reconheceu o direito fundamental à garantia das condições mínimas

---

Filchtiner Figueiredo. Reserva do possível, mínimo existencial e direito à saúde: algumas aproximações, p. 20).

92 "Art. 20 (Princípios constitucionais – Direito de resistência). (1) A República Federal da Alemanha é um Estado Federal, democrático e social."

93 "Art. 28. A ordem constitucional nos Estados tem de corresponder aos princípios do Estado republicano, democrático e social de direito, no sentido da presente Lei Fundamental."

94 *Op. cit.*, p. 42.

95 Ingo Wolfgang Sarlet e Mariana Filchtiner Figueiredo. Reserva do possível, mínimo existencial e direito à saúde: algumas aproximações, p. 20.

para uma existência digna. Segundo a primeira decisão sobre o tema, "a comunidade estatal deve assegurar-lhes pelo menos as condições mínimas para uma existência digna"[96].

Sintetiza esse cenário o professor português Jorge Reis Novais: "foi precisamente sobre este pano de fundo que a jurisprudência constitucional alemã, não obstante lidar com uma Constituição *sem direitos sociais*, viria a ser pioneira no reconhecimento formal da existência de uma direito constitucional a um *mínimo vital* ou a um *mínimo para uma existência condigna*, direito social do maior alcance, fundamentado convergentemente no princípio da dignidade da pessoa humana, no direito à vida e no princípio do Estado social, que viria depois a ser seguido por outras experiências constitucionais entre quais a portuguesa"[97].

Esse assunto foi pela primeira vez abordado no Brasil, no ano de 1989, por Ricardo Lobo Torres, no artigo "O mínimo existencial e os direitos fundamentais", publicado na *Revista de Direito Administrativo*, n. 177. Nesse texto, o autor afirma que o mínimo existencial dos direitos seriam "condições mínimas de existência humana digna que não pode ser objeto de intervenção do Estado e que ainda exige prestações estatais positivas"[98]. Para o autor, o mínimo existencial

---

96 *Op. cit.*, p. 21. Segundo o autor, "a doutrina (mas também a jurisprudência) constitucional da Alemanha passou a sustentar que a dignidade propriamente dita não é passível de quantificação. A necessária fixação, portanto, do valor da prestação assistencial destinada à garantia das condições existenciais mínimas, em que pese sua viabilidade, é, além de condicionada espacial e temporalmente, dependente também do padrão socioeconômico vigente. Não se pode, outrossim, negligenciar a circunstância de que o valor necessário para a garantia das condições mínimas de existência evidentemente estará sujeito a câmbios, não apenas no que diz com a esfera econômica e financeira, mas também o concernente às expectativas e necessidades do momento" (p. 21).

97 *Direitos sociais*: teoria jurídica dos direitos sociais enquanto direitos fundamentais, p. 80.

98 *Op. cit.*, p. 29. Prossegue o autor: "O mínimo existencial não tem dicção própria. Deve-se procurá-lo na ideia de liberdade, nos princípios constitucionais

abrange qualquer direito, considerado em sua dimensão essencial e inalienável e não tem dicção normativa específica, estando compreendido em diversos princípios constitucionais, como o princípio da igualdade (que assegura a proteção contra a pobreza absoluta), o respeito à dignidade humana, na cláusula do Estado Social de Direito. Dessa maneira, "o mínimo existencial é direito protegido negativamente contra a intervenção do Estado e, ao mesmo tempo, garantido positivamente pelas prestações estatais. Diz-se, pois, que é direito de *status negativus* e de *status positivo*, sendo certo que não raro se convertem uma na outra ou se complicam mutuamente a proteção constitucional positiva e a negativa"[99].

Como lembra Catarina Santos Botelho, "nos seus trabalhos mais tardios, o próprio John Rawls, inspirado em Frank Michelman, defendeu que um 'mínimo social' (*social minimum*) deveria ser uma exigência constitucional diretamente aplicável"[100]. John Rawls, professor de Filosofia Política na Universidade de Harvard, aborda o tema na obra *Uma teoria da justiça*[101], bem como em textos posteriores. É oportuno frisar que "a ideia de mínimo existencial não é oriunda das teses de Rawls, não obstante as lições do filósofo

---

      da igualdade, do devido processo legal e da livre iniciativa, na Declaração dos Direitos Humanos e nas imunidades e privilégios do cidadão. (...) O direito às condições mínimas de existência digna inclui-se entre <u>os direitos de liberdade ou direitos individuais</u>, formas diferentes de expressar a mesma realidade. Aparece explicitamente em alguns itens do art. 5º da CF de 1988, sede constitucional dos direitos humanos. O mínimo existencial exibe as características básicas do direito da liberdade: é pré-constitucional, posto que inerente à pessoa humana; constitui direito público subjetivo do cidadão. (...) O mínimo existencial pode surgir também da inserção de interesses fundamentais nos <u>direitos políticos, econômicos e sociais</u>. Os direitos à alimentação, saúde e educação, embora não sejam originariamente fundamentais, adquirem o *status* daqueles no que concerne à parcela mínima sem a qual o homem não sobrevive" (grifamos).

99 *Op. cit.*, p. 35.
100 *Op. cit.*, p. 322.
101 John Rawls. *Uma teoria da justiça.*

tenham se somado e agregado valor ao conceito"[102]. Segundo Liliane Coelho da Silva, "um dos maiores méritos da Teoria Rawlsiana é conseguir colocar em posições contíguas a liberdade e a igualdade, dois valores inicialmente tidos como antagônicos, mas que, no seio da Justiça como Equidade, tornam-se o fundamento dos dois princípios de justiça em uma sociedade justa e equilibrada. Nesse sentido, uma das grandes preocupações de Rawls atina às pessoas mais pobres; ele deseja que as mesmas tenham garantidas suas necessidades básicas, além da total possibilidade de atuarem como cidadãos livres e autônomos"[103].

Rawls afirma que viver não consiste em simplesmente sobreviver, sendo necessárias condições mínimas para que a pessoa possa se desenvolver dignamente, atuando como um personagem político relevante, já que, "abaixo de um certo nível de bem-estar material e social e de treinamento e educação, as pessoas simplesmente não podem participar da sociedade como cidadãos, e muito menos como cidadãos iguais"[104], sendo necessário o reconhecimento de um "mínimo social que supra as necessidades básicas dos cidadãos"[105]. À teoria de Justiça de John Rawls retornaremos em item superveniente deste capítulo.

O mínimo existencial, desde a década de 1950, é objeto de análise da doutrina e da jurisprudência. Desde Otto Bachof, autores alemães[106], portugueses[105], espanhóis[106], peruanos[107], colombianos[108],

---

102 Tamiris Alessandra Gervasoni e Tássia A. Gervasoni. *A sociedade bem ordenada e o mínimo existencial:* considerações acerca da teoria política de justiça de John Rawls diante da Constituição Federal brasileira de 1988. Disponível em: http://www.publicadireito.com.br/artigos/?cod=a2bb46e362d70a83.
103 A ideia de mínimo existencial de acordo com a teoria rawlsiana. *Revista Derecho y Cambio Social.* Disponível em: http://www.derechoycambiosocial.com/revista042/A_IDEIA_DE_MINIMO_EXISTENCIAL.pdf.
104 John Rawls. *O liberalismo político.* São Paulo: Martins Fontes, 2011, p. 172.
105 John Rawls. *Justiça como igualdade.* São Paulo: Martins Fontes, 2011, p. 67.
106 "No constitucionalismo germânico, a 'teoria da essencialidade' (*Wesentlichkeistheorie*) retira, da conjugação entre o artigo 1º, n. 1, e o artigo 20, n. 1, da GG, um direito fundamental à garantia de um mínimo de existência digna

(*ein Grundrecht auf Gewährleistung eines menschenwürde Existenzminimum*), fundado nessa associação entre o Estado social e a dignidade da pessoa humana, direito à vida e à integridade física e a liberdade geral" (Catarina Santos Botelho, *op. cit.*, p. 334).

107 Cristina Queiroz, por exemplo, afirma que "esse 'standard mínimo incondicional', que se encontra fixado, na Alemanha, pela jurisprudência do Tribunal Constitucional Federal, não deverá, porém, ser interpretado de forma restritiva, antes tem vindo a ser progressivamente fixado e desenvolvido numa perspectiva aberta e casuística. Essa 'garantia de um mínimo social' ou 'standard mínimo' compreendido como 'mínimo existencial' destina-se a evitar a perda total da função do direito fundamental de forma a que este não resulte 'esvaziado' de conteúdo e, deste modo, desprovido de sentido" (*O princípio da não reversibilidade dos direitos fundamentais sociais*: princípios dogmáticos e prática jurisprudencial. Coimbra: Coimbra Ed., 2006, p. 93).

108 Jaime Rodríguez-Arana, catedrático de Direito Administrativos pela Universidade de La Coruña, afirma que: "certamente, uma situação de estabilidade social e econômica é diferente que uma época de crise econômica. Mas, em caráter geral, seja qual seja a conjuntura social e econômica, o direito ao mínimo existencial ou vital é, deve ser, um dogma, e, como tal, imutável, invariável, intangível" (p. 107).

109 "De esta manera, el Tribunal Constitucional tiene la obligación de garantizar el cumplimiento de la CP; tutela el goce del mínimo existencial o contenido constitucionalmente protegido de los derechos sociales fundamentales, y con ello, el acceso a los derechos sociales fundamentales a todos los ciudadanos en igualdad de condiciones; controla que los poderes del Estado al momento de establecer las disposiciones legislativas y reglamentarias se encuentren en consonancia con el principio de progresividad reconocido en la CP, y avala finalmente el cumplimiento de las obligaciones internacionales en materia de derechos sociales" (Juan José Janampa Almora. *os derechos sociales como derechos fundamentales:* fundamentos, factibilidades y alcances de un estado social mínimo. Dissertação (Mestrado) – Universidad de Salamanca, Salamanca, 2015. Disponível em: https://gredos.usal.es/jspui/bitstream/10366/132582/1/TFM_JanampaAlmora_Derechos.pdf).

110 "De acuerdo con esto, la Corte Constitucional ha mantenido una clara línea jurisprudencial que incluye entre los derechos fundamentales aquellas prestaciones de tipo social, relacionadas directamente con la dignidad humana, como por ejemplo la educación básica, el pago oportuno de las mesadas pensionales o del salario mínimo, los servicios básicos de salud, etc. Algunas de estas prestaciones se recogen en el concepto genérico de 'mínimo vital' o 'mínimo existencial'" (Álvaro Echeverri Uruburu. Los derechos sociales como derechos subjetivos fundamentales. *Revista Iusta*, Bogotá, n. 61).

argentinos[111], chilenos[112], brasileiros, norte-americanos[113], dentre muitas outras nacionalidades, discutem seu significado.

George Marmelstein assim sintetiza a abordagem histórica e geográfica do *mínimo existencial*: "Em diversos países mais desenvolvidos (Alemanha, Espanha e Portugal, por exemplo), a possibilidade

---

[111] Victor Bazán, professor Titular de Direito Constitucional da Universidade Católica de Cuyo (San Juan, Argentina), afirma: *"Es que los Derechos Económicos, Sociales e Culturales buscan garantizar unas condiciones materiales de vida digna para todos los ciudadanos, bajo el entendimiento de que dichas condiciones, además de su valor intrínseco, constituyen el presupuesto fáctico indispensable para el ejercicio efectivo de los restantes derechos por todos su titulares, paralelamente a que la elevación del mínimo existencial que suponen, hace posible el proceso de integración social que el Estado y la sociedad requieren para subsistir"* (*Vías de exigibilidad de los derechos económicos, sociales y culturales en los ámbitos interno e interamericano*. Disponível em: http://www.ojs.fdsbc.servicos.ws/ojs/index.php/fdsbc/article/viewFile/17/14).

[112] Segundo o professor da Universidade de Talca, Humberto Nogueira Alcalá, "En la nueva perspectiva del Estado Social, se asume la necesidad de brindar a la población un mínimo básico de bienestar que se compromete a entregar a través de prestaciones positivas de hacer respecto de las personas en salud, educación, condiciones laborales, seguridad social, sindicación, entre otras materias" (Los derechos económicos, sociales y culturales como derechos fundamentales efectivos en el constitucionalismo democrático latinoamericano. *Estudios Constitucionales*, Santiago, v. 7, n. 2, p. 143-205, 2009. Disponível em: http://www.scielo.cl/scielo.php?script=sci_arttext&pid=S0718--52002009000200007&lng=es&nrm=iso).

[113] A professora da Boston College Law School Katharine G. Young, em obra específica sobre o tema, afirma que "A pressão que as instituições jurídicas enfrentam ao interpretar os direitos econômicos e sociais é muitas vezes expressa como a pressão para determinar o conteúdo mínimo de cada direito. Um foco minimalista aplicado aos direitos pergunta: o que é 'o mínimo que cada pessoa pode exigir e o mínimo que cada pessoa, cada governo e cada corporação deve ser feita?' Portanto, a interpretação dos mínimos não é dirigida às grandes aspirações de um sistema ideal de justiça, mas sim aos interesses mais básicos comuns à experiência de ser humano e como eles poderiam ser expressos como direitos. Para prestar atenção a tais restrições, uma estratégia de direitos 'minimalista' implica que o ganho máximo aos direitos às vezes é alcançado minimizando metas" (p. 65).

de o Judiciário vir a efetivar direitos a prestações materiais é vista com bastante desconfiança, pois se entende que a escassez de recursos necessários à concretização de direitos prestacionais demandaria escolhas políticas, que deveriam ser tomadas preferencialmente por órgãos politicamente responsáveis (legislador e administrador) e não pelos juízes. Além disso, são poucas as Constituições, como a brasileira, que incluíram em seu rol de direitos fundamentais diversos direitos sociais. Apesar disso, mesmo nesses países, entende-se que o Estado é obrigado a assegurar aos cidadãos pelo menos as condições mínimas para uma existência digna. É a chamada 'teoria do mínimo existencial'. De acordo com essa teoria, apenas o conteúdo essencial dos direitos sociais teria um grau de fundamentalidade capaz de gerar, por si só, direitos subjetivos aos respectivos titulares. Se a pretensão estiver fora do mínimo existencial, o reconhecimento de direitos subjetivos ficaria na dependência de legislação infraconstitucional regulamentando a matéria, não podendo o Judiciário agir além da previsão legal"[114].

O Comitê das Nações Unidas sobre os Direitos Econômicos e Sociais ("*The Committee*") foi o primeiro organismo internacional a articular o conceito, desde a década de 1990. O referido Comitê foi instituído em 1985 pelo Conselho Econômico e Social (ECOSOC) das Nações Unidas a fim de controlar a aplicação, pelos Estados-Partes, das disposições do Pacto Internacional sobre os Direitos Econômicos, Sociais e Culturais (PIDESC)[115]. No *General Comment* n. 3, de 14 de dezembro de 1990, determina o Comitê: "com base na vasta experiência obtida pelo Comitê, assim como pelo organismo que o precedeu, ao longo de um período de mais de uma década de exame dos relatórios dos Estados-partes, o Comitê é da opinião de que um

---

114 *Curso de direitos fundamentais*. 6. ed. São Paulo: Atlas, 2016, p. 324.
115 O Pacto Internacional sobre Direitos Econômicos, Sociais e Culturais foi adotado pela XXI Sessão da Assembleia Geral das Nações Unidas, em 19 de dezembro de 1966 e só entrou em vigor no Brasil por meio do Decreto Presidencial n. 591, de 6 de julho de 1992.

núcleo mínimo de obrigações (*minimum core obligations*) para assegurar a satisfação de níveis mínimos essenciais de cada um dos direitos é incumbência de cada Estado-Parte. Assim, por exemplo, um Estado-Parte em qualquer número significativo de indivíduos é privado de gêneros alimentícios essenciais, de cuidados essenciais de saúde, de abrigo e habitação básicos ou das mais básicas formas de educação está, à primeira vista, falhando para desincumbir-se de suas obrigações em relação ao Pacto"[116]. Segundo Catharine Young, "o *minimum core* inicia um padrão, desmontando o inerente relativismo do padrão programático da 'realização progressiva' disposta no texto do Pacto. O padrão de obrigação, que distingue o Pacto dos outros instrumentos de direitos humanos, dá aos Estados-partes a latitude para implementar direitos ao longo do tempo, dependendo das fontes necessárias disponíveis, ao invés de exigir sejam garantidos imediatamente. Mesmo assim, o Comitê insiste que a 'realização progressiva' do Pacto requer a fixação de 'deliberados, concretos e objetivos' passos"[117] (grifamos).

Outrossim, importante contribuição vem sendo dada à teoria do *mínimo existencial* pela *International Commission of Jurists* (ICJ). O ICJ foi criado após o Congresso Internacional de Juristas, no ano de 1052, na Berlim Ocidental, que foi organizado pelo *Investigating Committee of Free Jurists* (ICJF), um grupo de juristas alemães

---

[116] Disponível em: http://www.refworld.org/docid/4538838e10.html. Segundo Katharine Young, O Comitê – corpo supervisor responsável por esclarecer os termos e a implementação do Pacto – emitiu seu Comentário Geral num auspicioso momento: logo depois do colapso das economias comunistas de 1989 e logo antes que os defensores das polícias neoliberais os reestruturassem. Desde então, o Comitê tem usado o *minimum core* para dar substância aos direitos enumerados no Pacto: comida, saúde, habitação, moradia e educação, e o emergente direito à água (*op. cit.*).

[117] *Op. cit.*, p. 121. Prossegue a autora: "para os defensores preocupados em comandar a escolha macroeconômica, um conteúdo mínimo para os direitos econômicos e sociais parece reduzir (se não eliminar) esse risco, para que os Estados imponham sua própria forma particular de governo, dentro do amplo quadro de direitos humanos" (p. 122).

comprometidos com a investigação de abusos dos direitos humanos praticados na zona soviética da Alemanha do pós-guerra. Desde a década de 1970, a organização canalizou suas energias à proteção legal dos direitos humanos, através de elaboração de estudos conceituais, advocacia na ONU e outros órgãos para respostas internacionais a graves crises de direitos humanos, bem como esforços para desenvolver a capacidade dos advogados a nível nacional para defender os direitos humanos[118]. No documento *Report of the expert's roundtable concerning issues central to the proposed optional protocol to the international covenant on economic, social and cultural rights*, o item I.c é reservado exclusivamente ao dever de *minimum core obligation*. Segundo o documento, os "Estados-Partes são obrigados a fornecer os direitos previstos na convenção em um nível mínimo essencial aos seguimentos mais vulneráveis da sociedade e garantir que não haja discriminação no gozo dos direitos econômicos, sociais e culturais"[119]. Não obstante, nesse mesmo item do documento, há uma ressalva: "no entanto, numerosos especialistas foram da opinião de que a doutrina do mínimo existencial (*minimum core doctrine*) deveria ser desenvolvida e aplicada por cada Estado-Parte através do uso de *benchmarks* de mínimos existenciais realistas (*realistic minimun core benchmarks*), isto é, metas/objetivos que são estabelecidos em nível nacional, em consideração na concepção/implementação das políticas/programas dos direitos sociais. No futuro, a consecução ou não das obrigações básicas mínimas poderiam ser avaliadas através de indicadores de direitos econômicos, sociais e culturais". Por sua vez, na publicação *Courts and the legal enforcement of economic, social and cultural rights (comparative experiences of justiciability)*, de 2008, a *International Commission of Jurists* afirma que "o primeiro elemento conceitual que auxilia na aplicação da responsabilidade

---

118 O surgimento e a evolução da *International Commission of Jurists* podem ser encontrados no *site* oficial da organização (http://www.icj.org/history).
119 Disponível em: https://www.icj.org/wp-content/uploads/2012/03/ICESCR_roundtable27092002.pdf.

de um Estado em relação aos DESC (direitos econômicos, sociais e culturais) é a ideia de um conteúdo central (também chamado de conteúdo básico mínimo, obrigações básicas mínimas ou 'conteúdo essencial', como é conhecido na tradição constitucional alemã e as tradições que dela derivam). Este conceito implica uma definição do mínimo absoluto necessário, sem o qual o direito seria irreconhecível ou sem sentido. A ideia do conteúdo básico também foi empregada na análise de direitos civis e políticos, especialmente na tradição do direito constitucional. Diferentes construções constitucionais justificaram esse requisito básico como corolário do conceito de dignidade humana, ou conceberam como um mínimo vital ou 'kit de sobrevivência'. A definição de um mínimo vital, por sua natureza, está evoluindo. O nível mínimo obrigatório pode mudar ao longo do tempo, por exemplo, com o avanço da ciência e da tecnologia. Isto é particularmente verdadeiro com alguns direitos, como o direito ao tratamento médico e o direito à segurança alimentar, que são, respectivamente, componentes do direito à saúde e do direito à alimentação. Este é, claro, também o caso com direitos civis e políticos: o impacto de novas tecnologias, como equipamentos de vigilância, no direito à privacidade é um bom exemplo. Em relação a alguns direitos, como o direito à educação, existe um consenso considerável sobre o conteúdo mínimo do serviço a ser fornecido pelo Estado – isto é, ensino primário universal, gratuito e obrigatório"[120].

Cerca de um ano depois do texto escrito por Otto Bachof, o Tribunal Federal Administrativo da Alemanha (*Bundesverwaltungsgericht*), no seu primeiro ano de existência, em julgado proferido no dia 24 de junho de 1954, reconheceu "um direito subjetivo do indivíduo carente a auxílio material por parte do Estado, argumentando, igualmente com base no postulado da dignidade da pessoa humana, no direito geral de liberdade e no direito à vida, que o indivíduo,

---

120 Cf. p. 23. No original, as expressões inglesas que se referem ao *mínimo existencial* são *core content, minimum core content, minimum core obligations, minimum threshold* e *essencial contente*.

na qualidade e pessoa autônoma e responsável, deve ser reconhecido como titular de direitos e obrigações, o que implica principalmente a manutenção de suas condições de existência"[121]. No final do outono do ano seguinte, começaram os trabalhos preparatórios para uma Lei Federal de Segurança Social, que entrou em vigor no dia 1º de junho de 1962[122].

Décadas depois, em 18 de junho de 1975, o Tribunal Constitucional Federal alemão (*Bundesverfassungsgericht*) reconheceu um direito fundamental às condições mínimas para a existência digna: "a assistência aos necessitados integra as obrigações essenciais de um Estado Social. (...) A comunidade estatal deve assegurar-lhes pelo menos as condições mínimas para uma existência digna e envidar os esforços necessários para integrar essas pessoas na comunidade"[123].

---

121 Ingo Sarlet, *op. cit.*, p. 20. BVerwGE 1, 159 (161 e ss.), decisão proferida em 24-6-1954. Consta da ementa da referida decisão: "Se a lei impõe o dever de cuidado aos carentes, implica necessariamente o reconhecimento de direitos". No presente caso, o dono de uma casa necessitava um benefício de assistência, pois necessitava de uma enfermeira, o que não seria suportado por seu orçamento. Segundo o Tribunal, "o princípio orientador da Lei Básica possibilita a interpretação de que há um dever de cuidado, responsabilizando-se pelos necessitados, gerando um direito correspondente. (...) Portanto, não é necessário examinar se tal direito foi criado por lei estadual recente ou certas disposições individuais da Lei Básica. (...) O cidadão não só deve ser objeto de ação do governo em geral. Ele é reconhecido como uma personalidade moralmente independente, e, portanto, considerada como tendo direitos e obrigações. Isso é verdade especialmente quando se trata de sua existência digna. (...) A intocável dignidade da pessoa humana (art. 1º), para ser protegida pelo poder do Estado, proíbe considerá-lo simplesmente como um objeto de ação do Estado, na medida em que diz respeito à segurança das 'necessidades necessárias de vida' (§ 1º dos princípios do reino)".

122 Trata-se da Lei Federal de Segurança Social (*Bundessozialhilfegesetz*), também conhecida como a "Lei dos Pobres da República Federal da Alemanha" (*The Poor Law of the German Federal Republic*). Embora tenha sido alterada inúmeras vezes, manteve-se estável nas suas estruturas básicas. Expandiu a assistência puramente material (assistência para despesas de subsistência), para uma "assistência em situações especiais", atendendo a idosos, deficientes, bem como pacientes com tuberculose e "perigo".

123 BVerfGE 40, 121 (133).

Em decisões supervenientes, o Tribunal Constitucional alemão votou a reconhecer o *mínimo existencial* como garantia estatal de *status* constitucional, como na decisão de 22 de dezembro de 1988[124]. Paradigmática decisão do Tribunal Constitucional alemão é a *BVerfGE 125, 175*, de 9 de fevereiro de 2010, cujo objetivo foi a aplicação da reforma legislativa conhecida como *Hartz IV*[125]. Nessa decisão, entendeu-se que o *mínimo existencial* implica na garantia da manutenção da *existência física* do indivíduo (mínimo vital), como alimentação, vestuário, moradia, aquecimento, higiene, saúde, como também implica na participação mínima na vida social, cultural e política, consistindo em direito subjetivo. Consta da ementa da decisão: "o direito fundamental a uma subsistência decente decorre do art. 1º, par. 1º da Lei Fundamental, em conjunto com o princípio do Estado Social (do artigo 20) garante a cada carente requisitos substantivos para sua existência física e para um nível mínimo de participação na vida social, cultural e política". Outrossim, a forma através da qual será cumprido esse mínimo existencial está dentro de um "espaço de ação", "margem de manobra", "espaço de conformação" ou "margem de discricionariedade" (*Gestaltungsspielraum*) por parte do legislador: o cumprimento do mínimo existencial "requer a concretização e atualização contínua por parte do legislador, que deve alinhar os serviços a serem prestados com o respectivo nível de desenvolvimento da comunidade e as condições de vida existentes". Quanto maior a vinculação com o *mínimo vital*, menor o grau de discricionariedade do legislador[126].

---

124 BVerfGE 78, 104 ("O anexo 1 do § 144 ZPO não viola o art. 3º da Lei Fundamental. O mínimo vital é mantido").

125 Recebe esse nome em homenagem a Peter Hartz, presidente da Comissão Parlamentar sobre o Trabalho do Parlamento alemão (*Bundestag*), responsável por reformas na legislação trabalhista. Essa quarta fase da reforma foi aprovada pelo Parlamento alemão em 16 de dezembro de 2003, entrando em vigor em janeiro de 2005 e consiste no agrupamento de benefícios de desemprego e de bem-estar social.

126 "É o legislador que faz a avaliação das proporções e relevância das necessidades dos indivíduos, mas a amplitude dessa avaliação é variada: quanto mais

Na França, a jurisprudência do Conselho Constitucional (*Conseil Constitutionnel*) tem crescido nesse campo desde o Preâmbulo da Constituição de 27 de outubro de 1946 que, para alguns, no tocante aos direitos econômicos e sociais, "é equivalente à declaração de 26 de agosto de 1789 no tocante aos direitos e liberdades do homem"[127]. Segundo o Preâmbulo daquela Constituição: "Todos têm o direito de trabalhar e o direito de obter um emprego. (...) A nação deve fornecer ao indivíduo e à família as condições necessárias para o seu desenvolvimento. Garante a todos, incluindo as crianças, mães e trabalhadores idosos, proteção da saúde, segurança material, descanso e lazer. Todo ser humano que, por causa da idade, estado físico ou mental ou situação econômica, é incapaz de trabalho, tem o direito de obter da coletividade os recursos que assegurem sua vida razoável".

Segundo Olivier Lamothe, nomeado membro do *Conseil Constitutionnel* entre os anos de 2001 e 2006, a implantação dos direitos sociais está subordinada a uma dupla condição: em primeiro lugar, a uma "reserva de lei", que incide sobre a margem de apreciação para a legislatura; de outro lado a uma "cláusula do possível", que limita a implementação dos direitos sociais na consideração de recursos financeiros do Estado[128]. Dessa maneira, segundo publicado em relatório do Parlamento Europeu[129], os direitos

---

voltada para a garantia da existência física do indivíduo é a necessidade, menor é a garantia de discricionariedade ou o espaço de ação do legislador e quanto mais relacionada com a viabilização da participação do indivíduo na vida social é tal necessidade, maior aquela discricionariedade" (Cláudia Toledo, Mínimo existencial: a construção de um conceito e seu tratamento pela jurisprudência constitucional brasileira e alemã. *In*: MIRANDA, Jorge. *Hermenêutica, justiça constitucional e direitos fundamentais*. Curitiba: Juruá, 2016, p. 157).

127 Olivier Dutheillet de Lamothe. *Les principes de la jurisprudencie du Conseil Constitutionnel en matière sociale*. Disponível em: http://www.conseil-constitutionnel.fr/conseil-constitutionnel/francais/nouveaux-cahiers-du-conseil/cahier-n-45/les-principes-de-la-jurisprudence-du-conseil-constitutionnel-en--matiere-sociale.142401.html.

128 *Op. cit.*

129 *Droits Sociaux Fondamentaux en Europe*. Document de Travail. Disponível em: http://www.europarl.europa.eu/workingpapers/soci/pdf/104_fr.pdf.

sociais na Constituição francesa não têm o mesmo destaque dos direitos individuais, de primeira dimensão, não podendo ser jurisdicionalizados: "os direitos sociais não encontram o mesmo reconhecimento na Constituição como os direitos fundamentais clássicos, protegidos pela Declaração de 1789. Eles trabalham de forma complementar e convidam o legislador a criar as leis adequadas, sem ser judiciáveis (*justiciables*)".

O Supremo Tribunal irlandês entende que a proibição constitucional de implantação dos direitos sociais por parte do Judiciário não evidencia um desejo de minimizar os problemas sociais, mas sim uma tentativa de reforçar a dimensão política da sua realização. Na decisão *O'Reilly vs. Limerick Corporation*, de 3 de maio de 1988[130], a Suprema Corte rejeitou a alegação dos demandantes de que teriam direito a uma prestação de serviços locais, afirmando inexistir um direito constitucional a certo padrão mínimo de vida. Nesse caso, o juiz Declan Costello[131], baseando-se na distinção aristotélica entre justiça comutativa e distributiva[132], considerou que esta última

---

130 Os demandantes, nesse caso, eram membros da comunidade *Irish Traveling*, tradicionalmente um povo nômade, que viveu por mais de oito anos em um local não oficial de caravanas, em Limerick City, em condições de extrema privação e miséria, sem água corrente, instalações sanitárias etc. Exigiam do Estado uma indenização pelo sofrimento físico e mental por violação de seus direitos fundamentais, alegando-se um direito a um padrão mínimo de condições materiais básicas aptas a proteger a dignidade da pessoa humana. Disponível em: https://www.escr-net.org/sites/default/files/caselaw/oreilly--limerick_1.pdf.

131 Declan Costello (1926-2011) foi um jurista irlandês, tendo sido Procurador--Geral da Irlanda, de 1973 a 1977 e juiz do Tribunal Superior, de 1977 a 1998.

132 "Segundo Aristóteles, a Justiça é a virtude integral e perfeita: integral porque compreende todas as outras; perfeita porque quem a possui pode utilizá-la não só em relação a si mesmo, mas também em relação aos outros. Mas também as duas formas da Justiça particular que Aristóteles enumera, que são a distributiva e a corretiva ou comutativa, consistem em conformar-se a normas, mais precisamente, às que prescrevem a igualdade entre os méritos e as vantagens ou entre as vantagens e as desvantagens de cada um" (Nicola Abbagnano. *Dicionário de Filosofia*. São Paulo: Martins Fontes, 2014, p. 683).

se encontrava propriamente sob a alçada dos poderes eleitos e que seria contrário à separação dos Poderes. Decidiu o magistrado: "O que poderia estar envolvido no exercício da jurisdição sugerida seria a imposição pelo Tribunal de sua opinião de que houve uma distribuição injusta dos recursos nacionais. (...) No exercício dessa função, o Tribunal não administrará a justiça como faz ao determinar uma questão relativa à justiça comutativa, mas estaria envolvido em um exercício completamente diferente, ou seja, uma decisão sobre a equidade ou não da forma como outros órgãos do Estado administraram os recursos públicos. Além do fato de que os membros não Judiciário não têm nenhuma qualificação especial para desempenhar tal função"[133]. Esse cenário deve mudar, não só para atender ao pleito da doutrina atual na Irlanda (segundo a qual o argumento democrático da isenção do Judiciário converte-se em "tirania majoritária", desprotegendo uma minoria sem voz) como também em decorrência da Convenção Constitucional (*Constitutional Convention*), de 2014, que sugeriu a ampliação dos direitos sociais no texto constitucional[134].

Já o Tribunal Constitucional italiano deu aos direitos sociais um tratamento diferente do francês e o do irlandês, máxime porque a Constituição italiana de 1947, diferentemente das duas antes mencionadas (e da Constituição alemã), prevê um rol de direitos sociais (reconhecidamente não taxativo). Segundo o Tribunal Constitucional

---

133 Outra decisão paradigmática é a *T.D. vs. Minister for Education (2001) IR 259*, na qual decidiu a Suprema Corte que seria intrinsecamente antidemocrático o Tribunal proteger os direitos sociais do demandante, sob o argumento de que o ativismo judicial representaria uma significa perda de poder dos políticos eleitos para um judiciário não eleito.

134 Todavia, segundo jornais irlandeses, o Governo tem-se mostrado contrário à proposta de reforma na Constituição, que até o ano de 2017 não foi feita, sob o argumento de que "isto tornaria mais fácil para os cidadãos obrigarem o Estado a prestar os serviços e recursos, caso demonstrem que seus direitos estão sendo violados ou negligenciados" (reportagem publicada no jornal *Irish Times*, disponível em: http://www.irishtimes.com/news/politics/government-will-block--bill-to-insert-rights-in-constitution-1.3019422).

italiano, alguns direitos sociais são incondicionais, equiparando-se a direitos individuais, direitos subjetivos, não necessitando de qualquer intervenção legislativa. Com base no artigo 36 da Constituição italiana[135], que prevê que a remuneração do trabalhador deve garantir, ao mínimo, sua "existência livre e digna" (*un'esistenza libera e dignitosa*), a Corte Constitucional, na sentença 41, de 1962 fez referência ao *minimo vitale*. Já na sentença 31, de 1986, discute a amplitude do mínimo existencial, se seria ele apenas um mínimo de sobrevivência ou mínimo vital[136] ("aqui é submetida à análise a 'premissa maior' do argumento, indicando se de fato as pensões mínimas tendem a satisfazer unicamente a mais elementar exigência vital, isto é, se corresponde às exigências alimentares, só garantindo o mínimo de subsistência, o nível de subsistência").

Da mesma forma, podem ser encontradas na jurisprudência do Tribunal Constitucional espanhol algumas referências ao mínimo vital. "Por exemplo, na STC 113/1989, de 22 de junho, justifica-se a legitimidade constitucional da norma que a assegura a impenhorabilidade das pensões com base no respeito à dignidade da pessoa (art. 10 CE), que impede que a efetividade dos direitos patrimoniais se leve ao extremo de sacrificar o mínimo vital do devedor, privando-o dos meios indispensáveis para a realização de seus fins pessoais"[137].

Tal tema também já foi enfrentado pelo Tribunal Constitucional português: "Este Tribunal, na esteira da Comissão Constitucional (...), tem vindo a reconhecer, em forma indireta, a garantia do direito a uma *sobrevivência minimamente condigna* ou a um

---

135 "Il lavorate ha diritto ad una retribuzione proporzionata alla quantità del suo lavoro e in ogni caso sufficiente ad assicurare a sé e alla famiglia un'esistenza libera e dignitosa."
136 Disponível em: http://www.giurcost.org/decisioni/1986/0031s-86.html.
137 Encarna Carmona Cuenca. *Los derechos sociales de prestación y el derecho a un mínimo vital*. Disponível em: http://www.juntadeandalucia.es/institutodeadministracionpublica/anuario/articulos/descargas/02_EST_05_carmona.pdf.

mínimo de sobrevivência, seja a propósito da atualização das pensões por acidentes de trabalho (Acórdão n. 232/91, *Acórdãos do Tribunal Constitucional*, 19º vol., p. 341), seja a propósito da impenhorabilidade de certas prestações sociais (designadamente, do *rendimento mínimo garantido* – Acórdão n. 62/02, *Diário da República*, II Série, de 11 de Março de 2002), na parte em que estas não excedam um *rendimento mínimo de subsistência* ou o *mínimo adequado e necessário a uma sobrevivência condigna* (cfr. Acórdão n. 349/91, *Acórdãos do Tribunal Constitucional*, 19º vol., p. 515; Acórdão n. 411/93, *Acórdãos do Tribunal Constitucional*, 25º vol., p. 615; Acórdão n. 318/99, *Acórdãos do Tribunal Constitucional*, 43º vol., pág. 639; e Acórdão n. 177/02, *Diário da República*, I Série-A, de 2 de Julho de 2002)"[138]. Merece destaque o Acórdão 509/02, de 19 de Dezembro de 2002, o qual pronunciou pela inconstitucionalidade do art. 4º, n. 1, do Decreto da Assembleia da República n. 18/IX, que pretendia proceder à revogação do rendimento mínimo garantido previsto pela Lei n. 19-A/96, criando, em substituição daquela prestação, o rendimento social de reinserção. Enquanto o novo rendimento se destinava "apenas" aos maiores de 25 anos, o regime anterior garantia o rendimento mínimo aos indivíduos com idade igual ou superior a 18 anos. O Tribunal Constitucional português "equacionou um direito a exigir do Estado o tal *mínimo de existência* condigna – apoiando-se, curiosamente, na doutrina e jurisprudência alemãs que se não suportam num texto fundamental com direitos sociais –, o que implica um direito a prestações. Afirma, assim, a dimensão *positiva* do direito ao mínimo de existência, extraindo-o do princípio da dignidade da pessoa humana e do direito à segurança social. (...) A partir daqui, não encontrando soluções substitutivas para o leque de excluídos do rendimento social de reinserção, pronunciou-se pela

---

138 Jorge Miranda; José de Melo Alexandrino. *As grandes decisões dos tribunais constitucionais europeus*. Disponível em: http://www.fd.ulisboa.pt/wp-content/uploads/2014/12/Miranda-Jorge-Alexandrino-Jose-de-Melo-Grandes--decisoes-dos-Tribunais-Constitucionais-Europeus.pdf.

inconstitucionalidade da norma citada por violação do direito a um mínimo de existência condigna inerente ao princípio do respeito da dignidade humana"[139].

Desde que a Constituição mexicana de 1917 deu aos direitos sociais *status* constitucional, esses paulatinamente passaram a fazer parte das Constituições da América Latina. Como afirmaram Michael Krennerich e Manuel Eduardo Góngora Mera[140], "com o retorno à democracia, os Estados latino-americanos introduziram severas reformas ou elaboração de novas Constituições, influenciadas pelo constitucionalismo europeu do pós-guerra e pelo Estado Social de Direito. As declarações mais amplas de direitos humanos e os mecanismos judiciais para sua proteção são a nota comum das constituições. A inclusão dos direitos sociais faz parte essencial dessas reformas, as diferenças se apresentam no grau de intervenção do Estado na realização dos mesmos. As Constituições do Brasil, Colômbia, Equador e Venezuela, por exemplo, dedicam extensos artigos a seu reconhecimento. Em contraste, a Constituição do Chile se refere sucintamente aos direitos sociais, e ao papel que outorga ao Estado é subsidiário. (...) Digno de menção é o direito ao mínimo vital, reconhecido entre outros pela Corte Constitucional da Colômbia. Segundo esta corte, o mínimo vital se vulnera quando se comprova um atentado grave contra a dignidade humana de pessoas pertencentes a setores vulneráveis da população".

Na *Sentencia T-199/16*, a Corte Constitucional colombiana decidiu que "O mínimo vital é concebido na jurisprudência constitucional como um direito fundamental que tem como característica ser qualitativo, pois supõe que cada qual viva de acordo com o *status*

---

139 Isabel Moreira. *A solução dos direitos*. liberdades e garantias e dos direitos econômicos, sociais e culturais na Constituição portuguesa. Coimbra: Almedina, 2007, p. 143.

140 Michael Krennerich; Manuel Eduardo Góngora Mera. *Los derechos sociales en América Latina:* desafíos en justicia, política y economía. Disponível em: http://www.menschenrechte.org/wp-content/uploads/2009/09/DESC.pdf.

adquirido durante sua vida. Não obstante, isso não significa que qualquer variação na renda implique necessariamente uma lesão desse direito. Ao contrário, existe uma carga suportável para cada pessoa, que é maior ou menor tendo em vista a situação econômica de cada um".

Mesma tendência é verificada na Corte Constitucional da Costa Rica. Na sentença 6096-1997, a Corte reconheceu o direito subjetivo de doentes com enfermidades graves a um tratamento financiado pelo Estado. Como afirma Cláudio Nash Rojas, ao interpretar a jurisprudência costarriquenha, "essas sentenças demonstram como uma concepção adequada acerca da efetividade dos direitos sociais pode gerar mudanças nas políticas públicas que permitam superar discriminações que tradicionalmente sofrem determinados grupos importantes de pessoas em situação de discriminação e exclusão"[141].

O Tribunal Constitucional peruano já reconheceu a existência de um mínimo existencial dos direitos sociais, na causa 2016-2004-AA/TC, ao afirmar que *"el logro de estas condiciones materiales mínimas de existencia requiere la intervención del Estado y de la sociedad en conjunto".* Da mesma forma, na STC 00052-2004-AA, de 1º de setembro de 2004, decidiu o Tribunal Constitucional peruano, acerca do direito à educação: *"naturalmente esta protección especial (protección del niño) implica primeramente la obligación de permitirle ingresar a un centro educativo, así como que se adopten todas las medidas necesarias y oportunas destinadas a impedir que 'nadie se vea impedido de recibir educación adecuada' por razón de su situación económica o de las limitaciones mentales o físicas. Evidentemente, se incumple este deber especial, por ejemplo, cuando el Estado a través de sus órganos y funcionarios competentes, niega a un menor la posibilidad de continuar sus estudios, sin existir motivos razonables para ello".*

---

141 NASH ROJAS, Claudio. Los derechos económicos, sociales y culturales y la justitia constitucional latinoamericana: tendencias jurisprudenciales. *Estudios Constitucionales,* Santiago, v. 9, n. 1, p. 86, 2011 (tradução livre).

Ao interpretar a jurisprudência do Tribunal Constitucional argentino, Nash Rojas, professor da Faculdade de Direito da Universidade do Chile, afirma que "a jurisprudência constitucional nos permite algumas reflexões acerca da forma em que está fundamentada a questão da justiciabilidade dos direitos humanos com um forte conteúdo prestacional. Em primeiro lugar, destaca-se a concepção destes direitos como direitos exigíveis e o respeito dos quais o Estado está obrigado, <u>ao menos, a adotar medidas positivas que permitam o cumprimento de certos mínimos para seu gozo e exercício por parte da cidadania</u>" (grifamos)[142]. A Corte Suprema do Chile, no Rol 976-2008, de 26 de junho de 2008, decidiu: *"... amplia mayoría de la doctrina nacional y extranjera reconoce que los derechos sociales, llamados también derechos de prestación o de la segunda generación, son tales y no simples declamaciones o meras expectativas, cuya materialización efectiva quede suspendida hasta que las disponibilidades presupuestarias del Estado puedan llevarlos a la práctica" (considerando 26). Luego agrega en el mismo sentido: "resulta ineludible desvanecer la tesis contraria a que los derechos sociales sean realmente tales, aseverando (...) que poner en duda su practicabilidad'de realización, es una idea confusa, porque esa 'reserva de lo posible', a causa de la imposibilidad económica del Estado de darles satisfacción, convirtiendo así en virtuales las cláusulas fundamentales que aseguran su materialización".*

Várias são as decisões do Supremo Tribunal Federal que mencionam expressamente o "mínimo existencial" dos direitos sociais.

Em 12 de setembro de 2000, o Supremo Tribunal Federal, ao analisar o fornecimento gratuito de medicamentos a pessoa portadora do vírus HIV e destituída de recursos financeiros, mesmo sem utilizar expressamente a expressão "mínimo existencial", afirmou ser o Estado obrigado a garantir um mínimo relacionado ao direito à saúde, decorrente do direito à vida: "O direito público subjetivo à saúde representa prerrogativa jurídica indisponível assegurada à

---

142 *Op. cit.*, p. 98 (tradução livre).

generalidade das pessoas pela própria Constituição da República (art. 196). Traduz bem jurídico constitucionalmente tutelado, por cuja integridade deve velar, de maneira responsável, o Poder Público, a quem incumbe formular – e implementar – políticas sociais e econômicas idôneas que visem a garantir, aos cidadãos, inclusive àqueles portadores do vírus HIV, o acesso universal e igualitário à assistência farmacêutica e médico-hospitalar. O direito à saúde, além de qualificar-se como direito fundamental que assiste a todas as pessoas – representa consequência constitucional indissociável do direito à vida. O Poder Público, qualquer que seja a esfera institucional de sua atuação no plano da organização federativa brasileira, não pode mostrar-se indiferente ao problema da saúde da população, sob pena de incidir, ainda que por censurável omissão, em grave comportamento inconstitucional. (...) O caráter programático da regra inscrita no art. 196 da Carta Política – que tem por destinatários todos os entes políticos que compõem, no plano institucional, a organização federativa do Estado brasileiro – não pode converter-se em promessa constitucional inconsequente, sob pena de o Poder Público, fraudando justas expectativas nele depositadas pela coletividade, substituir, de maneira ilegítima, o cumprimento de seu impostergável dever, por um gesto irresponsável de infidelidade governamental ao que determina a própria Lei Fundamental do Estado" (Ag. no RE 271.286-6/RS, rel. Min. Celso de Mello).

Em julgado de 29 de abril de 2004, em Arguição de Descumprimento de Preceito Fundamental (ADPF 45), a própria ementa da decisão menciona a tese do "mínimo existencial" dos direitos sociais: "A questão da legitimidade constitucional do controle e da intervenção do Poder Judiciário em tema de implementação de políticas públicas, quando configurada hipótese de abusividade governamental. Dimensão política da jurisdição constitucional atribuída ao Supremo Tribunal Federal. (...) Necessidade de preservação, em favor dos indivíduos, da integridade e da intangibilidade do núcleo consubstanciador do 'mínimo existencial'". Outrossim, o Supremo Tribunal Federal utiliza um raciocínio que repetirá, muitas vezes, em todos os anos seguintes: a "reserva do possível" não pode ser invocada pelo Estado-administração, para justificar o descumprimento do "mínimo existencial" dos direitos sociais: "Cumpre advertir, desse modo, que a cláusula da 'reserva do possível' – ressalvada a ocorrência de justo motivo objetivamente aferível – não pode ser invocada pelo Estado, com a finalidade de exonerar-se do cumprimento de suas obrigações constitucionais, notadamente quando, dessa conduta governamental negativa, puder resultar nulificação ou, até mesmo, aniquilação de direitos constitucionais impregnados de um sentido de essencial fundamentalidade".

No ano seguinte, no Agravo Regimental no Recurso Extraordinário n. 410.715-5/SP, de 22 de novembro de 2005, o Supremo Tribunal Federal utilizou a teoria do "mínimo existencial" para reconhecer a exigibilidade do direito à educação infantil. No próprio acórdão, o STF afirmou que "a educação infantil, por qualificar-se como direito fundamental de toda criança, não se expõe, em seu processo de concretização, a avaliações meramente discricionárias da Administração Pública, nem se subordina a razões de puro pragmatismo governamental". O Ministro relator Celso de Mello afirmou, em seu voto que há a "necessidade de preservação, em favor dos indivíduos, da integridade e da intangibilidade do núcleo consubstanciador do 'mínimo existencial'. (...) O Supremo Tribunal Federal, considerada a dimensão política da jurisdição constitucional outorgada a esta Corte, não pode demitir-se do gravíssimo encargo de tornar efetivos os direitos econômicos, sociais e culturais, que se identificam – enquanto direitos de segunda geração (como o direito à educação, p. ex.) – com as liberdades positivas, reais ou concretas".

Na Ação de Inconstitucionalidade n. 3.768-4 (Distrito Federal), de 19 de setembro de 2007, proposta pela Associação Nacional das Empresas de Transporte Urbano, o Supremo Tribunal Federal se utilizou da teoria do "mínimo existencial" para assegurar o direito à gratuidade do ao transporte coletivo urbano aos maiores de 65 anos. A associação requerente pretendia obter a declaração da inconstitucionalidade do art. 39 da Lei n. 10.741, de 2003 (Estatuto do Idoso), que assegura a gratuidade dos transportes públicos urbanos e semiurbanos aos que tem 65 (sessenta e cinco) anos ou mais. Alega a requerente que é inconstitucional a aplicação deste artigo até que seja instituído um mecanismo de compensação da fonte de custeio. O Supremo Tribunal Federal julgou improcedente o pedido, invocando, principalmente, a proteção ao idoso e a necessidade de o Estado assegurar a sua participação na comunidade, bem como se baseando no art. 230, § 2º, da Constituição Federal, norma de eficácia plena e aplicabilidade imediata, que garante o acesso gratuito, pelos idosos, aos transportes coletivos urbanos. Afirmou o STF que o investimento e os gastos oriundos da prestação de serviços públicos de transporte coletivo, delegado pelo poder público ao particular, devem ser calculados e definidos pelas partes contratantes, com a devida previsão dos lucros e despesas. Na fundamentação da decisão, o STF invoca a proteção ao idoso com base no direito ao mínimo existencial e o define como "o conjunto das condições primárias sócio-políticas, materiais e psicológicas sem as quais não se dotam de conteúdo próprio os direitos assegurados constitucionalmente, em especial aqueles que se referem aos fundamentais individuais e sociais".

Em 14 de abril de 2008, em Agravo Regimental na Suspensão de Tutela Antecipada n. 223/PE, versando sobre vítima de assalto ocorrido em região do Estado de Pernambuco, que ocasionou tetraplegia à vítima e que lhe impôs, para sobreviver, dependência absoluta em relação a sistema de ventilação pulmonar artificial, com a necessidade de implantação de marcapasso diafragmático intramuscular. Diante da recusa do Estado em viabilizar a cirurgia de implante de referido marcapasso, o STF decidiu: "obrigação jurídico-constitucional que se impõe ao Poder Público, inclusive aos Estados-membros da Federação. (...) <u>A questão da reserva do possível: reconhecimento de sua inaplicabilidade, sempre que a invocação dessa cláusula puder comprometer o núcleo básico que qualifica o mínimo existencial</u>" (grifamos).

Em 24 de março de 2009, o Ministro Marco Aurélio, no AI 693.785, sobre a educação infantil, decidiu: "conforme preceitua o artigo 208, inciso IV, da Carta federal, consubstancia dever do Estado a educação, garantindo o atendimento em creche e pré-escola às crianças de zero a seis anos de idade. O Estado – União, Estados propriamente ditos, ou seja, unidades federadas, e Municípios – deve aparelhar-se para a observância irrestrita dos ditames constitucionais, não cabendo tergiversar mediante escusas relacionadas com a deficiência de caixa. Eis a enorme carga tributária suportada no Brasil a contrariar essa eterna lengalenga. O recurso não merece prosperar, lamentando-se a insistência do Município em ver preservada prática, a todos os títulos nefasta, de menosprezo àqueles que não têm como prover as despesas necessárias a uma vida em sociedade que se mostre consentânea com a natureza humana".

No Agravo Regimental no Recurso Extraordinário com Agravo (ARE 639.337 AgR/SP), de 23 de agosto de 2011, que versa sobre educação infantil, o Supremo Tribunal Federal, na ementa de seu julgado, afirmou: "A destinação de recursos públicos, sempre tão drasticamente escassos, faz instaurar situações de conflito, quer com a execução de políticas públicas definidas no texto constitucional, quer, também, com a própria implementação de direitos sociais assegurados pela Constituição da República, daí resultando contextos de antagonismo que impõem, ao Estado, o encargo de superá-los mediante opções por determinados valores, em detrimento de outros igualmente relevantes, compelindo, o Poder Público, em face dessa relação dilemática, causada pela insuficiência de disponibilidade financeira e orçamentária, a proceder a verdadeiras 'escolhas trágicas', em decisão governamental cujo parâmetro, fundado na dignidade da pessoa humana, deverá ter em perspectiva a intangibilidade do mínimo existencial, em ordem a conferir a real efetividade às normas programáticas positivadas na própria Lei Fundamental. (...) A cláusula da reserva do possível – que não pode ser invocada, pelo Poder Público, com o propósito de fraudar, de frustrar e de inviabilizar a implementação de políticas públicas definidas na própria Constituição – encontra insuperável limitação na garantia constitucional do mínimo existencial, que representa, no contexto de nosso ordenamento positivo, emanação direta do postulado da essencial dignidade da pessoa humana. (...) A noção de 'mínimo existencial', que resulta, por implicitude, de determinados preceitos constitucionais (CF, art. 1º, III, e art. 3º, III), compreende um complexo de prerrogativas cuja concretização revela-se capaz de garantir condições adequadas de existência digna, em ordem a assegurar, à pessoa, acesso efetivo ao direito geral de liberdade e, também, a prestações positivas originárias do Estado, viabilizadoras da plena fruição de direitos sociais básicos, tais como o direito à educação, o direito à proteção integral da criança e do adolescente, o direito à saúde, o direito à assistência social, o direito à moradia, o direito à alimentação e o direito à segurança" (grifamos).

O Supremo Tribunal Federal, voltou a utilizar a tese no Recurso Extraordinário 567.985/MT, de 18 de abril de 2013, que versa sobre o benefício assistencial de prestação continuada ao idoso e ao deficiente, previsto no art. 203, V, da Constituição Federal ("a garantia de um salário mínimo de benefício mensal à pessoa portadora de deficiência e ao idoso que comprovem não possuir meios de prover a própria manutenção e de tê-la provida por sua família, conforme dispuser a lei"), e no art. 20, § 3º, da Lei n. 8.742/93 (Lei Orgânica da Assistência Social –LOAS), que dispõe: "Considera-se incapaz de prover a manutenção da pessoa com deficiência ou idosa a família cuja renda mensal per capita seja inferior a 1/4 (um quarto) do salário mínimo". O Recurso Extraordinário foi interposto pelo Instituto Nacional de Seguro Social (INSS) em razão de decisão da Turma Recursal da Seção Judiciária do Estado de Mato Grosso que concedeu à recorrida o benefício previsto no art. 20, parágrafo 3º, da LOAS, muito embora ela não estivesse dentro do parâmetro estabelecido por esta regra (a renda per capita mensal de sua família era superior a 1/4 do salário mínimo). O STF manteve a decisão da Turma Recursal, afirmando que essa regra não era absoluta e que o Poder Judiciário deve adequar tal critério ao princípio da dignidade da pessoa humana. Em sua fundamentação, invocou o direito ao mínimo existencial para manter a decisão que concedeu à recorrida um direito que a lei não lhe conferiu.

No julgamento desse recurso, votou assim o Min. Marco Aurélio (relator): "É certo que as prestações básicas que compõem o mínimo existencial – esse conjunto sem o qual o ser humano não tem dignidade – não são as mesmas de ontem, e certamente não serão iguais às de amanhã. Assim, embora as definições legais nessa matéria sejam essencialmente contingentes, não chegam a mostrar-se desimportantes. Fixam os patamares gerais para a atuação da Administração Pública, além de permitir razoável margem de certeza quanto ao grupo geral de favorecidos pela regra, o que terá impactos na programação financeira do Estado". Outrossim, para suplantar os parâmetros legais, utilizou-se do seguinte argumento: "No mais, acerca da obediência cega à lei, cito as agudas palavras de Gustav Radbruch, o primeiro filósofo do Direito a defender, no pós-guerra, uma concepção mais próxima do valor justiça e menos apegada ao formalismo jurídico. Assevera ele: 'esta concepção de lei e sua validade, a que chamamos Positivismo, foi a que deixou sem defesa o povo e o jurista contra as leis mais arbitrárias, mais cruéis e mais criminosas'".

Por sua vez, a Segunda Turma do Superior Tribunal de Justiça, no julgamento do Recurso Especial n. 1.302.237/RJ (rel. Min. Mauro Campbell Marques, *DJe* 25-9-2013), em caso envolvendo pagamento de pensão militar à mãe do instituidor do benefício, cujo marido era segurado do INSS, decidiu que, apesar de a interessada ser casada e seu marido receber benefício previdenciário no valor de um salário mínimo, não pode haver obstáculo ao reconhecimento da necessidade e urgência na concessão da pensão militar, "em observância à cultura brasileira de ajuda aos pais idosos, à garantia do mínimo existencial e do princípio da dignidade da pessoa humana. (...) Nessas circunstâncias, em que demonstrada a insubsistência dos fundamentos do ato impetrado de ausência de comprovação da dependência econômica, é de se reconhecer o direito líquido e certo afirmado na inicial".

Outrossim, além da *saúde*, da *educação* e do *transporte*, o STF também analisou o mínimo existencial do *acesso à justiça,* ao determinar que o Estado do Paraná criasse, sob pagamento de multa, a Defensoria Pública no Estado (Embargos de Declaração no Agravo de Instrumento n. 598.212, de 25-3-2014): "Intervenção jurisdicional concretizadora de programa constitucional destinado a viabilizar o acesso dos necessitados à orientação jurídica integral e à assistência judiciária gratuitas (CF, art. 5º, inciso LXXIV, e art. 134) – legitimidade dessa atuação dos juízes e tribunais – o papel do Poder Judiciário na implementação de políticos públicas instituídas pela Constituição e não efetivadas pelo Poder Público. (...) Atividade de fiscalização judicial que se justifica pela necessidade de observância de certos parâmetros constitucionais (proibição do retrocesso social, proteção ao mínimo existencial, vedação da proteção insuficiente e proibição de excesso). (...) O descumprimento, pelo Poder Público, do dever que lhe impõe o art. 134 da Constituição da República traduz grave omissão que frustra, injustamente, o direito dos necessitados à plena orientação jurídica e à integral assistência judiciaria e que culmina, em razão desse inconstitucional inadimplemento, por transformar os direitos e as liberdades fundamentais em proclamações inúteis, convertendo-os em expectativas vãs" (rel. Min. Celso de Mello).

Em 13 de agosto 2015, no Recurso Extraordinário n. 592.581/RS, o Supremo Tribunal Federal entendeu que "é lícito ao Judiciário impor à Administração Pública obrigação de fazer, consistente na promoção de medidas ou na execução de obras emergenciais em estabelecimentos prisionais. Supremacia da dignidade da pessoa humana que legitima a intervenção judicial". Os Ministros debateram acerca dos limites da intervenção do Poder Judiciário no sistema carcerário. Não poderia o Judiciário substituir o Poder Executivo na determinação de obras de melhoria e demais políticas públicas do sistema carcerário, sob pena de interferência indevida de um Poder sobre outro. Todavia, o parâmetro utilizado para identificação do mínimo existencial da dignidade dos presos é a vedação constitucional à tortura e ao tratamento desumano ou degradante. Segundo o Ministro Relator (Ricardo Lewandowski), "é bem minimalista a tese, quer dizer, a intervenção judicial se faz na estrita medida de defender os direitos fundamentais do preso, que estão consignados na Constituição".

Em histórica decisão, na ADPF 347 MC/DF, de 9 de setembro de 2015, acerca do sistema carcerário nacional, o Supremo Tribunal Federal, pela primeira vez, reconheceu o "Estado de Coisas Inconstitucional", teoria construída pelo Tribunal Constitucional colombiano, decorrente de algumas *Sentencias de Unificación* (*Sentencia* SU-559, de 6 de novembro de 1997; *Sentencia* T-068, de 5 de março de 1998; *Sentencia* SU-250, de 26 de maio de 1998; *Sentencia* T-590, de 20 de outubro de 1998; *Sentencia* T-525, de 23 de julho de 1999; *Sentencia* T-253, de 28 de abril de 1998; *Sentencia* T-025, de 22 de janeiro de 2004).

Segundo a Corte Constitucional colombiana, o *Estado de Coisas Inconstitucional* decorre da constatação de violações generalizadas, contínuas e sistemáticas de direitos fundamentais, por vários órgãos estatais, demandando soluções estruturais igualmente amplas, para a solução dos problemas e supressão das omissões estatais. Segundo a Corte Constitucional colombiana, estará presente o *Estado de Coisas Inconstitucional*, quando presentes o seguinte cenário: a) grave, permanente e generalizada violação de direitos fundamentais, afetando um amplo e indeterminado número de pessoas; b) comprovada omissão reiterada de órgãos estatais diversos, no cumprimento de seus deveres institucionais para a tutela dos direitos fundamentais (por exemplo, falta de medidas legislativas, administrativas e políticas); c) insuficiência de uma solução unilateral, voltada para um único órgão (é necessária a construção de uma solução múltipla, plurilateral, dirigindo-se a uma pluralidade de órgãos e autoridades).

O primeiro caso julgado pela Corte Constitucional colombiana (*Sentencia* SU-559/97) versava sobre problemas sistemáticos relacionados à educação (inequitativa distribuição fiscal na seara da educação, desrespeito a regras previdenciárias dos professores etc.). Decidiu a Corte colombiana: "A Corte tem o dever de colaborar de maneira harmônica com os órgãos restantes do Estado para a realização de seus fins. Do mesmo modo deve comunicar a autoridade competente sobre a notícia relativa à prática de um delito e notificá-la de que um

II • Os limites da exigência imediata dos direitos sociais

determinado *estado de coisas resulta violatória da Constituição Política*. (...) Como a situação descrita se apresenta em muitos municípios, adverte-se às autoridades competentes que o tal *estado de coisas* deverá corrigir-se dentro do marco das funções que lhe são atribuídas pela lei, em prazo que seja razoável" (grifamos).

Esse *estado de coisas inconstitucional* pode se dar por meio de atos do Estado, mas principalmente se dá por meio de um conjunto sistemático de omissões do poder público, igualmente consideradas inconstitucionais. Como vimos em capítulo anterior (sobre o princípio da proporcionalidade), no tocante à tutela dos direitos fundamentais, o Estado tem uma série de deveres. No tocante aos *direitos sociais* (saúde, educação, moradia, alimentação etc.), deve cumprir um "mínimo existencial" desses direitos. No tocante aos *direitos individuais* (vida, liberdade, propriedade, honra etc.), o Estado não poderá restringir excessivamente esses direitos, a ponto de ferir seu núcleo essencial (proibição do excesso – *übermassberbot*), mas também não pode deixar de agir, omitindo-se a ponto de não tutelar o direito fundamental (proibição da proibição insuficiente – *untermassverbot*), os dois aspectos do princípio da proporcionalidade, de acordo com a jurisprudência do Tribunal Constitucional alemão. Se os poderes públicos, de forma sistêmica, reiterada e generalizada, praticam atos e/ou omissões que violam os direitos fundamentais, está-se diante de um *estado de coisas inconstitucional*, ensejando uma série de medidas igualmente generalizadas, plurais, envolvendo vários agentes e órgãos públicos, a fim de diminuir a violação aos direitos fundamentais sistematicamente violados.

No caso brasileiro (ADPF 347), depois de reconhecer o descumprimento generalizado e sistemático por parte do Poder Público aos deveres constitucionais relacionados ao sistema carcerário nacional, o Supremo Tribunal Federal decidiu que "a forte violação de direitos fundamentais, alcançando a transgressão à dignidade da pessoa humana e ao próprio mínimo existencial justifica a atuação mais assertiva do Tribunal. (...) Há mais: apenas o Supremo revela-se capaz, ante a situação descrita, de superar os bloqueios políticos e institucionais que vêm impedindo o avanço de soluções, o que significa cumprir ao Tribunal o papel de retirar os demais Poderes da inércia, catalisar os debates e novas políticas públicas, coordenar as ações e monitorar os resultados. (...) No sistema carcerário brasileiro, conforme já consignado, são violados diversos preceitos constitucionais: o da dignidade da pessoa humana e vários direitos sociais no patamar do mínimo existencial".

Ainda nessa decisão, o Supremo Tribunal Federal decidiu que "a violação da dignidade da pessoa humana e do mínimo existencial autoriza a judicialização do orçamento, sobretudo se considerado o fato de que recursos legalmente previstos para o combate a esse quadro vêm sendo contingenciados, anualmente, em valores muito superiores aos efetivamente realizados, apenas para alcançar metas fiscais. Essa prática explica parte do fracasso das políticas públicas existentes".

Por fim, nessa mesma decisão, o Min. Marco Aurélio, que concedeu a cautelar ora em comento, definiu o "mínimo existencial": "A noção de mínimo existencial, que resulta, por implicitude, de determinados preceitos constitucionais (CF, art. 1º, III, e art. 3º, III), compreende um complexo de prerrogativas cuja concretização revela-se capaz de garantir condições adequadas de existência digna, em ordem a assegurar, à pessoa, acesso efetivo ao direito geral de liberdade e, também, a prestações positivas originárias do Estado, viabilizadoras da plena fruição de direitos sociais básicos, tais como o direito à educação, o direito à proteção integral da criança e do adolescente, o direito à saúde, o direito à assistência social, o direito à moradia, o direito à alimentação, o direito à segurança e o direito de não sofrer tratamento degradante e indigno quando sob custódia do Estado".

Em 3 de dezembro de 2015, no Recurso Extraordinário n. 581.488/RS, relatado pelo Min. Dias Toffoli, decidiu o STF: "Não cabe certamente ao Judiciário, já se disse, formular e executar políticas públicas, em qualquer área, inclusive na de saúde. São atividades típicas e próprias dos Poderes Executivo e Legislativo. Entretanto,

II • Os limites da exigência imediata dos direitos sociais

inexistindo políticas públicas estabelecidas ou sendo elas insuficientes para atender a prestações minimamente essenciais à efetividade do direito fundamental social, abre-se o espaço para a atuação jurisdicional. (...) Mas há igualmente o direito de reclamar, pelas vias jurisdicionais comuns, o que se costuma denominar de <u>mínimo existencial</u>. Considera-se mínimo existencial, para esse efeito, o direito a uma prestação estatal que a) pode ser desde logo identificada, à luz das normas constitucionais, como necessariamente presente qualquer que seja o conteúdo da política pública estabelecida e b) é suscetível de ser desde logo atendida pelo Estado como ação ou serviço de acesso universal igualitário" (voto do Min. Teori Zavascki – grifamos).

2.5. MÍNIMO EXISTENCIAL E MÍNIMO VITAL

Na doutrina alemã, o mínimo existencial tem se desdobrado em dois aspectos: um mínimo fisiológico, ou seja, as condições materiais mínimas para uma vida digna (sendo esse o conteúdo essencial da garantia do mínimo existencial), e também um mínimo existencial sociocultural, objetivando assegurar ao indivíduo um mínimo de inserção, em razão de uma igualdade real, na vida social. Assim, enquanto o primeiro "encontra-se diretamente fundado no direito à vida e na dignidade da pessoa humana (abrangendo, por exemplo, prestações básicas em termos de alimentação, vestimenta, abrigo, saúde ou os meios indispensáveis para a sua satisfação), o assim designado mínimo sociocultural encontra-se fundado no princípio do Estado Social e no princípio da igualdade no que diz com o seu conteúdo material"[143]. Jorge Reis Novais, da mesma forma, faz a distinção da seguinte maneira: enquanto o *mínimo vital* consiste na "proteção contra as ameaças à sobrevivência, uma garantia mínima da existência fisiológica, associado, portanto, à garantia dos pressupostos mínimos de uma sobrevivência digna e, logo, de alimentação, roupa,

---

143 Ingo Wolfgang Sarlet e Mariana Filchtiner Figueiredo, *op. cit.*, p. 22.

cuidados de saúde e de alojamento sem cuja existência a dignidade da pessoa humana e o próprio direito à vida estariam ameaçados"[144], o *mínimo existencial* "seria ampliado em função da existência da pessoa num contexto sociocultural, significando também condições reais de uma existência digna em função desse contexto, associado já, portanto, às exigências de prestação material que, considerados dinamicamente o desenvolvimento e as disponibilidades do Estado e a evolução cultural das necessidades individuais, procuram assegurar as condições de desenvolvimento da personalidade, de participação e de integração comunitária"[145].

Dessa maneira, não se pode confundir o *mínimo existencial* com o mínimo vital ou mínimo de sobrevivência, pois esse é um corolário do direito à vida (art. 5º, *caput*, da Constituição Federal). Não permitir que alguém morra de fome, embora seja o primeiro e mais básico aspecto do *mínimo existencial*, com ele não se confunde. O mínimo existencial é um conjunto de garantias materiais para uma vida condigna, que implica deveres de abstenção e ação por parte do Estado. Confundir o *mínimo existencial* com o *mínimo vital* (de sobrevivência física) é reduzir o *mínimo existencial* ao direito à vida. Ora, o direito ao mínimo existencial é muito mais que isso: "implica uma dimensão sociocultural, que também constitui elemento nuclear a ser respeitado e promovido, razão pela qual determinadas prestações em termos de direitos culturais haverão de estar sempre incluídas no mínimo existencial"[146].

Luís Fernando Sgarbossa faz a importante distinção entre o *mínimo vital* ou *fisiológico* e o *mínimo sociocultural*. Enquanto o primeiro consiste nas condições imprescindíveis para a manutenção da vida em termos biológicos, o segundo consiste nas condições que propiciam a inserção do indivíduo na vida social. Assim, o mínimo existencial não pode se resumir ao mínimo vital, mas sim, abranger

---

144 *Direitos sociais*: teoria jurídica dos direitos sociais enquanto direitos fundamentais, p. 195.
145 *Op. cit.*, p. 195.
146 *Op. cit.*, p. 25.

os dois aspectos, já que a simples existência da vida biológica não assegura ao indivíduo uma existência digna[147]. Nas palavras do autor, "a própria fundamentação no princípio da dignidade da pessoa humana, dignidade essa que possui uma inequívoca dimensão sociocultural, conforme já afirmado, exige que, além de não se definir aprioristicamente o conteúdo do Mínimo Existencial, não se reduza este último ao mínimo vital, eis que a mera existência biológica não é o duplo da existência digna, tutelada pelo *existenzminimum*"[148].

Como mencionamos anteriormente, John Rawls afirma que viver não consiste em simplesmente sobreviver, sendo necessárias condições mínimas para que a pessoa possa se desenvolver dignamente, atuando como um personagem político relevante, já que "abaixo de um certo nível de bem-estar material e social e de treinamento e educação, as pessoas simplesmente não podem participar da sociedade como cidadãos, e muito menos como cidadãos iguais"[149], sendo necessário o reconhecimento de um "mínimo social que supra as necessidades básicas dos cidadãos"[150]. Interpretado a obra do mencionado autor, Liliane Coelho da Silva afirma que "o filósofo ressalta que a Justiça como Equidade é muito mais do que a proposta de uma sociedade onde as pessoas meramente têm o básico para viver, onde basta não passar fome e ter um teto. Se quisermos que haja um sistema equitativo entre cidadãos livres e iguais, que gozem de um sentimento de pertencimento àquela comunidade política, que tenham condições de atuar na sociedade para melhorá-la, para concorrer a cargos públicos ou exigir dos eleitos um serviço adequado, é necessário garantir às pessoas mais do que apenas o estritamente necessário para sobreviver"[151].

---

147 *Crítica à teoria dos custos dos direitos*: reserva do possível. Porto Alegre: Sergio Antonio Fabris, 2010, v. 1, p. 308.
148 *Op. cit.*, p. 308.
149 John Rawls. *O liberalismo político*, p. 172.
150 John Rawls. *Justiça como igualdade*, p. 67.
151 A ideia de mínimo existencial de acordo com a teoria rawlsiana, p. 22.

Nesse sentido, Ingo Sarlet afirma que "quanto ao conteúdo do direito propriamente dito, a compreensão desenvolvida na Alemanha e que também guarda harmonia com o marco jurídico-constitucional (...) parte da premissa de que <u>o mínimo existencial não se reduz a uma mera garantia de sobrevivência física, ou seja, o que se costuma chamar de mínimo vital, mas abarca a garantia mínima de acesso a bens culturais, a inserção na vida social e a participação política, ou seja, aquilo que se tem denominado de um mínimo sociocultural</u>"[152] (grifamos).

Não obstante, o *mínimo vital* está inserido no *mínimo existencial*, pelo que podemos afirmar serem círculos concêntricos, que não se confundem.

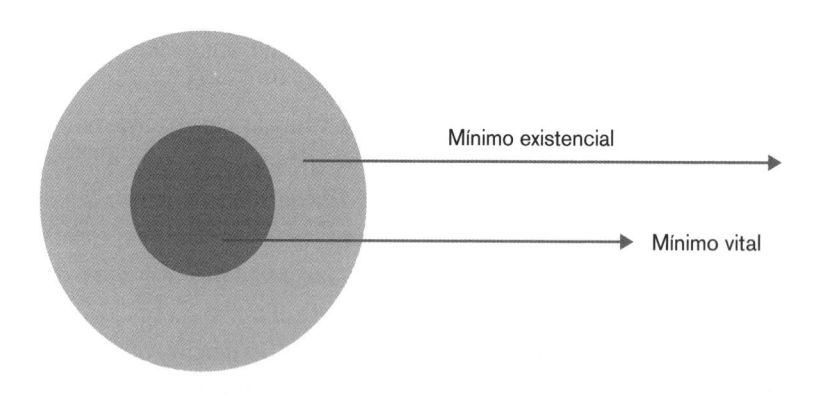

———

[152] *O direito ao mínimo existencial não é uma mera garantia de sobrevivência.* Disponível em: http://www.conjur.com.br/2015-mai-08/direitos-fundamentais-assim-chamado-direito-minimo-existencial. Em outro texto, o autor, com outras palavras, reafirma seu entendimento: "o mínimo existencial não pode ser confundido com o que se tem chamado de mínimo vital ou um mínimo de sobrevivência, de que este último diz com a garantia da vida humana, sem necessariamente abranger as condições para uma sobrevivência física em condições dignas, portanto, de uma vida com certa qualidade. Não deixar alguém sucumbir à fome certamente é o primeiro passo em termos da garantia de um mínimo existencial, mas não é – e muitas vezes não o é sequer de longe – o suficiente" (Reserva do possível, mínimo existencial e direito à saúde: algumas aproximações, p. 23).

O Superior Tribunal de Justiça, no AgRg no AREsp 790.767/MG, decidiu que "o mínimo existencial não se resume ao mínimo vital, ou seja, o mínimo para se viver. O conteúdo daquilo que seja o mínimo existencial abrange também as condições socioculturais, que, para além da questão da mera sobrevivência, asseguram ao indivíduo um mínimo de inserção na 'vida' social".

Os temas dos Comentários Gerais do Comitê de Direitos Econômicos, Sociais e Culturais da ONU demonstram igualmente uma evolução do *mínimo vital* (Comentário Geral n. 3) para um *mínimo existencial*, com todos os aspectos culturais e sociais que mencionamos (é o caso do Comentário Geral n. 7 – direito à moradia; Comentário Geral n. 11 – direito à educação primária; Comentário Geral n. 15 – direito à água e o Comentário Geral n. 21 – direito a participar da vida cultural).

2.6. NÚCLEO ESSENCIAL DOS DIREITOS FUNDAMENTAIS

Primeiramente, as normas infraconstitucionais não podem ferir o *núcleo essencial dos direitos fundamentais* (o núcleo intangível, irredutível desses direitos). Ao contrário da Constituição de Portugal, de 1976 (art. 18, III)[153], da Constituição da Alemanha, de 1949 (art. 19, II)[154], e da Constituição espanhola de 1978 (art. 53, n. 1)[155], a Constituição brasileira não prevê expressamente a garantia da irredutibilidade do *núcleo essencial* dos direitos. Não obstante, como afirmou em seu voto o Min. Gilmar Mendes, no Recurso Extraordinário n. 511.961, "enquanto princípio expressamente consagrado na

---

153 "As leis restritivas de direitos, liberdades e garantias têm de se revestir de caráter geral e abstrato e não podem ter efeito retroactivo nem diminuir a extensão e o alcance do conteúdo essencial dos preceitos constitucionais."
154 "Em nenhum caso um direito fundamental poderá ser afetado em sua essência."
155 "Os direitos e liberdades reconhecidos no Capítulo II do presente Título vinculam todos os poderes públicos. Somente por lei, que em todos os casos deve respeitar seu conteúdo essencial, poderão ser regulados esses direitos e liberdades..."

Constituição ou enquanto postulado constitucional imanente, o princípio da proteção do núcleo essencial destina-se a evitar o esvaziamento do conteúdo do direito fundamental decorrente de restrições descabidas, desmesuradas ou desproporcionais" (grifamos).

Assim, o núcleo essencial dos direitos fundamentais consiste num espaço irredutível de cada direito fundamental, um conteúdo mínimo cuja restrição está fora do alcance do legislador ou do próprio intérprete, num eventual juízo de ponderação.

A ideia de garantir a intangibilidade de um "núcleo essencial" dos direitos fundamentais refere-se a uma categoria central da dogmática jurídico-constitucional da última metade do século XX, com o escopo de estabelecer um último reduto de garantia contra leis fortemente restritivas dos direitos fundamentais. O objetivo de impor "limites dos limites" das normas restritivas de direitos fundamentais ganhou espaço na Alemanha do pós-guerra, em especial na vigência da Lei Fundamental de 1949, para se evitar a repetição daquilo que ocorreu com a Constituição de Weimar, que teve seu catálogo de direitos fundamentais esvaziado pela obra do Poder Legislativo na Alemanha nazista. Por essa razão, estabeleceu-se um conteúdo essencial do direito fundamental (*wesensgehalt*), limitando a atividade limitadora dos poderes constituídos no âmbito dos direitos fundamentais.

José Joaquim Gomes Canotilho, ao tratar dessa irredutibilidade, na Constituição portuguesa, afirma que esta "garante e protege um núcleo essencial destes direitos contra leis restritivas (núcleo essencial como reduto último de defesa)"[156], evidenciando o espaço de proteção contra leis que exorbitem dos limites na eventual restrição aos direitos fundamentais.

Não se pode confundir *núcleo essencial* com *cláusulas pétreas*. Essas últimas são matérias determinadas pelo poder constituinte originário e que não podem ser suprimidas da Constituição. Já o *núcleo essencial* da norma corresponde a um núcleo intangível, irredutível

---

156 *Op. cit.*, p. 482.

(o núcleo sensível da norma, que não admite qualquer hipótese de restrição). Cada cláusula pétrea tem seu núcleo essencial. Por exemplo, segundo o art. 60, § 4º, IV, da Constituição Federal, são cláusulas pétreas os direitos e garantias individuais. Isso significa que eles não podem ser suprimidos da Constituição. Todavia, podem ser restritos, delimitados pela lei infraconstitucional. Todavia, essa lei não poderá ferir o *núcleo essencial* de cada direito fundamental.

Todavia, indaga-se: como identificar o núcleo essencial, o núcleo intangível de cada direito fundamental (já que ele não está expresso na Constituição)? Há quatro teorias aptas a responder a essa pergunta: a) teoria objetiva e teoria subjetiva; b) teoria absoluta (*absolute Theorie*) e teoria relativa (*relative Theorie*).

a) Teoria objetiva e teoria subjetiva

A teoria objetiva preconiza que o objeto da proteção da garantia do núcleo essencial é a norma jurídica, e não o direito subjetivo, admitindo que este seja suprimido no caso concreto, desde que permaneça válido como norma objetiva. Dessa maneira, o conteúdo essencial de um direito fundamental deve ser definido com base no significado que este possui para a vida de toda a sociedade.

Segundo Virgílio Afonso da Silva, "embora esse enfoque faça sentido, é fácil perceber que ele não oferece praticamente proteção alguma além daquelas que já decorrem automaticamente da ideia de cláusulas pétreas. Para casos individuais ou mesmo para casos gerais em que a restrição não põe em risco o direito fundamental em seu sentido 'para o todo social', mas pode implicar total eliminação em situações concretas, o enfoque objetivo não oferece proteção alguma. Por isso, deve ser complementado por um enfoque subjetivo"[157].

Por sua vez, para a teoria subjetiva, o bem tutelado pela mencionada garantia é o direito subjetivo do indivíduo. Assim, a limitação a determinado direito fundamental pode ser analisada em

---

[157] *Op. cit.*, p. 186.

relação ao seu titular, e não em relação a toda a coletividade. O direito fundamental é compreendido em relação ao seu titular, de modo que ele se torna a referência para aferição da gravidade da restrição, bem como para a definição do conteúdo essencial do direito. Ana Carolina Lopes Olsen, "para a teoria objetiva, o conteúdo essencial é aferido a partir da referência no ordenamento jurídico como um todo, na sociedade em si, de modo que é por esta particularidade que ele não poderia ser atingido. Dessa forma, o conteúdo essencial é definido como norma objetiva, de modo que sempre que permanecer válido perante os demais indivíduos, poderá ser totalmente restringido num caso concreto. Trata-se de posição incompleta, que pode assumir, no máximo, um caráter complementar em relação à teoria subjetiva, mas não substituí-la"[158].

A complementação entre as duas teorias é exatamente o que propõe Luís Fernando Sgarbossa: "sustenta-se, aqui, portanto, a conjunção das teorias objetiva e subjetiva, tendo em vista que não faz sentido a manutenção de uma garantia institucional, meramente objetiva, intangível em seu núcleo, cuja dimensão subjetiva seja franqueada, ainda que motivadamente, mesmo em sua essência. Tal interpretação é, em nosso juízo, insubsistente em face da teleologia do instituto jurídico dos direitos fundamentais: objetivando à concreta proteção da pessoa, nada significa sua dimensão objetiva dissociada da dimensão subjetiva. A pretensão de tal dissociação é insubsistente do ponto de vista de uma teoria jusfundamental coerente e subsistente"[159].

b) Teoria absoluta e teoria relativa

Segundo a *teoria absoluta*, o núcleo essencial do direito fundamental é encontrado através da análise abstrata da norma, sem a utilização de um caso concreto. O intérprete debruça-se sobre a norma constitucional e tenta identificar qual o núcleo irredutível, intangível

---

158 *Op. cit.*, p. 150.
159 *Op. cit.*, p. 294.

dessa norma. Esclarecedor o voto do Min. Gilmar Mendes, no HC 82.959 (que declarou inconstitucional o regime integralmente fechado nos crimes hediondos): "os adeptos da chamada *teoria absoluta* (*'absolute Theorie'*) entendem o núcleo essencial dos direitos fundamentais (*Wesensgehalt*) como unidade substancial autônoma (*substantieller wesenskern*) que, independentemente de qualquer situação concreta, estaria a salvo de eventual decisão legislativa. Essa concepção adota uma interpretação material, segundo a qual existe um espaço interior livre de qualquer intervenção estatal. Em outras palavras, haveria um espaço que seria suscetível de limitação por parte do legislador; outro seria insuscetível de limitação".

Como afirma Ana Carolina Lopes Olsen, "a teoria absoluta defende a existência de um núcleo intangível do direito fundamental, que não pode, em hipótese alguma, ser atingido – ainda que pelo preceito da proporcionalidade"[160].

É a posição adotada por Vieira de Andrade: "o conteúdo essencial consistiria em um núcleo essencial, <u>determinável em abstrato, próprio de cada direito</u> e que seria, por isso, intocável. Referir-se-ia a um espaço de maior intensidade valorativa (o coração do direito) que não poderia ser afetado sob pena de o direito deixar realmente de existir"[161] (grifamos).

Segundo a *teoria relativa*, o núcleo essencial dos direitos fundamentais não é encontrado aprioristicamente, mas na solução de cada caso concreto, através da aplicação do princípio da proporcionalidade. Segundo Gilmar Mendes, no voto sobredito, "os sectários da chamada *teoria relativa* (*'relative Theorie'*) entendem que o núcleo essencial há de ser definido para cada caso, tendo em vista o objetivo perseguido pela norma de caráter restritivo. O núcleo essencial seria aferido mediante a utilização de um processo de ponderação entre meios e fins (*zweck-mittel-prüfung*), com base no princípio da proporcionalidade.

---

160 *Op. cit.*, p. 153.
161 *Os direitos fundamentais na Constituição portuguesa de 1976*. Coimbra: Almedina, 1987, p. 233.

O núcleo essencial seria aquele mínimo insuscetível de restrição ou redução com base nesse processo de ponderação".

Como afirmamos acima, embora não previsto expressamente em nossa Constituição, a garantia do núcleo essencial foi acolhida pelo direito brasileiro, como afirma Gilmar Mendes no voto ora em análise: "embora o texto constitucional brasileiro não tenha estabelecido expressamente a ideia de um núcleo essencial, é certo que tal princípio decorre do modelo garantísticos utilizado pelo constituinte. A não admissão de um limite ao afazer legislativo tornaria inócua qualquer proteção fundamental".

No *Habeas Corpus* n. 82.959/SP, relatado pelo Min. Marco Aurélio, o Supremo Tribunal Federal entendeu que a Lei 8.072/90, ao prever o regime integralmente fechado, restringiu excessivamente o núcleo essencial da individualização da pena (art. 5º, XLVI, CF). Da mesma forma, no Recurso Extraordinário n. 511.961, o Supremo Tribunal Federal considerou inconstitucional a exigência de diploma de jornalismo para a prática de atividades jornalísticas, sob o argumento de que "a reserva legal estabelecida pelo art. 5º, XIII, não confere ao legislador o poder de restringir o exercício da liberdade profissional a ponto de atingir o seu próprio núcleo essencial".

Dessa maneira, a restrição infraconstitucional não pode ser excessiva (princípio da proibição do excesso – *ubermassverbot*). Para verificar se a restrição foi excessiva ou não, deve-se analisar o critério da proporcionalidade. O princípio da proporcionalidade deriva da jurisprudência do Tribunal Constitucional alemão e estabelece critérios para aferição da constitucionalidade da lei que restringe normas constitucionais: adequação, necessidade e proporcionalidade em sentido estrito. Pelo critério da *adequação*, verifica-se se a lei restritiva atinge os objetivos por ela estabelecidos; pela *necessidade,* faz-se uma análise comparativa entre a solução legislativa e outras soluções possíveis; pela *proporcionalidade em sentido estrito*[162], faz-se uma

---

162 Nesse recurso extraordinário, o STF decidiu: "Por fim, o exame de proporcionalidade em sentido estrito requer o sopesamento entre a importância de

ponderação entre o direito tutelado pela lei restritiva e o direito restrito na norma constitucional.

Qual a relação entre o "núcleo essencial" dos direitos fundamentais e o "mínimo existencial" dos direitos sociais? São expressões correlatas ou sinônimas?

Mário Lúcio Garcez Calil, em obra específica sobre o tema, entende serem expressões sinônimas: "Na realidade, como ocorre no modelo ora proposto, baseado em uma teoria externa das restrições aos direitos fundamentais, o conteúdo essencial coincide com a base do mínimo existencial. O mínimo existencial, como último conteúdo essencial dos direitos fundamentais, é irredutível e indisponível. Assim, pode ser considerado o mínimo existencial como o núcleo essencial dos direitos fundamentais sociais. Tendo em conta que, no que concerne ao presente trabalho, se aceita a tese do núcleo essencial relativo, enquanto resultado do procedimento de ponderação, não poderá haver fixação dos direitos que compõem esse mínimo existencial em abstrato, apenas garantindo-se que o direito que não tiver sua precedência reconhecida não desapareça do Ordenamento"[163].

No mesmo sentido, Ricardo Lobo Torres assim se posiciona: "o mínimo existencial não é um valor nem um princípio jurídico, mas o conteúdo essencial dos direitos fundamentais. Nada obstante está impregnado pelos valores e princípios jurídicos os mais relevantes. O mínimo existencial não é um valor, por não possuir a generalidade e a abstração de ideias como as de liberdade, justiça e igualdade. Além disso, o mínimo existencial pode se traduzir, para a sua garantia, em regra jurídico, o que jamais acontece com os valores. Mas o mínimo

---

realização do fim objetivado pela medida e a intensidade da restrição ao direito fundamental. É dizer: o perigo de dano decorrente da prática da advocacia sem o exame de conhecimentos serve a justificar a restrição ao direito fundamental e geral à liberdade do exercício de profissão? Os benefícios provenientes da medida restritiva são superiores à ofensa à garantia do inciso XIII do artigo 5º da Carta? A resposta é positiva".

163 *Efetividade dos direitos sociais*: prestação jurisdicional com base na ponderação de princípios. Porto Alegre: Nuria Fabris, 2012, p. 167-168.

existencial se deixa tocar e imantar permanentemente pelos valores da liberdade, da justiça, da igualdade e da solidariedade"[164].

Ingo Sarlet opta pela primeira resposta (são expressões correlatas, mas não sinônimas): "para além de outras considerações, insistimos aqui na tese de que o núcleo essencial dos direitos fundamentais não se confunde com o maior ou menor conteúdo em dignidade da pessoa humana dos direitos fundamentais, assim como também a assim designada garantia do mínimo existencial, mesmo no caso dos direitos sociais, não pode ser pura e simplesmente identificada como o núcleo essencial de tais direitos, pelo menos não no sentido de que se trata de categorias absolutamente idênticas, o que, todavia, não significa que não haja uma relação entre tais figuras jurídicas"[165].

No mesmo sentido, Ana Carolina Lopes Olsen entende que "núcleo essencial" dos direitos e "mínimo existencial" são expressões correlatas, mas diversas: "é preciso ressaltar que nem sempre um direito fundamental social terá no seu núcleo um conteúdo equivalente ao mínimo existencial. No caso do direito à saúde, por exemplo, a correspondência entre núcleo essencial e mínimo existencial parece bastante clara. O mesmo, entretanto, não ocorre se for tomado como parâmetro o direito fundamental à participação nos lucros do empregador. Logo, é preciso deixar claro que se trata de duas categorias distintas – núcleo essencial de direito fundamental social, e mínimo existencial – mas que podem ter características e aplicações semelhantes"[166].

---

164 *Op. cit.*, p. 313.
165 *A eficácia dos direitos fundamentais*. Porto Alegre: Livr. do Advogado Ed., 2007, p. 422. Continua o autor: "Por outro lado, é preciso enfatizar que a garantia do conteúdo (ou núcleo) essencial não equivale, pelo menos não necessariamente, a uma salvaguarda de um conteúdo mínimo, em outras palavras, como bem averba Ignacio Villaverde Menéndez, a qualificação do conteúdo protegida em face das restrições se dá precipuamente não pelo fato de ser um conteúdo mínimo, mas sim, pela circunstância de que está imune à ação do poder público, e, portanto, segue à disposição do titular do direito" (p. 422).
166 *Direitos fundamentais sociais*, p. 318.

II • Os limites da exigência imediata dos direitos sociais

Há uma grande correlação entre o *mínimo existencial* e o *núcleo essencial* dos direitos sociais. Como ressalta Virgílio Afonso da Silva, "a simples ideia de um conteúdo essencial dos direitos sociais remete automática e intuitivamente ao conceito de mínimo existencial. Essa intuição em considerar ambas as figuras como intercambiáveis ou sinônimas deve, no entanto, ser vista com cautela"[167]. Segundo o autor, há três formas diferentes de se conceituar o mínimo existencial dos direitos sociais: "1) aquilo que é garantido pelos direitos sociais – ou seja, direitos sociais garantem apenas um mínimo existencial; 2) aquilo que, no âmbito dos direitos sociais, é justiciável – ou seja, ainda que os direitos sociais possam garantir mais, a tutela jurisdicional só pode controlar a realização do mínimo existencial, sendo o resto mera questão de política legislativa; 3) o mesmo que conteúdo essencial – isto é, um conceito que (...) não se confunde com a totalidade do direito social"[168].

Segundo Ana Paula de Barcellos, "o mínimo existencial, como se verá, nada mais é do que um conjunto formado por uma seleção desses direitos, tendo em vista sua essencialidade, dentre outros critérios"[169]. Segundo a autora, essa teoria foi criada com um objetivo principal: "a verdade, entretanto, é que a mera positivação desses direitos ainda não foi capaz de dar solução real e final ao problema. Tanto assim que a sociedade contemporânea (de forma mais grave nos países em desenvolvimento e subdesenvolvidos, embora o fenômeno não seja desconhecido das grandes potências) continua a conviver com um contingente humano que dispõe de um arsenal de direitos e garantias assegurados pelo Estado, mas simplesmente não

---

167 *Direitos fundamentais*: conteúdo essencial, restrições e eficácia, p. 204.
168 *Op. cit.*, p. 205.
169 *O mínimo existencial e algumas fundamentações:* John Rawls, Michael Walzer e Robert Alexy, p. 101. Prossegue a autora: "Passando da fundamentação filosófica à concretização jurídica é que a consagração positiva dos direitos sociais em documentos constitucionais não foi capaz de superar as dificuldades que se opõem à sua implementação no mundo dos fatos. Duas delas merecem breve referência, a saber: o problema dos custos envolvidos na realização dos direitos sociais e a imprecisão dos próprios enunciados desses direitos" (p. 102).

tem como colher esses frutos da civilização. E isso porque, nada obstante a positivação e sua importância, a juridicidade dos direitos sociais ainda apresenta um conjunto de dificuldades não equacionadas, tanto na ordem teórica como de natureza técnico-jurídica. A ideia do mínimo existencial surge exatamente como uma tentativa de apresentar solução para tais questões".

Posicionamo-nos no sentido de combinar as interpretações acima mencionadas. O *núcleo essencial dos direitos* e o *mínimo existencial* dos direitos sociais são conceitos que surgiram depois da Segunda Guerra Mundial, ambos implícitos em nossa Constituição, que têm a função de impor limites à ação ou omissão do Estado em face dos direitos fundamentais, com a intenção de não enfraquecê-los. Enquanto a teoria dos *núcleos essenciais* dos direitos fundamentais é uma tentativa de impor limites à ação restritiva do Estado (impedindo restrições excessivas), a teoria do *mínimo existencial* é uma tentativa de impor limites à omissão excessiva do Estado, impondo deveres ao Estado para cumprir imediatamente uma parcela do direito previsto na Constituição Federal.

Aliás, com outras palavras, afirmou Virgílio Afonso da Silva: "Nos casos dos direitos fundamentais garantidos por normas ditas de eficácia limitada, sobretudo no caso dos direitos sociais, parece também ser muito difícil analisar qual poderia ser o seu conteúdo essencial. Isso porque, em geral, essas são normas que, segundo os modelos tradicionais, dependem de regulamentação e intervenção estatal para iniciar a sua produção de efeitos. Via de regra, nem mesmo se cogita falar em restrição a tais direitos, já que se ocupa a doutrina, nesses casos, de algo que parece ser anterior à possibilidade de restrição, que é a própria criação de condições para que eles produzam algum efeito. Se tais normas, a partir do texto constitucional, não dispõem de quase nenhuma condição de produzir efeitos, não faria sentido restringir a sua eficácia, pois pouco ou nada há de ser restringido. Aqui, também, fica difícil pensar em um conteúdo essencial absoluto ou relativo"[170].

---

170 *Op. cit.*, p. 47.

Não obstante, em se tratando de direitos sociais, é inegável a aproximação de ambas as teorias. Por exemplo, em se tratando do direito social ao transporte (art. 6º, *caput*, da Constituição Federal), o Supremo Tribunal Federal já entendeu (como vimos no item acima) que é o *mínimo existencial* desse direito à gratuidade do transporte coletivo urbano aos maiores de 65 anos (como corolário do art. 230, § 2º, da Constituição Federal). Todavia, o núcleo essencial do direito ao transporte não pode se confundir com o transporte público dos idosos. É mais amplo, e deve ser encontrado na análise do caso concreto (para os defensores da teoria relativa). Por exemplo, entendemos que uma lei que proíbe em âmbito nacional o transporte feito por aplicativos eletrônicos seria inconstitucional, por reduzir excessivamente o direito fundamental, violando o núcleo essencial do direito ao transporte. Como defenderemos em item a seguir, defendemos a *teoria relativa* para identificação do núcleo essencial dos direitos e uma *teoria mista* para defender a identificação do mínimo existencial dos direitos sociais.

A proximidade dos conceitos é tamanha, em se tratando de direitos sociais, que parte da doutrina utiliza ambas como expressões sinônimas, como faz Jorge Miranda que, após afirmar que a maior parte dos direitos econômicos, sociais e culturais previstos na Constituição portuguesa depende de legislação integradora, <u>ressalta ser imperativa a observância do conteúdo essencial desses direitos e que, verificadas as condições de sua efetivação, "tais normas podem ser entendidas como tendo aplicação imediata</u> (mesmo se o reconhecimento desses pressupostos e, por vezes, a determinação ou determinabilidade das normas exigem uma intervenção do legislador. Um exemplo é o art. 74, n. 2, alínea *a*, que assegura o ensino obrigatório e gratuito, ficando, porém, a definição do que seja 'ensino básico' a cargo da lei)" (grifamos)[171].

Os direitos fundamentais sociais não são integralmente exigíveis jurisdicionalmente, segundo a maioria da doutrina. Sob o pálio

---

171 *Op. cit.*, t. IV, p. 384.

do "direito à educação", não posso requerer minha matrícula numa universidade pública; sob o manto do "direito à saúde", não posso exigir minha cirurgia plástica estética no exterior; alegando direito à segurança, não posso exigir que me seja colocado um policial em meu quintal etc. Somente pode ser jurisdicionalizado o *mínimo existencial* dos direitos sociais[172]. Parece ser esta também a posição do Supremo Tribunal Federal: "A noção de *mínimo existencial*, que resulta, por implicitude, de determinados preceitos constitucionais (CF, art. 1º, III, e art. 3º, III), compreende um completo de prerrogativas cuja concretização revela-se capaz de garantir condições adequadas de existência digna, em ordem a assegurar, à pessoa, acesso efetivo ao direito geral de liberdade e, também, a prestações positivas originárias do Estado, viabilizadoras da plena fruição de direitos sociais básicos, tais como o direito à educação, o direito à proteção integral da criança e do adolescente, o direito à saúde, o direito à assistência social, o direito à moradia, o direito à alimentação e o direito à segurança. (...) O Estado, após haver reconhecido os direitos prestacionais, assume o dever não só de torná-los efetivos, mas, também, se obriga, sob pena de transgressão ao texto constitucional, a preservá-los, abstendo-se de frustrar – mediante supressão total ou

---

[172] Nesse sentido, Emerson Garcia afirma que: "não se sustenta que todo e qualquer direito subjetivo previsto na Constituição possa resultar na coerção estatal para o seu fornecimento, isto porque os recursos estatais são reconhecidamente limitados, enquanto as necessidades são indiscutivelmente amplas. Tal teoria, aliás, já se mostrou inexequível em relação aos dogmas do Estado de Bem-Estar Social (*Welfare State*), que teve grande expansão a partir da Segunda Guerra Mundial. Fosse de outro modo, bastaria transpor a legislação de um país dotado de elevados índices de desenvolvimento humano para outros nos quais esse fator não apresentasse a mesma desenvoltura para que, tal qual um passe de mágica, todos os problemas sociais do mundo contemporâneo fossem resolvidos. Essa tese, infelizmente, destoa de um padrão de razoabilidade, motivo pelo qual seu prestígio está em franco declínio. Como contraponto, tem-se o mínimo existencial, que, em face o seu conteúdo mínimo, apresenta níveis aceitáveis de exequibilidade, atende à razão e satisfaz à dignidade da pessoa humana" (*O direito à educação e suas perspectivas de efetividade*. Disponível em: http://www.tjrj.jus.br/c/document_library/get_file?uuid=e6ecb9f7-96dc-4500-8a60-f79b8dc6f517&groupId=10136).

parcial – os direitos sociais já concretizados" (ARE 639.337, AgR, rel. Min. Celso de Mello).

De maneira mais cautelosa, doutrina e jurisprudência alemãs entendem que esse mínimo pode ser cumprido de várias maneiras, cabendo ao legislador a função de estabelecer as prestações, o montante, as condições de fruição etc. Ao Judiciário, caberá agir em caso de omissão ou desvio de finalidade dos órgãos legiferantes. Segundo o Tribunal Constitucional alemão (*BVerfGE 40, 121 [133]*), "a liberdade de conformação do legislador encontra seu limite no momento em que o padrão mínimo para assegurar as condições materiais indispensáveis a uma existência digna não for respeitado, isto é, quando o legislador se mantiver aquém desta fronteira"[173]. Nesse sentido, Ingo Wolfgang Sarlet afirma: "relevante, todavia, é a constatação de que a liberdade de conformação do legislador encontra seu limite no momento em que o padrão mínimo para assegurar as condições materiais indispensáveis a uma existência digna não for respeitado, isto é, quando o legislador se mantiver aquém desta fronteira"[174].

No Brasil, provavelmente em decorrência da desigualdade social imperante por décadas, bem como a ineficácia de alguns direitos sociais básicos como saúde e educação, nitidamente o Supremo Tribunal Federal vem adotando uma posição mais ativa, impositiva: "o Supremo Tribunal Federal, considerada a dimensão política da jurisdição constitucional outorgada a esta Corte, não pode demitir-se do gravíssimo encargo de tornar efetivos os direitos econômicos, sociais e culturais que se identificam – enquanto direitos de segunda geração (ou segunda dimensão) – com as liberdades positivas, reais ou concretas" (trecho do voto do Min. Celso de Mello no RE 745.745 AgR, em 2-12-2014).

Outrossim, assim como não podemos considerar como *mínimo existencial* a gama ampla de direitos sociais previstos na Constituição, também não podemos reduzir os direitos sociais a este

---

173 *Op. cit.*, p. 23.
174 *Op. cit.*, p. 23.

mínimo. A Constituição estabelece ampla gama de direitos sociais, como lazer, segurança, moradia, transporte etc. Não apenas o mínimo exigível desses direitos é constitucional, mas todos eles o são na sua amplitude, generalidade e abstração que lhe são características. Possuem um caráter programático, prospectivo, exigindo por parte do Poder Público um "dever de meio", ou seja, o dever de implantar políticas públicas capazes de cumprir o máximo possível, dentro dos limites fáticos, jurídicos e orçamentários de cada direito social. Isso se aplica ao transporte, ao lazer, à segurança e quaisquer outros direitos sociais. Entender de forma diversa, reduzindo os direitos sociais à exigência de um mínimo seria retirar deles sua força normativa[175]. A Constituição afirma que a lei não pode excluir da apreciação do Poder Judiciário nenhuma lesão ou ameaça a direito (art. 5º, XXXV, CF). Portanto, sempre será possível acionar o Poder Judiciário alegando o descumprimento por parte do Poder Público de um direito social. Todavia, em nosso entender, o Judiciário poderá agir da seguinte maneira: a) não se tratando do *mínimo existencial* do direito social, deverá verificar se o Poder Público cumpriu seus "deveres de meio", ou seja, se estabeleceu as políticas públicas necessárias à implementação desse direito, dentro dos limites orçamentários, fáticos e jurídicos. Não obstante, não poderá o Poder Judiciário exigir o cumprimento integral de tais direitos, bem como escolher as melhores políticas públicas, sob pena de violação da separação dos poderes; b) em se tratando do *mínimo existencial* do direito social, deverá o Poder Judiciário exigir o cumprimento dos deveres estatais, independentemente de argumentos orçamentários, como já decidiu o STF: "A meta central das Constituições

---

175 Segundo Clèmerson Merlin Clève, "os direitos sociais não têm a finalidade de dar ao brasileiro, apenas, o mínimo. Ao contrário, eles reclamam um horizonte eficacial progressivamente mais vasto, dependendo isso apenas do comprometimento da sociedade e do governo e da riqueza produzida pelo país. Aponta, a Constituição, portanto, para a ideia de máximo, mas de máximo possível (o problema da possibilidade)". *Apud* Ana Carolina Lopes Olsen, *op. cit.*, p. 324.

modernas, e da Carta de 1988 em particular, pode ser resumida, como já exposto, na promoção do bem-estar do homem, cujo ponto de partida está em assegurar as condições de sua própria dignidade, que inclui, além da proteção dos direitos individuais, condições materiais mínimas de existência. Ao apurar os elementos fundamentais dessa dignidade (o mínimo existencial), estar-se-ão estabelecendo exatamente os alvos prioritários dos gastos públicos. Apenas depois de atingi-los é que se poderá discutir, relativamente aos recursos remanescentes, em que outros projetos se deverá instituir. O mínimo existencial, como se vê, associado ao estabelecimento de prioridades orçamentárias, é capaz e conviver produtivamente com a reserva do possível" (trecho do voto do Min. Celso de Mello, ADPF 45 MC/DF).

2.7. FUNDAMENTOS TEÓRICOS DE UM MÍNIMO EXISTENCIAL DOS DIREITOS SOCIAIS: A PROPOSTA DE JOHN RAWLS

Como sintetiza Liliane Coelho da Silva, "a preocupação com o significado, proteção e o conteúdo do mínimo existencial é relativamente recente, coincidindo com o advento dos Direitos Sociais no início do século XX. A discussão sobre o custo dos direitos, efetividade da Constituição e, sobretudo, dignidade da pessoa humana, questões que transitam dentro do tema, contrapõe a óbvia finitude dos recursos orçamentários e o compromisso constitucional de garantir a satisfação das necessidades básicas dos cidadãos. Muitos teóricos dos Direitos Fundamentais debruçaram-se sobre o assunto a fim de analisar de que maneira essas parcelas mínimas poderiam ser geridas. John Rawls, do ponto de vista da Filosofia Política, também apresentou suas ideias a respeito"[176] (grifamos).

Como afirmou Ana Paula de Barcellos, "embora Rawls venha escrevendo desde 1958, suas duas obras de maior destaque são, sem dúvida, *Uma teoria da justiça*, de 1971, e *Liberalismo político*, de

---

176 A ideia de mínimo existencial de acordo com a teoria rawlsiana, p. 4.

1992, cada qual havendo consolidado escritos anteriores do autor. O exame das duas obras, portanto, é capaz de proporcionar uma noção razoavelmente atualizada de suas ideias"[177].

John Rawls inicia sua *Teoria da justiça* com a afirmação de que "a justiça é a virtude primeira das instituições sociais, assim como a verdade o é dos sistemas de pensamento. (...) Por serem as virtudes primeiras das atividades humanas, a verdade e a justiça não aceitam compromissos"[178].

Adota o autor uma teoria contratualista[179] e kantiana[180], na qual os homens escolhem juntos, em um único ato, os princípios que devem atribuir os direitos e os deveres fundamentais e os determinar

---

177 *Op. cit.*, p. 110.
178 *Uma teoria da justiça*, p. 4.
179 "A justiça como equidade é um exemplo do que chamo de teoria contratualista. Pode haver objeção ao termo 'contrato' e às expressões correlatas, mas acho que ele será bastante útil. Muitas palavras têm conotações enganosas, que a princípio costumam confundir. Os termos 'utilidade' e 'utilitarismo' decerto não são exceções. Também ele têm conotações indesejáveis que os críticos hostis estão propensos a explorar; não obstante, são suficientemente claros para quem está disposto a estudar a doutrina utilitarista. O mesmo deveria ocorrer com o termo 'contrato', aplicado às teorias morais. Conforme mencionei, para entendê-lo é preciso ter em mente que ele implica certo nível de abstração. Especificamente, o teor do acordo pertinente não é formar determinada sociedade ou adotar determinada forma de governo, mas aceitar certos princípios morais. Ademais, os empreendimentos mencionados são puramente hipotéticos: uma visão contratualista afirma que certos princípios seriam aceitos em uma situação inicial bem definida. O mérito da terminologia é expressar a ideia de que os princípios da justiça podem ser concebidos como princípios que seriam escolhidos por pessoas racionais e que, assim, é possível explicar e justificar as concepções de justiça" (grifamos) (*op. cit.*, p. 19).
180 Para Rawls, "a posição original pode, então, ser vista como uma interpretação procedimental da concepção kantiana de autonomia, e do imperativo categórico, dentro da estrutura de uma teoria empírica. Os princípios que regulam o domínio dos objetivos são os que seriam escolhidos nessa posição, e a descrição dessa posição nos possibilita explicar em que sentido agir com base nesses princípios expressa a nossa natureza de pessoas racionais iguais e livres" (*op. cit.*, p. 279).

a divisão dos benefícios. Não obstante, como alerta o próprio autor, esse "contrato", esse acordo de vontades "não é, naturalmente, tida como situação histórica real, muito menos como situação primitiva da cultura. É entendida como situação puramente hipotética, assim caracterizada para levar a determinada concepção de justiça"[181].

Nessa obra, Rawls entende que o homem é basicamente individualista e liberal, dotado de suas próprias concepções particulares sobre a sociedade, a justiça e o bem, assim como de objetivos pessoais que deseja perseguir. Diante desse cenário, "postos em uma situação original hipotética em que cada um desconhece que posição ocupará na sociedade (e.g.: se será rico ou pobre, talentoso ou não), bem como qual será seu projeto de vida individual (Rawls vai denominar essa condição de 'véu da ignorância'[182]), os homens procuram estabelecer um consenso a respeito dos princípios básicos de funcionamento da sociedade e da distribuição de bens"[183].

Segundo Rawls, a ideia do *véu da ignorância* é necessário porque, "se determinado homem soubesse que era rico, poderia achar razoável defender o princípio de que os diversos impostos em favor do bem-estar social fossem considerados injustos; se ele soubesse que era pobre, seria bem provável que propusesse o princípio oposto.

---

181 *Op. cit.*, p. 14.
182 Segundo Tamiris Alessandra Gervasoni e Tássia Gervasoni, "para se garantir que a eleição dos princípios de justiça seja equidistante e imparcial, para que não gere benefícios ou prejuízos já na posição original, Rawls concebe a figura do véu da ignorância. Dito véu recobre as pessoas e proporciona o efeito de que nenhum dos homens saiba o seu lugar na sociedade, sua classe, seus recursos, suas habilidades, suas deficiências, tampouco suas propensões psicológicas, não obstante tenham ciência da sua condição de ser humano e de seres racionais. Logo, a escolha dos princípios de justiça acaba sendo justa, por estarem todos na mesma situação e no mesmo nível de igualdade. Daí advém a proposta de Rawls que ele convencionou chamar de justiça como equidade". *A sociedade bem ordenada e o mínimo existencial:* considerações acerca da teoria política de justiça de John Rawls diante da Constituição Federal brasileira de 1988, p. 5.
183 Ana Paula de Barcellos, *op. cit.*, p. 111.

Para representar as restrições desejadas, imagina-se uma situação na qual todos carecem desse tipo de informação. (...) Desse modo chega-se ao véu de ignorância de maneira natural"[184].

Rawls assim define o *véu da ignorância*, por ele proposto: "Devemos, de algum modo, anular as consequências de contingências específicas que geram discórdia entre os homens, tentando-os a explorar as circunstâncias sociais e naturais em benefício próprio. Para fazê-lo, presumo que as partes se situam por trás de um véu de ignorância. Elas desconhecem as consequências que as diversas alternativas podem ter sobre a situação de cada qual e são obrigadas a avaliar os princípios apenas com base em ponderações gerais"[185].

Assim, em uma situação de racionalidade e imparcialidade, alcançada na situação original acima descrita, cada pessoa concordará com um conjunto básico de princípios que regulamentem a sociedade, de modo a assegurar a todos uma inviolabilidade pessoal mínima que possibilite o livre desenvolvimento de sua personalidade e a maior quantidade de bem-estar possível. Dessa maneira, os princípios de justiça que formarão a sociedade bem ordenada são escolhidos pelo exercício da análise na posição original, que é a situação hipotética em que os membros de determinada sociedade irão definir quais os princípios de justiça irão reger a comunidade.

---

184 *Op. cit.*, p. 22-23.
185 *Op. cit.*, p. 166. Prossegue o autor: "Presume-se, então, que as partes não conhecem certas particularidades. Em primeiro lugar, ninguém sabe qual é seu lugar na sociedade, classe nem *status social*; além disso, ninguém conhece a própria sorte na distribuição dos dotes e das capacidades naturais, sua inteligência e força, e assim por diante. Ninguém conhece também a própria concepção do bem, as particularidades do seu projeto racional de vida, nem mesmo as características especiais de sua psicologia, como sua aversão ao risco ou sua tendência ao otimismo ou ao pessimismo. Além do mais, presumo que a partes não conhecem a posição econômica ou política, nem o nível de civilização e cultura que essa sociedade conseguiu alcançar. As pessoas na posição original não sabem a qual geração pertencem" (*op. cit.*, p. 166).

Para John Rawls, a posição original irá redundar na eleição de dois princípios da justiça: o princípio da liberdade e o princípio da diferença. O primeiro princípio seria: "cada pessoa deve ter um direito igual ao sistema mais extenso de iguais liberdades fundamentais que seja compatível com um sistema similar de liberdades para as outras pessoas"[186]. Por sua vez, para o segundo princípio: "as desigualdades sociais e econômicas devem estar dispostas de modo que tanto (a) se possa razoavelmente esperar que se estabeleçam em benefício de todos como (b) estejam vinculadas a cargos e posições acessíveis a todos"[187]. Dessa maneira, adotando os dois princípios sobreditos, o autor distinguiu "os aspectos do sistema social que definem e garantem as <u>iguais liberdades fundamentais</u> e os aspectos que <u>especificam e estabelecem as desigualdades sociais e econômicas</u>"[188] (grifamos). Em *O liberalismo político*, obra escrita posteriormente, Rawls faz um pequeno ajuste conceitual dos seus princípios, que passam a figurar dessa maneira: "a. cada pessoa tem um direito igual a um sistema plenamente adequado de liberdades fundamentais que seja compatível com um sistema similar de liberdades para todos; b. as desigualdades sociais e econômicas devem satisfazer duas condições. A primeira é que devem estar vinculadas a cargos e posições abertos a todos, em condições de igualdade equitativa de oportunidades; a segunda é que devem redundar no maior benefício possível para os membros menos privilegiados da sociedade"[189].

Com o primeiro princípio (o princípio da igualdade), John Rawls defende o respeito às liberdades fundamentais do homem, assegurando as liberdades básicas, dentre elas, com maior importância, "a liberdade política (o direito ao voto e a exercer cargo público) e a liberdade de expressão e reunião; a liberdade de consciência e de

---

186 *Op. cit.*, p. 73.
187 *Op. cit.*, p. 73.
188 *Op. cit.*, p. 74.
189 *Op. cit.*, p. 345.

pensamento; a liberdade individual, que compreende a proteção contra a opressão psicológica, a agressão e a mutilação (integridade da pessoa); o direito à propriedade pessoal e a proteção contra a prisão e detenção arbitrárias, segundo o conceito de Estado de Direito. O primeiro princípio estabelece que essas liberdades devem ser iguais"[190].

Não obstante, como afirma o autor, é impossível especificar a lista de liberdades, que varia de acordo com as conjunturas sociais e econômicas específicas de cada sociedade. Nas palavras de Rawls, "é difícil, talvez impossível, fazer uma especificação completa dessas liberdades independentemente das circunstâncias sociais, econômicas e tecnológicas específicas de cada sociedade"[191].

---

190   *Op. cit.*, p. 74. Em *O liberalismo político*, Rawls afirma que "a lista básica de bens primários (que pode ser ampliada, se necessário) apresenta as cinco categorias que se seguem: a. direitos e liberdades fundamentais, também especificados por uma lista; b. liberdade de movimento e livre escolha de ocupação, contra um pano de fundo de oportunidades diversificadas; c. capacidades e prerrogativas de cargos e posições de responsabilidade nas instituições políticas e econômicas da estrutura básica; d. renda e riqueza; e. e, por fim, as bases sociais do autorrespeito" (p. 213). Mais adiante, o autor esmiúca um pouco ais tais bens primários: "a. As liberdades fundamentais (liberdade de pensamento, liberdade de consciência etc.): essas liberdades constituem as condições institucionais de fundo que são necessárias ao desenvolvimento e ao exercício pleno e informado das duas faculdades morais (...); essas liberdades também são indispensáveis à proteção de vasta gama de concepções determinadas do bem (dentro dos limites da justiça); b. A liberdade de movimento e de livre escolha da ocupação, contra um pano de fundo de oportunidades variadas: essas oportunidades permitem perseguir diferentes fins últimos e levar a cabo a decisão de revê-los e alterá-los, se o desejarmos; c. As capacidades e prerrogativas de posições e cargos de responsabilidade: propiciam à pessoa amplo espaço para diferentes capacidades sociais e de autogoverno; d. Renda e riqueza, entendidas em sentido amplo, como meios polivalentes (que têm um valor de troca): renda e riqueza são necessárias, direta ou indiretamente, para a realização de ampla gama de fins, quaisquer que sejam; e. As bases sociais do autorrespeito: trata-se daqueles aspectos das instituições básicas que em geral são essenciais para que os cidadãos adquiram um sentido vigoroso do seu valor como pessoas e para que sejam capazes de desenvolver e exercer suas faculdades morais e promover seus objetivos e fins com autoconfiança" (p. 365).

191   *Op. cit.*, p. 75.

Já com o segundo princípio "se aplica, em primeira análise, à distribuição de renda e riqueza e à estruturação de organizações que fazem uso das diferenças de autoridade e responsabilidade. Embora a distribuição de riqueza e de renda não precise ser igual, deve ser vantajosa para todos e, ao mesmo tempo, os cargos de autoridade e responsabilidade devem ser acessíveis a todos. Aplica-se esse princípio mantendo-se abertos os cargos e, depois, dentro desse limite, disposto as desigualdades sociais e econômicas de modo que todos se beneficiem deles"[192].

O segundo princípio está diretamente ligado à ideia de justiça distributiva, referindo-se a uma distribuição equitativa e não idêntica, já que as desigualdades porventura existentes são aceitáveis. Em outras palavras, "não se proíbem as diferenças, desde que essas diferenças possam ser acessadas por todos em oportunidades e decisões que tragam benefícios para os demais membros da sociedade, pois a partir do momento em que os princípios de justiça são eleitos por pessoas iguais e livres, eventuais desigualdades que advenham de fatores liados aos seus esforços pessoais, são aceitáveis. Do mesmo modo, que àquelas não merecidas merecem ser (re)equilibradas, sendo tratadas com diferença"[193].

Nas palavras de Rawls, "as expectativas mais elevadas dos que estão em melhor situação serão justas se, e somente se, fizeram parte de um esquema que eleve as expectativas dos membros mais desfavorecidos da sociedade"[194]. Todavia, essa é a primeira parte do segun-

---

192 *Op. cit.*, p. 74.
193 Tamiris Alessandra Gervasoni; Tássia A. Gervasoni, *op. cit.*. Como afirmam as autoras: "Uma vez superada a posição original, torna-se possível remover o véu da ignorância e demonstrar aos homens a sociedade em que vivem e aquilo que cada um possui, criando a possibilidade de que os princípios de justiça eleitos sejam avaliados e trabalhados na realidade, ponderando-se concretamente os seus efeitos. Mais do que isto, possibilita que os princípios de justiça sejam analisados com vistas ao razoável pelos cidadãos que, neste momento, já recuperaram seus ideais, princípios e valores políticos/morais. Este sopesamento restou denominado por Rawls como Equilíbrio Reflexivo".
194 *Op. cit.*, p. 91. Prossegue o autor: "para ilustrar o princípio da diferença, analisemos a distribuição de renda entre as classes sociais. Vamos supor que os

do princípio (as desigualdades sociais e econômicas devem estar dispostas de modo que se possa razoavelmente esperar que se estabeleçam em benefício de todos).

Já a segunda parte do segundo princípio (as desigualdades sociais e econômicas devem estar dispostas de tal modo que estejam vinculadas a cargos e posições acessíveis a todos), recebe de Rawls o nome de "princípio liberal de igualdade equitativa de oportunidades"[195]. Segundo o autor, "esse princípio expressa a convicção de que, se alguns cargos não estão abertos a todos em condições equitativas, os excluídos estariam certos de se sentirem injustiçados, mesmo que se beneficiassem dos esforços maiores daqueles autorizados a ocupá-los. Sua queixa seria justificada não só porque foram excluídos de certas recompensas externas dos cargos, mas também porque foram impedidos de vivenciar a realização pessoal resultante do exercício competente e dedicado de deveres sociais. Seriam privados de uma das principais formas de bem humano"[196].

Para Rawls, a injustiça não se dá no nascimento de uma pessoa pobre e de outra rica, mas como a sociedade tratará ambas as pessoas: "a distribuição natural não é justa nem injusta; nem é injusto que se nasça em determinada posição social. Isso são meros

---

diversos grupos de faixas de renda estão correlacionados a indivíduos representativos e que nos é possível julgar a distribuição com base em suas expectativas. É certo que aqueles que de início são membros da classe empresarial numa democracia de cidadãos proprietários têm melhores perspectivas do que aqueles que no início pertencem à classe dos trabalhadores não qualificados. (...) O que, então, poderia justificar esse tipo de desigualdade inicial nas perspectivas de vida? Segundo o princípio da diferença, só é justificável se a diferença de expectativas for vantajosa para o indivíduo representativo que está em pior situação, neste caso o trabalhador não qualificado representativo. (...) As melhores perspectivas daqueles serem de incentivos para que o processo econômico seja mais eficaz, a inovação se instaure num ritmo mais acelerado, e assim por diante" (*op. cit.*, p. 94).

195 *Op. cit.*, p. 101.
196 *Op. cit.*, p. 102.

fatos naturais. Justo ou injusto é o modo como as instituições lidam com esses fatos"[197].

O *princípio da diferença*, segundo princípio da justiça como equidade, defendido por Rawls, tem fundamento na *fraternidade*. Segundo o autor: "outro mérito do princípio de diferença é que ele fornece uma interpretação do princípio de fraternidade. Em comparação com a liberdade e a igualdade, a noção de fraternidade tem ocupado lugar inferior na teoria democrática. (...) O princípio de diferença, entretanto, parece de fato corresponder a um significado natural de fraternidade: ou seja, à ideia de não querer ter vantagens maiores, a menos que seja para o bem de quem está em pior situação. (...) Aqueles que estão em melhor situação só estão dispostos a obter suas maiores vantagens dentro de um esquema no qual isso funcione em benefício dos menos afortunados"[198].

Assim, Rawls faz uma correlação entre os seus dois princípios com os tradicionais valores da liberdade, igualdade e fraternidade: "a liberdade corresponde ao primeiro princípio; a igualdade, a ideia de igualdade contida no primeiro princípio juntamente com a igualdade equitativa de oportunidades; e a fraternidade, ao princípio de diferença. Desse modo, encontramos um lugar para a concepção

---

197 *Op. cit.*, p. 122. Prossegue o autor: "As sociedades autocráticas e de castas são injustas porque fazem dessas contingências a base para o confinamento em classes sociais mais ou menos fechadas e privilegiadas. A estrutura básica dessas sociedades incorpora a arbitrariedade encontrada na natureza. Mas não há necessidade de resignar-se a essas contingências. O sistema social não é uma ordem imutável inacessível ao controle humano, porém um padrão de atividades humanas. Na justiça como equidade, os homens concordam em só se valer dos acidentes da natureza e das circunstâncias sociais quando fazê-lo resulta em benefício comum. Os dois princípios são um modo equitativo de enfrentar a arbitrariedade da sorte; e, por mais imperfeitas que possam ser em outros aspectos, as instituições que atendem a esses princípios são justas" (p. 122).

198 *Op. cit.*, p. 126. Continua o autor: "Nessa interpretação, portanto, o princípio de fraternidade é um padrão perfeitamente exequível. Ao aceitá-lo, podemos associar as ideias tradicionais de liberdade, igualdade e fraternidade à interpretação democrática dos dois princípios de justiça" (p. 127).

de fraternidade na interpretação democrática dos dois princípios, e percebemos que essa concepção impõe uma exigência definida à estrutura fundamental da sociedade"[199].

Segundo Rawls, o primeiro princípio, que garante liberdade igual para todos, tem prioridade sobre o segundo, denominado *princípio da diferença*[200]. Segundo Ana Paula de Barcellos, "realizando essa prioridade, o autor confere estatura constitucional à garantia da liberdade, isto é, à proteção daquele espaço individual no qual o Estado não pode penetrar. A realização do segundo princípio, entretanto, que cuida sobretudo da justiça distributiva e das condições para sua prossecução, ficaria a cargo do legislativo, a quem competiria desenvolvê-lo"[201]. Para Rawls, graças à prioridade do primeiro sobre o segundo princípio é que se pode proteger a inviolabilidade das liberdades fundamentais. Da mesma forma, é através dessa observância da prioridade do primeiro sobre o segundo princípio que se viabiliza a distribuição justa dos bens primários.

Segundo Rawls, "para a sociedade bem ordenada, os dois princípios de justiça e o equilíbrio reflexivo ganham especial relevância não só na formatação das instituições, mas também nos objetivos almejados pela sociedade e pelas pessoas individualmente, tendo em conta que será por tal via que se efetuará a distribuição equitativa de bens primários e vantagens. A noção da entrega pelo Estado de bens básicos para todas as pessoas, independentemente de seus interesses pessoais e inclinações político-moral, é vista em Rawls como a distribuição dos bens primários (...) e caminha ao lado da distribuição

---

199 *Op. cit.*, p. 127.
200 Para Rawls, "esses princípios devem ser dispostos em uma ordem serial, o primeiro sendo prioritário do segundo. Essa ordenação significa que as violações das iguais liberdades fundamentais protegidas pelo primeiro princípio não podem ser justificadas nem compensadas por maiores vantagens sociais e econômicas. Essas liberdades têm âmbito principal de aplicação, dentro do qual só é possível limitá-las ou comprometê-las quando entram em conflito com outras liberdades fundamentais" (*op. cit.*, p. 74).
201 *Op. cit.*, p. 113.

equânime das vantagens angariadas pelo todo, o que viabilizará que cada cidadão busque autonomamente os seus projetos de vida e seus interesses egoísticos"[202].

Todavia, segundo Rawls, é pressuposto de ambos os princípios um mínimo existencial que viabilize a utilização pelo homem das liberdades que a ordem jurídica lhe assegura. Segundo o autor: "Em primeiro lugar, parto do princípio de que a estrutura básica é regulada por uma constituição justa (...) Assumo também que existe uma liberdade de oportunidades que é equitativa (por oposição a uma igualdade meramente formal). Isto significa que, além de manter as formas usuais de capital social, o governo tenta garantir possibilidades iguais de educação e de cultura às pessoas (...) Por último, o governo garante um mínimo social, quer através de subsídios de família e de subsídios especiais de doença e desemprego ou, mais sistematicamente, pela utilização de mecanismos como o suplemento gradual de rendimento (o chamado imposto de rendimento negativo)"[203].

Ora, para que os homens tenham a capacidade para, sob o *véu da ignorância*, estabelecer quais os critérios de justiça, "presumem-se, porém, que conhecem os fatos genéricos acerca da sociedade humana. Elas entendem os assuntos políticos e os princípios da teoria econômica; conhecem a base da organização social e as leis da psicologia humana"[204].

Por essa razão, nesse *mínimo social*, Rawls dá um destaque especial à educação: "tão ou mais importante é o papel da educação de capacitar uma pessoa a desfrutar da cultura de sua sociedade e participar de suas atividades, e desse modo de proporcionar a cada indivíduo um sentido seguro do seu próprio valor"[205].

---

202 *Op. cit.*, p. 220.
203 *Uma teoria da justiça*, p. 221.
204 *Op. cit.*, p. 167.
205 *Op. cit.*, p. 121.

Sem esse mínimo, a pessoa não consegue ter direito à liberdade da mesma forma que todas as outras, como afirma Rawls: "quando atinge um certo mínimo, a pessoa tem direito à liberdade igual da mesma forma que todas as outras"[206].

Não obstante, é na obra *O liberalismo político* que Rawls apresenta a ideia de um *mínimo social*, como pressuposto lógico de sua construção teórica. Logo no início de sua obra, depois de apresentar novamente os princípios de sua *Teoria da justiça*, afirma que "o primeiro princípio, que trata dos direitos e liberdades fundamentais, pode sem muitos problemas ser precedido de um princípio lexicamente anterior que prescreva a satisfação das necessidades básicas dos cidadãos, ao menos na medida em que satisfazê-las seja necessário para que eles entendam e tenham condições de exercer esses direitos e liberdades de forma efetiva. Não há dúvida de que algum princípio desse tipo tem de estar pressuposto na aplicação do primeiro princípio"[207].

Isso porque, para Rawls, a igualdade necessária à "situação original", na qual os homens, sob o "véu da ignorância", são capazes de estabelecer os princípios de justiça a seguir, bem como os bens primários que serão tutelados e como serão distribuídos, exige que cada pessoa tenha o mínimo necessário de aptidão para compreender suas escolhas e saber cooperar: "a ideia básica é que, em virtude de suas duas faculdades morais (a capacidade de ter um senso de justiça e a capacidade de ter uma concepção do bem) e das faculdades da razão (de julgamento, pensamento e inferência, que são parte dessas faculdades), as pessoas são livres. O fato de terem essas faculdades no grau mínimo necessário para serem membros plenamente cooperativos da sociedade é o que torna as pessoas iguais"[208].

---

206 *Op. cit.*, p. 625.
207 *O liberalismo político*, p. 8.
208 *O liberalismo político*, p. 22. Prossegue o autor: "os cidadãos se concebem como pessoas livres em três aspectos: primeiro, como pessoas que têm a facul-

Ora, para Rawls, "uma pessoa que não tenha desenvolvido e que não possa exercer as faculdades morais pelo menos no grau mínimo necessário não pode se tornar um membro normal e plenamente cooperativo da sociedade ao longo de toda a vida. Disso decorre que, como representantes dos cidadãos, as partes adotam princípios que garantam as condições que propiciem o desenvolvimento adequado e o pleno exercício dessas faculdades"[209].

Obviamente, as pessoas não têm e nunca terão capacidades iguais, como lembra Rawls: "embora os cidadãos não possuam capacidades iguais, <u>eles têm, sim, ao menos no grau mínimo essencial, as faculdades morais, intelectuais e físicas que lhes possibilitam ser membros plenamente cooperadores da sociedade ao longo da vida inteira</u>"[210] (grifamos). Quanto às naturais diferenças entre as pessoas, Rawls as enumera da seguinte maneira: "as quatro classes de variações são: a) variações nas capacidades e habilidades morais e intelectuais; b) variações nas capacidades e habilidades físicas, incluindo os efeitos que enfermidades e contingências têm sobre as capacidades naturais; c) variações nas concepções de bem dos cidadãos (o fato do pluralismo razoável); d) bem como as variações nos gostos e preferências, embora estas últimas sejam menos fundamentais"[211], mas conclui de forma veemente: "as variações nas capacidades morais,

---

dade moral de formular, rever e se empenhar racionalmente na realização de uma concepção do bem; segundo, como pessoas que são fontes autoautenticativas de demandas válidas; e, terceiro, como pessoas que são capazes de assumir a responsabilidade por seus fins. Ser livre, nesses três aspectos, possibilita aos cidadãos ter autonomia, tanto racional quanto plena. A autonomia racional, que analiso em primeiro lugar, baseia-se nas faculdades intelectuais e morais das pessoas. Expressa-se no exercício da capacidade de formular, revisar e se empenhar na realização de uma concepção do bem, assim como de deliberar de acordo com essa concepção. Também se manifesta na capacidade que elas têm de alcançar acordos com os outros (quando estão sujeitas a restrições razoáveis)" (p. 86).

209 *Op. cit.*, p. 88.
210 *Op. cit.*, p. 216.
211 *Op. cit.*, p. 216.

intelectuais e físicas são aquelas que estão acima do patamar do mínimo essencial"[212].

Nas palavras de Ana Paula de Barcellos, "no *Liberalismo Político* (...) o autor faz a distinção entre o mínimo existencial e o princípio da diferença propriamente dito, destacando aquele como um elemento constitucional essencial, pelo qual se deve garantir um conjunto de necessidades básicas do indivíduo, ao passo que o desenvolvimento do princípio da diferença continua sendo de competência do legislador. A consequência jurídica desta diferenciação é o reconhecimento da natureza constitucional da garantia do mínimo existencial, par a par com as tradicionais garantias do direito da liberdade".

Para Rawls, nas palavras de Thadeu Weber, "a garantia do mínimo existencial é uma exigência fundamental para o exercício da liberdade e da democracia, mas insuficiente para a concepção

---

[212] *Op. cit.*, p. 217. Segundo o autor, "a estrutura básica muito provavelmente permite que haja desigualdades sociais e econômicas nas perspectivas de vida dos cidadãos, em função de suas origens sociais, de seus dons naturais realizados e das oportunidades de acidentes que moldaram sua história pessoal. Podemos supor que tais desigualdades são inevitáveis, necessárias ou até mesmo altamente benéficas para preservar uma cooperação social efetiva" (p. 320). Liliane Coelho da Silva resume o entendimento de Rawls ao afirmar que: "o filósofo também entende que não é possível igualar todas as pessoas, pois têm talentos e circunstâncias diferentes; as próprias sociedades têm contingências próprias que as tornam únicas. Assim, embora todos devam ter o mesmo direito de acessar as liberdades básicas, Rawls reconhece que a desigualdade é inerente ao convívio humano, inclusive pelas relações de oposição e disputa entre as pessoas, e que eventualmente, duas pessoas realizarão feitos muito diferentes com as mesmas oportunidades – o que as tornará desiguais. É algo que dificilmente poderá ser anulado na ordem social como a conhecemos. Portanto, ele não combate a desigualdade em si, nem discorda que pessoas com maiores talentos possam usufruir de seus dons e viver melhor por isso; apenas postula que essa condição deve ser conduzida para melhorar a vida dos menos favorecidos. A tributação diferenciada dos que possuem mais bens, por exemplo, é algo que não obsta a riqueza e, ao mesmo tempo, pode ser hábil a melhorar a vida dos que estão em piores condições. É um instrumento que o Estado pode utilizar para distribuir a riqueza de forma mais equitativa" (*op. cit.*, p. 220).

política de pessoa e de justiça. Estão bem explícitos dois níveis de necessidades a serem satisfeitas: as da pessoa como ser humano e as da pessoa como cidadã – a concepção política da pessoa. Rawls, no entanto, quando trata das pessoas como cidadãs, amplia o conteúdo do mínimo existencial para além das condições materiais básicas. Com a ideia dos bens primários, a ênfase recai sobre as necessidades das pessoas na condição de cidadãs. Note-se que a pessoa e cidadão são dois níveis de realização complementares. Para o autor, 'uma pessoa é alguém que pode ser um cidadão (*can be a citizen*), isto é, um membro normal e plenamente cooperativo da sociedade por toda a vida'. Para poder ser esse membro cooperativo pressupõe-se que o cidadão tenha 'no grau mínimo necessário' capacidades morais, intelectuais e concepção do bem"[213].

2.8. CRÍTICAS À TEORIA DO MÍNIMO EXISTENCIAL

Críticas podem ser feitas à teoria do *mínimo existencial* (*existenzminimum* ou *minimum core obligation*) e o são. Parte da doutrina entende que a identificação de um *mínimo existencial* dos direitos sociais, configurando um mínimo desses direitos que pode ser exigido imediatamente do Estado, em vez de ser uma maneira de efetivar os direitos sociais, tem o condão de enfraquecê-los. Isso porque, se apenas um grupo de direitos faz parte desse mínimo (ou alguns aspectos desse grupo de direitos), aqueles que não integram o *minimum core obligation* ficam ao alvedrio dos rompantes incertos dos governantes de cada tempo. Em outras palavras, como não podem ser jurisdicionalizados, transformam-se em meras normas programáticas, na acepção mais vetusta da palavra (normas constitucionais de eficácia muito limitada, cuja produção de efeitos concretos depende quase que exclusivamente da evolução econômica do Estado).

---

213 A ideia de um "mínimo existencial" de J. Rawls. *Kriterion*, Belo Horizonte, v. 54, n. 127, p. 203, jun. 2013.

Nesse sentido, Jorge Miranda e Catarina Botelho assim se posicionam. A professora portuense, por exemplo, afirma: "para retirar todas as potencialidades das disposições consagradoras de direitos fundamentais se deverá ir tão longe quanto possível na determinação do seu conteúdo. Nesta linha de argumentação, na qual nos revemos, a ideia de um 'conteúdo mínimo' pode ter efeito perverso, que é o de só jusfundamentalizar aquilo que é 'mínimo', olvidando o contexto concreto das necessidades sociais"[214].

Katharine G. Young, professora da Boston College Law School, afirma que "a ambição dos direitos é uma posição difícil, e mesmo as ambições minimalistas podem ser mal colocadas. Os críticos do conceito sugerem que a diminuição de tais direitos para um núcleo essencial ameaça os objetivos mais amplos dos direitos econômicos e sociais, ou finge uma determinação que não existe"[215].

Semelhante crítica faz George Marmelstein: "há, contudo, por trás da teoria, um aspecto negativo: um intérprete mais mesquinho (dito de outro modo: um intérprete ideologicamente contra os direitos sociais poderá utilizar a tese para esvaziar ao máximo a força jurídica desses direitos, diminuindo até onde pode o seu conteúdo 'essencial', até porque o balizamento sobre o que será esse 'conteúdo mínimo' ficará a cargo da doutrina e da prática judicial. O que seria, por exemplo, o mínimo existencial em matéria de educação? Seria apenas saber escrever o próprio nome? Ou então o mínimo existencial em matéria de moradia? Seria um espaço embaixo da ponte?"[216].

Outrossim, poder-se-ia afirmar que a identificação de um mínimo dos direitos sociais seria um contrassenso, na medida em que, se previstos na Constituição de um país, os direitos sociais já teriam

---

214 *Op. cit.*, p. 324.
215 The minimum core of economic and social rights: a concept in search of content. Boston College Law School Faculty Papers. *Yale International Law Journal* 33, 2008: 113-175. Disponível em: http://lawdigitalcommons.bc.edu/cgi/viewcontent.cgi?article=1920&context=lsfp*Content*.
216 *Op. cit.*, p. 325.

sido considerados essenciais pelo poder constituinte originário. Não poderia o intérprete da Constituição considerar alguns direitos mais essenciais que outros. José Cláudio de Brito Filho, por exemplo, com perplexidade, indaga: "os Direitos Humanos (...) já estão estabelecidos a partir da ideia de essencialidade. Como, então, selecionar, dentro do que já é essencial, algo essencial, ou seja, com idêntico significado"[217]. Nesse sentido, Ana Carolina Lopes Olsen, afirma que "ainda que se possa identificar um núcleo de dignidade humana e de proteção existencial na dimensão material dos direitos fundamentais sociais, especialmente em seu caráter prestacional, não parece ter a Constituição autorizado a interpretação que reduz a fundamentalidade desses direitos à correspondência do mínimo existencial"[218].

Da mesma forma, afirmam alguns autores que o *mínimo existencial* dos direitos sociais não está previsto expressamente no texto constitucional da maioria dos países, como no caso brasileiro, não havendo uma determinabilidade constitucional da prestação. Com esse argumento, parte da doutrina afirma que a teoria do *mínimo existencial* não foi adotada pela legislação constitucional brasileira: "a Constituição brasileira tomou por base, para estabelecer os direitos sociais fundamentais, não o que chama de 'conceito restritivo de mínimos existenciais', mas sim o que defende, que são as necessidades humanas básicas (...): a educação, a saúde, a alimentação, o trabalho, a moradia, o ócio, a segurança, a previdência e a assistência sociais, a proteção à família, a assistência aos indefesos ou desemparados, e outros, como a cultura e o meio ambiente"[219]. Nesse mesmo sentido, opina George Marmelstein[220]. Com a devida vênia, esse argumento

---

217 *Direitos humanos*, p. 28.
218 *Op. cit.*, p. 324.
219 *Op. cit.*, p. 26.
220 Segundo o autor, "... essa teoria não é compatível (por ser insuficiente para proteger os direitos sociais) com o ordenamento jurídico-constitucional brasileiro. A Constituição Federal brasileira não prevê que apenas um mínimo será protegido. Existem, pelo contrário, algumas diretrizes que orientam para

parece sufragar facilmente da mera análise do surgimento e da evolução teórica do *mínimo existencial*. Como vimos há pouco, ele tem origem na doutrina alemã, como corolário do direito à vida e da dignidade da pessoa humana, implícito, portanto, no texto constitucional alemão. Aliás, a ausência de previsão constitucional expressa não impede que também sejam reconhecidos princípios (e regras) importantes como a *proporcionalidade*, o *bloco de constitucionalidade*, a *razoabilidade*, a *mutação constitucional* etc. Por sua vez, Manuel Afonso Vaz sustenta que "não há 'conteúdo mínimo' de um 'direito social', que seja um conteúdo de reserva constitucional, porque simplesmente não há determinabilidade constitucional da prestação"[221].

Outrossim, Katharine Young também afirma que a teoria do mínimo existencial faz com que a discussão acerca dos direitos sociais fique restrita aos "estados em desenvolvimento, deixando o discurso legal dos direitos econômicos e sociais fora do alcance dos países de renda média ou alta"[222]. Outros, por sua vez, afirmam que a ideia de um conteúdo mínimo dos direitos sociais só pode ser aceita no plano filosófico ou argumentativo, mas não sob o ponto de vista jurídico-constitucional[223].

Parte da doutrina também critica a imprecisão na definição do que seria mínimo existencial: "Como delimitar esse mínimo? Quem

---

uma proteção cada vez mais ampla, por exemplo, no âmbito da saúde, que se orienta pelo princípio da universalidade do acesso e integralidade do atendimento, o que afasta a ideia minimalista. Da mesma forma, o Pacto Internacional dos Direitos Econômicos, Sociais e Culturais, já incorporado ao ordenamento jurídico brasileiro em janeiro de 1992, fala em 'máximo dos recursos disponíveis' para implementar os direitos sociais, o que também é incompatível com uma ideia minimalista", p. 57.

221 *Apud* Catarina Santos Botelho, *op. cit.*, p. 324.
222 *Op. cit.*, p. 225.
223 "Para José Melo Alexandrino, a ideia de um conteúdo mínimo de todos os direitos fundamentais sociais só poderá aceitar-se num plano filosófico ou puramente argumentativo, e não num plano jurídico" (Catarina Santos Botelho, *op. cit.*, p. 326).

tem legitimidade para fazê-lo? Como bem observa Vicente de Paulo Barreto, essa doutrina esbarra em uma imprecisão conceitual, que acaba por deixar a delimitação do mínimo existencial ao voluntarismo político"[224].

Por fim, alguns autores apontam a violação do princípio da separação dos Poderes quando há a fixação de um mínimo existencial dos direitos sociais, na medida em que se estaria retirando do Poder Legislativo o poder de implementar os direitos sociais, deslocando-o para o Poder Judiciário, em razão da judicialização de uma parcela desses direitos. Quanto a esse argumento, sistematiza Catarina Botelho: "Jorge Reis Novais tem sérias dúvidas na 'redução teleológica do conteúdo normativo do direito social', quantas vezes bastante amplo, a um mínimo e sobre a possibilidade de este encargo incumbir à jurisdição constitucional sem que esta incorra na violação do princípio da separação dos poderes. Com efeito, a reserva do financeiramente possível torna bastante complexa a 'fixação judicial do *mínimo social* devido'. Por essa razão, nos Estados Unidos da Américas, uma vasta doutrina, ainda que admita um 'direito a garantias sociais e econômicas mínimas' (*right to minimal social and economic guarantees*), acaba por rebater a sua inclusão constitucional com o argumento de que esta é uma temática a ser resolvida democraticamente"[225]. Por exemplo, J. M. Sérvulo Coreia afirma que "no domínio

---

224 Ana Carolina Lopes Olsen, *op. cit.*, p. 325.
225 *Op. cit.*, p. 325. O constitucionalista norte-americano Cass Sunstein, em obra específica sobre a democracia, faz a seguinte digressão: "a Constituição dos Estados Unidos, como muitas outras, contém uma interessante e específica doutrina destinada a incrementar o autogoverno democrático. Artigo 1, seção 1, da Constituição investe o 'poder legislativo' a um '*Congress of the United States*' e a nenhum outro. De acordo com a 'doutrina da não delegação', o legislador nacional não é permitido dar ou delegar sua função legislativa a qualquer outra instituição. Uma das mais importantes questões no direito contemporâneo é se, e em que sentido, a doutrina da 'não delegação' ainda persiste. (...) Quando direitos fundamentais e interesses estão parados, as escolhas devem ser feitas legislativamente. Como uma questão técnica, isso está baseado não na doutrina da não delegação, mas em certos cânones de

dos direitos sociais, a intervenção jurisdicional deverá somente ser admissível em casos extremos, de manifesta necessidade ou injustiça possibilitadas pela inação legislativa e que desemboquem em ofensas intoleráveis à dignidade da pessoa humana"[226] (grifamos). Nesse mesmo sentido, Isabel Moreira afirma que "o reconhecimento de um direito positivo a exigir do Estado o *mínimo de existência* coloca sérios problemas no que toca à liberdade de conformação do legislador e às livres opções políticas que suportam as decisões normativas democráticas"[227].

2.9. MÍNIMO EXISTENCIAL COMO PRESSUPOSTO DA CIDADANIA E DA DEMOCRACIA

Há uma relação estreita entre os conceitos de *cidadania*, *democracia* e *mínimo existencial*. Primeiramente, numa visão estrita, cidadania é a possibilidade de interferir nas decisões políticas do Estado. Assim, cidadãos seriam os titulares dos direitos políticos. Não obstante, há também uma visão ampla de cidadania, segundo a qual ela corresponde à titularidade dos direitos fundamentais (mormente os direitos políticos), como também de deveres perante os semelhantes.

---

construção. (...) Algumas das minhas propostas centrais nesse capítulo são mostrar que esses cânones podem ser entendidos como inteiramente legítimos, que eles podem ser usados sempre mais que eles agora são, e que eles mostram-nos um grande acordo sobre a constituição democrática. O cânone da não delegação representa uma forma salutar de uma democracia judicial minimalista, designada a fortalecer algumas escolhas que são feitas pela instituição com superior pedigree democrático. Para a doutrina tradicional, um problema especialmente sério relaciona-se à competência judicial. (...) Sem muito exagero (...) nós podemos dizer que a determinação judicial pode violar a doutrina convencional desde que isso não se faça sem delegação, sem claros parâmetros, ao Judiciário. (...)" (grifamos) (*op. cit.*, p. 250).

226 Catarina Santos Botelho, *op. cit.*, p. 325.
227 *Op. cit.*, p. 143.

Sobre a evolução do conceito de *cidadania*, brilhantemente expõe Gianpaolo Smanio: "A Constituição Federal de 1988, chamada de 'Constituição Cidadã', efetivou uma mudança na conceituação de cidadania, conferindo maior amplitude ao seu significado, ao colocá-la dentre os princípios fundamentais da República Federativa do Brasil (art. 1º, II). A cidadania deixou de estar relacionada apenas com a nacionalidade, deixou de ser considerada apenas um *status* de reconhecimento do Estado, para ser um conceito amplo, compatível com uma nova dimensão da cidadania, como expressão de direitos fundamentais e de solidariedade. Conforme análise de Hannah Arendt, o primeiro dos direitos do homem é o direito a ter direitos, o que implica na dimensão e conceito de cidadania, como um meio para a proteção de direitos e também como um princípio, pois a destituição da cidadania implica na perda desses direitos. Portanto, quando a nossa Constituição estabelece a cidadania como um princípio fundamental da República, abrange essa dimensão de concretização dos direitos fundamentais"[228].

Ainda sobre a evolução do conceito de cidadania, Arno Arnoldo Keller afirma que "O Estado Moderno, ou a República Moderna, não é criador da cidadania e, tampouco, criou o seu conceito. Isso é obra da República antiga, tanto que o maior exemplo vem da antiga Roma, onde ser cidadão significava a igualdade de todos os cidadãos, com os mesmos direitos, direito de estado civil, de residência, de

---

228 *Legitimidade jurídica das políticas públicas:* a efetivação da cidadania, p. 13. No mesmo sentido, José Afonso da Silva afirma: "a nova ideia de cidadania se constrói, pois, sob o influxo do progressivo enriquecimento dos direitos fundamentais do homem. A Constituição de 1988, que assume as feições de uma *constituição dirigente*, incorporou essa nova dimensão da cidadania quando, no art. 1º, II, a indicou como um dos fundamentos do Estado Democrático de Direito. (...) A cidadania, assim considerada, consiste na consciência de pertinência à sociedade estatal como <u>titular dos direitos fundamentais, da dignidade como pessoa humana, da integração participativa no processo do poder, com a igual consciência de que essa situação subjetiva envolve também deveres de respeito à dignidade do outro</u>, de contribuir para o aperfeiçoamento de todos" (grifamos) (*op. cit.*, p. 36).

sufrágio, de matrimônio, de herança, de acesso à justiça, enfim, todos os direitos individuais que permitem acesso ao direito civil. Ser cidadão, entretanto, também significava direito à participação política, como eleitor e como governante, um homem político. (...) Com o surgimento dos direitos sociais e solidários, esses passaram a ser positivados nas constituições, a partir do que a cidadania ganhou a dimensão de prerrogativas político-jurídicas, quando as pessoas se tornaram sujeitos de direitos, exercidos no âmbito do Estado nacional. As constituições modernas, de um modo geral, passam, então, a definir a cidadania a partir da especificação de direitos e obrigações da população"[229].

Como afirma Karine da Silva Cordeiro, "identificam-se, como elementos comuns do conceito contemporâneo de cidadania, a igualdade de *status* jurídico, o pertencimento e especialmente a participação ativa nos assuntos públicos e políticos. Essa participação não se resume ao direito de votar e ser votado, e sim se expressa de forma muito mais ampla, na manifestação nos diferentes espaços públicos de decisão e nas deliberações políticas, exercida num contexto de participação informada, ativa e responsável. Por todas essas razões, uma concepção adequada de cidadania se direciona à construção da autonomia emancipatória do indivíduo enquanto centro autônomo de decisão, com aptidão para, de modo verdadeiramente livre, desenvolver a sua personalidade"[230].

Outrossim, como sabido e consabido por todos, o Brasil não é "apenas" um Estado de Direito (máxime porque já houve Estados de Direito autoritários, ilegítimos). O Brasil é um "Estado Democrático", ideia reforçada pelo parágrafo único do art. 1º da Constituição Federal. Essa também é a conclusão de Canotilho: "O Estado

---

229 *A exigibilidade dos direitos fundamentais sociais no Estado Democrático de Direito*, p. 35.
230 *Direitos fundamentais sociais e mínimo existencial:* uma pauta emancipatória para o desenvolvimento da cidadania. Tese (doutorado) – PUC/RS, Porto Alegre, 2016, p. 294.

constitucional não é nem deve ser apenas um Estado de Direito. Se o princípio do estado de direito se revelou como uma 'linha Maginot' entre Estados que têm uma constituição e Estados que não têm uma constituição, isso não significa que o Estado Constitucional moderno possa limitar-se a ser apenas um Estado de direito. Ele tem de estruturar-se como Estado de direito democrático, isto é, como uma ordem de domínio legitimada pelo povo. A articulação do 'direito' e do 'poder' no Estado constitucional significa, assim, que o poder do Estado deve organizar-se e exercer-se em termos democráticos. O princípio da soberania popular e', pois, uma das traves mestras do Estado Constitucional"[231].

Com o advento da Constituição de 1988, que prevê o princípio da solidariedade (art. 3º) e, sobretudo, a cidadania como sendo um dos fundamentos da República (art. 1º), "cabe ao cidadão perceber o Estado como materialização da representação do espaço público, o qual deve ser ocupado como condição de igualdade, como sujeito de direito em um Estado Democrático de direito. Para a conquista do espaço público materializado na Constituição do Brasil, é fundamental a participação do cidadão pela união de forças. (...) Essa união tem na sociedade civil os componentes básicos para o encaminhamento ao poder político das mudanças fundamentais básicas, sejam elas políticas sociais ou jurídicas"[232]. Indubitavelmente, para ter essa capacidade, o cidadão precisa de um *mínimo existencial* assegurado e tutelado pelo Estado.

O não cumprimento por parte do Estado do *mínimo existencial* dos indivíduos viola o princípio do Estado Democrático, pois, como lembra John Rawls, "em uma sociedade democrática, o poder político, que é sempre um poder coercitivo, é o poder do público, isto é, <u>de cidadãos livres e iguais</u> como um corpo coletivo"[233] (grifamos).

---

[231] *Op. cit.*, p. 98.
[232] Arno Arnoldo Keller, *op. cit.*, p. 73.
[233] *O liberalismo político*, p. 255. Em outras palavras, Ana Paula de Barcellos afirma que "o segundo objetivo de uma Constituição democrática é assegurar

Como vimos anteriormente, a igualdade exigida por Rawls como condição primária do estabelecimento dos princípios de justiça a serem seguidos depende de uma capacidade intelectual, física e moral mínima, da qual o Estado tem o dever de implementar.

Em tese específica sobre o tema, Karine da Silva Cordeiro aponta a estreita ligação entre os conceitos do *mínimo existencial* e o exercício da cidadania: "compreende-se a estreita vinculação do mínimo existencial com o exercício da democracia e a plena realização da cidadania. É fácil perceber a interferência negativa que a falta de condições materiais e sociais mínimas, seja decorrente de pobreza extrema, falta de saúde, de educação, e de acesso à informação, dentre outros motivos, exerce em relação à liberdade do cidadão nos processos de participação política"[234].

Concordamos com a autora, que considera o mínimo existencial elemento indissociável da cidadania, que é considerada em nossa Constituição um dos fundamentos da República: "a gramática jurídico-constitucional brasileira não é refratária, muito antes pelo contrário, à proposição de que o direito ao mínimo essencial, é parte integrante e indissociável do conceito normativo de cidadania, e, como tal, tem na cidadania a delimitação de sua finalidade constitucional"[235].

Nas palavras de Daniel Sarmento, "o regime democrático se assenta na compreensão de que os cidadãos devem ter a igual oportunidade de participar do processo de formação da vontade da comunidade política que integram. Ocorre que, para que essa participação do cidadão possa ser efetiva, ele precisa ter condições materiais mínimas para exercê-la. É evidente que o indivíduo com baixo nível de

---

o pluralismo político, consagrado no inciso V, do art. 1º da Constituição brasileira de 1988. Isto significa garantir a abertura do sistema e o exercício democrático de modo que o povo possa, a cada momento, decidir qual o caminho a seguir" (*A eficácia jurídica dos princípios constitucionais*, p. 294).

234 *Op. cit.*, p. 295.
235 *Op. cit.*, p. 297.

instrução deve ter. plenos direitos políticos, com ampla possibilidade de participar do autogoverno popular. Contudo, o seu déficit de escolaridade tende a comprometer a sua capacidade de se informar adequadamente sobre os assuntos públicos e dele participar, como um igual, nas deliberações sociais"[236].

Essa também é a conclusão do professor norte-americano Cass R. Sunstein, segundo o qual: "Por muitos anos, houve um debate se os direitos sociais e econômicos, algumas vezes conhecidos como direitos socioeconômicos, pertencem à Constituição. O debate ocorreu com maior intensidade na Europa ocidental e África do Sul. Evidentemente, a Constituição dos Estados Unidos da América e a maioria das constituições antes do século XX, protegeram direitos como a liberdade de expressão, liberdade religiosa, a santidade do domicílio, sem a criação de direitos a mínimas condições decentes de vida. Mas no final do século XX e início do século XXI, a tendência é diversa, com documentos internacionais e mais constituições, criado direitos a comida, teto e outros direitos. (...) Num ponto de vista, a constituição deve proteger direitos 'negativos' e não direitos 'positivos'. Direitos constitucionais devem ser vistos como proteções individuais contra agressões estatais, não as pretensões individuais a proteção pelo Estado. Uma Constituição que protege direitos socioeconômicos pode, nesse ponto de vista, colocar em risco os direitos em conjunto, pelo enfraquecimento da central função contra a prevenção de abusos ou exercícios opressivos do poder governamental. Mas há muitos problemas nesse ponto de vista. Todos os direitos individuais, como o direito à liberdade de expressão e o direito à propriedade, requer ação governamental. A propriedade privada não pode existir sem aparatos governamentais, prontos e aptos a assegurar a proteção da propriedade. Os chamados direitos negativos são sem dúvida direitos positivos. Se as principais preocupações são cidadania e democracia, a linha entre direitos negativos e positivos é

---

236 *Dignidade da pessoa humana*, p. 203.

difícil de se manter. O direito à proteção constitucional da propriedade privada tem uma forte justificação constitucional: se as pessoas estão sujeitas a contínuos ajustes governamentais, as pessoas não podem ter a segurança e a independência que o status da cidadania requer. O direito à propriedade privada não pode ser vista como um esforço para proteção dos mais ricos; isso ajuda a incrementar a democracia, por si só. <u>Mas o mesmo pode ser dito sobre a proteção mínima contra a miséria, o desabrigo e outras extremas privações. Para as pessoas estarem aptas a serem cidadãos e a serem contados como semelhantes, devem ter um mínimo de independência que a proteção mínima assegura</u>[237]" (grifamos).

2.10. MÍNIMO EXISTENCIAL COMO COROLÁRIO DA DIGNIDADE DA PESSOA HUMANA

Segundo Ana Paula de Barcellos, "o chamado *mínimo existencial*, formado pelas condições materiais básicas para a existência, corresponde a uma fração nuclear da dignidade da pessoa humana à qual se deve reconhecer a eficácia jurídica positiva ou simétrica. Para além desse núcleo, ingressa-se em terreno no qual se desenvolvem primordialmente outras modalidades de eficácia jurídica, decorrência da necessidade de manter-se o espaço próprio da política e das deliberações majoritárias"[238]. Segundo Isabel Moreira, "a defesa do mínimo de existência decorre diretamente da dignidade da pessoa humana, (...) daí a configuração do mínimo de existência como decorrência e instrumento daqueles valores fundacionais. Numa palavra, a dignidade da pessoa humana é a causa próxima do mínimo de existência. É esta exigência que apoia a construção do sistema de direitos fundamentais e o apoio deste sistema em princípios e valores como a dignidade da pessoa humana e o desenvolvimento da

---

237 *Designing democracy*: what constitutions do. New York: Oxford University Press, 2001, p. 325.
238 *A eficácia jurídica dos princípios constitucionais*, p. 292.

personalidade". Outrossim, como afirmam Ingo Wolfgang Sarlet e Mariana Filchtiner Figueiredo, "a dignidade da pessoa humana somente estará assegurada – em termos de condições básicas a serem garantidas pelo Estado e pela sociedade – onde a todos e a qualquer um estiver garantia nem mais nem menos do que uma vida saudável"[239].

Destarte, para o desenvolvimento desse trabalho, é oportuno analisarmos o *fundamento*, a *origem*, a *natureza*, a *amplitude* e a *aplicação* da dignidade da pessoa humana ou dignidade humana. Como afirmou Luís Roberto Barroso, em obra específica sobre o tema, vários foram os casos concretos solucionados, direta ou indiretamente, com base no princípio da dignidade da pessoa humana[240],

---

239 *Op. cit.*, p. 24. Na sequência, os autores ressaltam que a expressão "vida saudável" não se restringe apenas e tão somente aos aspectos biológicos da vida, mas sim ao seu aspecto social e cultural: "a despeito de se endossar uma fundamentação do mínimo existencial no direito à vida e na dignidade da pessoa humana, há que encarar com certa reserva (pelo menos nos termos em que foi formulada) a distinção acima referida entre um mínimo fisiológico, no sentido de uma garantia apenas das condições materiais mínimas que impedem seja colocada em risco a própria sobrevivência do indivíduo, poderá servir de pretexto para a redução do mínimo existencial precisamente a um mínimo meramente 'vital' (de mera sobrevivência física). De outra parte, até mesmo a diferença entre o conteúdo do direito à vida e da dignidade da pessoa humana, que, a despeito dos importantes pontos de contato, não se confundem, poderá vir a ser negligenciada. Convém destacar, ainda nesta quadra, que a dignidade implica uma dimensão sociocultural, que também constitui elemento nuclear a ser respeitado e promovido, razão pela qual determinadas prestações em termos de direitos culturais (notadamente – notadamente, mas não exclusivamente – no caso da educação fundamental) haverão de estar sempre incluídas no mínimo existencial como, de resto, já vinha também sustentando importante doutrina nacional, mesmo em se tratando de autores que assumem uma preferência por uma fundamentação de cunho mais liberal" (grifamos) (p. 25).

240 "O Sr. Wackeneim, na França, queria tomar parte em um espetáculo conhecido como 'arremesso de anão', no qual frequentadores de uma casa noturna deveriam atirá-lo à maior distância possível. A Sra. Evans, no Reino Unido, após perder os ovários, queria poder implantar em seu útero os embriões fecundados com seus óvulos e o sêmen do ex-marido, de quem se divorciara. A família da Sra. Englaro, na Itália, queria suspender os procedimentos médicos e deixá-la morrer em paz, após dezessete anos em estado vegetativo. O Sr. Ellwanger,

embora seja um princípio "radicalmente novo" no Direito Constitucional, como afirma Jorge Reis Novais: "por isso se pode dizer que a dignidade da pessoa humana consagrada como princípio jurídico supremo, tanto no plano do Direito Internacional, como do Direito Constitucional na segunda metade do século XX, é algo de radicalmente novo, sem prejuízo das inevitáveis influências de um legado ocidental com múltiplas origens no domínio da religião, da filosofia e das ideias políticas"[241].

Quanto ao fundamento jurídico, como afirma Jorge Reis Novais, "a partir do momento em que as Constituições consagram a dignidade da pessoa humana como princípio em que assenta o Estado de Direito, é esse acolhimento expresso que, antes do mais, constitui o fundamento da dignidade"[242]. Quanto ao fundamento filosófico, Hasso Hofman propõe três teorias possíveis: a) teoria do dote; b) teoria da prestação; c) teoria do reconhecimento. Segundo a primeira teoria, a dignidade da pessoa humana seria "um dote antropológico que, consoante as crenças religiosas ou as concepções filosóficas, é tido como recebido de Deus ou como tendo sido construído na

---

no Brasil, gostaria de continuar a publicar textos negando a ocorrência do Holocausto. O Sr. Lawrence, nos Estados Unidos, desejava poder manter relações homoafetivas com seu parceiro, sem ser considerado um criminoso. A Sra. Lais, na Colômbia, gostaria de ver reconhecido o direito de exercer sua atividade de trabalhadora do sexo, também referida como prostituição. O Sr. Gründgens, na Alemanha, pretendia impedir a republicação de um livro que era baseado na vida de seu pai e que considerava ofensivo à sua honra. A Sra. Grootboom, na África do Sul, em situação de grande privação, postulava do Poder Público um abrigo para si e para sua família. O jovem Perruche, na França, representado por seus pais, queria receber uma indenização pelo fato de ter nascido, isto é, por não ter sido abortado, tendo em vista que um erro de diagnóstico deixou de prever o risco grave de lesão física e mental de que veio a ser acometido. Todos esses casos reais, decididos por cortes superiores ao redor do mundo, têm um traço em comum: subjacente à decisão de cada um deles, de modo implícito ou expresso, esteve presente a necessidade de se fixar o sentido e o alcance da ideia de dignidade humana" (*A dignidade da pessoa humana no direito constitucional contemporâneo*. Belo Horizonte: Fórum, 2016, p. 9).

241 *Op. cit.*, p. 55.
242 *Op. cit.*, p. 35.

Natureza"²⁴³. Segundo a teoria da prestação, a dignidade não seria um valor existente objetivamente em si mesmo, pois "é cada um que adquire e produz a sua dignidade quando determina autonomamente o seu comportamento, num processo em que se pode ser bem ou mal sucedido e em que, portanto, a dignidade não é algo pré-dado, mas uma qualidade tanto suscetível de ser alcançada como de ver a respectiva realização frustrada"²⁴⁴. Por fim, segundo a teoria do reconhecimento, "a dignidade seria uma categoria de comunhão com o próximo, de solidariedade entre seres semelhantes, que adquire, todavia, eficácia normativa externa quando se institucionaliza, com esse alcance, enquanto base fundacional do Estado"²⁴⁵.

Quanto à origem histórica do princípio da dignidade da pessoa humana, segundo o professor de Direito Constitucional da Universidade de Lisboa Jorge Reis Novais, em brilhante obra sobre o tema, não obstante o reconhecimento praticamente universal da dimensão jurídica da *dignidade humana*, somente em meados do século XX, com as Constituições do pós-guerra, o princípio chegou ao direito constitucional²⁴⁶. Segundo o autor, "durante o século XIX, com exceções pouco significativas, a dignidade permanece ausente dos textos jurídicos e constitucionais e, mesmo durante a primeira metade do século XX, o surgimento é esparso e muito tímido. A primeira manifestação é a Constituição finlandesa de 1919, onde se incumbe a lei de proteger a vida, a *dignidade*, a liberdade pessoal e a propriedade dos cidadãos²⁴⁷. Também no mesmo ano de 1919, o art. 151 da Constituição de Weimar, na parte sistemática da *Constituição econômica*, acolheu indiretamente o conceito, não no sentido de dignidade da pessoa humana que hoje é comum à generalidade das novas constituições, mas enquanto objetivo programático de 'garantia de uma existência humana digna

---

243 Jorge Reis Novais, *op. cit.*, p. 37.
244 Jorge Reis Novais, *op. cit.*, p. 38.
245 Jorge Reis Novais, *op. cit.*, p. 38.
246 *A dignidade da pessoa humana*, p. 48.
247 Importante frisar que a dignidade da pessoa constou expressamente na importante e histórica Constituição mexicana, de 1917.

para todos'. (...) Posteriormente, só nos últimos anos da década de trinta, combinando as referidas preocupações sociais com a chamada 'doutrina social da Igreja', a ideia de *dignidade humana* surgiu em algumas Constituições e textos constitucionais onde havia uma evidente inspiração católica" (*A Dignidade da Pessoa Humana*, p. 48).

A dignidade da pessoa humana recebeu das constituições europeias posteriores à Segunda Guerra uma posição de destaque[248]. Por exemplo, na Constituição alemã de 1949, o primeiro artigo versa sobre o tema: "a dignidade da pessoa humana é intangível. Respeitá-la e protegê-la é obrigação de todo o poder público". No mesmo diapasão, o primeiro artigo da Constituição portuguesa afirma que "Portugal é uma República soberana, baseada na dignidade da pessoa humana e na vontade popular e empenhada na construção de uma sociedade livre, justa e solidária". Embora sejam inegáveis as influências da religião[249] e da filosofia[250], a "ascensão" normativa da dignidade da

---

248 Segundo Luís Roberto Barroso, "após a Segunda Guerra Mundial, numerosas constituições vieram a apresentar uma linguagem que exige a proteção da dignidade, sendo esse o caso de países como Alemanha, Itália, Japão, Portugal, Espanha, África do Sul, Brasil, Israel, Hungria e Suécia, entre muitos outros" (*op. cit.*, p. 20).

249 "Sob uma perspectiva religiosa, o monoteísmo hebraico tem sido considerado como o ponto inicial: a unidade da raça humana é o corolário natural da dignidade humana podem ser encontrados no Velho Testamento, a Bíblia Judaica: Deus criou o ser humano à sua própria imagem e semelhança (*Imago Dei*) e impôs sobre cada pessoa o dever de amar seu próximo como a si mesmo. Essas máximas são repetidas no Novo Testamento cristão" (Luís Roberto Barroso, *op. cit.*, p. 15). "Dessa crença religiosa judaico-cristã, que vê no homem uma criatura (a única) feita por Deus à sua imagem e semelhança (a referida *imago Dei* do Velho e do Novo Testamento), decorrem tendencialmente, não apenas a ideia da superioridade moral dos humanos face a qualquer outra espécie ao cimo da Terra (donde a presença e imortalidade da alma, mas também a postura e o caminhar ereto, a centralidade do homem no universo e o livre-arbítrio), como ainda, e para o que aqui especialmente nos interessa, <u>a ideia da dignidade de cada ser humano por fato simplesmente de o ser, independentemente do seu estatuto ou de características particulares</u>" (grifamos) (Jorge Reis Novais, *op. cit.*, p. 40).

250 "Diversos (...) pensadores forneceram importantes contribuições para o delineamento da ideia moderna de dignidade humana, incluindo o teólogo espanhol

pessoa ou, em outras palavras, "a centralidade da 'dignidade' nas constituições europeias decorre dos horrores do nazismo alemão. (...) Como uma questão retórica, o imperativo da dignidade é invocada como uma resposta à significativa negação da dignidade humana em recentes episódios da história"[251]. Esse também é o entendimento de Luís Roberto Barroso: "Ao lado dos marcos religiosos e filosóficos já identificados, existe um marco *histórico* significativo, que foi decisivo para o delineamento da noção atual de dignidade humana: os horrores do nacional-socialismo e do fascismo, e a reação que eles provocaram após o fim da Segunda Guerra Mundial. Na reconstrução de um mundo moralmente devastado pelo totalitarismo e pelo genocídio, a dignidade humana foi incorporada ao discurso *político* dos vitoriosos como uma das bases para uma longamente aguardada era de paz, democracia e proteção dos direitos humanos. A dignidade humana foi então importada para o discurso *jurídico*"[252].

Francisco de Vitoria, conhecido pela defesa firme dos direitos dos indígenas contra a ação dos colonizadores do Novo Mundo; e o filósofo alemão Samuel Pufendorf, um precursor do Iluminismo e um pioneiro na concepção secular de dignidade humana, a qual ele fundou sobre a liberdade moral. Embora não se devam ignorar as contribuições dos teóricos contratualistas como Hobbes, Locke e Rousseau – com suas importantes ideias de direito natural, liberdade e democracia, respectivamente – foi apenas com o Iluminismo que o conceito de dignidade humana começou a ganhar impulso" (Luís Roberto Barroso, *op. cit.*, p. 18). No mesmo sentido: "no iluminismo, com Pascal, Pufendorf e, sobretudo, com Kant, desenvolvem-se os contornos do que viria a ser uma concepção, não apenas moderna, mas contemporânea, de dignidade humana, através da associação do conceito a uma visão plenamente emancipada, secular, da razão humana e da capacidade de autonomia" (Jorge Reis Novais, *op. cit.*, p. 43).

251 Neomi Rao, *op. cit.*, p. 207.
252 *Op. cit.*, p. 19. Segundo o autor, a inclusão da dignidade no plano jurídico se deu a dois fatores: "o primeiro deles foi a inclusão em diferentes tratados e documentos internacionais, bem como em diversas constituições nacionais, de referências textuais à dignidade humana. O segundo fator corresponde a um fenômeno mais sutil, que se tornou mais visível com o passar do tempo: a ascensão de uma cultura jurídica pós-positivista, que reaproximou o direito da moral e da filosofia política, atenuando a separação radical imposta pelo positivismo pré-Segunda Guerra" (p. 19).

A abordagem jurisprudencial, malgrado haja similitudes, encontra diferenças entre os mais variados Tribunais Constitucionais. Segundo o Tribunal Constitucional alemão, por exemplo, a dignidade humana se encontra no ápice do sistema constitucional, representando um valor supremo, um em absoluto, à luz do qual cada um dos dispositivos constitucionais deve ser interpretado. Outrossim, a dignidade da pessoa humana seria o fundamento constitucional de todos os direitos fundamentais relacionados à pessoa humana, possuindo também "dimensão subjetiva e objetiva, investindo os indivíduos em certos direitos e impondo determinadas prestações positivas para o Estado"[253]. Na França, embora a *dignidade da pessoa humana* não conste expressamente do texto constitucional, em 1994, o Conselho Constitucional, "combinando diferentes passagens do Preâmbulo da Constituição de 1946, proclamou que a dignidade era um princípio com status constitucional"[254]. Na doutrina portuguesa, assim como na alemã, verifica-se também o argumento de que os direitos encontram na *dignidade da pessoa humana* seu fundamento constitucional:

---

[253] Luís Roberto Barroso, *op. cit.*, p. 22. Continua o autor: "Baseado nesse entendimento da dignidade humana, o Tribunal Constitucional Federal Alemão tem proferido um conjunto amplo e variado de decisões que incluem: a definição do alcance do direito à privacidade tanto no que se refere à proteção contra o Estado quanto contra a interferência privada, proibição da negação do Holocausto, o entendimento de que a pena de prisão perpétua não pode desconsiderar a capacidade individual para reabilitação e reinserção social, a garantia do direito de um litigante que tinha realizado uma cirurgia de mudança de sexo a ter seu novo gênero refletido na sua certidão de nascimento, proibição do abate de aeronaves sequestradas por terroristas que poderiam pretender utilizá-las como armas em crimes contra vidas humanas, e a declaração que é inconstitucional para o Estado descriminalizar o aborto ('caso Aborto I'), decisão que foi revista após a reunificação da Alemanha para permitir maior flexibilidade na regulação da matéria ('caso Aborto II')" (*op. cit.*, p. 22-23).

[254] Luís Roberto Barroso, *op. cit.*, p. 23. Segundo o autor, "sua primeira aparição foi em uma decisão que reconheceu a constitucionalidade de duas leis aprovadas pelo parlamento, que regiam a doação de órgãos humanos e foi invocado em diferentes contextos, da declaração de que a moradia decente para todas as pessoas é um valor constitucional até a validação de leis permitindo o aborto durante as primeiras doze semanas de gravidez" (*op. cit.*, p. 24).

"pelo menos, de modo direto e evidente, os direitos, liberdades e garantias pessoas e os direitos econômicos, sociais e culturais comuns têm a sua fonte ética na dignidade da pessoa, de todas as pessoas"[255]. Em 1984, o Tribunal Constitucional português considerou a *dignidade da pessoa humana* um princípio estrutural da República Portuguesa (acórdão 16/84). No acórdão do TC 549/94, o Tribunal considerou que os princípios da culpa e da ressocialização estão alicerçados na *dignidade da pessoa humana*.

Nos Estados Unidos, embora a dignidade da pessoa humana não esteja expressamente na Constituição, a partir da década de 1940, votos dissidentes do *Justice* Frank Murphy[256] utilizaram-na como fundamento. Como afirmou Luís Roberto Barroso, "as referências à dignidade humana na jurisprudência da Suprema Corte remontam a década de 1940. O uso do conceito no Direito americano, todavia, tem sido episódico e pouco desenvolvido, relativamente incoerente e contraditório, além de carecer de maior especificidade e clareza"[257]. Naquela Corte, o primeiro voto majoritário que utilizou a expressão "dignidade humana" foi em *Rochin vs. Califórnia*[258]. Não

---

255 Jorge Miranda. *A Constituição e a dignidade da pessoa humana*. Disponível em: https://repositorio.ucp.pt/bitstream/10400.14/18404/1/V0290102-473-485.pdf, p. 473.

256 O caso *Screws vs. United States*, de 1945, trata do julgamento de um xerife local que espancou um negro até a morte. O caso *In re Yamashita*, de 1946, foi o primeiro a ter um voto calcado na *dignidade humana* e versa sobre o julgamento e condenação à pena de morte de um general japonês.

257 *Op. cit.*, p. 10. No mesmo sentido, afirma a professora da *George Mason University School of Law* Neomi Rao: "A Constituição dos Estados Unidos não faz explicitamente menção à dignidade. No curso da jurisprudência norte-americana, o valor da 'dignidade da pessoa humana' é relativamente atrasado. Referências à humana e individual dignidade foram feitas em 1940 em discursos dissidentes arguindo por uma mais robusta concepção das liberdades individuais. Desde então, a Suprema Corte cada vez mais vem utilizando conceitos de dignidade pessoal e humana para explicar, desenvolver e ampliar várias proteções constitucionais" (On the use and abuse of dignity in constitucional law. *Columbia Journal of European Law*, v. 14, n. 2, p. 201-256, 2008, p. 202).

258 "Este caso envolveu o uso da força e de dispositivos médicos para fazer um suspeito vomitar cápsulas que ele havia engolido, a fim de usá-las como provas

obstante, "a dignidade humana nunca foi considerada, na argumentação dos membros da Suprema Corte, como um direito fundamental particular ou autônomo, mas sim como um valor subjacente, tanto aos direitos expressos quanto aos não enumerados, como os direitos à privacidade e à igualdade, à proteção contra penas cruéis e incomuns e contra a autoincriminação, entre outros. Portanto, o papel da dignidade humana tem sido, principalmente, o de informar a interpretação de direitos constitucionais específicos"[259], embora encontre argumentos contrários à sua utilização, como os de Antonin Scalia[260], um dos maiores protagonistas do "originalismo". Embora considerado por muitos um salto qualitativo na interpretação jurisprudencial dos direitos fundamentais, encontra reações doutrinárias norte-americanas[261], como a de James Q. Whitman, segundo o qual "a

---

contra ele. Ao anular a condenação sob o argumento de que ela se deu através de métodos que violaram a cláusula do devido processo, a Corte sustentou que 'não constitui uma justa interpretação dessas decisões, entender que elas autorizam o uso da força tão brutal e excessivo para a dignidade humana na obtenção de evidências de um suspeito, como é revelada por este registro'" (*op. cit.*, p. 41).

259 Luís Roberto Barroso, *op. cit.*, p. 42.

260 "Fiel ao *textualismo* como sua filosofia de interpretação constitucional, o *Justice* Antonin Scalia tem rejeitado a legitimidade do uso da dignidade humana como um conceito jurídico, porque 'ela não é mencionada no texto da Constituição dos Estados Unidos'. E, de fato, em seu voto vencido em *Casey*, o *Justice* Scalia criticou o voto do *Justice* Blackmun pelo vazio do seu 'desfile de adjetivos', entre os quais ele inclui a 'dignidade pessoal'. Ironicamente, o *Justice* Scalia não pôde evitar o apelo moral e retórico da ideia de dignidade humana em seu voto vencido em *National Treasury Employees Union v. Von Raab*, no qual ela foi citada três vezes, e onde ele descreveu o teste de drogas em funcionários aduaneiros como 'particularmente destrutivo para a privacidade e atentatório contra a dignidade pessoal'" (Luís Roberto Barroso, *op. cit.*, p. 56).

261 "A adoção de uma ideia expandida de dignidade humana como um dos fundamentos da *Bill of Rights* dos Estados Unidos foi louvada como um salto qualitativo por uma série de autores, embora essa compreensão não seja unânime. No Judiciário e na academia, vozes como a do *Justice* Antonin Scalia ou do Professor James Whitman têm enfaticamente contestado a função da dignidade humana na interpretação constitucional e no raciocínio jurídico em geral, além de questionar a sua necessidade, conveniência e constitucionalidade" *(op. cit.*, p. 10-11).

proteção da dignidade das pessoas é completamente estranha à tradição americana"[262] e Steven Pinker, com seu artigo "A Estupidez da Dignidade", segundo o qual o princípio da dignidade da pessoa humana "continua uma bagunça"[263].

Seria, ao contrário dos demais princípios, absoluta a *dignidade da pessoa humana*? Grande parte da doutrina, nacional ou estrangeira, considera o caráter absoluto da dignidade da pessoa humana, em decorrência, sobretudo, da teoria de Kant (em *Fundamentação da Metafísica dos Costumes*)[264], segundo o qual a máxima que exprime a dignidade da pessoa humana – tratar as pessoas como fins e nunca como meios – foi levada à condição de imperativo categórico, ou seja, à qualidade de regra universal e incondicional, válida para toda e qualquer situação[265]. É o que faz Fernando Ferreira dos Santos,

---

262 Luís Roberto Barroso, *op. cit.*, p. 57. Neomi Rao afirma que "a dignidade humana é um receptáculo verbal que contém as preferências e os compromissos ideológicos da política europeia moderna" (*op. cit.*, p. 1220).

263 Steven Pinker. The stupidy of dignity. *The New Republic*, 28 maio 2008. Disponível em: https://newrepublic.com/article/64674/the-stupidity-dignity, p. 1.

264 Segundo Jorge Reis Novais, "A concepção *absoluta* havia sido construída desde os anos cinquenta, sobretudo na Alemanha, sob o patrocínio da inspiração kantiana assumida e desenvolvida por Dürig. Aparentemente, essa concepção estava doutrinária e jurisprudencialmente estabilizada, até que, nas últimas décadas, se começaram a disseminar as propostas de relativização e de diferenciação normativa da dignidade da pessoa humana em função das circunstâncias do caso" (*op. cit.*, p. 144).

265 Segundo Alysson Leandro Mascaro, "Para Kant, não sendo um Deus, não age natural ou necessariamente no caminho da moralidade. Por isso, racionalmente, a moralidade se apresenta como um imperativo. Trata-se de um *dever-ser* que se apresenta à vontade e à racionalidade humana, e não simplesmente um desdobramento natural do ser do homem. Além disso, é um imperativo para agir. O imperativo categórico é não apenas um saber que orienta a moral, mas uma diretiva que tem em vista a ação. (...) O imperativo categórico não é uma orientação moral que busca um certo fim. Ele não se apresenta como uma ferramenta para alcançar um determinado objetivo. Não é apenas um dever. É um dever que obriga sem condicionantes nem limitações nem finalidades outras que o cumprimento desse próprio dever" (*Filosofia do direito*. 4. ed. São Paulo: Atlas, 2014, p. 219).

em obra específica sobre o tema: "a dignidade da pessoa humana é um princípio absoluto, porquanto, repetimos, ainda que se opte em determinada situação pelo valor coletivo, por exemplo, esta opção não pode nunca sacrificar, ferir o valor da pessoa"[266].

Todavia, concordamos com a maioria da doutrina (Robert Alexy, Michael Kloepfer, Ingo Wolfgang Sarlet, Luís Roberto Barroso, Ricardo Lobo Torres, Daniel Sarmento, Jorge Reis Novais, dentre outros), no sentido de que, assim como todos os demais princípios constitucionais, a dignidade da pessoa humana, por ser um metaprincípio, o "princípio dos princípios", somente em casos excepcionalíssimos, quase inexistentes, tal princípio poderá ser relativizado. Caso fosse um princípio absoluto, pelo menos metade dos presos brasileiros, que vive em situação degradante nos presídios nacionais deveria ser imediatamente solta. Se fosse um princípio de cumprimento absoluto, não haveria pessoas desprovidas de moradia. Percuciente é a afirmação de Jorge Miranda, segundo o qual "Relativamente aberto como todos os princípios – até porque a sua concretização se faz histórico-culturalmente – não deixa de encerrar um valor absoluto. Pode haver ponderação da dignidade de uma pessoa com a dignidade de outra pessoa, não com qualquer outro princípio, valor ou interesse"[267].

Percuciente é a expressão utilizada por Jorge Reis Novais, segundo o qual a *dignidade da pessoa humana* seria um valor supremo e um princípio constitucional de vinculatividade absoluta, mas de conteúdo aberto e aplicação relativizante[268].

Muitas críticas são feitas à grande abstração do princípio, que acaba por suscitar sua utilização para embasar teses diametralmente

---

266 *Princípio constitucional da dignidade da pessoa humana.* São Paulo: Celso Bastos Editor, 1999, p. 94.
267 *Direitos fundamentais*, p. 223.
268 *Op. cit.*, p. 157. Segundo o autor, "a vinculatividade absoluta da dignidade da pessoa humana combina-se necessariamente com abertura e relativização, implicando, numa e noutra, a eventual necessidade ou conveniência em realizar juízos de ponderação" (*op. cit.*, p. 158).

II • Os limites da exigência imediata dos direitos sociais

antagônicas. Com aparente intangibilidade[269], o princípio da dignidade da pessoa humana costuma ser utilizado para defender quaisquer temas relacionados a direitos fundamentais[270]. Como afirmou Luís Roberto Barroso, "em termos práticos, a dignidade, como conceito jurídico, frequentemente funciona como um mero espelho, no qual cada um projeta os seus próprios valores. Não é por acaso, assim, que a dignidade, pelo mundo afora, tem sido invocada pelos dois lados em disputa, em matérias como aborto, eutanásia, suicídio assistido, uniões homoafetivas, *hate speech* (manifestações de ódio a grupos determinados, em razão de raça, religião, orientação sexual ou qualquer outro fator), clonagem, engenharia genética, cirurgias de mudança de sexo, prostituição, descriminalização das drogas, abate de aviões sequestrados, proteção contra a autoincriminação, pena de

---

269 Nas palavras de Jorge Reis Novais, "como rapidamente se percebe quando se aprofunda a indagação sobre a ideia de dignidade da pessoa humana, os resultados apurados quanto ao conteúdo concreto do princípio e ao seu preciso sentido normativo estão muito longe da clareza e da determinação que seriam exigíveis, atendendo a que está em causa um comando com importância e consequências dogmáticas tão relevantes, contundentes e definitivas" (*op. cit.*, p. 23). Cita a interessante opinião de Ricardo Chueca, segundo o qual a intangibilidade do conceito da dignidade da pessoa humana "é o preço a pagar pelo *duplo acordo* que (...) foi a chave do sucesso do acolhimento da dignidade humana nas Constituições e nos tratados internacionais do pós-Segunda Guerra Mundial e da sua *centralidade simbólica*: acordo na incorporação do conceito, mas também *acordo no desacordo*, ou seja, um acordo cuidadosamente estimulado em não arbitrar o desacordo, em não definir a dignidade" (p. 24). De fato, é um costume do constituinte (como o constituinte brasileiro) estabelecer princípios vagos, pouco tangíveis, adotando-se um *simbolismo constitucional*, nas palavras de Marcelo Neves. Como os princípios são "mandamentos de otimização", devendo ser cumpridos na maior intensidade possível (e o conceito de possível é bastante controvertido), a dignidade da pessoa humana aparece nos documentos constitucionais como princípio ou metaprincípio, dotado de alto grau de abstração.

270 Como afirma Catarina Botelho, "a tentativa de balizar o conceito de dignidade da pessoa humana no desconfortável perímetro de uma definição jurídica continua a levantar problemas e a gerar dissensos, atinentes não só ao seu fundamento histórico ou cultural, mas também e mais especificamente, à sua interação com a biologia e a medicina" (*op. cit.*, p. 109).

morte, prisão perpétua, uso de detector de mentiras, greve de fome e exigibilidade de direitos sociais. A lista é longa"[271] (grifamos).

Não obstante, em nosso entender, o elevado grau de abstração e aparente intangibilidade da "dignidade da pessoa humana" não é argumento capaz de retirar-lhe a eficácia, máxime naqueles países que a trazem como norma constitucional expressa. Ora, a interpretação constitucional muito difere da interpretação das demais leis, em razão (dentre outros fatores) do maior grau de abstração das normas constitucionais. Outrossim, é sabido e consabido por todos que vários dispositivos constitucionais têm a natureza de normas-princípios, de modo a dar à Constituição uma natureza aberta[272] ou dúctil[273]. Como afirmou Catarina Botelho, "a dignidade da pessoa

---

[271] *Op. cit.*, p. 10. Segundo Neomi Rao, "o constitucionalismo moderno e as leis sobre direitos humanos têm utilizado enormemente o conceito de 'dignidade humana', mas a definição precisa de seu conceito é evasiva. Não há um conceito universal adotado sobre o termo. Em vez disso, o valor da dignidade humana vem em parte de uma evolutiva e plástica natureza – o seu apelo, b em como suas dificuldades, estão em seu conteúdo amorfo. Conceitos de 'dignidade' têm uma longa história social, religiosa e legal que informa o uso moderno do termo" (*op. cit.*, p. 205).

[272] "Com a evolução da sociedade, o convívio humano tornou-se mais complexo. Avanços tecnológicos, transformação do processo político e o surgimento de novos valores são aspectos apontados por Carlos Roberto Siqueira Castro como responsáveis pelo surgimento de ordenamentos caracterizados por uma extrema abertura da Constituição do ponto de vista material, tornando vulnerável a concepção constitucional clássica. (...) Nesse sentido, o constitucionalismo pós-moderno é concebido a partir do fenômeno da abertura constitucional, vez que encontra fundamento no cânone da dignidade da pessoa humana e da expansão ilimitada de sua personalidade" (Carolina Nobre Castello Branco. *A Constituição aberta como categoria dogmática*. Disponível em: http://www.ambito-juridico.com.br/site/index.php?n_link=revista_artigos_leitura&artigo_id=7283, p. 3).

[273] "Nomenclatura que decorre da teoria do italiano Gustav Zagrebelsky (*Il Diritto Mite*). Segundo o autor, 'as sociedades dotadas em seu conjunto de um certo grau de relativismo, conferem à Constituição não a tarefa de estabelecer diretamente um projeto predeterminado de vida em comum, senão a de realizar as condições de possibilidade da mesma'. (...) Em várias decisões, o STF se utilizou da teoria de Gustav Zagrebelsky. No RHC 131.544 (de 21/06/16), afirmou

humana é um conceito relacional e complementa-se, numa contínua interdependência, com os demais princípios e valores fundamentais. Desde logo, não há liberdade sem dignidade, nem dignidade sem liberdade"[274]. Outra não é a conclusão de Luís Roberto Barroso: "a dignidade humana, não menos que inúmeros outros conceitos cruciais, precisa de boa teoria, debate público, consenso sobreposto e juízes prudentes. O trabalho a ser feito consiste em encontrar um conteúdo mínimo para a dignidade humana, que possa garantir a sua utilização como um conceito significativo e consequente, compatível com o livre-arbítrio, com a democracia e com os valores seculares (laicos)"[275]. O elevado grau de abstração da *dignidade da pessoa humana* é mais um motivo que reforça a necessidade de se encontrar um conteúdo mais objetivo e autônomo, para que ela não seja usada, como muitas vezes é, como "papel de mero reforço retórico da invocação dos diferentes direitos fundamentais"[276].

Na tentativa de dar um sentido autônomo à *dignidade da pessoa humana*, Jorge Reis Novais defende uma "delimitação negativa do conceito, ou seja, a preocupação central não será a de apurar quais são, positivamente entendidos, os elementos ou os atributos que preenchem o conceito de dignidade, mas sim quais são as situações, os atos ou as omissões que constituem violações da dignidade da pessoa humana"[277]. De certa maneira, tal raciocínio assemelha-se à *teoria*

---

que 'o Direito, para Gustavo Zagrebelsky, é uma prudência, e não uma ciência: a pluralidade de princípios e a ausência de uma hierarquia formal entre eles faz com que não exista uma ciência exata sobre sua articulação, mas sim uma prudência em sua ponderação" (Flávio Martins. *Curso de direito constitucional*, p. 254-255).

274 *Op. cit.*, p. 330.
275 *Op. cit.*, p. 60.
276 Jorge Reis Novais, *op. cit.*, p. 63.
277 *Op. cit.*, p. 83. Prossegue o autor: "o apuramento do sentido autônomo do princípio da dignidade da pessoa humana deve ser estratégica e preferencialmente orientado para um reconhecimento negativo do conceito, no sentido do estabelecimento de limites ou contornos de conteúdo funcionalmente capazes de proporcionar a identificação das respectivas violações" (*op. cit.*, p. 85). Parece

relativa que visa a identificar o ***núcleo essencial dos direitos fundamentais***, posição majoritária adotada no Brasil (o núcleo irredutível do direito fundamental, segundo essa teoria, não seria encontrado abstratamente, mas na análise do caso concreto, diante de uma restrição efetiva). Sob esse prisma, o autor citado afirma que "há violação da dignidade humana quando a pessoa é desrespeitada na sua humanidade[278], quando não lhe é reconhecida a sua natureza de sujeito[279] e <u>quando é colocada ou é abandonada numa situação</u>

---

estar correto o autor ao afirmar que "dificilmente chegaremos a um consenso sobre o que é ou deve ser entendido por dignidade da pessoa humana, mas é relativamente bastante mais fácil o acordo sobre os padrões que permitam identificar violações da dignidade da pessoa humana" (*op. cit.*, p. 85).

[278] Nesse primeiro aspecto, a dignidade se refere à pessoa humana individualmente considerada, analisando-se "as vítimas concretas e lesões atuais e individualizáveis" (*op. cit.*, p. 103). "Se é certo que naquelas situações pode haver, simultaneamente, pela sua gravidade reveladora de desprezo pela condição humana, lugar para a potencial invocação de uma dimensão objetiva da dignidade humana, a dignidade de que a Constituição primariamente fala não é, todavia, a da espécie, não é uma dimensão puramente objetiva e despersonalizada de dignidade. É a violação da dignidade da pessoa humana na sua subjetividade e individualidade que assume a maior relevância jurídica e que deve funcionar primariamente como parâmetro de controle e de decisões judiciais" (p. 103). Segundo o autor, não havendo direitos fundamentais (em sentido formal) aptos a tutelar a situação concreta, poderá ser utilizada a *dignidade da pessoa humana* para sua adequada resolução jurídica (hipótese que o autor chamará de *aplicação subsidiária*, como adiante se verá).

[279] Nesse aspecto, o autor desenvolve as seguintes hipóteses de violação da dignidade da pessoa humana: a) subjugação e exclusão; b) degradação da pessoa como objeto ou como coisa; c) controle sobre a identidade, a reserva da esfera íntima e a apresentação da pessoa e d) incapacitação da pessoa "a quem devem ser garantias as condições materiais e a educação que lhe permitam afirmar-se, ou desenvolver-se na medida das suas capacidades, como sujeito da própria vida" (*op. cit.*, p. 107). Na primeira hipótese, o autor se refere à impossibilidade de subjugar a pessoa, sua vontade individual à vontade e a valores diversos, ainda que apoiados por uma maioria. Nas palavras do autor, "se, por exemplo, os poderes públicos condicionam, impedem ou proíbem alguém de professar uma religião, porque entendem que essa é uma religião errada por adotar um falso Deus ou seguir um falso profeta; ou discriminam ou impedem alguém de viver de acordo com uma orientação homossexual, tida como

ou num estado em que não dispõe de condições mínimas para desenvolver as suas capacidades de realização humana"[280] (grifamos). Sobre esse último aspecto, do qual decorre diretamente o fundamento constitucional do mínimo existencial dos direitos sociais, adiante discorreremos.

Quanto à natureza do princípio, embora essa seja uma grande discussão, não apenas no Brasil[281], concordamos com a maioria da doutrina, segundo a qual a "dignidade da pessoa humana" não é um direito fundamental ou um direito subjetivo, mas um princípio axial, um padrão de interpretação sistemática das normas definidoras de direitos fundamentais. Primeiramente sob um ponto de vista meramente formal, no ordenamento jurídico constitucional brasileiro, a

---

contranatura pelo poder político ou pela maioria social; ou permitem que alguém sob a sua jurisdição seja obrigado a casar contra a própria vontade ou sem possibilidades de a expressar genuinamente, então, tais poderes públicos são responsáveis, por ação ou por omissão, por impedirem pessoas de tomarem e assumirem, para si próprias e sem risco de dano atendível para terceiros, decisões essenciais para a sua vida e o seu futuro, ou seja, estão, com base exclusiva em crenças e concepções próprias e controversas, parciais, não inclusivas e não compartilháveis, logo, sem causa justificativa admissível, a impedir pessoas de o serem. Enquanto tal, incorrem em violação da dignidade da pessoa humana na sua dimensão normativa de proscrição de subjugação" (p. 111). Já a segunda hipótese trata da "proibição de a pessoa ser tratada, desde logo pelos poderes públicos e pelo Estado, tão só como mero objeto, como coisa ou como simples meio para alcançar fins que lhe são estranhos. Se alguém é reconhecido como *sujeito*, não pode ser simultaneamente tratado como se fosse *objeto, coisa*" (p. 112). A terceira hipótese se dá no domínio dos chamados direitos de personalidade, quando "é afetado o núcleo essencial de algumas garantias jurídicas associadas a esses direitos" (p. 123), como honra, reputação, imagem e privacidade. Por fim, a quarta hipótese (que mais nos interessa nesse trabalho) consiste na *capacitação da pessoa para ser sujeito*, ou seja, "a capacidade real de desenvolvimento dos atributos distintivos do ser humano que sustentam a sua qualidade de sujeito da própria vida" (p. 129).

280 *Op. cit.*, p. 101.
281 "Na doutrina germânica ainda fervilha a discussão sobre se a dignidade possui eficácia de um genuíno direito subjetivo fundamental (*als Grundrecht subjektiv--rechtliche Wirkungen*) ou se é um padrão de interpretação sistemática da Lei Fundamental" (Catarina dos Santos Botelho, *op. cit.*, p. 328-329).

"dignidade da pessoa humana" não se encontra no rol dos "direitos e garantias fundamentais", mas no art. 1º de nossa Constituição, sendo um dos "fundamentos da República". Nesse ponto, assemelha-se por demais com o direito português: "No ordenamento jurídico-constitucional português, é fácil apreender que o artigo 1º é a norma com maior densidade axiológica da Constituição. Em Portugal, a Constituição deixa bem claro, logo no seu primeiro dispositivo constitucional, que a dignidade da pessoa humana e a vontade popular são fundamentos da República soberana"[282].

Concordamos com Jorge Reis Novais, segundo o qual a *dignidade da pessoa humana* deve ser vista nos seguintes aspectos: a) critério de interpretação do próprio conteúdo dos direitos fundamentais; b) parâmetro de orientação das ponderações em caso de conflito entre direitos fundamentais; c) como proteção dos direitos fundamentais, "seja na qualidade de *limite aos limites* dos direitos fundamentais, seja enquanto específica garantia do conteúdo essencial ou de um conteúdo mínimo dos direitos fundamentais"[283].

Quanto ao primeiro aspecto (dimensão axiológica da *dignidade da pessoa humana*), afirma Daniel Sarmento que: "ela deve permear a interpretação e aplicação das normas constitucionais de todas as áreas, como as que tratam da organização do Estado, disciplina da economia, tributação, família etc. Mais do que isso, a dignidade deve se irradiar para todos os ramos da ordem jurídica – inclusive do Direito Privado – impondo a releitura dos preceitos e institutos de todas as áreas sob as suas lentes. Como diretriz hermenêutica, a dignidade humana se prestou, por exemplo, para justificar uma ousada leitura pelo STF do art. 226, § 3º, da Constituição Federal, que estendeu o instituto da união estável para casais formados por pessoas do mesmo sexo"[284].

---

282 Catarina dos Santos Botelho, *op. cit.*, p. 329.
283 *Op. cit.*, v. II, p. 27.
284 *Dignidade da pessoa humana*, p. 81.

II • Os limites da exigência imediata dos direitos sociais

Nas palavras de Ricardo Maurício Freire Soares, em obra específica sobre o tema, a *dignidade da pessoa humana* é "referencial axiológico e teleológico que ilumina a interpretação de toda a normatividade jurídica constitucional e infraconstitucional do sistema jurídico brasileiro"[285].

Além disso, tem o condão de *identificação de outros direitos fundamentais*, não previstos no rol estrito dos arts. 5º a 17, da Constituição Federal. Ora, o próprio art. 5º, § 2º, da Constituição Federal prevê que o rol de direitos ali presente não exclui os direitos decorrentes de seus princípios e de tratados internacionais. Assim, "o principal critério para a identificação desses outros direitos fundamentais é o princípio da dignidade da pessoa humana. É esse critério que justifica que se concebam como direitos fundamentais, por exemplo, a fundamentação das decisões judiciais (art. 93, IX, CF) e o meio ambiente (art. 225), mas não o direito dos titulares de serviços notariais e registrais a manutenção dos seus cartórios (art. 32, ADCT). Afinal, os primeiros têm forte conexão com a dignidade humana, de que carece o último. Em síntese, devem ser considerados fundamentais os direitos que, conquanto não contidos no catálogo constitucional pertinente, representem concretizações relevantes do princípio da dignidade da pessoa humana"[286].

---

285 *O princípio constitucional da dignidade da pessoa humana*, p. 146.

286 *Op. cit.*, p. 85. Existe uma polêmica grande acerca da eventual possibilidade de se utilizar o princípio da *dignidade da pessoa humana* para considerar a perda da "fundamentalidade" de alguns direitos fundamentais. Por exemplo, poder-se-ia argumentar que o art. 5º, LVIII, da Constituição Federal, que veda a identificação criminal àqueles já identificados civilmente, com o passar do tempo e com o avanço da tecnologia para colheita de impressões digitais, perdeu o seu caráter de fundamentalidade. Seria fundamental na década de 1980, quando feita a Constituição Federal, mas não possui mais tal caráter essencial. Sobre Sarmento: "o tema é polêmico e ainda não foi enfrentado pela jurisprudência brasileira. A possibilidade é enfaticamente rejeitada por Ingo Wolfgang Sarlet, que aduziu que a sua admissão exporia a grave risco os direitos fundamentais, em razão da diversidade de filosofias constitucionais existentes, o que acabaria tornando o reconhecimento da fundamentalidade dependente da

Importante observação faz Jorge Reis Novais no tocante a esse cenário. Segundo ele, a *dignidade da pessoa humana* poderá ser utilizada na identificação do direito fundamental por meio de uma *aplicação subsidiária* ou por meio de uma *aplicação incremental*. A primeira (*aplicação subsidiária*) "verifica-se, quando, por vezes, há situações objetivas ou posições individuais carentes de proteção jurídica, e muitas vezes de uma proteção jurídica forte, imprescindível, mas para cuja defesa só dispomos da dignidade da pessoa humana, no sentido de que, no caso, não há sequer outros princípios ou direitos aplicáveis"[287]. Por sua vez, a *aplicação incremental* se dá quando a proteção dada ao direito fundamental "não é adequada para fornecer a proteção qualificada exigida pela situação; isto é, só a aplicação da dignidade da pessoa humana fulmina definitivamente a violação ou a ameaça"[288].

Quanto ao segundo aspecto (orientação das ponderações entre direitos fundamentais conflitantes), Daniel Sarmento afirma: ideologia do juiz de plantão. Um juiz libertário, por exemplo, poderia adotar leitura que excluísse a fundamentalidade dos direitos sociais, enquanto um marxista poderia fazê-lo em relação às liberdades civis tradicionais. Para evitar esse risco – afirma Sarlet – seria preferível tratar a todos os direitos inseridos no catálogo constitucional como fundamentais, independentemente de qualquer juízo acerca do seu conteúdo" (*op. cit.*, p. 85). Concordamos com Sarlet, sobretudo por conta dos riscos de se adotar a *dignidade da pessoa humana*, princípio altamente vago, abstrato e intangível, como critério para deixar de considerar um direito fundamental. Todavia, essa não é a opinião de Sarmento, um tanto mais flexível do que nós e Sarlet: "Não me parece, realmente, que se deva atribuir força definitiva à simples localização de um dispositivo no corpo da Constituição. (...) Mas, na minha concepção, a topologia constitucional não é irrelevante para a caracterização da fundamentalidade do direito, pois dela decorre a distribuição do ônus argumentativo sobre a questão. Se o direito estiver inserido no catálogo, haverá presunção de que se trata de direito fundamental, e o ônus argumentativo caberá àquele que sustentar o contrário. Já se ele estiver fora do catálogo, deve-se presumir que não é fundamental, competindo a quem sustenta a sua fundamentalidade o ônus de demonstrar que se trata de concretização importante do princípio da dignidade da pessoa humana" (*op. cit.*, p. 87).

287 *Op. cit.*, p. 67.
288 *Op. cit.*, p. 67.

"cuida-se de um parâmetro importante, que busca reduzir o arbítrio do intérprete, bem como diminuir o risco de que a ponderação se converta em instrumento para o enfraquecimento dos direitos fundamentais diante dos interesses das maiorias"[289]. Essa também é a opinião de Luiz Antonio Rizzatto Nunes, em obra específica sobre o tema: "como o mais importante princípio constitucional é o da dignidade humana, é ele que dá a diretriz para a harmonização dos princípios, e, via de consequência, é nela – dignidade – que a proporcionalidade se inicia de aplicar. (...) Tanto no conflito em abstrato de princípios como no caso real, concreto, é a dignidade que dirigirá o intérprete – que terá em mãos o instrumento da proporcionalidade – para a busca da solução"[290]. Entendemos que a relatividade do direito fundamental dependerá da sua aproximação da *dignidade da pessoa humana*. Quanto mais o direito decorre da dignidade, menos relativo ele será. Por exemplo, é inegável que o grau de relatividade do direito à vida (art. 5º, *caput*, CF) é diferente da relatividade da impossibilidade de identificação criminal (art. 5º, LVIII, CF).

Por sua vez, quanto ao terceiro aspecto, segundo Jorge Reis Novais, a *dignidade da pessoa humana* pode ser considerada "parâmetro de controle da constitucionalidade das restrições e das intervenções restritivas concretamente atuadas pelos poderes públicos"[291]. Primeiramente, como *limite dos limites*, a *dignidade da pessoa humana* é parâmetro de constitucionalidade da restrição constitucional, ou seja, "sejam as restrições a direitos fundamentais expressa ou

---

289 *Op. cit.*, p. 81.
290 *O princípio constitucional da dignidade da pessoa humana*, p. 55.
291 *Op. cit.*, p. 29. Continua o autor: "De fato, de acordo com o modo como foi constitucionalmente acolhido, há inúmeras situações em que um direito fundamental pode ceder e em que as razões para tanto invocadas pelos poderes públicos não são constitucionalmente inadmissíveis, mas onde, ainda assim, será necessário verificar se a natureza, o alcance e a medida da concreta restrição respeitam ou não as exigências e parâmetros constitucionais. Nessa altura, a dignidade enquanto princípio constitucional pode desempenhar um papel próprio e relevante nesse controle, mas só o pode fazer adequadamente se se apresentar dotada de um conteúdo normativo autônomo" (p. 29).

não expressamente autorizadas, elas só serão constitucionalmente admissíveis se, entre outros limites, não atentarem contra a dignidade da pessoa humana"[292]. E não é só: a *dignidade da pessoa humana* pode ser utilizada como parâmetro de fixação do conteúdo essencial dos direitos fundamentais, seja no aspecto negativo, seja no aspecto positivo.

Segundo Jorge Reis Novais, "um direito fundamental pode, em princípio, ser limitado desde que haja razões atendíveis suficientemente fortes, mas haveria, em todo o caso, um núcleo do seu conteúdo, um âmbito nuclear de proteção, cuja afetação equivaleria a violação do direito fundamental; esse núcleo intangível seria constituído e delimitado, segundo essa concepção, pela dignidade da pessoa humana"[293]. A *dignidade da pessoa humana* serviria, pois, não apenas para identificar o núcleo irredutível do direito fundamental (o núcleo essencial desse direito), mas também para estabelecer quais as ações mínimas do Estado decorrentes dos "comandos positivos da dignidade"[294].

Nas palavras de Jorge Reis Novais, "a determinação do conteúdo normativo autônomo do princípio deve ter em conta que, em Estado de Direito social, ele não se consubstancia exclusivamente em garantia de defesa, mas constitui igualmente um impulso positivo que obriga o Estado a desenvolver uma atividade de proteção da pessoa humana contra todas as intervenções – provindas de particulares ou de outras entidades – que, de alguma forma, sejam suscetíveis de a

---

[292] Jorge Reis Novais, *op. cit.*, p. 31. Lembra o autor que a dignidade da pessoa humana não é o único *limite dos limites*, como analisamos em outro item desse trabalho: "De fato, também os outros princípios constitucionais estruturantes (princípios da igualdade, da proibição do excesso, da segurança jurídica e da proteção da confiança legítima) funcionam como limites às restrições aos direitos fundamentais (*limites aos limites*), mas só têm podido desempenhar esse papel decisivo porque foi possível atribuir-lhes, apesar das dificuldades e da inevitável controvérsia que envolvem a sua aplicação concreta, um conteúdo normativo autônomo" (*op. cit.*, p. 31).

[293] *Op. cit.*, p. 33.

[294] Jorge Reis Novais, *op. cit.*, p. 34.

afetar, bem como a prosseguir uma atividade de promoção das condições de um desenvolvimento efetivo de uma vida digna"[295].

Como vimos acima, na tentativa de buscar um conteúdo autônomo da *dignidade da pessoa humana*, desvinculando-o da tradicional retórica de fortalecimento dos direitos fundamentais em espécie, a doutrina sugere uma análise negativa do princípio, verificando as hipóteses de violação, em vez de determinar qual seu conteúdo positivo. Na sistematização de Jorge Reis Novais, essas seriam as possíveis violações à *dignidade da pessoa humana*: violação da dignidade enquanto *desrespeito da integridade humana* e da *igual dignidade*. No primeiro aspecto (*dignidade como integridade*), segundo o autor: "há violação da dignidade humana quando a pessoa é desrespeitada na sua humanidade, quando não lhe é reconhecida a sua natureza de sujeito e quando é colocada ou é abandonada numa situação ou num estado em que não dispõe de condições mínimas para desenvolver as suas capacidades de realização humana"[296]. Por sua vez, no segundo aspecto (*dignidade como igualdade*), "há violação da dignidade humana quando a pessoa é humilhada ou é estigmatizada como ser pretensamente inferior"[297].

---

295 *Op. cit.*, p. 34.
296 *Op. cit.*, p. 101.
297 *Op. cit.*, p. 132. Segundo o autor: "haverá sempre, de algum modo, afetação indireta da dignidade da pessoa humana quando a pessoa é injustificadamente discriminada ou tratada desigualmente, ainda que, na generalidade dessas situações, a inconstitucionalidade seja verificada e adequadamente atalhada através do recurso aos critérios e parâmetros dogmaticamente desenvolvidos no âmbito do princípio constitucional da igualdade. (...) Assim, há violação específica e direta da dignidade de ser humano quando a pessoa é publicamente humilhada ou é discriminada de forma estigmatizante, aviltante, tratada como *inferior* ou como intrinsecamente digna de menor consideração e respeito, e, designadamente, quando esse tratamento se fundamenta simplesmente naquilo que a vítima é, no que *pensa* ou como *vive*. (...) Há igualmente violação do estatuto de igual dignidade quando a discriminação estigmatizante é motivada por uma intenção desqualificadora das escolhas íntimas, nucleares e constitucionalmente protegidas da pessoa, como a religião que se quer ou não quer professar, a ideologia ou concepção do mundo que se perfilha ou o

Na primeira hipótese (*violação da dignidade humana quando a pessoa é desrespeitada na sua humanidade*), nas palavras de Jorge Reis Novais, "haverá violação da dignidade da pessoa humana quando alguém, independentemente das suas capacidades intrínsecas, das suas opções ou dos seus atos, é desrespeitado na sua humanidade, ou seja, é tratado em termos que, de acordo com o sentido de justiça próprio do nosso tempo, evidenciam um não reconhecimento ou um desrespeito que denigrem a sua qualidade especificamente humana ou o seu valor de pessoa, ou lhe infligem uma humilhação potencialmente destrutiva de seu autorrespeito"[298].

A segunda hipótese de violação da dignidade da pessoa humana consiste no *não reconhecimento da natureza de sujeito*. Segundo Jorge Reis Novais, "a cada pessoa humana tem de ser reconhecida e materialmente garantida a autonomia, a liberdade e as condições materiais mínimas que lhe assegurem a possibilidade de se assumir como

---

plano de vida que se escolhe" (*op. cit.*, p. 135). Por fim, segundo o autor, a garantia constitucional da igual dignidade implica obrigações positivas do Estado: "Aceitação e reconhecimento público da *diferença* significam, neste contexto, não apenas a atribuição de iguais direitos e aplicação de iguais formas de tratamento, mas também a erradicação de quaisquer simbologias ou atitudes que incutam, perpetuem ou admitam a ideia de que há, numa comunidade, *capitis deminutiones*, cidadãos de *primeira* e de *segunda*, numa lógica que seria incompatível com a *igual dignidade*, enquanto direito, a igual respeito e consideração de interesses. Assim, haverá ainda violação da dignidade por parte das entidades públicas quando, dispondo embora dos meios necessários, omitam intervenções que previnam e reprimam comportamentos sociais denegridores do estatuto de igual dignidade de todas as pessoas, compactuando com eles ou admitindo passivamente e caucionamento a reprodução social desses comportamentos" (*op. cit.*, p. 136).

[298] *Op. cit.*, p. 104. Prossegue o autor: "tratamos aqui, no fundo, daquele tipo de desrespeito extremo consensualmente identificado como violador da dignidade humana à luz de qualquer perspectiva razoável, mas que, podemos ocorrer, ainda que excepcionalmente, em situações de vida quotidiana, poderia por vezes constituir, se não recorrêssemos ao princípio jurídico da dignidade da pessoa humana, um verdadeiro *caso difícil* ou um caso não adequadamente resolvido em função da gravidade do que está em causa quando fosse exclusivamente tratado enquanto afetação de direitos fundamentais específicos" (*op. cit.*, p. 104).

sujeito da própria vida"[299]. Para o autor, essa hipótese pode ser desdobrada da seguinte maneira: *"(i)* a proscrição de *subjugação* e de *exclusão*, com a garantia da essencial autonomia da pessoa[300]; *(ii)* a inadmissibilidade correlativa de degradação da pessoa como objeto ou como coisa[301]; *(iii)* a proibição de alienação identitária e de devassa humilhante, com a garantia do controle do próprio sobre a sua

---

299 *Op. cit.*, p. 106. Prossegue o autor: "naturalmente, essa necessidade só pode ser considerada como um tal alcance, de fato, quando a pessoa em causa apresenta concretamente as capacidades intelectuais, de consciência de si e da sua identidade e de volição, com a capacidade de autodeterminação correspondente, que lhe permitam ser *sujeito*" (p. 106).

300 Para Jorge Reis Novais, "consequentemente, o reconhecimento da qualidade de pessoa implica, nesse estrito domínio da conformação do sentido da própria vida, a proscrição de subjugação, de subordinação da responsabilidade individual à vontade ou aos valores dos outros, mesmo, ou sobretudo, quando essa vontade e esses valores vêm apoiados por uma decisão maioritária, incluindo as decisões democraticamente tomadas" (*op. cit.*, p. 109). Prossegue o autor: "se, por exemplo, os poderes públicos condicionam, impedem ou proíbem alguém de professar uma religião, porque entendem que essa é uma religião errada por adorar um falso Deus ou seguir um falso profeta; ou discriminam ou impedem alguém de viver de acordo com uma orientação homossexual, tida como *contranatura* pelo poder político ou pela maioria social; ou permitem que alguém sob a sua jurisdição seja obrigado a casar contra a própria vontade ou sem possibilidades de a expressar genuinamente, então, tais poderes públicos são responsáveis, por ação ou omissão, por impedirem as pessoas de tomarem e assumirem, por si próprias e sem risco de dano atendível para terceiros, decisões essenciais para a sua vida e o seu futuro, ou seja, estão, com base exclusiva em crenças e concepções próprias e controversas, par ciais, não inclusivas e não compartilháveis, logo, sem justa causa justificativa admissível, a impedir pessoas de o serem" (*op. cit.*, p. 111).

301 "A *fórmula do objeto* inscreve-se assumidamente na continuidade de uma linhagem kantiana, mas procura assumir esse legado através de uma acepção adequada à natureza jurídico-constitucional do princípio. (...) a inconstitucionalidade advém do fato de a pessoa ser utilizada só como meio e, por isso, a atenção é funcionalmente colocada a incidir sobre a definição do que é um tratamento juridicamente censurável da pessoa como *meio*, como *objeto*, sobre o sentido dessa *coisificação* ou dessa *instrumentalização*" (*op. cit.*, p. 113).

identidade, o seu *reino interior* e a sua apresentação pública[302]; *(iv)* a inaceitabilidade da incapacitação da pessoa, a quem devem ser garantias as condições materiais e a educação que lhe permitam afirmar-se, ou desenvolver-se na medida das suas capacidades, como sujeito da própria vida"[303].

Destacamos, por seu o objetivo principal desse item, o quarto aspecto (a ausência de condições materiais mínimas). Segundo Jorge Reis Novais: "uma comunidade que assenta no princípio constitucional da dignidade da pessoa humana, deve, sim, sob pena de inconstitucionalidade por violação desse princípio, assegurar aquelas oportunidades de realização humana, pelo menos, num patamar mínimo, objetivamente determinável no contexto a que se refere e de acordo com as diferentes possibilidades, limitações e carências de cada pessoa considerada como fim em si mesma"[304].

Martha Nussbaum, professora da Universidade de Chicago, na obra *Creating capabilities*[305], trata da necessidade de garantir as *capacidades* necessárias ao "florescimento como pessoa e à condição de uma vida digna e cujas oportunidades de realização prática uma sociedade deve assegurar, até como condição de existência autônoma do ser humano"[306]. Segundo a autora, as "capacidades não são apenas

---

302 Nas palavras de Jorge Reis Novais, "uma outra modalidade de afetação relevante da dignidade enquanto integridade humana é a que é convocável quando, no domínio dos chamados direitos de personalidade, é afetado o núcleo essencial de algumas garantias jurídicas associadas a estes direitos" (*op. cit.*, p. 126).

303 *Op. cit.*, p. 107.

304 *Op. cit.*, p. 130.

305 *Creating capabilities:* the human development approach. Cambridge: Harvard University Press, 2011, *passim*.

306 Jorge Reis Novais, *op. cit.*, p. 129. Martha Nussbaum, em sua obra, utiliza a expressão *"capability approach"*, em vez de *"human development approach"*, não restringindo a análise das capacidades apenas dos seres humanos. Nas palavras da autora: "estou preocupada com as capacidades dos animais não humanos, bem como dos seres humanos. A abordagem fornece uma base excelente para uma teoria da justiça e de direito para ambos os animais, humanos e não humanos" (p. 213).

habilidades que residem dentro de uma pessoa, mas uma combinação de habilidades pessoais e o ambiente político, social e econômico"[307]. A autora distingue as *capacidades internas* (*internal capabilities*), das capacidades combinadas (*combined capabilities*). Segundo Nussbaum, *capacidades internas* são "as capacidades práticas de conhecimento, educação, intervenção e interação social, de razão prática, de reflexão crítica, de aptidão física e psíquica"[308]. Segundo a autora, elas são diferentes dos atributos inatos, já que "eles são traços treinados ou desenvolvidos, na maioria dos casos, na interação com o ambiente social, econômico, familiar e político"[309]. Não obstante, como afirma Nussbaum, a sociedade pode dar às pessoas essas capacidades internas, mas restringir as oportunidades em que as pessoas têm para exercê-las[310]. Por isso, ele define as *capacidades combinadas* (*combined capabilities*) como sendo "as *capacidades internas* mais as condições sociais/políticas/econômicas nas quais elas podem ser exercidas"[311].

---

307 *Op. cit.*, p. 242.

308 Jorge Reis Novais, *op. cit.*, p. 130-131.

309 *Op. cit.*, p. 249. Segundo a autora, "um trabalho da sociedade que quer promover as mais importantes capacidades humanas é garantir o desenvolvimento das *capacidades internas* – através de educação, recursos para realçar a saúde física e emocional, apoio para o amor e cuidado familiar, um sistema de educação e muito mais" (p. 249).

310 Nas palavras da autora, "muitas sociedades educam pessoas que são capazes de fazer discursos livres em matéria política – internamente – mas negam a liberdade de expressão na prática através da repressão aos discursos. Muitas pessoas que são internamente livres para exercer a religião não têm a oportunidade de fazer de acordo com a *capacidade combinada*, porque a liberdade de religião não é protegida pelo governo" (*op. cit.*, p. 250). Outrossim, o oposto também ocorre: "Nós podemos (...) imaginas uma sociedade que cria contextos de escolha em muitas áreas, mas não educa os seus cidadãos e não nutre o desenvolvimento dos seus poderes da mente. Alguns estados da Índia são assim: abrem para aqueles que querem participar, mas são terríveis em oferecer a saúde básica e a educação que poderia habilitá-los a fazer" (p. 257).

311 *Op. cit.*, p. 260. Não obstante, segundo a autora, "a distinção entre as *internas* e as *combinadas capacidades* não é forte, já que um pode adquirir sua capacidade

Nas palavras de Martha Nussbaum, "o respeito pela dignidade humana exige que os cidadãos sejam colocados acima de um limite (específico) de capacidade" em dez áreas específicas[312]. Segundo a autora, "parte da concepção da lista de capacidades (...) é a ideia de mínimo. A abordagem, em minha versão, é uma parcial teoria de justiça social: ela não propõe resolver todos os problemas de distribuição; ela só especifica um mínimo social preferencial"[313] (grifamos). Depois de examinar as conclusões da professora norte-americana, Jorge Reis Novais afirma que "há violação da dignidade da pessoa humana, por preterição essencial da sua condição de sujeito, quando (...) a pessoa é involuntariamente colocada em condições de ausência de capacidade ou possibilidade de autodeterminação e de responsabilização individual pela própria vida ou quando, havendo condições materiais para o evitar, a pessoa é afetada ou privada de um mínimo para uma existência condigna ou é abandonada numa situação de penúria em que fica objetivamente incapaz de realizar essa possibilidade"[314].

Dessa maneira, é homogêneo na doutrina, nacional e internacional, o entendimento de que decorre da *dignidade da pessoa humana* o dever estatal de garantir a todos um *mínimo existencial* dos direitos sociais, sem os quais se viola a integralidade da natureza humana. Nas palavras de Daniel Sarmento, "tal ideia provém não apenas da positivação dos direitos sociais no texto constitucional, como também da consagração do princípio da dignidade da pessoa humana como fundamento do Estado e da ordem jurídica brasileira"[315].

---

interna por algum tipo de funcionamento, e um pode perdê-la, por falta de oportunidade. Mas a distinção é uma interpretação útil no diagnóstico das realizações e fraquezas de uma sociedade" (*op. cit.*, p. 267).

312 a) Vida; b) saúde do corpo; c) integridade corporal; d) sentidos, imaginação e pensamento; e) emoções; f) razão prática; g) afiliação; h) relacionamento com outras espécies; i) diversão e j) controle sobre o próprio ambiente.
313 *Op. cit.*, p. 453.
314 *Op. cit.*, p. 131.
315 *Dignidade da pessoa humana*, p. 193.

2.11. NOSSA POSIÇÃO ACERCA DO MÍNIMO EXISTENCIAL

A teoria do *mínimo existencial* dos direitos sociais, que teve origem na Alemanha, como descrevemos no início deste capítulo, fortaleceu-se ao longo das últimas décadas, sobretudo nos países em desenvolvimento, em razão do déficit histórico na implementação dos direitos sociais mais basilares, como saúde e educação. Essa teoria é uma tentativa de minimizar os riscos decorrentes da teoria da *reserva do possível* (que será abordada no próximo capítulo), sempre considerada um limite para a implantação dos direitos sociais. Como afirma Ana Carolina Lopes Olsen, "a justiciabilidade dos direitos fundamentais sociais também pode ser comprometida pela aplicação da reserva do possível, que enquanto condição de realidade a impor a observância da disponibilidade de recursos pelo julgador, acabou por ser ideologicamente manipulada, a ponto de legitimar a negligência dos poderes públicos para com a destinação dos recursos econômicos"[316] (grifamos).

Ao contrário do que apregoa parte da doutrina (como vimos em item anterior), entendemos que a proteção ao *mínimo existencial* é constitucionalmente assegurada, sendo ela corolário do direito à vida, da dignidade da pessoa humana e da cidadania.

O *mínimo* existencial (máxime no seu aspecto mais estrito – o *mínimo vital*) decorre inegavelmente do direito à vida. Aliás, Otto Bachof, ao tratar dos direitos à vida e à integridade física, afirmava que não se trata apenas da proibição do "extermínio pela intervenção governamental", mas também na obrigação estatal de garantir "um mínimo de existência assegurado" (*existenzminimum*). Nesse sentido, Isabel Moreira afirma: "é urgente afirmar, pelo menos, o direito subjetivo 'social' a uma prestação (não necessariamente derivada, mas originária, e resultante já do próprio direito à vida) dirigida à garantia do mínimo de existência, impondo o correspondente dever de proteção

---

[316] *Op. cit.*, p. 312.

às entidades públicas"³¹⁷ (grifamos). Entendemos que o *mínimo existencial* constitucionalmente garantido não se restringe ao *mínimo vital*, cuja distinção fizemos em item anterior deste capítulo. Ora, como afirmou John Rawls, viver não consiste em simplesmente sobreviver, sendo necessárias condições mínimas para que a pessoa possa se desenvolver dignamente, atuando como um personagem político relevante, já que "abaixo de um certo nível de bem-estar material e social e de treinamento e educação, as pessoas simplesmente não podem participar da sociedade como cidadãos, e muito menos como cidadãos iguais"³¹⁸.

Da mesma forma, como corrente na doutrina pátria e internacional, o *mínimo existencial* decorre em grande parte da dignidade da pessoa humana. Segundo Ana Paula de Barcellos, "o chamado *mínimo existencial*, formado pelas condições materiais básicas para a existência, corresponde a uma fração nuclear da dignidade da pessoa humana à qual se deve reconhecer a eficácia jurídica positiva ou simétrica" ³¹⁹. O próprio Otto Bachof afirmava que "a prestação da dignidade humana requer não só a liberdade, mas também um nível mínimo de segurança social"³²⁰.

Por fim, como vimos em item anterior, o mínimo existencial é corolário e elemento indispensável à realização da cidadania. Ora, como afirmou John Rawls, "em uma sociedade democrática, o poder político, que é sempre um poder coercitivo, é o poder do público, isto é, de cidadãos livres e iguais como um corpo coletivo"³²¹. Concordamos com o autor, na medida em que afirmava que essa igualdade dos cidadãos exige o mínimo de condições a fim de que cada pessoa tenha capacidade física, moral e intelectual de participar do corpo coletivo social.

---

317 *A solução dos direitos:* liberdades e garantias e dos direitos econômicos, sociais e culturais na Constituição portuguesa. Coimbra: Almedina, 2007, p. 133
318 John Rawls. *O liberalismo político*, p. 172.
319 *O mínimo existencial e algumas fundamentações:* John Rawls, Michael Walzer e Robert Alexy, p. 100.
320 *Op. cit.*, p. 42.
321 *O liberalismo político*, p. 255.

A tutela de um *mínimo existencial* não está expressa na Constituição, que possui um rol mais dilatado de direitos sociais. Todavia, assim como outros princípios constitucionais (como a proporcionalidade, a mutação constitucional etc.), a tutela do *mínimo existencial* está implícita na Constituição. Outrossim, o argumento de que inexiste previsão constitucional expressa soçobra diante do declínio do positivismo jurídico desde os regimes sanguinários do século XX que ostentaram o ódio, a perseguição e a desigualdade no texto legislativo. A lei já permitiu outrora a escravidão, a morte, a retirada da nacionalidade, liberdade e vida de judeus, dentre outras atrocidades. A teoria do *bloco de constitucionalidade* nos permite compreender que a Constituição é muito maior que o texto constitucional.

Atualmente, muito por conta do art. 5º, § 2º, da Constituição[322], o conteúdo constitucional tem sido interpretado extensivamente: Constituição não se resume ao texto constitucional, também consistindo nos princípios que dela decorrem, bem como os tratados internacionais sobre direitos humanos. Também constituem parte da Constituição os princípios que dela decorrem, ainda que implícitos na Constituição. O Supremo Tribunal Federal, na ADPF 132 e na ADI 4.277, ao reconhecer proteção jurídica às uniões estáveis homoafetivas, fundamentou no *direito à busca da felicidade* (argumento também usado no Recurso Extraordinário n. 889.060, que reconheceu que a paternidade socioafetiva não exime de responsabilidade o pai biológico). No *Habeas Corpus* n. 119.941, o STF reconheceu que o *nemo tenetur se detegere* (ninguém é obrigado a produzir prova contra si mesmo) é um princípio constitucional, ainda que não expresso na Constituição[323]. Da mesma forma, o STF já reconheceu

---

322 "Os direitos e garantias expressos nesta Constituição não excluem outros decorrentes do regime e dos princípios por ela adotados, ou dos tratados internacionais em que a República Federativa do Brasil seja parte."

323 "Cabe registrar que a cláusula legitimadora do direito ao silêncio, ao explicitar, agora em sede constitucional, o postulado segundo o qual 'nemo tenetur se detegere', nada mais fez senão consagrar, desta vez no âmbito do sistema normativo instaurado pela Carta da República de 1988, diretriz fundamental proclamada,

outros direitos constitucionais implícitos, como o *direito das minorias*[324], o *duplo grau de jurisdição*[325] etc.

---

desde 1791, pela Quinta Emenda que compõe o 'Bill of Rights' norte-americano. (...)." No mesmo sentido, no *Habeas Corpus* n. 95.037, o Ministro Celso de Mello decidiu: "tenho enfatizado, em decisões proferidas no Supremo Tribunal Federal, a propósito da prerrogativa constitucional contra a autoincriminação, e com apoio na jurisprudência prevalente no âmbito desta Corte, que assiste, a qualquer pessoa, regularmente convocada para depor perante Comissão Parlamentar de Inquérito, o direito de se manter em silêncio, sem se expor – em virtude do exercício legítimo dessa faculdade – a qualquer restrição em sua esfera jurídica, desde que as suas respostas, às indagações que lhe venham a ser feitas, possam acarretar-lhe grave dano ('nemo tenetur se detegere')".

324 No RE 477.554, sobre a união civil de pessoas do mesmo sexo, o STF afirmou que "a proteção das minorias e dos grupos vulneráveis qualifica-se como fundamental imprescindível à plena legitimação material do Estado Democrático de Direito – Incumbe, por isso mesmo, ao Supremo Tribunal Federal, em sua condição institucional de guarda da Constituição (o que lhe confere 'o monopólio da última palavra' em matéria de interpretação constitucional), desempenhar função contramajoritária, em ordem a dispensar efetiva proteção às minorias contra eventuais excessos (ou omissões) da maioria". Por sua vez, no Mandado de Segurança n. 26.441, relatado pelo Min. Celso de Mello, determinou a instalação de Comissão Parlamentar de Inquérito, ainda que com número inferior ao determinado pela Constituição, sob o argumento de que "a rejeição de ato de criação de Comissão Parlamentar de Inquérito, proferida em sede de recurso interposto por Líder de partido político que compõe a maioria congressual, não tem o condão de justificar a frustração do direito de investigar que a própria Constituição da República outorga às minorias que atuam nas Casas do Congresso Nacional".

325 "A garantia do devido processo legal engloba o direito ao duplo grau de jurisdição, sobrepondo-se à exigência prevista no art. 594 do CPP. O acesso à instância recursal superior consubstancia direito que se encontra incorporado ao sistema pátrio de direitos e garantias fundamentais. Ainda que não se empreste dignidade constitucional ao duplo grau de jurisdição, trata-se de garantia prevista na Convenção Interamericana de Direitos Humanos, cuja ratificação pelo Brasil deu-se em 1992, data posterior à promulgação do Código de Processo Penal. A incorporação posterior ao ordenamento brasileiro de regra prevista em tratado internacional tem o condão de modificar a legislação ordinária que lhe é anterior" (HC 88.420, rel. Min. Ricardo Lewandowski, j. 17-4-2007).

Dessa maneira, a garantia da tutela estatal do *mínimo existencial* tem natureza constitucional, independentemente de previsão expressa, como afirma Ingo Wolfgang Sarlet: "a garantia (e direito fundamental) do mínimo existencial independe de expressa previsão constitucional para poder ser reconhecida, visto que decorrente já da proteção da vida e da dignidade da pessoa humana. No caso do Brasil, embora não tenha havido uma previsão constitucional expressa consagrando um direito geral à garantia do mínimo existencial, não se poderia deixar de enfatizar que a garantia de uma existência digna consta do elenco de princípios e objetivos da ordem constitucional econômica (art. 170, *caput*), no que a nossa Carta de 1988 resgatou o que já proclamava a Constituição de Weimar, de 1919. De outra parte, os próprios direitos sociais específicos (como a assistência social, a saúde, a moradia, a previdência social, o salário mínimo dos trabalhadores, entre outros) acabaram por abarcar algumas das dimensões do mínimo existencial, muito embora não possam e não devam ser (os direitos sociais) reduzidos pura e simplesmente a concretizações e garantias do mínimo existencial, como, de resto, já anunciado. Por outro lado, a previsão de direitos sociais não retira do mínimo existencial sua condição de direito-garantia fundamental autônomo e muito menos não afasta a necessidade de se interpretar os demais direitos sociais à luz do próprio mínimo existencial"[326].

Além do fundamento constitucional, o *mínimo existencial* está previsto no artigo 11, 1, do Pacto Internacional sobre Direitos Econômicos, Sociais e Culturais, que ingressou no ordenamento jurídico brasileiro por meio do Decreto Presidencial n. 591, de 6 de julho de 1992. Segundo o sobredito dispositivo, "Os Estados-Partes do presente Pacto reconhecem o <u>direito de toda pessoa a um nível de vida adequado para si próprio e para sua família, inclusive à alimentação, vestimenta e moradia adequadas, assim como a uma melhoria contínua de suas condições de vida</u>. Os Estados-Partes tomarão medidas

---

326 Reserva do possível, mínimo existencial e direito à saúde: algumas aproximações, p. 25.

apropriadas para assegurar a consecução desse direito, reconhecendo, nesse sentido, a importância essencial da cooperação internacional fundada no livre consentimento" (grifamos).

Em nosso entender, a identificação do *mínimo existencial* dos direitos (individuais ou sociais) decorre de sua relação e aproximação com o metaprincípio da dignidade da pessoa humana. Como afirma Ingo Wolfgang Sarlet, "cumpre registrar que o reconhecimento de direitos subjetivos a prestações não poderá se restringir às hipóteses nas quais a própria vida humana estiver correndo o risco de ser sacrificada, inobstante seja este o entendimento mais pungente a ser referido. O princípio da dignidade da pessoa humana assume, no que diz respeito com este aspecto, importante função demarcatória, podendo servir de parâmetro para avaliar qual o padrão mínimo em direitos sociais (mesmo como direitos subjetivos individuais) a ser reconhecido. Negar-se o acesso ao ensino fundamental obrigatório e gratuito (ainda mais em face da norma contida no art. 208, § 1º, da CF, de acordo com a qual se cuida de direito público subjetivo) importa igualmente em grave violação ao princípio da dignidade da pessoa humana, na medida em que este implica para a pessoa humana a capacidade de compreensão do mundo e a liberdade (real) de autodeterminar-se e formatar a existência, o que certamente não será possível em se mantendo a pessoa sob o véu da ignorância"[327].

O referido Pacto, nos termos do atual regramento constitucional e da jurisprudência do Supremo Tribunal Federal, é norma supralegal e infraconstitucional. Esse é o tratamento dado aos tratados internacionais sobre direitos humanos que não foram aprovados com o procedimento especial do art. 5º, § 3º, da Constituição Federal (incluindo os tratados aprovados antes de 2004, no qual se encontra o presente Pacto). Esses tratados ou convenções internacionais (dentre os quais se destaca o Pacto de São José da Costa Rica) têm força de norma

---

327 *Apud* Ana Carolina Lopes Olsen, *op. cit.*, p. 317.

II • Os limites da exigência imediata dos direitos sociais

supralegal e infraconstitucional, segundo o STF, desde o julgamento do Recurso Extraordinário n. 349.703, de 2008, que julgou inválida a prisão civil do depositário infiel[328].

Essa configuração da "pirâmide brasileira", com a presença de um segundo patamar formado por alguns tratados internacionais de direitos humanos, criou um dúplice controle de validade das leis: para que as leis sejam válidas precisam ser compatíveis com a Constituição (e com o bloco de constitucionalidade) e com tais tratados supralegais. O controle de verificação da compatibilidade das leis com a constituição é o já conhecido *controle de constitucionalidade*. Agora, a análise de verificação da compatibilidade das leis com os tratados supralegais vem recebendo da doutrina[329] e da jurisprudência[330] o

---

328 "Desde a adesão do Brasil, sem qualquer reserva, ao Pacto Internacional dos Direitos Civis e Políticos (art. 11) e à Convenção Americana sobre Direitos Humanos – Pacto de San José da Costa Rica (art. 7º, 7), ambos no ano de 1992, não há mais base legal para prisão civil do depositário infiel, pois o caráter especial desses diplomas internacionais sobre direitos humanos lhes reserva lugar específico no ordenamento jurídico, estando abaixo da Constituição, porém acima da legislação interna. O status normativo supralegal dos tratados internacionais de direitos humanos subscritos pelo Brasil torna inaplicável a legislação infraconstitucional com ele conflitante, seja ela anterior ou posterior ao ato de adesão."

329 Na doutrina brasileira, foi Valerio Mazzuoli o primeiro a empregar tal expressão (*Curso de direito constitucional*, p. 382), todavia, de forma diferente da adotada pelo STF e que nós consideramos correta. Segundo o autor, "os tratados de direitos humanos internalizados com essa maioria qualificada servem de meio de controle concentrado (de convencionalidade) da produção normativa doméstica, para além de servirem como paradigma para o controle difuso. (...) Em relação aos tratados de direitos humanos que não servirão de paradigma do controle de convencionalidade (expressão reservada aos tratados com nível constitucional), mas do controle de supralegalidade das normas infraconstitucionais. Assim, as leis contrárias aos tratados comuns são inválidas por violação ao princípio da hierarquia, uma vez que tais tratados (sendo supralegais) acima delas se encontram".

330 Na ADI 5240, de 20-8-2015, o Min. Teori Zavascki assim se manifestou: "a questão da natureza do Pacto de São José da Costa Rica surge, na verdade, porque a convenção trata de direitos humanos. Se tratasse de outros temas, penso que não haveria dúvida a respeito da sua natureza equivalente à lei

nome de *controle de convencionalidade*, embora o utilizem de forma um tanto distinta. Posicionamo-nos como o fez o Supremo Tribunal Federal (e não como parte da doutrina): controle de convencionalidade se refere à verificação da compatibilidade das leis e demais atos normativos com os tratados de caráter supralegal (isso porque os tratados de direitos humanos que possuem *status* constitucional compõem, como vimos, o bloco de constitucionalidade, e, por isso mesmo, faz-se o, quanto a eles, o controle de constitucionalidade).

Dessa maneira, podemos afirmar que existem "três círculos concêntricos": o menor deles sendo o *mínimo vital*, o círculo intermediário o *mínimo existencial*, e, por fim, o maior círculo, onde estão os dois primeiros, os direitos fundamentais sociais.

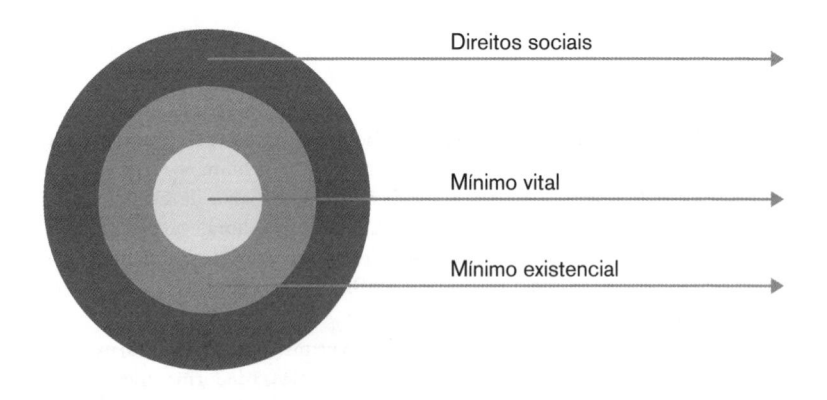

---

ordinária, e há afirmação do Supremo Tribunal Federal, desde muito tempo nesse sentido. A questão surgiu com a Emenda n. 45, que veio a conferir certas características especiais às convenções sobre direitos humanos. Essa convenção foi anterior à Emenda n. 45, por isso que se gerou debate. Mas, mesmo que seja considerada, como reza a jurisprudência do Supremo, uma norma de hierarquia supralegal (e não constitucional), penso que o controle – que se poderia encartar no sistema de controle da convencionalidade – deve ser exercido para aferir a compatibilidade da relação entre uma norma supralegal e uma norma legal. E o exercício desse controle só pode ser da competência do Supremo Tribunal Federal".

O *mínimo existencial* dos direitos é irredutível, intangível, inviolável e não pode ser objeto de ponderações. Da mesma maneira que não se pode restringir o *núcleo essencial* dos direitos de defesa, não se pode negligenciar com as imposições de cumprimento do *mínimo existencial* dos direitos sociais. Dessa maneira, o mínimo existencial tem a natureza de uma regra constitucional, como afirma Ana Paula de Barcellos: "A natureza de regra atribuída ao mínimo existencial tem exatamente o propósito de retirar os bens que o compõem de ponderação frequente, própria aos princípios. Na realidade, o mínimo existencial proposto é o resultado de uma ponderação já realizada, prévia, e não deve sujeitar-se a um novo processo ponderativo"[331].

Esse entendimento decorre da teoria de Robert Alexy, como sintetiza Ana Carolina Lopes Olsen: "dentro de sua teoria analítica jurídica, de direitos fundamentais como regras e princípios, Alexy concebeu o mínimo existencial como uma regra, oriunda da ponderação entre o princípio da dignidade da pessoa humana e da igualdade material, de um lado, e os princípios da separação dos poderes (inclusive competência orçamentária), competência do legislador e limite oriundo de direitos fundamentais de terceiros. Para tanto, desenvolve os seguintes argumentos: a) o princípio da separação dos poderes e a vinculação orçamentária não são absolutos, pois encontram limites dentro da própria Constituição, nem

---

331 *A eficácia jurídica dos princípios constitucionais*, p. 301. Continua a autora: "É verdade que situações absolutamente excepcionais sempre podem impor-se e exigir uma flexibilização também da regra do mínimo existencial (e.g., hipóteses de guerra), mas a teoria geral, que se pretende seja empregada pelo aplicador no caso normal das circunstâncias, não deve ser construída com base na excepcionalidade desviante" (p. 301). Entendimento semelhante é adotado por Cristina Queiroz: "no que concerne à garantia de um mínimo de 'existência condigna' (*freedom from desperate conditions*), (...) esta se apresenta como uma 'forma de liberdade' e, nesses precisos termos, assume juridicamente a natureza de um 'direito de defesa', ainda que este se traduza num direito a prestações positivas' por parte do Estado" (*Direitos fundamentais*: teoria geral, p. 193).

são fins em si mesmos, mas meios para atingir os fins constitucionais (dentre os quais, a proteção da dignidade humana); b) o conteúdo da dignidade humana é muito importante para ser deixada ao arbítrio do legislador, de modo que sua competência pode ser minorada (ideia reitora)"[332].

De fato, Robert Alexy[333], depois de estabelecer os critérios para identificação dos direitos fundamentais sociais definitivos do indivíduo, chega à conclusão de que "essas condições são necessariamente satisfeitas no caso dos direitos fundamentais sociais mínimos, ou seja, por exemplo, pelos direitos a um mínimo existencial, a uma moradia simples, à educação fundamental e média, à educação profissionalizante e a um patamar mínimo de assistência médica"[334].

No mesmo sentido, Cristina Queiroz afirma: "mesmo que não se reconheça o direito fundamental social como direito subjetivo, a preservação do 'mínimo de existência condigna' é sempre qualificada

---

332 *Op. cit.*, p. 314.
333 "... a questão acerca de quais direitos fundamentais sociais o indivíduo definitivamente tem é uma questão de sopesamento entre princípios. De um lado está, sobretudo, o princípio da liberdade fática. Do outro lado estão os princípios formais da competência decisória do legislador democraticamente legitimado e o princípio da separação de poderes, além de princípios materiais, que dizem respeito sobretudo à liberdade jurídica de terceiros, mas também a outros direitos fundamentais sociais e a interesses coletivos. O modelo não determina quais direitos fundamentais sociais definitivos o indivíduo tem. Mas ele diz que ele pode ter alguns e o que é relevante para sua existência e conteúdo. A resposta detalhada a essa questão é tarefa da dogmática de cada um dos direitos fundamentais sociais. Mesmo assim, é possível dar, aqui, uma resposta geral. Uma posição no âmbito dos direitos a prestações tem que ser vista como definitivamente garantida se (1) o princípio da liberdade fática a exigir de forma premente e se (2) o princípio da separação de poderes e o princípio democrático (que inclui a competência orçamentária do parlamento) bem como (3) os princípios materiais colidentes (especialmente aqueles que dizem respeito à liberdade jurídica de outrem) forem afetados em uma medida relativamente pequena pela garantia constitucional da posição prestacional e pelas decisões do tribunal constitucional que a levarem em consideração" (*Teoria dos direitos fundamentais*. São Paulo: Malheiros, 2008, p. 512).
334 *Teoria dos direitos fundamentais*, p. 512.

de 'direito subjetivo', acabando assim por vir garantida nos mesmos termos dos direitos fundamentais de defesa. Essa 'posição mínima definitiva', não sendo juridicamente delimitável em abstrato, acaba por resultar essencialmente protegida através de uma 'regra' como 'mandamento definitivo'. O que significa, à luz da 'teoria dos princípios', que a forma da sua aplicação não é a 'ponderação', mas a 'subsunção'. O 'conteúdo mínimo' do direito é 'fixado' independentemente de um processo de ponderação. Esse conteúdo retira-se do enunciado linguístico da norma ou da vontade do legislador constituinte"[335] (grifamos).

Como identificar o *mínimo existencial* dos direitos sociais? Trata-se de uma das questões mais polêmicas da atualidade. Katharine Young chama essa questão de "abordagem essencial" (*essencial approach*). Para a autora, "A primeira abordagem, que eu intitulo 'a Essencial Abordagem' (*Essence Approach)* é distinguir o mínimo 'essencial' de cada direito"[336].

Parte da doutrina enumera um rol de direitos que, por razões jurídicas, sociais ou filosóficas, recebem o atributo de *mínimo* existencial. Trata-se de uma solução apriorística, independente da realidade social e das conjunturas econômicas. É o que faz Ana Paula de Barcellos, que enumera quais seriam, no seu entender, os direitos que compõem o mínimo existencial dos direitos sociais: "(...) O mínimo existencial que ora se concebe é composto de quatro elementos, três materiais e um instrumental, a saber: a educação fundamental, a saúde básica, a assistência aos desamparados e o acesso à justiça. Repita-se, mais uma vez, que esses quatro pontos correspondem ao núcleo da dignidade da pessoa humana a que se reconhece eficácia jurídica positiva e, *a fortiori*, o status de direito subjetivo exigível diante do Poder Judiciário"[337] (grifamos). Compatível com tal

---
335 *Direitos fundamentais:* teoria geral. 2. ed. Coimbra: Coimbra Ed., 2010, p. 151.
336 *Op. cit.*, p. 127.
337 *Apud* Ricardo Lobo Torres. O mínimo existencial e os direitos fundamentais. *Revista de Direito Administrativo*, Rio de Janeiro, n. 177, p. 29-49, jul./set. 1989, p. 70.

afirmação, em outro texto, a mesma autora afirma que "o mínimo existencial (...) nada mais é que um conjunto formado por uma seleção desses direitos, tendo em vista principalmente sua essencialidade, dentre outros critérios"[338].

Martha Nussbaum, em sua obra *Creating Capabilities*, enumera dez capacidades mínimas que devem ser asseguradas pelo Estado, sob pena de violação da dignidade da pessoa humana. Segundo a autora: "Considerando as várias áreas da vida humana nas quais as pessoas se movem e agem, essa abordagem da justiça social pergunta o que uma vida digna requer? Um limite mínimo de dez *Capacidades Centrais* é requerido (...): 1 – Vida: Estar apto a viver até o final de uma vida de normal dimensão; sem morrer prematuramente; ou antes de uma vida que não valha ser vivida; 2 – Saúde do corpo: estar apto a ter boa saúde, inclusive saúde reprodutiva; ser adequadamente alimentado; ter abrigo adequado; 3 – Integridade corporal: Ter condições de se mover livremente de lugar para lugar; estar seguro contra crimes violentos, inclusive violência doméstica ou sexual; ter oportunidade de satisfação sexual e de escolhe em matéria de reprodução; 4 – Sentidos, imaginação e pensamento: ter condições de usar os sentidos, imaginar, pensar, e fazer essas coisas de uma maneira 'verdadeiramente humana', uma maneira informada e cultivada por uma adequada educação, incluindo, mas não limitar por, treinamento literário, matemático e científico. Estar apto a usar a imaginação e pensamento em conexão com a experiência e produção de trabalhos de sua própria escolha, religiosa, literária, musical etc. Estar apto a usar a mente de forma protegida pelas garantias de liberdade de expressão com respeito aos discursos políticos e artísticos e liberdade de experiência religiosa. Estar apto a ter experiências proveitosas e evitar a dor; 5 – Emoções: estar apto a ter ligação com coisas e pessoas além de si próprio; amar os que os amam, e cuidar deles, sentir sua ausência; em geral, amar, sentir, experimentar a saudade, gratidão, e

---

338 *O mínimo existencial e algumas fundamentações:* John Rawls, Michael Walzer e Robert Alexy, p. 100.

raiva justificada. Não ter o desenvolvimento emocional ferida pelo medo e ansiedade (...); 6 – Razão prática: Estar apto a morar uma concepção do bem e se empenhar numa reflexão crítica sobre o plano de sua vida. (...); 7 – Afiliação: estar apto a viver com outros, reconhecer e mostrar preocupação com outros seres humanos, se engajar de várias formas de interação social; estar apto a imaginar a situação de outros (...); 8 – *Outras espécies*: estar apto a viver com preocupação em relação aos animais, plantas e o mundo da natureza; 9 – Diversão: ter condições de rir, de se divertir e aproveitar outras atividades recreativas; 10 – Controle sobre o próprio ambiente. (A) Político: estar apto a participar efetivamente de escolhas políticas que governam sua vida, tendo direito de participação política, proteção da liberdade de expressão e associação; (B) Material: ter condições de ter propriedade (imóvel e móvel), e ter direitos de propriedade em bases iguais com outros; ter o direito de procurar emprego em iguais bases com outros; estar livre de buscas indevidas e confiscos. No trabalho, estar apto a trabalhar como um ser humano, exercendo a razão prática e em importantes relacionamentos de mútuo reconhecimento com outros trabalhadores"[339].

Assim como ocorre com a definição do *núcleo essencial dos direitos fundamentais*, na abordagem do *mínimo existencial* existem duas teorias possíveis: a *teoria absoluta*, segundo a qual existe aprioristicamente um mínimo existencial dos direitos fundamentais, independentemente do contexto histórico, cultural e econômico e uma *teoria relativa*, na qual o *mínimo existencial* varia de acordo com a sociedade, moldando-se à nova realidade das pretensões e necessidades de cada país no seu contexto histórico. Nesse ponto, esclarece Jorge Reis Novais: "como seria inevitável, também agora a aplicação da mesma ideia de conteúdo essencial ou de *mínimo social*

---

[339] *Op. cit.*, p. 293-394. Não obstante, a própria autora reconhece que sua "lista" pode sofrer contestações: "A lista é uma proposta: ela pode ser contestada pela argumentação de que um ou mais de um item não é tão central e pode ser deixado aos processos políticos ordinários, em vez de ter uma proteção especial" (*op. cit.*, p. 409).

replica, em grande medida, ou até integralmente, a discussão e a divisão entre quem propugna uma *teoria relativa* e uma *teoria absoluta* do *mínimo social*, mesmo que não haja recurso a tal terminologia nem consciência assumida da analogia com o que ocorre no debate sobre o conteúdo essencial dos direitos fundamentais"[340].

É oportuno frisar que a doutrina contemporânea não aborda com muita clareza essa divisão metodológica, dando ensejo a algumas incongruências. Por exemplo, depois de enumerar os quatro direitos que comporiam o *mínimo existencial*, Ana Paula de Barcellos, afirma que o mínimo existencial é "histórico e pode – a rigor, deve – ser rediscutido diante de novas circunstâncias fáticas e jurídicas"[341]. Tal incongruência também é identificada por Jorge Reis Novais, segundo o qual "nem sempre a separação entre os defensores das modalidades absoluta e relativa de delimitação do mínimo social é fácil de operar. Desde logo porque os próprios não a enquadram dessa forma. Em segundo lugar, porque a fronteira acaba por ser muito tênue quando rapidamente se conclui que os critérios de delimitação propostos pelas teorias absolutas são estruturalmente incapazes de dispensar totalmente juízos de ponderação, de contextualização circunstanciada, logo, de uma relativização"[342].

---

340 *Op. cit.*, p. 201. Prossegue o autor: "O *mínimo social* deveria, então, ser determinado de forma relativa, isto é, considerando a medida da sua afetação concreta num contexto relacional e circunstancial, ponderando necessidades individuais e coletivas e disponibilidades financeiras, ou, em alternativa, deveria ser fixado de forma absoluta, ou seja, através da delimitação abstrata de um *mínimo social* a cuja prestação o Estado estaria obrigado e o particular teria direito, mas com um alcance imune a apreciações e ponderações contextuais. Já para quem propugna uma visão absoluta do *mínimo social*, haveria, independentemente das circunstâncias, um mínimo absolutamente exigível e decorrente, em princípio, da necessária observância, em Estado de Direito, do *mínimo vital* exigido pelo respeito da dignidade da pessoa humana ou pelas meras e mais simples necessidades e interesses de sobrevivência" (p. 201).

341 *A eficácia jurídica dos princípios constitucionais*, p. 301.

342 *Op. cit.*, p. 202.

Entendemos que a definição do *mínimo existencial* não pode ser feita aprioristicamente, desprendida da realidade social e da conjuntura política e econômica de um país. No mesmo sentido, opina Luís Fernando Sgarbossa: "embora se possa admitir, com base na historicidade dos direitos e garantias fundamentais e dos direitos humanos, alguns apontamentos de direitos ou dimensões de direitos fundamentais que constituiriam o mínimo existencial em princípio – como, e.g., o direito à alimentação – de se refutar qualquer pretensão de estabelecimento apriorístico, taxativo e em caráter definitivo de tal conteúdo, especialmente, tendo-se em mente seu caráter sociocultural"[343]. Da mesma forma, Ingo Sarlet entende ser impossível "se estabelecer, de forma apriorística e, acima de tudo, de modo taxativo, um elenco dos elementos nucleares do mínimo existencial, no sentido de um rol fechado de posições subjetivas negativas e positivas correspondentes ao mínimo existencial"[344]. Crítica semelhante faz Daniel Sarmento: "Entendo, porém, que o elenco de Barcellos é incompleto por excluir completamente alguns direitos umbilicalmente ligados à dignidade da pessoa humana, como a moradia. Além disso, ele é insuficiente em alguns direitos que contempla, como na saúde, cuja faceta curativa foi quase integralmente afastada, ou na educação, em que não se abarcou a creche e pré-escola, nem tampouco o ensino médio. Ademais, a lista esvazia uma das mais importantes funções do mínimo existencial, que é a de lastrear demandas que, conquanto ligadas à dignidade humana, não estão inseridas em qualquer outro direito fundamental expressamente positivado na Constituição"[345].

---

343 *Op. cit.*, p. 308.
344 *Op. cit.*, p. 26.
345 *Dignidade da pessoa humana*, p. 219. Prossegue o autor: "não vejo como definir um elenco fechado de direitos ou prestações ligadas ao mínimo existencial que não estão expressamente positivadas na Constituição. (...) Outro ponto muito importante diz respeito à competência para a definição das prestações ligadas ao mínimo existencial. Não há dúvida, por um lado, que, sendo o mínimo existencial um direito fundamental, a sua proteção não pode ser deixada

Essa indeterminação apriorística, em vez de ser um problema, é uma virtude pela qual o hermeneuta constitucional (e, à luz da *sociedade aberta dos intérpretes da Constituição*, todos somos potenciais intérpretes da Constituição do país) será capaz de extrair, à luz da conjuntura do país, o *mínimo existencial* dos direitos sociais, como afirma Luís Fernando Sgarbossa: "se o conteúdo do mínimo existencial e os níveis de satisfação das necessidades que integram tal mínimo permanecem problemáticos, existem necessidades que fundamentam direitos que inegavelmente inserem-se dentro do conceito de mínimo existencial e, simultaneamente, fazem parte do mínimo vital ou fisiológico, como o direito à alimentação"[346].

Dessa maneira, ousamos discordar da posição adotada por Ana Paula de Barcellos, que enumera quatro direitos considerados essenciais, em detrimento dos demais. Embora possamos considerar os quatro direitos por ela elencados como integrantes do *mínimo existencial* dos direitos sociais, não os consideramos como um rol taxativo.

Primeiramente, é importante frisar que o *mínimo existencial* não é o mesmo em cada direito social, bem como varia de acordo com o contexto histórico, como afirma a doutrina: "o próprio conteúdo existencial (núcleo essencial = mínimo existencial) não é o mesmo em cada direito social (educação, moradia, assistência social etc.)

---

ao alcance das maiorias legislativas de ocasião. (...) Nada obstante, não há dúvida de que existe um campo legítimo para deliberação política em relação também ao mínimo existencial. (...) Em outras palavras, o Judiciário tem a missão de controlar os demais poderes estatais nessa seara, sendo legítima a intervenção jurisdicional voltada à garantia do mínimo existencial. Essa intervenção, todavia, nem sempre deve se dar por meio da imposição da entrega de prestações específicas" (*op. cit.*, p. 221).

346 *Op. cit.*, p. 308. Continua o autor: "assim, a indeterminação é sempre relativa, sendo superável em virtude da natureza dos direitos em questão ou ainda de circunstâncias históricas e concretas, permanecendo, portanto, hígido o construto de mínimo existencial para a finalidade de salvaguardar o núcleo essencial dos direitos fundamentais sociais" (p. 310).

não dispensando, portanto, a necessária contextualização (o que é uma moradia digna, por exemplo, varia significativamente até mesmo de acordo com as condições climáticas), bem como a necessária utilização de uma interpretação, simultaneamente tópico e sistemática"[347]. Outrossim, é possível extrair de outros direitos (como moradia, alimentação etc.) um mínimo existencial jurisdicionalmente exigível, além dos quatro direitos sugeridos.

Outrossim, além de identificar o *mínimo existencial* dos direitos sociais à luz do princípio da dignidade da pessoa humana (e, nesse ponto, certamente a saúde básica, a educação fundamental e a assistência aos desamparados fazem parte), devemos encontrar nas normas criadas pelo poder constituinte originário as regras mínimas aplicáveis a alguns direitos sociais. Interessantíssima a obra de Élida Graziane Pinto, que, sem desprezar o *mínimo existencial* decorrente de interpretações principiológicas, busca encontrar o "mínimo existencial normativo", exigível até para o mais positivista dos mortais. Segundo a autora: "mais do que mera orientação, contudo, os arranjos normativos que estabelecem o grau de aquisição normativa na garantia dos direitos fundamentais à saúde e à educação são, em extensão e profundidade, a própria face objetiva de tais direitos"[348]. Assim, encontraremos na Constituição não apenas princípios constitucionais aplicáveis aos direitos sociais (a maioria), mas também *regras*

---

347 Ingo Wolfgang Sarlet, *op. cit.*, p. 26.
348 *Financiamento dos direitos à saúde e à educação*. Belo Horizonte: Fórum, 2015. Segundo a autora, "a proteção constitucional à oferta pública, universal e gratuita das atividades de manutenção e desenvolvimento do ensino foi sedimentada desde a redação original e até hoje vigente do art. 212, em cujo *caput* se lê: 'A União aplicará, anualmente, nunca menos de dezoito, e os Estados e o Distrito Federal e os Municípios vinte e cinco por cento, no mínimo, da receita resultante de impostos, compreendida a proveniente de transferências, na manutenção e desenvolvimento do ensino'" (p. 48). Concordamos com a autora que dispositivos desse jaez são a face objetiva, o núcleo essencial e intangível de certos direitos sociais (como saúde e educação), motivo pelo qual a redução de tais percentuais significaria mácula ao direito e, por consequência, inconstitucional por violação de cláusula pétrea.

aplicáveis à saúde, à educação e até mesmo a outros direitos sociais como o transporte: "Aos maiores de sessenta e cinco anos é garantida a gratuidade dos transportes coletivos urbanos" (art. 230, § 2º, CF). Assim, enquanto o "direito ao transporte" é um princípio, que deve ser cumprido na maior intensidade possível, encontrando-se o seu núcleo essencial à luz da dignidade da pessoa humana, o art. 230, § 2º, CF, é a face mais visível do direito ao transporte, uma regra que deve ser cumprida integralmente, considerada pelo próprio constituinte originário um dos mínimos exigíveis do direito ao transporte.

Assim, posicionamo-nos de forma intermediária entre a *teoria absoluta* (que reconhece aprioristicamente um rol de direitos sociais mínimos, ou aspectos mínimos de alguns desses direitos) e a *teoria relativa* (segundo a qual o *mínimo existencial* dos direitos sociais é aferido no contexto histórico, político, cultural e econômico de cada país). Adotamos uma *teoria mista*, na qual, em regra, o mínimo existencial é aferido de acordo com o contexto histórico de cada país (*teoria relativa*), mas com um núcleo aprioristicamente reconhecido: a educação básica de qualidade, que chamaremos ao longo do trabalho de "mínimo dos mínimos", como sustentaremos a seguir.

2.11.1. A educação pública de qualidade como mínimo dos mínimos existenciais

Primeiramente, a educação básica, universal, gratuita e de qualidade é inequivocamente um mínimo existencial dos direitos sociais, à luz da teoria rawlsiana. Não por outro motivo Liliane Coelho Silva afirma que "é possível inferir que integraria esse mínimo, por exemplo, um sistema educacional de qualidade, que fornecesse às pessoas, independentemente de sua classe social, os instrumentos adequados para que haja de fato igualdade de oportunidades, para compreenderem seu lugar no mundo, seus direitos e liberdades básicos e ensinasse-as a usufruir responsavelmente desses bens, com autodeterminação e respeito ao outro. Assim, considerando que um pressuposto essencial da teoria Rawlsiana é a dignidade, pode-se depreender que, para uma vida digna, não basta garantir à pessoa o mínimo para subsistência; é imperioso garantir-lhe meios para participar da sociedade política como cidadã, para que compreenda e usufrua de seus direitos e liberdades básicos e para que saiba manejar instrumentos legais e políticos para exigir melhorias na sociedade"[349].

Jorge Reis Novais afirma que há violação da dignidade da pessoa humana, por preterição essencial da sua condição de sujeito, quando a pessoa fica "sem possibilidades de acesso à educação e ao conhecimento que lhe permitam uma rentabilização adequada das capacidades inatas numa sociedade complexa"[350].

Segundo Eliane Ferreira de Souza, "a perspectiva de desenvolvimento dos sujeitos, como meta constitucional para a concretização do direito à educação, assume uma dimensão social, porque diz respeito aos valores culturais, às relações sociais e às expectativas da sociedade, e parte da ideia de que o desenvolvimento deve melhorar a vida dos sujeitos envolvidos e o seu meio social. E como os atores sociais sabem da importância que o saber tem na sociedade, o direito à educação passa a ser politicamente exigido como uma arma não violenta de reivindicação e de participação política. Desse modo, o direito à educação se converte em instrumento de redução das desigualdades e das discriminações e possibilita uma aproximação pacífica entre os povos do mundo inteiro"[351].

A essencialidade do direito à educação foi ressaltada pela Observação Geral n. 13, de 1999, do Comitê de Direitos Econômicos, Sociais e Culturais da ONU: "A educação é um direito humano intrínseco e um meio indispensável de realizar outros direitos humanos. Como direito de âmbito da autonomia da pessoa, a educação é o principal meio que permite a adultos e menores marginalizados econômica e

---

349 *Op. cit.*, p. 23.
350 *Op. cit.*, p. 131.
351 *Direito à educação:* requisito para o desenvolvimento do país. São Paulo: Saraiva, 2010, p. 73.

socialmente sair da pobreza e participar plenamente em suas comunidades. A educação desempenha um papel decisivo na emancipação da mulher, a proteção das crianças contra a exploração profissional, o trabalho perigoso e a exploração sexual, a promoção dos direitos humanos e a democracia, a proteção do meio ambiente e o controle do crescimento demográfico. Está cada vez mais aceita a ideia de que a educação é uma das melhores inversões financeiras que os Estados podem fazer, mas sua importância não é unicamente prática porque dispõe de uma mente instruída, inteligente e ativa, com liberdade e amplitude de pensamento, é um dos prazeres e recompensas da existência humana" (grifamos).

Não sendo a educação tratada como o "mínimo dos mínimos", a preponderância de outros direitos sociais sobre ela gera uma consequência perniciosa: os direitos sociais tutelados podem ser vistos como manobras políticas a uma sociedade inculta, benesses de uma gestão política "salvadora", no claro "risco de se confundir os direitos sociais com caridade; a fragilização do processo de consolidação dos direitos em geral; o desestímulo ao exercício da cidadania ativa; e a abertura de espaço para que prestações sociais brasileiras sejam distribuídas não para emancipar os cidadãos, mas para mantê-los no estado que Kant chama de menoridade, e assim, evitar a expansão das cidadanias civil e política"[352].

Dessa maneira, considerando-se a educação básica de qualidade como um mínimo dos mínimos essenciais, será possível concretizar a progressividade da implantação dos direitos sociais, na medida em que a sociedade estará cada vez mais instrumentalizada para exigir

---

352 Karine da Silva Cordeiro, *op. cit.*, p. 295. Conclui a autora: "sendo o mínimo existencial condição do exercício da cidadania, não pode ser considerado princípio retórico ou favor do Estado, nem ser delegado à caridade pública ou privada, e muito menos transmutar-se em moeda de voto. Ademais de construir um patamar mínimo de concretização dos direitos sociais, o mínimo existencial representa um espaço plural de promoção e (re)construção da cidadania, a partir da inclusão de expectativas positivas, num diálogo dialético permanente entre as instituições democráticas" (p. 301).

e até mesmo implementar diretamente muitos dos direitos constitucionalmente previstos. De certa forma, essa também é a conclusão de Martha Nussbaum, professora da Universidade de Chicago, na medida em que sugere a seguinte solução das "escolhas trágicas": "quando nós notamos um conflito trágico, não podemos simplesmente torcer as mãos: temos que perguntar qual o melhor ponto a intervir para criar um futuro no qual essa espécie de escolha não confronte as pessoas. Temos também que considerar como mover as pessoas para perto da capacidade mínima no futuro, ainda que não possam tê-las imediatamente"[353].

Nesse sentido, embora não com essas palavras, Karine da Silva Monteiro, à luz da teoria de John Rawls, afirma: "havendo impossibilidade material de realizar todas as prestações do mínimo existencial, propôs-se o critério de dar prioridade às prestações materiais que garantam os funcionamentos democraticamente pertinentes que são pré-requisitos para outros e, em seguida, para aqueles que habilitem os cidadãos a, por meios próprios, realizar outros funcionamentos"[354].

De certa forma, assim entendeu o Superior Tribunal de Justiça, quando decidiu que "a violação do direito à educação de crianças e adolescentes mostra-se, em nosso sistema, tão grave e inadmissível como negar-lhes a vida e a saúde" (REsp 200.200.699.966, 2ª T., rel. Min. Herman Benjamin, 24-9-2010).

A qualidade da educação como direito fundamental e como princípio constitucional (um mandamento de otimização para o Poder Público e sociedade) já foi abordada pela doutrina pátria. Segundo Salomão Barros Ximenes, em obra específica sobre o tema, afirma que "adotar uma perspectiva maximizadora sobre o princípio da qualidade do ensino significa, ainda, não excluir previamente essa dimensão do âmbito de proteção imediato do direito à educação, não limitar o conteúdo jurídico desse princípio a aspectos considerados

---

353 *Op. cit.*, p. 438.
354 *Op. cit.*, p. 300.

mínimos ou a apenas algumas de suas dimensões, escolhidas por razões de mero pragmatismo técnico ou governamental e apoiadas no senso comum sobre o seu significado. (...) A exigência de padrão de qualidade como norma maximizadora é, ademais, além de teórica e metodologicamente justificável, uma decorrência axiológica da própria prescrição jurídica de fins públicos para a educação, previstos de forma ampla na Constituição de 1988 e, principalmente, nos tratados internacionais de direitos humanos. A qualidade, nesse sentido, é expressão da dimensão interna (material) do ensino, ou seja, das condições de oferta, da gestão e dos processos educativos, responsáveis por assegurar que tais fins ou resultados relevantes sejam alcançados. Sem esses requisitos, ainda que se universalizem disponibilidade e acesso, terá fracassado a educação enquanto bem público universal e enquanto direito fundamental de dimensão coletiva. É, portanto – ao lado da dimensão externa (formal) representada pelo acesso e pelos dados de permanência e conclusão – também conteúdo característico do direito à educação"[355].

---

355 *Direito à qualidade na educação básica:* teoria e crítica. São Paulo: Quartier Latin, 2014, p. 132. Prossegue o autor: "Entendemos, nesse ponto, que a ideia de mandamento de otimização que caracteriza os direitos fundamentais se refere a diferentes posições, bens e objetivos dos quais se espera maximização. Não diz respeito somente a cada direito tomado como um todo, mas também a cada componente desses direitos. No caso do direito à educação em sentido amplo – formal, não formal e informal –, o mandamento de otimização tem como valor constitucional o propósito de alcançar os objetivos educacionais inscritos no art. 205 da Constituição de 1988 e nos tratados internacionais a ela integrados, por força do § 2º do art. 5º. Em relação especificamente aos componentes do direito à educação escolar, decompõe-se essa proposição geral. O mandamento de otimização da *disponibilidade* visa à universalização da educação obrigatória e a generalização da educação não obrigatória. A *acessibilidade* busca maximizar a igualdade de condições para o acesso e permanência em todos os níveis e etapas escolares. A *aceitabilidade*, por sua vez, busca maximizar a relevância, a adequação e a qualidade do ensino, enquanto a *adaptabilidade* tem como objetivo maximizar o pluralismo de concepções pedagógicas, sua flexibilidade e capacidade de responder às necessidades e expectativas das sociedades e comunidades, respeitando sua diversidade" (*op. cit.*, p. 132).

Em outras palavras, como afirma o sobredito autor, "a proposta de adoção do ponto de vista teórico-metodológico segundo o qual o direito à qualidade do ensino é um mandamento de otimização, ou seja, um direito em si (*prima facie*) ilimitado justifica-se, portanto, por razões jurídicas, morais, lógicas e políticas. (...) e ao mesmo tempo, permite-nos assumir uma posição teórica comprometida com a realização ampla desse aspecto central do direito à educação"[356].

Da mesma forma, a exigência da "qualidade" como atributo da educação, enquanto mínimo existencial do direito também foi abordado por Fulvia Helena de Gioia, em sua tese de doutorado: "Vimos que a universalidade é o aspecto dimensional do direito à educação que se relaciona tão somente com a quantificação das pessoas alcançadas (aspecto formal), mas é a qualidade que assegurará o cumprimento da essência no aspecto dimensional da profundidade (aspecto substancial). A medida da universalidade, por si só, não é suficiente para a efetividade do direito à educação. Certamente, oferecer o ensino a uma universalidade de pessoas, sem o cumprimento do conteúdo mínimo obrigatório, é aceitar o atingimento do parâmetro apenas no seu aspecto formal. A universalização, quantitativamente medida, é apenas o cumprimento de uma formalidade numérica, inadequada para retratar a concretização do direito à educação tal qual assegurado no atual ordenamento constitucional. O 'mínimo educacional obrigatório', inegavelmente, só será alcançado se a educação for ofertada com a qualidade que viabilize sua conquista. Trata-se do conteúdo essencial fundamental sem o qual o educando não estará suficientemente preparado para o exercício da cidadania e, consequentemente, para a existência com dignidade"[357] (grifamos).

---

356 *Op. cit.*, p. 141.
357 *Tributação e custeio da educação pública no Brasil após 1988*. Tese (doutorado) – Universidade Presbiteriana Mackenzie, São Paulo, 2015, p. 140. Salomão Barros Ximenes afirma que "a exigência de otimização de sua realização, como direito fundamental, impõe determinados limites e prestações, em detrimento de outros. Os objetivos de realização da qualidade revelam uma

Michelle Asato Junqueira e Aline da Silva Freitas afirmam que "a qualidade do ensino deve ser almejada como elemento de efetivação do próprio direito à educação. Inserida entre os princípios que regem o ensino, bem como tida por objetivo, a discussão da qualidade ganha relevo após a expansão das instituições de ensino do ponto de vista numérico, bem como do número de pessoas atendidas pela rede. Assim, torna-se necessária a conjugação do binômio quantidade/qualidade"[358].

Em 2020, o princípio da qualidade da educação passa a ter previsão constitucional expressa, em decorrência da Emenda Constitucional 108, de 2020. Segundo o artigo 214, da Constituição, deverão ser realizadas ações integradas dos poderes públicos das diferentes esferas federativas que conduzam a "melhoria da qualidade do ensino" (art. 214, III). Segundo o artigo 211, § 5º, "na organização de seus sistemas de ensino, a União, os Estados, o Distrito Federal e os Municípios definirão formas de colaboração, de forma a assegurar a universalização, a qualidade e a equidade do ensino obrigatório" (grifamos).

Do mesmo modo, segundo o artigo 211, § 1º, a União deverá "garantir a equalização de oportunidades educacionais e padrão mínimo de qualidade do ensino".

A questão que se mostra desafiadora é delimitar a noção de "qualidade" da educação, juridicamente exigível do Estado. Como afirmou Salomão Barros Ximenes, "a maior dificuldade enfrentada por quem pretende definir o direito à educação de qualidade é estabelecer critérios válidos para uma proposição teórica sobre o seu conteúdo"[359].

---

dogmática concretizadora na teoria contemporânea dos direitos fundamentais e encontram seu peso axiológico nos propósitos da educação em sentido amplo" (*op. cit.*, p. 138).
358 Políticas públicas de avaliação da educação básica no Brasil. *In:* SMANIO, Gianpaolo Poggio; BERTOLIN, Patricia Tuma Martins (org.). *O direito e as políticas públicas no Brasil*. São Paulo: Atlas, 2013.
359 *Op. cit.*, p. 312.

Outrossim, como afirma a doutrina, não basta um mero indicador governamental que ateste sua própria qualidade no tocante à educação. Como afirma Cleoman Fernandes da Silva Filho, "Enquanto no âmbito orçamentário e financeiro o Brasil é um dos países que mais investem percentualmente em educação, a teor dos seus gastos públicos, no que concerne à qualidade do ensino prestado observa-se resultados bem aquém da média. (...) Instituído em 2007 na gestão do então presidente Luís Inácio Lula da Silva, o IDEB foi delineado pelo INEP – Instituto Nacional de Estudos e Pesquisas Educacionais Anísio Teixeira – como instrumento de avaliação da qualidade da educação básica brasileira, por meio de um indicador que consideraria duas vertentes, a saber: i) fluxo escolar; ii) médios de desempenho em avaliações". Todavia, como afirmou Heleno Araújo, Secretário dos Assuntos Educacionais da Confederação Nacional dos Trabalhadores em Educação, "precisamos de indicadores de avaliação da educação que leve em consideração a situação socioeconômica das famílias dos estudantes, as políticas de valorização profissional aplicadas no sistema de ensino municipal e estadual, além de considerar as condições da infraestrutura das escolas, no aspecto físico, na acessibilidade, nos equipamentos e nos materiais didáticos adequados e suficientes para garantir a qualidade social da educação oferecida às crianças e jovens da educação básica"[360].

Embora difícil identificar os indicadores que devam ser avaliados no processo de controle da qualidade da educação, a tarefa é indispensável. Como afirma Clarice Seixas Duarte, para balizar um processo avaliativo, é necessária a "criação de um sistema de indicadores técnico--científicos capazes de mensurar os avanços e retrocessos na aplicação dos direitos sociais, conforme recomendação da Conferência de Direitos Humanos de Viena, ocorrida em 1993. Com a implementação de

---

360 INDEB POSSUI CONTEÚDO INSUFICIENTE PARA AVALIAR EDUCAÇÃO BRASILEIRA. Disponível em: http://www.cnte.org.br/index.php/comunicacao/noticias/17097-ideb-possui-conteudo-insuficiente-para-avaliar-educacao-brasileira.htm.

tal sistema, é possível aferir, segundo parâmetros objetivos, a progressividade na implementação das obrigações constantes do Pacto Internacional de Direitos Econômicos, Sociais e Culturais, de 1966, melhorando a sua sistemática de monitoramento. Mas esse quadro não estará completo se não forem implementados mecanismos que permitam a realização de estudos avaliativos por órgãos ou especialistas que não participaram do processo de formulação e implementação da política. Tal procedimento é altamente recomendável, pois permite que analistas externos formulem críticas, indiquem providências necessárias para a correção das distorções identificadas e, ainda, sugiram políticas alternativas, quando for o caso"[361].

Em nosso entender, sob pena de violação da separação dos poderes, essa noção só pode ser extraída do texto constitucional, como também das normas infraconstitucionais regulamentares, bem como os tratados internacionais de direitos humanos, no que se referem à educação (utilizando-se como parâmetro interpretativo as interpretações exaradas pelos órgãos competentes – como a Corte Interamericana, o *Comitê*[362], bem como normas de *soft law*, aplicadas à educação). Parece concordar com nossa afirmação Fulvia Helena de Gioia, segundo a qual "é do próprio ordenamento jurídico que deve

---

361 O ciclo das políticas públicas. *In:* SMANIO, Gianpaolo Poggio; BERTOLIN, Patrícia Tuma Martins (org.). *O direito e as políticas públicas no Brasil.* São Paulo: Atlas, 2013, p. 32.

362 Como afirma Salomão Barros Ximenes, "a recomendação n. 13, de 1999, do Comitê DESC possui uma importância decisiva, tanto em relação à aplicação prática da doutrina dos deveres estatais ao direito à educação quanto à proposição de um conteúdo normativo abrangente para esse direito, que é capaz de incorporar todas as dimensões protetivas na norma internacional, com destaque para o PIDESC. A abrangência da proposta do Comitê permite-nos estabelecer as bases para a análise do sistema jurídico-constitucional e para as proposições normativas que dele extraímos. Para o Comitê, a despeito das condições nacionais e da forma como venha a ser aplicado o direito em cada realidade, a educação em todas as suas formas e níveis deve apresentar *quatro características fundamentais* e *inter-relacionadas: disponibilidade, acessibilidade, aceitabilidade* e *adaptabilidade*" (op. cit., p. 245).

ser extraído seu conteúdo. Nele estão estabelecidos os demais direitos da pessoa que não se viabilizarão sem educação, lembrando que aí se incluem as normas oriundas dos compromissos internacionais assumidos pelo Brasil. E, de fato, o constituinte impôs a obrigatoriedade de fixar 'conteúdos mínimos para o ensino fundamental' com a finalidade de 'assegurar formação básica comum e respeito aos valores culturais e artísticos, nacionais e regionais' (art. 210, *caput*), dentre os quais se incluem a liberdade, cidadania e dignidade da pessoa humana"[363].

A Constituição Federal de 1988, no tocante ao direito à educação (assim como no tratamento de outros direitos fundamentais sociais), possui um conjunto de regras e princípios. Como afirma Salomão Barros Ximenes, "No art. 206, há tanto normas com enunciados de princípio, portanto, normas que visam promover direitos fundamentais educacionais no sentido mais amplo que se pode esperar; como normas com enunciado de regras, que estabelecem mandamentos específicos, com estrutura de 'tudo ou nada'"[364]. Outrossim, segundo

---

363 *Op. cit.*, p. 140.
364 *Op. cit.*, p. 177. "Com enunciado de princípios, situamos a igualdade de condições para o acesso e permanência na escola, a liberdade acadêmica em todas as suas acepções (*aprender, ensinar, pesquisar e divulgar o pensamento, a arte e o saber*), o pluralismo de ideias e de concepções pedagógicas, a valorização dos profissionais da educação, a gestão democrática do ensino e a garantia do padrão de qualidade (Constituição, art. 206, I, II, III, *primeira parte*, V, *primeira parte*, VI e VII, respectivamente). Nesses casos, os enunciados constitucionais são voltados à otimização desses valores e bens na educação escolar, não havendo normas *definitivas* cuja implementação possa ser objetivamente aferida. Indicam, na verdade, o núcleo jurídico-constitucional dos direitos fundamentais educacionais *prima facie*, cuja delimitação em regras específicas requer prévio sopesamento e justificação. Já a determinação do piso salarial profissional nacional, bem como os enunciados relacionados à coexistência de instituições públicas e privadas de ensino, à garantia de planos de carreira e de ingresso mediante concurso público nas redes públicas (Constituição, art. 206, VIII, III, parte final; e V, parte final, respectivamente) não poderiam ser enquadrados como determinações *prima facie*. São comandos definitivos, no sentido dessa adjetivação na teoria dos princípios, ou seja, ainda que direcionados ao legislador ordinário. Nesses casos, não há que se falar em realização parcial

Fulvia Helena de Gioia, "o reconhecimento do 'mínimo educacional obrigatório' está retratado no atual texto constitucional pela fixação dos níveis de ensino com base no critério de idade (art. 208, I), cuja gratuidade é direito público subjetivo (art. 208, § 1º)"[365].

Como afirma Nina Beatriz Stocco Ranieri, "o acesso ao ensino obrigatório e gratuito é qualificado como direito subjetivo (art. 208, § 1º), assegurando a sua universalização, bem como a progressiva universalização do ensino médio sob a égide da equidade (art. 206), dentre outros princípios que orientam a atividade educacional. Para garantir o exercício do direito, no que diz respeito ao dever do Estado, a Constituição discrimina encargos e competências precisas para os sistemas de ensino da União, dos Estados e dos Municípios (art. 211), e os correspectivos percentuais da receita dos impostos para aplicação na manutenção e desenvolvimento do ensino (art. 22, XXIV, 24, VIII, 30, VI, 208 e 212)"[366]. Esses percentuais estabelecidos pela Constituição são "regras" e não "princípios", aplicando-se-lhes a máxima do "tudo ou nada", não admitindo ponderação. Esse é o primeiro critério constitucional da "qualidade" do ensino. Todavia, como sabido e consabido por todos, quantidade não é sinônimo de qualidade[367]. Esta última terá que ser extraída dos ditames constitucionais, legais e supralegais.

---

do comando, em direito *em si* e direito *definitivo* ou em restrição/delimitação proporcional, mas em mandamento objetivamente aferível: ou há regulamentação do piso salarial e de plano de carreira ou não há. (...)".

365 *Op. cit.*, p. 142. Prossegue a autora: "a gratuidade do ensino obrigatório encontra fundamento na imprescindibilidade que lhe é inerente, o que retrata sua relação implicacional com a imposição da educação de qualidade para todos. Ora, se assim é, a progressividade, como diretriz da implementação da educação, deve preservar a indissociabilidade do binômio universalidade-qualidade, pelas razões supra expostas. A progressividade da educação com qualidade é a concretização do aspecto substancial do direito à educação. Admitir a universalização da educação sem qualidade é restringi-lo ao aspecto formal, o que não se coaduna com sua dimensão constitucional" (*op. cit.*, p. 142).

366 Os Estados e o direito à educação na constituição de 1988: comentários acerca da jurisprudência do Supremo Tribunal Federal. *In:* RANIERI, Nina Beatriz Stocco (org.). *Direito à educação:* aspectos constitucionais. São Paulo: Edusp, 2009, p. 42.

367 Como afirma Eliane Ferreira de Sousa, "Estudiosos da educação, em especial eco-

Como afirmamos anteriormente, grande avanço no texto constitucional, para incremento e fiscalização da "qualidade" da educação ocorreu com a promulgação da Emenda Constitucional 108, de 2020. Além de se tornar um princípio constitucional expresso da educação pública, foram estabelecidos parâmetros mais objetivos para o controle dessa qualidade. Segundo o artigo 211, § 7º, da Constituição: "o padrão mínimo de qualidade de que trata o § 1º deste artigo considerará as condições adequadas de oferta e terá como referência o Custo Aluno Qualidade (CAQ), pactuados em regime de colaboração na forma disposta em lei complementar".

Criado pela Campanha Nacional pelo Direito à Educação, o CAQi (Custo Aluno-Qualidade Inicial) é um indicador que mostra quanto deve ser investido ao ano por aluno de cada etapa e modalidade da educação básica. Ele considera os custos de manutenção das creches, pré-escolas e escolas para que elas garantam um padrão mínimo de qualidade para a educação básica, conforme previsto na Constituição Federal, na Lei de Diretrizes e Bases da Educação Nacional (Lei nº 9.394/1996) e no Plano Nacional de Educação (Lei nº 13.005/2014), entre outras leis.

Para realizar esse cálculo, o CAQi considera condições como tamanho das turmas, formação, salários e carreira compatíveis com a responsabilidade dos profissionais da educação, instalações, equipamentos e infraestrutura adequados, e insumos como laboratórios, bibliotecas, quadras poliesportivas cobertas, materiais didáticos, entre outros, tudo para cumprir o marco legal brasileiro. Assim, o CAQi contempla as condições e os insumos materiais e humanos

---

nomistas, têm defendido a tese de que o Brasil não precisa ampliar os investimentos em educação como proporção do Produto Interno Bruto. Alegam que o patamar atual, de 4%, aproxima-se da média dos países desenvolvidos, o mesmo valendo para a relação entre o investimento na educação básica e o investimento na educação superior, de cerca de quatro para um. Esta abordagem, contudo, perde de vista dois aspectos: o baixo PIB *per capita* e a elevada dívida educacional. Se o Brasil quiser acelerar o passo e superar um século de atraso no prazo de uma geração, não há como fazê-lo sem investimento na educação da ordem de 6% a 7% do PIB" (*Direito à educação:* requisitos para o desenvolvimento do país, p. 127).

mínimos necessários para que os professores consigam ensinar e para que os alunos possam aprender.

Quanto aos parâmetros infraconstitucionais de qualidade, Salomão Barros Ximenes afirma que "a delimitação infraconstitucional, por sua vez, é aquela que ocorre na legislação ordinária e no conjunto de normas jurídicas que traçam o contorno das políticas públicas. É exemplo a definição da LDB sobre os 'padrões mínimos de qualidade do ensino'. (...) É, assim, a dimensão mais imediata do conteúdo do direito à qualidade, correlacionada às exigências de igualdade em termos de bens e recursos educacionais, ainda que não esgote todo o âmbito de proteção do referido princípio de direito"[368].

Além das regras e princípios constitucionais que versam sobre o tema, bem como das leis infraconstitucionais (como a LDB), destaca-se o *Plano de Desenvolvimento da Educação* (PDE), que contém os princípios e as diretrizes do Ministério da Educação como política de melhoria da qualidade do ensino no Brasil. Como afirma Eliane Ferreira de Souza, "o PDE pode ser entendido como um conjunto de programas que objetivam dar consequência às metas quantitativas estabelecidas no Plano Nacional de Educação (PNE). O Plano compreende mais de 40 programas que podem ser organizados em torno de quatro eixos norteadores: educação básica, educação superior, educação profissional e alfabetização"[369].

Dessa maneira, com base em toda a legislação atinente ao direito à educação, Salomão Barros Ximenes sintetiza os parâmetros objetivos da qualidade no gráfico abaixo, que replicamos:

---

368 *Op. cit.*, p. 171.
369 *Op. cit.*, p. 89. Prossegue a autora: "o PDE está sustentado em seis pilares: 1) visão sistêmica da educação; 2) territorialidade; 3) desenvolvimento; 4) regime de colaboração; 5) responsabilização; 6) mobilização social – que são desdobramentos consequentes dos princípios e objetivos constitucionais, com a finalidade de expressar o enlace necessário entre educação, território e desenvolvimento, de um lado, e o enlace entre qualidade, equidade e potencialidade, de outro" (*op. cit.*, p. 97).

Dimensão 1 – Estudantes	
Saúde, nutrição e promoção de hábitos de vida	• prestar atendimento ao educando por meio de *programas suplementares de alimentação e assistência à saúde* em todas as etapas da educação básica (LDB, art. 4º, VIII, com redação da Lei n. 12.796, de 2013); • promover o *desporto educacional* e apoio às *práticas desportivas não formais* (LDB, art. 27, IV).
Desenvolvimento na primeira infância	• realizar a educação infantil tendo como finalidade o *desenvolvimento integral da criança em seus aspectos físico, psicológico, intelectual e social*, complementando a ação da família e da comunidade (LDB, arts. 29, 30, com a redação da Lei n. 12.796, de 2013).
Frequência às unidades escolares	• promover e proteger a *frequência à escola* junto aos pais ou responsáveis (LDB, art. 5º, § 3º, ECA, art. 54, § 3º); • realizar, através dos estabelecimentos de ensino, a *obrigação de controlar a frequência dos estudantes*, exigindo a frequência mínima de sentença e cinco por cento do total de horas letivas para aprovação (LDB, art. 24, VI).
Tempo disponível para a escolarização e relação com o mundo produtivo	• realizar a *adaptação do calendário escolar às peculiaridades locais, inclusive climáticas e econômicas*, sem com isso reduzir o número de horas letivas previsto na Lei (LDB, art. 23, § 2º); • realizar a adaptação da organização escolar para a oferta de educação básica às populações rurais, considerando as peculiaridades de seus modos de vida e de cada região, incluindo *adequação do calendário escolar às fases do ciclo agrícola e às condições climáticas* (LDB, art. 28, *caput*, II).

Suporte educacional familiar	• realizar, através dos estabelecimentos de ensino, a obrigação de *articular-se com as famílias e a comunidade*, promovendo processos de integração da sociedade com a escola (LDB, art. 12, VI); • respeitar, proteger e promover as *incumbências de pais e responsáveis quanto à assistência educacional* às crianças e adolescente (ECA, arts. 22 e 33).
Dimensão 2 – Ambiente escolar	
Segurança e disciplina escolar	• realizar e promover, através dos estabelecimentos de ensino e dos docentes, a obrigação de *elaborar e executar suas respectivas propostas pedagógicas e planos de trabalho* (LDB, arts. 12, I, 13, II); • respeitar e proteger o direito dos estudantes a contestar critérios avaliativos, podendo recorrer às instâncias escolares superiores (ECA, art. 53, III).
Prevenção e combate a maus-tratos, exploração, intolerância ou discriminação	• realizar, através dos dirigentes de estabelecimentos de ensino, a obrigação de comunicar aos Conselhos Tutelares *os casos de maus-tratos envolvendo seus alunos* (ECA, art. 56, I); • respeitar, proteger e realizar o princípio da diversidade étnico-racial (LDB, art. 3º, XII).
Dimensão 3 – Condições de infraestrutura e insumos básicos	
Infraestrutura escolar	• garantir (prestar e promover) *padrões mínimos de qualidade de ensino, definidos como a variedade e quantidade mínimas, por aluno, de insumos indispensáveis ao desenvolvimento do processo de ensino-aprendizagem* (LDB, art. 4º, IX);

Infraestrutura escolar	• realizar, inclusive mediante realização normativa, o objetivo permanente de alcançar, em cada sistema de ensino e considerares as peculiaridades locais, *a relação adequada entre o número de alunos e o professor, a carga horária e as condições materiais do estabelecimento* (LDB, art. 25);
Acessibilidade física	• prestar atendimento ao educando por meio de *programas suplementares de transporte escolar em todas as etapas da educação básica* (LDB, art. 4º, VIII, com redação da Lei n. 12.796, de 2013).
Materiais de ensino e aprendizagem	• prestar atendimento ao educando por meio de programas suplementares de *material didático--escolar* em todas as etapas da educação básica (LDB, art. 4º, VIII, com redação da Lei n. 12.796, de 2013); • realizar, no âmbito da União, a elaboração e publicação sistemática de *material didático específico e diferenciado para as comunidades indígenas* (LDB, art. 79, § 2º, III).
Recursos humanos	• adotar (realizar) medidas no sentido de assegurar que todos os profissionais em exercício na educação básica tenham recebido *formação adequada em cursos reconhecidos e disponham de habilitação para a etapa de ensino e a que estão vinculados*, bem como para as atividades de administração, planejamento, supervisão, inspeção e orientação educacional que venham a desempenhar (LDB, arts. 61 e 62, *caput*, 62-A, 64, 65, 67, § 1º; com a redação das Leis n. 12.014, de 2009, e 12.796, de 2013); • realizar, quanto ao magistério da educação básica pública, a obrigação de assegurar na jornada de trabalho o *limite máximo de 2/3 da carga horária para o desempenho das atividades de interação com os educandos*, assegurando que o restante da jornada seja dedicado às atividades de formação continuada, planejamento, preparação pedagógica e gestão democrática (Lei n. 11.738, de 2008; art. 2º, § 4º; LDB, arts. 12 a 14).

Dimensão 4 – Conteúdos	
Padrões básicos curriculares	• realizar, no âmbito da União, prestação normativa para o estabelecimento da base nacional comum, com competências e diretrizes para a educação infantil, o ensino fundamental e o ensino médio, que nortearão os *currículos e conteúdos mínimos*, de modo a assegurar formação básica comum (LDB, arts. 9º, IV, 26, *caput*); • realizar obrigatoriamente nos estabelecimentos de ensino fundamental e médio o *estudo da história e da cultura afro-brasileira e indígena*, nos termos do conteúdo programático básico estipulado na LDB, em todo o currículo escolar, em especial das áreas de educação artística e de literatura e histórias brasileiras (LDB, art. 26-A, com a redação da Lei n. 11.645, de 2008).
Conteúdo regional e local	• realizar a obrigação normativa de *complementar as diretrizes e os conteúdos curriculares nos sistemas de ensino* no âmbito dos Estados, dos Municípios e do Distrito Federal (LDB, art. 10, V; 11, III); • realizar a oferta da *educação básica adaptada para a população rural*, considerando as peculiaridades de seus modos de vida e de cada região, com os conteúdos curriculares e metodologias aplicadas às reais necessidades e interesses dos alunos e oferta adequada à natureza do trabalho da zona rural (LDB, art. 28, *caput*, I e III).
Conteúdo escolar, comunitário e adaptado	• realizar e promover, através dos estabelecimentos de ensino e dos docentes, a obrigação de *elaborar e executar suas respectivas propostas pedagógicas e planos de trabalho* (LDB, arts. 12, I, 133, II);

Conteúdo escolar, comunitário e adaptado	• assegurar (realizar) aos educandos com deficiência, transtornos globais do desenvolvimento e altas habilidades ou superdotação, *currículos, métodos, técnicas, recursos educativos e organização específicos, adaptados às suas necessidades* (LDB, art. 59, I, com a redação da Lei n. 12.796, de 2013).
Dimensão 5 – Processos educacionais relevantes	
Tempo de aprendizagem	• realizar e promover, através dos estabelecimentos de ensino e de cada docente, a obrigação de assegurar o cumprimento dos *dias letivos e horas-aula estabelecidos* (LDB, arts. 12, III, 13); • realizar, inclusive mediante realização normativa, o objetivo permanente de alcançar, em cada sistema de ensino e consideradas as peculiaridades locais, a *relação adequada entre o número de alunos e o professor, a carga horária e as condições materiais do estabelecimento* (LDB, art. 25); • realizar progressivamente a ampliação da jornada escolar e a implantação do *regime de tempo integral* no ensino fundamental (LDB, arts. 34, II, 87, § 5º).
Número de alunos por sala e por professor	• realizar, inclusive mediante realização normativa, o *objetivo permanente de alcançar, em cada sistema de ensino e consideradas as peculiaridades locais, a relação adequada entre o número de alunos e o professor*, a carga horária e as condições materiais do estabelecimento (LDB, art. 25).
Organização pedagógica e métodos de ensino	• respeitar e proteger a *liberdade de organização de escolas e sistemas de ensino* em séries anuais, períodos semestrais, ciclos, alternância regular de períodos de estudos, grupos ou não seriados, com base na idade, na competência e em outros critérios, ou por forma diversa de organização, conforme o interesse do processo de aprendizagem (LDB, art. 23, *caput*);

Organização pedagógica e métodos de ensino	• respeitar e proteger a possibilidade de aceleração de estudos para alunos com atraso escolar, após verificação de rendimento, bem como de avanço nos cursos e nas séries mediante verificação do aprendizado e aproveitamento de estudos concluídos com êxito (LDB, art. 24, V, *b* a *d*).
Avaliação interna e *feedback* aos estudantes, professores e responsáveis	• promover a participação integral dos docentes nos períodos dedicados ao planejamento, à avaliação e ao desenvolvimento profissional (LDB, art. 13, V); • respeitar, proteger e promover o direito dos pais ou responsáveis a ter ciência do processo pedagógico, bem como participar da definição das propostas educacionais (ECA, art. 53, parágrafo único).
Processos educacionais inclusivos e com respeito à diversidade	• respeitar, proteger e realizar o princípio da *diversidade étnico-racial* (LDB, art. 3º, XII); • realizar a oferta de *ensino noturno* regular, adequado às condições do educando, inclusive do adolescente trabalhador (LDB, art. 4º, VI; ECA, art. 54, VI); • realizar a oferta da *educação escolar regular para jovens e adultos*, com características e modalidades adequadas às suas necessidades e disponibilidades, e garantir aos trabalhadores condições de acesso e permanência na escola (LDB, art. 4º, VII); • Respeitar E Proteger, No Processo Educacional, Os *Valores Culturais, Artísticos E Históricos Próprios Do Contexto Social Da Criança E Do Adolescente*, Garantindo-Se A Estes A Liberdade Da Criação E O Acesso Às Fontes De Cultura (Eca, Art. 58).
Participação democrática	• respeitar, proteger e promover a *participação dos docentes na elaboração da proposta pedagógica* do estabelecimento de ensino (LDB, art. 13, I);

II • Os limites da exigência imediata dos direitos sociais

Participação democrática	• realizar, no âmbito de cada sistema de ensino, *prestação normativa com o objetivo de regulamentar a gestão democrática* do ensino público na educação básica (LDB, art. 14, *caput*); • respeitar, proteger e promover, no âmbito da prestação normativa sobre a gestão democrática, os princípios da *participação dos profissionais na educação na elaboração do projeto pedagógico da escola e da participação das comunidades escolares e locais em conselhos escolares ou equivalentes* (LDB, art. 14, I e II); • respeitar e proteger o direito dos estudantes à *organização e participação em entidades estudantis* (ECA, art. 53, IV).
Autonomia escolar	• respeitar e proteger a *proposta pedagógica definida e executada no âmbito escolar e no plano de trabalho dos professores* em acordo com as normas comuns e as dos seus respectivos sistemas de ensino (LDB, arts. 12, I, 13, II); • respeitar e proteger, no âmbito de cada sistema de ensino, os *graus relativos de autonomia pedagógica, administrativa e de gestão financeira* atribuídos às unidades escolares públicas de educação básica (LDB, art. 15).
Dimensão 6 – Resultados	
Letramento e conhecimentos matemáticos	• realizar o objetivo de formação básica do cidadão no ensino fundamental obrigatório, mediante o *desenvolvimento da capacidade de aprender, tendo como meios básicos o pleno domínio da leitura, da escrita e do cálculo* (LDB, art. 32, I); • realizar a organização de conteúdos, metodologias e formas de avaliação no ensino médio de tal forma que ao final dessa etapa o educando demonstre domínio dos princípios científicos e tecnológicos que presidem a produção moderna e *conhecimento das formas contemporâneas de linguagem* (LDB, art. 36, § 1º, I e II).

Desempenho mensurável em processo nacional de avaliação	• assegurar (prestar), no âmbito da União, *processo nacional de avaliação do rendimento escolar* no ensino fundamental, médio e superior, objetivando a definição de prioridades e a melhoria da qualidade do ensino (LDB, art. 9º, VI); • realizar, no âmbito do Distrito Federal, de cada Estado e Município, e, supletivamente, a União, a *integração de todos os estabelecimentos de ensino fundamental dos respectivos territórios ao sistema nacional de avaliação do rendimento escolar* (LDB, art. 87, § 3º, com redação da Lei n. 11.330, de 2006).
Avaliação de desenvolvimento na educação infantil	• realizar *avaliação mediante acompanhamento e registro do desenvolvimento das crianças*, sem o objeto de promoção, mesmo para o acesso ao ensino fundamental (LDB, art. 31, *i*, incluído pela Lei n. 12.796, 2013); • realizar a expedição, na educação infantil, de *documentação que permita atestar os processos de desenvolvimento e aprendizagem da criança* (LDB, art. 31, V, incluído pela Lei n. 12.796, de 2013).
Avaliação formativa e avaliação para progressão e certificação	• realizar a verificação do rendimento escolar de cada estudante, mediante *avaliação contínua e cumulativa de seu desempenho*, com prevalência dos aspectos qualitativos sobre os quantitativos e dos resultados ao longo do período sobre os de eventuais provas finais (LDB, art. 24, V, *a*); • respeitar e proteger a possibilidade dos estabelecimentos de ensino que utilizam progressão regular por série de adotar, no ensino fundamental, o *regime de progressão continuada*, sem prejuízo da avaliação do processo de ensino-aprendizagem, observadas as normas do respectivo sistema de ensino (LDB, art. 32, § 2º).

Objetivos amplos da educação: cidadania, valores e direitos *na e através da educação*	• respeitar, proteger e realizar a educação conforme *objetivos* de pleno desenvolvimento do educando, seu preparo para o exercício da cidadania e sua qualificação para o trabalho (LDB, art. 2º; ECA, art. 53); • realizar os *objetivos do ensino médio*, expressamente a consolidação e o aprofundamento dos conhecimentos adquiridos no ensino fundamental, possibilitando o prosseguimento dos estudos; a preparação básica para o trabalho e a cidadania do educando, para continuar aprendendo, de modo a ser capaz de se adaptar com flexibilidade a novas condições de ocupação ou aperfeiçoamento posteriores; o aprimoramento do educando como pessoa humana, incluindo a formação ética e o desenvolvimento da autonomia intelectual e do pensamento crítico (LDB, art. 35, I a III).
Resultados relativos à inserção profissional e aos benefícios econômicos da educação para o indivíduo e a sociedade	• realizar, no ensino médio, o objetivo de *compreensão dos fundamentos científico-tecnológicos dos processos produtivos*, relacionamento a teoria com a prática, no ensino de cada disciplina (LDB, art. 35, IV); • realizar a organização de conteúdos, metodologias e ao final dessa etapa o educando *demonstre domínio dos princípios científicos e tecnológicos que presidem a produção moderna* e conhecimento das formas contemporâneas de linguagem (LDB, art. 36, § 1º, I e II).
Resultados em habilidades criativas e emocionais	• realizar a educação infantil tendo como finalidade o desenvolvimento integral da criança em seus aspectos físico, psicológico, intelectual e social, complementando a ação da família e da comunidade (LDB, art. 29, com a redação da Lei n. 12.796, de 2013);

Resultados em habilidades criativas e emocionais	• realizar os *objetivos do ensino médio*, o aprimoramento do educando como pessoa humana, incluindo a formação ética e o desenvolvimento da autonomia intelectual e do pensamento crítico (LDB, art. 35, III).
Dimensão 7 – Financiamento público	
Custo aluno qualidade	• realizar a obrigação normativa de estabelecer, no âmbito da União, em colaboração com os demais entes federados, *padrão mínimo de oportunidades educacionais para o ensino fundamental, baseado no cálculo do custo mínimo por aluno, capaz de assegurar ensino de qualidade*, atualizado ao final de cada ano e considerando variações regionais no custo dos insumos e as diversas modalidades de ensino (LDB, art. 74); • realizar a ação supletiva e redistributiva, no âmbito da União e dos Estados, de modo a *corrigir, progressivamente, as disparidades de acesso e garantir o padrão mínimo de qualidade de ensino*, consideradas a capacidade de atendimento e os recursos disponíveis em cada ente, segundo os critérios legais (LDB, art. 75).
Padrões básicos nacionais	• realizar, no âmbito da União, o dever de complementar, na forma da Lei, a integralização de valores com o objetivo de *assegurar o cumprimento do piso salarial nacional do magistério da educação básica* naqueles entes federativos que, a partir da consideração dos recursos constitucionalmente vinculados à educação, não tenha disponibilidade orçamentária para cumprir o valor fixado (Lei n. 11.738, de 2008, art. 4º).

Incentivos	• promover, no âmbito da União, *iniciativas de incentivo à melhoria do desempenho dos sistemas de ensino no que se refere ao esforço de habilitação dos professores, aprendizagem dos educandos e melhoria do fluxo escolar*, a partir da destinação de parcela de até 10% da complementação federal ao Fundeb por meio de programas diferenciados para a melhoria da qualidade da educação básica, inclusive para o pagamento do piso do magistério (Lei n. 11.494, de 2007, art. 7I, II, c/c Lei n. 11.738, de 2008, art. 4º, *caput*).

Segundo o autor, que elaborou esse elucidativo quadro de critérios objetivos para aferição da qualidade da educação pública, trata-se de um parâmetro inicial, que deve ser aperfeiçoado, de acordo com a percepção de *mandamento de otimização* que possui a qualidade do ensino: "A aplicação prática desse modelo, portanto, deve ser entendida como um teste, com objetivo de validação e exemplificação, e não como pura fundamentação jurídico-positiva dessas dimensões e elementos. Devem, portanto, esses fatores ser interpretados, assim como o princípio da qualidade do ensino, em seu sentido semântico mais amplo, não restrito ao conteúdo apreendido pelas normas específicas. Assim como ao princípio da qualidade do ensino, em geral, também a cada uma das 7 (sete) dimensões deve ser atribuído o objetivo de plena realização, com o máximo de recursos disponíveis"[370].

Definidos os parâmetros político-jurídicos da qualidade da educação, como deverá ser feito o controle das políticas públicas destinadas a sua consecução? Como afirma Eliane Ferreira de Souza, "é exigida dos entes federativos *accountability* (a capacidade de prestar contas e de assumir a responsabilidade sobre seus atos e uso de recursos) e transparência na implementação das ações e de seus resultados"[371].

---

370 *Op. cit.*, p. 421.
371 *Op. cit.*, p. 84. Prossegue a autora: "a leitura que se faz é que proceder administrativamente desse modo é uma forma de controle não só do dinheiro público,

Primeiramente, cabe à Administração Pública o controle das políticas públicas ligadas à educação, através dos mecanismos já existentes no arcabouço normativo brasileiro. Sintetiza esse controle Sonia Maria Nogueira Balzano, segundo a qual o "arcabouço normativo geral, acrescido das normas complementares em cada Sistema de Ensino, constitui a base para as instituições estabelecerem seu Projeto Pedagógico e seus currículos, de modo a atender à meta de uma *escola básica de qualidade para todos*. Portanto, o Projeto Pedagógico da escola é que informará o nível de qualidade do ensino proposto pela instituição. (...) Nesse sentido, a LDB (art. 9º, VI), define como incumbência da União 'assegurar processo nacional de avaliação do rendimento escolar no ensino fundamental, médio e superior, em colaboração com os Sistemas de Ensino, objetivando a definição de prioridades e a melhoria da qualidade de ensino'. Embora a qualidade de ensino ainda deixe a desejar, o atual sistema de informações educacionais desenvolvido no país, principalmente pelo Instituto Nacional de Estudos e Pesquisas Educacionais – INEP/ MEC, é referência nacional"[372].

Outrossim, é inequívoca a responsabilidade do Poder Judiciário no controle e fiscalização das políticas públicas, sobretudo para o cumprimento por parte do poder público do "mínimo existencial" dos direitos fundamentais sociais. Como afirma Leonardo Cacau Santos La Bradbury, "incumbe ao Estado, por meio do Poder Executivo, tanto estadual como federal, elaborar as políticas públicas voltadas ao desenvolvimento da educação básica, profissional e superior, a fim de alcançar as metas estabelecidas pela Constituição Federal e as diretrizes delineadas pela LDB. Ocorre que atualmente

---

 como também das metas exigidas pelos programas governamentais. É a típica função de controle, que figura nas ordens de discurso modernas, as quais estão vinculadas ao controle sobre a vida das pessoas, principalmente pelo Estado e pela Economia" (*op. cit.*, p. 85).

372 Do direito ao ensino de qualidade ao direito de aprender com qualidade: o desafio na nova década. *In:* LIBERATI, Wilson Donizeti (org.). *Direito à educação:* uma questão de justiça. São Paulo: Malheiros, 2004, p. 125-126.

verifica-se, em alguns casos, omissão e inércia do Executivo ao não promover políticas públicas educacionais ou realizá-las em desconformidade com o texto constitucional, fazendo com que os direitos abstratamente reconhecidos não sejam concretizados na vida social. Em face de tal postura governamental, o Poder Judiciário é acionado, pela própria sociedade ou pelo corpo docente e discente, por meio de ações judiciais, a interferir no caso concreto a fim de se buscar a correta aplicação das políticas públicas educacionais, de acordo com os direitos já garantidos pelo próprio Estado Democrático brasileiro"[373]. Dessa maneira, já decidiu o STF que, "se tais Poderes do Estado agirem de modo irrazoável ou procederem com a clara intenção de neutralizar, comprometendo-a, a eficácia dos direitos sociais, econômicos e culturais, afetando, como decorrência causal de uma injustificável inércia estatal ou de um abusivo comportamento governamental, aquele núcleo intangível consubstanciador de um conjunto irredutível de condições mínimas necessárias a uma existência digna e essenciais à própria sobrevivência do indivíduo, aí, então, justificar-se-á (...) e até mesmo por razões fundadas em um imperativo ético-jurídico – a possibilidade de intervenção do Poder Judiciário, em ordem a viabilizar, a todos, o acesso aos bens cuja fruição lhes haja sido injustamente recusada pelo Estado" (ADPF 45, rel. Min. Celso de Mello, 29-4-2004).

Outrossim, como defendemos ao longo do trabalho, a atuação do Poder Judiciário não deve se limitar a "adjudicar" direitos sociais aos que tiveram o exercício negado pelo Estado, mas também, e principalmente, analisar a constitucionalidade das "escolhas trágicas" que ensejaram o *déficit* social apresentado, máxime quando irrazoáveis e desproporcionais. Sobre o direito à educação, exemplifica Salomão Barros Ximenes: "é comum, por exemplo, estados e municípios que reclamam não dispor de recursos para a elevação de investimentos em educação pública, ou mesmo para o cumprimento de determinações

---

373 *Direito à educação:* judicialização, políticas públicas e efetividade do direito fundamental. Curitiba: Juruá, 2016, p. 38.

legais como o piso salarial nacional do magistério da educação básica, regulamento pela Lei n. 11.738, de 2008. Ao mesmo tempo, esses mesmos entes federados são generosos na oferta de isenções fiscais para empresas, por longos períodos, como forma de atração de investimentos produtivos e de eventos de destaque, ou mesmo de promoção de incentivos ao consumo. (...) Todas essas opções, no entanto, deveriam compor a justificação jurídico-constitucional sobre a legitimidade dos limites à intervenção estatal em matéria de direitos prestacionais, já que estão diretamente relacionadas à capacidade de implementação desses direitos por parte do Estado"[374].

Eduardo Pannunzio elenca quais são os mecanismos internacionais para controle da educação pública de qualidade: "Em vista do fato de o direito à educação ser reconhecido em instrumentos internacionais do qual o Estado brasileiro é parte, se o Judiciário local falhar em oferecer resposta efetiva a eventuais violações abrem-se as portas para recurso aos mecanismos internacionais. Esses mecanismos podem integrar o Sistema Global de Proteção dos Direitos Humanos, estruturado junto à ONU; ou o Sistema Interamericano de Proteção dos Direitos Humanos, estabelecido junto à OEA"[375].

---

374 *Op. cit.*, p. 167.
375 O Poder Judiciário e o direito à educação. *In*: RANIERI, Nina Beatriz Stocco (org.). *Direito à educação:* aspectos constitucionais. São Paulo: Edusp, 2009. Continua o autor: "no âmbito da ONU, é possível citar ao menos três importantes mecanismos que cumprem funções de proteção do direito à educação e aspectos a ele relacionados: *a. Comitê de Direitos Econômicos, Sociais e Culturais (CDESC)*: (...) o Comitê recebe informações por parte de organizações não governamentais, as quais podem ser úteis quando da avaliação dos relatórios que os Estados são obrigados a apresentar periodicamente (...); *b. Relator Especial para o direito à Educação*: 'relator especial' é o título dado a indivíduos que atuam, em nome da ONU, com mandato conferido pelo seu Conselho de Direitos Humanos, para investigar, monitorar e sugerir soluções para problemas de direitos humanos. Desde 1998, há um relator especial para o Direito à Educação, que realiza visitas aos países, submete relatórios sobre temas específicos ao Conselho de Direitos Humanos e – o que é de especial relevo para os propósitos deste trabalho transmite comunicações aos Estados em vista de alegadas violações ao direito à educação. (...); *c. Ceart – Comitê de*

Importante destacar que o direito à educação, com parâmetros mínimos objetivos, está previsto expressamente no artigo 13 do Protocolo Adicional à Convenção Americana sobre Direitos Humanos em Matéria de Direitos Econômicos, Sociais e Culturais (Protocolo de San Salvador), do qual o Brasil é signatário. Mais importante ainda: como vimos anteriormente, por expressa previsão no artigo 19, parágrafo 6º, o direito à educação é um dos poucos direitos sociais que permitem a utilização do sistema de petições individuais. Dessa maneira, a violação do direito à educação, nos moldes do artigo 13 do Protocolo de San Salvador, possibilitará que qualquer pessoa possa peticionar à Comissão Interamericana de Direitos Humanos.

Além do controle jurisdicional e de mecanismos internacionais, é importante relembrar que o controle das políticas públicas

---

Experts sobre a Aplicação da Recomendação ao Status dos Professores: o Ceart é o resultado de uma iniciativa conjunta da Organização Internacional do Trabalho (OIT) e da Organização das Nações Unidas para a Educação, a Ciência e a Cultura (Unesco) e tem por objetivo supervisionar a implementação da Recomendação Referente ao *Status* dos Professores, adotada em 1966 e complementada em 1997 com a Recomendação Referente ao *Status* do Pessoal de Ensino da Educação Superior. No domínio da OEA, é interessante destacar que a Convenção Americana de Direitos Humanos de 1969, não apresenta amplo catálogo de direitos econômicos, sociais e culturais, limitando-se a estabelecer o compromisso dos Estados-partes de 'adotar providências, tanto no âmbito interno como mediante cooperação internacional, especialmente econômica e técnica, a fim de conseguir progressivamente a plena efetividade dos direitos que decorrem das normas econômicas, sociais e sobre educação, ciência e cultura, constantes da Carta da Organização dos Estados Americanos, reformada pelo Protocolo de Buenos Aires, na medida dos recursos disponíveis, por via legislativa ou por outros meios apropriados'. Essa aparente lacuna foi suprida, no entanto, em 1988, com a adoção do Protocolo Adicional em Matéria de Direitos Econômicos, Sociais e Culturais ('Protocolo de San Salvador'), que dedica um amplo artigo (13) ao direito à educação. Mais ainda: o Protocolo estabelece expressamente que o direito à educação pode ser objeto do sistema de reclamações individuais previsto na Convenção Americana, do qual participam a Comissão Interamericana de Direitos Humanos, sediada em Washington, EUA, e a Corte Interamericana de Direitos Humanos, cuja sede encontra-se em São José, Costa Rica" (*op. cit.*, p. 74-75).

relacionadas à educação de qualidade é um dever de toda a sociedade, já que a educação é "direito de todos e dever do Estado e da família", como apregoa o art. 205 da Constituição Federal. Como afirma Eliane Ferreira de Sousa, "Se a educação é definida, constitucionalmente, como direito de todos e dever do Estado e da família, exige-se considerar necessariamente a responsabilização, sobretudo da classe política, e a mobilização da sociedade como dimensões indispensáveis de um plano de desenvolvimento da educação. Com efeito, a sociedade somente se mobilizará em defesa da educação se a incorporar como valor social, o que exige transparência no tratamento das questões educacionais e no debate em torno das políticas de desenvolvimento da educação. Desse modo, a sociedade poderá acompanhar sua execução, propor ajustes e fiscalizar o cumprimento dos deveres do Estado"[376]. Outrossim, a legislação brasileira impõe a *gestão democrática* da educação brasileira (CF, art. 206, VI, e LDB, art. 3º, VIII), o que implica um dever da sociedade no controle da qualidade da educação. Como afirma Sonia Maria Nogueira Balzano, "quanto à participação dos pais no *controle da qualidade dos serviços educacionais*, como se viu, a lei prevê como incumbência da escola prestar contas a pais e alunos quanto à frequência e ao rendimento escolar bem como quanto aos resultados da execução de sua Proposta Pedagógica. Reforçando o direito dos pais e dos alunos, o Estatuto da Criança e do Adolescente (art. 53, parágrafo único) prevê sua participação na *definição das propostas educacionais* das escolas"[377].

---

376 *Op. cit.*, p. 97.
377 *Op. cit.*, p. 136.

OS LIMITES DO RETROCESSO SOCIAL EM TEMPOS DE CRISE

3.1. PROIBIÇÃO DO RETROCESSO: PROLEGÔMENOS

O fenômeno conhecido como "proibição do retrocesso" ou "vedação do retrocesso", *"prohibición de regresividad"* (no espanhol), *"ratchet effect"* (no inglês)[1], *"effet cliquet"* (no francês), *Nichtumkehrbarkeitstheorie* ou *Rückschrittsverbot* (no alemão) é discutido pela doutrina constitucional e internacional, bem como pela jurisprudência de praticamente todo o mundo, mormente em se tratando dos direitos sociais, que mais sofrem com os impactos das crises econômicas, que implicam um automático retrocesso (ou ausência de progressividade) na implantação de políticas públicas. Nas palavras de Christian Courtis, "a proibição da regressividade (ou proibição do

---

1 A expressão *"ratchet effect"* foi estudada no livro *Constitutional process*, de Maxwell L. Stearns (Michigan: The University of Michigan Press, 2000). "Com efeito, a análise revela que certos períodos de redução de direitos podem estar sujeitos ao que podemos considerar como um *efeito catraca* judicial. Um efeito catraca significa uma tendência de certos fenômenos para moverem-se mais firmemente em uma única direção" (p. 220).

retrocesso, como também é denominada) forma parte da bagagem teórica tanto do direito internacional dos direitos humanos, como do direito constitucional doméstico, ao menos na parte dos direitos sociais, ainda que sua aplicabilidade não tenha por que limitar-se a esse campo"[2].

A expressão francesa *"effet cliquet"*, numa tradução literal, seria "efeito catraca" (expressão que, decorrente do alpinismo, significa o movimento que só permite o alpinista ir para cima, ou seja, subir, já que os pinos de sustentação estão sempre acima do alpinista). A expressão foi usada na jurisprudência do Conselho Constitucional francês (*cliquet effet*) para fornecer proteção especial para certas liberdades, declarando inconstitucional a lei que, em vez de torná-los mais eficazes, restringe-nos excessivamente. Por exemplo, na Decisão n. 83.165 DC, de 20 de janeiro de 1984, o Conselho Constitucional considerou inconstitucional a revogação total da *lei da liberdade acadêmica,* de 12 de novembro de 1968, sem substituição de uma nova lei para amparar os respectivos direitos.

Não obstante, como afirma Cristina Queiroz, a expressão "proibição do retrocesso social" talvez não seja uma expressão feliz (sendo uma das razões de muitas críticas doutrinárias): "a expressão (...) não é feliz. Juridicamente poderia ser substituída por outros conceitos, v.g., a 'segurança jurídica' ou a 'proteção da confiança' (*Vertrauenschutz*), ambos individualizadores da cláusula do Estado de Direito democrático e constitucional"[3].

A *proibição do* retrocesso consiste na vedação aplicada ao legislador e ao administrador de reduzir o nível o nível dos direitos econômicos, sociais e culturais de que goza a população. Em outras palavras, "a proibição do retrocesso pode ser entendida (...) como

---

2   *Ni un paso atrás*: la prohibición de regresividad en materia de derechos sociales. Buenos Aires: Del Puerto, 2006, p. 3.

3   *O princípio da não reversibilidade dos direitos fundamentais sociais*: princípios dogmáticos e prática jurisprudencial, p. 71.

uma vedação às normas e medidas estatais que, por debilitar ou retrair o nível de proteção outorgado, reinstauram obstáculos para a satisfação de suas necessidades básicas, ou, em termos mais amplos, fazem renascer obstáculos de caráter econômico e social que limitam de fato a liberdade e a igualdade das pessoas, e impedem o pleno desenvolvimento da pessoa humana e a efetiva participação de todos na organização política, econômica e social de um país"[4]. Segundo as palavras de Cristina Queiroz, "o princípio da 'proibição do retrocesso social' determina, de um lado, que uma vez consagradas legalmente as 'prestações sociais', o legislador não poderá depois eliminá-las sem alternativas ou compensações. Uma vez dimanada pelo Estado a legislação concretizadora do direito fundamental social, que se apresenta face a esse direito como uma 'lei de proteção', a ação do Estado, que se consubstanciava num 'dever de legislar', transforma-se num dever mais abrangente: o de não *eliminar* ou *revogar* essa lei"[5].

Segundo Jorge Reis Novais, teria a teoria sido construída na Alemanha dos anos 1970. Segundo o autor, "quando a crise econômica punha em causa a possibilidade de progredir indefinidamente nos benefícios sociais proporcionados pelo Estado social ou fazia duvidar, simplesmente, da possibilidade de os manter inalterados, desenvolveu-se uma discussão doutrinária e jurisprudencial acerca dos limites que o princípio constitucional do Estado social colocaria a uma intervenção que afetasse os benefícios outrora concedidos"[6].

---

4 Christian Courtis, *op. cit.*, p. 20.
5 *Op. cit.*, p. 116.
6 *Op. cit.*, p. 240. Prossegue o autor: "a *teoria da irreversibilidade*, ou a fórmula da *proibição do retrocesso* como viria, posteriormente, a ser designada e *exportada*, constituiria a referência-chave desse debate, encerrando em si mesma a ideia, todavia controversa, de que as realizações do Estado social, apoiadas que estavam no correspondente princípio diretivo constitucional (...), estariam constitucionalmente protegidas contra eventuais retrocessos que as afetassem no seu conteúdo essencial ou, pelo menos, contra retrocessos não suficientemente justificados" (p. 240).

Outrossim, a teoria da irreversibilidade foi uma construção doutrinária alemã no escopo de resolver uma problemática questão: como a *Lei Fundamental de Bonn* não previu expressamente direitos sociais, não haveria na Constituição um meio jurídico-constitucional para defesa desses direitos já implementados. Como afirma Jorge Reis Novais, "tratando-se de meras realizações do legislador ordinário, elas estariam naturalmente, como qualquer outra lei ordinária, à mercê do poder de conformação e autorrevisibilidade do mesmo legislador"[7].

Segundo Christian Courtis, existem duas noções possíveis de retrocesso: o *retrocesso dos resultados de uma política pública (regressividade de resultados)*, e o *retrocesso na extensão dos direitos concedidos por uma norma (regressividade normativa)*. No primeiro sentido (regressividade de resultados), "a política pública desenvolvida pelo Estado é regressiva quando seus resultados pioram em relação ao ponto de partida temporalmente anterior eleito como parâmetro"[8]. Por sua vez, no segundo sentido (regressividade normativa), a regressividade aplica-se às normas jurídicas. Nesse sentido, "para determinar que uma norma é regressiva, é necessário compará-la com a norma que está sendo modificada ou substituída, e avaliar se a norma posterior suprime, limita ou restringe direitos ou benefícios concedidos pela anterior"[9].

---

7   *Op. cit.*, p. 241. Prossegue o autor: "nesse contexto, a fórmula e o eventual princípio da *proibição do retrocesso* surgiram, então, como invenção engenhosa destinada a justificar uma proteção jurídica reforçada a direitos a que se recusara natureza constitucional, jusfundamental. Tratava-se, em qualquer caso, nesse contexto, de uma invenção alemã para resolver uma dificuldade ou uma eventual lacuna constitucional alemã" (*op. cit.*, p. 241).

8   *Op. cit.*, p. 4. Segundo o autor, "esta aplicação da noção de regressividade requer, por fim, indicadores ou referências empíricas. A noção de retrocesso pode ser aplicada a cada indicador empregado em particular, ou a avaliação conjunta de vários indicadores que permitam uma consideração geral dos resultados de uma política pública" (*op. cit.*, p. 4).

9   *Op. cit.*, p. 4. Mesma classificação adota Catarina Santos Botelho: "Numa perspectiva *lato sensu*, o retrocesso pode referir-se tanto a resultados de uma

No tocante à *regressividade normativa*, "ao comparar uma norma anterior com uma posterior, o *standard* do juízo (...) consiste em avaliar se o nível de proteção que oferece o ordenamento jurídico ante uma mesma situação de fato piorou. Este tipo de juízo é similar a vários tipos de juízos comuns a muitos ramos do direito, quando se compara o nível de proteção de duas normas jurídicas distintas que versam sore a mesma situação de fato"[10]. Por sua vez, "bastante mais difícil resulta a aplicação judicial da noção de *regressividade de resultados*. Ainda que não se possa descartar *a priori* alguma possibilidade de emprego judicial dessa noção de regressividade, o certo é que vários obstáculos dificultam esse emprego"[11].

Segundo o autor, o critério para aferição da regressividade da norma é comparativo: "Quando se pude afirmar que uma norma que

---

política que foram piores quando comparados com os resultados das anteriores políticas (regressividade de *resultados*) como à redução da amplitude de direitos concedidos por uma norma (regressividade *normativa*)" (*op. cit.*, p. 434).

10 Christian Courtis, *op. cit.*, p. 6.

11 *Op. cit.*, p. 7. Segundo o autor, "em primeiro lugar, a escassa tradição de litígio sobre as bases de provas que requerem a sistematização de dados empíricos ante os tribunais locais. Em segundo lugar, problemas vinculados com a relação de causalidade – a imputação do resultado regressivo em matéria de indicadores à política adotada pelo governo na matéria. (...) É altamente provável, ademais, que para explicar resultados de uma política pública – em matérias tais como saúde, habitação, educação, alimentação, assistência social – seja o próprio governo que amplie o número de dados e variáveis envolvidos na discussão, de modo que a questão tende a converter-se numa discussão geral acerca do acerto ou desacerto da política" (p. 7). Não obstante, segundo o autor, parecem bem mais adequados "os mecanismos de acompanhamento periódico das políticas públicas, tais como os oferecidos pelos mecanismos de informes previstos nos tratados de direitos humanos do sistema universal, ou outros similares a nível local, como as avaliações periódicas de instituições nacionais de defesa e proteção dos direitos humanos, ou 'observatórios' de organizações da sociedade civil. Em todo caso, do resultado deste tipo de avaliações periódicas pode surgir a evidência de problemas que requerem a adoção de medidas normativas, ou o litígio judicial frente a normas regressivas ou práticas que podem identificar-se como causantes dos resultados regressivos" (*op. cit.*, p. 8).

regulamenta ou implementa um direito social é regressiva comparada a outra? O será em princípio (...) quando o grau de efetividade do direito social regulamentado pela norma impugnada resulte menor do que havia alcançado no direito interno antes da sanção desta norma. Isto é, quando a norma impugnada limite, restrinja ou reduza a extensão ou o sentido de um direito social, ou lhe imponha ao seu exercício condições. Em definitivo, o juízo que o impugnante da norma deverá propor é do tipo comparativo, devendo propor de modo concreto e categórico que a norma impugnada é menos favorável para o titular do direito que a substituída"[12].

Segundo a doutrina, o princípio da proibição do retrocesso (ou vedação do retrocesso) guarda íntima correlação como princípio da segurança jurídica. Nas palavras de Celso Antônio Bandeira de Mello, a segurança jurídica coincide com uma das mais profundas aspirações do ser humano, viabilizando, mediante a garantia de certa estabilidade nas relações jurídicas e da própria ordem jurídica, tanto elaboração de projetos de vida, bem como de sua realização, de sorte que desde logo verifica-se que a segurança jurídica decorre da dignidade da pessoa humana[13]. Nas palavras de Ingo Sarlet, "a dignidade não restará suficientemente respeitada e protegida em todo o lugar onde as pessoas estejam sendo atingidas por um tal nível de instabilidade jurídica que não estejam mais em condições de, com um mínimo de segurança e tranquilidade, confiar nas instituições sociais e estatais (incluindo o Direito) e numa certa estabilidade das suas próprias posições jurídicas"[14].

Segundo a professora da Universidade do Porto Luísa Neto, "a garantia da segurança jurídica inerente ao Estado de Direito corresponde a uma ideia de proteção da confiança dos particulares relativamente à continuidade da ordem jurídica. Nesse sentido, o

---

12 *Op. cit.*, p. 42.
13 *Op. cit.*, p. 112.
14 *A eficácia dos direitos fundamentais*, p. 437.

princípio da segurança jurídica vale em todas as áreas da atuação estatal, traduzindo-se em exigências que são dirigidas à Administração, ao poder judicial e, especialmente, ao legislador"[15].

A questão mais polêmica e central do tema é a possiblidade (ou não) de se adotar atos pelo Poder Público que tenham efeitos prospectivos, mas que interfiram na execução de direitos até então tutelados juridicamente. "Em suma, a questão central que se coloca nesse contexto específico da proibição de retrocesso é a de saber se e até que ponto pode o legislador infraconstitucional (assim como os demais órgãos estatais, quando for o caso) voltar atrás no que diz com a implementação dos direitos sociais, assim como os objetivos estabelecidos pelo constituinte – por exemplo, no art. 3º da Constituição de 1988 – no âmbito das normas de cunho programático (ou impositivo, se preferirmos esta tecnologia) ainda que não o faça com efeitos retroativos e que não esteja em causa uma alteração do texto constitucional"[16]. Embora o fenômeno não seja aplicado apenas aos direitos sociais, é nessa seara que encontra a maior discussão, pois maior a possibilidade de cessação de medidas que tutelam os direitos, por conta de limitações fáticas, orçamentárias, orientações políticas etc.

Um dos maiores defensores da *proibição do retrocesso* foi o professor de Coimbra José Joaquim Gomes Canotilho, segundo o qual, após sua concretização em nível infraconstitucional, os direitos sociais assumem, simultaneamente, a condição de direitos subjetivos a determinadas prestações estatais e de uma garantia institucional, de tal sorte que não se encontram mais na esfera de disponibilidade

---

15 *O princípio da proteção da confiança em tempo de crise*, p. 78.
16 Ingo Wolfgang Sarlet. *A eficácia dos direitos fundamentais*, p. 454. "Nesse contexto, poder-se-ia indagar a respeito da possibilidade de desmontar-se, parcial ou totalmente (e mesmo com efeitos prospectivos), o sistema de seguridade social (incluindo os parcos benefícios no âmbito da assistência social e os serviços e prestações assegurados no âmbito do nosso precário Sistema Único de Saúde), o acesso ao ensino público e gratuito, a flexibilização dos direitos e garantias dos trabalhadores, entre tantas outras hipóteses que aqui poderiam ser referidas a título ilustrativo" (p. 455).

do legislador, no sentido de que os direitos adquiridos não mais podem ser reduzidos ou suprimidos, sob pena de flagrante infração do princípio da proteção da confiança (por sua vez, diretamente deduzido do princípio do Estado de Direito), que, de sua parte, implica a inconstitucionalidade de todas as medidas que inequivocamente venham a ameaçar o padrão de prestações já alcançado. Nas palavras do professor português: "a ideia aqui expressa também tem sido designada como proibição de 'contrarrevolução social' ou da 'evolução reacionária'. Com isto quer dizer-se que os direitos sociais e econômicos (ex.: direito dos trabalhadores, direito à assistência, direito à educação), uma vez obtido um determinado grau de realização, passam a constituir, simultaneamente, uma garantia institucional a um direito subjetivo. (...) O reconhecimento dessa proteção de 'direitos prestacionais de propriedade', subjetivamente adquiridos, constitui um limite jurídico do legislador e, ao mesmo tempo, uma obrigação de prossecução de uma política congruente com os direitos concretos e as expectativas subjetivamente alicerçadas. A violação do núcleo essencial efetivado justificará a sanção da inconstitucionalidade relativamente a normas manifestamente aniquiladoras da chamada "justiça social""[17].

Segundo Christian Curtis, "a proibição do retrocesso não é alheia ao Direito Constitucional. Constitucionalistas do nível de Konrad Hesse propuseram, em matéria de direitos sociais, a teoria da irreversibilidade *(Nichtumkehrbarkeitstheorie)*. De acordo com essa noção, é impossível induzir da própria constituição o conteúdo substantivo das obrigações sociais do Estado, uma vez que o legislador ou a Administração tem regulado os diferentes campos ordenados pela constituição, <u>toda medida regressiva que afete o conteúdo essencial das regulações estabelecidas é inconstitucional. Se trata da irreversibilidade das conquistas sociais alcançadas – ao menos de seu conteúdo essencial</u>" (grifamos)[18].

---

17 *Op. cit.*, p. 337.
18 *Op. cit.*, p. 17. O autor ainda aponta doutrina espanhola reconhecendo a aplicação do princípio: "López Guerra, Luis. *Um Estado social*, em De Esteban,

III • Os limites do retrocesso social em tempos de crise

No Brasil, Luís Roberto Barroso afirma que "por este princípio, que não é expresso, mas decorre do sistema jurídico constitucional, entende-se que, se uma lei, ao regulamentar um mandamento constitucional, instituir determinado direito, ele se incorpora ao patrimônio da cidadania e não pode ser absolutamente suprimido"[19]. Dessa maneira, o legislador não pode ser simplesmente eliminar as normas e os atos concretizadores dos direitos sociais, pois isto equivaleria a retirar a eficácia jurídica das normas constitucionais definidoras dos direitos sociais.

Ingo Sarlet afirma que a "proibição do retrocesso" serviria para preservar, sobretudo em países como o Brasil, de prestação precária dos direitos sociais, as poucas conquistas sociais já alcançadas. Segundo o autor, "que também entre nós a crescente insegurança no âmbito da segurança social (aqui tomada em sentido amplo) decorre de uma demanda cada vez maior por prestações sociais (ainda mais em se cuidando de sociedades marcadas pelo incremento da exclusão social) e de um paralelo decréscimo da capacidade prestacional do Estado e da sociedade, revela, por sua vez, o quanto assume relevo a discussão em torno dos níveis possíveis de prestação (e, portanto, de proteção) das precárias conquistas sociais já alcançadas"[20].

Embora usualmente seja utilizada a expressão *proibição do retrocesso social*, prevalece o entendimento de tal princípio seria aplicado a quaisquer direitos, embora encontre maior ressonância nos direitos sociais. Segundo Sarlet, "não estamos diante de um fenômeno que se manifesta apenas na seara dos direitos fundamentais sociais (o que, considerando uma acepção ampla da proibição de

---

Jorge y Lópes Guerra, Luis. *El régimen constitucional español*, Labor, Barcelona, 1980, t. 1, os 313 y siguientes" (p. 17).
19 *Op. cit.*, p. 158.
20 *Op. cit.*, p. 441. Afirma também o autor que "o Estado democrático (e social) de Direito brasileiro, na condição de Estado da justiça material, não passa de um simulacro, torna a discussão em torno da proibição do retrocesso na esfera dos direitos sociais absolutamente obrigatória e inadiável" (p. 443).

retrocesso, já deflui da já referida proteção outorgada aos direitos adquiridos em geral e à proteção com base nas assim denominadas cláusulas pétreas da Constituição) igualmente merece destaque".

Outrossim, a proibição do retrocesso não se aplicaria apenas ao legislador, embora esse tenha uma posição de destaque, mas também aos órgãos executivos, em especial no campo das políticas públicas e sua respectiva execução.

Quanto à doutrina estrangeira, segundo Sarlet, "no que diz respeito à doutrina e jurisprudência constitucional europeia continental, uma postura amistosa relativamente ao reconhecimento de uma proibição de retrocesso social, muito embora não se possa dizer que exista um consenso a respeito desta problemática, notadamente quanto a aspectos pontuais vinculados especialmente ao alcance das conquistas sociais"[21]. Segundo Catarina Botelho, "em França, existe um amplo debate sobre a aplicabilidade do 'efeito de memória' (*effet cliquet*) aos direitos sociais. A ideia assenta, do mesmo modo, na lógica de que 'se a estagnação é possível, só a progressão é admissível a longo-prazo'. Segundo o raciocínio do 'effet cliquet', se uma lei implementa um dos princípios consagrados no Preâmbulo de 1946, uma outra lei não a pode revogar sem conceder aos beneficiários destes direitos as vantagens equivalentes"[22].

Na Colômbia, a teoria da proibição do retrocesso é de aceitação majoritária, tanto na doutrina como na jurisprudência: "a proibição do retrocesso dos DESC na jurisprudência constitucional colombiana

---

21 Continua o autor: "no âmbito da doutrina constitucional portuguesa, que tem exercido significativa influência sobre o nosso próprio pensamento jurídico, o que se percebe é que, de modo geral, os defensores de uma proibição de retrocesso, dentre os quais merece destaque Gomes Canotilho, sustentam que após sua concretização em nível infraconstitucional, os direitos fundamentais sociais assumem, simultaneamente, a condição de direitos subjetivos a determinadas prestações estatais e de uma garantia institucional, de tal sorte que não se encontram mais na (plena) esfera de disponibilidade do legislador" (*op. cit.*, p. 443).

22 *Op. cit.*, p. 435.

supera a aparente contradição entre a progressividade e o conteúdo essencial dos DESC. Tal como tem sido interpretada e aplicada pelos juízes nacionais, a proibição do retrocesso revela uma estrutura argumentativa e discursiva dos direitos, apontada com uma linguagem de conteúdos mínimos"[23].

Na Alemanha, para se referir a uma eventual proibição do retrocesso, "a doutrina tem se referido principalmente à proteção da confiança e a proteção do direito à propriedade. Todavia, por considerar estes critérios como insuficientes, também se tem invocado outros princípios constitucionais e direitos fundamentais"[24].

Em Portugal, Catarina Botelho sintetiza a abordagem doutrinária contemporânea: "alguma doutrina defende que, se perspectivamos o princípio da proibição do retrocesso social como um *mandato de otimização*, a sua aplicação resultará dependente das possibilidades fáticas do Estado, porém, se for entendido como uma *norma materialmente constitucional*, a sua aplicação obedecerá exclusivamente a condições jurídicas, pelo que poderá ser fundamento de inconstitucionalidade de normas que diminuam a proteção dos direitos sociais"[25].

---

23 Rodolfo Arango. Prohibición de retroceso en Colombia. *In*: COURTIS, Christian. *Ni un paso atrás*: la prohibición de regresividad en materia de derechos sociales. Buenos Aires: Del Puerto, 2006, p. 155.

24 Ana María Suárez Franco. Límites constitucionalabes a la regresividad en Alemania. *In*: COURTIS, Christian. *Ni un paso atrás*: la prohibición de regresividad en materia de derechos sociais. Buenos Aires: Del Puerto, 2006, p. 369. Segundo a autora, "o direito de propriedade tem sido utilizado pelo Tribunal Constitucional para determinar a constitucionalidade de medidas regressivas. Assim, por exemplo, no caos de duas pessoas que recentemente se tinham subscrito ao sistema de rendas e foram submetidas pouco tempo depois a condições desfavoráveis, a medida que gerava as desvantagens para os afiliados foi considerada inconstitucional. Noutro caso, considerou-se como exagerado o aumento de um a dois anos do tempo de aporte requerido para aceder ao seguro desemprego, medida que afetava àqueles que já tinham o direito, para quem a medida introduzida não foi acompanhada de normas de transição" (p. 372).

25 *Op. cit.*, p. 436.

Não obstante, atualmente o princípio parece não gozar do mesmo prestígio de outrora. Segundo Catarina Botelho, "Paulo Otero alude à passagem da 'hipervalorização doutrinária à arqueologia argumentativa', no sentido de o princípio da proibição do retrocesso se ter tornado, hoje, numa 'peça retórica de pura arqueologia jurídica'. Também, em França, Dominique Chagnollaud entende que este princípio está em vias de extinção, tendo perdido uma relevância significativa a partir do momento em que o Conselho Constitucional deixou de o aplicar em termos absolutos e passou a ter um entendimento mais relativo do mesmo"[26].

3.2. A PROIBIÇÃO DO RETROCESSO NA CONSTITUIÇÃO DE 1988

Embora não prevista genericamente na Constituição brasileira, há alguns aspectos da *proibição do retrocesso* que estão positivados. Por exemplo, o artigo 5º, XXXVI, da Constituição Federal determina que "a lei não prejudicará o direito adquirido, o ato jurídico perfeito e a coisa julgada", e o art. 60, § 4º, IV, da Constituição Federal, que impede a Emenda Constitucional tendente a abolir direitos e garantias individuais.

3.2.1. A irretroatividade lesiva a direito adquirido, ato jurídico perfeito e coisa julgada

Primeiramente, como vimos, a proteção constitucional da irretroatividade da norma lesiva a ato jurídico perfeito, direito adquirido ou coisa julgada está no art. 5º, XXXVI, da Constituição Federal, corolário da segurança jurídica, como decidiu o Supremo Tribunal Federal afirmou: "O postulado da segurança jurídica, enquanto expressão do Estado Democrático de Direito, mostra-se impregnado de elevado conteúdo ético, social e jurídico, projetando-se sobre as

---

26 *Op. cit.*, p. 446.

relações jurídicas, mesmo as de direito público (*RTJ 191*/922), em ordem a viabilizar a incidência desse mesmo princípio sobre comportamentos de qualquer dos Poderes ou órgãos do Estado, para que se preservem, desse modo, sem prejuízo ou surpresa para o administrado, situações já consolidadas no passado. A essencialidade do postulado da segurança jurídica e a necessidade de se respeitarem situações consolidadas no tempo, especialmente quando amparadas pela boa-fé do cidadão, representam fatores a que o Poder Judiciário não pode ficar alheio" (RE 646.313 AgR, rel. Min. Celso de Mello).

Ato jurídico perfeito é o ato jurídico praticado de forma regular, nos termos da lei vigente. *Verbi gratia*, mudanças supervenientes do Código Civil não mudarão o regime de bens de um casamento, por exemplo. Da mesma forma, um contrato de locação feito durante a vigência da Lei de Locações não será alterado se essa lei for posteriormente alterada. Direito adquirido é o direito já incorporado ao patrimônio da pessoa. Em outras palavras, é o direito que já pode ser exercido (ainda que a parte ainda não o tenha exercido). Mudança legislativa superveniente não poderá prejudicar o direito que essa pessoa já adquiriu. Coisa julgada é a imutabilidade das decisões judiciais transitadas em julgado. Caso o magistrado tenha proferido uma decisão baseada em determinada lei, transitada em julgado essa decisão, a mudança legislativa superveniente não terá o condão de desconstituir a coisa julgada.

Ao contrário do que se poderia pensar, a presente garantia não torna imutável o ato jurídico perfeito, o direito adquirido e a coisa julgada. A garantia constitucional ora em comento visa assegurar o direito à segurança jurídica, ou seja, é a garantia da irretroatividade da lei, impossibilitando que ela modifique o direito adquirido, o ato jurídico perfeito e a coisa julgada. Por exemplo, a coisa julgada não é imutável, já que a própria legislação brasileira admite a Ação Rescisória, no processo civil (no prazo de 2 anos), e, no processo penal, admite a Revisão Criminal (que pode ser ajuizada apenas em favor do réu, e não tem prazo para ser ajuizada). Se a coisa julgada fosse constitucionalmente imutável, essas duas ações seriam inconstitucionais (e não são).

Outrossim, o princípio da irretroatividade da lei é atenuado por conta da retroatividade penal benéfica (a lei penal poderá retroagir para casos anteriores, quando for mais benéfica ao réu, ainda quanto às questões já decididas e transitadas em julgado, por força do art. 5º, XL, da Constituição Federal).

Por fim, outra exceção à intangibilidade da coisa julgada foi decidida pelo STF no Recurso Extraordinário n. 363.889, no qual afastou a segurança jurídica da qual decorre a coisa julgada para, relativizando-a, permitir realização de exame de DNA, para aferição da paternidade, em razão do princípio da busca da identidade genética, e, por consequência, a busca da felicidade que, como vimos outrora, é um princípio constitucional implícito.

Não se pode confundir *direito adquirido* com *expectativa de direito*. No primeiro, a pessoa já pode exercer o direito, caso queira, porque ele foi incorporado ao seu patrimônio. No segundo caso, ainda não foram preenchidos os requisitos para o exercício do direito, quando a lei foi alterada. Por exemplo, depois de ter alcançado 90% do tempo destinado a se aposentar, a pessoa se surpreende com a alteração legislativa, que aumenta o tempo necessário. Nesse caso, não tem a pessoa direito adquirido, mas expectativa de direito, e, por isso, a nova lei será aplicada a ela.

Segundo o Supremo Tribunal Federal, a coisa julgada poderá ser desconstituída, por meio de ação própria, quando, no futuro, houver decisão de inconstitucionalidade sobre a norma na qual se baseou a decisão judicial transitada em julgado. Segundo o STF: "a decisão do STF declarando a constitucionalidade ou a inconstitucionalidade de preceito normativo não produz a automática reforma ou rescisão das sentenças anteriores que tenham adotado entendimento diferente; para que tal ocorra, será indispensável a interposição do recurso próprio ou, se for o caso, a propositura da ação rescisória própria, nos termos do art. 485, V, do CPC, observado o respectivo prazo decadencial (CPC, art. 495). Ressalva-se desse entendimento, quanto à indispensabilidade da ação rescisória, a questão relacionada à execução de efeitos futuros da sentença proferida em caso concreto sobre relações jurídicas de trato continuado" (RE 730.462, rel. Min. Teori Zavascki).

Uma indagação se faz importante: qual o grau de eficácia retroativa da Constituição diante de direitos adquiridos? Pode a norma constitucional desconstituir direitos adquiridos? É francamente majoritário o entendimento de que os direitos adquiridos podem ser atingidos por normas constitucionais originárias (fruto do poder constituinte originário). Segundo a doutrina, "no momento constituinte originário, nenhum instituto da ordem jurídica então em vigor está ao resguardo de mudanças e modificações, pois o poder originário não se compadece com o regime anterior, comprometido que está, somente, com a imposição de uma nova ordem constitucional e, consequentemente, jurídica, isto é, a nova ideia de Direito. É nessa perspectiva que ganha sentido a afirmação de que *não há direito adquirido contra a Constituição*, isto é, apenas o poder constituinte originário, que sofre limitações tão somente de ordem política, tem o condão de desconstituir situações consolidadas sob a égide do ordenamento jurídico anterior"[27].

Por sua vez, é bastante polêmica a possibilidade de uma norma constitucional fruto do poder constituinte derivado (uma Emenda Constitucional) retroagir para desconstituir direitos que foram adquiridos antes de sua entrada em vigor. Duas são as posições: a) a garantia do direito adquirido refere-se apenas ao legislador ordinário, não obstando a ação do constituinte derivado, no ato de reforma da Constituição. Dizer o contrário seria tornar o ordenamento jurídico "engessado", perenizando injustiças, privilégios, que podem ser detectados pelo constituinte derivado; b) a garantia do direito adquirido também foi concebida em face do legislador constitucional, que,

---

27 Carlos Antonio de Almeida Melo. A Constituição originária, a Constituição derivada e o direito adquirido: considerações, limites e possibilidades. *Revista de Informação Legislativa*, Brasília, ano 36, n. 143, jul./set. 1999, p. 105.

além de não poder suprimir esse dispositivo (art. 5º, XXXVI, CF), por se tratar de cláusula pétrea, não poderia editar uma Emenda Constitucional que violasse qualquer direito adquirido[28].

O Supremo Tribunal Federal, na maior parte de suas decisões sobre o tema, inclina-se à primeira posição: os direitos adquiridos não prevalecem sobre as normas constitucionais, sejam elas fruto do *poder constituinte originário*, sejam fruto do *poder constituinte derivado*. Por exemplo, no RE 94.414, decidiu o STF: "É firme a jurisprudência desta Corte – assim, por exemplo, já se decidiu nos RE's 90.391 e 100.144, o primeiro do Plenário e o segundo desta Segunda Turma – no sentido de que, ainda com referência à relação de trabalho regida pela CLT, não há direito adquirido contra texto constitucional resultante do Poder Constituinte originário ou do Poder Constituinte derivado. As normas constitucionais se aplicam de imediato, sem que se possa invocar contra elas a figura do direito adquirido. Mesmo nas Constituições que vedam ao legislador ordinário a edição de leis retroativas, declarando que a lei nova não prejudicará o direito adquirido, o ato jurídico perfeito e a coisa julgada, esse preceito se dirige apenas ao legislador ordinário, e não ao constituinte, seja ele originário, seja ele derivado".

---

28 Defendendo essa segunda posição, Carlos Antonio de Almeida Melo afirma: "Efetivamente não há direito adquirido contra a Constituição originária, pois, como visto, sua inicialidade inaugura uma nova ideia de direito e um novo ordenamento jurídico. Entretanto, cabe direito adquirido contra emendas constitucionais que desbordem os limites materiais estabelecidos no art. 60, § 4º, inciso IV. Ou, nas abalizadas palavras de Raul Machado Horta: 'O Poder Constituinte Originário poderá, em tese, suprimir o direito adquirido, de modo geral incluindo nessa supressão a regra que veda a lei prejudicial ao direito adquirido. No caso do Poder Constituinte de revisão, será questionável a emenda que propuser a supressão do direito adquirido assegurado pelo constituinte originário. A emenda ficará exposta à arguição de inconstitucionalidade. Por outro lado, à emenda constitucional é vedado, por cláusula expressa na Constituição, propor a abolição do princípio que protege o direito adquirido contra a lei prejudicial a ele'" (*op. cit.*, p. 114).

Outrossim, o Supremo Tribunal Federal firmou o entendimento de que não há direito adquirido a regime jurídico de institutos de direito, concluindo que os direitos adquiridos podem ser alterados pelo legislador superveniente. Foi o que decidiu o STF no Recurso Extraordinário n. 116.683, relatado pelo Min. Celso de Mello: "A Administração Pública, observados os limites ditados pela Constituição Federal, atua de modo discricionário ao instituir o regime jurídico de seus agentes e ao elaborar novos Planos de Carreira, não podendo o servidor a ela estatutariamente vinculado invocar direito adquirido para reivindicar enquadramento diverso daquele determinado pelo Poder Público, com fundamento em norma de caráter legal".

Por fim, em nosso entender, não pode ser invocada a garantia da intangibilidade do direito adquirido para manutenção de privilégios irrazoáveis, já que o direito constitucional não é absoluto, mas relativo. Não obstante, tal visão não é uníssona na doutrina. Em sentido diametralmente oposto, Uadi Lammêgo Bulos afirma que, "certamente, o pensamento pretoriano destruiu a garantia do direito adquirido, relativizando conquistas alcançadas e incorporadas, em definitivo, ao patrimônio do povo brasileiro"[29].

3.2.2. A irredutibilidade normativa dos direitos fundamentais (as cláusulas pétreas)

Outra cláusula de proibição do retrocesso está no art. 60, § 4º, da Constituição Federal, que impede que determinadas matérias sejam suprimidas do texto constitucional: as chamadas *cláusulas pétreas*. As cláusulas pétreas não surgiram na Constituição de 1988. Constituições brasileiras anteriores já previram matérias intangíveis do texto constitucional. Em constituições brasileiras anteriores, duas foram as cláusulas pétreas: Federação e República (art. 90, 4º, da Constituição de 1891, art. 178, § 5º, da Constituição de 1934; art. 217, § 6º, da Constituição de 1946 e art. 50, § 1º, da Constituição de 1967).

---

29 *Op. cit.*, p. 631.

Importante frisar que, nos termos do art. 60, § 4º, não são admitidas emendas constitucionais "tendentes a abolir" cláusulas pétreas. O que significa a expressão "tende a abolir"? "Tender a" significa "caminhar na direção de", direcionar-se a determinado lugar. Assim, não será proibida apenas uma emenda constitucional que abole a Federação, transformando o Brasil num Estado Unitário, mas também qualquer emenda constitucional "tendente a abolir" a Federação. Exemplo: não pode uma Emenda Constitucional reduzir drasticamente a competência dos Estados, em benefício da União. Uma emenda desse jaez estará tendo a abolir a Federação (cuja característica principal é a autonomia dada aos entes federativos).

São cláusulas pétreas expressas na Constituição: a) a Forma Federativa de Estado; b) o voto direto, secreto, universal e periódico; c) a separação dos poderes; c) os direitos e garantias individuais (art. 60, § 4º, CF)

De forma inédita, a Constituição de 1988 foi a primeira Constituição brasileira a prever os direitos e garantias como cláusulas pétreas. Segundo a Constituição, são cláusulas pétreas tanto os *direitos* (normas de conteúdo declaratório) quanto as *garantias* (normas de conteúdo assecuratório). Não obstante, na exata redação do art. 60, § 4º, IV, são cláusulas pétreas os "direitos e garantias individuais" (grifamos).

Primeiramente, deve-se frisar que os direitos e garantias individuais não estão apenas no art. 5º da Constituição Federal, mas igualmente presentes em numerosos outros dispositivos constitucionais. O Supremo Tribunal Federal já decidiu que a *anterioridade tributária*, prevista no art. 150 da Constituição Federal, é um direito individual do contribuinte: "Uma Emenda Constitucional, emanada, portanto, de Constituinte derivada, incidindo em violação à Constituição originária, pode ser declarada inconstitucional, pelo Supremo Tribunal Federal, cuja função precípua é de guarda da Constituição. A Emenda Constitucional n. 3, de 17.03.1993, que no art. 2º, autorizou a União a instituir o IPMF, incidiu em vício de inconstitucionalidade, ao dispor, no parágrafo 2º desse dispositivo, que, quanto a tal tributo, não se aplica o art. 150, III, 'b' e VI da Constituição, porque, desse modo, violou os seguintes princípios e normas imutáveis: o princípio da anterioridade, que é garantia individual do contribuinte (art. 60, § 4º, inciso IV e art. 150, III, 'b', da Constituição" (rel. Min. Sydney Sanches). Da mesma forma, o STF, na ADI 3.685, também já decidiu que a anterioridade eleitoral, prevista no art. 16 da Constituição Federal, é um direito individual do eleitor e, por isso, cláusula pétrea: o art. 16 representa garantia individual do cidadão-eleitor, detentor originário do poder exercido pelos representantes eleitos e "a quem assiste o direito de receber, do Estado, o necessário grau de segurança e de certeza jurídicas contra alterações abruptas das regras inerentes à disputa eleitoral" (ADI 3.685, rel. Min. Ellen Gracie).

Por sua vez, o principal questionamento a ser feito recai sobre os direitos sociais. Seriam eles também cláusulas pétreas? O art. 60, § 4º, da Constituição Federal é claro ao afirmar que são cláusulas pétreas os direitos e garantias <u>individuais</u> (grifamos).

Para responder a essa questão, surgiram na doutrina brasileira três teorias: *a) teoria restritiva, literal,* segundo a qual somente os direitos e garantias notadamente individuais seriam cláusulas pétreas (os direitos e garantias previstos no art. 5º da Constituição Federal, bem como outros direitos previstos em outras normas, mas que sejam individuais ou liberdades públicas, de caráter defensivo ou "negativo"; *b) teoria extensiva, ampliativa,* segundo a qual todo e qualquer direito ou garantia fundamental seria cláusula pétrea; *c) teorias intermediárias,* através das quais, além dos direitos e garantias individuais, outros direitos também seriam tidos como cláusulas pétreas, de acordo com alguns critérios.

Poucos são aqueles que se filiam à *teoria restritiva, literal.* Embora o texto constitucional seja claro, ao estabelecer como cláusulas pétreas os "direitos e garantias <u>individuais</u>" (grifamos), o próprio art. 5º da Constituição Federal prevê direitos coletivos que, segundo uma interpretação excessivamente restrita, poderiam ser suprimidos da Constituição, como afirma Vítor de Andrade Monteiro: "caso fosse adotada essa forma de interpretação excessivamente restritiva, seria necessário admitir que os direitos fundamentais coletivos, que também estão previstos no art. 5º, da Constituição, não estariam protegidos contra reformas constitucionais que fossem prejudiciais. Seguindo esse raciocínio, dever-se-ia entender que apenas o mandado de segurança individual, e não o coletivo, integraria o rol de cláusulas pétreas, o que se mostraria por demais incoerente"[30]. Essa posição argumenta que, "se o Constituinte efetivamente tivesse tido a intenção de gravar os direitos sociais como a vedação da sua abolição, ele o teria feito, ou mencionando expressamente esta categoria de direitos no artigo 60, § 4º, inc. IV, ou referindo-se de forma genérica a todos os direitos e garantias fundamentais, mas não apenas aos direitos e garantias individuais"[31].

É a posição defendida por Gilmar Ferreira Mendes, segundo o qual somente gozariam do *status* de cláusula pétrea as ditas *liberdades fundamentais*, porquanto exigem do Estado prestações negativas. Segundo o autor, "ao consagrar a cláusula pétrea em apreço, referiu-se o constituinte, expressa e inequivocamente, aos direitos e garantias individuais. (...) É certo que o constituinte pretendeu conferir disciplina destacada aos direitos individuais e aos direitos sociais, tal como se pode depreender do disposto nos artigos 6º, 7º e 8º do texto constitucional. A cláusula pétrea do art. 60, § 4º não parece abranger os direitos sociais, que, como visto, se não confundem com os direitos individuais propriamente ditos. (...) Assinale-se, a propósito que uma peculiaridade dos direitos sociais ou, se se quiser,

---

30 *A fundamentalidade dos direitos sociais:* uma análise sob a perspectiva do direito social à moradia adequada. Disponível em: http://revista.unicuritiba.edu.br/index.php/RevJur/article/viewFile/751/576, p. 98.
31 Ingo Wolfgang Sarlet. *Os direitos sociais como direitos fundamentais:* contributo para um balanço aos vinte anos da Constituição Federal de 1988. Disponível em: http://www.stf.jus.br/arquivo/cms/processoAudienciaPublicaSaude/anexo/artigo_Ingo_DF_sociais_PETROPOLIS_final_01_09_08.pdf. Defende essa *teoria restritiva ou literal* Octávio Bueno Magano (Revisão constitucional. *Cadernos de Direito Constitucional e Ciência Política*, n. 7, 1994).

dessas pretensões a prestações de índole positiva é a de que elas estão voltadas mais para a conformação do futuro do que para a preservação do *status quo*. Tal como observado por Krebs, pretensões à conformação do futuro (*zukunfgestaltung*) impõe decisões que estão submetidas a elevados riscos; o direito ao trabalho (CF, art. 6º) exige uma política estatal adequada de criação de empregos. Da mesma forma, o direito à educação (CF, art. 205 c.c. art. 6º), o direito à assistência social (CF, art. 203 c.c. art. 6º) e à previdência social (CF, art. 201 c.c. art. 6º) dependem da satisfação de uma série de pressupostos de índole econômica, política e jurídica. Parece inquestionável, assim, que os direitos e garantias individuais a que se refere o art. 60, § 4º, IV, da Constituição são, fundamentalmente, aqueles analiticamente elencados no art. 5º"[32].

A majoritária doutrina brasileira claramente filia-se à *teoria extensiva, ampliativa*, posicionando-se no sentido de que todos os direitos fundamentais (incluindo-se, claro, os direitos sociais) são também cláusulas pétreas. Por exemplo, prevalece o entendimento de que os direitos sociais aplicados ao trabalhador (como os previstos no art. 7º da Constituição Federal) não podem ser suprimidos, por serem cláusulas pétreas. Nesse sentido, Arnaldo Süssekind afirma que "na verdade, ao impedir que as emendas à Carta Magna possam 'abolir os direitos e garantias individuais' (art. 60, § 4º, IV), é evidente que essa proibição alcança os direitos relacionados no art. 7º, assim como a liberdade sindical do trabalhador e do empresário de organizar sindicatos de conformidade com as demais disposições do artigo 8º, e neles ingressarem e desfiliarem-se"[33].

Ingo Sarlet elabora farta argumentação na intenção de sustentar que todos os direitos fundamentais (individuais, coletivos, sociais etc.) são cláusulas pétreas: "verifica-se que todos os direitos

---

32   Os limites da revisão constitucional, p. 69-91.
33   As cláusulas pétreas e a pretendida revisão dos direitos constitucionais do trabalhador. *Revista TST*, Brasília, v. 67, n. 2, abr./jun. 2001, p. 2.

fundamentais consagrados em nossa Constituição (mesmo os que não integram o Título II) são, na verdade e em última análise, direitos de titularidade individual, ainda que alguns sejam de expressão coletiva. (...) Os direitos e garantias individuais referidos no art. 60, § 4º, inc. IV, da nossa Lei Fundamental incluem, portanto, os direitos sociais e os direitos de nacionalidade e cidadania (direitos políticos)"[34].

Da mesma forma, Paulo Bonavides afirmou: "faz-se mister, em boa doutrina, interpretar a garantia dos direitos sociais como cláusulas pétreas e matéria que requer, ao mesmo passo, um entendimento adequado dos direitos e garantias individuais do art. 60 (...) os direitos sociais recebem em nosso direito constitucional positivo uma garantia tão elevada e reforçada que lhes faz legítima a inserção no mesmo âmbito conceitual da expressão *direitos e garantias individuais* do art. 60. Fruem, por conseguinte, uma intangibilidade que os coloca inteiramente além do alcance do poder constituinte originário"[35]. Chega a doutrina a declarar o "equívoco" do constituinte originário ao utilizar a palavra "individuais". Em dissertação de mestrado específica sobre o tema, afirma Vera Lúcia Pereira Resende que "há, todavia, que se pensar na possibilidade dos consti-

---

34   *Op. cit.*, p. 427. Reforça o autor: "Desde logo, em se tomando como ponto de partida o enunciado literal do art. 60, § 4º, inc. IV, da CF, poder-se-ia afirmar – e, de fato, há quem sustente tal ponto de vista – que apenas os direitos e garantias individuais (art. 5º, da CF) se encontram incluídos no rol das 'cláusulas pétreas' de nossa Constituição. Caso fôssemos aferrar-nos a esta exegese de cunho estritamente literal, teríamos de reconhecer que não apenas os direitos sociais (arts. 6º a 11), mas também os direitos de nacionalidade (arts. 12 e 13), bem como os direitos políticos (arts. 14 a 17) fatalmente estariam excluídos da proteção outorgada pela norma contida no art. 60, § 4º, inc. IV, de nossa Lei Fundamental" (p. 424-425). E conclui o autor: "Constituindo os direitos sociais (assim como os políticos) valores basilares de um Estado social e democrático de Direito, sua abolição acabaria por redundar na própria destruição da identidade da nossa ordem constitucional, o que, por evidente, se encontra em flagrante contradição com a finalidade precípua das 'cláusulas pétreas'" (p. 429-430).

35   *Curso de direito constitucional*, p. 642.

tuintes originários terem se equivocado com relação à palavra *individuais*, quando na realidade estariam tratando dos direitos fundamentais como um todo, haja vista as conturbadas discussões que ocorreram na Assembleia Nacional Constituinte"[36].

Da mesma forma, embora essa questão não tenha sido amiúde examinada pelo Supremo Tribunal Federal, já se utilizou de uma *interpretação extensiva, ampliativa ou generosa* das cláusulas pétreas, a fim de considerar também os direitos sociais como sendo cláusulas insuprimíveis da Constituição. Na ADI 939, decidiu o Min. Marco Aurélio: "tivemos o estabelecimento de direitos e garantias de forma geral. Refiro-me àqueles previstos no rol, que não é exaustivo, do art. 5º da Carta, os que estão contidos, sob a nomenclatura 'direitos sociais'; no art. 7º e, também, em outros dispositivos da Lei Básica federal, isto sem considerar a regra do § 2º do art. 5º".

Se a *teoria restritiva, literal*, pode sofrer (e sofre) inúmeras críticas, o mesmo ocorre (em menor medida) com a teoria *extensiva, ampliativa*. Entre as teorias extremas do *originalismo* e da *living constitution*[37], há um certo consenso: não pode o intérprete da Constituição proceder a uma mutação constitucional de acordo com seus valores pessoais. Aliás, como afirma Denise Soares Vargas, as limitações à mutação constitucional estão condensadas em três ordens de ideias: "ela deve se circunscrever aos sentidos possíveis do texto;

---

36 *Os direitos sociais como cláusulas pétreas na Constituição Federal de 1988*. Dissertação (mestrado) – Unifieo, Osasco, 2006, p. 96.

37 O *originalismo* foi expresso de maneira sistemática como teoria constitucional na década de 1970, por acadêmicos proeminentes como Raoul Berger, segundo o qual a única forma legítima de interpretar a Constituição é permanecer fiel a seu texto e à sua concepção original. O originalismo brindou os conservadores com a confiança de que seus ideais constituíam direito, o qual autorizada a derrubar precedentes das Cortes progressivas e ativistas, impondo seus valores constitucionais conservadores. Um dos precursores do movimento foi Robert Bork, professor de Yale. O originalismo é a defesa da "constituição estrita" (*strict constitution*) contra a ideia de "constituição viva" (*living constitution*), que deve ser interpretada e reinventada de acordo com os novos tempos ou com as novas aspirações da sociedade contemporânea.

decorrer de genuína mudança na sociedade e não avançar no campo próprio da reforma constitucional"[38].

Assim, embora seja mais consentâneo com Estado Social considerar os direitos sociais, econômicos e culturais como cláusulas pétreas, não parece ter sido esse o escopo do constituinte originário (o responsável pela fixação dessas cláusulas pétreas). Outrossim, através de uma *interpretação sistemática* chegar-se-ia à mesma conclusão. Isso porque a Constituição brasileira, no seu *Título II*, classifica os direitos fundamentais em: a) direitos individuais e coletivos (capítulo I); b) direitos sociais (capítulo II); c) nacionalidade (capítulo III); d) direitos políticos (capítulo IV); e) partidos políticos (capítulo V). Se o constituinte originário quisesse transformar os direitos sociais em cláusulas pétreas o teria feito expressamente.

Por essa razão, surgiram na doutrina *teorias intermediárias*, que não se quedam à interpretação absolutamente literal do art. 60, § 4º, IV, da Constituição, nem dão às costas ao texto constitucional, inserindo um rol de direitos fundamentais não previsto expressamente pelo constituinte originário.

Realmente, a opção simples da literalidade não parece ser a melhor opção. Direitos igualmente previstos no art. 5º da Constituição Federal (como o mandado de segurança coletivo) estariam excluídos da proteção constitucional da irredutibilidade. Da mesma forma, direitos como a nacionalidade e direitos políticos igualmente estariam desprotegidos. Significa dizer que uma emenda constitucional poderia suprimir a nacionalidade originária de certos grupos ou criar restrições excessivas à elegibilidade. Há direitos fundamentais que não se encontram no *capítulo* I do *Título* II da Constituição que possuem características idênticas aos direitos individuais e que deveriam, pois, ter o mesmo tratamento. Assim, para uma posição intermediária, todos os direitos fundamentais que podem ser equiparados aos direitos individuais, de liberdade, devem ser considerados cláusulas

---

38 *Mutação constitucional via decisões aditivas*. São Paulo: Saraiva, 2014, p. 69.

pétreas[39]. Dessa maneira, o direito de nacionalidade (previsto no art. 12 da Constituição), o direito de se eleger (previsto no art. 14 da Constituição), a proibição de diferença de salários por motivo de sexo, idade, cor ou estado civil (prevista no art. 7º, XXX, da Constituição) ou a regra de que "ninguém será obrigado a filiar-se ou a manter-se filiado a sindicato" (prevista no art. 8º, V, da Constituição) equiparam-se claramente aos direitos individuais, por conta de seu

---

39 Aliás, parece ser esse o tratamento dado pela Constituição portuguesa. Segundo Ingo Sarlet, em Portugal "há disposição expressa estabelecendo que os direitos análogos aos direitos, liberdades e garantias se encontram sujeitos ao mesmo regime jurídico (art. 17, CRP), destacando-se, nesse particular, a sua condição de limites materiais ao poder de revisão da Constituição (art. 288 da CRP), o que se aplica, inclusive, às assim denominadas liberdades sociais (na condição de direitos análogos), ainda que constantes no capítulo dos direitos econômicos, sociais e culturais" (*op. cit.*, p. 425). Segundo Catarina Botelho, "o art. 17 da CRP estabelece uma paridade de regime material entre os direitos, liberdades e garantias (plasmados no Título II) e outros que tenham natureza análoga, independentemente da sua localização. (...) A maioria da doutrina continua a socorrer-se do critério da *determinabilidade*, segundo o qual, como vimos, uma norma possuirá determinabilidade quando o intérprete-aplicador, pela sua simples leitura ou recorrendo à exegese hermenêutica, consiga descortinar nela uma suficiente densidade de conteúdo que lhe permita concretizá-la" (*op. cit.*, p. 309-310). Segundo Canotilho, "a qualificação ou não de um direito como direito de natureza análoga aos direitos, liberdades e garantias possui, porém, um relevantíssimo alcance, pois, em caso afirmativo, esses direitos gozam de um regime constitucional particularmente cuidadoso – o *regime dos direitos, liberdades e garantias*. (...) A tarefa de densificação metódica deve procurar, em cada caso concreto, a analogia relativamente: (1) a cada uma das categorias (direitos, liberdades e garantias) e não em relação ao conjunto dos direitos, liberdades e garantias; (2) a cada uma das espécies sistematizadas na constituição (direitos, liberdades e garantias de natureza pessoal; direitos, liberdades ou garantia de participação política; direitos, liberdades ou garantias dos trabalhadores)", *op. cit.*, p. 403. Quanto aos limites materiais de revisão, o artigo 288 da Constituição portuguesa é bem mais amplo que a Constituição brasileira. Primeiramente, indica como cláusulas pétreas "os direitos, liberdades e garantias dos cidadãos" (e não "direitos individuais", como a nossa). Outrossim, acrescenta também os "direitos dos trabalhadores, das comissões de trabalhadores e das associações sindicais" no rol dos limites materiais da revisão.

caráter não prestacional e, por essa razão, devem ser considerados cláusulas pétreas. Essa teoria intermediária é citada por Rodrigo Brandão, segundo o qual, "ainda que se pudesse, à luz das premissas antes delineadas, incluir no âmbito de proteção do art. 60, § 4º, IV, da CRFB/1988 direitos equiparáveis aos direitos da liberdade (direitos de defesa, v.g.: as liberdades sociais, como o direito de greve e à livre associação sindical (arts. 9º e 8º, da CRFB/88), restariam excluídos os direitos sociais prestacionais e os direitos difusos e coletivos"[40].

Todavia, embora essa posição parece ser a que melhor compatibiliza o escopo do poder constituinte originário com os valores constitucionais do Estado Social de Direito, há um obstáculo à sua adoção: diferentemente da Constituição portuguesa (que estabelece a extensão do regime dos direitos, liberdades e garantias aos "direitos fundamentais de natureza análoga" – art. 17), a Constituição brasileira não estabelece a mesma distinção. Como afirma Ingo Wolfgang Sarlet, "entre nós, à míngua de um regime jurídico diferenciado expressamente previsto na Constituição, tal entendimento não poderá prevalecer, já que não encontramos qualquer sustentáculo no direito constitucional positivo para justificar uma distinção no que diz com a fundamentalidade dos direitos sociais"[41]. Outrossim, estabelecer como critério o *caráter defensivo ou não prestacional* do direito fundamental não parece ser uma decisão segura, na medida em que, como vimos no capítulo anterior, atualmente é sabido por todos que até mesmo os tradicionais direitos de defesa implicam ao Estado deveres de agir, fazer[42].

---

40 *Direitos fundamentais, cláusulas pétreas e democracia:* uma proposta de justificação e de aplicação do art. 60, § 4º, IV, da CF/88. Disponível em: http://www.ufjf.br/siddharta_legale/files/2014/07/Direitos-fundamentais-cl%C3%A1usulas-p%C3%A9treas-e-democracia.pdf.

41 *A eficácia dos direitos fundamentais*, p. 426.

42 Como afirma Vítor de Andrade Monteiro, "é inegável que, até mesmo para o desempenho de obrigações de natureza negativa, cabe ao Estado proporcionar as condições institucionais necessárias ao seu desenvolvimento. Com efeito, pode-se constatar que inclusive típicos direitos de natureza defensiva, como o

Dessa maneira, parece a melhor teoria a ser adotada no Brasil a *teoria extensiva ou ampliativa* das cláusulas pétreas, considerando os direitos sociais, econômicos e culturais também como cláusulas pétreas. Não obstante, há que se fazer uma temperança, nem sempre lembrada pela doutrina: direitos criados posteriormente pelo poder constituinte derivado reformador não podem ser tidos como cláusulas pétreas[43]. Essa ressalva é importante, haja vista que vários direitos sociais foram criados (ou melhor, constitucionalizados) pelo poder constituinte derivado reformador: a *moradia*, incorporada à Constituição pela Emenda Constitucional n. 26/2000, a *alimentação*, incorporado à Constituição pela Emenda Constitucional n. 64/2010 e o *transporte*, incorporado à Constituição pela Emenda Constitucional n. 90/2015.

---

direito de ir e vir, exigem uma estrutura estatal apta a promover sua garantia, como, por exemplo, efetivo policial, repartições públicas, veículos etc. No mesmo sentido, o direito à liberdade de expressão não comporta apenas a proibição de censura, mas também a viabilização de condições favoráveis ao exercício dessa liberdade. Destarte, nota-se que mesmo os direitos civis e políticos, tradicionalmente considerados como obrigações de natureza negativa, também possuem em sua estrutura um dever de fazer do Estado, em outras palavras, também possuem características de obrigação positiva, o que importa, necessariamente no dispêndio de recursos públicos. Por outro lado, os direitos sociais são marcadamente reconhecidos por consistirem em direitos a prestações positivas do Estado. De fato, esses direitos tem na obrigação de fazer sua faceta mais visível, sendo chamados, por essa razão, de direitos prestacionais. Contudo, a estrutura dos direitos sociais, também é composta de obrigações de não fazer, portanto, obrigações de natureza não prestacional. Essas obrigações são identificadas até mesmo nos direitos onde a característica prestacional se mostra mais visível. O direito à saúde, por exemplo, implica também no dever de não causar males à saúde da população; da mesma forma que o direito à preservação do meio ambiente impõe o dever de não destruir o meio ambiente, para citar alguns exemplos. Doutra banda, encontram-se no ordenamento jurídico pátrio, no rol de direitos sociais, alguns direitos com notada característica não prestacional, como os direitos de greve e de liberdade de associação sindical, onde o principal dever do Estado é de não fazer, ou, na classificação de Hoof, obrigação de respeitar" (*op. cit.*, p. 100).

43 Eventualmente, podem ser considerados irredutíveis com argumento na "proibição do retrocesso", a depender da sua amplitude conceitual adotada e, claro, da sua efetiva adoção (que não é pacífica).

Há que se considerar essa exceção, já que cabe apenas ao poder constituinte originário (e não ao poder constituinte reformador) estabelecer quais as cláusulas irredutíveis da Constituição. Dessa maneira, um direito (individual ou social) criado por cláusula pétrea poderá sofrer restrições normativas posteriores. Assim como foi criado por emenda constitucional, poderá ser restrito ou suprimido por outra emenda constitucional. Essa é a posição, por exemplo, de Gilmar Ferreira Mendes, segundo o qual as cláusulas pétreas "se fundamentam na superioridade do poder constituinte originário sobre o de reforma. Por isso, aquele pode limitar o conteúdo das deliberações deste. Não faz sentido, porém, que o poder constituinte de reforma limite-se a si próprio. Como ele é o mesmo agora ou no futuro, nada impedirá que o que hoje proibiu amanhã permita. Enfim, não é cabível que o poder de reforma crie cláusulas pétreas. Apenas o poder constituinte originário pode fazê-lo. Se o poder constituinte de reforma não pode criar cláusulas pétreas, o novo direito fundamental que venha a estabelecer – diverso daqueles que o constituinte originário quis eternizar – não poderá ser tido como um direito perpétuo, livre de abolição por uma emenda subsequente"[44]. Não obstante, também nesse ponto há posição em sentido contrário[45].

---

44 *Curso de direito constitucional*. Todavia, o autor faz uma ressalva: "cabe, porém, aqui, um cuidado. É possível que uma emenda à Constituição acrescente dispositivos ao catálogo dos direitos fundamentais sem que, na realidade, esteja criando direitos novos. A emenda pode estar apenas especificando direitos já concebidos pelo constituinte originário. O direito já existia, passando apenas a ser mais bem explicitado. Nesse caso, a cláusula pétrea já o abrangia, ainda que implicitamente. É o que se deu, por exemplo, com o direito à prestação jurisdicional célere somado, como inciso LXXVIII, ao rol do art. 5º, da Constituição, pela Emenda Constitucional n. 45, de 2004. Esse direito já existia, como elemento necessário do direito de acesso à Justiça – que há de ser ágil para ser efetiva – e do princípio do devido processo legal, ambos assentados pelo constituinte originário" (p. 130).

45 Segundo George Marmelstein, "nada impede que novos direitos sejam acrescentados ao rol de direitos fundamentais através da emenda à Constituição. Pode-se mencionar, por exemplo, o direito à duração do processo (art. 5º, inc. LXXVIII) e o direito à moradia (art. 6º). Eles não estavam no rol originário na

Essa posição é a única que garante a estabilidade constitucional em caso de inconsequentes mudanças no texto constitucional, garantindo direitos fundamentais sociais inexequíveis. Se determinado governo, com ampla maioria no Poder Legislativo federal, consegue mudar a Constituição, assegurando inúmeros direitos sociais através de normas-regras (que, segundo a doutrina, devem ser cumpridas integralmente), caso as consideremos cláusulas pétreas, poderemos inviabilizar os governos seguintes, que estarão adstritos ao projeto de um governo anterior.

3.3. A PROIBIÇÃO DO RETROCESSO: UM PRINCÍPIO CONSTITUCIONAL?

Como mencionamos anteriormente, a proibição do retrocesso não é um princípio expresso na Constituição brasileira (a não ser em alguns aspectos, como a impossibilidade de supressão normativa – cláusulas pétreas, por exemplo). A questão é: seria um princípio constitucional implícito? Doutrina e jurisprudência se debruçam sobre a questão.

Como mencionamos no início deste capítulo, parte da doutrina entende que a proibição do retrocesso seria um princípio constitucional implícito, decorrente do direito à segurança (art. 6º, CF), mais especificamente a segurança jurídica. Além dos autores acima apontados, também concorda com essa conclusão o constitucionalista argentino Christian Courtis, segundo o qual: "a proibição da

---

Constituição de 88, tendo sido acrescentados, respectivamente, pela Emenda Constitucional n. 45/2004 e pela Emenda Constitucional n. 26/2000. Mesmo assim, uma vez incluídos no texto por Emenda Constitucional, eles se tornam também cláusulas pétreas. Vale ressaltar que o mesmo raciocínio se aplica aos tratados internacionais de direitos humanos que sejam incorporados ao direito brasileiro com força de emenda constitucional, observado o quórum do art. 5º, § 3º, da Constituição de 88. Nesse caso, o tratado internacional de direitos humanos também se tornará cláusula pétrea, não podendo mais ser abolido de forma arbitrária" (*op. cit.*, p. 270-271).

regressividade supõe a extensão deste princípio ao campo das posições jurídicas criadas por normas e medidas de caráter social. Trata-se, em alguma medida, da consequência da adoção de um modelo de Estado de Direito de caráter social, ou Estado Social de Direito. No modelo liberal clássico, somente os interesses vinculados à proteção de interesses patrimoniais mereciam proteção em termos de previsibilidade; as medidas de corte social adotadas pelo Estado estariam liberadas"[46].

Além da decorrência do princípio da segurança jurídica, a doutrina aponta outras razões para a constitucionalização do princípio da proibição do retrocesso. Segundo Ingo Wolfgang Sarlet, a proibição do retrocesso, implícita no sistema constitucional brasileiro, decorre dos seguintes princípios e argumentos constitucionais: a) princípio do Estado Democrático e Social de Direito (que impõe um patamar mínimo de segurança jurídica, o que abrange a proteção da confiança e manutenção de um mínimo de continuidade da ordem jurídica, além de uma segurança contra medidas retroativas e atos de cunho retrocessivo de um modo geral); b) princípio da dignidade da pessoa humana (que exige um conjunto de prestações positivas, a fim de garantir uma existência condigna a todos); c) princípio da eficiência ou máxima efetividade, decorrente do art. 5º, § 1º, CF, que assegura a maior eficácia possível das normas definidoras de direitos sociais etc.

O primeiro fundamento sobredito (o Estado Social de Direito) também é utilizado por Christian Courtis, segundo o qual o conteúdo material do princípio do Estado social, "que é da satisfação para todo ser humano de certas necessidades consideradas básicas, à luz da noção de dignidade humana e de desenvolvimento material e científico de nossas sociedades"[47]. Reitera o autor que "a proibição da regressividade opera como cláusula de controle jurídico do cumprimento,

---

46   *Op. cit.*, p. 18.
47   *Op. cit.*, p. 18.

por parte dos poderes políticos, do mandato do Estado social – o bem das cláusulas de pactos internacionais de direitos humanos que impõem ao Estado obrigações em matéria social"[48].

Segundo Ingo Sarlet, "negar reconhecimento ao princípio da proibição do retrocesso significaria, em última análise, admitir que os órgãos legislativos (assim como o poder público de modo geral), a despeito de estarem inquestionavelmente vinculados aos direitos fundamentais e às normas constitucionais em geral, <u>dispõem do poder de tomar livremente suas decisões mesmo em flagrante desrespeito à vontade expressa do constituinte</u>"[49] (grifamos).

Outro argumento utilizado pelos defensores da autonomia da "proibição do retrocesso social" seria que, a partir do momento em que concretizado o direito social, transformar-se-ia num dever de abstenção do Estado no tocante à sua supressão. Como afirma Catarina Botelho, "uma vez concretizado um direito social, este 'transforma-se em direito negativo', isto é, num direito de defesa/abstenção, porquanto qualquer restrição ao grau de satisfação obtido deverá sujeitar-se a limites. (...) Se isto é assim, uma regressão no âmbito dos direitos sociais consubstanciará um abuso do direito (*venire contra factum proprium*). Nesta esteira, os direitos sociais vinculam uma garantia constitucional de um '*status quo* / direitos adquiridos sociais'"[50].

Doutrina e jurisprudências brasileiras utilizam a paradigmática decisão do Tribunal Constitucional português (Acórdão 39/84), que analisou a constitucionalidade do Decreto-lei n. 254/82, que revogou grande parte da Lei n. 56/79 (Serviço Nacional de Saúde).

---

48 *Op. cit.*, p. 21.
49 *Op. cit.*, p. 452. Como afirmaremos mais adiante neste capítulo, entendemos que a conclusão do autor não nos parece correta, já que, assim como existem limites às restrições infraconstitucionais dos direitos individuais (liberdades públicas), expressos ou implícitos na Constituição, também haverá critérios, limites às normas que restringem direitos fundamentais (principalmente os direitos sociais).
50 *Op. cit.*, p. 436.

Segundo o Tribunal Constitucional português: "Em grande medida, os direitos sociais traduzem-se para o Estado em obrigação de fazer, sobretudo de criar, certas instituições públicas, sistema escolar, sistema de segurança social, etc.). Enquanto elas não forem criadas, a Constituição só pode fundamentar exigências para que se criem; mas, após terem sido criadas, a Constituição para a proteger a sua existência, como se já existissem à data da Constituição. As tarefas constitucionais impostas ao Estado em sede de direitos fundamentais no sentido de criar certas instituições ou serviços não o obrigam apenas a criá-los, obrigam-no também a não aboli-los uma vez criados. Quer isto dizer que, a partir do momento em que o Estado cumpre (total ou parcialmente) as tarefas constitucionalmente impostas para realizar um direito social, o respeito constitucional deste deixa de consistir (ou deixa de consistir apenas) numa obrigação, positiva, para se transformar (ou passar também a ser uma obrigação negativa. O Estado, que estava obrigado a atuar para dar satisfação ao direito social, passa a estar obrigado a abster-se de atentar contra a realização dada ao direito social".

Em emblemática e sempre lembrada decisão, o Supremo Tribunal Federal utiliza a doutrina de Canotilho (com a qual ele próprio não mais concorda) e a jurisprudência do Tribunal Constitucional português (que ele próprio não mais aplica): "Lapidar, *sob todos os aspectos*, o magistério de J. J. Gomes Canotilho, cuja lição, a propósito do tema, estimula as seguintes reflexões ('Direito Constitucional e Teoria da Constituição', p. 320/321, item n. 3, 1998, Almedina): (...) O princípio da proibição de retrocesso social pode formular-se assim: o núcleo essencial dos direitos já realizado e efectivado através de medidas legislativas ('lei da segurança social', 'lei do subsídio de desemprego', 'lei do serviço de saúde') deve considerar-se constitucionalmente garantido sendo inconstitucionais quaisquer medidas estaduais que, sem a criação de outros esquemas alternativos ou compensatórios, se traduzam na prática numa 'anulação', 'revogação' ou 'aniquilação' pura a simples desse núcleo essencial. A liberdade de conformação do legislador e inerente autorreversibilidade têm como limite o núcleo essencial já realizado". Bem por isso, o Tribunal Constitucional português (Acórdão n. 39/84), ao invocar a cláusula da proibição do retrocesso, reconheceu a inconstitucionalidade de ato estatal que revogara garantias já conquistadas em tema de saúde pública, vindo a proferir decisão assim resumida pelo ilustre Relator da causa, Conselheiro Vital Moreira, em douto voto de que extraio o seguinte fragmento (*Acórdãos do Tribunal Constitucional*, v. 3/95-131, 117-118, 1984, Lisboa: Imprensa Nacional): "'Que o Estado não dê a devida realização às tarefas constitucionais, concretas e determinadas, que lhe estão cometidas, isso só poderá ser objecto de censura constitucional em sede de inconstitucionalidade por omissão. Mas quando desfaz o que já havia sido realizado para cumprir essa tarefa, e com isso atinge uma garantia de um direito fundamental, então a censura constitucional já se coloca no plano da própria inconstitucionalidade por acção. Se a Constituição impõe ao Estado a realização de uma determinada tarefa – a criação de uma certa instituição, uma determinada alteração na ordem jurídica –, então, quando ela seja levada a cabo, o resultado passa a ter a protecção directa da Constituição. O Estado não pode voltar atrás, não pode descumprir o que cumpriu, não pode tornar a colocar-se na situação de devedor. (...) Se o fizesse, incorreria em violação positiva (...) da Constituição'" (AgRg no RE com Agravo n. 745.745, Minas Gerais, rel. Min. Celso de Mello).

Não obstante, ao contrário do que normalmente se afirma em terras brasileiras, é que inúmeras decisões pretéritas no Tribunal Constitucional português vieram no sentido de minimizar esse princípio. Como afirma Catarina Botelho, "No Acórdão n. 352/91, o TC sublinhou que 'o legislador não está, em regra, obrigado a manter as soluções jurídicas que algumas vezes adotou. Notas constitutivas da função legislativa são justamente, entre outras, a *liberdade constitutiva e a autorrevisibilidade*'. Como viemos de afirmar, o próprio Tribunal não parece entender que o princípio da proibição do retrocesso tenha fundamento autônomo, optando por associá-lo, como fez no Acórdão n. 101/92, violação do princípio da proteção da confiança, ou a o mínimo de existência condigna. Mais explicitamente, no Acórdão n. 509/2002, o Tribunal deixou claro que adere a uma *leitura restritiva* na matéria e que o apelo à proibição do retrocesso social 'apenas pode funcionar em casos-limite, uma vez que, desde logo, o *princípio da alternância democrática* (...) inculca a revisibilidade das opções político-legislativas, ainda quando estas assumam o caráter de opções legislativas fundamentadas"[51].

Por essa razão, fazemos nossas as palavras de Catarina Botelho que, ao se referir à doutrina portuguesa, poderia se referir, ainda em maior medida, à doutrina brasileira: "a doutrina e a jurisprudência portuguesas deverão *repensar o apelo ou a referência* que fazem a este princípio, aquando das discussões dogmáticas e práticas dos direitos fundamentais. Permita-se-nos um comentário no sentido de que porventura a razão das *referências jurisprudenciais descafeinadas* – mas sempre presentes – a esse princípio se deverem ao fato de este ter sido aplicado num Acórdão, ao que sucedeu, em jeito de, e seja-nos permitido em lugar-comum, 'marcar o ponto', tendo assim permanecido essa obrigação jurisprudencial e doutrinária de o *revisitar ao de leve*, dando a impressão de que a jurisprudência o continua a aplicar, mas acabando sempre por o afastar"[52].

De fato, na doutrina e na jurisprudência brasileira, o princípio da *proibição do retrocesso* (que é encontra fácil empatia num país em que os direitos fundamentais sociais são sistematicamente desrespeitados pelo poder público) é costumeiramente utilizado sempre que se deseja declarar qualquer escolha trágica governamental como inconstitucional, de forma assistemática. Ora, como disse Canotilho, "a proibição do retrocesso social nada pode fazer contra a recessão e crises econômicas"[53].

---

51   *Op. cit.*, p. 444.
52   *Op. cit.*, p. 446.
53   *Op. cit.*, p. 479.

Dessa maneira, mais que nunca, parece-nos oportuno identificar os parâmetros constitucionais, os limites jurídicos do eventual retrocesso social. Afirmar que o retrocesso é inadmissível, quando o retrocesso é inevitável em decorrência de crises econômicas, é o mesmo que desproteger as expectativas dos direitos, querendo protegê-las.

3.4. A PROIBIÇÃO DO RETROCESSO COMO PRINCÍPIO POLÍTICO E OS SEUS LIMITES EM TEMPOS DE CRISE ECONÔMICA

Não restam dúvidas de que o princípio da proibição do retrocesso (ou proibição do retrocesso social) não é um princípio constitucionalmente expresso na Constituição brasileira de 1988 (ou em outra Constituição contemporânea). Embora sejam sedutores os argumentos de que a proibição do retrocesso é um princípio constitucional implícito (decorrente do Estado Social de Direito, ou do princípio da segurança jurídica etc.), entendemos se tratar de um princípio de índole política, mas não jurídica.

Parece-nos que a busca pela constitucionalização do princípio da proibição do retrocesso é uma tentativa do jurista limitar a liberdade política, máxime em razão do seríssimo e histórico déficit no tocante aos direitos sociais. Percebe-se tal escopo das palavras de Ingo Sarlet, segundo o qual, "atentando especialmente para os gritantes níveis de exclusão social e os correspondentes reclamos de proteção contra medidas que venham a correr ainda mais os deficitários patamares de segurança social ora vigentes entre nós, é possível afirmar – com ênfase – que a análise sóbria e constitucionalmente adequada da temática ora sumariamente versada, assume caráter emergencial"[54].

Canotilho, um dos maiores defensores da proibição do retrocesso social, em obra posterior, afirmou que "A 'proibição de retrocesso

---

54 *Op. cit.*, p. 462.

social' nada pode fazer contra as recessões e crises econômicas (reversibilidade fática)"[55]. Em texto posterior, foi bem mais pessimista o mestre português: "O rígido princípio da 'não reversibilidade' ou, formulação marcadamente ideológica, o 'princípio da proibição da evolução reacionária' pressupunha um progresso, uma direção e uma meta emancipatória e unilateralmente definidas: aumento contínuo de prestações sociais. Deve relativizar-se este discurso que nós próprios enfatizamos noutros trabalhos. A dramática aceitação de 'menos trabalho e menos salário, mas trabalho e salário e para todos, o desafio da bancarrota da previdência social, o desemprego duradouro, parecem apontar para a insustentabilidade do princípio da não reversibilidade social"[56].

No mesmo sentido, Jorge Reis Novais afirma que o princípio da proibição do retrocesso social "não tem, pura e simplesmente, nem arrimo positivo em qualquer ordem constitucional, nem sustentação dogmática, nem justificação ou apoio em quaisquer critérios de simples razoabilidade"[57], porque pressupõe uma concepção determinista da história e um otimismo inabalável.

A discussão acerca da normatividade desse princípio foi reacendida por meio da crise econômica europeia e a necessidade de medidas econômicas de austeridade. Como afirma Catarina Botelho, "nos nossos dias, o cenário de crise econômica e financeira – e as consequentes dificuldades de o Estado veicular as garantias sociais que vieram sendo alcançadas – reacendeu a discussão em torno da admissibilidade ou da negação de uma proibição do retrocesso social (...) que data das décadas de sessenta e setenta do século passado e que tem perdurado até hoje. Uma tal 'tese de congelação dos direitos sociais' feriria de inconstitucionalidade diversas propostas ou medidas legislativas adotadas em vários Estados europeus, num contexto de austeridade. Estamos a referir-nos, v.g., à redução dos

---

55   *Op. cit.*, p. 337.
56   *Estudos sobre direitos fundamentais*. Coimbra: Almedina, 2004, p. 111.
57   *Op. cit.*, p. 244-245.

vencimentos da função pública e ao congelamento dos concursos e das progressões, ao aumento da idade da reforma, ou ao aumento das propinas e das taxas moderadoras"[58].

Como vimos anteriormente, o princípio da proibição do retrocesso foi criado pela doutrina alemã, para dar uma proteção jurídico--constitucional aos direitos sociais, que não estão previstos no texto constitucional. Transportar esse princípio para os países (como o Brasil) que preveem um longo rol de direitos sociais no texto constitucional não parece ser de melhor técnica. Como afirma Jorge Reis Novais, "o que surpreende é o sucesso quase universal que a fórmula obtém, incluindo em países e ordens constitucionais onde não apresenta qualquer justificação ou utilidade, mais precisamente, nas ordens constitucionais em que os direitos sociais são juridicamente considerados direitos fundamentais, direitos constitucionais, beneficiando, portanto, da proteção que decorre da sua natureza formal e materialmente constitucional, sem quaisquer necessidades de invenção de princípios incertos ou inexistentes"[59].

De fato, com drástica redução do orçamento, por conta da queda da arrecadação, é impossível manter o mesmo número de políticas públicas, com a mesma intensidade, com a mesma amplitude. Reduzindo-se a arrecadação, como manter o investimento do FIES, PROUNI, Bolsa Família e outros programas que atingiram seu ápice quando da pujança econômica? Como vimos anteriormente, os direitos têm custos e eles são impactados pelo orçamento exequível. Por essa razão, concordamos com Catarina Botelho, segundo a qual a proibição do retrocesso é (e deve ser) um princípio político, mas não pode ser um princípio jurídico-constitucional: "quanto a nós, não julgamos possível retirar da Constituição um princípio geral de proibição de retrocesso social. Até um certo ponto, deverá ser possível – o que, ressalve-se, não quer dizer que seja sempre constitucionalmente

---

58 *Op. cit.*, p. 435.
59 *Op. cit.*, p. 241.

admissível — retroceder nas prestações que foram sendo atribuídas, em diferentes momentos históricos e com diversas motivações sociais e políticas, sem que contudo seja tolerável colocar em perigo a dignidade da pessoa humana. Assim, a *reformatio in pejus* tem-se por permitida, em geral, desde que não afete a salvaguarda constitucional da dignidade da pessoa humana, seja suficientemente fundamentada e, por último, adequada e proporcional ao prejuízo que impõe"[60].

De forma contundente, Jorge Reis Novais afirma que "de onde se retiraria a ideia de que os recursos disponíveis serão mais amanhã e mais ainda depois de amanhã e assim sucessivamente até ao fim da história? E mesmo que, considerando o longo prazo, essa ideia fosse sustentável, por que razão não poderia haver situações momentâneas ou intercalares de crise econômica, de dificuldades financeiras extremas ou até de penúria? Por que razão nessas alturas, e ao abrigo da referida reserva do financeiramente possível, não seria necessário e admissível *retroceder* no nível de realização anteriormente proporcionado?"[61].

Dessa maneira, em nosso entender, impossível sustentar a autonomia jurídica do princípio da proibição do retrocesso, quer explicitamente, quer implicitamente em nosso ordenamento jurídico constitucional. Como afirma Catarina Botelho, de forma incisiva que o princípio da "proibição do retrocesso social nada pode fazer contra as recessões e crises econômicas (*reversibilidade fática*). Há que atender, além disso, ao fato de a proibição do retrocesso social apenas poder ser encarada como um mote de luta política, ao jeito de um expressivo e ecoante 'nem um passo atrás' (*ni un paso atrás*), mas não constituir um princípio jurídico-constitucional"[62].

Impedir que o Poder Público modifique as prioridades sociais, comparadas ao governo anterior, significa violar as escolhas democráticas em um determinado contexto histórico. Priorizar

---

60 *Op. cit.*, p. 444.
61 *Op. cit.*, p. 243.
62 *Op. cit.*, p. 439.

determinados direitos sociais implica maiores gastos e, por consequência, redução de gastos em outras áreas igualmente sensíveis. Como vimos no capítulo anterior, são "escolhas trágicas". Como demonstraremos adiante, tais escolhas encontram alguns limites jurídicos, mas não estão condicionadas pelas escolhas de governos anteriores. Como afirma Catarina Botelho, "o princípio do Estado social não impede que o legislador perca a sua liberdade (...). concretizadora, porquanto a regra da alternância democrática é uma manifestação do Estado de Direito. (...) Ao invés, a esta sua 'liberdade de concretização' (...) dos direitos sociais corresponde a 'liberdade da sua modificação, ainda que tal possa implicar um retrocesso'"[63]. Como afirmou José Melo Alexandrino, "toda a fixidez é nociva, desde logo por ser anti-histórica e anticultural: a história é movimento incessante, a cultura pressupõe interação e conflito"[64]. No mesmo sentido, Jorge Reis Novais afirma que, "num quadro geral de *escassez moderada* de recursos, a respectiva alocação, seja numa situação econômica de progresso e desenvolvimento, seja, sobretudo, numa situação de crise e dificuldades, está intrinsecamente dependente e condicionada por definições de prioridades e decisões políticas de afetação de recursos que, em Estado democrático, cabem primária e decisivamente ao legislador democrático e ao poder político instituído. Logo, um aparente *retrocesso* pontual nos níveis de realização de um dado direito social pode perfeitamente ser justificado pela necessidade de prossecução de um outro direito social; a diminuição dos níveis de acesso de um determinado grupo ou camada da população a um certo benefício pode ser justificada pelo aumento dos níveis de acesso de um ou outro grupo ou camada social ao mesmo ou a um outro direito social"[65].

Em outras palavras, como afirmou Catarina Botelho, "o ponto fulcral da argumentação em torno do princípio da proibição do

---

63 *Op. cit.*, p. 438.
64 *Apud* Catarina dos Santos Botelho, *op. cit.*, p. 442.
65 *Op. cit.*, p. 243.

retrocesso social, ainda que parta de um raciocínio intelectualmente elegante e que cria empatia social, olvida o funcionamento saudável de uma democracia"⁶⁶.

Outrossim, nem sempre é simples definir que uma ação estatal implica o retrocesso de direitos sociais. Como afirma Jorge Reis Novais, "a própria identificação de existência de *retrocesso* não é imediata e muito menos linear, dependendo em grande medida das perspectivas políticas ou das pré-compreensões do decisor político ou do intérprete"⁶⁷.

Como sustentamos no capítulo anterior, há limites constitucionais expressos ou implícitos às restrições operadas pelo Poder Público no tocante a direitos fundamentais. Há um arcabouço de princípios, como a proporcionalidade, a razoabilidade, a intangibilidade do núcleo essencial dos direitos fundamentais, a necessidade de cumprimento do mínimo existencial dos direitos sociais etc. Por essa razão, parece-nos insustentável a autonomia do princípio da proibição do retrocesso, já que umbilicalmente ligado a outros princípios constitucionais, como afirma Catarina Botelho: "bem vistas as coisas, o princípio da proibição do retrocesso resulta conexo com outros princípios, tais como: a proteção da confiança legítima, o princípio da proporcionalidade, a reserva do possível, o mínimo para uma existência condigna, ou a justiça intergeracional"⁶⁸.

---

66 *Op. cit.*, p. 445.
67 *Op. cit.*, p. 244. Prossegue o autor: "Como exemplifica ATRIA, substituir um sistema de pensões de reforma como o atual, em que os descontos dos atuais trabalhadores financiam as pensões dos reformados, por um outro sistema de capitalização individual, em que os próprios descontos que o trabalhador fez ao longo da vida constituem o capital que financia a própria reforma, significará, provavelmente, para alguém situado à direito do espectro político um *avanço*, mas já será para alguém situado à esquerda um *retrocesso*. Qual seria, então, o critério constitucional para definir materialmente o sentido de *retrocesso*?" (p. 244).
68 *Op. cit.*, p. 441. Entender que há um modelo diferente de restrição dos direitos sociais, na comparação com os direitos individuais e políticos, seria dar a eles uma proteção constitucional superior, que não decorre, quer expressa, quer implicitamente no desejo do constituinte originário. Como afirma Jorge Reis

Em nosso entender, como melhor explicaremos adiante, o retrocesso pode ocorrer quando constitucionalmente justificável, mas não poderá atingir o *mínimo existencial* dos direitos sociais, o *núcleo essencial* dos direitos sociais, ou seja, o mínimo dos direitos sociais relacionados à dignidade da pessoa humana e necessários à vida saudável e digna[69], dentre outras limitações.

Nesse sentido, afirma Ingo Wolfgang Sarlet: "mediante a supressão pura e simples do próprio núcleo essencial legislativamente concretizado de determinado direitos social (especialmente dos direitos sociais vinculados ao mínimo existencial) estará sendo afetada em muitos casos, a própria dignidade da pessoa, o que desde logo se revela inadmissível, ainda mais em se considerando que na seara das prestações mínimas (que constituem o núcleo essencial mínimo judicialmente exigível dos direitos a prestações) para uma vida condigna não poderá prevalecer até mesmo a objeção da reserva do possível e a alegação de uma eventual ofensa ao princípio democrático e da separação dos poderes"[70]. Em outras palavras, "uma medida de cunho retrocessivo, para que não venha a violar o princípio da proibição de retrocesso, deve, além de contar com uma justificativa de porte

---

Novais, "uma tal concepção introduziria irracionalidade no sistema de garantias dos direitos fundamentais, na medida em que a rigidez absoluta de que dotava os benefícios sociais consagrados em lei ordinária não tinha paralelo, sequer, na proteção constitucional conferida aos restantes dos direitos fundamentais, designadamente aos direitos de liberdade, conhecida que é a admissibilidade de cedência destes, às mãos do legislador ordinário, sempre que tal se mostre apto, necessário e adequado à proteção de outros bens e interesses igualmente dignos de proteção jurídica. Na sua dimensão negativa, os direitos sociais passariam, através da proibição da sua afetação negativa após concretização legal, a usufruir de um grau de proteção e garantia não conferidas aos direitos de liberdade" (*op. cit.*, p. 244).

69 "Que tal núcleo essencial encontra-se em geral, diretamente conectado ao princípio da dignidade da pessoa humana, notadamente (em se tratando de direitos sociais prestacionais) ao conjunto de prestações materiais indispensáveis para a vida com dignidade, constitui uma das teses centrais aqui sustentadas, ainda que sem qualquer pretensão de originalidade" (*op. cit.*, p. 471).

70 *Op. cit.*, p. 463.

constitucional, salvaguardar – em qualquer hipótese – o núcleo essencial dos direitos sociais, notadamente naquilo em que corresponde às prestações materiais indispensáveis para uma vida com dignidade para todas as pessoas"[71].

Dessa maneira, colocamo-nos, como afirma Catarina Botelho, numa *posição intermédia*[72]. Segundo a autora, "numa *posição intermédia*, a doutrina que recusa a existência de uma proibição do retrocesso admite, quando muito aquilo que se pode designar por uma 'proibição flexível/relativa do direito social' (...). Segundo este raciocínio, o domínio das intervenções legislativas já efetuadas em matéria de concretização de direitos sociais fundamentais não é um 'terreno constitucionalmente neutro'. Nestes termos, uma boa parte da doutrina portuguesa tem aceite um retrocesso somente quando estiver em causa um direito/valor constitucional mais forte e os atos legislativos retrocedentes forem devidamente fundamentados. Outros, ainda, salientam que o retrocesso nunca poderá incidir sobre o 'núcleo essencial' do direito social que tinha sido legislativamente concretizado"[73].

Reconhecer um princípio autônomo que impossibilita o retrocesso de normas garantidoras de direitos sociais seria, como afirma Vieira de Andrade, dar aos direitos sociais uma eficácia que as próprias liberdades públicas não possuem: "a proibição do retrocesso social não pode ser tida como uma regra geral, sob pena de se colocar seriamente em risco a indispensável autonomia da função legiferante, já que não se pode considerar o legislador como órgão de mera execução das decisões constitucionais. Além disso, uma proibição em termos absolutos do retrocesso social acabaria por outorgar aos direitos fundamentais sociais a prestações legislativamente concretizados uma eficácia mais reforçada do que a atribuída aos direitos de defesa em geral"[74].

---

71 *Op. cit.*, p. 473.
72 *Op. cit.*, p. 440.
73 *Op. cit.*, p. 441.
74 *Apud* Ingo Wolfgang Sarlet, *op. cit.*, p. 453.

Por isso, concordamos com Jorge Reis Novais, segundo o qual "onde se lê 'é proibido retroceder' deve se passar a entender 'é admissível retroceder, mas com limites ou com exceções'"[75].

Diante de severa crise econômica, o Tribunal Constitucional português teve que se deparar com o conflito entre o princípio da *proibição do retrocesso* e a necessidade fática e imperiosa de um retrocesso das políticas públicas e, em alguns casos, até mesmo de direitos individuais (suas decisões passaram a receber o nome de "A Jurisprudência da Crise"). Refutando a teoria da proibição do retrocesso, fixou parâmetros, garantias de estabilidade em face dos retrocessos sociais, no Ac. TC n. 509/02: "é difícil aceitar um princípio geral do 'acquis social' ou da 'proibição do retrocesso', sob pena de se sacrificar a 'liberdade constitutiva' do legislador, sobretudo numa época em que ficou demonstrado que não existe uma via única e progressiva para atingir a sociedade justa. Todavia, pode-se afirmar que existe uma certa garantia de estabilidade: a) uma garantia mínima, no que se refere à proibição feita ao legislador de pura e simplesmente destruir o nível mínimo adquirido; b) uma garantia média, quando se exige às leis 'retrocedentes' o respeito pelo princípio da igualdade (como proibição do arbítrio) e do princípio da proteção da confiança; c) uma garantia máxima, apenas nos casos em que se deve concluir que o nível de concretização legislativa beneficia de uma tal 'sedimentação' na consciência da comunidade que deve ser tido como 'materialmente constitucional'".

Em tempos de crise financeira, déficit orçamentário, cabe ao Judiciário apreciar as medidas restritivas, o retrocesso social operado e decorrente da inevitabilidade dos fatos, verificando se houve excessos irrazoáveis, desproporcionais, que firam o núcleo essencial dos direitos fundamentais sociais. O Tribunal Constitucional português vem denominando tal análise de "limites do sacrifício". No AC do TC n. 353/2012, que examinou a Lei do Orçamento do Estado

---

75 *Op. cit.*, p. 245.

para 2012, o Tribunal Constitucional português, ao analisar a redução de vencimentos, que havia frustrado as "expectativas fundadas" e a proteção da confiança, afirmou que estaria ela dentro dos "limites do sacrifício", pois, "a serem indispensáveis, as reduções remuneratórias não se podem considerar excessivas, em face das dificuldades a que visam fazer face. Justificam esta valoração, sobretudo, o seu caráter transitório e o patente esforço em minorar a medida do sacrifício exigido aos particulares, fazendo-a corresponder ao quantitativo dos vencimentos afetados".

Catarina Botelho assim sintetiza a jurisprudência portuguesa: "quanto à jurisprudência constitucional portuguesa sobre o retrocesso social, se o Tribunal, quiçá com alguma precipitação, começou por admiti-lo – no sobejamente conhecido Acórdão n. 39/84 – acabou por, posteriormente, matizar a sua posição, em especial admitindo que a proibição do retrocesso apenas poderá funcionar 'em casos-limite', em homenagem ao 'princípio da alternância democrática'"[76].

Dessa maneira, as crises econômicas recentes decretaram o enfraquecimento substancial da *proibição do retrocesso*. Enquanto em terras brasileiras ainda se prestigia o princípio, seja na doutrina, seja nas decisões judiciais, como se fosse a *tábua de salvação dos direitos sociais*, na Europa o cenário é bem diverso: "Paulo Otero alude à passagem da 'hipervalorização doutrinaria à arqueologia argumentativa', no sentido de que o princípio da proibição do retrocesso se ter tornado, hoje, numa 'peça retórica de pura arqueologia jurídica'. Também em França, Dominique Chagnollaud entende que este princípio está em vias de extinção, tendo perdido uma relevância

---

[76] *Op. cit.*, p. 443. Segundo a autora, "mais explicitamente, no Acórdão n. 509/2002, o Tribunal deixou claro que adere a uma leitura restritiva na matéria e que o apelo à proibição do retrocesso social 'apenas pode funcionar em casos-limite, uma vez que, desde logo, o *princípio da alternância democrática* (...) inculca a revisibilidade das opções político-legislativas, ainda quando estas assumam o caráter de opções legislativas fundamentais'" (p. 444).

significativa a partir do momento em que o Conselho Constitucional deixou de o aplicar em termos absolutos e passou a ter um entendimento mais relativo do mesmo"[77].

De certa forma, nosso ponto de vista (de que a proibição do retrocesso é um princípio de natureza política, mas não de natureza jurídica) não difere tanto da posição dos que defendem a constitucionalidade e autonomia do princípio da proibição do retrocesso. Para nós, embora não seja um princípio constitucional autônomo, existem limites constitucionais e convencionais ao retrocesso normativo, decorrente de outros princípios constitucionalmente já reconhecidos. Por sua vez, os defensores da autonomia da proibição do retrocesso, reconhecem-na como um princípio relativo, como o faz Ingo Sarlet: "em se levando em conta que a proibição do retrocesso social, por não se tratar de regra geral e absoluta, mas, sim, de princípio, não admite solução baseada na 'lógica do tudo ou nada' (na esteira das lições de Dworkin, Alexy e Canotilho), aceitando determinadas reduções no âmbito das conquistas sociais ao nível infraconstitucional, encontra-se vedada, desde logo e por evidente, sua supressão pura e simples"[78]. Aliás, parece concordar com nossa conclusão o autor sobredito, segundo o qual, "independente da discussão em torno da maior ou menor autonomia (...) da proibição de

---

77 Catarina Santos Botelho, *Os direitos sociais em tempos de crise*, p. 446.
78 *Op. cit.*, p. 455. Continua o autor: "importa avançar no que diz com a construção de alguns critérios materiais que viabilizem uma solução constitucionalmente adequada e equânime no âmbito da aferição dos limites da aplicação do princípio da proibição de retrocesso. Neste contexto, a primeira noção a ser resgatada é a do núcleo essencial dos direitos fundamentais sociais, que estejam sendo objeto de alguma medida retrocessiva" (p. 456). Jorge Reis Novais critica ferozmente tal postura, afirmando que essa tentativa de "relativização" do suposto princípio tem apenas o intuito de "salvar a viabilidade da fórmula". Segundo o autor, tal tentativa traz dois efeitos negativos: a) comprovam a falta de autonomia dogmática do princípio da proibição do retrocesso social; b) acaba por trazer consigo o "inevitável efeito de obscurecer (...) os efeitos autônomos ou combinados que alguns daqueles outros princípios podem desenvolver num outro contexto de justificação" (*op. cit.*, p. 379).

retrocesso em relação ao regime jurídico dos limites dos direitos fundamentais – no contexto do qual a proibição do retrocesso atuaria, segundo já se apontou, como limite dos limites, merece acolhida a tese de que uma medida restritiva em matéria de direitos sociais em princípio deve ser encarada com reservas"[79].

Jorge Reis Novais, com o qual concordamos, critica essa visão autonomista da *proibição do retrocesso*, com reservas. Para ele, tal posição em nada difere do reconhecimentos dos já vetustos limites às restrições dos direitos fundamentais: "com efeito, basta considerar o elenco de princípios ou critérios a que a concepção da proibição relativa recorre para limitar o legislador que retrocede, para imediatamente se perceber que se trata, pura e simplesmente, dos chamados limites aos limites dos direitos fundamentais, ou seja, dos limites constitucionais, próprios de Estados de Direito, que os poderes políticos têm de observar quando restringem os direitos fundamentais"[80].

Dessa maneira, a "jurisprudência da crise", o enfraquecimento (ou até mesmo a negação) do princípio da proibição do retrocesso não significa dar uma carta branca para o legislador ou administrador, com a plena liberdade de abolir as políticas públicas e as leis que regulamentam os direitos sociais. Evidentemente não é isso! Há limites para sua atuação, que devem ser impostos pela dogmática jurídico-constitucional, e sobre os quais nos debruçaremos.

Catarina Botelho, que, ao lado de outros constitucionalistas portugueses, nega a constitucionalidade e autonomia do princípio da proibição do retrocesso, igualmente reconhece limites às restrições dos direitos sociais: "assim, a *reformatio in pejus* tem-se por permitida, em geral, desde que não afete a salvaguarda constitucional da

---

79 *Op. cit.*, p. 458.
80 *Op. cit.*, p. 246. Prossegue o autor: "Da observância dos *limites aos limites* depende a legitimidade constitucional da restrição, exatamente da mesma forma que da sua observância dependeria, segundo os defensores da *proibição relativa*, a legitimidade constitucional do dito retrocesso" (p. 246).

dignidade da pessoa humana, seja suficientemente fundamentada e, por último, adequada e proporcional ao prejuízo que impõe"[81].

Cabe-nos verificar quais são os limites impostos ao retrocesso, máxime em tempos de crise econômica. Da mesma forma, cabe-nos também verificar quais os reflexos práticos do princípio da *progressividade* previsto em tratados internacionais sobre direitos humanos que possuem em vários países natureza constitucional (como a Argentina) ou infraconstitucional (como o Brasil).

3.4.1. A proibição do retrocesso como princípio decorrente da progressividade dos direitos sociais

A interconexão de perspectivas constitucionais e internacionais é cada vez mais presente na doutrina e na jurisprudência relacionada aos direitos fundamentais, máxime os direitos sociais. Não é à toa que parte da doutrina denomina *transconstitucionalismo* a maior aproximação entre o direito constitucional e o direito internacional, para melhor tutela dos direitos fundamentais. Segundo Christian Courtis, o enfoque constitucional e o enfoque internacional não estão desconectados, "porque o conteúdo material dos direitos econômicos, sociais e culturais reconhecidos por pactos internacionais de direitos humanos, e o dos direitos sociais reconhecidos como direitos fundamentais em diversas constituições, coincide em grande medida, de modo que não é estranho que os princípios de interpretação desenvolvidos a partir de ambos coincidam, também, em grande medida"[82].

Não obstante, não é unânime na doutrina constitucional a correspondência estreita entre a *progressividade* prevista nos tratados e o suposto princípio constitucional da *não regressividade*. Como

---

81 *Op. cit.*, p. 444.
82 *Ni un paso atrás*: la prohibición de regresividad en materia de derechos sociales, p. I.

afirma Catarina Botelho, "há, portanto, quem entenda que essa obrigação de realização progressiva tem como *correspetivos lógicos* a proibição de retrocesso social e a proibição da inação estatal, sendo retiradas *a contrario sensu* da proibição de regressividade. Outros veem os conceitos como não plenamente sobreponíveis e acrescentam que se 'a não regressividade' deve ser perspectivada como um 'princípio', já a 'progressividade' será uma 'diretriz'"[83].

Segundo o citado constitucionalista argentino, as duas noções da proibição do retrocesso (*regressividade de resultados* e *regressividade normativa*) podem ser extraídas da noção de "progressividade", que implica a *gradualidade* (um reconhecimento de que a plena realização dos direitos econômicos, sociais e culturais geralmente não ocorrerá num período curto de tempo) e o *efetivo progresso* ("mover-se tão rápida e efetivamente como seja possível até a meta"[84]. Tal teoria foi adotada pela Assembleia Geral da Organização dos Estados Americanos, órgão que, em 7 de junho de 2005, aprovou as "Normas para a confecção dos informes periódicos previstos no artigo 19 do Protocolo de San Salvador").

No artigo 5.1 dessas normas está definida a progressividade do seguinte modo: "o critério de avanço paulatino no estabelecimento das condições necessárias a garantir o exercício de um direito econômico, social e cultural". Outrossim, o artigo 5.2 requer o emprego de indicadores de progresso: "um sistema de indicadores de progresso permite estabelecer, com um grau razoável de objetividade, as distâncias entre a situação entre realidade e o *standard* ou meta desejada. O progresso nos direitos econômicos sociais e culturais se pode medir a partir de considerar que o Protocolo de San Salvador expressa um parâmetro frente ao qual se pode comparar, de uma parte, a recepção constitucional, o desenvolvimento legal e institucional e as práticas de governo dos Estados; e de outra parte, o nível de satisfação das aspirações dos diversos setores da sociedade,

---

83 *Op. cit.*, p. 448.
84 Artigo 2.1, parágrafo 9, do PIDESC.

expressadas, entre outras, através dos partidos políticos e das organizações da sociedade civil".

Por sua vez, o artigo 5.2. reconhece uma dimensão normativa, ao determinar "a recepção constitucional, o desenvolvimento legal e institucional e as práticas de governo dos Estados". A nota ao artigo 11 define as medidas regressivas que, aclara o artigo: "em princípio, são incompatíveis com a vigência plena do Protocolo: (...) por medidas regressivas se entendem todas aquelas disposições ou políticas cuja aplicação signifique um retrocesso no nível de gozo ou exercício de um direito protegido". Nas palavras de Christian Courtis, "essa definição de regressividade envolve as duas noções assinaladas de regressividade: a) as disposições normativas que impliquem um retrocesso na extensão concedida a um direito, e b) as políticas que impliquem um retrocesso nos resultados, mensuráveis através de indicadores ou referenciais empíricos"[85].

O artigo 2.1 do PIDESC estabelece que "cada um dos Estados-Partes no presente Pacto se compromete a adotar medidas, tanto separadamente como mediante a assistência e a cooperação internacionais, especialmente econômicas e técnicas, até o máximo dos recursos de que se disponha, <u>para lograr progressivamente</u>, por todos os meios apropriados, inclusive na adoção de medidas legislativas, a plena efetividade dos direitos aqui reconhecidos" (grifamos)

Por sua vez, o Sistema Interamericano de Direitos Humanos inclui cláusulas semelhantes às do artigo 2.1 do PIDESC, de modo que a *progressividade* também está incorporada a seus instrumentos. O artigo 26 da Convenção Americana de Direitos Humanos afirma que "Os Estados-Partes se comprometem a adotar providências, tanto a nível interno como mediante a cooperação internacional, especialmente econômica e técnica, <u>para lograr progressivamente</u> a plena efetividade dos direitos que se derivam das normas econômicas, sociais e sobre educação, ciência e cultura, contidas na Carta da

---

85 *Op. cit.*, p. 6.

Organização dos Estados Americanos, reformada pelo Protocolo de Buenos Aires, na medida dos recursos disponíveis, por via legislativa ou por outros meios apropriados" (grifamos). Por sua vez, o Protocolo Adicional à Convenção Americana sobre Direitos Humanos em matéria de Direitos Econômicos, Sociais e Culturais (Protocolo de San Salvador) também inclui uma cláusula que constitui uma transcrição quase literal do art. 2.1 do PIDESC.

Segundo Christian Courtis, do princípio internacional da *progressividade* pode ser extraído o princípio da proibição do retrocesso social: "dessa obrigação estatal de implementação progressiva dos direitos econômicos, sociais e culturais, podem extrair-se algumas obrigações concretas. A obrigação mínima assumida pelo Estado a respeito é a obrigação de *não regressividade*, ou seja, a proibição de adotar políticas e medidas, e por fim, de sancionar normas jurídicas, que piorem a situação dos direitos econômicos, sociais e culturais dos que gozava a população ao momento de adotado o tratado internacional respectivo"[86]. Depois de examinar os dispositivos dos documentos internacionais, conclui que "à luz da evidência textual, pouca dúvida recai sobre a incorporação da proibição do retrocesso, ao menos em matéria de direitos econômicos, sociais e culturais, na Convenção Americana sobre Direitos Humanos e no Protocolo de San Salvador. Em linha com o costume interpretativo tanto da Comissão Interamericana, como da Corte Interamericana de Direitos Humanos, a interpretação dessas cláusulas requer atentar aos *standards* fixados por suas partes de outros sistemas internacionais de proteção dos direitos humanos"[87].

---

86   *Op. cit.*, p. 9. Segundo o autor, essa interpretação é amparada pelo artigo 11.1 do PIDESC, que estabelece que "os Estados-Partes do presente Pacto reconhecem o direito de toda a pessoa a um nível de vida adequado para sua família, incluídos alimentação, vestuário e moradia adequados, e a uma melhora contínua das condições de existência. Os Estados-Partes tomarão medidas apropriadas para assegurar a efetividade deste direito, reconhecendo a este efeito a importância essencial da cooperação internacional fundada no livre consentimento" (grifamos) (p. 9).

87   *Op. cit.*, p. 17.

Todavia, o retrocesso (ou regressividade) decorrente de uma crise econômica não escapou da visão de órgãos internacionais, como o Comitê de Direitos Econômicos, Sociais e Culturais das Nações Unidades que, na Observação Geral 3, afirmou "qualquer medida deliberadamente regressiva a respeito requererá a mais cuidadosa consideração e deverá ser justificada plenamente por referência à totalidade dos direitos previstos no Pacto e no contexto de aproveitamento pleno do máximo dos recursos de que se dispõe". Ou seja, ainda que adotado o princípio da *progressividade*, o *retrocesso* é excepcional, mas admitido, desde que devidamente fundamentado na proporcionalidade e na razoabilidade.

Por fim, o tema já foi analisado pela Corte Interamericana de Direitos Humanos, no caso "Cinco pensionistas" vs. Peru. Segundo a Corte, "os direitos econômicos, sociais e culturais têm uma dimensão tanto individual como coletiva. Seu desenvolvimento progressivo, sobre o qual já se pronunciou o Comitê de Direitos Econômicos, Sociais e Culturais das Nações Unidas, se deve medir, no critério deste Tribunal, em função da crescente cobertura dos direitos econômicos, sociais e culturais em geral, sobre o conjunto da população, tendo presentes os imperativos da equidade social, e não em função das circunstâncias de um grupo muito limitado de pensionistas não necessariamente representativos da situação geral prevalecente" (grifamos).

Dessa maneira, em decorrência do princípio da *progressividade* previsto nos tratados internacionais de direitos humanos incorporados ao ordenamento jurídico brasileiro, entendemos que o retrocesso é excepcional, como também deve ser excepcional qualquer restrição a direito fundamental, devendo ser devidamente justificada pelo poder público. O princípio da *progressividade* não tem e nunca terá o condão de condicionar a realidade atingida por relativa escassez. Como pergunta Jorge Reis Novais, "de onde se retiraria a ideia de que os recursos disponíveis serão mais amanhã e mais ainda depois de amanhã e assim sucessivamente até o fim da história?"[88]. Como afirma Catarina Botelho, "entendemos que a livre fruição dos direitos sociais está limitada por uma *escassez* que lhes é inerente ou tendencial. Muito dificilmente se conseguirá obter um patamar ótimo de satisfação de todos os direitos sociais, que implicaria, no limite, v.g., a formação pós-graduada gratuita a todos os cidadãos, a possibilidade de escolher o mais conceituado especialista internacional numa determinada especialidade médica, a possibilidade de beneficiar do subsídio de desemprego até que surja uma oferta de emprego totalmente do agrado daquele que está desempregado, ou, quanto ao direito à cultura, a exigência de assistir anualmente a um concerto de Evgeny Kissin"[89].

Por essa razão, mais que nunca, é necessário identificar os limites e os parâmetros que justifiquem o retrocesso social, máxime em tempos de crise econômica.

3.4.2. Os limites do retrocesso

Como afirmamos no decorrer deste capítulo, a proibição do retrocesso não é um princípio constitucional implícito ou expresso, bem como não deve ser extraída pura e simplesmente da cláusula de *progressividade* prevista em tratados internacionais sobre direitos humanos.

Não obstante, entender que a proibição do retrocesso não é um princípio constitucional não significa permitir que o Poder Público restrinja livremente a tutela de direitos fundamentais (máxime os direitos sociais), bem como extinga, sem qualquer justificativa, políticas públicas relacionadas a direitos sociais diversos. Assim como há limites das restrições às liberdades públicas (*schranken-schranken*),

---

[88] *Op. cit.*, p. 243. Conclui o autor que "de fato, só uma crença supersticiosa, um otimismo inabalável ou uma concepção determinista da história – todos sem qualquer apoio constitucional – permitiriam fundar a plausibilidade de um tal princípio de proibição do retrocesso social" (*op. cit.*, p. 243).
[89] *Op. cit.*, p. 448.

também há restrições às práticas regressivas do Estado. Tal concepção não decorre da doutrina alemã, por uma razão simples: os direitos sociais não estão previstos expressamente na Constituição alemã. Como afirma Jorge Reis Novais, "a teoria das restrições aos direitos fundamentais não podia ser utilizada nas restrições aos direitos sociais pura e simplesmente porque estes não eram e não são, na ordem constitucional alemã, direitos fundamentais. Sentida, porém, a necessidade *constitucional* de os defender, havia que *inventar* algo, no caso, com grande sucesso, a ideia e a fórmula de *proibição do retrocesso*"[90].

Concordamos com o autor português, segundo o qual, se "os direitos sociais são direitos fundamentais, então (...) se lhe aplicarão as regras, critérios e padrões de controle das restrições que afetam os direitos fundamentais"[91]. Por essa razão, cada vez mais oportuno é verificar quais são os limites do retrocesso.

Todavia, antes de esclarecer quais os limites constitucionais do retrocesso, é oportuno verificar a quem cabe controlar o retrocesso, declarando-o, se o caso, inconstitucional. Além dos mecanismos existentes de controle interno de cada Poder, caberá ao Poder Judiciário, como um dos principais intérpretes da Constituição, a análise de eventuais retrocessos excessivos e inconstitucionais.

Aqui não se trata de uma invasão deliberada de um poder sobre o outro, uma interferência indevida do Poder Judiciário em um dos outros Poderes, já que o Judiciário está a exercer, nesse caso, uma "função controladora", como lembra Catarina Botelho: "convém frisar

---

90 *Op. cit.*, p. 247. Continua o autor: "trata-se, portanto, de uma *invenção* alemã, naturalmente aplicável em contextos jurídicos semelhantes, mas totalmente improdutiva, redundante e obscurecedora em contextos constitucionais em que os direitos sociais são direitos fundamentais. Logo, se o são, que razões podem explicar que, em caso da sua afetação negativa por ações do poder público, não se lhes aplique o padrão de controle próprio de Estado de Direito, ou seja, o padrão do controle das restrições aos direitos fundamentais?" (*op. cit.*, p. 247).

91 *Op. cit.*, p. 248.

que a jurisdição constitucional não possui funções colegislativas, mas sim, uma função 'controladora' (*Kontrolleur*), estando limitada a um procedimento estruturado constitucionalmente e vinculado ao 'padrão de controle' (*Kontrollmassstab*)"[92].

Outrossim, a suposta violação da *separação dos poderes* pela admissão da possibilidade do controle jurisdicional das políticas públicas resta superada na medida em que "não podemos obnubilar a ideia de *checks and balances* entre os vários poderes: se a sua atuação se deve pautar pela independência, a verdade é que exercem uma 'supervisão mútua entre si'. Enfim, os três poderes não estão separados por paredes, mas im por pontes que fornecem os pesos e contrapesos"[93].

Fundamentos não faltam para justificar o controle jurisdicional e social das escolhas trágicas. Como sintetizado por Jorge Silva Sampaio, "a admissibilidade do controle das políticas públicas apareceria a partir de diversas *premissas doutrinárias*, como 'a reconstrução da efetividade das normas constitucionais, a teoria dos princípios, a norma hermenêutica, o recurso à ponderação de bens e a redefinição do papel do Poder Judiciário e, como instrumentos de ação, o reforço do controle da constitucionalidade e a utilização efetiva, também nesse plano, de toda a panóplica de meios processuais disponíveis no ordenamento brasileiro (desde a ação civil pública até o mandado de injunção, passando pelas diversas ações constitucionais')"[94].

Concordamos com Jorge Silva Sampaio, segundo o qual "o controle jurisdicional das políticas públicas de direitos sociais está, dependente da concepção de direitos sociais que adotamos. O controle que o Tribunal Constitucional pode fazer é exatamente aquele que o sistema jurídico-constitucional (...) lhe permite genericamente para

---

92 *Op. cit.*, p. 475.
93 Jorge Silva Sampaio, *op. cit.*, p. 458.
94 *O controlo jurisdicional das políticas públicas de direitos sociais*, p. 416.

o controle de normas, isto é, um *controle de constitucionalidade*, através do recurso a todos os instrumentos e parâmetros que a lei constitucional lhe proporciona. Estamos assim, tendo até em conta a *extensão da fundamentalidade* dos direitos fundamentais às políticas públicas que os vêm concretizar, no campo das *restrições de direitos fundamentais*"[95]. Outrossim, como mencionamos no capítulo anterior, até mesmo a invocação da *reserva do possível* não terá o contão de retirar a possibilidade de controlar as escolhas estatais no tocante às políticas públicas, como afirma Jorge Silva Sampaio: "a invocação das reservas não invalida, pura e simplesmente, a possibilidade e a necessidade de um controle de legitimidade constitucional da restrição, porque a ativação das reservas pode provar-se *infundada*, e a restrição pode, em qualquer caso, ter sido *desnecessária, excessiva, desrazoável*, ter afetado ilegitimamente a *proteção da confiança* dos particulares ou ter violado a *dignidade da pessoa humana*"[96].

---

[95] *Op. cit.*, p. 428. Como afirma o autor, as margens do controle jurisdicional variam, quando invocada a reserva do possível: "sempre que a reserva do financeiramente possível seja invocável tanto as possibilidades de realização dos direitos sociais como as margens do controle judicial da sua realização diminuem exponencialmente. A falta de determinabilidade do conteúdo normativo dos direitos sociais está ligada à sujeição da sua dimensão principal à reserva do possível, provindo daí as consequentes *não aplicabilidade direta* das correspondentes normas e *redução da margem de controle judicial* da atuação do legislador. (...) A este propósito, cabe ainda relembrar as *razões jurídicas* que podem anular ou atenuar o impacto da reserva. (...) A força da reserva do financeiramente possível advém de uma evidência fática – *a escassez de recursos* – em conjunto com um constrangimento jurídico – a imposição da *separação dos poderes* que comete ao legislador democrático a aprovação do orçamento. Estas razões só podem ser contrariadas por *contrarrazões fáticas* – o Tribunal verifica, eventualmente, a irrelevância do argumento financeiro – ou *jurídicas* – quando, por exemplo, resulta da própria lei constitucional um comando normativo preciso e imperativo que impede a invocação da reserva (e.g., o 'ensino básico é gratuito')" (*op. cit.*, p. 443). Abordamos com mais vagar, no capítulo anterior, o impacto da reserva do possível na análise jurisdicional da eficácia dos direitos sociais.

[96] *Op. cit.*, p. 451.

Como afirma Catarina Botelho, "como todas as decisões judiciais, também as decisões do Tribunal Constitucional possuem um 'momento de criação jurídica' (*einen eigenen rechtskreativen Moment*), porquanto cada decisão judicial traz para o mundo jurídico uma regra de decisão"[97]. Outrossim, também tem razão quando afirma que "no que respeita à interpretação da constituição, a jurisdição constitucional deverá ter a última palavra. Ora, como é comumente aceite, o poder judicial não implica somente uma mera aplicação mecânica de disposições normativas mas acaba por envolver, amiúde, uma certa componente criadora"[98].

Como vimos anteriormente, o artigo 2.1 do PIDESC estabelece que "cada um dos Estados-Partes no presente Pacto se compromete a adotar medidas, tanto separadamente como mediante a assistência e a cooperação internacionais, especialmente econômicas e técnicas, até o máximo dos recursos de que se disponha, para lograr progressivamente, por todos os meios apropriados, inclusive na adoção de medidas legislativas, a plena efetividade dos direitos aqui reconhecidos" (grifamos).

Não pode o Estado, ainda que baseado na legitimidade popular dos mandatos dos ocupantes dos cargos da administração e legislação, dispor levianamente das receitas do Estado, de modo a prejudicar as políticas públicas que garantem o mínimo existencial dos direitos sociais. Isso vale tanto para a implementação das políticas públicas como (e principalmente) para a sua redução ou supressão.

Como determinado pela norma sobredita, deve o Estado utilizar o "máximo dos recursos de que disponha" para garantir a "plena efetividade dos direitos aqui reconhecidos". Isso significa que escolhas orçamentárias irrazoáveis são inconstitucionais (por violação do *substantive due process of law*) e inconvencionais (por violação do artigo mencionado do PIDESC).

---

97 *Op. cit.*, p. 481.
98 *Op. cit.*, p. 480.

Destarte, mesmo em tempos de crise econômica, as escolhas orçamentárias que desprestigiam os direitos sociais dos mais necessitados em detrimento de outros interesses poderão ser questionadas juridicamente. Aliás, foi o que afirmou o Comitê de Direitos Econômicos, Sociais e Culturais, na Observação Geral n. 4: "os Estados-Partes devem outorgar a devida prioridade aos grupos sociais que vivem em condições desfavoráveis, concedendo-lhes uma atenção especial. As políticas e a legislação, em consequência, não devem ser destinadas a beneficiar os grupos sociais já avantajados, às expensas dos demais".

Segundo Maria Paula Dallari Bucci, "não se trata de conceber o Poder Judiciário como mera arena de conflitos, mas respeitar que a exigência judicial de direitos seja uma alternativa possível. Diante dela, cabe à autoridade prestar contas, informar como está sendo planejado o enfrentamento da questão, quais os meios imediatamente disponíveis, quais os resultados a serem obtidos ao longo do tempo"[99].

Dessarte, questionar a validade (a constitucionalidade e a convencionalidade) das "escolhas trágicas" do poder público é um dever dos intérpretes da Constituição. Não obstante, não cabe apenas ao poder público questionar a validade dessas escolhas, mas sim a todos os intérpretes da Constituição. Como lembra Catarina Botelho, "vivemos, pois, numa 'sociedade aberta de intérpretes constitucionais' (*die offene Gesellschaft der Verfassungsinterpreten*). Por esta razão, Peter Häberle entende que 'não existe um *numerus clausus* da interpretação constitucional', estando esta aberta a todas as entidades públicas, a todos os cidadãos e grupos"[100].

No Brasil, é comum afirmar que o povo não tem condições técnicas ou até mesmo intelectuais para interpretar sua Constituição, ao

---

99 *Fundamentos para uma teoria jurídica das políticas públicas*. São Paulo: Saraiva, 2013, p. 197.
100 *Op. cit.*, p. 485.

contrário do Supremo Tribunal Federal, que é composto por membros com "notável saber jurídico". Contra esse discurso, impactante é a frase de um dos "pais fundadores" (*founding fathers*) norte-americanos, James Madison, escrita no *National Gazette*, em 1792: "Quem são os melhores guardiões das liberdades do povo? Republicanos – O próprio povo. O sagrado monopólio não pode estar tão seguro como nas mãos mais interessadas em preservá-las. Antirrepublicanos – O povo é estúpido, suspeito, licencioso. Ele não pode seguramente confiar em si mesmo. Quando eles estabelecem um governo eles deveriam pensar em mais nada, mas apenas obedecer, deixando suas liberdades sob os cuidados dos governantes"[101].

De certa forma, o monopólio da última interpretação constitucional dado ao Judiciário traz duas consequências perversas: a) em algumas situações, poderá a Corte tutelar direito das minorias políticas, econômicas ou religiosas, contra a vontade da maioria democrática da população (mantendo privilégios, em vez de combater abusos)[102]; b) a incursão da Corte Constitucional em temas políticos acaba por vezes freando a discussão popular acerca de tema sensíveis, antecipando-se a conclusão que, muitas vezes, ainda não está madura no seio da sociedade. Em outras palavras, a visão "juriscêntrica" da interpretação constitucional desestimula a interpretação e o debate fora das cortes. "Se o STF decidiu assim, não há mais o que discutir", pensam alguns. Como afirmou José Nunes de Cerqueira Neto, "a ênfase no Judiciário pode em alguma medida comprometer,

---

101 Com essa frase impactante, Larry Kramer inicia seu livro *The people themselves:* popular constitutionalism and judicial review. Oxford University Press, 2004, p. 23.

102 Recentemente, o Supremo Tribunal Federal, por 6 votos contra 5, entendeu ser possível lecionar, na escola pública, na cadeira destinada ao "ensino religioso", uma única religião, de forma confessional, o que prestigiou o ensino católico (ADI 4439, 27-9-2017). Outrossim, revendo seu posicionamento anterior, o STF também decidiu que a imposição de "medidas cautelares diversas da prisão" a parlamentar, que impactem direta ou indiretamente no exercício do seu mandato, devem ser submetidas à apreciação da respectiva Casa Parlamentar (embora não haja previsão constitucional a respeito).

em vez de promover, a mobilização e o sentimento de cidadania. Se o Judiciário se torna o espaço privilegiado de discussões e disputas, algo parece estar errado com a capacidade de mobilização e manifestação popular. (...) O discurso de supremacia judicial reflete uma postura paternalista que compromete justamente aquilo que se quer proteger: a cidadania"[103].

Entendemos que o Brasil deve perseguir o *constitucionalismo democrático*, expressão cunhada pelos professores norte-americanos Robert Post e Reva Siegel[104]. Embora o *judicial review* seja

---

[103] *Cortes não têm papel central no sistema político constitucional.* Disponível em: https://www.conjur.com.br/2014-jul-21/jose-nunes-cortes-nao-papel-central-sistema-constitucional.

[104] Professores de Direito da Universidade de Yale. O *constitucionalismo democrático* é uma proposta, marcada pelo pluralismo e pelo maior protagonismo dos demais intérpretes da Constituição, sem retirar a importância do Poder Judiciário. Nas palavras dos autores: "o Constitucionalismo democrático afirma o papel do governo representativo e dos cidadãos mobilizados na garantia da Constituição, ao mesmo tempo em que afirma o papel das Cortes na utilização de um raciocínio técnico-jurídico para interpretar a Constituição. Diferentemente do Constitucionalismo Popular, o constitucionalismo democrático não procura retirar a Constituição das Cortes. Constitucionalismo Democrático reconhece o papel essencial dos direitos constitucionais judicialmente garantidos na sociedade americana. Diferentemente do foco juriscêntrico das Cortes, o Constitucionalismo Democrático aprecia o papel essencial que o engajamento público desempenha na construção e legitimação das instituições e práticas do *judicial review*" (Robert Post; Reva Siegel. *Constitucionalismo democrático:* por una reconciliación entre Constitución y pueblo. Madrid, 2015, p. 3). Assim, o Judiciário tem um papel importante na interpretação da Constituição, mas deve fazê-lo atentando para os valores defendidos pela sociedade. Isso porque, segundo os autores, "a autoridade judicial para impor a Constituição, como a autoridade de todos os funcionários públicos, depende, em última instância, da confiança dos cidadãos. Se os Tribunais interpretam a Constituição de forma totalmente divergente dos cidadãos, estes encontrarão maneiras de comunicar suas objeções e resistir aos julgamentos judiciais" (*op. cit.*, p. 7). Segundo o argentino Roberto Gargarella, "para os promotores do constitucionalismo democrático, o papel do Poder Judiciário na interpretação constitucional segue sendo transcendente. Mas não só os juízes devem ostentar o poder de resolver as questões interpretativas sobre a Constituição.

necessário à manutenção do Estado de Direito, não se pode atribuir cegamente ao Poder Judiciário o monopólio da interpretação constitucional. Como já afirmou Peter Häberle (no conhecido livro *Sociedade Aberta dos Intérpretes da Constituição*), todos somos, em maior ou menor medida, intérpretes da Constituição. Como afirma o constitucionalista mexicano Roberto Niembro, "os cidadãos não têm por que aceitar sem reparos as decisões judiciais (ou seja, ser sujeitos passivos), já que o debate popular sobre a Constituição infunde as memórias e os princípios da tradição constitucional, que não seriam desenvolvidos se a cidadania fosse passiva ante as decisões judiciais"[105].

O *constitucionalismo democrático*, que entendemos ser o desejável em nosso, não tem o escopo de "afastar a constituição do juízo das Cortes", como prega Mark Tushnet, professor da Universidade de Harvard. Como afirmaram Post e Riegel, "os tribunais despenham um papel especial nesse processo. Exercem uma forma característica de autoridade para reconhecer e garantir direitos, da qual gozam em virtude da Constituição e das normas de razão jurídica profissional que empregam. Se os tribunais interpretam a Constituição em termos que divergem das convicções profundas do povo, esse mesmo povo encontrará formas de comunicar suas objeções e opor-se às decisões judiciais"[106].

Dessa maneira, o povo deve encarnar seu protagonismo na interpretação constitucional, deixando de ser mero coadjuvante, à espera de uma decisão judicial. Alexandre Sanson aborda a importância dos "grupos de pressão" na implementação e controle das políticas públicas. Para ele, "a intervenção de atores exteriores ao campo estatal nas fases de elaboração das decisões – tanto legislativas quanto

---

A luta pelo sentido do texto constitucional também se realiza nas decisões legislativas, nos pronunciamentos da administração pública e as reinvindicações dos movimentos sociais, foros igualmente autorizados e relevantes para a definição constitucional" (*op. cit.*, p. 9).

105 *Op. cit.*, p. 204.
106 *Op. cit.*, p. 45.

governamentais – demonstra que o Estado não é mais autossuficiente nem bastante para a formulação e efetivação de políticas públicas, em todas as fases do seu desenvolvimento, proporcionar um agir mútuo entre governo e forças sociais; devendo-se considerar, portanto, que tais deliberações públicas não são mais frutos de uma racionalidade objetiva e global, mas de uma articulação de racionalidades instrumentais e parciais pertencentes a distintos participantes. Logo, dentro de uma dialética de consensualismo, a decisão final correta é aquela não satisfaz um modelo abstrato, mas a desejável, sobre a qual haja um relativo acordo entre os *players*, principalmente porque produzirá impactos na sociedade e deve ser dotada de legitimidade. A questão primordial para se alcançar tal legitimidade é reconhecer que todo poder tem como origem e destinatário último o povo e, por conseguinte, que todo governo somente é legítimo se assegura a participação, nas decisões políticas direcionais, das forças que se desenvolvem nos círculos associativos de que se compõe a sociedade; sendo que, o modelo político da democracia pluralista aperfeiçoa-se na medida em que as opções direcionais realizam as tendências e as expectativas dos diversos grupos sociais"[107].

Por essa razão, ganha principal destaque o direito à educação como dos mínimos existenciais mais destacados, ideia que desenvolvemos no capítulo anterior.

Depois de verificarmos quem é responsável por verificar os limites constitucionais do retrocesso, cabe-nos identificar quais são eles limites, máxime em tempos de momentânea escassez.

3.4.2.1. *A razoabilidade e a proporcionalidade da restrição*

Como analisamos nos capítulos anteriores, as restrições aos direitos fundamentais encontram limites (limites dos limites ou limites

---

[107] Os grupos de pressão e a consecução de políticas públicas. *In:* SMANIO, Gianpaolo Poggio; BERTOLIN, Patrícias Tuma Martins (org.). *O direito e as políticas públicas no Brasil*. São Paulo: Atlas, 2013, p. 132.

das restrições), dentre os quais a razoabilidade e a proporcionalidade. No tocante aos atos do Estado que implicam o retrocesso dos direitos fundamentais (como os direitos sociais), aplicar-se-ão igualmente os dois princípios.

O Comitê de Direitos Econômicos, Sociais e Culturais das Nações Unidades admitiu a restrição razoável, na medida em que, na Observação Geral 3, afirmou "qualquer medida deliberadamente regressiva a respeito requererá a <u>mais cuidadosa consideração e deverá ser justificada plenamente por referência à totalidade dos direitos previstos no Pacto</u> e no contexto de aproveitamento pleno do máximo dos recursos de que se dispõe" (grifamos).

Destarte, as medidas de contingenciamento orçamentário que impactem nas políticas públicas, causando o retrocesso de gozo e fruição de alguns direitos fundamentais sociais, somente serão constitucionais se forem razoáveis e proporcionais. O Tribunal Constitucional colombiano (afeito à teoria da proibição do retrocesso) já entendeu constitucional norma que restringe direitos sociais, desde que presente a razoabilidade da restrição: "a fim de harmonizá-la (a norma laboral) com o mandato de progressividade, as novas disposições que reduzem a proteção aos trabalhadores podem ter aplicação imediata, se é demonstrado claramente que o fim constitucional que se persegue e que eventualmente poderia justificar um retrocesso na proteção dos direitos sociais, faz-se necessário aplicar a medida aos contratos em curso" (Sentença C-038-2004).

Por essa razão, Christian Courtis, defensor do princípio jurídico da proibição do retrocesso, chega a alegar uma "presunção de invalidade", que somente será afastada em caso de razoável argumentação em favor da racionalidade da restrição: "a regressividade constitui um fator agravado da análise da razoabilidade. Por isso, a prova de que uma norma é regressiva determina uma presunção de invalidez ou de inconstitucionalidade, transferindo ao Estado a carga de argumentar a favor da racionalidade da legislação proposta"[108].

---

108 *Op. cit.*, p. 29.

No mesmo sentido, Ingo Sarlet afirma que "merece acolhida a tese de que uma medida restritiva em matéria de direitos sociais em princípio deve ser encarada com reservas, isto é, como uma medida 'suspeita' e submetida a uma presunção (sempre relativa) de inconstitucionalidade, de tal sorte que sujeita a controle no que concerne à sua proporcionalidade ou mesmo no que diz com a observância de outras exigências"[109].

Embora não concordemos com a expressão "presunção de invalidade" (que justificaria o descumprimento imediato da norma, ensejando insegurança jurídica), concordamos com a inversão do ônus da prova diante da análise jurisdicional de uma norma jurídica regressiva. Assim como Courtis, entendemos que "o demandante possui então o encargo de demonstrar o caráter regressivo da norma, demonstrando que o grau de proteção oferecido pela nova norma constitui um retrocesso com respeito ao existente na norma anterior. Provado isso, (...) corresponde ao Estado a carga de demonstrar que, apesar de ser regressiva, a norma é justificável"[110]. Essa determinação, assim entendemos, ainda que não decorra diretamente da Constituição Federal, decorre dos tratados internacionais sobre direitos humanos e as suas corretas e legítimas interpretações.

Ora, na Observação Geral 13, o Comitê de Direitos Econômicos, Sociais e Culturais afirmou que, "... se deliberadamente adota alguma medida regressiva, o Estado-Parte tem a obrigação de demonstrar que foi implantada depois da consideração mais cuidadosa de todas as alternativas e que se justifica plenamente em relação à totalidade de direitos previstos no Pacto e no contexto de aproveitamento

---

109 *Op. cit.*, p. 458.
110 *Op. cit.*, p. 33. O autor menciona, inclusive, teoria adotada pela jurisprudência norte-americana, denominada escrutínio estrito (*strict scrutiny*), que "corresponde ao Estado a demonstração estrita da necessidade e racionalidade da distinção, a existência de um 'interesse imperioso' (*compelling interest*) que justifique a medida adotada. Nesses casos, <u>não basta que o Estado demonstre a legitimidade do fim e a mera racionalidade da medida: deve justificar sua imperiosa necessidade</u>" (grifamos) (*op. cit.*, p. 33).

máximo dos recursos de que se disponha o Estado-Parte" (parágrafo 45). Por sua vez, na Observação Geral 14, no tocante ao direito à saúde, afirmou que, "se se adotam quaisquer medidas deliberadamente regressivas, cabe ao Estado-Parte demonstrar que foram aplicadas depois do exame mais exaustivo de todas as alternativas possíveis e que essas medidas estão devidamente justificadas por referência à totalidade dos direitos enunciados no Pacto, em relação com a plena utilização dos recursos máximos disponíveis do Estado-Parte" (parágrafo 32).

Rodolfo Arango[111] propõe os seguintes critérios para aferição da razoabilidade da norma restritiva: a) a norma não discrimina uma pessoa ou um grupo específico; b) existe uma política pública para o desenvolvimento progressivo do direito; c) a política pública se executa dentro de um prazo razoável; d) a medida restritiva se sustenta em um processo decisório racional.

Como afirma Gerardo Pisarello, tal critério já foi utilizado pela jurisprudência espanhola: "a possibilidade de controlar a razoabilidade ou a proporcionalidade das políticas legislativas é um traço central do constitucionalismo contemporâneo. A exigência de razoabilidade das atuações públicas, na realidade, pode se ver como um sucedâneo da segurança jurídica e da proibição do arbítrio. Assim, por exemplo, quando o Tribunal Constitucional declara seu propósito de não intervir em questões que podem 'alterar o equilíbrio econômico financeiro do conjunto do sistema', faz deixando a salvo a possibilidade de controlar aquelas medidas que 'estejam desprovidas de toda justificação objetiva ou razoável' (STC 184/1993, FJ 6)"[112].

Outrossim, como lembra Cristina Queiroz, o Tribunal Constitucional italiano também condicionou o retrocesso normativo ao

---

111 Prohibición de retroceso en Colombia, p. 169.
112 Derechos sociales y principio de no regresividad en España. *In*: COURTIS, Christian. *Ni un paso atrás*: la prohibición de regresividad en materia de derechos sociales. Buenos Aires: Del Puerto, 2006, p. 323.

respeito da razoabilidade: "Na Itália, a jurisprudência enunciou o princípio segundo o qual o legislador, devido a razões de contrapeso, poderia reduzir os benefícios previstos em leis mais 'progressistas'. Na Sentença n. 349/85, o Tribunal Constitucional afirmou que 'no nosso sistema institucional não se proíbe ao legislador dimanar disposições que modifiquem desfavoravelmente a disciplina de relações de duração, mesmo se o respectivo objeto se mostrar constituído por direitos subjetivos perfeitos', mas essas disposições 'não podem transmutar-se numa regulamentação irracional, que incida arbitrariamente nas situações substantivas criadas por leis precedentes"[113].

A razoabilidade ou irrazoabilidade da medida restritiva dependerá da análise do caso concreto, como afirma Jorge Miranda: "importa atender às pessoas que são afetadas pela medida legislativa e o maior ou menor peso ou custo que sobre elas recai. Este peso ou sacrifício são diferentes consoante se trate de adultos ativos ou idosos aposentados, trabalhadores com emprego ou desempregados, pessoas com ou sem deficiência, pessoas saudáveis ou inválidas, etc. A onerosidade e a desrazoabilidade são também função das condições das pessoas"[114]. Dessa maneira, entendemos que a razoabilidade ou irrazoabilidade da restrição está umbilicalmente ligada ao *princípio da igualdade*, na sua concepção material. Os eventuais retrocessos serão razoáveis se atenderem à desigualdade fática.

Como decidiu o Tribunal Constitucional português, no Acórdão 186/90, "o princípio da igualdade, entendido como limite objetivo da discricionariedade legislativa, não veda à lei a realização de *distinções*. Proíbe-lhes, antes, a adoção de medidas que estabeleçam distinções *discriminatórias*, ou seja, desigualdades de tratamento *materialmente infundadas*, sem qualquer *fundamento razoável* (...) ou sem qualquer justificação *objetiva e racional*. Numa expressão sintética, o princípio da igualdade, enquanto princípio vinculativo da lei, traduz-se na ideia geral de *proibição do arbítrio*".

---

113 *O princípio da não reversibilidade dos direitos fundamentais sociais*, p. 69.
114 *Direitos fundamentais*, p. 344.

De forma clara, decidiu o Tribunal Constitucional português, no Acórdão 353/2012: "o princípio da igualdade na repartição dos encargos públicos, enquanto manifestação específica do princípio da igualdade, constitui um necessário parâmetro do legislador. Esse princípio deve ser considerado quando o legislador decide reduzir o déficit público para salvaguardar a solvabilidade do Estado. Tal como recai sobre todos os cidadãos o dever de suportar os custos do Estado, segundo as suas capacidades, o recurso excepcional a uma medida de redução dos rendimentos daqueles que auferem por verbas públicas, para evitar uma situação de ameaça de incumprimento, também não poderá ignorar os limites impostos pelo princípio da igualdade na repartição dos inerentes sacrifícios. Interessando a sustentabilidade das contas públicas a todos, todos devem contribuir, na medida das suas capacidades, para suportar os reajustamentos indispensáveis a esse fim. É indiscutível que, com as medidas constantes das normas impugnadas, a repartição de sacrifícios, visando a redução do déficit público, não se faz de igual forma entre todos os cidadãos, na proporção das suas capacidades financeiras, uma vez que elas não têm um cariz universal, recaindo exclusivamente sobre as pessoas que auferem remunerações e pensões por verbas públicas. Há, pois, um esforço adicional, em prol da comunidade, que é pedido exclusivamente a algumas categorias de cidadãos" (grifamos).

Outrossim, a restrição ou retrocesso da norma referente aos direitos sociais também deve atender ao critério da *proporcionalidade*. À luz da doutrina e jurisprudência alemã, assim sintetiza a proporcionalidade Catarina Botelho: "na Alemanha, o princípio da proporcionalidade em sentido amplo (*Grundsatz der Verhältnismassigkeit im weiteren Sinne*) manifesta-se como um 'superconceito' (*Oberbegriff*), que se ramifica em três corolários: (i) o da adequação ou idoneidade (*Grundsatz der Geeignetheit*); (ii) o da indispensabilidade ou necessidade (*Grundsatz der Erforderlichkeit*); (iii) e o da proporcionalidade em sentido estrito ou a justa medida (*Grundsatz der Verhältnismassigkeit im enegeren Sinne*). Daqui se extrai, desde logo, uma subdivisão: uma situação de défice de proteção apelida-se de 'desproporcionalidade negativa', e uma hipótese de excesso, será denominada 'desproporcionalidade positiva'"[115].

Como vimos no capítulo anterior, segundo o primeiro aspecto da proporcionalidade (a proibição do excesso), não poderá o ato estatal restringir excessivamente um direito fundamental, a ponto de ferir seu núcleo essencial. Dessa maneira, avaliação desse excesso é feita por meio de três critérios, que devem ser utilizados nessa ordem: 1) adequação; 2) necessidade; 3) proporcionalidade em sentido estrito. Concorda com nossa proposição Rodolfo Arango[116], segundo o qual somente será constitucional a norma regressiva, se presentes esses aspectos da proporcionalidade: a) persegue um fim imperioso; b) é necessária (inexistência de alternativas menos lesivas); c) é estritamente proporcional (benefício > limitação).

Como sabido, pela *adequação*, verifica-se uma relação de causa e efeito. Analisa-se se a norma restritiva do direito constitucional alcança os objetivos pelos quais ela foi estabelecida. Trata-se de uma análise linear: a lei restritiva alcança os objetivos por ela traçados? Segundo Vitalino Canas, "nesse momento verificaremos que a adequação como norma de controle pode traduzir-se no poder do juiz constitucional de examinar *positivamente* se o meio é adequado ou no poder de examinar *negativamente* se ele é inadequado. Esse é um dos aspectos onde o alcance da adequação como norma de controle pode divergir do alcance da adequação como norma de ação. A pergunta que se coloca ao juiz constitucional varia em função da orientação que deve prevalecer sobre essa questão prévia do alcance da adequação como norma paramétrica de controle. Se a formulação positiva prevalecer, a questão que lhe é colocada formula-se da seguinte maneira: tem a norma capacidade intrínseca para atingir ou fomentar o fim fixado, tendo em conta as apreciações da situação de

---

115 *Op. cit.*, p. 462-463.
116 *Op. cit.*, p. 169.

fato e de direito e a prognose representadas e invocadas pelo autor da medida como justificação ou razão de agir? Se prevalecer a formulação negativa, a questão é a seguinte: é a norma ignóbil para atingir ou fomentar o fim visado, tendo em conta as apreciações da situação de fato e de direito representadas e invocadas pelo autor da medida como justificação ou razão de agir e a sua prognose?"[117].

No caso das normas regressivas, que implicam o retrocesso dos direitos fundamentais (mormente dos direitos sociais), a *adequação* é a relação entre a norma limitadora, regressiva e os objetivos da restrição: a tutela possível do conjunto dos direitos sociais constitucionalmente assegurados. Como afirmou o Comitê, o Estado tem o ônus de provar que as medidas restritivas "estão devidamente justificadas por referência à totalidade dos direitos enunciados no Pacto".

Por sua vez, como vimos anteriormente, *necessidade* não é uma análise linear, mas comparativa. O intérprete compara a solução dada pela lei restritiva com outras alternativas que poderiam ser menos lesivas ao direito fundamental violado. No tocante às normas restritivas, regressivas, segundo o Comitê, deve o Estado justificar a medida "no contexto da utilização máxima dos recursos de que dispõe o Estado-Parte".

Segundo Vitalino Canas, "verificada a adequação de um meio, a operação seguinte (do ponto de vista lógico) é avaliar se é necessário ou indispensável. Meio necessário é aquele cuja alternativa ou alternativas não são consideravelmente menos interferentes e/ou não prometem intensidade de satisfação aproximadamente igual ou superior"[118].

Sobre tal critério, afirma Horacio Gonzáles: "No âmbito da doutrina internacional dos direitos humanos, todas as medidas regressivas exigem uma análise cuidadosa, devendo demonstrar o Estado sua necessidade e deverão justificar-se plenamente por referência a

---

117 *O princípio da proibição do excesso na conformação e no controlo de atos legislativos.* Coimbra: Almedina, 2017, p. 579.
118 *Op. cit.*, p. 605.

totalidade dos direitos previstos no Pacto e no contexto do aproveitamento pleno do 'máximo dos recursos de que se disponha'. As medidas regressivas dos direitos fundamentais ou que limitam as liberdades das pessoas devem ser julgadas com um critério estrito e não gozar de presunção de legitimidade. Os poderes públicos devem demonstrar a necessidade imperiosa da medida"[119].

Assim, como afirma Christian Courtis, "o Estado só pode justificar a regressividade de uma medida, demonstrando: a) que a legislação que propõe, pese a implicar retrocessos em algum direito, implica um avanço[120] tendo em conta a *totalidade dos direitos previstos no Pacto*, e b) *que tenha empregado todos os recursos de que dispõe*, incluindo os que provenham da cooperação internacional"[121].

O princípio da proporcionalidade já foi utilizado pelo Tribunal Constitucional colombiano para análise da constitucionalidade das normas regressivas em se tratando de direitos sociais (*Sentencia T-739 de 2004*). No caso, que versava sobre o traslado de pacientes com diabetes de uma cidade a outra, o Tribunal decidiu que "a Corte adverte que o ente acionado demonstrou que esta decisão teve fundamento em motivos suficientemente fundados e que estavam baseados na obrigação de conservar as condições de seguridade médico-científicas para atenção de seus pacientes. (...) *Ademais, não existiam outras possibilidades de atenção menos gravosas que o traslado dos pacientes a Santa Maria*" (grifamos). O trecho grifado demonstra claramente a utilização do critério da *necessidade*, componente da proporcionalidade, como vimos acima.

O Tribunal Constitucional português já se utilizou do critério da proporcionalidade para verificar a constitucionalidade de normas restritivas de direitos fundamentais sociais. No Acórdão 396/2011,

---

119 Derecho a la seguridad social en Argentina. *In:* COURTIS, Christian. *Ni un paso atrás*: la prohibición de regresividad en materia de derechos sociales. Buenos Aires: Del Puerto, 2006, p. 206.
120 Ou uma "menor restrição", humildemente acrescentamos.
121 *Op. cit.*, p. 38.

sobre as reduções remuneratórias dos trabalhadores do setor público, o Tribunal decidiu que "se trata de uma medida *idônea* para fazer face à situação de défice orçamental e crise financeira é algo que resulta evidente e se pode dar por adquirido. Quanto à *necessidade*, um juízo definitivo terá que ser remetido para a análise subsequente, à luz do princípio da igualdade, a que o princípio da proporcionalidade também está associado. Implicando a ponderação de eventuais medidas alternativas. (...) Por último, a serem indispensáveis, as reduções remuneratórias *não se podem considerar excessivas*, em face das dificuldades a que visam a fazer face". Outrossim, no Acórdão 187/2013, o Tribunal Constitucional português decidiu que "face à excepcionalidade do interesse público em causa e o caráter transitório da medida, pode ainda estender-se, no limite, que a supressão de 90% do subsídio de férias aos pensionistas não constitui uma ofensa desproporcionada à tutela da confiança, justificando-se uma pronúncia no sentido de não desconformidade constitucional por referência a esse parâmetro de aferição".

Como bem lembra Catarina Botelho, "o Tribunal de Estrasburgo foi chamado a pronunciar-se quanto aos cortes dos subsídios, nos termos dos artigos 34º e seguintes da CEDH, nos casos *Antonio Augusto da Conceição Mateus vs. Portugal e Lino Jesus Santos Januário vs. Portugal*. Os queixosos invocaram que os cortes nos subsídios de férias e de Natal (de 2012) violavam o *direito à propriedade*, veiculado no artigo 1º do Protocolo n. 1 à CEDH. O Tribunal entendeu, por unanimidade, que a medida não era desproporcional, uma vez que era transitória e procurava dar resposta a uma emergência financeira excepcional"[122].

---

122 *Op. cit.*, p. 466. Prossegue a autora: "O Tribunal lembrou igualmente que, se um corte total de pensões que 'redundasse numa perda de meios de subsistência implicaria, em princípio, a violação do direito de propriedade, a imposição de uma redução razoável e proporcional (*a reasonable and comensurate reduction*) já não (teria essa consequência). (...) Segundo este raciocínio, o Tribunal considerou que 'os cortes nos benefícios de segurança social efetuados pela

Da mesma forma, como afirma Gerardo Pisarello, tal critério de análise das normas regressivas também é adotado na Alemanha e na Espanha, de modo que a constitucionalidade do retrocesso dependerá, dentre outros critérios, da "sua *idoneidade*, é dizer, se se trata de uma medida adequada ou ao menos congruente com os fins que assegura perseguir; sua *necessidade*, isto é, seu caráter indispensável frente a outras alternativas menos gravosas ou prejudiciais para os direitos afetados; sua *proporcionalidade em sentido estrito*, é dizer, seu caráter equilibrado e razoável por derivar-se dela mais benefícios ou vantagens para o interesse geral que para outros bens ou valores em conflito"[123].

Outrossim, se a proporcionalidade corresponde à *proibição do excesso*, também corresponde à *proibição da proteção insuficiente* (como vimos no capítulo anterior). Quanto a esse último aspecto, concordamos com Cristina Queiroz, segundo a qual "existem limites para além dos quais existe uma violação da 'proibição da insuficiência'. Designadamente, se o legislador suprimir, sem qualquer alternativa ou compensação, ações de tipo negatório, pois daqui poderá resultar uma lacuna de proteção tão massiva ou generalizada, que, neste aspecto, não estaria satisfeita a exigência de uma 'realização eficiente' do 'dever de proteção' dos direitos fundamentais decorrente da cláusula do Estado de Direito democrático"[124].

Cristina Queiroz bem esclarece a análise dos dois aspectos da proporcionalidade (proibição do excesso e proibição da proteção insuficiente) no tocante às normas regressivas dos direitos sociais: "A margem de apreciação empírica tem a ver com a apreciação dos meios de prova na qual se funda a distinção entre a 'proibição do excesso' e a 'proibição da insuficiência'. A prova do 'excesso' encontra-se

---

Lei orçamental de 2012 eram claramente do interesse público, nos termos do artigo 1º do Protocolo n. 1" (*op. cit.*, p. 467).
123 *Op. cit.*, p. 324.
124 *Op. cit.*, p. 105.

na intervenção estadual. A prova da 'insuficiência' radica na proporcionalidade exigida quanto aos meios possíveis utilizados. A consideração dos 'meios alternativos' decorre da prova da 'idoneidade', da 'necessidade' e da 'proporcionalidade em sentido estrito'"[125].

3.4.2.2. A intangibilidade do mínimo existencial ou do núcleo essencial dos direitos fundamentais

No capítulo anterior (ao qual remetemos o leitor), expusemos o conceito, a evolução e a distinção entre o "mínimo existencial" (mormente aplicado aos direitos sociais) e o "núcleo essencial" dos direitos fundamentais. Se medidas restritivas que implicam o retrocesso de direitos há, principalmente em decorrência de crises econômicas, esse retrocesso não poderá violar o mínimo existencial dos direitos.

Aliás, como não poderia ser diferente, esse é o posicionamento do Comitê, nas Observações Gerais n. 14, 15 e 17. No parágrafo 43 da Observação Geral n. 14, referente ao direito à saúde, o Comitê afirma que "os Estados-Partes têm a obrigação fundamental de assegurar como mínimo a satisfação de níveis essenciais de cada um dos direitos enunciados nesse Pacto". Por sua vez, no parágrafo 48 afirma que "a adoção de quaisquer medidas regressivas que sejam incompatíveis com as obrigações básicas no que se refere ao direito à saúde (...) constitui uma violação do direito à saúde".

---

[125] *Op. cit.*, p. 108. Segundo a autora, "o legislador dispõe, em princípio, de amplas possibilidades de conformação do direito infraconstitucional, e, em especial, para reduzir, ou eventualmente eliminar, um padrão de proteção já alcançado, sem com isso descer aquém do 'nível mínimo' de proteção constitucionalmente requerido, e, portanto, sem ofender o princípio da 'proibição da insuficiência'. Mas existem limites para além dos quais existe uma violação do princípio da 'proibição da insuficiência'. Designadamente, se o legislador suprimir, sem qualquer alternativa ou compensação, ações de tipo negatório, pois daqui resulta uma lacuna de proteção tão massiva ou generalizada, que, neste aspecto, não estaria satisfeita a exigência de uma realização eficiente do 'dever de proteção' dos direitos fundamentais, decorrente da cláusula do Estado de Direito Democrático" (*op. cit.*, p. 121).

Por essa razão, concordamos com Christian Courtis, segundo o qual "ficam excluídas da possibilidade de serem justificadas as medidas regressivas que afetem o conteúdo mínimo essencial do direito em jogo. Com respeito às demais medidas regressivas, as razões as que pode acudir o Estado para justificar a medida regressiva são taxativas e limitadas. O Estado só pode justificar sua adoção quando se conjuguem três fatores: quando haja efetuado uma cuidadosa avaliação das alternativas, quando o objetivo perseguido pela medida seja o de proteger a totalidade dos direitos do Pacto – em especial, quando a restrição do direito dos que pertencem a grupos que se encontram em melhor situação esteja destinada a satisfazer as necessidades de quem não logram cumprir por si mesmos o conteúdo mínimo essencial dos direitos em jogo – e quando a adoção da medida tenha em consideração o máximo dos recursos disponíveis, ainda que provenientes da cooperação internacional"[126] (grifamos).

A intangibilidade do núcleo essencial do direito fundamental foi utilizada pela Corte Constitucional colombiana como controle das normas regressivas, na *Sentencia* T-025/04: "todos os direitos que têm uma dimensão de benefício marcada podem ser resumidos nos seguintes parâmetros. Em primeiro lugar, a proibição da discriminação (por exemplo, recursos insuficientes não poderiam ser invocados para excluir as minorias étnicas ou os defensores de opositores políticos na proteção do Estado); segundo, a necessidade da medida, que exige que medidas alternativas sejam cuidadosamente estudadas e que estas sejam inviáveis ou insuficientes (por exemplo, outras fontes de financiamento foram exploradas e esgotadas); terceiro, condição de progresso futuro para a plena realização dos direitos, de tal forma que a diminuição do âmbito de proteção é um passo inevitável para que, uma vez superadas as dificuldades que levaram à medida transitória, se retome o caminho da progressividade, para que a maior satisfação da lei seja alcançada; e quarto, proibição de ignorar a mínima satisfação, porque as medidas não podem ser de tal

---

126 *Op. cit.*, p. 40.

magnitude que violem o núcleo de proteção para garantir a sobrevivência digna dos seres humanos nem podem começar com as áreas prioritárias que têm o maior impacto sobre a população" (grifamos).

Outrossim, em Portugal, o Tribunal Constitucional, no Acórdão sobre o "rendimento social de inserção" (TC n. 509/2002), decidiu que a restrição seria inconstitucional "quando (...) se pretenda atingir o núcleo essencial da existência mínima inerente ao respeito pela dignidade da pessoa humana", isto é, "quando, sem a criação de outros esquemas alternativos ou compensatórios, se pretenda proceder a uma *anulação, revogação* ou *aniquilação* pura e simples desse núcleo essencial". Comentando tal decisão, Ingo Sarlet afirma que "o Tribunal Constitucional português reiterou pronunciamentos anteriores, reconhecendo que no âmbito da concretização dos direitos sociais o legislador dispõe de ampla liberdade de conformação, podendo decidir a respeito dos instrumentos e sobre o montante dos benefícios sociais a serem prestados, sob pressuposto de que, em qualquer caso a escolha legislativa assegure, com um mínimo de eficácia jurídica, a garantia do direito a um mínimo de existência condigna para todos os casos"[127] (grifamos).

Da mesma forma, a doutrina alemã corrobora o presente entendimento. Segundo Bieback, "mesmo em caso de grandes crises econômicas, o legislador deve lograr mecanismos e soluções sob critérios sociais, especialmente a proteção das pessoas necessitadas. Adicionalmente, existe um direito subjetivo à consideração da necessidade especial de proteção, que se deriva do artigo 3.1 da Lei Fundamental, que proíbe a discriminação. Esse direito subjetivo é relativo e exige uma consideração especial em relação com outros que requerem um nível de proteção menor. Para Bieback, trata-se de um direito social de defesa contra as intervenções do Estado, o qual implica que não são constitucionalmente justificáveis medidas que afetam o mínimo existencial desses grupos vulneráveis"[128] (grifamos).

---

127 *Op. cit.*, p. 459.
128 Ana María Suárez Franco, *op. cit.*, p. 381.

Outrossim, Ingo Sarlet afirma que "em primeira linha o núcleo essencial dos direitos sociais que vincula o poder público no âmbito de uma proteção contra o retrocesso e que, portanto, encontra-se protegido. Que tal núcleo essencial encontra-se diretamente conectado ao princípio da dignidade da pessoa humana, notadamente (em se tratando de direitos sociais prestacionais) ao conjunto de prestações materiais indispensáveis para uma vida com dignidade, constitui uma das teses centrais aqui sustentadas, ainda que sem qualquer pretensão de originalidade. Além disso, a noção de mínimo existencial compreendida, por sua vez, como abrangendo o conjunto de prestações materiais que asseguram a cada indivíduo uma vida com dignidade, que necessariamente só poderá ser uma vida saudável, que corresponda a padrões qualitativos mínimos, nos revela que a dignidade da pessoa atua como diretriz jurídico-material tanto para a definição do núcleo essencial, quanto para a definição do que constitui a garantia do mínimo existencial, que, na esteira de farta doutrina, abrange bem mais do que a garantia da mera sobrevivência física"[129].

---

[129] *Op. cit.*, p. 457. Prossegue o autor: "da análise da paradigmática decisão ora citada, que harmoniza com a argumentação desenvolvida ao longo do presente texto, resulta que uma medida de cunho retrocessivo, para que não venha a violar o princípio da proibição de retrocesso, deve, além de contar com uma justificativa de porte constitucional, salvaguardar – em qualquer hipótese – o núcleo essencial dos direitos sociais, notadamente naquilo em que corresponde às prestações materiais indispensáveis para uma vida com dignidade para todas as pessoas, já que – como bem revela o caso ora examinado – também haverá de ser respeitado o princípio da universalidade da titularidade e do exercício dos direitos fundamentais, pelo menos daqueles que possuem um conteúdo em dignidade da pessoa humana. De tal sorte não há, de fato, como sustentar que o reconhecimento de uma proibição de retrocesso em matéria de direitos sociais (nos termos expostos) resultaria numa aniquilação da liberdade de conformação do legislador, que, de resto – e importa relembrar tal circunstância – nunca foi e nem poderia ser ilimitada no contexto de um Estado constitucional de Direito, como bem revelam os significativos limites impostos na seara das restrições legislativas ao exercício dos direitos fundamentais. Além disso, não se poderá olvidar mamais que uma violação do mínimo existencial (mesmo em se cuidando do núcleo essencial legislativamente concretizado

3.4.2.3. O respeito ao princípio da confiança

Como afirma Ingo Sarlet, "tendo em conta que a dignidade da pessoa humana e a correlata noção de mínimo existencial, a despeito de sua transcendental e decisiva relevância, não são os únicos critérios a serem considerados no âmbito da aplicação do princípio da proibição do retrocesso, importa relembrar aqui as noções de segurança jurídica e proteção da confiança" (grifamos)[130].

Segundo Catarina Botelho, "o 'princípio da proteção da confiança' *(Vertrauensschutz)* nasceu na Alemanha, na década de cinquenta do século passado, pela atividade pretoriana da jurisdição administrativa, tendo sido, quase duas décadas mais tarde, acolhido pela jurisprudência do Tribunal de Karlshue. (...) Esse princípio desvenda-se da dimensão *subjetiva* da 'segurança jurídica' *(Rechtssicherheirt)*, que sobreleva a proteção jurídica dos particulares nas suas relações com o poder, em especial, no plano em análise, com o poder legislativo. Por sua vez, o princípio da segurança jurídica revela-se como a dimensão objetiva da estabilidade das relações jurídicas. Ambos os princípios assentam na lógica da manutenção do *status quo*, no sentido de evitar surpresas que possam frustrar os interesses ou expectativas legítimas dos cidadãos"[131].

---

dos direitos sociais) significará sempre uma violação da dignidade da pessoa humana e por esta razão será sempre desproporcional, e portanto, inconstitucional" (*op. cit.*, p. 460).

130 *Op. cit.*, p. 460. Outrossim, segundo o autor, "o princípio da proteção da confiança, na condição de elemento nuclear do Estado de Direito (além da sua íntima conexão com a própria segurança jurídica) impõe ao poder público – inclusive (mas não exclusivamente) como exigência da boa-fé nas relações com os particulares – o respeito pela confiança depositada pelos indivíduos em relação a uma certa estabilidade e continuidade da ordem jurídica como um todo e das relações jurídicas especificamente consideradas" (*op. cit.*, p. 451).

131 *Op. cit.*, p. 450. Segundo a autora, "para que a jurisdição constitucional decida pela violação desse princípio terão de estar preenchidas as seguintes premissas: estarmos perante um fenômeno de sucessão de leis no tempo, existência de uma nova legislação retrospectiva que é mais desfavorável para os seus destinatários e que não padeça de qualquer outra inconstitucionalidade" (*op. cit.*, p. 451).

Segundo Victor Aguiar Jacuru, em sua dissertação de mestrado, assim como nos ordenamentos constitucionais, a proteção de expectativas legítimas também é um assunto relativamente recente nos países de ordenamento com matriz anglo-saxônica. No direito inglês, a doutrina foi desenvolvida por um viés mais processual, de garantias de participação e consulta dos indivíduos afetados no processo decisório da atividade administrativa. Ainda com surgimento recente, o princípio da *legitimate expectations* adquiriu relevância e foi consideravelmente citado em diversos casos de jurisprudência e análise doutrinária"[132].

O princípio da confiança legítima não encontra na doutrina e jurisprudência brasileiras o mesmo prestígio de além-mar[133]. Em dissertação específica sobre o tema, Giuliano Savioli sintetiza o enfoque dado pela doutrina brasileira: "Almiro do Couto e Silva, pioneiro do estudo da proteção da confiança no Brasil, traz à luz relevante estudo acerca da posição do tema no sistema constitucional brasileiro. Para ele, há uma identidade entre os conceitos de segurança jurídica e

---

132 *Proteção da confiança legítima e os desafios do novo direito administrativo.* Dissertação (mestrado) – Universidade de Coimbra, Coimbra. Disponível em: https://estudogeral.sib.uc.pt/bitstream/10316/39109/1/Victor%20Aguiar%20 Jacuru.pdf, p. 41.

133 Tal fato foi destacado pelo Min. Luiz Fux, no Recurso Extraordinário n. 633.703/MG, julgado em março de 2011: "As ideias que gravitam em torno do princípio da proteção da confiança começaram a se desenvolver mais intensamente na Alemanha a partir do início dos anos cinquenta, momento do pós--guerra em que o Estado social alemão passou a desempenhar um rol mais amplo de atribuições. Atualmente, a necessidade de proteção da confiança se dissemina em um ambiente de crescente demanda por segurança e estabilidade em um mundo de rápidas e frequentes alterações, em que o indivíduo depende, cada vez mais, das decisões e normas estatais. Sem embargo de ainda não possuir uma posição de destaque em nosso ordenamento, o princípio da proteção da confiança poderá servir no Brasil, da mesma forma que em outros países, para garantir, com critérios mais firmes, nítidos e objetivos, a preservação futura de expectativas legítimas de particulares oriundas de comportamentos estatais. Trata-se de um princípio que, no dizer de Anna Leisner--Egensperger, leva em consideração a confiança do cidadão na continuidade de uma decisão ou de um comportamento estatal".

proteção à confiança. Por isso, ele atribui ao instituto o status de princípio implícito da Constituição. Judith Martins Costa vê a proteção à confiança como princípio autônomo, afirmando: 'já a confiança, adjetivada como legítima, é um verdadeiro princípio, isto é, uma norma imediatamente finalística, que estabelece o dever de atingir um estado de coisas (o estado de confiança) a partir da adoção de determinados comportamentos. Como princípio que é, a confiança articula-se, no jogo de ponderações a ser necessariamente procedido pelo intérprete, com outros princípios e submete-se a postulados normativos, tais quais o da proibição do excesso e o da proporcionalidade'. A despeito da solidez dos argumentos dos autores citados, é tema controverso na doutrina a posição do princípio da confiança"[134].

Não obstante, indubitavelmente decorre do princípio da confiança legítima uma das leis brasileiras mais importantes acerca do controle de constitucionalidade, permitindo a modulação dos efeitos da declaração de inconstitucionalidade uma norma: a Lei n. 9.868/99. Segundo o art. 27 da referida norma, "ao declarar a inconstitucionalidade de lei ou ato normativo, <u>e tendo em vista razões de segurança jurídica</u> ou de excepcional interesse social, poderá o Supremo Tribunal Federal, por maioria de dois terços de seus membros, restringir os efeitos daquela declaração ou decidir que ela só tenha eficácia a partir de seu trânsito em julgado ou de outro momento que venha a ser fixado" (grifamos).

---

[134] *Confiança legítima:* anatomia de um direito fundamental e suas repercussões junto ao exercício das funções legislativa, administrativa e judiciária. Dissertação (mestrado) – Universidade de São Paulo, São Paulo, p. 32. Também aborda a questão, em sua dissertação de mestrado, Gilherme Tilkian: "No Brasil, o princípio da confiança legítima foi, inicialmente, investigado pelo Professor Almiro do Couto e Silva, que, já no início dos anos 80 do século XX, aprofundou seus estudos a respeito da segurança jurídica, sob novo enfoque" (*O princípio da confiança legítima sob a perspectiva das práticas reiteradamente observadas pelas autoridades administrativas em matéria tributária.* Dissertação (mestrado) – Universidade de São Paulo, São Paulo). Disponível em: <https://teses.usp.br/teses/disponiveis/2/2133/tde-20012015-114657/publico/Dissertacao_Guilherme_Tilkian_2014.pdf>. Acesso em: 29 jan. 2020. p. 66.

Em nosso entender, assim como se afirma na doutrina portuguesa, o princípio da confiança legítima é um princípio constitucional implícito, decorrente não apenas do princípio da segurança jurídica, como do próprio Estado de Direito, como afirma Jorge Reis Novais: "mesmo que a Constituição não institua expressamente um princípio da segurança jurídica e da proteção da confiança, ele é, seguramente, um princípio essencial da Constituição material do Estado de Direito, imprescindível como é, aos particulares, para a necessária estabilidade, autonomia e segurança na organização dos seus próprios planos de vida"[135].

Como afirma Ana María Suárez Franco, "Bieback diferencia a proteção da confiança frente a medidas com efeito regressivo real e a proteção frente a medidas com efeito regressivo irreal. As medidas com efeito regressivo real são aquelas que afetam posições jurídicas consolidadas em matéria de direitos sociais, nas quais se afetam os direitos subjetivos adquiridos. As medidas com efeito regressivo irreal são aquelas que produzem efeitos no futuro frente a posições jurídicas em relação cuja conformação existe uma expectativa. A proteção aos indivíduos contra o efeito regressivo real se produz efetivamente por via da confiança quando se intervém nos âmbitos de proteção reconhecidos pela Constituição como direitos subjetivos. Nesses casos, só é possível justificar a intervenção por motivos obrigatórios de bem estar geral, sempre e quando esta supere a prova da proporcionalidade sob um método de ponderação"[136].

---

[135] *Os princípios constitucionais estruturantes da República portuguesa.* Coimbra: Coimbra Ed., 2014, p. 261. Continua o autor: "Com efeito, a proteção da confiança dos cidadãos relativamente à ação dos órgãos do Estado é um elemento essencial, não apenas da segurança da ordem jurídica, mas também da própria estruturação do relacionamento entre Estado e cidadãos em Estado de Direito. Sem a possibilidade, juridicamente garantida, de poder calcular e prever os possíveis desenvolvimentos da atuação dos poderes públicos suscetíveis de repercutirem na sua esfera jurídica, o indivíduo converter-se-ia, em última análise com violação do princípio fundamental da dignidade da pessoa humana, em mero objeto do acontecer estatal" (*op. cit.*, p. 262).

[136] *Op. cit.*, p. 370. Continua a autora: "para a regressividade não real, ou seja, aquela que se refere a situações jurídicas não consolidadas no futuro, a proteção

A doutrina portuguesa costuma se referir às expressões retroatividade autêntica e retroatividade inautêntica (ou retrospectividade). Segundo Canotilho, "importa, em primeiro lugar, fornecer algumas indicações sobre o conceito de retroatividade de normas jurídicas. Retroatividade consiste basicamente numa ficção: (1) decretar a validade e vigência de uma norma a partir de um marco temporal (data) anterior à data da sua entrada em vigor; (2) ligar os efeitos jurídicos de uma norma a situações de fato existentes antes de sua entrada em vigor. No primeiro caso (1), fala-se em retroatividade em sentido estrito (efeito retroativo); no caso (2) alude-se a conexão retroativa quanto a efeitos jurídicos. (...) Diferentemente, fala-se de retroatividade inautêntica quando uma norma jurídica índice sobre situações ou relações jurídicas já existentes embora a nova disciplina jurídica pretenda ter feitos para o futuro"[137].

é muito mais débil, limitando-se ao caso em que o dano à confiança supere de uma maneira excessiva o interesse perseguido pela lei" (p. 370).

137 *Direito Constitucional e teoria da Constituição*, p. 262. Continua o autor: "os casos de *retroatividade autêntica* em que uma norma pretende ter efeitos sobre o passado (eficácia *ex tunc*) devem distinguir-se dos casos em que uma lei, pretendendo vigorar para o futuro (eficácia *ex nunc*), acaba por 'tocar' em situações, direitos ou relações jurídicas desenvolvidas no passado, mas ainda existentes. Podem apontar-se vários exemplos: normas modificadoras dos pressupostos do exercício de uma profissão; regras de promoção nas carreiras públicas; normas que regulam, de forma inovadora, relações jurídicas contratuais tendencialmente duradouras; normas reguladoras dos regimes pensionísticos da seguridade social. Nestes casos, a nova regulação jurídica não pretende substituir *ex tunc* a disciplina normativa existente, mas ela acaba por atingir situações, posições jurídicas e garantias 'geradas' no passado e relativamente às quais os cidadãos têm a legítima expectativa de não serem perturbados pelos novos preceitos jurídicos. Quer dizer: há certos efeitos jurídicos da lei nova vinculados a pressupostos ou relações iniciadas no passado (...). Nestas hipóteses pode ou não ser invocado, para a obtenção de uma norma de decisão, o princípio da confiança? A resposta, em geral, aponta para uma menor intensidade normativa do princípio nas hipóteses de 'retroatividade inautêntica' (também chamada retrospectividade) do que nos casos de verdadeira retroatividade. O problema que se coloca é o de delimitar com rigor a valores negativos da retroatividade. Em primeiro lugar,

III • Os limites do retrocesso social em tempos de crise

O respeito ao princípio da confiança já foi reconhecido pela jurisprudência da Corte Constitucional colombiana: "existe uma estreita conexão entre a proibição do retrocesso do direito social com o princípio da confiança legítima, pois em última instância ambos apresentam um elemento comum, que é o respeito por parte das autoridades estatais do marco jurídico ou fático previamente criado para a satisfação de direitos prestacionais"[138].

A proteção da confiança não se restringe apenas aos casos de direitos adquiridos (que estudamos no início desse capítulo e cuja proteção está prevista expressamente na Constituição brasileira). Aplicar-se-ia também o princípio da proteção da confiança à "retroatividade inautêntica", como apontada pela doutrina e jurisprudência alemã e portuguesa. O Tribunal Constitucional português, no TC 287/90 (acerca de uma norma que restringia o direito de recurso), decidiu que, "embora não haja retroatividade que afete um direito, estamos perante um daqueles casos em que a lei se aplica para o futuro a situações de fato e relações jurídicas presentes não determinadas, (...) a chamada 'retroatividade inautêntica'. Assim, sendo certo que o artigo 106º da Lei n. 38/87 afeta expetativas legitimamente fundadas dos cidadãos, o que resta averiguar é se tal afetação é inadmissível, arbitrária ou demasiadamente onerosa". Outrossim, afirmou o Tribunal que "<u>é inadmissível, ante o princípio do Estado de direito democrático, uma afetação de expectativas com que se não</u>

---

devem trazer-se à colação os direitos fundamentais: saber se a nova normação jurídica tocou desproporcionada, desadequada e desnecessariamente dimensões importantes dos direitos fundamentais (cf. Ac. TC 759/95), ou se o legislador teve o cuidado de prever uma *disciplina transitória* justa para as situações em causa. No primeiro caso – proteção de confiança através de direitos fundamentais – deverá desenvolver-se, de acordo com os dados concretos, uma retórica argumentativa tendente a tornar transparente se o princípio da confiança é um *topos* concretizador dos direitos fundamentais, se é uma dimensão do princípio da proibição do excesso, ou se constitui mesmo uma dimensão autônoma, integrada no âmbito da proteção garantidora do direito fundamental" (*Op. cit.*, p. 262-263).

138 Rodolfo Arango, *op. cit.*, p. 158.

possa razoavelmente contar – por ser extraordinariamente onerosa e excessiva" (grifamos).

Em seu voto na ADC 29/DF, ADC 30/DF, ADI 4.578/DF, o Ministro Luiz Fux aborda o tema da retroatividade autêntica e inautêntica. Lembrando as lições de Canotilho, primeiramente conceitua a retroatividade autêntica, na qual "a norma possui eficácia *ex tunc*, gerando efeito sobre situações pretéritas, ou, apesar de pretensamente possuir eficácia meramente *ex nunc*, atinge, na verdade, situações, direitos ou relações jurídicas estabelecidas no passado". Por sua vez, a retroatividade inautêntica (ou retrospectividade) ocorreria quando "a norma jurídica atribui efeitos futuros a situações ou relações jurídicas já existentes, tendo-se, como exemplos clássicos as modificações dos estatutos funcionais ou regras de previdência dos servidores públicos (v. ADI 3105 e 3128, rel. p/ acórdão Min. Cezar Peluso)". Segundo o Ministro, "como se sabe, a retroatividade autêntica é vedada pela Constituição da República, como já muitas vezes reconhecido na jurisprudência deste Tribunal. O mesmo não se dá com a retrospectividade, que apesar de semelhante, não se confunde com o conceito de retroatividade mínima defendido por Matos Peixoto[139] (...). Ainda que se considere haver atribuição de efeitos por lei a fatos pretéritos, cuida-se de hipótese de retrospectividade, já admitida na jurisprudência desta Corte". Como se vê, nesse caso concreto, entendeu que a retroatividade encontra vedação constitucional, enquanto a retrospectividade não possui a mesma vedação.

---

139 Como afirma José Adércio Leite Sampaio, "a distinção tricotômica é a mais conhecida no Brasil por influência de Mattos Peixoto e, mais recentemente, por sua lembrança em diversos votos do ex-Ministro Moreira Alves. Ela enumera três classes de retroação: a máxima, a média e a mínima. A) *Máxima ou grave* será a retroatividade, quando a lei destruir atos jurídicos perfeitos ou atingir relações já consumadas. (...); b) *Média ou Moderada* é a retroatividade, quando ela alcança os efeitos pendentes do ato jurídico verificado antes dela; e) *Mínima*, quando afeta apenas os efeitos dos atos anteriores, mas produzidos após a data da sua vigência" (*Direito adquirido e expectativa de direito*. Belo Horizonte: Del Rey, p. 73).

Não exatamente como exarado no voto do Min. Luiz Fux, entendemos que a retrospectividade, embora não tenha sido vedada expressamente pelo texto constitucional brasileiro, recebe a proteção (ainda que mais limitada) do princípio da confiança legítima, como afirma Jorge Reis Novais: "problemas *difíceis* relativos à proteção da confiança relativamente ao legislador restritivo surgem, sobretudo, nas situações da chamada *retrospectividade*, uma vez que, aqui, a permanência das situações vinculadas do passado, e a que a nova lei se pretende aplicar, ou a sua não consolidação plena geram uma diminuição do peso dos interesses relativos à segurança jurídica e à proteção da confiança dos cidadãos. Nessas circunstâncias, a resistência à retrospectividade apresenta uma menor intensidade normativa: o juízo de inconstitucionalidade dependerá essencialmente de uma ponderação de bens ou interesses em confronto"[140].

Como lembra Catarina Botelho, referindo-se à jurisprudência portuguesa, "na mesma linha de orientação, no Acórdão n. 356/91, o Tribunal deixou claro que o princípio da confiança garante inequivocamente um mínimo de certeza e segurança das pessoas quanto aos direitos e <u>expectativas legitimamente criadas</u> no desenvolvimento das relações jurídico-privadas, podendo afirmar-se que, com base em tal princípio, não é consentida pela Lei Fundamental uma normação que, pela sua natureza, afete de forma *inadmissível, intolerável, arbitrária ou desproporcionadamente onerosa* aqueles *mínimos de segurança e certeza* que as pessoas, a comunidade e o direito têm de respeitar"[141] (grifamos).

No Acórdão do Tribunal Constitucional n. 862/2013, o Tribunal português deixou claro que há proteção constitucional não apenas contra a retroatividade autêntica, mas também contra a retroatividade inautêntica, embora em menor medida: "Não há regras constitucionais impeditivas de leis que imponham a redução do 'quantum' de

---

140 *Op. cit.*, p. 266.
141 *Op. cit.*, p. 457.

pensões já reconhecidas. Isso não significa, porém, que a eventual inconstitucionalidade dessas leis não deva ser apreciada com base em princípios constitucionais, como o da proteção da confiança. É precisamente nas situações de sucessão de leis no tempo que o princípio da confiança pode ser invocado como parâmetro autônomo da constitucionalidade de um ato legislativo. O princípio da proteção da confiança pode pois ser mobilizado nas situações da chamada retrospectividade, <u>ainda que o valor jurídico da confiança possa ter aí um menor peso do que nas situações de verdadeira retroatividade</u>" (grifamos)[142].

Não obstante, por ser um princípio, a proteção da confiança deve, no caso concreto, ser objeto de sopesamento, juntamente com outros valores constitucionalmente tutelados, como afirmou o Tribunal Constitucional português, no Acórdão 473/92, segundo o qual é necessário verificar "se o interesse geral que presidia a mudança do regime legal deve prevalecer sobre o interesse individual sacrificado, na hipótese reforçado pelo interesse na previsibilidade da vida jurídica, também necessariamente sacrificado pela mudança. Na falta de tal interesse do legislador ou da sua suficiente relevância segundo a Constituição, deve considerar-se arbitrário o sacrifício e excessiva a frustação de expectativas". Segundo Catarina Botelho, "tratar-se-á, portanto, de proceder a um justo balanceamento entre a proteção das expectativas dos cidadãos decorrentes do princípio do Estado de Direito Democrático e a liberdade constitutiva e conformadora do legislador, também ele democraticamente legitimado"[143].

---

142 Depois de examinar minudentemente os requisitos por ele estabelecidos para aplicação do princípio da confiança, o Tribunal Constitucional decidiu que "a redução e recálculo do montante das pensões dos atuais beneficiários, com efeitos imediatos, é uma medida que afeta desproporcionadamente o princípio constitucional da proteção da confiança ínsito no princípio do Estado de Direito democrático plasmado no artigo 2º da Constituição da República Portuguesa".

143 *Op. cit.*, p. 458. Prossegue a autora: "relativamente ao princípio da proteção da confiança o conflito decorre já de uma contraposição entre, por uma banda, a

Acerca dessa ponderação, o Tribunal Constitucional português, no Acordão 862/2013, afirmou: "A metodologia a seguir na aplicação deste critério implica sempre uma ponderação de interesses contrapostos: de um lado, as expectativas dos particulares na continuidade do quadro legislativo vigente; do outro, as razões de interesse público que justificam a não continuidade das soluções legislativas. Os particulares têm interesse na *estabilidade* da ordem jurídica e das situações jurídicas constituídas, a fim de organizarem os seus planos de vida e de evitar o mais possível a frustração das expectativas fundadas; mas a esse interesse contrapõe-se o *interesse público* na transformação da ordem jurídica e na sua adaptação às novas ideias de ordenação social. Caso os dois grupos de interesses e valores são reconhecidos na Constituição em condições de igualdade, impõe-se em relação a eles o necessário exercício de confronto e ponderação para concluir, com base no peso variável de cada um, qual o que deve prevalecer".

No tocante às expectativas dos particulares, o Tribunal Constitucional português, no Acórdão 128/2009, elencou quatro requisitos a serem verificados no processo de ponderação: "(i) é necessário que o Estado, em especial, o legislador, 'tenha encetado comportamentos capazes de gerar nos privados 'expectativas' de continuidade; (ii) seguidamente, tais expectativas devem ser 'legítimas, justificadas e fundadas em boas razões'; são as já denominadas 'expectativas consistentes'; (iii) adicionalmente, 'devem os privados ter feito planos de vida tendo em conta a perspectiva da continuidade do 'comportamento' estadual; (iv) a terminar, é ainda exigido 'que não ocorram razões de interesse público que justifiquem, em ponderação, a não continuidade do comportamento que gerou a situação de expectativa"[144]. Tais requisitos ou testes foram novamente

---

estabilidade e previsibilidade que devem pautar num Estado de Direito e, por outra banda, a revisibilidade das opções político-legislativas que é intrínseca ao princípio democrático" (*op. cit.*, p. 458).
144 Catarina dos Santos Botelho, *op. cit.*, p. 458.

utilizados no Acordão 862/2013. Segundo o Tribunal, no último acórdão, "este princípio postula, pois, uma ideia de proteção da confiança dos cidadãos e da comunidade na estabilidade da ordem jurídica e na constância da atuação do Estado. Todavia, a confiança, aqui, não é uma confiança qualquer: se ela não reunir os quatro requisitos que acima ficaram formulados a Constituição não lhe atribui proteção".

Quanto a este último requisito (razões excepcionais de interesse público), parece ter sido o fundamento do Acórdão 396/2011 do Tribunal Constitucional português, que apreciou a constitucionalidade das disposições do Orçamento do Estado, que procederam à redução dos vencimentos dos trabalhadores do setor público. Segundo o Tribunal, "as medidas de redução remuneratória visam a salvaguarda de um interesse público que deve ser tido por prevalecente – e esta constitui a razão decisiva para rejeitar a alegação de que estamos perante uma desproteção da confiança constitucionalmente desforme". No mesmo sentido, no Acórdão 794/2013, que analisava a constitucionalidade da alteração legislativa que aumentava o número de horas da jornada de trabalho dos trabalhadores em funções públicas, o Tribunal Constitucional português decidiu que "a tutela constitucional da confiança, por sua natureza, não pode ser considerada entrave a qualquer alteração legislativa passível de frustrar expectativas legítimas e fundamentadas dos cidadãos. De fato, só poderá utilizar-se a ideia de proteção da confiança como parâmetro constitucional nas situações em que a sua violação contraria a própria ideia de Estado de Direito, de que aquela constitui um corolário".

Assim, entendemos que as normas jurídicas que implicam retrocesso e que atingem direitos adquiridos serão inconstitucionais, por expressa previsão constitucional (que veda a retroatividade autêntica). Por sua vez, como entendemos que o princípio da *confiança legítima* é um princípio constitucional implícito, decorrente da segurança jurídica (art. 6º, CF)¹⁴⁵, havendo a retroatividade inautêntica, dever-se-á fazer uma ponderação entre a *confiança* dos particulares e o *interesse público* no qual se funda a norma regressiva. Como dito pelo Tribunal Constitucional português, no Acórdão 413/2014, "há que proceder a um balanceamento ou ponderação entre os interesses particulares desfavoravelmente afetados pela alteração do quadro normativo que os regula e o interesse público que justifica essa alteração. Com efeito, para que a situação de confiança seja constitucionalmente protegida, é ainda necessário que não ocorram razões de interesse público que justifiquem, em ponderação, a não continuidade do comportamento que gerou a situação de expectativas".

Outrossim, entendemos, assim como o fez o Tribunal Constitucional português, que, para que prevaleça a tutela constitucional das expectativas baseadas na *confiança*, "devem tais expectativas ser legítimas, justificadas e fundadas em boas razões". Ou seja, a *confiança* não seria constitucional, compatível como princípio republicano, se servisse para eternizar injustiças, situações de desigualdade e irrazoabilidade. Como adverte Guilherme Tilkian,

---

145 Como afirma Deliberador, "para expressiva corrente doutrinária, a confiança legítima ostenta, como visto, o status de subprincípio da segurança jurídica. Entre os partidários dessa corrente, temos a professora Odete Medauar. *In verbis*: 'Também denominado *princípio da proteção da confiança*, apresenta-se como desdobramento do princípio da segurança jurídica'. Para a professora, a proteção à confiança se apresenta mais ampla que a preservação dos direitos adquiridos, já que se estende a sua proteção até mesmo a direitos que ainda não foram adquiridos (o que nos permite inferir que se trata aqui de uma proteção à expectativa de direito, embora, no dizer da autora, tal interpretação apresenta-se autorizada apenas se a aquisição desses direitos estiver em vias de ocorrer). No mesmo diapasão vem a opinião de Monica Herman Salem Caggiano, que, ao dissertar sobre o princípio da segurança jurídica, afirma que este cânone 'apresenta-se como macroprincípio, ainda que não positivado em nível constitucional, a alojar no seu bojo uma série de outros princípios, a exemplo da irretroatividade, da proteção dos direitos adquiridos, da confiança legítima, da legalidade ou da qualidade da lei'" (*op. cit.*, p. 33).

"quanto maior for o grau de aparência de legitimidade da base, maior deverá ser a proteção da confiança nela depositada. Chega-se a essa regra, de um lado, por meio das próprias exigências de cognoscibilidade e de eficácia jurídica que compõem o princípio da segurança jurídica"[146]. Fazemos nossas as palavras de Jorge Reis Novais: "o peso das posições dos particulares a relevar na referida ponderação de valores pode ser determinado por inúmeros fatores. Desde logo, as expectativas têm de ser legítimas; não teriam qualquer peso posições dos particulares sustentadas em ilegalidades ou em omissões indevidas do Estado, bem como as correspondentes pretensões a que o Estado não emitisse lei destinada a corrigir tais situações"[147].

No Brasil, por exemplo, o Conselho Nacional de Justiça, no Procedimento de Controle Administrativo n. 50003-09.2013.2.00.0000, da lavra da Conselheira Maria Cristina Irigoyen Peduzzi, oriundo do Tribunal de Justiça do Amazonas, decidiu que "o princípio da confiança legítima não pode ser visto como valor absoluto, de forma a engessar a ordem jurídica, impedindo a Administração de anular os atos praticados em violação à lei". Nesse diapasão, a jurisprudência do Supremo Tribunal Federal consolidou-se em favor da preponderância do princípio da legalidade sobre o da segurança jurídica, editando a Súmula 473: "a administração pode anular seus próprios atos, quando eivados de vícios que os tornam ilegais por que deles não se originam direitos, ou revogá-los, por motivo de conveniência ou oportunidade, respeitados os direitos adquiridos, e ressalvada, em todos os casos, a apreciação judicial". Como já decidido reiteradamente pelo Supremo Tribunal Federal, a possibilidade de anulação de um ato ilegal, prejudicial ao cidadão, não prescinde do contraditório e ampla defesa, princípios igualmente constitucionais: "(...) tenho para mim, na linha de decisões que proferi nesta Suprema

---

146 *Op. cit.*, p. 88.
147 *Op. cit.*, p. 267.

Corte, que se impõe reconhecer, mesmo em se tratando de procedimento administrativo, que ninguém pode ser privado de sua liberdade, de seus bens ou de seus direitos sem o devido processo legal, notadamente naqueles casos em que se estabelece uma relação de polaridade conflitante entre o Estado, de um lado, e o indivíduo, de outro. Cumpre ter presente, bem por isso, na linha dessa orientação, que o Estado, em tema de restrição à esfera jurídica de qualquer cidadão, não pode exercer a sua autoridade de maneira abusiva ou arbitrária (...). Isso significa, portanto, que assiste ao cidadão (e ao administrado), mesmo em procedimentos de índole administrativa, a prerrogativa indisponível do contraditório e da plenitude de defesa, com os meios e recursos a ela inerentes, consoante prescreve a Constituição da República em seu art. 5º, LV. O respeito efetivo à garantia constitucional do 'due process of law', ainda que se trate de procedimento administrativo (como o instaurado, no caso ora em exame, perante o E. Tribunal de Contas da União), condiciona, de modo estrito, o exercício dos poderes de que se acha investida a Pública Administração, sob pena de descaracterizar-se, com grave ofensa aos postulados que informam a própria concepção do Estado Democrático de Direito, a legitimidade jurídica dos atos e resoluções emanados do Estado, especialmente quando tais deliberações, como sucede na espécie, importarem em invalidação, por anulação, de típicas situações subjetivas de vantagem" (MS 27.422 AgR, rel. Min. Celso de Mello, j. 14-4-2015, *DJe* 11-5-2015).

Por fim, concordamos com Catarina Botelho, segundo a qual a invocação do princípio da confiança deve ser feita no caso concreto, e não abstratamente, sob pena de confundir-se com o alegado princípio da proibição do retrocesso[148]. Para a autora, "a verificação deste

---

148 Segundo a autora, "em termos necessariamente breves, parece-nos que, amiúde, se estará a apelidar de violação do princípio da confiança, quando o que está em causa é o retrocesso social. Daí que alguma doutrina se questione se o princípio da proteção da confiança não será uma *forma encapuzada* de dizer o mesmo que o princípio da proibição do retrocesso social?" (*op. cit.*, p. 461).

princípio só se pode fazer-se *casuisticamente* e nunca em geral e abstrato"[149]. No mesmo sentido, afirma Jorge Reis Novais: "perante a igual dignidade constitucional dos valores em confronto, o alcance prático do princípio constitucional da proteção da confiança não é delimitável independentemente de uma avaliação *ad hoc* que tenha em conta as circunstâncias do caso concreto e permita concluir, com base no peso variável dos interesses em disputa, qual dos princípios deve merecer a prevalência"[150].

---

149   *Op. cit.*, p. 462.
150   *Op. cit.*, p. 264.

IV

OS DIREITOS SOCIAIS EM ESPÉCIE E SUA RESPECTIVA EFICÁCIA

4.1. PROLEGÔMENOS

Como vimos nos capítulos anteriores, a Constituição brasileira, assim como as Constituições sul-americanas, adotou o modelo de previsão expressa dos direitos sociais, dando-lhes o *status* de direitos fundamentais. Doutrinas que negam a fundamentalidade dos direitos sociais (que expusemos anteriormente) são minoritárias no Brasil, que não resistem a uma análise literal da Constituição.

Quanto à eficácia dos direitos fundamentais sociais, tratamos detidamente no capítulo anterior. Em resumo, quando a norma constitucional sobre direito social é uma *norma-regra*, o cumprimento deve ser integral. Não se trata de uma opção normalmente feita pelo constituinte, tendo em vista a retirada da discricionariedade de seu cumprimento. Norma constitucional que é regra deve ser cumprida integralmente ou, utilizando-se a expressão de Ronald Dworkin, aplica-se a regra do *tudo ou nada* (ou é aplicada integralmente ou é violada, deixando de ser aplicada).

São exemplos de *normas-regras* sobre direitos sociais:

a) o artigo 230, § 2º, CF, que prevê que "aos maiores de sessenta e cinco anos é garantida a gratuidade dos transportes coletivos urbanos". Trata-se, nesse caso, de uma obrigação do Estado, que deve ser cumprida integralmente. Não pode o Município, por exemplo, atender apenas parcialmente esse direito, estabelecer regras exageradas para o seu exercício, muito menos não o aplicar, sob o argumento de necessidade de regulamentação ou orçamento. Segundo o STF, "a norma constitucional é de eficácia plena e aplicabilidade imediata, pelo que não há eiva de invalidade jurídica da norma legal que repete os seus termos e determina que se concretize o quanto constitucionalmente disposto" (ADI 3.768, rel. Min. Cármen Lúcia, j. 19-9-2007).

b) o artigo 212, *caput*, CF, que determina aos entes federativos um investimento mínimo na educação: "a União aplicará, anualmente, nunca menos de dezoito, e os Estados, o Distrito Federal e os Municípios vinte e cinco por cento, no mínimo, da receita resultante de impostos, compreendida a proveniente de transferências, na manutenção e desenvolvimento do ensino". Trata-se de uma norma-regra, que deve ser cumprida integralmente pelos entes federativos, não podendo ser burlada. Por exemplo, em 2020, o STF declarou inconstitucional a lei estadual paulista que permitia ao Estado contabilizar as despesas com servidores inativos na educação estadual como gastos em manutenção e desenvolvimento do ensino[1]. Uma análise sistemática da Constituição já possibilitaria esse entendimento, máxime porque o descumprimento, por parte de Estados, Distrito Federal e

---

[1] Segundo o Ministro Relator Edson Fachin, em seu voto, "o percentual de vinculação de receita do art. 212 da CRFB representa o mínimo exigido em investimentos na educação. Por óbvio que está amplamente de acordo com a interpretação constitucional que um Estado economicamente desenvolvido como São Paulo faça a escolha constitucional de ampliar o percentual de destinação em investimentos na educação exigido em sua constituição estadual. (...) Ocorre que os gastos com servidores inativos não estão entre as exceções do art. 167, e o cômputo das despesas da São Paulo Previdência (SPPREV) na área fim de educação representa uma afronta ao dispositivo constitucional citado" (ADI 5.719/SP, plenário, j. 18/08/2020).

Municípios, pode ensejar a intervenção no ente federativo, nos termos do artigo 34, VII, "e" (intervenção federal) e 35, III (intervenção estadual).

c) art. 208, I, c.c. seu parágrafo 1º, da Constituição. Segundo esse dispositivo, a educação básica é obrigatória e gratuita dos 4 (quatro) aos 17 (dezessete) anos de idade e, na sequência, afirma que "o acesso ao ensino obrigatório e gratuito é direito público subjetivo". Para deixar ainda mais clara a necessidade do cumprimento integral dessa norma, o artigo 208, § 2º, determina que "o não oferecimento do ensino obrigatório pelo Poder Público, ou sua oferta irregular, importa responsabilidade da autoridade competente".

d) art. 217, § 2º, da Constituição, que trata do "Desporto", segundo o qual "a justiça desportiva terá o prazo máximo de sessenta dias, contados da instauração do processo, para proferir decisão final". A Justiça Desportiva é uma modalidade administrativa de justiça especializada e utilizada como meio alternativo de solução dos conflitos, sendo ela uma mitigação do princípio da inafastabilidade do controle jurisdicional, na medida em que veda, nos termos do artigo 217, § 1º, da Constituição Federal, ações relativas à disciplina e às competições desportivas, antes do esgotamento das instâncias da justiça desportiva. Todavia, como vimos, a Justiça desportiva tem o prazo de sessenta dias para decidir, que deve ser cumprido integralmente, já que se trata de uma *norma-regra*.

e) art. 220, § 6º, CF, segundo o qual "a publicação de veículo impresso de comunicação independe de licença de autoridade". Trata-se de uma *norma-regra*, que deve ser aplicada integralmente. Qualquer tentativa estatal de minimizar tal norma será considerada inconstitucional.

Todavia, embora haja na Constituição brasileira algumas *normas--regras* sobre direitos sociais, indubitavelmente a maioria das normas constitucionais sobre tais direitos são *normas-princípios*. Como vimos no capítulo anterior, segundo Robert Alexy, essas normas devem ser aplicadas na maior intensidade possível, máxime porque a busca por uma maior eficácia da Constituição (e de todas as normas constitucionais) é um corolário do neoconstitucionalismo e do princípio da força normativa da Constituição.

O grande desafio, sobre o qual discorremos longamente no capítulo anterior, é encontrar a eficácia das *normas-princípio* que tratam dos direitos sociais. Como vimos, em resumo, aplicar-se-ão para essa solução a combinação entre os princípios da *reserva do possível* e do *mínimo existencial* dos direitos sociais.

Abaixo, examinaremos os direitos fundamentais em espécie, verificando o seu grau de eficácia, à luz da doutrina e jurisprudência brasileiras. Tal tarefa é importante porque, como explicamos no capítulo anterior, a identificação do mínimo existencial dos direitos fundamentais sociais não é uma tarefa abstrata e apriorística, mas depende de uma análise conjuntural, histórica e fática do país. Em outras palavras, cabe à doutrina e a jurisprudência identificar o mínimo existencial dos direitos fundamentais sociais, conteúdo que será jurisdicionável, exigido do Estado, como normas-regras.

4.2. MÍNIMO DOS MÍNIMOS EXISTENCIAIS

Como sustentamos no capítulo anterior, no nosso entender, a educação básica pública e gratuita de qualidade é o mínimo dos mínimos existenciais. Inúmeras foram as razões, de ordem jurídica, social e filosófica, para justificar tal afirmação.

Em resumo, em tempos de escassez, as escolhas de implementação de políticas públicas são sempre "escolhas trágicas". Todavia, por causa dessa escassez, devemos escolher priorizar os direitos sociais que, no futuro, nos auxiliarão a concretizar outros direitos sociais. A educação, inegavelmente, tem esse papel. Como afirmamos anteriormente, considerando-se a educação básica de qualidade como um mínimo dos mínimos essenciais, será possível concretizar a progressividade da implantação dos direitos sociais, na medida em que a sociedade estará cada vez mais instrumentalizada para exigir e até mesmo implementar diretamente muitos dos direitos constitucionalmente previstos. De certa forma, essa também é a conclusão de Martha Nussbaum, professora da Universidade de Chicago, na medida em que sugere a seguinte solução das "escolhas trágicas": "quando nós notamos um conflito trágico, não podemos simplesmente torcer as mãos: temos que perguntar qual o melhor ponto a intervir para criar um futuro no qual essa espécie de escolha não confronte as pessoas. Temos também que considerar como mover as pessoas para perto da capacidade mínima no futuro, ainda que não possam tê-las imediatamente"[2].

Todavia, é impossível fornecer uma educação de qualidade para um povo miserável, faminto e desesperado. A fome, a miséria, a indigência são situações que impedem a concretização da educação para a transformação do povo. Por essa razão, entendemos que o combate à miséria é, indubitavelmente, um dever imediato e inarredável do Estado, para garantir a todos um mínimo vital, um mínimo de existência digna.

Esse mínimo está diretamente ligado à noção de "mínimo vital", que explicamos anteriormente, integrante do "mínimo existencial". Como tratamos no capítulo anterior, como na doutrina alemã, o mínimo existencial tem se desdobrado em dois aspectos: um <u>mínimo fisiológico</u>, ou seja, as condições materiais mínimas para uma vida digna (sendo esse o conteúdo essencial da garantia do mínimo existencial), e também um <u>mínimo existencial sociocultural</u>, objetivando assegurar ao indivíduo um mínimo de inserção, em razão de uma igualdade real, na vida social. Assim, enquanto o primeiro se encontra diretamente fundado no direito à vida e na dignidade da pessoa humana (abrangendo, por exemplo, o básico em termos de alimentação, vestimenta, abrigo, saúde ou os meios indispensáveis para a sua satisfação), o assim designado mínimo sociocultural encontra-se fundado no princípio do Estado Social.

---

2   *Op. cit.*, p. 438.

O mínimo existencial, como vimos, não se confunde com o mínimo vital, ou seja, com o mínimo de sobrevivência fisiológica, sendo muito mais amplo. Todavia, esse mínimo vital, o mínimo para uma existência digna, integra o mínimo existencial e, no nosso entender, é um dos "mínimos dos mínimos existenciais".

Esse parece ser o entendimento também da Corte Interamericana de Direitos Humanos, desde o *caso Niños de la Calle (Villagrán Morales y Otros)* para a qual ao Estado, na promoção da vida, cabe garantir "o acesso a condições que garantam uma existência digna". Nesse caso, ficou consagrado que o direito à vida não possui somente uma característica de "direito de defesa", que exige uma inação do Estado, mas abarca também o dever de oferecer condições de vida digna. Assim, nasce, como realça o juiz Cançado Trindade em seu voto, o direito à vida com dignidade, que é, ao mesmo tempo, direito civil e político, mas também direito econômico e social.

A Corte Interamericana de Direitos Humanos não ficou restrita ao conceito de vida resumido à mera existência de vida física, mas exigiu respeito à dignidade humana. Essa visão abrangente do direito à vida é coerente com a chamada indivisibilidade dos direitos humanos, reconhecida na Declaração e Programa de Ação de Viena (1993), que prega que todos os direitos humanos devem ter a mesma proteção jurídica, uma vez que são essenciais para uma vida digna.

No caso dos "meninos de rua", houve o reconhecimento de que havia risco à vida pelo estado de abandono social em que eles viviam. Por isso, a Corte IDH exigiu da Guatemala medidas de proteção para a realização completa do direito à vida, em especial por meio de ações sociais e com a garantia do mínimo existencial. Em conclusão, a Corte reconheceu que a privação da vida não se dá somente por meio do homicídio, mas também pela negação do direito de viver com dignidade. Cabe ao Estado coibir o homicídio e também coibir a vida em condições degradantes.

Nesse emblemático caso, a Corte decidiu que "o direito à vida é um direito fundamental cujo gozo é um pré-requisito para se desfrutar de todos os outros direitos humanos. Se não forem respeitados, todos os direitos não terão sentido. Devido à natureza fundamental do direito à vida, abordagens restritivas a ele não são admissíveis. Em essência, o direito fundamental à vida inclui não apenas o direito de todo ser humano a não ser arbitrariamente privado da vida, mas também o direito de não lhe ser negado o acesso às condições que garantam uma existência digna. Os Estados têm a obrigação de garantir a criação das condições necessárias para que não ocorram violações desse direito básico e, em particular, o dever de impedir que seus agentes atentem contra ele" (grifamos).

Dessa maneira, entendemos que, à luz da realidade social, econômica, histórica e cultural do Brasil, o mínimo dos mínimos existenciais compreende dois fatores:

Mínimo dos mínimos existenciais
{
Direito à educação básica pública, gratuita e de qualidade

Direito à existência digna
}

Se a educação básica e pública de qualidade é um mínimo dos mínimos existenciais, também o é o direito a uma vida digna. Nenhuma opção orçamentária é razoável e proporcional, enquanto parte do povo morre de fome, vive de forma indigente, abaixo da linha da pobreza. Muitos são os dispositivos constitucionais que nos levam a essa conclusão. Por exemplo, é um dos fundamentos da República a "dignidade da pessoa humana" (art. 1º, III, CF). Outrossim, um dos objetivos da República é "erradicar a pobreza" (art. 3º, III, CF).

Assim, acreditamos que somente após garantidos esses dois direitos (a educação básica e pública de qualidade e o mínimo suficiente para uma vida digna para todo brasileiro e estrangeiro residente no país) é que poderemos fazer ponderações sobre quais direitos sociais vamos priorizar. Em outras palavras, tais obrigações são primárias, basilares, necessárias, antes de quaisquer outras.

O que significa afirmar que tais direitos configuram o "mínimo dos mínimos existenciais" dos direitos fundamentais? Significa que o Estado tem o dever imediato de garanti-los, já que são direitos líquidos e certos, decorrentes de uma norma-regra constitucional, que deve ser cumprida integralmente. Violações a esses direitos mínimos podem ser levadas ao Poder Judiciário e, caso não haja uma reparação, podem ser levadas à Comissão Interamericana de Direitos Humanos, para que a questão, se o for caso, chegue à Corte Interamericana de Direitos Humanos, já que há precedentes nesse sentido. Da mesma forma, significa que quaisquer escolhas orçamentárias que comprometam a realização desse mínimo dos mínimos existenciais são desarrazoadas e inválidas, ainda que os direitos tutelados sejam igualmente relevantes.

Como afirmou o Ministro Marco Aurélio no Mandado de Injunção 7.300, "a dignidade envolve (i) a proteção jurídica da pessoa simplesmente por ostentar a condição humana, e (ii) o reconhecimento de esfera de proteção material do homem ou mulher, como condição à construção da individualidade e autodeterminação. Com fundamento nessa visão, deve-se fornecer prestações essenciais para ter-se a capacidade de sobreviver, constituindo o acesso a tais bens direito subjetivo de natureza pública" (grifamos).

Diante desse cenário, parece se tornar imperiosa e urgente uma política pública que garanta uma **renda mínima** aos brasileiros, proporcionando-lhes uma vida minimamente digna. Como afirma Isso Chaitz Scherkerkewitz, "a inexistência da garantia de uma renda mínima a todo indivíduo, ou a todo agrupamento familiar, por sua vez, por si só, acarreta a inconstitucionalidade de toda política social. A existência de um Estado de Bem-Estar Social pressupõe a garantia de um padrão mínimo de vida para cada cidadão. A garantia de um padrão mínimo social não vai se dar exclusivamente com o fornecimento de uma quantia pré-estipulada de dinheiro, mas, certamente, tal benefício ajudará muitíssimo a restauração de um mínimo de dignidade social, impedindo a miséria absoluta, a desnutrição total e, principalmente, possibilitará a reabilitação de quem, por qualquer problema, não consegue manter-se (na linha da pobreza) sem a ajuda do Estado. É a possibilidade que se abre para a 'desmarginalização' de uma parcela considerável de nossa população"[3].

Nas palavras de Philippe Van Parijs, um dos maiores especialistas nesse tema, "Renda básica é uma renda paga por uma comunidade política a todos os seus membros individualmente, independentemente de sua situação financeira ou exigência de trabalho"[4].

Esse também é o entendimento do grande constitucionalista e nosso querido amigo Dirceu Siqueira, que em artigo específico sobre o tema, afirma que "as pesquisas mais remotas e, da mesma forma, as mais recentes, respondem por si só a razão da necessidade de proteção social às classes menos favorecidas para o pleno desenvolvimento de capacidades e potencialidades, de modo que as pessoas possam fazer suas escolhas e se desenvolverem de forma plena, com garantia de direitos pelo Estado, o qual tem como função principal, se não a única, a proteção da pessoa em suas mais diversas vertentes, sendo que a manutenção de questões orçamentárias deve prever a segurança da dignidade. (...) Com fundamento na ideia de que mínimo existencial, pautado na vida digna transcende o mínimo vital, o qual conta apenas com prestações que asseguram a não sucumbência de pessoas muito vulneráveis socialmente, as políticas que pautam uma renda básica universal, sem condicionalidades, atenderiam aos critérios propostos por Dworkin, acerca de justiça e moralidade. (...) O grande paradoxo, no Brasil, é o fato de ser um país rico, se colocando entre as dez maiores economias globais. No entanto, devido ao grande distanciamento econômico entre seus cidadãos, seriam necessários outros meios para promover a redução da desigualdade, pois apenas

---

3   *Renda mínima*, p. 1. Prossegue o autor: "Quando indagamos a natureza jurídica do benefício da renda mínima não estamos nos manifestando sobre o seu conteúdo ou sobre sua origem, nem tampouco sobre o caráter que poderá ter o sistema dentro do qual encontra o benefício. Na realidade estamos simplesmente colocando o benefício dentro de outras categorias formais e conhecidas. O benefício da renda mínima não é um benefício previdenciário e é mais do que um benefício assistencial. É um dever do Estado".
4   *Renda básica: renda mínima garantida para o século XXI?*, p. 1.

medidas redistributivas de riqueza não seria suficiente. Também é necessário que a economia cresça devido ao tamanho da população em relação ao seu PIB. Por isso, a ideia de Renda Básica no Brasil traz a possibilidade do avanço em um modelo inclusivo de economia e, ao mesmo tempo, ser mais uma ferramenta a garantir a efetividade dos direitos sociais positivados na Constituição de 1988"[5].

O Congresso Nacional brasileiro aprovou a Lei n. 10.835, de 8 de janeiro de 2004, instituindo a "renda básica de cidadania". Segundo o artigo 1º, § 2º da sobredita lei, "o pagamento do benefício deverá ser de igual valor para todos, e suficiente para atender às despesas mínimas de cada pessoa com alimentação, educação e saúde, considerando para isso o grau de desenvolvimento do País e as possibilidades orçamentárias". Todavia, essa lei depende de regulamentação do Poder Executivo, o que não houve. Por isso, foi impetrado Mandado de Injunção (MI 7.300) perante o STF, sob o argumento de que a omissão do Poder Executivo em regulamentar a norma implicaria uma violação dos deveres constitucionais. Segundo o STF, deverá ser criado um programa de renda básica de cidadania a partir de 2022, para mitigar as desigualdades socioeconômicas do país. Nessa ação, "O Tribunal, por maioria, concedeu parcialmente a ordem injuncional, para: i) determinar ao Presidente da República que, nos termos do art. 8º, I, da Lei n. 13.300/2016, implemente, "no exercício fiscal seguinte ao da conclusão do julgamento do mérito (2022)", a fixação do valor disposto no art. 2º da Lei n. 10.835/2004 para o estrato da população brasileira em situação de vulnerabilidade socioeconômica (extrema pobreza e pobreza – renda per capita inferior a R$ 89,00 e R$ 178,00, respectivamente – Decreto nº 5.209/2004), devendo adotar todas as medidas legais cabíveis, inclusive alterando o PPA, além de previsão na LDO e na LOA de 2022; e ii) realizar apelo aos Poderes Legislativo e Executivo para que adotem as medidas administrativas e/ou legislativas necessárias à atualização dos valores dos benefícios básico e variáveis do programa

---

5 *Desigualdade econômica: uma abordagem sobre distribuição de renda versus o mínimo existencial e a renda básica como proposta*, . 2.

Bolsa Família (Lei n. 10.836/2004), isolada ou conjuntamente, e, ainda, para que aprimorem os programas sociais de transferência de renda atualmente em vigor, mormente a Lei n. 10.835/2004, unificando-os, se possível. Tudo nos termos do voto do Ministro Gilmar Mendes" (STF, MI 7.300, Redator para o acórdão, vencidos os Ministros Marco Aurélio (Relator), Edson Fachin, Rosa Weber e Ricardo Lewandowski. Plenário, Sessão Virtual de 16.4.2021 a 26.4.2021).

Nessa mesma ação, em seu voto, o Ministro Gilmar Mendes afirmou que "Do que ressoa dos autos, o que está em jogo é a verificação do cumprimento de um dever de proteção constitucional (*Schutzpflicht*), que visa a tutelar garantias individuais da mais absoluta centralidade para a ordem democrática: a promoção do combate à pobreza, como condição de superação das desigualdades sociais e econômicas. Nesse sentido, os direitos fundamentais não podem ser considerados apenas como proibições de intervenção (*Eingriffsverbote*), expressando também um postulado de proteção (*Schutzgebote*). Utilizando-se da expressão de Canaris, pode-se dizer que os direitos fundamentais expressam não apenas uma proibição do excesso (*Übermassverbote*), mas também podem ser traduzidos como proibições de proteção insuficiente ou imperativos de tutela (*Untermassverbote*)". A existência de outros programas de transferência de renda, como o Bolsa Família, não exime o Estado de criar um programa mais amplo, como afirmou o Ministro: "Reitere-se que não se desconhece que a Lei 10.836/2004 estabeleceu o Programa Bolsa Família como um conjunto de 'ações de transferência de renda com condicionalidades' e constou como objetivo básico daquele o combate à pobreza (art. 4º do Decreto 5.209/2004). Entretanto, há proteção insuficiente quanto ao combate à pobreza e à extrema pobreza, como demonstrado acima, sobretudo em relação à parcela mais vulnerável da população brasileira".

4.3. DIREITOS SOCIAIS EM ESPÉCIE

Como defendemos inúmeras vezes nessa obra, os direitos sociais constitucionais que se apresentam como *normas-regras* devem ser garantidos integralmente, por escolha do poder constituinte nacional. Por sua vez, os direitos sociais constitucionais que se apresentam como *normas-princípios* devem ser aplicados na maior intensidade possível, dentro de alguns parâmetros jurídicos que descrevemos anteriormente (como a reserva do possível, a delimitação do mínimo existencial etc.).

Defendemos igualmente que é tarefa da doutrina e da jurisprudência identificar, à luz da realidade política, social, econômica e histórica do país, o mínimo existencial que deve ser tutelado imediatamente. Abaixo, veremos o enfoque dado pela doutrina e jurisprudência à eficácia dos direitos sociais previstos na Constituição, expressa ou implicitamente. Quais aspectos dos direitos fundamentais sociais devem ser cumpridos integralmente, quais dependem de incremento orçamentário e qual o conteúdo mínimo dos direitos sociais que devem ser cumpridos imediatamente são perguntas a que pretendemos responder.

Inicialmente, reforçamos que, no nosso entender, há dois mínimos dos mínimos existenciais que o Estado deve cumprir integralmente e que configuram direitos públicos subjetivos, que podem ser exigidos perante o Poder Judiciário ou organismos internacionais: o direito à educação básica pública e gratuita de qualidade e o direito à vida minimamente digna.

O artigo 6º, da Constituição Federal, elenca os seguintes direitos sociais que abaixo estudaremos: "são direitos sociais a educação, a saúde, a alimentação, o trabalho, a moradia, o transporte, o lazer, a segurança, a previdência social, a proteção à maternidade e à infância, a assistência aos desamparados, na forma desta Constituição".

4.3.1. Saúde

Como afirmamos em nosso livro *Curso de Direito Constitucional*, um dos direitos fundamentais mais importantes, indissociáveis do direito à vida e à dignidade, é o *direito à saúde*. Não obstante, há séculos, é um dos direitos mais negligenciados no Brasil. Não é à toa que Mário de Andrade, na sua obra clássica *Macunaíma*, afirmou que "pouca saúde e muita saúva os males do Brasil são". Segundo o art. 196 da Constituição Federal, "a saúde é direito de todos e dever do Estado, garantido mediante políticas sociais e econômicas que visem à redução do risco de doença e de outros agravos e ao acesso universal e igualitário às ações e serviços para sua promoção, proteção e recuperação".

Primeiramente, ao reconhecer que "a saúde é direito de todos e dever do Estado, garantido mediante políticas sociais e econômicas", o constituinte estabeleceu um efeito prático do art. 5º, § 1º, da Constituição (que reconhece a aplicabilidade imediata dos direitos fundamentais): o primeiro efeito prático do reconhecimento da aplicabilidade imediata do *direito à saúde* é o dever imposto ao Estado de implementar imediatamente políticas públicas de *prevenção* e *atendimento*. A omissão do Estado, ao não implementar políticas públicas mínimas de saúde, é inconstitucional, por violação do princípio da proporcionalidade, na sua modalidade "proibição da proteção insuficiente".

Não obstante, a maior dúvida gira em torno de quais aspectos da saúde podem ser jurisdicionalizados, ou seja, quais prestações estatais relacionadas à saúde podem ser exigidas imediatamente, por meio do Poder Judiciário.

O direito à saúde é um princípio constitucional que, em razão de sua natureza, é um "mandamento de otimização". Ou seja, o Estado deve tutelar a saúde do seu povo na maior intensidade possível. A questão é: como medir a "maior intensidade possível" do cumprimento do direito fundamental à saúde? Dois princípios se aplicam ao caso: a *reserva do possível* e o *mínimo existencial*.

Primeiramente, o Estado deve tutelar a saúde na maior intensidade possível, dentro de suas condições orçamentárias. Assim, não pode o Estado-juiz exigir a construção de novos hospitais, o investimento milionário na pesquisa de vacinas, por exemplo, se o país vive uma crise econômica profunda, que limita o orçamento em várias áreas. Não obstante, embora não possa o Estado-juiz exigir o cumprimento integral do direito à saúde, é possível exigir o cumprimento imediato e integral de um aspecto desse direito: o *mínimo existencial do direito à saúde*.

Qual o mínimo existencial do direito à saúde, ou seja, quais aspectos do direito à saúde podem ser exigidos judicialmente, por configurarem uma obrigação imediata do Estado? Importante relembrar que, quando estamos diante do mínimo existencial do direito, não poderá o Estado invocar como defesa a "reserva do possível", como muitas vezes decidiu o STF: "a questão da reserva do possível: reconhecimento de sua inaplicabilidade, sempre que a invocação dessa cláusula puder comprometer o núcleo básico que qualifica o mínimo existencial" (STA 223 AgR, rel. Min. Celso de Mello, j. 14-4-2008, 9-4-2014).

Inicialmente, é óbvio que qualquer demanda relacionada à saúde pode ser levada até o conhecimento do Poder Judiciário, em razão do princípio constitucional da inafastabilidade do controle jurisdicional. Assim, um paciente pode pleitear a realização de uma cirurgia estética no exterior, bem como burlar a fila de transplantes etc. Todavia, embora o paciente tenha o direito de pleitear, o Judiciário deve ter critérios para filtrar tais demandas, selecionando as constitucionalmente legítimas.

Primeiramente, como vimos em capítulo anterior, a análise do caso concreto é importante, aplicando-se sempre os critérios de razoabilidade e proporcionalidade. Assim, deverá o Judiciário pautar-se pelo princípio da razoabilidade antes de determinar que o Executivo realize certo ato de proteção, individual ou coletivo, ao direito à saúde. Por exemplo, como afirma Ricardo Lima, "os tratamentos custeados pelo Poder Público devem ser realizados em estabelecimentos nacionais, preferencialmente ligados ao SUS, e não através de depósito de valores para tratamentos no exterior ou em locais da preferência do médico ou paciente, sob pena de ser ferido o preceito do acesso universal e igualitário, além da própria razoabilidade"[6].

---

6 *Direito à saúde e critérios de aplicação*, p. 251.

Já houve casos no Brasil em que o Judiciário determinou a realização de cirurgia milionária no exterior. Entendemos equivocada tal decisão, que extrapola, e muito, o mínimo existencial a ser cumprido pelo Estado no tocante ao direito à saúde. Com a devida vênia, embora haja entendimentos doutrinários e decisões judiciais em sentido contrário, por mais que a situação pessoal seja sensível, não se pode tutelar de forma irrazoável qualquer direito, como o direito à saúde, às expensas de toda a coletividade. Em Mandado de Segurança, decidiu o Ministro Teori Zavascki "Estamos diante de um caso típico de direito fundamental social, os chamados direitos à prestação, que não são infinitos ou absolutos. Em qualquer país do mundo estão sujeitos às possibilidades do Estado. (...) Oxalá pudéssemos, em nome da Constituição, concedendo liminares, resolver os graves problemas brasileiros de saúde, de alimentação, de habitação, de educação. Claro que é muito angustiante a situação descrita nos autos. Quem não se angustia e se sensibiliza numa situação dessas? (...) Não há dúvida de que a saúde é um direito fundamental, mas também é certo, não se trata de um direito absoluto. Ele será atendido na medida das possibilidades, inclusive financeiras, da sociedade" (STJ, MS 8.895/DF).

Como afirmou o Ministro Luís Roberto Barroso, o excesso de voluntarismo do Poder Judiciário nos casos individuais pode inviabilizar o sistema, numa clara violação da Separação dos Poderes: "A intervenção do Poder Judiciário, mediante determinações à Administração Pública para que forneça medicamentos em uma variedade de hipóteses, procura realizar a promessa constitucional de prestação universalizada do serviço de saúde. O sistema, no entanto, apresentou sintomas graves de que pode morrer da cura, vítima do excesso de ambição, de falta de critérios e de voluntarismos diversos. Por um lado, proliferam decisões extravagantes ou emocionais, que condenam a Administração ao custeio de tratamentos irrazoáveis – seja porque inacessíveis, seja porque destituídos de essencialidade – bem como de medicamentos experimentais ou de eficácia duvidosa, associados a terapias alternativas" (trecho do voto proferido no RE 657.718, j. 22-5-2019).

À luz do princípio da razoabilidade e da proporcionalidade (na sua modalidade "proibição da proteção insuficiente"), deverá o Judiciário, dentro dos parâmetros já estabelecidos pelo Estado (legislador e administrador), analisando o caso concreto, exigir o cumprimento do mínimo existencial do direito à saúde.

Assim, podemos afirmar que é mínimo existencial da saúde fornecer o direito a **insumos, tratamento** e medicamento necessário no combate às enfermidades, para exercício de uma vida digna.

Nesse sentido, o STF já determinou que o Estado fosse obrigado a fornecer insumos, como **fraldas descartáveis** (RE 668.722 AgR, rel. Min. Dias Toffoli, 1ª T., j. 25-10-2013). Em caso semelhante (ARE n. 741.537/, Dje de 20/5/13), decidiu o Min. Gilmar Mendes "Não há dúvidas de que as demandas que envolvam a efetivação de prestações de saúde devem ser resolvidas a partir de cada caso concreto, consideradas todas as suas peculiaridades. Na hipótese dos autos, estreme de dúvidas, a efetivação do direito à saúde se dará mediante ação específica, com reflexos individuais notórios em face do agravado. Como regra geral, a obrigação do Estado, à luz do disposto no art. 196 da Constituição, restringe-se ao fornecimento das políticas por ele formuladas para a promoção, proteção e recuperação da saúde. Assim, por meio de uma análise inicial, obrigar a rede pública a financiar toda e qualquer ação e prestação de saúde existente geraria grave lesão à ordem administrativa e levaria ao comprometimento do SUS, de modo a agravar o atendimento médico da população mais necessitada. Essa conclusão, contudo, não afasta a possibilidade, ainda que excepcional, de o Poder Judiciário, bem como a própria Administração, decidir que medida diferente daquela custeada pelo SUS deve ser fornecida a determinada pessoa que, por razões específicas do seu organismo, comprove que o tratamento existente é necessário e eficaz para o seu caso. Portanto, para aqueles que não possuírem as garantias do mínimo adequado ao seu tratamento e, por consequência, a menor condição de concretizar o direito à saúde, é essencial que o Poder Público forneça os meios necessários à efetivação desse direito, com vistas à manutenção da dignidade do cidadão".

Da mesma forma, poderá o Poder Judiciário determinar a realização **de tratamento médico adequado** (AI 550.530 AgR, rel. Min. Joaquim Barbosa, j. 16-8-2012). Todavia, como já decidido pelo STF, não poderá o Judiciário interferir na ordem da fila de espera de cirurgias na rede pública, o que seria uma clara violação do princípio da igualdade: "a fila de espera para cirurgia é estabelecida de forma isonômica e impessoal, de modo a atender à necessidade de todos. Sem demonstração de ilegitimidade da fila e, pois, de ilegalidade, qualquer decisão judicial que determine cirurgia imediata caracterizaria vantagem pessoal à vista da situação comum em que se encontram os vários pacientes na fila. (...) Do mesmo modo que o Poder Judiciário, regra geral, não pode interferir na fila de espera para realização de cirurgia em qualquer hospital público, também não há que se falar em internação em hospital particular para a realização do procedimento quando o tratamento é ofertado na rede pública e o paciente se encontra inscrito para a sua realização, sob pena de idêntica violação à isonomia" (STF, Reclamação 19731/RJ, Rel. Min. Cármen Lúcia, 31/07/2015). Da mesma forma, como vimos acima, embora a questão deva ser examinada no caso concreto, entendemos que o Estado não pode ser obrigado a custear tratamentos médicos no exterior, máxime quando muito onerosos ou experimentais.

Quanto ao fornecimento de **medicamentos**, pleito mais sensível e comum no Judiciário brasileiro, discorremos nos itens seguintes.

4.3.1.1. Medicamentos

Como afirma André Ordacgy, "a notória precariedade do sistema público de saúde brasileiro, bem como o insuficiente fornecimento gratuito de medicamentos pelos órgãos públicos, muitos dos quais demasiadamente caros até para as classes de maior poder aquisitivo, têm feito a população civil socorrer-se das tutelas judiciais de saúde para a efetivação do seu tratamento médico, fenômeno esse que veio a ser denominado de 'judicialização' da saúde"[7].

A definição dessa questão constou da tese do TEMA 106 de Recursos Repetitivos do STJ, que elencou requisitos cumulativos para o fornecimento de medicamentos não incorporados em atos normativos do SUS "A concessão dos medicamentos não incorporados em atos normativos do SUS exige a presença cumulativa dos seguintes requisitos: Comprovação, por meio de laudo médico fundamentado e circunstanciado expedido por médico que assiste o paciente, da imprescindibilidade ou necessidade do medicamento, assim como da ineficácia, para o tratamento da moléstia, dos fármacos fornecidos pelo SUS; ii) incapacidade financeira de arcar com o custo do medicamento prescrito; iii) existência de do medicamento na ANVISA, observados os usos autorizados pela agência" (REsp. 1.657.156-RJ e REsp 1.102.457-RJ)

Em 2019, o STF concluiu o julgamento do Recurso Extraordinário n. 657.718, que visava estabelecer parâmetros objetivos para a determinação de medicamentos não registrados na Agência de Vigilância Sanitária brasileira (Anvisa). Segundo o STF, o Estado não é obrigado a fornecer medicamento experimental ou sem registro na Agência Nacional de Vigilância Sanitária (Anvisa), salvo em casos excepcionais. A decisão foi tomada por maioria de votos. O Plenário, por maioria de votos, fixou a seguinte tese para efeito de aplicação da repercussão geral: "1) O Estado não pode ser obrigado a fornecer medicamentos experimentais; 2) A ausência de registro na Anvisa impede, como regra geral, o fornecimento de medicamento por decisão judicial; 3) É possível, excepcionalmente, a concessão judicial de medicamento sem registro sanitário, em caso de mora irrazoável da Anvisa em apreciar o pedido (prazo superior ao previsto na Lei 13.411/2016), quando preenchidos três requisitos: I – a existência de pedido de registro do medicamento no Brasil,

---

7 *Op. cit.*

salvo no caso de medicamentos órfãos para doenças raras e ultrarraras; II – a existência de registro do medicamento em renomadas agências de regulação no exterior; III – a inexistência de substituto terapêutico com registro no Brasil; 4) As ações que demandarem o fornecimento de medicamentos sem registro na Anvisa deverão ser necessariamente propostas em face da União" (RE 657.718, rel. p/ acórdão Min. Roberto Barroso, Pleno, j. 22-5-2019).

Todavia, como afirmou o Min. Luís Roberto Barroso, em seu voto no RE 657.718, "Quando a demanda se relacionar a *medicamentos experimentais*, isto é, ainda em face de pesquisas e, logo, sem informações científicas que permitam atestar sua eficácia e segurança, não há *nenhuma* hipótese em que o Poder Judiciário possa obrigar o Estado a fornecê-los. Nesse caso, a administração da substância representa riscos graves, diretos e imediatos à saúde dos pacientes. Não apenas porque, ao final dos testes, pode-se concluir que a substância é tóxica e produz graves efeitos colaterais, mas também porque se pode verificar que o tratamento com o fármaco é ineficaz, o que pode representar a piora do quadro do paciente e possivelmente a diminuição das possibilidades de cura e melhoria da doença".

Por sua vez, quanto aos medicamentos que não são apenas experimentais (já concluíram as fases de testes e apresentam evidências científicas e clínicas de eficácia e segurança), mas que ainda não foram registrados na Anvisa, a solução é diferente. Segundo o Ministro Luís Roberto Barroso (autor da tese que foi acolhida pelo Plenário do STF), "o seu fornecimento por decisão judicial, embora não seja vedado, assume sempre caráter absolutamente excepcional e somente poderá ocorrer em uma hipótese: a de mora irrazoável da Anvisa em apreciar o pedido de registro" (voto no RE 657.718).

Como vimos acima, além da mora injustificada por parte da Anvisa, são necessários três requisitos cumulativos: "*Primeiro*, o medicamento deve ter sido submetido a registro no Brasil. A ideia é que sempre se deve privilegiar a análise técnica da agência reguladora nacional. Assim, se a Anvisa decidir, fundamentadamente, pela negativa de registro, em nenhuma hipótese pode o Poder Judiciário se sobrepor à manifestação da Agência para deferir pedidos individuais de fornecimento do medicamento. (...) *Segundo*, o medicamento deve possuir registro junto a renomados órgãos ou agências de regulação no exterior, tais como a 'Food and Drug Administration' (FDA) dos EUA, a 'European Agency for the Evaluation of Medicinal Product' (EMEA) da União Europeia, e a 'Japanese Ministry of Health & Welfare' do Japão. (...) *Terceiro*, é preciso que não haja substituto terapêutico registrado na Anvisa para o tratamento da doença do paciente, isto é, um medicamento ou procedimento alternativo voltado para a mesma enfermidade que já seja legalmente comercializado no país" (voto no RE 657.718).

4.3.1.2. Competência para acionar o Estado

Como afirma André Ordacgy, "quanto à competência para a propositura da medida judicial cabível, esta pode ser de alçada da Justiça Federal ou Estadual, dependendo da pessoa jurídica de direito público que praticou a lesão ao direito à saúde do jurisdicionado. De qualquer forma, quando se tratar do fornecimento de medicamentos, o jurisdicionado pode optar em promover a ação na Justiça Estadual, caso deseje receber os remédios do Estado e/ou do Município, ou então na Justiça Federal, em face de todas as esferas do Poder Executivo, visto que o Sistema Único de Saúde (SUS) abrange todos os entes federativos (a responsabilidade solidária), inclusive a União Federal, cuja presença por si só desloca a competência para o foro federal"[8].

---

8   *Op. cit.* Prossegue o autor: "a solidariedade passiva dos entes públicos (União, Estado e Município) resta evidente na leitura do art. 198, *caput* e parágrafo único, da CRFB/1988, quando afirma que 'as ações e serviços públicos de saúde integram uma rede regionalizada e hierarquizada e constituem um sistema único' e que o sistema único de saúde será financiado com recursos do orçamento da 'seguridade social, da União, dos Estados, do Distrito Federal e dos Municípios, além de outras fontes'. Como a solidariedade passiva implica a possibilidade de o credor cobrar de todos ou de qualquer um dos devedores (arts. 264 e 275, do Novo Código Civil), não há que se falar em quinhão de responsabilidade da União, do Estado, do Distrito Federal e do Município no fornecimento de medicamentos ou de tratamento médico.

Nesse sentido, entendendo pela solidariedade entre os entes federativos, decidiu o STF: "Direito à saúde. Tratamento médico. Responsabilidade solidária dos entes federados. Repercussão geral reconhecida. Reafirmação de jurisprudência. O tratamento médico adequado aos necessitados se insere no rol dos deveres do Estado, porquanto responsabilidade solidária dos entes federados. O polo passivo pode ser composto por qualquer um deles, isoladamente ou conjuntamente" (RE 855.178 RG, rel. Min. Luiz Fux, j. 5-3-2015, Pleno, j. 16-3-2015). Tal entendimento tornou-se o TEMA 793 da Repercussão Geral, do STF: "Responsabilidade solidária dos entes federados pelo dever de prestar assistência à saúde. Relator: MIN. LUIZ FUX - Leading Case: (RE 855.178-SE) - Recurso extraordinário em que se discute, à luz dos arts. 2o e 198 da Constituição Federal, a existência, ou não, de responsabilidade solidária entre os entes federados pela promoção dos atos necessários à concretização do direito à saúde, tais como o fornecimento de medicamentos e o custeio de tratamento médico adequado aos necessitados".

Todavia, recentes decisões do STF excluíram o Município do polo passivo, máxime quando o medicamento é de alto custo, cuja distribuição impactaria de forma proporcional os cofres desse ente federativo: "A jurisprudência desta Corte, reafirmada no julgamento do RE 855.178 - Tema 793 da repercussão geral, é no sentido da existência de responsabilidade solidária entre os entes federativos para as causas em que se postula a concessão judicial de medicamentos, eis que se trata de competência atribuída comumente a todos eles pela Constituição da República de 1988. Nada obstante, naquela oportunidade, o Plenário do Supremo Tribunal Federal assentou igualmente o dever de as autoridades judiciais direcionarem o cumprimento das decisões para fornecimento de prestações de saúde aos entes competentes de acordo com as regras de organização do Sistema Único de Saúde. (...) é possível concluir que, em minha óptica, a solidariedade tal como interpretada – "irrestritamente" (ou seja: conferindo poder ilimitado de escolha ao cidadão e impossibilitando a adequada discussão e defesa por parte do ente político legalmente responsável; a) tem aprofundado as desigualdades sociais e não as diminuído; b) tem piorado a prestação da saúde mais básica: retirado recursos inclusive de medidas preventivas, como do saneamento básico e da vacinação infantil, da atenção à saúde dos idosos; c) tem desestruturado o sistema de saúde e orçamentário dos entes políticos; d) tem aumentado exponencialmente gastos sem a correlata melhora na prestação de saúde; e ainda: e) tem retirado do campo próprio – do Legislativo, ao desrespeitar as normas legais de regência e do Executivo, ao retirar-lhe a escolha e a gestão – os poderes de planejar, executar e gerir políticas públicas – atribuições constitucionalmente definidas. Em face desse quadro, visualizo, por meio do aprimoramento da jurisprudência quanto à solidariedade, a possibilidade de dar um passo à frente para racionalizar o sistema do SUS, conferir-lhe eficiência, incluindo a economia (com menos recursos, obter melhores resultados). (...). Neste caso, ou seja: quando se trata de pedido de dispensa de medicamento ou de tratamento padronizado na rede pública sem dúvida está-se diante de demanda cujo polo passivo e consequente competência são regulados por lei ou outra norma; e disso não deve se desviar o autor na propositura da ação até para que seu pedido, se deferido, seja prestado de forma mais célere e mais eficaz. À luz das premissas assentadas no julgamento do RE 855.178-ED, passo a analisar o caso concreto, pontuando que o valor anual da prestação de saúde, no caso sub examine revela-se sobremaneira elevado (R$ 861.020,16), proporcionalmente à capacidade econômica do Município requerente, de modo que parece existir potencial lesão de natureza grave ao interesse público (à economia pública municipal), a ensejar o deferimento do pedido. Com efeito, ao menos em uma análise perfunctória, vislumbra-se a existência de plausibilidade na argumentação do requerente, no sentido de que o imediato cumprimento da decisão impugnada seria capaz de gerar desorganização financeira e orçamentária no âmbito da Administração do Município de Santa Isabel, haja vista o seu porte atual, de cerca de 57.966 habitantes (IBGE/2020). O imediato cumprimento da decisão impugnada representa grave risco à manutenção do equilíbrio das contas municipais, revelando-se imperiosa a concessão da presente medida de contracautela. Saliente-se, por fim, que inexiste, no caso, *periculum in mora* inverso para a saúde do particular interessado no afastamento da obrigação em relação ao Município, uma vez que a obrigação resta mantida em face do Estado de São Paulo, condenado solidariamente ao fornecimento do medicamento em tela" (STF, SS 5431 MC/SP, Medida Cautelar na Suspensão de Segurança, Min. Luiz Fux, Julgamento 16/10/2020).

Por fim, como decidiu o STF em 2019, "tendo em vista que o pressuposto básico da obrigação estatal é a mora da agência federal, as ações que demandem fornecimento de medicamentos sem registro na Anvisa deverão necessariamente ser propostas em face da União" (voto do Min. Luís Roberto Barroso no RE 657.718).

4.3.1.3. Ações cabíveis para pleitear remédios, tratamentos e outros insumos

Primeiramente, discute-se ser cabível a impetração de **Mandado de Segurança** contra o Estado, para pleitear a distribuição de medicamento. Segundo o artigo 5º, LXIX, da Constituição Federal, "conceder-se-á mandado de segurança para proteger direito líquido e certo (...) quando o responsável pela ilegalidade ou abuso de poder for autoridade pública...". O cerne da discussão está na (in)existência de "direito líquido e certo". Poder-se-ia argumentar que, embora o direito à saúde esteja previsto na Constituição (art. 196 e seguintes), o fornecimento de remédio pelo Estado, por determinação constitucional, exigiria uma série de requisitos (prova da doença, prova da hipossuficiência do doente, inexistência de outro medicamento igualmente eficaz distribuído pelo SUS etc.) que demandariam dilação probatória, incompatível com o *writ* constitucional do mandado de segurança.

Não obstante, prevalece na jurisprudência o entendimento de que o laudo particular juntado à inicial configura prova pré-constituída para conferir liquidez e certeza ao direito debatido.

Decidiu o STJ, "A controvérsia encontra-se estabelecida, basicamente, na suposta ausência do direito líquido e certo a amparar concessão da ordem, ao fundamento que o laudo médico emitido por profissional da rede privada não seria apto a sustentar a certeza e liquidez do direito, exigindo dilação probatória por ter sido a prova produzida de forma unilateral. Todavia tal entendimento não deve prosperar, uma vez que a jurisprudência desta Corte é assente no sentido de que o profissional da rede privada goza da mesma credibilidade que o médico da rede pública, até por estar mais próximo ao paciente e conhecedor de sua realidade e do quadro clínico a que está acometido, sendo seu laudo apto a sustentar o direito do paciente". Nesse sentido: AgInt no AREsp 405.126/DF, Rel. Ministro GURGEL DE FARIA, PRIMEIRA TURMA, julgado em 20/09/2016, DJe 26/10/2016; REsp 1614636/PI, Rel. Ministro HERMAN BENJAMIN, SEGUNDA TURMA, julgado em 16/08/2016, DJe 09/09/2016). III - Agravo interno improvido. (AgInt no RMS 51629/MG, Relator Ministro FRANCISCO FALCÃO, SEGUNDA TURMA, DJe 26/03/2018).

No mesmo sentido, "É admissível, em sede de mandado de segurança, prova constituída por laudo médico elaborado por médico particular atestando a necessidade do uso de determinado medicamento, para fins de comprovação do direito líquido e certo capaz de impor ao Estado o seu fornecimento gratuito. 2. Precedente: AgRg no Ag 1.194.807/MG, DJe 01/07/2010. 3. Agravo regimental não provido". (AgRg no Ag 1107526/MG, Rel. Ministro MAURO CAMPBELL MARQUES, SEGUNDA TURMA, 29/11/2010).

Além do mandado de segurança, poderá ser ajuizada uma **ação de procedimento comum** (nos termos do artigo 319, do Código de Processo Civil), onde haverá, diferentemente do *writ* constitucional, dilação probatória. Nesse caso, poderá a parte requerer a antecipação da tutela, bem como uma **ação civil pública**, nos termos do artigo 1º, IV, da Lei n. 7.347/1985 ("qualquer outro interesse difuso ou coletivo") por aqueles que essa lei atribui legitimidade.

4.3.1.3. Legitimidade para pleitear o fornecimento de remédios

Além da própria pessoa que precisa do atendimento à sua saúde, representada por advogado, poderão pleitear a tutela do direito o Ministério Público e a Defensoria Pública.

Quanto ao Ministério Público, o STF decidiu (Tema 766 de Recursos Repetitivos) que "o Ministério Público é parte legítima para pleitear tratamento médico ou entrega de medicamentos nas demandas de saúde propostas contra os entes federativos, mesmo quando se tratar de feitos contendo benefícios individualizados, porque se refere a direitos individuais indisponíveis, na forma do art. 1º, da Lei n. 8.625/1993 (Lei Orgânica Nacional do Ministério Público)".

Quanto à Defensoria Pública, o STF já decidiu que "a Defensoria Pública tem legitimidade para a propositura de ação civil pública que vise a promover a tutela judicial de direitos difusos e coletivos de que sejam titulares, em tese, pessoas necessitadas" (RE 733.433/MG, rel. Min. Dias Toffoli, Plenário, 04/11/2015).

Da mesma forma, em se tratando de ação civil pública, nos termos do artigo 5º, V, da Lei n. 7.347/85, poderá ser ela ajuizada por "associação que, concomitantemente: a) esteja constituída há pelo menos 1 (um) ano nos termos da lei civil; b) inclua, entre suas finalidades institucionais, a proteção ao patrimônio público e social, ao meio ambiente, ao consumidor, à ordem econômica, à livre concorrência, aos direitos de grupos raciais, étnicos ou religiosos ou ao patrimônio artístico, estético, histórico, turístico e paisagístico".

4.3.2. Educação

Da mesma forma como nos demais direitos sociais, o direito à educação é um importante princípio constitucional que deve ser cumprido na maior intensidade possível, mas, por razões fáticas e jurídicas, não pode ser cumprido integralmente. Dessa maneira, não será possível impetrar um Mandado de Segurança para assegurar vaga numa universidade pública, em razão da já mencionada *reserva do possível*. Todavia, o desafio é encontrar o mínimo existencial da educação, aquele conteúdo inafastável desse direito social e que deve ser cumprido integralmente e imediatamente, ainda que sob a determinação do Poder Judiciário.

Primeiramente, em decorrência de determinação constitucional expressa (art. 208, § 1º, CF), "o acesso ao ensino obrigatório e gratuito é direito público subjetivo". **Educação obrigatória ou compulsória**, escolaridade obrigatória, ensino obrigatório ou escolarização obrigatória, é o ciclo de educação que crianças e jovens devem cursar de forma obrigatória. Seu currículo, bem como objetivos, duração, conteúdos, procedimentos e metodologia, variam de acordo com o sistema educativo de cada país e época. No Brasil o ensino é obrigatório dos 4 a 17 anos de idade, compreendendo três etapas: educação infantil (para crianças com até 5 anos), o ensino fundamental (para alunos de 6 a 14 anos) e o ensino médio (para alunos de 15 a 17 anos). Isso decorre do artigo 208, I, da Constituição Federal: "o dever do Estado com a educação será efetivado mediante a garantia de: I - educação básica obrigatória e gratuita dos 4 (quatro) aos 17 (dezessete) anos de idade, assegurada inclusive sua oferta gratuita para todos os que a ela não tiveram acesso na idade própria".

Portanto, inicialmente, como se vê no próprio texto constitucional, o ensino obrigatório gratuito é o primeiro mínimo existencial relacionado à educação.

Indaga-se: a **"educação infantil"**, prevista no artigo 208, IV, da Constituição Federal, também é mínimo existencial do direito à educação? Segundo tal dispositivo, o Estado tem o dever de garantir a "educação infantil, em creche e pré-escola, às crianças até 5 (cinco) anos de idade". Segundo o STF, a educação infantil também é mínimo existencial: "A educação infantil representa prerrogativa constitucional indisponível, que, deferida às crianças, a estas assegura, para efeito de seu desenvolvimento integral, e como primeira etapa do processo de educação básica, o atendimento em creche e o acesso à pré-escola (CF, art. 208, IV). Essa prerrogativa jurídica, em consequência, impõe, ao Estado, por efeito da alta significação social de que se reveste a educação infantil, a obrigação constitucional de criar condições objetivas que possibilitem, de maneira concreta, em favor das "crianças até cinco anos de idade" (CF, art. 208, IV), o efetivo acesso e atendimento em creches e unidades de pré-escola, sob pena de configurar-se inaceitável omissão governamental, apta a frustrar, injustamente, por inércia, o integral adimplemento, pelo poder público, de prestação estatal que lhe impôs o próprio texto da CF. A educação infantil, por qualificar-se como direito fundamental de toda criança, não se expõe, em seu processo de concretização, a avaliações meramente discricionárias da administração pública nem se subordina a razões de puro pragmatismo governamental" (ARE 639.337 AgR, rel. min. Celso de Mello, j. 23-08-2011, 2ª Turma).

Dessa maneira, como o Município é o responsável constitucional pela educação infantil, caso ele não conceda a vaga para a criança que dela necessita, poderá ser impetrado Mandado de Segurança (e aqui não há a discussão sobre a suposta ausência de direito líquido e certo), bem como ação de procedimento comum (com pedido de tutela antecipada) ou até mesmo ação civil pública, pelos legitimados legais. Aliás, sobre isso decidiu o STF: "Os Municípios – que atuarão, prioritariamente, no ensino fundamental e na educação infantil (CF, art. 211, § 2º) – não poderão demitir-se do mandato constitucional, juridicamente vinculante, que lhes foi outorgado pelo art. 208, IV, da Lei Fundamental da República, e que representa fator de limitação da discricionariedade político-administrativa dos entes municipais, cujas opções, tratando-se do atendimento das crianças em creche (CF, art. 208, IV), não podem ser exercidas de modo a comprometer, com apoio em juízo de simples conveniência ou de mera oportunidade, a eficácia desse direito básico de índole social. – Embora inquestionável que resida, primariamente, nos Poderes Legislativo e Executivo, a prerrogativa de formular e de executar políticas públicas, revela-se possível, no entanto, ao Poder Judiciário, ainda que em bases excepcionais, determinar, especialmente nas hipóteses de políticas públicas definidas pela própria Constituição, sejam estas implementadas, sempre que os órgãos estatais competentes, por descumprirem os encargos político-jurídicos que sobre eles incidem em caráter impositivo, vierem a comprometer, com a sua omissão, a eficácia e a integridade de direitos sociais e culturais impregnados de estatura constitucional" (RE 956.475, rel. Min. Celso de Mello, j. 12-05-2016).

Por fim, o que defendemos desde o capítulo anterior, é que a educação básica, gratuita e de QUALIDADE é o mínimo dos mínimos existenciais. Ou seja, defendemos uma mudança imediata de paradigma, que inclui como atributo indispensável e exigível da educação a sua QUALIDADE. A norma constitucional já estabeleceu parâmetros orçamentários mínimos de investimento na educação, bem como estabeleceu alguns dos mínimos existenciais (como a educação obrigatória gratuita, como direito público subjetivo). Todavia, muitas vezes o administrador se limita a cumprir os requisitos constitucionais e legais referentes ao orçamento, olvidando dos critérios (agora também constitucionais) de qualidade do ensino. É essencial que, utilizando-nos dos critérios legais que minuciosamente delineamos no capítulo anterior, possamos exigir do Estado-administração a qualidade do ensino, segundo parâmetros legais objetivos. Assim, defendemos as mesmas ações judiciais sobreditas (mandado de segurança, ação de procedimento comum, ação civil pública, bem como ação popular etc.) para que o Judiciário determine que o Estado-administração adote políticas públicas capazes de aperfeiçoar os parâmetros de qualidade do ensino prestado, quando ele não atende a todos os requisitos constitucionais, legais e infralegais.

4.3.3. Alimentação

O direito social à alimentação está previsto expressamente no artigo 6º, da Constituição Federal (acrescentado pela Emenda Constitucional n. 64/2010), bem como de vários diplomas internacionais. O direito humano à alimentação adequada está contemplado no artigo 25 da Declaração Universal dos Direitos Humanos de 1948. Sua definição foi ampliada em outros dispositivos do Direito Internacional, como o artigo 11 do Pacto de Direitos Econômicos, Sociais e Culturais e no Comentário Geral nº 12 da ONU.

Segundo esse Comentário Geral mencionado, "O direito à alimentação adequada realiza-se quando cada homem, mulher e criança, sozinho ou em companhia de outros, tem acesso físico e econômico, ininterruptamente, à alimentação adequada ou aos meios para sua obtenção. O direito à alimentação adequada não deverá, portanto, ser interpretado em um sentido estrito ou restritivo, que o equaciona em termos de um pacote mínimo de calorias, proteínas e outros nutrientes específicos. O direito à alimentação adequada terá de ser resolvido de maneira progressiva. No entanto, os estados têm a obrigação precípua de implementar as ações necessárias para mitigar e aliviar a fome, como estipulado no parágrafo 2º do artigo 11, mesmo em épocas de desastres, naturais ou não".

Da mesma forma, está previsto o direito à alimentação no artigo 12 do Protocolo Adicional à Convenção Americana de Direitos Humanos (o Protocolo de San Salvador). Segundo esse dispositivo convencional, "1. Toda pessoa tem direito a uma nutrição adequada que assegure a possibilidade de gozar do mais alto nível de desenvolvimento físico, emocional e intelectual; 2. A fim de tornar efetivo esse direito e de eliminar a desnutrição, os Estados- Partes comprometem-se a aperfeiçoar os métodos de produção, abastecimento e distribuição de alimentos, para o que se comprometem a promover maior cooperação internacional com vistas a apoiar as políticas nacionais sobre o tema".

O direito à alimentação é um dos direitos sociais que mostram a correlação e a unidade com os direitos individuais, já que está umbilicalmente ligado ao direito à vida, para a qual a alimentação adequada é imprescindível.

Como defendemos no início deste capítulo, entendemos que a manutenção da vida digna é um "mínimo dos mínimos existenciais". Dessa maneira, um dos aspectos do direito à alimentação deve ser cumprido integral e imediatamente pelo Estado: garantir que toda pessoa residente em seu território tenha a dignidade de se alimentar diariamente. Esse dever é inafastável, inderrogável e pode ser exigido por vias judiciais.

Todavia, entendemos que todos os aspectos relacionados à alimentação saudável, aplicáveis à produção de alimentos, soberania alimentar e outros temas devem ser regidos pela sistemática geral dos direitos sociais, que exige o maior cumprimento possível, mas dentro dos limites da razoabilidade, proporcionalidade e reserva do possível.

4.3.4. Trabalho

No tocante ao trabalho, a Constituição de 1988, manteve todos os aspectos previstos em Constituições anteriores, e os ampliou enormemente. Sobre a competência legislativa, mantida foi a União, detentora de competência privativa para legislar sobre direito do trabalho (Competência da União para legislar sobre direito do trabalho (art. 22. Compete privativamente à União legislar sobre: direito civil, comercial, penal, processual, eleitoral, agrário, marítimo, aeronáutico, espacial e do trabalho). Igualmente foi mantido o direito individual de liberdade de escolha do trabalho, no artigo 5º, XIII ("é livre o exercício de qualquer trabalho, ofício ou profissão, atendidas as qualificações profissionais que a lei estabelecer"). Da mesma forma, um extenso rol de direitos dos trabalhadores (individuais e coletivos) foi mantido nos artigos 7º a 11 da Constituição.

No tocante aos princípios da ordem econômica, o direito ao trabalho novamente aparece, como na Constituição anterior, mas agora com nova redação. Primeiramente, o artigo 170 da Constituição de 1988 estabelece que o fundamento da atividade econômica é a "valorização do trabalho humano" e a "livre iniciativa" e um dos seus princípios é "a busca do pleno emprego" (art. 170, VIII). Portanto, vê-se um avanço no tocante ao direito constitucional ao trabalho. Partimos do dever estatal de "expansão das oportunidades de emprego produtivo" (art. 160, VI, da Constituição de 1967) para a "busca do pleno emprego", na Constituição de 1988. Em dispositivo destacado (ao contrário das Constituições anteriores, que uniam a

Ordem Econômica e a Ordem Social), a Constituição de 1988 estabelece que a base da Ordem Social é o "primado do trabalho" (art. 193). Outrossim, ao lado de outros tantos direitos, como alimentação, educação, saúde, moradia, o trabalho é expressamente um direito social (art. 6º).

Por fim, mais do que em qualquer Constituição brasileira anterior, o trabalho recebe uma dimensão principiológica superior, já que "os valores sociais do trabalho" são considerados fundamentos da República, com previsão logo no primeiro artigo do texto constitucional. Assim, a Constituição de 1988 deu um grande salto na previsão dos direitos sociais, como o direito ao trabalho. Esse último foi alçado à categoria de fundamento da república (art. 1º), base da ordem social (art. 193), princípio da ordem econômica (art. 170) e, claro, direito social (art. 6º). Vejamos, primeiramente, cada uma dessas previsões constitucionais.

4.3.4.1. O "valor social do trabalho" como fundamento da República

Como lembra José Afonso da Silva, "*fundamento* é um termo tirado da arquitetura e significa aquilo sobre o qual repousa certa ordenação ou conjunto de conhecimento, aquilo que dá a alguma coisa sua existência ou razão de ser, aquilo que legitima a existência de alguma coisa"[9]. Dessa maneira, ao lado da cidadania, da soberania, da dignidade da pessoa humana e da livre iniciativa, os valores sociais do trabalho são a base sobre a qual será construído o Estado Democrático de Direito. Sem um desses fundamentos, o Estado não se desenvolve legitimamente, demonstrando-se incompleto, sem um dos elementos que integra sua essência.

Enquanto os antigos consideravam o trabalho (sobretudo o manual) algo degradante para o homem (por isso o escravo era considerado coisa) e alguns modernos consideraram o trabalho um fim em si mesmo,

---

9 *Comentário contextual à Constituição*, p. 35.

a Constituição de 1988 ressalta que o trabalho possui uma importância social: é através do trabalho que se pode transformar, adaptar recursos naturais, realizar serviços, transmitir informações que satisfaçam as necessidades individuais e coletivas. Além disso, o trabalho tem a função de fornecer à pessoa condições para sua vida digna.

4.3.4.2. A liberdade de escolha do trabalho

Segundo o artigo 5º, XIII, da Constituição Federal, "é livre o exercício de qualquer trabalho, ofício ou profissão, atendidas as qualificações profissionais que a lei estabelecer". Trata-se de um direito existente em nosso direito desde a Constituição de 1824. Trata-se de um direito individual ou liberdade pública, na medida em que o Estado não poderá exigir que a pessoa escolha uma determinada profissão, bem como não poderá o Estado impedir que uma pessoa exerça a profissão escolhida.

Em todas as Constituições brasileiras, somente a Constituição de 1891 não previu expressamente uma limitação a esse direito (limitação interna ou limite imanente). Assim como em Constituições anteriores, a Constituição de 1988 possibilitou que lei infraconstitucional restringisse o acesso a algumas profissões. Não obstante, indaga-se: trata-se de uma cláusula aberta de limitação? Poderão ser feitas quaisquer limitações?

O tema já foi enfrentado pelo STF. As normas infraconstitucionais poderão restringir os efeitos da referida norma constitucional, mas não poderão ferir seu "núcleo essencial". Outrossim, como toda e qualquer norma que restringe um direito fundamental, deverá passar pelo crivo da razoabilidade e proporcionalidade. Nesse diapasão, decidiu o STF ser constitucional o Exame da OAB, que restringe o acesso à advocacia: "O Exame de Ordem, inicialmente previsto no artigo 48, inciso III, da Lei n. 4.215/63 e hoje no artigo 84 da Lei n. 8.906/94 da Lei n. 8.906/94, no que a atuação profissional repercute no campo de interesse de terceiros, mostrando-se consentâneo com a Constituição Federal, que remete às qualificações previstas em lei" (RE 603.583).

Todavia, considerou que a exigência de diploma de jornalismo para a prática de atividades jornalísticas feria o "núcleo essencial" de alguns direitos fundamentais: "No âmbito do modelo de reserva legal qualificada presente na formulação do art. 5º, XIII, da Constituição de 1988, paira uma imanente questão constitucional quanto à razoabilidade e proporcionalidade das leis restritivas. A exigência de diploma de curso superior para a prática do jornalismo – o qual, em sua essência, é o desenvolvimento profissional das liberdades de expressão e de informação – não está autorizada pela ordem constitucional, pois constitui uma restrição, um impedimento, uma verdadeira supressão do pleno, incondicionado e efetivo exercício da liberdade jornalística, expressamente proibido pelo art. 220, § 1º, da Constituição" (RE 511.961).

4.3.4.3. A valorização do trabalho humano como fundamento da Ordem Econômica

Segundo o artigo 170, da Constituição Federal, "a ordem econômica, fundada na valorização do trabalho humano e na livre iniciativa, tem por fim assegurar a todos existência digna, conforme os ditames de justiça social...". Qual o escopo do presente dispositivo constitucional, que, ao tratar da ordem econômica, estabelece como fundamento os "valores sociais do trabalho" e "da livre iniciativa"? Ao prever a livre iniciativa, estabelece que a economia brasileira é capitalista, já que está garantida a iniciativa privada, que é um princípio básico da ordem capitalista. Todavia, embora capitalista, o Estado brasileiro valoriza, acima de todos os outros valores da economia de mercado, os valores sociais do trabalho.

Assim, trata-se de um princípio que deve nortear a atuação do Estado não somente na economia, mas em todas as esferas. Isso porque os "valores sociais do trabalho" são pilares não apenas da ordem econômica (art. 170, *caput*, CF), mas também da própria República (art. 1º, CF). Trata-se de expressão vaga, ampla, motivo pelo qual, na clássica conceituação das normas jurídicas, podemos considerá-la como um importante *princípio* constitucional, com alto grau de abstração e, por isso mesmo, eficácia jurídica imediata reduzida. Por isso, a conclusão de José Afonso da Silva é pertinente: *assegurar a todos existência digna, conforme os ditames de segurança social* não será tarefa fácil em um sistema de base capitalista – e, pois, essencialmente individualista. É que a justiça social só se realiza mediante equitativa distribuição da riqueza. Um regime de acumulação ou de concentração do capital e da renda nacional, que resulta da apropriação privada dos meios e produção, não propicia efetiva justiça social, porque nele sempre se manifesta grande diversidade de classe social, com amplas camadas da população carente ao lado de minoria afortunada. A História mostra que a injustiça é inerente ao modo de produção capitalista, mormente do Capitalismo periférico. Algumas providências constitucionais formam, agora, um conjunto de direitos sociais com mecanismos de concreção que, devidamente utilizados, podem tornar menos abstrata a promessa da justiça social. Esta é realmente uma determinante essencial, que impõe e obriga a que todas as demais regras da Constituição econômica sejam entendidas e operadas em função dela. Um regime de justiça social será aquele em que cada um deve poder dispor dos meios materiais para viver confortavelmente segundo as exigências de sua natureza física, espiritual e política. Não aceita as profundas desigualdades, a pobreza absoluta e a miséria. O reconhecimento dos direitos sociais, como instrumentos da tutela dos menos favorecidos, não teve, até aqui, a eficácia necessária para reequilibrar a posição de inferioridade que lhes impede o efetivo exercício das liberdades garantidas[10].

4.3.4.4. A "busca pelo pleno emprego" como princípio da Ordem Econômica

O pleno emprego, expressão utilizada na macroeconomia, significa a utilização da capacidade máxima de produção de uma sociedade. Em outras palavras, pleno emprego em teoria econômica representa

---

10   *Op. cit.*, p. 710.

uma conjuntura temporal e espacial na qual a população economicamente ativa (PEA) consegue implementar o máximo de volume de atividade laboral capaz de ser exercitado, ou seja, uma conjuntura na qual todas as pessoas que procuram emprego o encontram em um determinado momento.

Ele é definido, por muitos economistas, como sendo um nível aceitável de desemprego em algum lugar acima de 0%. A discrepância do percentual surge devido a tipos não cíclicos do desemprego, como o desemprego "friccional" (sempre haverá pessoas que pararam ou que perderam um emprego sazonal e estão em processo de obtenção de um novo emprego) e do desemprego estrutural (descasamento entre as competências dos trabalhadores e exigências do trabalho). De forma diversa, o economista britânico do século XX, William Beveridge, declarou que uma taxa de desemprego de 3% seria de pleno emprego. Outros economistas forneceram estimativas entre 2% e 13%, dependendo do país, período de tempo, e aspectos políticos. Para os Estados Unidos, o economista William T. Dickens estabeleceu que a taxa de desemprego do pleno emprego variou muito ao longo do tempo, mas atingiu cerca de 5,5 por cento da força de trabalho civil durante os anos 2000.

O conceito de pleno emprego, portanto, não é um consenso absoluto entre os especialistas, podendo ser encontradas duas correntes principais: uma análise neoclássica e uma análise keynesiana. Para os neoclássicos, o conceito de pleno emprego tem como base o estado de equilíbrio entre a oferta e a demanda dos fatores de produção, com capacidade máxima de produção da sociedade instalada. Para esses estudiosos, não haveria nenhum desemprego, apenas o "friccional" e o "voluntário", acima mencionados. Em outras palavras, o desemprego seria zero "quando o mercado corrigisse as imperfeições no lado da oferta de emprego no mercado de trabalho, resultando, com isso, na inflexibilidade dos salários"[11].

---

11   Martinho Martins Botelho e Luís Alexandre Carta Winter, *O princípio constitucional da busca do pleno emprego: alguns apontamentos em direito econômico brasileiro.* Disponível em: http://www.revistartj.org.br/ojs/index.php/rtj/article/view/144/pdf.

Para Keynes[12], o ciclo econômico não é autorregulado, não sendo os salários determinantes do emprego e a rigidez destes não é responsável pelo desemprego, bem como a sua flexibilidade não garante o pleno emprego. Assim, segundo Keynes, o sistema capitalista é incapaz de conseguir empregar todos os que querem trabalhar, podendo ocorrer até mesmo em economias avançadas (onde a quantidade de capital acumulado é grande e a produtividade pequena). Segundo ele: "não há, portanto, motivo para crer que uma política flexível de salários possa manter um estado permanente de pleno emprego, ao contrário, o efeito principal de semelhante política seria causar grande instabilidade de preços, talvez violenta o bastante para tornar fúteis os cálculos empresariais de uma economia funcionando como aquela em que vivemos"[13]

A teoria keynesiana atribuiu ao Estado o direito e o dever de conceder benefícios sociais que garantam à população um padrão mínimo de vida, como a criação do salário mínimo, do seguro-desemprego, da redução da jornada de trabalho, motivo pelo qual se liga umbilicalmente ao "Estado de Bem-Estar Social" ou keynesianismo. Segundo Keynes, "por meio de ações concretas das diversas forças sociais e políticas, o Estado atua em face do principal defeito do capitalismo, ou seja, a incapacidade de oferecer o pleno emprego, e na arbitrária e desigual distribuição de renda. Desse modo, fez com que contemplasse os pobres como possíveis futuros integrantes de uma sociedade de consumo avançada".

O Decreto Presidencial n. 4.134/2002 incorporou ao direito pátrio a Convenção 138 da Organização Internacional do Trabalho (OIT) que, dentre outros temas, aborda "o firme compromisso nacional com o pleno emprego, nos termos da Convenção e da Recomendação sobre

---

12 John Maynard Keynes foi um economista britânico cujos ideais influenciaram a macroeconomia moderna, tanto na teoria quanto na prática. Sua obra mais marcante, publicada em 1936 foi *The General Theory of Employment, Interest and Money*.

13 *Teoria geral do emprego, do juro e da moeda*, p. 208.

a Política e Emprego, de 1964, e a tomada de medidas destinadas a promover o desenvolvimento voltado para o emprego, tanto nas zonas rurais como nas urbanas". Outrossim, a mencionada Convenção nº 122 (relativa à política de emprego), em seu artigo 1º, dispõe: "com vista a estimular o crescimento e desenvolvimento econômico, elevar os níveis de vida, corresponder às necessidades de mão de obra e resolver o problema do desemprego e do subemprego, cada Membro deverá declarar e aplicar, como objetivo essencial, uma política ativa com vista a promover o pleno emprego, produtivo e livremente escolhido".

O Instituto Brasileiro de Geografia e Estatística realiza a "pesquisa mensal de emprego" nas regiões metropolitanas de Recife, Salvador, Belo Horizonte, Rio de Janeiro, São Paulo e Porto Alegre. Segundo resultado mais recente (quando da elaboração desse texto), a população economicamente ativa, nessas seis regiões, seria de 24,6 milhões de pessoas. Esse número teria permanecido estável em comparação com o mês anterior e o mês de agosto do ano de 2014. O contingente de desocupados em agosto de 2015 foi estimado em 1,9 milhão de pessoas no agregado das seis regiões investigadas, representando 52,1% a mais na comparação com agosto do ano anterior[14]. Dessa maneira, segundo o Instituto, a taxa de desemprego subiu e fechou o segundo trimestre de 2015 em 8,3%, o maior número desde que o IBGE começou a fazer essa análise.

O Tribunal Superior do Trabalho proferiu recentemente algumas decisões com base no princípio da busca do pleno emprego. Vejamos: "A intermediação de serviço em área-fim das empresas de telecomunicações culminaria na desvalorização do trabalho humano e no comprometimento da busca do pleno emprego. Incidente a Súmula 331, I, do TST, segundo o qual a contratação de trabalhador por empresa interposta é ilegal, formando-se vínculo diretamente com o tomador dos serviços" (Recurso de Revista 7894520105050014).

O TRT da 1ª Região decidiu recentemente: "A terceirização que no Brasil encontra óbices na legislação trabalhista, rígida e refratária

---

14　P. 12.

à tentativa de flexibilidade – com apoio em leis esdrúxulas, equivocadas, imorais, fruto do oportunismo de alguns políticos, tendo como objetivo a burla escancarada aos princípios primários e norteadores da Legislação Obreira e da própria Constituição Federal, que traz em seu texto expressões de valorização do trabalho humano, busca do pleno emprego e outros princípios concernentes aos direitos sociais e de proteção ao empregado" (RO 00103499220145010204).

O Supremo Tribunal Federal se utilizou do princípio da busca do pleno emprego (bem como outros princípios constitucionais relacionados ao trabalho) na ADI 1721. Segundo o STF, "Esse arcabouço principiológico, densificado em regras como a do inciso I do art. 7º da Magna Carta e as do artigo 10 do ADCT/88, desvela um mandamento constitucional que perpassa toda relação de emprego, no sentido de sua desejada continuidade. A Constituição Federal versa a aposentadoria como um benefício que se dá mediante o exercício regular de um direito. E o certo é que o regular exercício de um direito não é de colocar o seu titular numa situação jurídico-passiva de efeitos ainda mais drásticos do que aqueles que resultariam do cometimento de uma falta grave (sabido que, nesse caso, a ruptura do vínculo empregatício não opera automaticamente). O ordenamento constitucional não autoriza o legislador ordinário a criar modalidade de rompimento automático do vínculo de emprego, em desfavor do trabalhador, na situação em que este apenas exercita o seu direito de aposentadoria espontânea, sem cometer deslize algum. A mera concessão da aposentadoria voluntária ao trabalhador não tem por efeito extinguir, instantânea e automaticamente, o seu vínculo de emprego. Inconstitucionalidade do § 2º do artigo 453 da CLT, introduzido pela Lei n. 9.528/97)" (ADI 1721/DF, 11/10/06, rel. Min. Carlos Ayres Britto).

4.3.4.5. O "primado do trabalho" como base da Ordem Social

O artigo 193 da Constituição Federal estabelece que "a ordem social tem como base o primado do trabalho, e como objetivo o bem-estar e a justiça sociais". "Primado" significa primazia, preeminência, prioridade, superioridade, supremacia. Dessa maneira, estabelece o texto constitucional que a Ordem Social, que corporificará os direitos sociais, tem como base a supremacia do trabalho, em detrimento de quaisquer outros valores capitalistas.

Assim como o "valor social do trabalho" e a "busca pelo pleno emprego", o presente dispositivo constitucional tem o formato de "princípio constitucional" em razão, por exemplo, do seu alto grau de abstração. Segundo Canotilho, "os princípios são normas com um grau de abstração relativamente elevado; de modo diverso, as regras possuem uma abstração relativamente reduzida"[15]. Quanto à eficácia dos princípios dessa natureza, abordaremos em item posterior.

4.3.4.6. O direito ao trabalho como direito social

Assim como considerou os valores sociais do trabalho um dos fundamentos da República (art. 1º) e um dos princípios da Ordem Econômica (art. 170), bem como considerou o "primado do trabalho" a base da Ordem Social (art. 193), a Constituição de 1988 considerou o direito ao trabalho um direito social.

Como é sabido e consabido por todos, direitos sociais (também chamados de 2ª dimensão ou de 2ª geração) são aqueles que exigem do Poder Público uma atuação positiva, uma forma atuante na implementação da igualdade social dos hipossuficientes.

Dispositivos dessa natureza não significam meros apelos ao legislador ou meras linhas de direção política. Segundo parte da doutrina, os direitos sociais podem ser chamados de "direitos a prestações materiais" ou "direitos a prestação em sentido estrito". Segundo Gilmar Mendes, "resultam da concepção social do Estado. São tidos como os direitos sociais por excelência. Estão concebidos com o propósito de atenuar desigualdades de fato na sociedade, visando ensejar que a libertação das necessidades aproveite ao gozo da liberdade efetiva por

---

15   *Op. cit.*, p. 47.

um maior número de indivíduos. O seu objetivo consiste numa utilidade concreta (bem ou serviço). Podem ser extraídos exemplos de direitos a prestação material dos direitos sociais enumerados no artigo 6º da Constituição – o direito à educação, à saúde, ao trabalho, ao lazer, à segurança, à previdência social, à proteção à maternidade, à infância e o direito dos desamparados à assistência. São direitos devidos pelo Estado, embora, nessa esfera dos direitos fundamentais, os particulares também estejam vinculados, em especial quanto aos direitos dos trabalhadores enumerados no art. 7º da Constituição e quanto a aspectos do direito à assistência, já que o art. 229 da Constituição comanda que os pais têm o dever de assistir, educar os filhos menores"[16]

O trabalho já foi tido como um direito e um dever fundamental. O mesmo ocorre na doutrina espanhola: "na doutrina espanhola, o direito ao trabalho aparece como consequência de um dever social. Mas se existe o dever de trabalhar, há que ter um direito de trabalhar, necessário para poder cumprir esse dever".

A Declaração Universal de Direitos Humanos, em seu artigo 23, elenca quatro aspectos relacionados ao direito fundamental ao trabalho: "I) todo homem tem direito ao trabalho, à livre escolha de emprego, a condições justas e favoráveis de trabalho e à proteção contra o desemprego; II) todo o homem, sem qualquer distinção, tem direito a igual remuneração por igual trabalho; III) todo o homem que trabalha tem direito a uma remuneração justa e satisfatória, que lhe assegure, assim como a sua família, uma existência compatível com a dignidade humana, e a que se acrescentarão, se necessário, outros meios de proteção social; IV) todo o homem tem direito a organizar sindicatos e a neles ingressar para proteção de seus interesses".

Outrossim, o Pacto Internacional sobre Direitos Econômicos, Sociais e Culturais, incorporado ao direito brasileiro pelo Decreto nº 591, de 6 de julho de 1992, reconhece que "1. Os Estados-Partes do presente Pacto reconhecem o direito ao trabalho, que compreende o

---

16   *Curso de Direito Constitucional*, p. 161.

direito de toda pessoa de ter a possibilidade de ganhar a vida mediante um trabalho livremente escolhido ou aceito, e tomarão medidas apropriadas para salvaguardar esse direito. 2. As medidas que cada Estado-Parte do presente Pacto tomará a fim de assegurar o pleno exercício desse direito deverão incluir a orientação e a formação técnica e profissional, a elaboração de programas, normas e técnicas apropriadas para assegurar um desenvolvimento econômico, social e cultural constante e o pleno emprego produtivo em condições que salvaguardem aos indivíduos o gozo das liberdades políticas e econômicas fundamentais (art. 6º)" e, no tocante aos direitos individuais do trabalhador, reconhece que "Os Estados-Partes do presente Pacto reconhecem o direito de toda pessoa de gozar de condições de trabalho justas e favoráveis, que assegurem especialmente: a) uma remuneração que proporcione, no mínimo, a todos os trabalhadores: i) um salário equitativo e uma remuneração por um trabalho de igual valor, sem qualquer distinção; em particular, as mulheres deverão ter a mesma garantia de condições de trabalho não inferiores às dos homens e perceber a mesma remuneração que eles por trabalho igual; ii) uma existência decente para eles e suas famílias, em conformidade com as disposições do presente Pacto; b) a segurança e a higiene no trabalho; c) igual oportunidade para todos de serem promovidos, em seu Trabalho, à categoria superior que lhes corresponda, sem outras considerações que as de tempo de trabalho e capacidade; d) o descanso, o lazer, a limitação razoável das horas de trabalho e férias periódicas remuneradas, assim como a remuneração dos feridos".

4.3.4.7. Políticas Públicas brasileiras relacionadas ao trabalho

As primeiras políticas públicas de proteção ao trabalhador só começaram a ser implantadas no Brasil na década de 1960. Apesar de a Constituição de 1946 já colocar a assistência ao desempregado como um direito do trabalhador, a primeira ação de criar um seguro para o trabalhador desempregado foi feita apenas em 1965, com a Lei n. 4.923/65.

A Lei n. 4.923/65 criou o *Cadastro Permanente de Admissões e Dispensas de Empregados* e instituiu um plano de assistência ao desempregado, custeado pelo Fundo de Assistência ao Desempregado (FAD), com recursos provenientes da arrecadação de 1% da folha salarial da empresa e de uma parcela das contribuições sindicais. Para ser beneficiado, o trabalhador deveria ser demitido sem justa causa ou trabalhar em empresa que fechou, total ou parcialmente. Durou apenas um ano, pois no ano seguinte criou-se o FGTS.

Criou-se o Fundo de Garantia do Tempo de Serviço (FGTS) em 1966, com a intenção de facilitar as demissões sem justa causa (depois de anos na empresa, o trabalhador adquiria estabilidade). Na prática, estimulou-se a rotatividade nas relações de emprego.

Em 1970 foram criados o PIS (Programa de Integração Social) e o PASEP (Programa de Formação do Patrimônio do Servidor Público), com o objetivo de formação do patrimônio para o trabalhador e estímulo à poupança interna. Os trabalhadores teriam direito aos recursos desse fundo em caso de casamento, aposentadoria, invalidez permanente ou morte do participante.

Em 1975, para atender a determinações da Convenção 88 da OIT, criou-se o SINE (Sistema Nacional de Emprego), por intermédio do Decreto n. 76.403/75, com o objetivo de prover serviços de intermediação de mão de obra, orientação profissional, qualificação profissional e geração de informações sobre o mercado de trabalho.

Em 1986, o governo federal instituiu o seguro-desemprego (Decreto-Lei n. 2.284/86) como parte do Plano Cruzado. A finalidade era prover assistência financeira e temporária ao trabalhador desempregado em virtude de dispensa sem justa causa ou paralisação total ou parcial das empresas. O financiamento seria pelo FAD (Fundo de Assistência ao Desempregado), mas excepcionalmente no ano de 1986 seria custeado com recursos do Orçamento Geral da União.

Inicialmente, os critérios eram bastante restritos: comprovação de trabalho formal assalariado por pelo menos 36 meses nos últimos 4 anos. O benefício não poderia ultrapassar 4 meses e haveria um carência de 18 meses para um novo seguro. O pedido só poderia ser feito depois de 60 dias na situação de desemprego. Desprotegidos ficaram os trabalhadores menos qualificados, com maior rotatividade no mercado de trabalho.

Com o advento da Constituição de 1988, os recursos do PIS/Pasep, em vez de ser acumulados com o objetivo de formação de patrimônio individual do trabalhador, passariam a financiar o Programa do Seguro-Desemprego e o Programa do Abono Salarial (esse último restrito aos trabalhadores que tivessem recebido até 2 salários-mínimos mensais no ano anterior).

O referido dispositivo constitucional igualmente prevê que as empresas com maior rotatividade da força de trabalho, em face do índice médio do setor, deveriam dar uma contribuição adicional para o seguro-desemprego, dispositivo que jamais foi regulamentado.

Em 1990, surge a nova estrutura institucional de financiamento do seguro-desemprego pela Lei n. 7.998/90, que criou o Fundo de Amparo ao Trabalhador (FAT) e o Conselho Deliberativo do FAT (Codefat).

O Fundo de Amparo ao Trabalhador (FAT) é um fundo especial, de natureza contábil-financeira, vinculado ao Ministério do Trabalho e Emprego, destinado ao custeio do Programa do seguro-desemprego, do Abono Salarial e ao financiamento de Programas de Desenvolvimento Econômico. O faturamento das empresas consagrou-se como a principal base de incidência do fundo.

Com a Lei n. 8.352/91 ampliou as hipóteses do seguro- desemprego. Para receber o benefício, bastava comprovar carteira assinada nos últimos seis meses. A Lei n. 8.900/94 promoveu o aumento do número de parcelas do seguro-desemprego aos trabalhadores com mais tempo no mercado de trabalho. Em 2001, as empregadas domésticas passaram a ter direito ao benefício, desde que o empregador também recolhesse o FGTS.

Em 1995, foi criado o Planfor (Plano Nacional de Formação e Desenvolvimento Profissional), com o objetivo de aumentar a oferta da educação profissional, a fim de atingir anualmente pelo menos

20% da População Economicamente Ativa (PEA). O programa estabelecia convênios com ensino técnico federal, estadual, municipal, universidades públicas e privadas, sistema S, sindicados de trabalhadores, escolas e fundações de empresas e organizações não governamentais. Em razão de muitas fraudes detectadas, o Planfor foi substituído pelo Plano Nacional de Qualificacão (PNQ) em 2003, com aumento do monitoramento e controle de suas ações, estabelecendo carga horária mínima e conteúdos específicos.

Em 2011 foi criado o Pronatec (Programa Nacional de Acesso ao Ensino Técnico e Emprego), por meio da Lei n. 11.513/11, com o objeto de expandir a educação profissional e tecnológica. Os cursos são financiados pelo Governo Federal e ofertados de forma gratuita pelas redes estaduais, municipais e distritais de educação profissional e tecnológica, bem como o Sistema S e, a partir de 2013, as instituições privadas devidamente habilitadas.

No momento, podemos destacar as seguintes ações federais para consecução dos princípios constitucionais relacionados ao emprego: a) *Seguro-desemprego*: criado em 1986, pelo Decreto-Lei n. 2.284/86, inicialmente com critérios bastante rígidos, que foram ampliados nos anos seguintes. Foi regulado posteriormente pela Lei n. 7.998/90, que igualmente criou o Fundo de Amparo ao Trabalhador (art. 10º). Em razão da recente crise econômica do país, sofreu uma limitação legislativa. O Fundo de Amparo ao Trabalhador (FAT), vinculado ao Ministério do Trabalho e Emprego, é responsável pelo custeio do Programa do Seguro-desemprego, do Abono Salarial e pelo financiamento de Programas de Desenvolvimento Econômico. As principais fontes de recursos do FAT são as contribuições para o PIS/Pasep, recolhidas segundo algumas alíquotas, como as seguintes: 0,65% sobre o facturamento bruto das empresas; 1,65% sobre a importação de bens e serviços etc.; b) *abono salarial*: instituído em 1970, o benefício é estabelecido pelo artigo 239 da Constituição Federal e pela Lei n. 7.998/90. Segundo o dispositivo constitucional mencionado, "aos empregados que percebam de empregadores que contribuem para o Programa de Integração Social ou para o Programa de Formação do Patrimônio do Servidor Público, até dois salários mínimos de remuneração mensal, é assegurado o pagamento de um salário mínimo anual". Segundo dados do Ministério do Trabalho e Emprego, por decisão do Conselho Deliberativo do Fundo de Amparo ao Trabalhador (Codefat) em junho de 2015, o pagamento do abano salarial desse ano foi parcelado em duas vezes, sendo que metade somente será paga em 2016. Com a decisão, dos 19,1 bilhões de reais que seriam gastos com o benefício, 9 bilhões de reais serão pagos em 2016. A Lei n. 13.134/15 criou uma regra proporcional para o pagamento do abono salarial. A redação original do texto era "É assegurado o recebimento de abono salarial no valor de *um salário-mínimo vigente* na data do respectivo pagamento, aos empregados...". A nova redação dispõe que "é assegurado o recebimento de abono salarial anual, *no valor máximo de 1 (um) salário-ínimo vigente*". A alternação legislativa é de constitucionalidade duvidosa, na medida em que a própria Constituição Federal, no artigo 239, § 3º, estabelece que "é assegurado o pagamento de um salário-mínimo anual". Foram ajuizadas em 2015 as Ações Diretas de Inconstitucionalidade 5230 e 3232, argumentando que as medidas governamentais afrontam o princípio do retrocesso social; c) *Bolsa de qualificação profissional*: criada pela Medida Provisória n. 2.164-41, de 24 de agosto de 2001 (ainda em vigor por força da EC 32/01), custeada pelo FAT, destinada ao trabalhador que estiver com o contrato de trabalho suspenso em virtude de participação em curso ou programa de qualificação profissional oferecido pelo empregador, em conformidade com o disposto em convenção ou acordo coletivo celebrado para este fim. Em 2009, segundo Relatório Anual do FAT, foram gastos cerca de 58 milhões de reais[17]; d) *Plano Nacional de Qualificação*: ressalte-se que, em 2008, as ações de qualificação social e profissional de trabalhadores alcançaram maior efetividade com a Resolução nº 575, de 28 de abril de 2008, do Conselho Deliberativo do Fundo de Amparo ao Trabalhador – CODEFAT, que estabeleceu diretrizes e critérios para transferências de recursos do Fundo de Amparo

---

17   Disponível em: http://www3.mte.gov.br/fat/relatoriogestao2009.pdf.

ao Trabalhador – FAT (que financia as ações do PNQ) aos estados, municípios e entidades sem fins lucrativos, para a execução do Plano Nacional de Qualificação – PNQ. Não obstante, segundo documento divulgado pelo próprio Ministério do Trabalho e Emprego, o número de beneficiários desse programa reduziu sensivelmente nos últimos anos[18]. Segundo dados oficiais divulgados pelo Ministério, no ano de 2005, foram repassados aos Estados cerca de 23 milhões de reais[19]; e) *Linhas Especiais de Financiamento*: compõem-se de um conjunto de linhas de crédito disponíveis para interessados em investir no crescimento ou modernização de seu negócio ou obter recursos para o custeio de sua atividade, bem como destinado sobretudo a micro e pequenas empresas, ao agricultor familiar e até mesmo ao taxista, que pretende adquirir novo veículo. As linhas de crédito são oferecidas pelos bancos oficiais, como Banco do Brasil e Caixa Econômica Federal. Segundo a Resolução 740, de 10 de dezembro de 2014 do Codefat, foi alocado o montante de R$ 3.700.000.000,00 (três bilhões e setecentos milhões de reais para esses programas); f) *Pronatec*: criado pela Lei n. 12.513/11, com o objetivo de expandir a oferta de cursos de profissionalização. Os cursos financiados pelo Governo Federal são ofertados de forma gratuita por instituições da Rede Federal de Educação Profissional, Científica e Tecnológica e das redes estaduais, distritais e municipais de educação profissional e tecnológica. Também são ofertantes as instituições do Sistema S, como o Senai, Senat, Senac e Senar.

4.3.5. Moradia

É possível exigir do Estado, de imediato, que ele deixe de intervir indevidamente no direito à moradia, bem como proteja a moradia contra violações indevidas.

---

18 Disponível em: http://acesso.mte.gov.br/data/files/FF80808148EC2E5E014A150C8E-021EB1/Painel%20II%20-%201%20-%20Qualifica%C3%A7%C3%A3o%20Profissional%20FAT%202%20-%20MARIANGELA.pdf.
19 Disponível em: http://www3.mte.gov.br/pnq/recursos_2005.pdf.

Sobre a desocupação de imóveis em situação irregular, decidiu o STF: "Direito fundamental à moradia. Imóvel público. Loteamento irregular. Inércia do poder público. (...) O exercício do poder de polícia de ordenação territorial pode ser analisado a partir dos direitos fundamentais, que constituem, a toda evidência, o fundamento e o fim da atividade estatal. Na presença de instrumentos do Estatuto das Cidades (Lei 10.257/2001) para efetivar as diretrizes constitucionais, é razoável exigir do poder público medidas para mitigar as consequências causadas pela demolição de construções familiares erigidas em terrenos irregulares. Diante da previsão constitucional expressa do direito à moradia (art. 6º, CF) e do princípio da dignidade humana (art. 1º, III, CF), é consentâneo com a ordem normativa concluir não ser discricionário ao poder público a implementação de direitos fundamentais, mas apenas a forma de realizá-la" (ARE 908.144-AgR, rel. min. Edson Fachin, j. 17-8-2018, 2ª T, DJE de 27-8-2018).

Da mesma forma, na ADPF 828, o STF protegeu a moradia em tempos de pandemia, limitando despejos e desocupações: "1) com relação a ocupações anteriores à pandemia: suspender pelo prazo de 6 (seis) meses, a contar da presente decisão, medidas administrativas ou judiciais que resultem em despejos, desocupações, remoções forçadas ou reintegrações de posse de natureza coletiva em imóveis que sirvam de moradia ou que representem área produtiva pelo trabalho individual ou familiar de populações vulneráveis, nos casos de ocupações anteriores a 20 de março de 2020, quando do início da vigência do estado de calamidade pública (Decreto Legislativo n. 6/2020); 2) com relação a ocupações posteriores à pandemia: com relação às ocupações ocorridas após o marco temporal de 20 de março de 2020, referido acima, que sirvam de moradia para populações vulneráveis, o Poder Público poderá atuar a fim de evitar a sua consolidação, desde que as pessoas sejam levadas para abrigos públicos ou que de outra forma se assegure a elas moradia adequada; e 3) com relação ao despejo liminar: suspender pelo prazo de 6 (seis) meses, a contar da presente decisão, a possibilidade de concessão de despejo liminar sumário, sem a audiência da parte contrária (art. 59, § 1º, da Lei n. 8.425/1991), nos casos de locações residenciais em que o locatário seja pessoa vulnerável, mantida a possibilidade da ação de despejo por falta de pagamento, com observância do rito normal e contraditório. (cautelar concedida pelo Min. Luís Roberto Barroso, 3 de junho de 2021).

Por sua vez, entendemos que todos os demais aspectos relacionados à moradia, como a construção de casas populares, a criação de formas subsidiadas de financiamento etc. devem ser regidos pela sistemática geral dos direitos sociais, que exige o maior cumprimento possível, mas dentro dos limites da razoabilidade, proporcionalidade e reserva do possível.

4.3.6. Transporte

O transporte passou a ser um direito fundamental social expresso na Constituição, a partir da Emenda Constitucional 90, de 2015, que alterou o artigo 6º do texto constitucional.

A primeira eficácia imediata dessa norma e que pode ser exigida judicialmente é o dever do Estado em não interferir indevidamente no direito ao transporte de sua população. Isso ficou claro quando o STF, na ADPF 449, considerou inconstitucional lei municipal que proibia o transporte remunerado por meio de automóveis contratados por aplicativos (como Uber e outros). Segundo o STF, "O motorista particular, em sua atividade laboral, é protegido pela liberdade fundamental insculpida no art. 5º, XIII, da Carta Magna, submetendo-se apenas à regulação proporcionalmente definida em lei federal, pelo que o art. 3º, VIII, da Lei Federal n. 12.965/2014 (Marco Civil da Internet) e a Lei Federal n. 12.587/2012, alterada pela Lei n. 13.640 de 26 de março de 2018, garantem a operação de serviços remunerados de transporte de passageiros por aplicativos. A liberdade de iniciativa garantida pelos artigos 1º, IV, e 170 da Constituição brasileira consubstancia cláusula de proteção destacada no ordenamento pátrio como fundamento da República e é característica de seleto grupo das Constituições ao redor do mundo, por isso que não pode ser amesquinhada para afastar ou restringir injustificadamente o controle judicial de atos normativos que afrontem liberdades econômicas básicas. (...) A proibição legal do livre exercício da profissão de transporte individual remunerado afronta o princípio da busca pelo pleno emprego, insculpido no art. 170, VIII, da Constituição, pois impede a abertura do mercado a novos entrantes, eventualmente interessados em migrar para a atividade como consectário da crise econômica, para promover indevidamente a manutenção do valor de permissões de táxi. A captura regulatória, uma vez evidenciada, legitima o Judiciário a rever a medida suspeita, como instituição estruturada para decidir com independência em relação a pressões políticas, a fim de evitar que a democracia se torne um regime serviente a privilégios de grupos organizados, restando incólume a Separação dos Poderes ante a atuação dos freios e contrapesos para anular atos arbitrários do Executivo e do Legislativo" (grifamos) (ADPF 449, rel. Min. Luiz Fux, 08/05/2019).

Além desse aspecto negativo (obrigação de não fazer) que pode ser imediatamente exigido do Estado, também há uma obrigação de fazer expressamente prevista na Constituição quanto ao direito ao transporte. Decorre do artigo 230, § 2º, da Constituição Federal: "Aos maiores de sessenta e cinco anos é garantida a gratuidade dos transportes coletivos urbanos". Como vimos anteriormente, no início deste capítulo, trata-se de uma norma-regra constitucional, que deve ser cumprida integralmente.

Por sua vez, entendemos que todos os demais aspectos relacionados ao transporte, como melhoria das estradas, subsídio ao preço de pedágios e outras questões devem ser regidos pela sistemática geral dos direitos sociais, que exige o maior cumprimento possível, mas dentro dos limites da razoabilidade, proporcionalidade e reserva do possível.

4.3.7. Lazer

O direito social ao lazer está expresso, desde o texto originário de 1988, na Constituição Federal, em seu artigo 6º: "São direitos sociais a educação, a saúde, a alimentação, o trabalho, a moradia, o transporte, o lazer, a segurança, a previdência social, a proteção à maternidade e à infância, a assistência aos desamparados, na forma desta Constituição". Por sua vez, no artigo 217, § 3º, afirma que "o Poder Público incentivará o lazer, como forma de promoção social".

Como afirma Andréa Gaia Vieira, "Não há uma definição fechada acerca do que é lazer, os conceitos se diferem de acordo com os estudiosos da área, seja pelas mudanças de significações ao longo do tempo, seja pelo enfoque ao defini-lo, podendo ser pela função, pelo objetivo, pela composição ou pela finalidade. A origem da palavra "lazer" vem do latim *licere*, que significa o que é lícito, permitido. É importante salientar que "lazer" e "recreação" não possuem o mesmo significado, embora, outrora, tenham sido considerados sinônimos. A palavra "recreação" vem do latim *recreare*, que significa restaurar, renovar, recuperar. De acordo com Marcellino (2007, p. 2 e 3), devem-se considerar alguns fatores quando se fala em lazer, são eles: a cultura vivenciada nos seus vários aspectos, a relação dialética entre lazer e sociedade, o tempo de vivência de valores morais e culturais e o duplo aspecto educativo (veículo e objeto de educação), ou seja, é o que se vive no seu tempo disponível de forma desinteressada, apenas em busca da satisfação"[20].

Embora seja um direito fundamental importantíssimo, entendemos que é regido pela sistemática geral dos direitos sociais, que exige o maior cumprimento possível, mas dentro dos limites da razoabilidade, proporcionalidade e reserva do possível.

Todavia, há na Constituição Federal algumas liberdades públicas que visam proteger o direito ao lazer, sobretudo dos trabalhadores. No artigo 7º, que trata do direito individual dos trabalhadores, a Constituição Federal assegura a "duração do trabalho normal não superior a oito horas diárias e quarenta e quatro semanas" (XIII), "jornada de seis horas para o trabalho realizado em turnos ininterruptos de revezamento" (XIV), "repouso semanal remunerado, preferencialmente aos domingos" (XV), "gozo de férias anuais remuneradas com, pelo menos, um terço a mais do que o normal" etc.

---

20 *O direito fundamental ao lazer na pandemia de Covid-19*, p. 2.

Em obra específica sobre o tema, Otávio Calvet se refere à "eficácia horizontal" desse direito fundamental nas relações trabalhistas, ou seja, a aplicação desse direito social nas relações entre empregador e empregado. Se o respeito às normas legais (como férias, descanso semanal etc.) é obrigatório, o referido autor também sugere, em casos concretos, a possibilidade de prestações positivas: "no que concerne à exigência de prestações positivas voltadas ao empregador, ente privado, a eficácia horizontal imediata dos direitos sociais revela ser possível, em alguma medida, reconhecer ao empregado uma posição jurídica subjetiva no sentido de exigir do empregador algum tipo de prestação material para efetivação de seu direito ao lazer, obviamente examinada a questão, sem fundamentalismos, sob a ótica da reserva do possível e pelo método da ponderação de interesses"[21].

4.3.8. Segurança

4.3.8.1. O duplo aspecto do direito à segurança

A "segurança" é um direito social previsto expressamente na Constituição Federal, desde o texto originário, no seu artigo 6º. Curiosamente, o direito à "segurança" também consta no artigo 5º, "caput", da Constituição brasileira, principal artigo destinado a tratar dos direitos individuais e coletivos. Essa duplicidade se dá porque, no nosso entender, a segurança se afigura tanto como direito individual (como

---

21 Exemplifica o autor: "Assim, pode-se imaginar, como exemplo de caso concreto passível dessa postura, a obrigação de um empregador, cuja sede encontra-se em local de difícil acesso de forma a determinar que os empregados residam na fábrica em vilas operárias, a manutenção de um centro recreativo (condizente com a capacidade econômica da empresa) capaz de suprir o impedimento de acesso a tais benesses na esfera pública, propiciando o restabelecimento das condições mínimas existenciais que, como constatado nesse estudo, envolvem o lazer na sua perspectiva humana" (*A eficácia horizontal imediata do direito social ao lazer nas relações privadas de trabalho*, p. 159-160).

a segurança jurídica, que impede interferências estatais indevidas em atos jurídicos perfeitos ou direitos adquiridos, por exemplo), quanto como segurança pública. Assim, o direito fundamental à segurança exigirá do Estado (como, aliás, ocorre com os demais direitos) obrigações de fazer e não fazer, o que demonstra a unicidade dos direitos fundamentais.

4.3.8.2. A eficácia jurídica do direito à segurança

Quanto à eficácia do direito social à segurança, como afirmamos no nosso livro *Curso de Direito Constitucional*, o fato de ser um direito fundamental não significa que cada cidadão brasileiro tenha o direito líquido e certo de exigir que seja alocado um policial na porta de sua casa (assim como o direito à educação não obriga o Estado a garantir uma vaga na universidade pública para todos). As *normas-princípios* definidoras dos direitos sociais não produzem todos os efeitos, já que, por serem principiológicas, na maioria das vezes, são "mandamentos de otimização", nas palavras de Robert Alexy.

Dessa maneira, deve o Estado implementar políticas públicas relacionadas à segurança, tanto sob o aspecto preventivo, como sob o aspecto repressivo, na maior intensidade possível, utilizando-se racionalmente os recursos orçamentários dos quais dispõe.

Somente em situações mais sensíveis, à luz do caso concreto, poderá o Poder Judiciário extrair dessa *norma-princípio* obrigações imediatas de fazer ao Poder Executivo, máxime quando há uma clara violação do princípio da proporcionalidade, na sua modalidade *proibição da proteção insuficiente* (*untermassverbot*, da doutrina alemã). Por exemplo, no Recurso Extraordinário 669.635 AgR, o STF determinou a manutenção de uma Delegacia de Polícia numa determinada cidade catarinense, com seu funcionamento contínuo em regime de plantão. Essa determinação se deu à luz do caso concreto e da violação do princípio constitucional da "proibição da proteção insuficiente", já que, havia na cidade "atrasos injustificados nas comunicações de prisão em flagrante e no encaminhamento de inquéritos policiais ao Fórum, funcionamento da Delegacia apenas no horário comercial, ausência de carcereiro e constantes fugas de presos provisórios, cumprimento da função de escrivão policial por estagiários e bolsistas, ausência de delegado titular e de outros agentes policiais". Nesse caso, por cauda de uma omissão desmesurada do Estado, o STF manteve a decisão do Tribunal de Justiça de Santa Catarina, que determinava uma ação do Poder Público no sentido de designar funcionários para o funcionamento contínuo de uma Delegacia de Polícia numa determinada localidade. Segundo o STF: "O direito a segurança é prerrogativa constitucional indisponível, garantido mediante a implementação de políticas públicas, impondo ao Estado a obrigação de criar condições objetivas que possibilitem o efetivo acesso a tal serviço. É possível ao Poder Judiciário determinar a implementação pelo Estado, quando inadimplente, de políticas públicas constitucionalmente previstas, sem que haja ingerência em questão que envolve o poder discricionário do Poder Executivo" (RE 559.646 AgR, rel. Min. Ellen Gracie, j. 7-6-2011, 2ª T, DJE de 24-6-2011). O pleito partiu do Ministério Público, através de uma ação civil pública, para tutela desse importante direito difuso, que é a "segurança pública".

Outrossim, além dessas ações efetivas que, em casos excepcionais, podem ser exigidas do Estado para a proteção da "segurança pública", entendemos que o direito social à segurança já impõe ao Estado o dever imediato de impedir que seus agentes públicos de segurança violem os direitos dos cidadãos. Ou seja, se as obrigações de fazer do Estado (de adotar uma série de políticas públicas) dependerá de critérios como a razoabilidade, a proporcionalidade e a reserva do possível, o dever de não fazer do Estado é de cumprimento imediato.

Nesse sentido, em 2021, Relatório detalhado da Comissão Interamericana de Direitos Humanos fez uma série de recomendações ao Brasil, em se tratando de segurança pública: "Reformar protocolos e diretrizes de organismos locais, estaduais e federais responsáveis pela aplicação da lei, de modo a garantir que cumpram com os parâmetros internacionais sobre: a) Uso da força com base nos princípios da legalidade, proporcionalidade, e absoluta necessidade; b) Exceções nas quais se autorize o uso da força mortal segundo critérios objetivos; c) Táticas de redução de tensões e uso de armas não letais; d) Proibição da tortura e dos tratamentos ou penas cruéis, inumanos ou degradantes; e) Em situações de protesto, respeito e facilitação do exercício da liberdade de reunião e manifestação, além de protocolos de contenção, técnicas de abordagem e uso de armas não letais. (...) Priorizar a alocação de recursos nas ações de inteligência em relação ao crime organizado, facções criminosas e milícias, em detrimento das ações de enfrentamento bélico. Em particular, empreender esforços para rastrear as ações das organizações criminosas, identificando seus agentes, sobretudo por meio do monitoramento dos fluxos de capital, transações econômicas empresariais e trânsito de importação e exportação por elas movimentados". Sobre a eficácia das recomendações da Comissão Interamericana de Direitos Humanos, discorremos no capítulo I desta obra.

No mesmo sentido, entendendo que o Estado tem o dever imediato de respeitar a vida das pessoas nas ações tomadas por seus agentes de segurança pública, posicionou-se o STF: "A proporcionalidade no uso da força por parte dos agentes de segurança decorre diretamente do texto constitucional e dos tratados de direitos humanos que a República Federal do Brasil aderiu. Nenhuma pessoa pode ser arbitrariamente privada de sua vida. A arbitrariedade é aferida de forma objetiva, por meio de padrões mínimos de razoabilidade e proporcionalidade, como os estabelecidos pelos Princípios Básicos sobre o Uso da Força e Armas de Fogo pelos Funcionários Responsáveis pela Aplicação da Lei, adotados em 7 de setembro de 1990, por ocasião do Oitavo Congresso das Nações Unidas sobre a Prevenção do Crime e o Tratamento dos Delinquentes. A Lei Federal 13.060/2014 dá respaldo aos Princípios Básicos, adotando critérios mínimos de razoabilidade e objetividade, e, como tal, nada mais faz do que concretizar o direito à vida" (ADI 5.243, rel. p/ o ac. min. Edson Fachin, j. 11-4-2019, P, DJE de 5-8-2019).

Durante a pandemia de Covid-19, o STF proferiu importante decisão, com a qual concordamos, malgrado tenha gerado grande polêmica: depois de afirmar que "o uso da força só é legítimo se for comprovadamente necessário para proteção de um bem relevante, como a vida e o patrimônio de outra pessoa", determinou que "(i) que, sob pena de responsabilização civil e criminal, não se realizem operações policiais em comunidades do Rio de Janeiro durante a epidemia do Covid-19, salvo em hipóteses absolutamente excepcionais, que devem ser devidamente justificadas por escrito pela autoridade competente, com a comunicação imediata ao Ministério Público do Estado do Rio de Janeiro – responsável pelo controle externo da atividade policial; e (ii) que, nos casos extraordinários de realização dessas operações durante a pandemia, sejam adotados cuidados excepcionais, devidamente identificados por escrito pela autoridade competente, para não colocar em risco ainda maior população, a prestação de serviços públicos sanitários e o desempenho de atividades de ajuda humanitária" (Tutela Provisória Incidental na Medida Cautelar na ADPF 635/RJ, relator Min. Edson Fachin, j. 5 de junho de 2020).

Registre-se que o Estado brasileiro foi condenado pela Corte Interamericana de Direitos Humanos, no caso Favela Nova Brasília, não apenas pela violação às regras mínimas de uso da força, mas também por não prever protocolos para o uso da força, seja para atestar a necessidade do emprego, seja para fiscalizá-lo. Como decidiu o STF, na decisão acima mencionada, "como se sabe, uma das consequências que emerge do reconhecimento da responsabilidade internacional do Estado é a garantia de não repetição (*Caso Chocrón Chocrón Vs. Venezuela. Excepción Preliminar, Fondo y Reparaciones*. Sentença de 1º de julho de 2011. Série C No. 227. Par. 145). Assim, é justo que se espere que, a partir da condenação do Estado brasileiro, medidas concretas sejam adotadas para evitar que os lamentáveis episódios de Nova Brasília se repitam".

Diante desse cenário, de todas as políticas públicas destinadas a reduzir a letalidade das ações policiais, parece que a mais eficaz e imediata é a instalação de câmeras portáteis acopladas aos uniformes dos agentes de segurança pública. Tal medida, que começou a ser implantada no Estado de São Paulo, redundou numa imediata redução da letalidade nas ações de segurança pública. Pouco a pouco, Estados da Federação começam a legislar nesse sentido e a instalação dessas câmeras, que conta com certa resistência da classe política, tende a ser lenta, gradual, máxime porque condicionada a limitações orçamentárias. Todavia, o tempo urge. Ao ser condenado pela Corte Interamericana de Direitos Humanos no caso da Favela Nova Brasília, o Brasil foi obrigado a "adotar as medidas necessárias para que o Estado (...) estabeleça metas e políticas de redução da letalidade e da violência policial". Aliás, a Corte Interamericana afirmou que tais medidas serão por ela supervisionadas: "A Corte supervisionará essa medida e poderá determinar medidas adicionais ou suplementares durante a supervisão do cumprimento desta Sentença, caso os objetivos dessa medida, ou seja, a redução da letalidade policial, não sejam comprovados". Tal providência também vem sendo adotada em um crescente número de Estados norte-americanos (onde os aparelhos recebem o nome de "*body-worn cameras*"). Diante da nossa realidade (cultural, histórica, social), não me parece absurda uma decisão judicial determinando a realização de uma política pública, num prazo determinado, para a instalação de aparelhos semelhantes, a começar pelas localidades de excessiva letalidade.

Ainda sobre alguns aspectos de eficácia imediata do direito social à segurança, entendeu o STF que um dos corolários do direito à segurança pública consiste na proibição do exercício do direito de greve, sob qualquer forma ou modalidade, por parte de policiais civis e todos os servidores públicos que atuem diretamente na área da segurança pública. Tal vedação, que já expressa constitucionalmente para policiais militares (art. 142, § 3º, IV, CF), também decorre da Constituição (art. 6º) para os agentes civis de segurança pública: "A atividade policial é carreira de Estado imprescindível a manutenção da normalidade democrática, sendo impossível sua complementação ou substituição pela atividade privada. A carreira policial é o braço armado do Estado, responsável pela garantia da segurança interna, ordem pública e paz social. E o Estado não faz greve. O Estado em greve é anárquico. A Constituição Federal não permite. Aparente colisão de direitos. Prevalência do interesse público e social na manutenção da segurança interna, da ordem pública e da paz social sobre o interesse individual de determinada categoria de servidores públicos. Impossibilidade absoluta do exercício do direito de greve às carreiras policiais. Interpretação teleológica do texto constitucional, em especial dos artigos 9º, § 1º, 37, VII e 144. Recurso provido, com afirmação de tese de repercussão geral: "1 - O exercício do direito de greve, sob qualquer forma ou modalidade, é vedado aos policiais civis e a todos os servidores públicos que atuem diretamente na área de segurança pública. 2 - É obrigatória a participação do Poder Público em mediação instaurada pelos órgãos classistas das carreiras de segurança pública, nos termos do art. 165 do Código de Processo Civil, para vocalização dos interesses da categoria" (ARE 654432, Relator(a): Min. Edson Fachin, Relator(a) p/ Acórdão: Min. Alexandre de Moraes, Tribunal Pleno, julgado em 05/04/2017).

Por fim, relembro que o incremento da segurança pública, com a maior contratação de policiais, recursos técnicos para combate e investigação da criminalidade, embora sejam obviamente deveres constitucionais do Estado, submetem-se às regras gerais dos direitos sociais, como a razoabilidade, a proporcionalidade e a reserva do possível.

4.3.9. Previdência social

O direito à previdência social está previsto no artigo 9º do "Protocolo de San Salvador", adicional à Convenção Americana de Direitos Humanos: "1. Toda pessoa tem direito à previdência social que a proteja das consequências da velhice e da incapacitação que a impossibilite, física ou mentalmente, de obter os meios de vida digna e decorosa. No caso de morte do beneficiário, as prestações da previdência social beneficiarão seus dependentes. 2. Quando se tratar de pessoas em atividade, o direito à previdência social abrangerá pelo menos o atendimento médico e o subsídio ou pensão em caso de acidentes de trabalho ou de doença profissional e, quando se tratar da mulher, licença remunerada para a gestante, antes e depois do parto".

Na Constituição brasileira, a "previdência social" consta no rol dos direitos sociais do artigo 6º. Portanto, parte-se do pressuposto de que não pode ser um direito suprimido da Constituição, adotando-se um modelo exclusivamente privado de previdência, sendo um dever do Estado garanti-la.

Como afirma Fabio Zambitte Ibrahim, "Admitir a previdência social como direito fundamental é uma necessidade. Muitos criticam o enquadramento, mas poucos conseguiriam viver em uma sociedade sem essa. O seguro social é meio necessário e eficaz de garantia da vida digna, firmando sua posição em todas as sociedades desenvolvidas. Indo além, pode-se dizer que a previdência social, na sua dimensão objetiva, seria uma garantia institucional, pois supera a solidão individualista da concepção clássica dos direitos fundamentais, nas palavras de Paulo Bonavides, já que as diretrizes do aparelho previdenciário e sua própria existência são também resguardadas de alterações pelo Legislador Ordinário, em uma realidade mais abrangente e eficaz na valoração da pessoa humana. Assim, não seria correto divisar a existência de um direito fundamental à aposentadoria por invalidez, ou um direito fundamental ao salário-maternidade. A jusfundamentalidade é da previdência social como garantia institucional. Isso é de extrema importância, pois a alteração do rol de prestações é possível, com redução ou mesmo exclusão de algumas, desde que o conjunto ainda atenda às necessidades sociais existentes, capaz de assegurar a vida digna. Somente com tais garantias é que a sociedade brasileira poderá estabelecer uma ativa isonomia e a liberdade real, na qual as pessoas possam, efetivamente, implementar seus projetos de vida"[22].

Várias das normas constitucionais acerca da previdência social são *normas-regras* e, por isso, preenchidos os seus requisitos fáticos, devem ser cumpridas integralmente, e, caso isso não ocorra, poderá ser movimentado o Poder Judiciário em busca de seu cumprimento. É o que ocorre, por exemplo, com o artigo 201, § 2º, da Constituição: "Nenhum

---

22 *A previdência social como direito fundamental*, p. 10.

benefício que substitua o salário de contribuição ou o rendimento do trabalho do segurado terá valor mensal inferior ao salário-mínimo".

4.3.10. Proteção à maternidade

A "proteção à maternidade", além de figurar como um dos direitos fundamentais sociais do artigo 6º, da Constituição Federal, é um dos objetivos da previdência social (art. 201, II, CF) e da assistência social (art. 203, I, CF).

Como afirma Tauã Verdan Rangel, "Com o advento da Constituição Federal de 1988, o direito à proteção da maternidade foi elevado à condição de direito social fundamental, em especial devido ao valor jurídico-social assumido pela garantia de índole constitucional em comento, que busca, de maneira robusta, dar efetividade à proclamação constante no artigo 6º da Carta da República. Desta feita, cumpre ressaltar que um dos fatores de maior importância, no que tange ao reconhecimento da proteção à maternidade como direito fundamental, está fincado na formação do vínculo e do aleitamento materno, por meio do qual a genitora fornece ao bebê o alimento mais adequado ao seu desenvolvimento e os anticorpos necessários ao fortalecimento da saúde do recém-nato. No mais, para otimizar a saúde e a nutrição materno-infantil, todas as mulheres devem estar capazes de praticar o aleitamento materno exclusivo e todas as crianças devem ser alimentadas exclusivamente com leite materno, desde o nascimento até os primeiros quatro a seis meses de vida. A proeminência compreendendo a temática foi reconhecida pela caudalosa e cristalina jurisprudência do Supremo Tribunal Federal, assentando, em diversas oportunidades, que o acesso à estabilidade provisória depende da confirmação objetiva do estado fisiológico de gravidez da empregada, independentemente, quanto a este, de sua prévia comunicação ao empregador, revelando-se írrita, de outro ângulo e sob tal aspecto, a exigência de notificação à empresa, mesmo quando avençada em sede de negociação coletiva. Por seu turno, a orientação jurisprudencial plasmada e outras decisões advindas dos ministros do

Supremo Tribunal Federal tem reconhecido a responsabilidade objetiva do empregador, inerente aos riscos decorridos da própria atividade empresarial, satisfazendo-se, por isso mesmo e para efeito de incidência de garantia constitucional de estabilidade provisória da gestante, com o simples estado de gravidez da trabalhadora, independentemente do prévio conhecimento desse fato pelo empregador"[23].

De fato, a Constituição Federal impõe uma série de direitos decorrentes da "proteção da maternidade". É o caso da licença à gestante, previsto no artigo 7º, XVIII, da Constituição: "licença à gestante, sem prejuízo do emprego e do salário, com duração de cento e vinte dias". Tais direitos, dispostos como liberdades públicas de eficácia vertical (de obrigatoriedade ao Estado) ou horizontal (de eficácia para os particulares contratantes), devem ser integralmente cumpridos. Nesse sentido, decidiu o STF: "Servidora Pública gestante ocupante de cargo em comissão – Estabilidade provisória (ADCT/88, art. 10, II, "b") – Convenção OIT nº 103/1952 – Incorporação foral ao ordenamento positivo brasileiro (Decreto nº 58.821/66) – Proteção à maternidade e ao nascituro – Desnecessidade de prévia comunicação do estado de gravidez ao órgão público competente – Recurso de agravo improvido. – O acesso da servidora pública e da trabalhadora gestantes à estabilidade provisória, que se qualifica como inderrogável garantia social de índole constitucional, supõe a mera confirmação objetiva do estado fisiológico de gravidez, independentemente, quanto a este, de sua prévia comunicação ao órgão estatal competente ou, quando for o caso, ao empregador" (Supremo Tribunal Federal – Segunda Turma/ RE 634.093 AgR/ Relator: Ministro Celso de Mello/ Julgado em 22.11.2011/ Publicado no DJ em 07.12.2011). Nesse mesmo sentido: "A empregada gestante tem direito subjetivo à estabilidade provisória prevista no art. 10, II, "b", do ADCT/88, bastando, para efeito de acesso a essa inderrogável garantia social de índole constitucional, a confirmação objetiva do estado fisiológico de gravidez,

---

23 *O reconhecimento da proteção à maternidade como direito social: ponderações à luz do STF.*

independentemente, quanto a este, de sua prévia comunicação ao empregador, revelando-se írrita, de outro lado e sob tal aspecto, a exigência de notificação à empresa, mesmo quando pactuada em sede de negociação coletiva. Precedentes" (Supremo Tribunal Federal – Segunda Turma/ AI 448.572 ED/ Relator: Ministro Celso de Mello/ Julgado em 30.11.2010/ Publicado no DJ em 15.12.2010).

Como afirma Lucas Barbalho de Lima, além dessas liberdades públicas que não podem ser violadas, obviamente o Estado terá o dever de legislar e implantar políticas públicas para proteger a maternidade, atendendo, como é comum em todos os direitos sociais, os critérios de razoabilidade, proporcionalidade e reserva do possível. Segundo o autor, "além disso, a inserção da proteção à maternidade impede qualquer prática que comprometa os direitos e garantias já alcançadas no tocante ao tema, tais como, por exemplo, a licença maternidade, estabilidade provisória, períodos de amamentação e assistência médica. Ademais, busca também direcionar as futuras normas criadas pelo Legislador e políticas públicas pelo Poder Executivo. Indiscutível é a importância do referido princípio de proteção à maternidade, posto que se constitui em uma proteção para a própria espécie humana, como ocorre com outras espécies na natureza, principalmente, durante o início de suas vidas quando há uma dependência absoluta à genitora, sem a qual a sobrevivência seria impossível"[24].

Assim, entendemos que a primeira eficácia do direito social de proteção à maternidade é objetiva, ou seja, os reflexos interpretativos que recaem sobre todos os ramos do Direito. Assim, todas as normas infraconstitucionais devem ser interpretadas à luz da Constituição, que reconhece a proteção à maternidade como um direito fundamental social. Outrossim, terá o Estado o dever de, por meio de seus atos legislativos e políticas públicas, incrementar a proteção da maternidade, sempre à luz dos critérios de razoabilidade, proporcionalidade e reserva do possível. Por fim, inegavelmente, terá o dever de cumprir

---

24 *A proteção à maternidade no Brasil*, p. 10.

integralmente as *normas*-regras estabelecidas na Constituição, como é o caso do artigo 7º, XVIII, assegura o direito à "licença à gestante, sem prejuízo do emprego e do salário, com a duração de cento e vinte dias".

4.3.11. Proteção à infância

A proteção à infância tem destaque no texto constitucional, a começar pelo artigo 6º, que a reconhece como direito fundamental social. No contexto protetivo, entende-se por infância tanto a criança (menor de 12 anos), como o adolescente (até 18 anos incompletos), por força do artigo 1º da Convenção dos Direitos da Criança, da qual o Brasil é signatário.

Outrossim, o artigo 227 da Constituição Federal reconhece à criança e ao adolescente (e ao jovem) absoluta prioridade nos mais variados direitos fundamentais individuais e sociais (como a vida, saúde, alimentação, educação, lazer, profissionalização, cultura, dignidade, respeito, liberdade e convivência familiar e comunitária). Isso significa que, ao estabelecer as políticas públicas, deverá ser priorizada a proteção de crianças e adolescentes. Foi o que decidiu o STF: "É preciso assinalar, neste ponto, por relevante, que a proteção aos direitos da criança e do adolescente (CF, art. 227) – qualifica-se como um dos direitos sociais mais expressivos, subsumindo-se à noção dos

direitos de segunda geração (RTJ 164/158-161), cujo adimplemento impõe, ao Poder Público, a satisfação de um dever de prestação positiva, consistente num '*facere*', pois o Estado dele só se desincumbirá criando condições objetivas que viabilizem, em favor dessas mesmas crianças e adolescentes, '(...) com absoluta prioridade, o direito à vida, à saúde, à alimentação, à educação, ao lazer, à profissionalização, à cultura, à dignidade, ao respeito, à liberdade e à convivência familiar e comunitária, além de colocá-los a salvo de toda forma de negligência, discriminação, exploração, violência, crueldade e opressão' (CF, art. 227, *caput* – grifei)" (RE 488.208/SC, rel. Min. Celso de Mello).

Todavia, tratando-se de uma *norma-princípio*, deverá ser cumprida na maior intensidade possível, dentro dos limites do razoável, proporcional e da reserva do possível. Somente em casos excepcionais, em que configurada clara violação do Poder Público que, por omissão, desrespeita o princípio da proporcionalidade, na sua modalidade proibição da proteção insuficiente (*untermassverbot*), poderá o Poder Judiciário determinar a realização de atos concretos em defesa do direito da criança e do adolescente. Foi o que decidiu o STF, quando determinou que o Município a instalação de Conselho Tutelar e a respectiva contratação de pessoal para trabalhar nessa instituição: "Tenho para mim, presente tal contexto, que os Municípios (à semelhança das demais entidades políticas) não poderão demitir-se do mandato constitucional, juridicamente vinculante, que lhes foi outorgado pelo art. 227 da Constituição, e que representa fator de limitação da discricionariedade político-administrativa do Poder Público, cujas opções, tratando-se de proteção à criança e ao adolescente, não podem ser exercidas de modo a comprometer, com apoio em juízo discricionário de simples conveniência ou de mera oportunidade, a eficácia desse direito básico de índole social. (...) Isso significa, portanto, que a omissão do Município, que se abstém de instituir, de organizar e de fazer funcionar o Conselho Tutelar, representa frontal descumprimento da Constituição da República, pois a inércia do Poder Público local, além de onerar o Poder Judiciário (ECA, art. 262), frustrará o cumprimento das diretrizes constitucionais referentes à proteção e ao amparo às crianças e aos adolescentes" (RE 488.208/SC, Rel. Min. Celso de Mello, j. 1º de julho de 2013).

Esse mesmo fenômeno ocorre em todos os direitos sociais: é diante de um caso concreto que o Judiciário poderá verificar a real e imperiosa necessidade de implantação imediata de uma determinada política pública ou ação estatal, em razão de inescusável inércia, violação clara do princípio da proporcionalidade, na sua modalidade "proibição da proteção insuficiente". Assim como em decisão judicial aqui comentada, o Judiciário determinou a instalação de uma Delegacia de Polícia em determinado local (em decorrência do direito social à segurança), nessa decisão ora comentada, o STF determinou a instalação de um Conselho Tutelar, como consequência do direito social de proteção da infância.

Por fim, há na Constituição algumas *normas-regras* de proteção à infância e que devem ser aplicadas integralmente. Por exemplo, o artigo 227, § 6º, determina que "Os filhos, havidos ou não da relação do casamento, ou por adoção, terão os mesmos direitos e qualificações, proibidas quaisquer designações discriminatórias relativas à filiação". Da mesma forma, o artigo 228 determina que "São penalmente inimputáveis os menores de dezoito anos, sujeitos às normas da legislação especial". Essas *normas-regras* devem ser aplicadas integralmente, enquanto as demais (*normas-princípios*) devem ser cumpridas na maior intensidade possível, dentro dos parâmetros de razoabilidade, proporcionalidade e reserva do possível.

4.3.12. Assistência aos desamparados

A assistência aos desamparados é um direito social previsto no artigo 6º, da Constituição Federal, bem como seus princípios constitucionais são delineados nos artigos 203 e 204, da Lei Maior. Por exemplo, uma das características mais importantes desse direito, e que consta expressamente no artigo 203, *caput*, da Constituição Federal, é a desnecessidade de contribuição. Por razões óbvias, ao contrário da previdência social, que será um benefício decorrente, em regra, da contribuição do segurado, a assistência social aos desamparados não necessita prévia contribuição.

Todavia, as normas constitucionais acerca do tema são principiológicas e até mesmo as normas mais concretas (como o direito a um salário-mínimo mensal à pessoa portadora de deficiência e ao idoso que comprovem não ter como prover a própria manutenção – art. 203, V, CF) são de eficácia limitada de princípio institutivo, ao remeterem à "lei" infraconstitucional.

Muitos casos envolvendo os benefícios de assistência social chegam até o Poder Judiciário, que examina os requisitos estabelecidos em lei e, em alguns casos, aponta a mora do Legislativo em regulamentar as normas constitucionais.

Não obstante, como afirmamos no início deste capítulo, o direito a uma vida minimamente digna é "mínimo dos mínimos existenciais", em decorrência do direito constitucional à vida (art. 5º, *caput*, CF) e da dignidade da pessoa humana (art. 1º, CF). Dessa maneira, o Estado não pode permitir que uma pessoa residente em seu território pereça de forma indigente na miséria, sem alimentação e abrigo. Por isso, uma política pública que garanta a todos uma renda mínima de cidadania, ainda que inferior ao benefício do artigo 203, V, da Constituição é um dever estatal, como determinou o STF no Mandado de Injunção 7.300.

V

DIREITOS SOCIAIS E PANDEMIA

A pandemia não alterou a natureza dos direitos sociais, que continuaram a ser fundamentais e essenciais. Todavia, se, como afirmamos no capítulo anterior, o grau de exigibilidade imediato de um direito social depende da análise conjuntural do caso concreto, é evidente que a pandemia fez se estabelecerem algumas prioridades imediatas, mormente relacionadas à saúde da população. Assim, vários direitos sociais foram impactados pela pandemia, com o surgimento de novas prioridades, urgências, necessidades.

Destaca-se o dever de proteção da saúde da população, assegurando o Estado o acesso ao tratamento, à medicação e às vacinas, bem como os insumos e suplementos médicos para a preservação da saúde, como máscaras, acesso à água limpa etc. A Comissão Interamericana de Direitos Humanos editou, logo após a decretação da pandemia, a Resolução 1/2020, com uma série de recomendações gerais aos países: *"Velar por una distribución y acceso equitativos a las instalaciones, bienes y servicios de salud sin discriminación alguna, sean públicos o privados, asegurando la atención de las personas con COVID-19 y los grupos desproporcionalmente afectados por la pandemia, así como personas con enfermedades preexistentes que las hacen especialmente vulnerables al virus. La escasez de recursos no justifica actos de discriminación directos, indirectos, múltiples o intersecccionales; Asegurar el acceso a medicamentos y tecnologías sanitarias necesarias para enfrentar los contextos de pandemia, particularmente poniendo atención al uso de estrategias, como la aplicación de cláusulas de flexibilidad o excepción en esquemas de propiedad intelectual, que eviten restricciones a medicamentos genéricos, precios excesivos de medicamentos y vacunas, abuso de uso de patentes o protección exclusiva a los datos de prueba; Asegurar la disponibilidad y provisión oportuna de cantidades suficientes de material de bioseguridad, insumos y suplementos médicos esenciales de uso del personal de salud, fortalecer su capacitación técnica y profesional para el manejo de pandemias y crisis infecciosas, garantizar la protección de sus derechos, así como la disposición de recursos específicos mínimos destinados a enfrentar este tipo de situaciones de emergencia sanitária".*

Ao examinar casos concretos, o Poder Judiciário brasileiro se viu instado a examinar alguns aspectos do direito à saúde que deveriam ser tutelados imediatamente, sob pena de violação à vida. Por exemplo, na ACO 3473, rel. Min. Rosa Weber, julgada em 8 de abril de 2021, o STF decidiu que "as condições de saúde pública decorrentes da calamidade provada pelo novo Coronavírus, agravadas pelo recrudescimento da pandemia em todo o território nacional, desautorizam qualquer retrocesso nas políticas públicas de saúde, especialmente a supressão de leitos de UTI habilitados (custeados) pela União. Comprovada a omissão estatal e identificado o gerenciamento errático em situação de emergência, como a que ora se apresenta, é viável a interferência judicial para a concretização do direito social à saúde, cujas ações e serviços serão marcados constitucionalmente pelo acesso igualitário e universal (CF, arts. 6º e 196). Tutela de urgência deferida para: (i) determinar à União Federal que analise, imediatamente, os pedidos de habilitação de novos leitos de UTI formulados pelo Estado requerente junto ao Ministério da Saúde; (ii) determinar à União que restabeleça, imediatamente, de forma proporcional às outras unidades federativas, os leitos de UTI destinados ao tratamento da Covid-19 no Estado requerente que estavam habilitados (custeados) pelo Ministério da Saúde até dezembro de 2020, e que foram reduzidos nos meses de janeiro e fevereiro de 2021; (iii) determinar à União Federal que preste suporte técnico e financeiro para a expansão da rede de UTI's no Estado requerente, de forma proporcional às outras unidades federativas, em caso de evolução da pandemia".

Da mesma forma, diante da profunda crise sanitária ocorrida em Manaus, um dos locais atingidos de forma mas dramática pela pandemia, inclusive com a falta de suprimentos básicos como oxigênio, o STF impôs ações ao poder público: "defiro em parte a cautelar pedida pelos requerentes para determinar ao Governo Federal que: (i) promova, imediatamente, todas as ações ao seu alcance para debelar a seríssima crise sanitária instalada em Manaus, capital do Amazonas, em especial suprindo os estabelecimentos de saúde locais de oxigênio e de outros insumos médico-hospitalares para que possam prestar pronto e adequado atendimento aos seus pacientes, sem prejuízo da atuação das autoridades estaduais e municipais no âmbito das respectivas competências; (ii) apresente a esta Suprema Corte, no prazo de 48 (quarenta e oito horas), um plano compreensivo e detalhado acerca das estratégias que está colocando em prática ou pretende desenvolver para o enfrentamento da situação de emergência, discriminando ações, programas, projetos e parcerias correspondentes, com a identificação dos respectivos cronogramas e recursos financeiros; e (iii) atualize o plano em questão a cada 48 (quarenta e oito) horas, enquanto perdurar a conjuntura excepcional" (ADPF 756 TPI/DF, rel. Min. Ricardo Lewandowski, j. 15/01/2021).

Outrossim, o STF determinou a restituição de respiradores requisitados indevidamente pela União contra o Estado do Maranhão, sob o argumento de que tal medida excepcional prevista na Constituição não pode ser aplicada entre entes federativos. Decidiu o STF: "Requisição, pela União Federal, de bens públicos estaduais. Precedente do Supremo Tribunal Federal que entende inadmissível a prática, mesmo quando efetivada pela União Federal, desse ato requisitório em face de bens públicos (MS 25.295/DF, Rel. Min. JOAQUIM BARBOSA, Pleno), considerada a cláusula restritiva fundada no art. 5º, inciso XXV, da Constituição da República, exceto quando se tratar de requisição federal de bens públicos na vigência do estado de defesa (CF, art. 136, § 1º, II) ou do estado de sítio (CF, art. 139, inciso VII). Magistério da doutrina. 3. Tutela de urgência. Pressupostos de sua admissibilidade devidamente configurados: probabilidade do direito invocado e caracterização do "periculum in mora" (CPC, art. 300, *caput*). Inocorrência, na espécie, de perigo de irreversibilidade dos efeitos da presente decisão concessiva da tutela de urgência (CPC, art. 300, § 3º). 4. Tutela de urgência concedida (ACO 3385 TP/MA, rel. Celso de Mello, j. 20 de abril de 2020).

No tocante à segurança pública, por exemplo, como decidiu o STF, "O reconhecimento da emergência sanitária internacional obrigou os entes da federação a adotarem medidas rígidas de controle epidemiológico como quarentena e isolamento. Se, como atesta a decisão da Corte Interamericana, os protocolos de emprego da força já eram precários, em uma situação de pandemia, com as pessoas passando a maior parte do tempo em suas casas, eles se tornam, acaso existentes, de utilidade questionável. Operações policiais realizadas em locais de grande aglomeração ficam ainda mais arriscadas e fragilizam a já baixa *accountability* que deveria pautar a atuação de todos os agentes públicos" (ADPF 635-TPI/RJ, rel. Min. Edson Fachin, j. 5 de junho de 2020).

Da mesma forma, na ADPF 828, o STF protegeu a moradia em tempos de pandemia, limitando despejos e desocupações: "1) com relação a ocupações anteriores à pandemia: suspender pelo prazo de 6 (seis) meses, a contar da presente decisão, medidas administrativas ou judiciais que resultem em despejos, desocupações, remoções forçadas ou reintegrações de posse de natureza coletiva em imóveis que sirvam de moradia ou que representem área produtiva pelo trabalho individual ou familiar de populações vulneráveis, nos casos de ocupações anteriores a 20 de março de 2020, quando do início da vigência do estado de calamidade pública (Decreto Legislativo nº 6/2020);

2) com relação a ocupações posteriores à pandemia: com relação às ocupações ocorridas após o marco temporal de 20 de março de 2020, referido acima, que sirvam de moradia para populações vulneráveis, o Poder Público poderá atuar a fim de evitar a sua consolidação, desde que as pessoas sejam levadas para abrigos públicos ou que de outra forma se assegure a elas moradia adequada; e 3) com relação ao despejo liminar: suspender pelo prazo de 6 (seis) meses, a contar da presente decisão, a possibilidade de concessão de despejo liminar sumário, sem a audiência da parte contrária (art. 59, § 1º, da Lei nº 8.425/1991), nos casos de locações residenciais em que o locatário seja pessoa vulnerável, mantida a possibilidade da ação de despejo por falta de pagamento, com observância do rito normal e contraditório" (cautelar concedida pelo Min. Luís Roberto Barroso, 3 de junho de 2021).

Outrossim, em tempos de pandemia, alguns direitos fundamentais sociais se tornaram ainda mais importantes, como o lazer. Nas palavras de Andréa Gaia Vieira, "No atual cenário de pandemia, em que muitos estão em isolamento social, a busca por atividades de lazer, ainda que através da tecnologia, tem-se agigantado. Deve-se lembrar que essa busca não é apenas virtual, visto que muitas pessoas têm descumprido o isolamento social e, como exemplo, assistimos diariamente a noticiários que mostram praias lotadas e realização de festas clandestinas. Ressalta-se a importância da democratização do acesso ao lazer, visto que os bairros marginalizados não são contemplados com espaços e equipamentos, nem públicos, nem privados. Portanto, é inequívoco que o direito ao lazer é muito mais do que um direito apenas do trabalhador, ele é universal, é uma ferramenta que permite o alcance da cidadania plena, destinado a todos sem distinção e sem preconceitos, atribuindo dignidade à vida"[25].

Já a educação precisou ter uma abordagem diferente, em razão do necessário distanciamento social entre os alunos. Ocorre que a desigualdade social mostrou, de forma dura, imediata e cruel, a diferença entre estudantes ricos e pobres, com e sem acesso à internet. O acesso

---

25 *Op. cit.*, p. 5.

à internet de qualidade, com meios e recursos tecnológicos, mostrou-se uma necessidade não apenas para alunos, como também para professores, como apontam Cláudio Cordeiro e Osvaldo Veloso Vidal: "Há de se pensar também nos professores da rede pública. Ainda segundo o Comitê Gestor da Internet no Brasil, apenas 43% dos professores afirmaram ter cursado alguma disciplina sobre o uso de computador e Internet em atividades de ensino durante a graduação e 50% afirmaram ter Participado de cursos, debates ou palestras promovidos pela faculdade sobre o uso de tecnologias em atividades de ensino e aprendizagem. Isso significa que existe um exército de professores que precisam se adaptar às transformações naturais do dinamismo tecnológico, que devido à pandemia tende a se agravar dramaticamente"[26].

Quanto aos estudantes, a situação é igualmente grave e desigual, já que a simples conversão do ensino presencial para a modalidade de Educação a Distância (EaD) pode ocasionar um aumento na segregação escolar e social, além de comprometer a qualidade do processo de aprendizagem dos educandos. Ora, os estudantes que vivem em condições mais vulneráveis, impossibilitados de usufruir do ensino a distância, ainda sofrerão posteriormente os efeitos da precariedade no seu acesso.

Como nós defendemos que a educação pública de qualidade é o "mínimo dos mínimos existenciais", defendemos que poderia o Judiciário exigir que o Poder Público garantisse aos estudantes um ensino de qualidade, ainda que a distância, sob pena de aprofundar ainda mais o déficit educacional tão presente, sobretudo entre os estudantes pobres e distantes dos grandes centros.

Por sua vez, quanto a direitos trabalhistas, como têm uma eficácia diagonal (aplicando-se na relação empregador x empregado), diante da profunda crise econômica decorrente da crise sanitária na pandemia, houve um retrocesso legislativo no Brasil, na tentativa de minimizar os impactos econômicos nas empresas e manter o emprego.

---

26 *Direito à educação e a pandemia do Covid-19*, p. 5.

Como já defendemos em capítulo anterior desta obra, é impossível evitar o retrocesso em certos direitos sociais em tempos de crise econômica. A pandemia mostrou que, infelizmente, estávamos certos. Todavia, se o retrocesso, por vezes, é inevitável, é necessário que busquemos identificar os limites do retrocesso, como explicamos em capítulo anterior. Esperamos que, nos próximos anos, não tenhamos que enfrentar uma crise da magnitude da pandemia de Covid-19. Todavia, temos que extrair lições desses tempos obscuros, para que possamos encontrar a luz que possa iluminar nossas vidas, especialmente das próximas gerações.

CONCLUSÃO

A fundamentalidade dos direitos sociais não costuma ser objeto de polêmica na doutrina e na jurisprudência brasileiras. Isso porque, sob o ponto de vista formal, os direitos sociais estão no rol dos direitos e garantias fundamentais, conforme a estrutura de nossa Constituição Federal de 1988. Sob o ponto de vista dogmático, a Constituição de 1988 insere os direitos sociais no título destinado aos direitos e garantias fundamentais. Ainda que não houvesse previsão na. Constituição Federal (como ocorre na Alemanha), não seria possível nos dias atuais negar a fundamentalidade a direitos básicos como saúde, educação, alimentação e moradia, por exemplo, podendo ser extraídos de outros direitos (como o direito à vida, por exemplo), da cláusula constitucional do Estado Social de Direito ou do princípio da solidariedade, da dignidade da pessoa humana etc.

Se identificar a fundamentalidade dos direitos sociais não é tarefa difícil, o mesmo não se pode dizer da sua eficácia, na comparação com os tradicionais direitos individuais (ou liberdades públicas). Em nosso entender, a diferença entre os direitos sociais e os direitos individuais não está na maior onerosidade dos primeiros (como aventado por parte da doutrina), nem na positividade dos direitos sociais (já que, como demonstramos ao longo do trabalho, todos os direitos – sociais ou individuais – têm aspectos positivos e negativos). Afirmamos que a diferença entre os direitos sociais e individuais está na costumeira indeterminabilidade do conteúdo dos primeiros, na comparação com esses últimos. Portanto, as normas definidoras de direitos individuais ou liberdades públicas comumente são mais objetivas, precisas, específicas. Dessa maneira a distinção entre direitos negativos e positivos está largamente enfraquecida na doutrina atual (e, por alguns, abandonada). Outrossim, parece ser equivocado o entendimento de que a titularidade é universal nos direitos de liberdade e setorial nos direitos sociais. De igual forma, a suposta exclusiva onerosidade dos direitos sociais parece ter sido igualmente abandonada (basta verificar os altíssimos custos para manter um aparato eleitoral destinado a assegurar o direito de voto). O que definirá a eficácia da norma definidora dos direitos sociais é a sua estrutura como *regra* ou *princípio*. A grande maioria das normas definidoras dos direitos sociais é formada por normas-princípios, enquanto uma minoria é composta por normas-regras. Dessa maneira, como expusemos ao longo do trabalho, enquanto as regras devem ser cumpridas integralmente (aplicando-se a máxima "ou tudo ou nada"), os princípios devem ser cumpridos na maior intensidade possível (ou, como disse Robert Alexy, são "mandamentos de otimização"). Isso se dá exatamente porque os princípios são vagos, amplos, imprecisos. Impossível seria cumpri-los na integralidade, motivo pelo qual devem ser cumpridos na maior intensidade possível. Em se tratando de direitos sociais, o mesmo se aplica. Enquanto o art. 6º da Constituição Federal, que prevê o transporte como direito social, é uma norma-princípio (e, portanto, um mandamento de otimização), o art. 230, § 2º, da Constituição Federal, que assegura aos maiores de 65 o transporte coletivo urbano gratuito, é uma norma-regra, devendo ser aplicado integralmente.

Na distinção entre direitos individuais e sociais, posicionamo-nos de acordo com uma *teoria mista*, intermediária entre a teoria *dual* e *unitária*. Entendemos que todas as normas constitucionais

definidoras de direitos sociais (sejam elas normas-regras ou normas-
-princípios) produzem a eficácia objetiva, influenciando toda a interpretação da constituição, servindo de parâmetro para o controle de constitucionalidade, não recepcionando as legislações anteriores incompatíveis e vinculando o Estado (administração, juiz e legislador) a concretizar os ditames constitucionais. Por sua vez, quanto ao aspecto subjetivo, enquanto as normas-regras são de cumprimento imediato e pleno, as normas-princípio são objetivadas por meio do legislador ordinário e das normas concretas que implementam as políticas públicas. Quanto a estas últimas, cabe ao legislador ordinário, em função das disponibilidades financeiras e das margens de avaliação e opção políticas de correntes do princípio democrático, determinar específica e concretamente, no domínio de cada direito social, o que fica o Estado juridicamente obrigado a fazer e o que pode o particular exigir judicialmente.

Se a eficácia das normas-regra definidoras dos direitos sociais não desperta dúvidas, já que devem ser cumpridas integralmente, maior complexidade haverá quando tratamos das normas-princípio. Se o desejável é o cumprimento do máximo possível das normas definidoras dos direitos sociais, qual seria o mínimo? Quais os limites da exigência imediata dos direitos sociais? Sobre o tema, dedicamo-nos no Capítulo II desta obra.

A indeterminabilidade dos direitos sociais, que, como vimos acima, é a regra das normas que os preveem, se dá não apenas por razão linguística ou semântica, mas sobretudo por razão jurídica. Isso porque conferir aos direitos sociais um conteúdo muito preciso significaria, inevitavelmente, a impossibilidade de o Estado, obrigado posteriormente ao cumprimento estrito das imposições constitucionais, ser capaz de reagir rápida e adequadamente à modificação das condições econômicas.

Dessa maneira, as normas constitucionais definidoras dos direitos sociais que têm o formato de princípios carecem da concretização operada pelo legislador ordinário, que positivará o direito, à luz da reserva do possível. Como afirmamos ao longo do trabalho, em nosso entender, a reserva do possível corresponde a um dado de realidade, um elemento do mundo dos fatos que influencia na aplicação do Direito. Outrossim, entendemos que a reserva do possível pode configurar um limite imanente ou uma limitação externa, a depender da sua natureza (veremos no item seguinte as classificações possíveis). Em se tratando da *reserva do possível como limitação fática (com base na escassez real ou econômica)*, a limitação é imanente. Por sua vez, em se tratando da *reserva do possível como limitação jurídica*, com os seus respectivos desdobramentos (que adiante se verá), deve ser considerada uma limitação externa (ou restrição) e, por isso, devendo ser submetida a controle de sua legitimidade por meio de já consagrados princípios. Sendo ela uma restrição a um direito fundamental, aplicar-se-á teoria da "restrição das restrições" (também chamada pela doutrina de "limites dos limites" ou, no original alemão, *Schranken der Schranken*).

Assim, identificamos os seguintes critérios destinados a verificar a constitucionalidade da restrição operada pela "reserva do possível" por limitações jurídicas, os seguintes critérios: a proporcionalidade, com seus corolários: a) proibição do excesso (*übermassverbot*) e b) proibição da proteção insuficiente (*untermassverbot*), a razoabilidade, a proteção do mínimo existencial dos direitos sociais (*existenzminimum*) e, para aqueles que consideram um princípio jurídico limitativo, a cláusula da proibição de retrocesso (*verbot des sozialen rückschritts*).

Quanto ao primeiro critério (a proporcionalidade), não poderá o ato estatal restringir excessivamente um direito fundamental, a ponto de ferir seu núcleo essencial. A avaliação desse excesso é feita por meio de três critérios, que devem ser utilizados nessa ordem: 1) adequação; 2) necessidade; 3) proporcionalidade em sentido estrito. Por sua vez, experiência paralela ocorreu nos Estados Unidos, com o desenvolvimento pela Suprema Corte do país, a partir de meados do século XIX, da ideia do devido processo legal substantivo, que pode ser associado à exigência de razoabilidade das normas e condutas estatais. Assim, como afirmamos no trabalho, a razoabilidade deve ser utilizada como parâmetro de utilização da "reserva do possível", haja vista que, da mesma forma como julgado no BVerfGE 33, 303, de 1973 (sobre os critérios de admissão ao ensino superior em cursos de medicina, na Alemanha), assim como não é razoável assegurar uma vaga na melhor universidade pública para cada pessoa, é igualmente irrazoável determinar que o Estado custeie uma cirurgia milionária no exterior, gerando um impacto orçamentário que deixará à míngua um grupo de pessoas certamente mais vulneráveis do que aquela que pleiteou a medida judicialmente.

Como vimos e afirmamos durante longa parte do trabalho, não pode o Estado deixar de tutelar o "mínimo existencial" dos direitos sociais (e, como concluímos ao final do trabalho, trata-se de um dos limites do retrocesso social). Depois de analisar o mínimo existencial na doutrina nacional e estrangeira, bem como a abordagem dada ao tema pelos Tribunais Constitucionais da América do Sul, chegamos à conclusão de que o conceito de mínimo existencial não é estanque e universal. Ele varia de acordo com a conjuntura histórica, social e cultural de cada país. Outrossim, não se pode confundir o *mínimo existencial* com o mínimo vital ou mínimo de sobrevivência, pois esse é um corolário do direito à vida (art. 5º, *caput*, da Constituição Federal). Não permitir que alguém morra de fome, embora seja o primeiro e mais básico aspecto do *mínimo existencial*, com ele não se confunde. O mínimo existencial é um conjunto de garantias materiais para uma vida condigna, que implica deveres de abstenção e ação por parte do Estado. Confundir o *mínimo existencial* com o *mínimo vital* (de sobrevivência física) é reduzir o *mínimo existencial* ao direito à vida. Ora, o direito ao mínimo existencial é muito mais que isso.

Dentre os fundamentos que utilizamos para sustentar a constitucionalidade e fundamentalidade do "mínimo existencial" dos direitos sociais (e expusemos, por exemplo, os argumentos segundo os quais o mínimo existencial é um corolário inafastável da dignidade da pessoa humana), destacamos as ideias de John Rawls. Segundo ele, para que os homens tenham a capacidade para, sob o *véu da ignorância*, estabelecer quais os critérios de justiça, "presumem-se, porém, que conhecem os fatos genéricos acerca da sociedade humana. Elas entendem os assuntos políticos e os princípios da teoria econômica; conhecem a base da organização social e as leis da psicologia humana"[27]. Por essa razão, nesse *mínimo social*, Rawls dá um destaque especial à educação: "tão ou mais importante é o papel da educação de capacitar uma pessoa a desfrutar da cultura de sua sociedade e participar de suas atividades, e desse modo de proporcionar a cada indivíduo um sentido seguro do seu próprio valor"[28].

Esse é um dos motivos pelos quais, à luz da conjuntura política, histórico e cultural brasileira, entendemos que a educação pública de qualidade é o "mínimo dos mínimos existenciais".

Para nós, a garantia da tutela estatal do *mínimo existencial* tem natureza constitucional, independentemente de previsão expressa. O *mínimo existencial* dos direitos é irredutível, intangível, inviolável e não pode ser objeto de ponderações. Da mesma maneira que não se pode restringir o *núcleo essencial* dos direitos de defesa, não se pode negligenciar com as imposições de cumprimento do *mínimo existencial* dos direitos sociais. Dessa maneira, o mínimo existencial tem a natureza de uma regra constitucional.

Como afirmamos no trabalho, considerando-se a educação básica de qualidade como um mínimo dos mínimos essenciais, será possível concretizar a progressividade da implantação dos direitos sociais, na medida em que a sociedade estará cada vez mais instrumentalizada para exigir e até mesmo implementar diretamente muitos dos direitos constitucionalmente previstos. De certa forma, essa também é a conclusão de Martha Nussbaum, professora da Universidade de Chicago, na medida em que sugere a seguinte solução das "escolhas trágicas": "quando nós notamos um conflito trágico, não

---

27 *Op. cit.*, p. 167.
28 *Op. cit.*, p. 121.

podemos simplesmente torcer as mãos: temos que perguntar qual o melhor ponto a intervir para criar um futuro no qual essa espécie de escolha não confronte as pessoas. Temos também que considerar como mover as pessoas para perto da capacidade mínima no futuro, ainda que não possam tê-las imediatamente"[29].

Entendemos ser a "qualidade" indissociável do conceito de mínimo existencial da educação. Todavia, como conceituá-la? Em nosso entender, sob pena de violação da separação dos poderes, essa noção só pode ser extraída do texto constitucional, como também das normas infraconstitucionais regulamentares, bem como os tratados internacionais de direitos humanos, no que se referem à educação (utilizando-se como parâmetro interpretativo as interpretações exaradas pelos órgãos competentes – como a Corte Interamericana, o *Comitê* etc.).

Estabelecida a eficácia dos direitos sociais e verificados os limites de suas restrições, resta a questão dos limites do retrocesso social, decorrentes das crises econômicas. Simplesmente negar a possibilidade do retrocesso, atribuindo a todas as práticas restritivas a chaga da inconstitucionalidade, em vez de melhor tutelar, diminui a proteção dos direitos sociais. Se tudo é inconstitucional, nada é inconstitucional ou nada há que fazer, diante da inconstitucionalidade generalizada.

A teoria da irreversibilidade foi uma construção doutrinária alemã no escopo de resolver uma problemática questão: como a *Lei Fundamental de Bonn* não previu expressamente direitos sociais, não haveria na Constituição um meio jurídico-constitucional para defesa desses direitos já implementados.

A Constituição brasileira de 1988 não previu expressamente a proibição do retrocesso ou proibição do retrocesso social, mas previu algumas hipóteses de irretroatividade, tratadas no trabalho. Primeiramente, a irretroatividade lesiva a direito adquirido, ato jurídico perfeito e a coisa julgada, e também a irredutibilidade normativa dos direitos fundamentais (as cláusulas pétreas).

---

29 *Op. cit.*, p. 438.

Analisamos o princípio da progressividade, previsto em vários tratados internacionais sobre direitos humanos (que, para alguns, é a nova face da proibição do retrocesso). No decorrer do trabalho, afirmamos que o retrocesso é excepcional, como também deve ser excepcional qualquer restrição a direito fundamental, devendo ser devidamente justificada pelo poder público. O princípio da *progressividade* não tem e nunca terá o condão de condicionar a realidade atingida por relativa escassez.

Embora não prevista expressamente pela nossa Constituição, seria a proibição do retrocesso um princípio constitucional implícito? Ao contrário da maioria da doutrina brasileira, entendemos que não. Embora sejam sedutores os argumentos de que a proibição do retrocesso é um princípio constitucional implícito (decorrente do Estado Social de Direito, ou do princípio da segurança jurídica etc.), entendemos se tratar de um princípio de índole política, mas não jurídica. Parece-nos que a busca pela constitucionalização do princípio da proibição do retrocesso é uma tentativa do jurista limitar a liberdade política, máxime em razão do seríssimo e histórico déficit no tocante aos direitos sociais. Canotilho, um dos maiores defensores da proibição do retrocesso social, em obra posterior, afirmou que "A 'proibição de retrocesso social' nada pode fazer contra as recessões e crises econômicas (reversibilidade fática)"[30]. Outrossim, impedir que o Poder Público modifique as prioridades sociais, comparadas ao governo anterior, significa violar as escolhas democráticas em um determinado contexto histórico. Priorizar determinados direitos sociais implica maiores gastos e, por consequência, redução de gastos em outras áreas igualmente sensíveis.

Por sua vez, entender que a proibição do retrocesso não é um princípio constitucional não significa permitir que o Poder Público restrinja livremente a tutela de direitos fundamentais (máxime os direitos sociais), bem como extinga, sem qualquer justificativa, políticas

---

30 *Op. cit.*, p. 337.

públicas relacionadas a direitos sociais diversos. Assim como há limites das restrições às liberdades públicas (*schranken-schranken*), também há restrições às práticas regressivas do Estado. Tal concepção não decorre da doutrina alemã, por uma razão simples: os direitos sociais não estão previstos expressamente na Constituição alemã.

Por essa razão, concordamos com Jorge Reis Novais, segundo o qual "onde se lê 'é proibido retroceder' deve se passar a entender 'é admissível retroceder, mas com limites ou com exceções'"[31].

Em nosso entender, o primeiro limite da restrição normativa dos direitos sociais está no princípio da razoabilidade. Assim, as medidas de contingenciamento orçamentário que impactem nas políticas públicas, causando o retrocesso de gozo e fruição de alguns direitos fundamentais sociais somente serão constitucionais se forem razoáveis. A razoabilidade ou irrazoabilidade da medida restritiva dependerá da análise do caso concreto, como afirma Jorge Miranda: "importa atender às pessoas que são afetadas pela medida legislativa e o maior ou menor peso ou custo que sobre elas recai. Este peso ou sacrifício são diferentes consoante se trate de adultos ativos ou idosos aposentados, trabalhadores com emprego ou desempregados, pessoas com ou sem deficiência, pessoas saudáveis ou inválidas, etc. A onerosidade e a desrazoabilidade são também função das condições das pessoas"[32].

Outrossim, a restrição ou retrocesso da norma referente aos direitos sociais também deve atender ao critério da proporcionalidade. Segundo o primeiro aspecto da proporcionalidade (a proibição do excesso), não poderá o ato estatal restringir excessivamente um direito fundamental, a ponto de ferir seu núcleo essencial. Dessa maneira, avaliação desse excesso é feita por meio de três critérios, que devem ser utilizados nessa ordem: 1) adequação; 2) necessidade; 3) proporcionalidade em sentido estrito. No caso das normas regressivas, que implicam o retrocesso dos direitos fundamentais (mormente dos

---

31 *Op. cit.*, p. 245.
32 *Direitos fundamentais*, p. 344.

direitos sociais), a *adequação* é a relação entre a norma limitadora, regressiva e os objetivos da restrição: a tutela possível do conjunto dos direitos sociais constitucionalmente assegurados. Como afirmou o Comitê, o Estado tem o ônus de provar que as medidas restritivas "estão devidamente justificadas por referência à totalidade dos direitos enunciados no Pacto". Por sua vez, a *necessidade* não é uma análise linear, mas comparativa. O intérprete compara a solução dada pela lei restritiva com outras alternativas que poderiam ser menos lesivas ao direito fundamental violado. No tocante às normas restritivas, regressivas, segundo o Comitê, deve o Estado justificar a medida "no contexto da utilização máxima dos recursos de que dispõe o Estado-Parte".

Da mesma maneira, como afirmamos no decorrer do trabalho, se medidas restritivas que implicam o retrocesso de direitos há, principalmente em decorrência de crises econômicas, esse retrocesso não poderá violar o mínimo existencial dos direitos. Em Portugal, por exemplo, o Tribunal Constitucional, no Acórdão sobre o "rendimento social de inserção" (TC n. 509/2002) decidiu que a restrição seria inconstitucional "quando (...) se pretenda atingir o núcleo essencial da existência mínima inerente ao respeito pela dignidade da pessoa humana".

Por fim, também é limite do retrocesso social o respeito ao princípio da confiança. A proteção da confiança não se restringe apenas aos casos de direitos, como expusemos no decorrer do trabalho. Aplicar-se-ia também o princípio da proteção da confiança à "retroatividade inautêntica", como apontada pela doutrina e jurisprudência alemã e portuguesa. O Tribunal Constitucional português, no TC 287/90 (acerca de uma norma que restringia o direito de recurso), decidiu que, "embora não haja retroatividade que afete um direito, estamos perante um daqueles casos em que a lei se aplica para o futuro a situações de fato e relações jurídicas presentes não determinadas, (...) a chamada 'retroatividade inautêntica'. Assim, sendo certo que o artigo 106º da Lei n. 38/87 afeta expetativas legitimamente fundadas dos cidadãos, o que resta averiguar é se tal afetação é inadmissível, arbitrária ou demasiadamente onerosa". Outrossim, afirmou o Tribunal que "é inadmissível, ante o princípio do Estado de direito democrático, uma afetação de expectativas com que se não possa razoavelmente contar – por ser extraordinariamente onerosa e excessiva".

Assim, entendemos que as normas jurídicas que implicam retrocesso e que atingem direitos adquiridos serão inconstitucionais, por expressa previsão constitucional (que veda a retroatividade autêntica). Por sua vez, como entendemos que o princípio da *confiança legítima* é um princípio constitucional implícito, decorrente da segurança jurídica (art. 6º, CF), havendo a retroatividade inautêntica, dever-se-á fazer uma ponderação entre a *confiança* dos particulares e o *interesse público* no qual se funda a norma regressiva. Como dito pelo Tribunal Constitucional português, no Acórdão 413/2014, "há que proceder a um balanceamento ou ponderação entre os interesses particulares desfavoravelmente afetados pela alteração do quadro normativo que os regula e o interesse público que justifica essa alteração. Com efeito, para que a situação de confiança seja constitucionalmente protegida, é ainda necessário que não ocorram razões de interesse público que justifiquem, em ponderação, a não continuidade do comportamento que gerou a situação de expectativas".

REFERÊNCIAS

ABBAGNANO, Nicola. *Dicionário de filosofia*. São Paulo: Martins Fontes, 2014.

ACADEMIA BRASILEIRA DE LETRAS. *Dicionário escolar da língua portuguesa*. 2. ed. São Paulo: Cia. Editora Nacional, 2008.

ALCALÁ, Humberto Nogueira. Los derechos económicos, sociales y culturales como derechos fundamentales efectivos en el constitucionalismo democrático latinoamericano. *Estudios Constitucionales*, Santiago, v. 7, n. 2, p. 143-205, 2009. Disponível em: http://www.scielo.cl/scielo.php?script=sci_arttext&pid=S0718-52002009000200007&lng=es&nrm=iso.

ALCALÁ, Humberto Nogueira. La protección de los derechos sociales como derechos fundamentales de eficacia inmediata y justiciables em jurisdicción constitucional. *Estudios Constitucionales*, v. 8, n. 2, p. 763-798. Disponível em: http://www.scielo.cl/scielo.php?script=sci_arttext&pid=S0718-52002010000200023&lng=es&nrm=iso.

ALEXY, Robert. *Teoria dos direitos fundamentais*. São Paulo: Malheiros, 2008.

ALMORA, Juan José Janampa. *Los derechos sociales como derechos fundamentales:* fundamentos, factibilidades y alcances de un estado social mínimo. Dissertação (Mestrado) – Universidad de Salamanca,

Salamanca, 2015. Disponível em: https://gredos.usal.es/jspui/bitstream/10366/132582/1/TFM_JanampaAlmora_Derechos.pdf.

ALTERIO, Ana Micaela; ORTEGA, Roberto Niembro. *Constitucionalismo popular en Latinoamérica*. México: Porrúa, 2013.

AMARAL, Gustavo. *Direito, escassez & escolha:* em busca de critérios jurídicos para lidar com a escassez de recursos e as decisões trágicas. Rio de Janeiro: Renovar, 2001.

AMARAL JÚNIOR, Alberto do; JUBILUT, Liliana Lyra. *O STF e o direito internacional dos direitos humanos*. São Paulo: Quartier Latin, 2009.

AMORIM, Letícia Balsamão. A distinção entre regras e princípios, segundo Robert Alexy. *Revista de informação legislativa*, v. 42, n. 165, p. 123-134, jan./mar. 2005. Disponível em: <http://www2.senado.leg.br/bdsf/handle/id/273>.

ANDRADE, José Carlos Vieira de. *Os direitos fundamentais na Constituição portuguesa de 1976*. Coimbra: Almedina, 1987.

ARAKAKI, Allan Thiago Barbosa. *A limitação da responsabilidade estatal pelo princípio da reserva do possível*. Disponível em: http://www.ambito-juridico.com.br/site/?n_link=revista_artigos_leitura&artigo_id=12762.

AQUINO, Santo Tomás de. *Suma de teología*. Madrid: Biblioteca de Autores Cristianos, 1993.

ARANGO, Rodolfo. Prohibición de retroceso en Colombia. *In:* COURTIS, Christian. *Ni un paso atrás*: la prohibición de regresividad en materia de derechos sociales. Buenos Aires: Del Puerto, 2006.

ARISTÓTELES. *A política*. São Paulo: Saraiva, 2010.

ARMIÑANA, Elina S. Mecle. Los derechos sociales en la Constitución argentina y su vinculación con la política y las políticas sociales. *In: Pobreza, desigualdade social y ciudadanía*: los límites de las políticas sociales en América Latina. Consejo Latinoamericano de Ciencias Sociales.

ÁVILA, Humberto. *Teoria dos princípios:* da definição à aplicação dos princípios jurídicos. 4. ed. São Paulo: Malheiros, 2005.

AZAMBUJA, Darcy. *Teoria geral do Estado*. Porto Alegre: Globo, 1941.

AZEVEDO NETO, Álvaro de Oliveira Azevedo. *Constitucionalismo transnacional:* o sistema constitucional da União Europeia e o funcionamento do Tribunal de Justiça da União Europeia como corte constitucional. Tese (doutorado) – Universidade Federal de Pernambuco, Recife, 2010.

BACHOF, Otto. *Normas constitucionais inconstitucionais?* Coimbra: Almedina, 1994.

BACHOF, Otto. Begriff und Wesen des sozialen Rechtsstaates. *In*: *Veröffentlichungen der Vereinigung der deutschen Staatsrechtlehrer (VVDStRL)* n. 12. Berlin: Walter de Gruyter & Co., 1954.

BAPTISTA, Ovídio. *Jurisdição e execução na tradição romano-canônica*. 3. ed. Rio de Janeiro: Forense, 2007.

BARACHO, José Alfredo de Oliveira. *Processo constitucional*. Rio de Janeiro: Forense, 1984.

BARCELLOS, Ana Paula de. *A eficácia jurídica dos princípios constitucionais*. Rio de Janeiro, 2002.

BARCELLOS, Ana Paula de. *Neoconstitucionalismo, direitos fundamentais e controle das políticas públicas*. Disponível em: http://bibliotecadigital.fgv.br/ojs/index.php/rda/article/view/43620/44697.

BARCELLOS, Ana Paula de. *Constitucionalização das políticas públicas em matéria de direitos fundamentais:* o controle político-social e o controle jurídico no espaço democrático. Disponível em: https://www.academia.edu/7784818/Constitucionaliza%C3%A7%C3%A3o_das_pol%C3%ADticas_p%C3%BAblicas_em_mat%C3%A9ria_de_direitos_fundamentais._O_controle_pol%C3%ADtico-social_e_o_controle_ jur%C3%ADdico_no_espa%C3%A7o_democr%C3%A1tico. Acesso em: 28 fev. 2020.

BARCELLOS, Ana Paula de. *O mínimo existencial e algumas fundamentações:* John Rawls, Michael Walzer e Robert Alexy. Disponível em: http://www.rdpc.com.br/index.php/rdpc/article/view/4. Acesso em: 28 fev. 2020.

BARBOSA, Joaquim. *Ação afirmativa e princípio constitucional da igualdade*. Rio de Janeiro, 2001.

BARBOSA, Rui. *Comentários à Constituição Federal brasileira*. São Paulo: Saraiva, 1933.

BARREIROS, Wilza Carla Polchini. *A proteção dos direitos econômicos, sociais e culturais no Sistema Interamericano de Direitos Humanos*. Disponível em: http://www.dpu.def.br/images/esdpu/repositorio/Ed_2016_67_Wilza_Carla_Paper.pdf.

BARRETTO, Vicente de Paulo. Reflexões sobre os direitos sociais. *In*: SARLET, Ingo Wolfgang (org.). *Direitos fundamentais sociais*: estudos de direito constitucional, internacional e comparado. Rio de Janeiro: Renovar, 2003.

BARROSO, Luís Roberto. *Interpretação e aplicação da Constituição*. 7. ed. São Paulo: Saraiva, 2009.

BARROSO, Luís Roberto. *Curso de direito constitucional contemporâneo:* os conceitos fundamentais e a construção do novo modelo. São Paulo: Saraiva, 2009.

BARROSO, Luís Roberto. *Neoconstitucionalismo e constitucionalização do direito (o triunfo tardio do direito constitucional no Brasil)*. Disponível em: http://www.luisrobertobarroso.com.br/wp-content/themes/LRB/pdf/neoconstitucionalismo_e_constitucionalizacao_do_direito_pt.pdf.

BARROSO, Luís Roberto. *Judicialização, ativismo judicial e legitimidade democrática*. Disponível em: http://www.oab.org.br/editora/revista/users/revista/1235066670174218181901.pdf.

BARROSO, Luís Roberto. *O controle de constitucionalidade no direito brasileiro*. 2. ed. São Paulo: Saraiva, 2006.

BARROSO, Luís Roberto. *A dignidade da pessoa humana no direito constitucional contemporâneo*. Belo Horizonte: Fórum, 2016.

BASTOS, Celso Ribeiro. *Hermenêutica e interpretação constitucional*. São Paulo: Celso Bastos, 1999.

BAZÁN, Victor. *Justicia constitucional y derechos fundamentales;* la protección de los derechos sociales. Las sentencias estructurales. Disponível em: http://www.kas.de/wf/doc/kas_41796-1522-4-30.pdf?150622205823.

BAZÁN, Victor. *Vías de exigibilidad de los derechos económicos, sociales y culturales en los ámbitos interno e interamericano*. Disponível em: http://www.ojs.fdsbc.servicos.ws/ojs/index.php/fdsbc/article/viewFile/17/14.

BECCARIA, Cesare. *Dos delitos e das penas*. Bauru: Edipro, 2000.

BELLO, Enzo. *A teoria política da propriedade em Locke e Rousseau:* uma análise à luz da modernidade tardia. Disponível em: http://www.egov.ufsc.br/portal/sites/default/files/anexos/25367-25369-1-PB.pdf.

BERCOVICI, Gilberto. Carl Schmitt, o Estado total e o guardião da Constituição. *Revista Brasileira de Direito Constitucional*, São Paulo: Revista dos Tribunais, n. 1, jan./jun. 2003.

BEZERRA, Helga Maria Saboia. A Constituição de Cádiz de 1812. *Revista de Informação Legislativa*, ano 50, n. 198, p. 89-112, abr./jun. 2013.

BICUDO, Helio. Defesa dos direitos humanos: Sistemas Regionais. *Estud. av.*, São Paulo, v. 17, n. 47, p. 225-236, abr. 2003.

BITENCOURT, Cezar Roberto. *Tratado de direito penal*. 9. ed. São Paulo: Saraiva, 2004. v. 1.

BOBBIO, Norberto. *Teoria do ordenamento jurídico*. 10. ed. Brasília: UnB, 1999.

BOBBIO, Norberto. *A era dos direitos*. Rio de Janeiro: Elsevier, 2004.

BONAVIDES, Paulo. *Do Estado liberal ao Estado social*. 11. ed. São Paulo: Malheiros, 2014.

BONAVIDES, Paulo. *Curso de direito constitucional*. 25. ed. São Paulo: Malheiros, 2010.

BONAVIDES, Paulo; ANDRADE, Paes de. *História constitucional do Brasil*. Brasília: OAB Editora, 2008.

BÓRQUEZ, Juan Carlos Ferrada. *El Estado administrador de Chile: de unitario centralizado a descentralizado y desconcentrado*. Disponível em: http://mingaonline.uach.cl/scielo.php?pid=S0718-09501999000 200011&script=sci_arttext.

BOTELHO, Catarina Santos. *Os direitos sociais em tempos de crise*. Coimbra: Almedina, 2015.

BOTELHO, Martinho Martins; WINTER, Luís Alexandre Carta. *O princípio constitucional da Busca do Pleno Emprego*: alguns apontamentos em direito econômico brasileiro. Disponível em: http://www.revistartj.org.br/ojs/index.php/rtj/article/view/144/pdf. Acesso em: 4 ago. 2018.

BRADBURY, Leonardo Cacau Santos La. *Direito à educação:* judicialização, políticas públicas e efetividade do direito fundamental. Curitiba: Juruá, 2016.

BRANDÃO, P. *O constitucionalismo pluralista latino-americano*. Rio de Janeiro: Lumen Juris, 2015.

BRANDÃO, Rodrigo. *Direitos fundamentais, cláusulas pétreas e democracia:* uma proposta de justificação e de aplicação do art. 60, § 4º, IV, da CF/88. Disponível em: http://www.ufjf.br/siddharta_legale/files/2014/07/Direitos-fundamentais-cl%C3%A1usulas-p%C3%A9treas-e-democracia.pdf.

BREAY, Claire; HARRISON, Julian. *Magna Carta:* Law, liberty, legacy. London: British Library, 2015.

BRITO FILHO, José Cláudio de. *Direitos humanos.* 2. ed. São Paulo: LTr, 2018.

BRITTO, Carlos Ayres. *O humanismo como categoria constitucional.* Belo Horizonte: Fórum, 2007.

BRITTO, Carlos Ayres. *Teoria da Constituição.* Rio de Janeiro: Forense, 2003.

BUCCI, Maria Paula Dallari. *Fundamentos para uma teoria jurídica das políticas públicas.* São Paulo: Saraiva, 2013.

CABRAL, Bruno Fontenele. *State action doctrine:* os limites da eficácia horizontal dos direitos fundamentais nos Estados Unidos. Disponível em: https://jus.com.br/artigos/18416/state-action-doctrine.

CALABRESI, Guido; BOBBITT, Philip. *Tragic choices.* New York: W. W. Norton & Company, 1978.

CALIL, Mário Lúcio Garcez. *Efetividade dos direitos sociais*: prestação jurisdicional com base na ponderação de princípios. Porto Alegre: Nuria Fabris, 2012.

CALVET, Otávio Amaral. *A eficácia horizontal imediata do direito social ao lazer nas relações privadas de trabalho.* Dissertação de Mestrado. PUC/SP.

CAMPOS, Carlos Alexandre de Azevedo. *Dimensões do ativismo judicial do STF.* Rio de Janeiro: Forense, 2014.

CAMPOS, Miguel Ramos. Poder Executivo: negativa de aplicação de lei supostamente inconstitucional. *Revista Jurídica da Procuradoria Geral do Estado do Paraná.* Curitiba, n. 2, p. 11-32, 2011.

CANAS, Vitalino. *O princípio da proibição do excesso na conformação e no controlo de atos legislativos.* Coimbra: Almedina, 2017.

CANOTILHO, José Joaquim Gomes. *Direito constitucional e teoria da Constituição.* Coimbra: Almedina, 2012.

CANOTILHO, José Joaquim Gomes. *Constituição dirigente e vinculação do legislador:* contributo para a compreensão das normas constitucionais programáticas. 2. ed. Coimbra: Coimbra Ed., 2012.

CANOTILHO, José Joaquim Gomes. *Estudos sobre direitos fundamentais.* Coimbra: Almedina, 2004.

CANOTILHO, José Joaquim Gomes. Parecer acerca da inconstitucionalidade de leis municipais que versam sobre o Uber. Disponível em: http://www.migalhas.com.br/arquivos/2015/11/art20151109-03.pdf.

CARNEIRO, Claudio & VIDAL, Osvaldo Veloso. Direito à educação e a pandemia do Covid-19. *Revista Ciências Jurídicas e Sociais*, IURJ, v. 1, n. 1, 2020.

CARRANZA, Gonzalo Gabriel. La identidad estatal plurinacional como elemento cohesionante (y no diferenciador) de la ciudadanía. *Rev. Fac. Derecho (online)*, p. 39-61, 2015.

CARVALHO. José Murilo de. *Cidadania no Brasil:* o longo caminho. 10. ed. Rio de Janeiro: Civilização Brasileira, 2008.

CARVALHO, Kildare Gonçalves. *Direito constitucional:* teoria do Estado e da Constituição. Direito constitucional positivo. 14. ed. Belo Horizonte: Del Rey, 2008.

CARVALHO, Luis Gustavo Grandinetti Castanho de. *O processo penal em face da Constituição*. Rio de Janeiro: Lumen Juris, 2002.

CARVALHO FILHO, José dos Santos. *Manual de direito administrativo*. 20. ed. Rio de Janeiro: Lumen Juris, 2008.

CARVALHO, Marco Cesar de. *A federação brasileira e o município*: fortalecimento ou fragilização do Estado? Bandeirantes: Redige, 2014.

CASTELLO BRANCO, Carolina Nobre. *A Constituição aberta como categoria dogmática*. Disponível em: http://www.ambito-juridico.com.br/site/index.php?n_link=revista_artigos_leitura&artigo_id=7283.

CERQUEIRA NETO, José Nunes de. *Cortes não têm papel central no sistema político constitucional.* Disponível em: https://www.conjur.com.br/2014-jul-21/jose-nunes-cortes-nao-papel-central-sistema-constitucional.

CLÈVE, Clèmerson Merlin. *A fiscalização abstrata da constitucionalidade no direito brasileiro*. 2. ed. São Paulo: Revista dos Tribunais, 2000.

COELHO, Inocêncio Mártires. Constituição: conceito, objeto e elementos. *Revista de Informação Legislativa*, Brasília, ano 29, n. 116, out./dez. 1992. Disponível em: https://www2.senado.leg.br/bdsf/bitstream/handle/id/176004/000469129.pdf?sequence=1.

COELHO, Inocêncio Mártires. Métodos e princípios da interpretação constitucional. *Revista de Direito Administrativo*. Rio de Janeiro, n. 230, p. 163-186, out./dez. 2002.

COELHO, Inocêncio Mártires. *Interpretação constitucional.* 4. ed. São Paulo: Saraiva, 2011.

COIMBRA, Rodrigo; DRESCH, Rafael de Freitas. *Reflexões sobre a noção de direito subjetivo frente à tutela dos direitos individuais e transindividuais.* Disponível em: https://www.academia.edu/21326748/Reflex%C3%B5es_sobre_a_no%C3%A7%C3%A3o_de_direito_subjetivo_frente_%C3%A0_tutela_dos_direitos_individuais_e_transindividuais. Acesso em: 28 fev. 2020.

COLEMAN, Jules L. Tragic choices. *Faculty Scholarship Series.* Paper 4203. Disponível em: http://digitalcommons.law.yale.edu/cgi/viewcontent.cgi?article=5209&context=fss_papers.

COLIVER, Sandra. *Striking a balance:* hate speech, freedom of expression and non-discrimination. Disponível em: https://www.article19.org/data/files/pdfs/publications/striking-a-balance.pdf.

COMPARATO, Fábio Konder. A nova cidadania. *Lua Nova: Revista de Cultura e Política* (28-29), p. 85-106.

COMPARATO, Fábio Konder. *A Constituição mexicana de 1917.* Disponível em: http://www.dhnet.org.br/educar/redeedh/anthist/mex1917.htm.

COMPARATO, Fábio Konder. *Réquiem para uma Constituição.* Disponível em: http://www.dhnet.org.br/direitos/militantes/comparato/comparato_requiem.html.

COMPARATO, Fábio Konder. *Brasil:* verso e reverso constitucional. Disponível em: http://www.inesc.org.br/biblioteca/textos/25-anos-da--constituicao.

COMPARATO, Fábio Konder. *Muda Brasil:* uma Constituição para o desenvolvimento democrático. São Paulo: Brasiliense, 1986.

CONTRERAS, Sérgio Gamonal. Procedimiento de tutela y eficacia diagonal de los derechos fundamentales. *Revista Laboral Chilena*, nov. 2009.

CONSTANT, Benjamin. *Princípios políticos constitucionais.* Rio de Janeiro: Liber Juris, 1989.

CORDEIRO, Karine da Silva. *Direitos fundamentais sociais e mínimo existencial:* uma pauta emancipatória para o desenvolvimento da cidadania. Tese (doutorado) – PUC/RS, Porto Alegre, 2016.

CORRÊA, Paloma Morais. Corte Interamericana de Direitos Humanos: opinião consultiva 4/84 – a margem de apreciação chega à América. *Revista de Direito Internacional*, v. 10, n. 2, 2013.

CORREIA, Marcus Orione Gonçalves. Os direitos sociais enquanto direitos fundamentais. *Revista da Faculdade de Direito*, Universidade de São Paulo, 99, 305-325. Recuperado de <http://www.revistas.usp.br/rfdusp/article/view/67627>. Acesso em: 29 jan. 2020.

COSTA, Adriano Sousa; RORIZ, João. As recomendações e as soluções amistosas da comissão interamericana de direitos humanos. *Revista do Serviço Público* (RSP), Brasília 71, 582-603, jul/set 2020.

COURTIS, Christian. *Ni un paso atrás*: la prohibición de regresividad en materia de derechos sociales. Buenos Aires: Del Puerto, 2006.

CUENCA, Encarna Carmona. *Los derechos sociales de prestación y el derecho a un mínimo vital*. Disponível em: http://www.juntadeandalucia.es/institutodeadministracionpublica/anuario/articulos/descargas/02_EST_05_carmona.pdf.

DALLARI, Dalmo de Abreu. *Elementos de teoria geral do Estado*. 25. ed. São Paulo: Saraiva, 2005.

DALLARI, Dalmo de Abreu. *A Constituição na vida dos povos*. São Paulo: Saraiva, 2012.

DELIBERADOR, Giuliano Savioli. *Confiança legítima*: anatomia de um direito fundamental e suas repercussões junto ao exercício das funções legislativa, administrativa e judiciária. Dissertação (mestrado) – Universidade de São Paulo, São Paulo.

DEMARCHI, Clovis; FERNANDES, Fernanda Sell de Souto Goulart. Teoria dos limites dos limites: análise da limitação à restrição dos direitos fundamentais no direito brasileiro. *Revista Brasileira de Direitos e Garantias Fundamentais*, Minas Gerais, v. 1, n. 2, p. 73-89, jul./dez. 2015.

DEZEM, Guilherme Madeira. *Curso de processo penal*. 2. ed. São Paulo: Revista dos Tribunais, 2015.

DIAS, Edna Cardozo. *Os animais como sujeitos de direito*. Disponível em: https://jus.com.br/artigos/7667/os-animais-como-sujeitos-de-direito.

DIKSHIT, Ramesh Dutta. *Political geography*: the spatiality of politics. 3. ed. New Delhi, McGraw-Hill, 2000.

DINAMARCO, Cândido Rangel. *A instrumentalidade do processo*. 6. ed. São Paulo: Malheiros, 1998.

DINAMARCO, Cândido Rangel. *Fundamentos do processo civil moderno*. 3. ed. rev. e atual. de Antônio Rulli Neto. São Paulo: Malheiros, 2000. 2 v.

DINIZ, Maria Helena. *Compêndio de introdução à ciência do direito*. 25. ed. São Paulo: Saraiva, 2015.

DINIZ, Maria Helena. *Lei de Introdução ao Código Civil brasileiro interpretada*. 5. ed. São Paulo: Saraiva, 1999.

DINIZ, Maria Helena. *Curso de direito civil brasileiro*. São Paulo: Saraiva, 2007. v. I.

DUARTE, Clarice Seixas. Direito público subjetivo e políticas educacionais. *São Paulo em perspectiva*, v. 18, n. 2, p. 113-118, 2004. Disponível em: <http://www.scielo.br/pdf/spp/v18n2/a12v18n2.pdf>. Acesso em: 29 jan. 2020.

DWORKIN, Ronald. *O império do direito*. São Paulo: Martins Fontes, 1999.

DWORKIN, Ronald. *Domínio da vida:* aborto, eutanásia e liberdades individuais. São Paulo: Martins Fontes, 2003.

DWORKIN, Ronald. *Democracia constitucional e direitos fundamentais*. Porto Alegre: Livr. do Advogado Ed., 2004.

DWORKIN, Ronald. *Levando os direitos a sério*. 3. ed. São Paulo: Martins Fontes, 2010.

ENGLUND, Steven. *Napoleão:* uma biografia política. Rio de Janeiro: Zahar, 2005.

ESPÍNDOLA, Ruy Samuel. *Conceito de princípios constitucionais*. São Paulo: Revista dos Tribunais, 1999.

ESTAY, José Ignacio Martínez. Los derechos sociales de prestación en la jurisprudencia chilena. *Estudios Constitucionales*, v. 8, n. 2, p. 125-1662, 2010.

FAJARDO, Cláudio Marcelo Spalla. Súmula STF n. 347: uma nova abordagem sobre a competência do TCU para apreciar a constitucionalidade de leis e de atos normativos do Poder Público. *Revista do TCU*, Brasília, jan./abr. 2008.

FARIA, José Eduardo. *The Article 26th of the Human Rights Universal Declaration:* some remarks about its fulfillment conditions. Disponível em: https://www.tjrs.jus.br/export/poder_judiciario/historia/memorial_do_poder_judiciario/memorial_judiciario_gaucho/revista_justica_e_historia/issn_1676-5834/v1n1_2/doc/09._Jose_Eduardo_Faria.pdf.

FASTMAN, Lisandro Ezequiel. *Los derechos sociales y su exigibilidad judicial en la República Argentina y en la Ciudad Autónoma de Buenos Aires:* la aplicación interna de los derechos fundamentales. Disponível em: https://digitalcommons.wcl.american.edu/cgi/viewcontent.cgi?referer=https://www.google.com/&httpsredir=1&article=1115&context=auilr. Acesso em: 28 fev. 2020.

FEFERBAUM, Marina. *proteção internacional dos direitos humanos:* análise do Sistema Africano. São Paulo: Saraiva, 2012.

FELDMANN, Cynthia Gonzáles. *La implementación de tratados internacionales de derechos humanos por el Paraguay.* Disponível em: https://archivos.juridicas.unam.mx/www/bjv/libros/5/2226/5.pdf.

FERNANDES, Bernardo Gonçalves. *Curso de direito constitucional.* 6. ed. Salvador: Juspodivm, 2014.

FERNANDES, Bernardo Gonçalves. *A teoria da interpretação judicial para além do interpretativismo e do não interpretativismo.* Disponível em: http://www.publicadireito.com.br/artigos/?cod=f3173935ed8ac4bf.

FERRARI, Regina Maria Macedo Nery. *Normas constitucionais programáticas*: normatividade, operatividade e efetividade. São Paulo: Revista dos Tribunais, 2001.

FERRAZ, Anna Cândida da Cunha. *Poder constituinte do Estado-membro.* São Paulo: Revista dos Tribunais, 1979.

FERRAZ, Tércio Sampaio. *Introdução ao estudo do direito.* 9. ed. São Paulo: Atlas, 2016.

FERREIRA FILHO, Manoel Gonçalves. *Curso de direito constitucional.* São Paulo: Saraiva, 1999.

FERREIRA FILHO, Manoel Gonçalves. *O poder constituinte.* São Paulo: Saraiva, 1999.

FERREIRA FILHO, Manoel Gonçalves. *O Estado federal brasileiro.* Disponível em: http://www.revistas.usp.br/rfdusp/article/download/66947/69557.

FERREIRA FILHO, Manoel Gonçalves. O Estado de Direito, o Judiciário e a nova Constituição. *Revista de Direito Administrativo,* Rio de Janeiro, n. 160, p. 61-76, abr./jun. 1985.

FIGUEROA, Wuille M. Ruiz. *Perú:* Constitución política y tratados de derechos humanos. Disponível: em https://www.servindi.org/actualidad/3450.

FRANCISCO, José Carlos. *Neoconstitucionalismo e atividade jurisdicional*: do passivismo ao ativismo judicial. Belo Horizonte: Del Rey, 2012.

FRANCO, Afonso Arinos de Melo. *Curso de direito constitucional brasileiro*. Rio de Janeiro: Forense, 1960.

FRANCO, Ana María Suárez. Límites constitucionalabes a la regresividad en Alemania. *In:* COURTIS, Christian. *Ni un paso atrás*: la prohibición de regresividad en materia de derechos sociales. Buenos Aires: Del Puerto, 2006FRANCO, Marcelo Veiga. A violação do direito fundamental à razoável duração do processo como hipótese de dano moral. *Direitos Fundamentais e Justiça*, ano 7, n. 23, p. 256-282, abr./jun. 2013.

FRANCO, Thalita Leme. *Efetividade das decisões proferidas pela Corte Interamericana de Direitos Humanos:* identificação dos marcos teóricos e análise da conduta do Estado brasileiro. Dissertação (mestrado). Disponível em: http://www.iri.usp.br/documentos/defesa_20140924_Thalita_Leme_Franco_ME.pdf.

FRIPP, Eric. *Nationality and statelessness in the International Law of Refugee Status*. Oxford-Portland: Hart Publishing, 2016.

GALDINO, Flávio. O custo dos direitos. *In*: TORRES, Ricardo Lobo (org.). *Legitimação dos direitos humanos*. Rio de Janeiro: Renovar, 2002. p. 139-222.

GAMBOA, Nataly Viviana Vargas. *Los tratados internacionales de derechos humanos en la nueva Constitución política del Estado Plurinacional de Bolivia*. Disponível em: https://www.upf.edu/dhes-alfa/materiales/res/pmdh_pdf/PMDH_Manual.329-342.pdf.

GARCIA, Emerson. *Conflito entre normas constitucionais*. São Paulo: Saraiva, 2015.

GARCIA, Emerson. *O direito à educação e suas perspectivas de efetividade*. Disponível em: http://www.tjrj.jus.br/c/document_library/get_file?uuid=e6ecb9f7-96dc-4500-8a60-f79b8dc6f517&groupId=10136.

GENERAL COMMENT N. 3. The Nature of States Partie's Obligations. Office of The High Commissioner for Human Rights. UN Committee on Economic, Social and Cultural Rights (CESCR). Disponível em: http://www.refworld.org/docid/4538838e10.html.

GERVASONI, Tamiris Alessandra; GERVASONI, Tássia A. *A sociedade bem ordenada e o mínimo existencial:* considerações acerca da teoria política de justiça de John Rawls diante da Constituição Federal brasileira de 1988. Disponível em: http://www.publicadireito.com.br/artigos/?cod=a2bb46e362d70a83.

GIOIA, Fulvia Helena. *Tributação e custeio da educação pública no Brasil após 1988*. Tese (doutorado) – Universidade Presbiteriana Mackenzie, São Paulo, 2015.

GOEDERT, Rubia Carla; LENHARDT, Willian Padoan. *O direito social fundamental à saúde e seu tratamento frente ao postulado da reserva do possível*. Disponível em: http://www.ajuris.org.br/OJS2/index.php/REVAJURIS/article/download/392/326.

GONTIJO, André Pires. *O papel do sujeito perante os Sistemas de Proteção dos Direitos Humanos:* a construção de uma esfera pública por meio do acesso universal como instrumento na luta contra violação dos direitos humanos. Disponível em: http://www.corteidh.or.cr/tablas/r24779.pdf.

GONZÁLES, Clara María Mira; BETANCUR, Milton Andrés Rojas. *La protección de los derechos sociales en el Sistema Interamericano de Derechos Humanos*. Disponível em: https://dialnet.unirioja.es/descarga/articulo/3392672.pdf.

GONZALES, Eric Eduardo Palma. Notas sobre o Processo Constituinte Chileno 2019-2020. *Revista Culturas Jurídicas*, vol. 7, n. 16, jan/abr, 2020.

GONZÁLES, Horacio. Derecho a la seguridad social en Argentina. *In:* COURTIS, Christian *Ni un paso atrás*: la prohibición de regresividad en materia de derechos sociales. Buenos Aires: Del Puerto, 2006, p. 206.

GORZONI, Paula Fernanda Alves da Cunha. *Supremo Tribunal Federal e a vinculação dos direitos fundamentais nas relações entre particulares*. Disponível em: http://www.sbdp.org.br/arquivos/monografia/70_Paula%20Gorzoni.pdf.

GROFF, Paulo Vargas. Direitos fundamentais nas Constituições brasileiras. *Revista de Informação Legislativa*, Brasília, n. 178, abr./jun. 2008.

HÄBERLE, Peter. *Hermenêutica constitucional:* a sociedade aberta dos intérpretes da Constituição. Porto Alegre: Sergio Antonio Fabris, 2002.

HABERMAS, Jürgen. *A inclusão do outro*. São Paulo: Loyola, 2004.

HAMOUDI, Haider Ala. Constitutional Theocrary. *Osgoode Hall Law Journal*, York University, v. 49, n. 1, 2011 (artigo 5).

HESSE, Konrad. *Elementos de direito constitucional da República Federal da Alemanha*. Porto Alegre: Sergio Antonio Fabris, 1998.

HETSPER, Rafael Vargas. O poder de veto no ordenamento jurídico brasileiro. *Revista de Informação Legislativa*, Brasília, ano 49, n. 193, jan./mar. 2012.

HEYNS, Christof; PADILLA, David; ZWAAK, Leo. *Comparação esquemática dos Sistemas Regionais de Direitos Humanos:* uma atualização. Disponível em: http://www.scielo.br/pdf/sur/v3n4/09.pdf.

HINCAPIÉ, Hernán Darío Martinez. Protección constitucional de los derechos sociales: implementación de instrumentos internacionales en las decisiones de la Corte Constitucional. Disponível em: https://aprendeenlinea.udea.edu.co/revistas/index.php/red/article/view/23108/0.

HIRSCHL, Ran. The rise of constitutional theocracy. *Harvard International Law Journal*, v. 49, out. 2008.

HOLMES, Stephen; SUNSTEIN, Cass R. *The cost of rights:* why liberty depends on taxes. New York: Norton and Company, 2000.

HORTA, Raul Machado. *Direito constitucional*. Belo Horizonte: Del Rey, 2010.

IBRAHIM, Fábio Zambitte. *A previdência social como direito fundamental*. Disponível em: https://www.impetus.com.br/artigo/download/21/a-previdencia-social-como-direito-fundamental. Acesso em: 4 ago. 2021.

INDEB possui conteúdo insuficiente para avaliar educação brasileira. Disponível em: http://www.cnte.org.br/index.php/comunicacao/noticias/17097-ideb-possui-conteudo-insuficiente-para-avaliar-educacao-brasileira.htm

ISMAIL, Mona Lisa Duarte Abdo Aziz Ismail. O papel do Ministério Público no controle das políticas públicas. *Boletim Científico ESMPU*, Brasília, ano 13, n. 42-43, p. 179-208, jan./dez. 2014.

JACURU, Victor Aguiar. *Proteção da confiança legítima e os desafios do novo direito administrativo*. Dissertação (mestrado) – Universidade de Coimbra, Coimbra. Disponível em: https://estudogeral.sib.uc.pt/bitstream/10316/39109/1/Victor%20Aguiar%20Jacuru.pdf.

JELLINEK, Georg. *Teoría general del Estado*. Montevideo: Julio Cesar Faira Editor, 2015.

JELLINEK, Georg. *Sistema dei diritti pubblici subbiettivi*. Milano: Societá Editrice Libraria, 1912.

JUNQUEIRA, Michelle Asato; FREITAS, Aline da Silva. Políticas públicas de avaliação da educação básica no Brasil. *In:* SMANIO, Gianpaolo Poggio; BERTOLIN, Patricia Tuma Martins (org.). *O direito e as políticas públicas no Brasil.* São Paulo: Atlas, 2013.

KELLER, Arno Arnoldo. *A exigibilidade dos direitos fundamentais sociais no Estado Democrático de Direito*. Porto Alegre: Sergio Antonio Fabris, 2007.

KELSEN, Hans. *Teoria pura do direito.* São Paulo: Martins Fontes, 2000.

KELSEN, Hans. *Teoria geral do direito e do Estado.* São Paulo: Martins Fontes, 2000.

KORZENIAK, José. *Primer curso de derecho público:* derecho constitucional. Montevideo: Fundación de Cultura Universitaria, 2008.

KRAMER, Larry D. *The people themselves:* popular constitutionalism and judicial review. Oxford University Press, 2004.

KRENNERICH, Michael; MERA, Manuel Eduardo Góngora. *Los derechos sociales en América Latina:* desafíos en justicia, política y economía. Disponível em: http://www.menschenrechte.org/wp-content/uploads/2009/09/DESC.pdf.

LAFER, Celso. *Conferências da Paz de Haia (1899 e 1907).* Disponível em: http://cpdoc.fgv.br/sites/default/files/verbetes/primeira-republica/CONFER%C3%8ANCIAS%20DA%20PAZ%20DE%20HAIA.pdf.

LAMOTHE, Olivier Dutheillet. *Les principes de la jurisprudencie du Conseil Constitutionnel en matière sociale.* Disponível em: http://www.conseil-constitutionnel.fr/conseil-constitutionnel/francais/nouveaux-cahiers-du-conseil/cahier-n-45/les-principes-de-la-jurisprudence-du-conseil-constitutionnel-en-matiere-sociale.142401.html.

LASSALE, Ferdinand. *O que é uma Constituição?* Belo Horizonte: Líder, 2001.

LAZARI, Rafael José Nadim de. Reflexiones críticas sobre la viabilidade del "constitucionalismo del futuro" en Brasil. *Rev. de la Fac. de Derecho e Ciencia Política Pontifícia Bolivar*, Medellín, v. 42, n. 116, jan./jun. 2012.

LEIVAS, Paulo Gilberto Cogo. *Teoria dos direitos fundamentais sociais.* Belo Horizonte: Livraria do advogado, 2006.

LIBERATI, Wilson Donizeti (org.). *Direito à educação:* uma questão de justiça. São Paulo: Malheiros, 2004.

LIMA, Lucas Barbalho de. *A proteção à maternidade no Brasil.* Disponível em: http://www.publicadireito.com.br/artigos/?cod=bd26c6a5924c3 aae#:~:text=A%20prote%C3%A7%C3%A3o%20%C3%A0%20maternidade %20%C3%A9%20um%20importante%20direito%20social%20inserido, e%2C%20principalmente%2C%20ao%20beb%C3%AA.&text=60% 2C%20%C2%A7%204%C2%BA%2C%20da%20CF,estariam%20protegidos %20como%20cl%C3%A1usula%20p%C3%A9trea. Acesso em: 4 ago. 2021.

LOCKE, John. *Segundo tratado sobre o governo civil:* ensaio sobre a origem, os limites e os fins verdadeiros do governo civil. Petrópolis: Vozes, 1994.

LOEWENSTEIN, Karl. *Teoría de La Constitución.* Barcelona: Ariel, 1964.

LOPES, A. M. D. *A cidadania na Constituição Federal brasileira de 1988.* São Paulo: Malheiros, 2006.

LOPES, Maurício Antonio Ribeiro. *Princípio da legalidade penal.* São Paulo: Revista dos Tribunais, 1994.

MAGALHÃES, José Luiz Quadros de. *O território do Estado no direito comparado.* Disponível em: https://jus.com.br/artiso/3156.

MAGALHÃES, José Luiz Quadros de. *O poder constituinte decorrente.* Disponível em: http://www.egov.ufsc.br/portal/sites/default/files/ anexos/14944-14945-1-PB.html.

MAGANO, Otávio Bueno. Revisão constitucional. *Cadernos de Direito Constitucional e Ciência Política,* n. 7, 1994.

MALUF, Sahid. *Teoria geral do Estado.* São Paulo: Saraiva, 2014.

MANCUELLO, Shirley Diana Franco. La constitucionalización de los derechos sociales. *Rev. Secr. Trib. Perm. Revis.,* n. 6, p. 88-102, ago. 2015.

MAQUIAVEL, Nicolau. *O príncipe.* São Paulo: Cia. das Letras, 2010.

MARCATO, Antonio Carlos. *Código de Processo Civil interpretado.* 5. ed. São Paulo: Atlas, 2008.

MARINGONI, Gilberto. *O destino dos negros após a abolição.* Disponível em: http://www.ipea.gov.br/desafios/index.php?option=com_cont ent&id=2673%3Acatid%3D28&Itemid=23.

MARMELSTEIN, George. *Curso de direitos fundamentais.* 6. ed. São Paulo: Atlas, 2016.

MARQUES, José Frederico. *Tratado de direito penal.* Campinas: Bookseller, 1997. v. I.

MARSHALL, T. H. *Cidadania, classe social e* status. Rio de Janeiro: Zahar, 1977.

MARTINS, Ana Maria Guerra. *Curso de direito constitucional da União Europeia.* Coimbra: Almedina, 2004.

MARTINS, Flávio. *Curso de Direito Constitucional.* 5. ed. São Paulo: Saraiva, 2021.

MARTINS, Flávio. O multiculturalismo na América do Sul: do constitucionalismo multicultural a um constitucionalismo plurinacional. *In:* VEIGA, Fábio da Silva (org.). *O direito constitucional e seu papel na construção do cenário jurídico global.* Barcelos: Instituto Politécnico do Cávado e do Ave, 2016.

MARTINS, Flávio. Direito fundamental social ao trabalho. *In: A efetividade dos direitos sociais no Brasil.* São Paulo: Paco Editorial, 2016.

MARTINS, Flávio. *Remédios Constitucionais.* 5. ed. São Paulo: Revista dos Tribunais, 2015.

MARTINS, Flávio. *Leis penais especiais.* 4. ed. São Paulo: Revista dos Tribunais, 2015.

MARTINS, Leonardo; MOREIRA, Thiago Oliveira. *Direito internacional dos direitos humanos.* Belo Horizonte: Fórum, 2012.

MASCARO, Alysson Leandro. *Introdução ao estudo do direito.* São Paulo: Atlas, 2015.

MASCARO, Alysson Leandro. *Filosofia do direito.* 4. ed. São Paulo: Atlas, 2014.

MATSUDA, Juliana Tiemi Maruyama; PEREIRA, Helida Maria; SOUZA Luciana Camila de. *O mínimo existencial como limite à aplicação da reserva do possível aos direitos fundamentais sociais.* Disponível em: http://www.agu.gov.br/page/download/index/id/%207306306.

MAYER, David N. The English radical Whig origins of American constitutionalism. *Washington University Law Review,* v. 70, issue 1, jan. 1992.

MAXIMILIANO, Carlos. *Hermenêutica e aplicação do direito.* Rio de Janeiro: Forense, 2000.

MAZZILLI, Hugo Nigro. *Regime jurídico do Ministério Público.* 3. ed. rev., ampl. e atual. São Paulo: Saraiva, 1996.

MAZZUOLI, Valerio de Oliveira. *Curso de direito internacional público*. 5. ed. São Paulo: Revista dos Tribunais, 2011.

MAZZUOLI, Valerio de Oliveira. *Direito dos tratados*. São Paulo: Revista dos Tribunais, 2011.

McCRUDEN, Christopher. *Human dignity and judicial interpretation of human rights*. Disponível em: http://ejil.oxfordjournals.org/content/19/4/655.full.

MEIRELLES, Hely Lopes. *Direito administrativo brasileiro*. 29. ed. São Paulo: Malheiros, 2004.

MEIRELLES TEIXEIRA, J. H. *Curso de direito constitucional*. São Paulo: Editora Modelo, 2011.

MELLO, Celso Antonio Bandeira de. *Curso de direito administrativo*. 26. ed. São Paulo: Malheiros, 2009.

MELO, Carlos Antonio de Almeida. A Constituição originária, a Constituição derivada e o direito adquirido: considerações, limites e possibilidades. *Revista de Informação Legislativa*, Brasília, ano 36, n. 143, jul./set. 1999.

MENDES, Gilmar Ferreira. O papel do Senado Federal no controle de constitucionalidade: um caso clássico de mutação constitucional. *Revista de Informação Legislativa*, Brasília, v. 41, n. 162, p. 149-168, abr./jun. 2004.

MENDES, Gilmar Ferreira. Ação declaratória de constitucionalidade no âmbito estadual. *Revista Eletrônica de Direito do Estado*, Salvador, n. 12, out./dez. 2007.

MENDES, Gilmar Ferreira. *Direitos fundamentais e controle de constitucionalidade*. 2. ed. São Paulo: Celso Bastos Editor, 1999.

MENDES, Gilmar Ferreira. *Controle abstrato de constitucionalidade: ADI, ADC e ADO*. São Paulo: Saraiva, 2012.

MENDES, Gilmar Ferreira. *Jurisdição constitucional*. São Paulo: Saraiva, 1999.

MENDES, Gilmar Ferreira; MARTINS, Ives Gandra da Silva. *Controle concentrado de constitucionalidade*. São Paulo: Saraiva, 2001.

MENDES, Gilmar Ferreira; BRANCO, Paulo Gustavo Gonet. *Curso de direito constitucional*. 8. ed. São Paulo: Saraiva, 2013.

MERA, Manuel Eduardo Góngora. *La difusión del bloque de constitucionalidade en la jurisprudencia latinoamericana y su potencial en la construcción del ius constitutionale commune latino-americano*. Instituto Max Planck de Derecho Público Comparado y Derecho Internacional. Disponível em: http://www.corteidh.or.cr/tablas/r31277.pdf.

MIRANDA, Jorge. *Manual de direito constitucional*. Coimbra: Coimbra Ed., 2009.

MIRANDA, Jorge. *A Constituição e a dignidade da pessoa humana*. Disponível em: https://repositorio.ucp.pt/bitstream/10400.14/18404/1/V0290102-473-485.pdf.

MIRANDA, Jorge. *Direitos fundamentais*. 2. ed. Coimbra: Almedina, 2017.

MIRANDA, Jorge; ALEXANDRINO; José de Melo. *As grandes decisões dos tribunais constitucionais europeus*. Disponível em: http://www.fd.ulisboa.pt/wp-content/uploads/2014/12/Miranda-Jorge-Alexandrino-Jose-de-Melo-Grandes-decisoes-dos-Tribunais-Constitucionais-Europeus.pdf.

MIRANDA, Pontes de. *História e prática do* habeas corpus. Campinas: Bookseller, 2007.

MOCHIZUKE, Kaciane Correa. *A garantia do atendimento à saúde do estrangeiro em solo brasileiro*. Disponível em: http://sef.ufms.br/v/wp-content/uploads/2015/09/1-Kaciane-Corr%C3%AAa-Mochizuke.pdf.

MOEHLECKE, Sabrina. Ação afirmativa: história e debates no Brasil. *Cadernos de Pesquisa*, n. 117, p. 197-217, nov. 2002.

MÖLLER, Max. *Teoria geral do neoconstitucionalismo:* bases teóricas do constitucionalismo contemporâneo. Porto Alegre: Livr. do Advogado Ed., 2011.

MONTEIRO, Vítor de Andrade. *A fundamentalidade dos direitos sociais:* uma análise sob a perspectiva do direito social à moradia adequada. Disponível em: http://revista.unicuritiba.edu.br/index.php/RevJur/article/viewFile/751/576.

MONTEIRO, Washington de Barros. *Curso de direito civil*. São Paulo: Saraiva, 1998. v. 2.

MOREIRA, Isabel. *A solução dos direitos:* liberdades e garantias e dos direitos econômicos, sociais e culturais na Constituição portuguesa. Coimbra: Almedina, 2007.

MUSSO, Enrico Spagna. *Scritti di diritto costituzionale*. Milano: Giuffrè, 2008.

NASH ROJAS, Claudio. Los derechos económicos, sociales y culturales y la justitia constitucional latinoamericana: tendencias jurisprudenciales. *Estudios Constitucionales*, Santiago, v. 9, n. 1, p. 65-118, 2011.

NELSON, Rocco Antonio Rangel Rosso; MEDEIROS, Jackson Tavares da Silva de. As bases do neoconstitucionalismo como justificadora da maior atuação do Poder Judiciário. *Revista Eletrônica do Curso de Direito*, Serro: PUC Minas, n. 8, jun./dez. 2013.

NETO, Luísa. O princípio da confiança em tempo de crise. *Revista do Centro de Estudos Judiciários*, p. 69-106, ago. 2014.

NEVES, Marcelo. *Transconstitucionalismo*. São Paulo: Martins Fontes, 2009.

NEVES, Marcelo. *A constitucionalização simbólica*. São Paulo: Martins Fontes, 2011.

NEVES, Miguel Santos. *Direito internacional da água e conflitualidade internacional*. Portimão: Jurismat, n. 3, 2013.

NOVAIS, Jorge Reis. *A dignidade da pessoa humana*. Coimbra: Almedina, 2016.

NOVAIS, Jorge Reis. *Direitos sociais*. Coimbra: Almedina, 2016.

NOVAIS, Jorge Reis. *Os princípios constitucionais estruturantes da República portuguesa*. Coimbra: Coimbra Ed., 2014.

NOVAIS, Jorge Reis. *Direitos sociais*: teoria jurídica dos direitos sociais enquanto direitos fundamentais. Coimbra: Coimbra Ed., 2010.

NUSSBAUM, Martha. *Creating capabilities:* the human development approach. Cambridge: Harvard University Press, 2011.

OLSEN, Ana Carolina Lopes. *Direitos fundamentais sociais*. Curitiba: Juruá, 2008.

OLIVEIRA, Liziane Paixão Silva; BERTOLDI, Márcia Rodrigues. *A importância do soft law na evolução do direito internacional*. Disponível em: http://www.cidp.pt/revistas/ridb/2012/10/2012_10_6265_6289.pdf. Acesso em: 4 ago. 2021.

OLIVEIRA, Ricardo Victalino de. *A configuração assimétrica do federalismo brasileiro*. Dissertação (mestrado). Disponível em: http://www.teses.usp.br/teses/disponiveis/2/2134/tde-08092011-093940/publico/Dissertacao_Ricardo_Victalino_de_Oliveira.pdf.

OLIVEIRA, Ricardo Victalino de. *A abertura do Estado constitucional brasileiro ao direito internacional*. Tese (doutorado). Disponível em: http://www.teses.usp.br/teses/disponiveis/2/2134/tde-21012015-083107/pt-br.php.

PALONI, Nelson Alexandre. *O estudo de viabilidade municipal e seu impacto no desenvolvimento nacional*. Dissertação (mestrado). Disponível em: http://www.dominiopublico.gov.br/download/teste/arqs/cp072231.pdf.

PEDROSA, Ronaldo Leite. *Direito em história*. 4. ed. Nova Friburgo: Imagem Virtual, 2002.

PERES LUÑO, A. H. *Derechos humanos, Estado de Derecho e Constitución*. Madrid: Tecnos, 2003.

PAIXÃO, Cristiano; BIGLIAZZI, Renato. *História constitucional inglesa e norte-americana:* do surgimento à estabilização da forma constitucional. Brasília: UnB, 2008.

PALMA, Rodrigo Freitas. *História do direito*. 4. ed. São Paulo: Saraiva, 2014.

PARIJS, Philippe Van. Renda básica: renda mínima garantida para o século XXI? *Estudos Avançados*, 14 (40), 2000.

PAUL, Ellen Frankel; MILLER JR, Fred. D.; PAUL, Jeffrey. *What should Constitutions do?* Cambridge University Press, 2011.

PEREIRA, Marlene de Paula. Distribuição de bens, mínimo existencial e moradia em John Rawls. *Revista Científica do Curso de Direito do CEAP*.

PERNICE, Ingolf. *La dimensión global del constitucionalismo multinivel:* una respuesta global a los desafíos de la globalización. Serie Unión Europea y Relaciones Internacionales, n. 61/2012.

PETERS, Anne. *Global constitucionalism*. Disponível em: http://www.mpil.de/files/pdf4/Peters_Global_Constitutionalism3.pdf.

PINKER, Steven. The stupidy of dignity. *The New Republic*, 28 maio 2008. Disponível em: https://newrepublic.com/article/64674/the-stupidity-dignity.

PIOVESAN, Flavia. *Direitos humanos e o direito constitucional internacional*. 16. ed. São Paulo: Saraiva, 2016.

PINTO, Élida Graziane. *Financiamento dos direitos à saúde e à educação*. Belo Horizonte: Fórum, 2015

PINTO, Felipe Chiarello de Souza. *Os símbolos nacionais e a liberdade de expressão*. São Paulo: Max Limonad, 2001.

PINTO, Luzia Marques da Silva Cabral. *Os limites do poder constituinte e a legitimidade material da Constituição*. Coimbra: Coimbra Ed., 1994.

PINTO, Maria do Céu Pitanga. *A dimensão constitucional do direito de herança*. Disponível em: http://www.dominiopublico.gov.br/download/teste/arqs/cp075377.pdf.

PIRES, Antonio. *A farra dos cargos em comissão:* Brasil cabide. Disponível em: https://antoniopires.jusbrasil.com.br/artigos/121940622/a-farra-dos-cargos-em-comissao-brasil-cabide.

PIRES, Maria Coeli Simões. Autonomia municipal no Estado brasileiro. *Revista de Informação Legislativa*, Brasília, ano 36, n. 142 abr./jun. 1999.

PISARELLO, Gerardo. Derechos sociales y principio de no regresividad en España. *In*: COURTIS, Christian. *Ni un paso atrás*: la prohibición de regresividad en materia de derechos sociales. Buenos Aires: Del Puerto, 2006

PISARELLO, Gerardo. Qué fue del contrato social? Los derechos sociales entre el asedio y la reinvención garantista. *In: Los derechos sociales en tiempos de crisis*. Ararteko: Vitoria-Gasteiz, 2012.

PLATÃO. *A república*. São Paulo: Nova Cultural, 2004.

PORTO, Jadson Luís Rebelo. Os territórios federais e a sua evolução no Brasil. *Revista de Educação, Cultura e Meio Ambiente*, n. 15, v. III, mar. 1999.

POST, Robert; SIEGEL, Reva. *Constitucionalismo democrático:* por una reconciliación entre Constitución y pueblo. Madrid, 2015.

POWELL, H. Jefferson. *Overcoming democracy:* Richard Posner and Bush v. Gore. Disponível em: http://scholarship.law.duke.edu/cgi/viewcontent.cgi?article=1870&context=faculty_scholarship.

PRADA, María Angélica. *La integración del derecho internacional en el sistema colombiano*. Disponível em: https://www.upf.edu/dhes-alfa/materiales/res/pmdh_pdf/PMDH_Manual.365-392.pdf.

PRESTES, Lisiê Ferreira. *Federalismo e sua aplicabilidade no sistema brasileiro atual*. Disponível em: http://www.ambito-juridico.com.br/site/?n_link=revista_artigos_leitura&artigo_id=13396.

QUEIROZ, Cristina. *Direitos fundamentais:* teoria geral. 2. ed. Coimbra: Coimbra Ed., 2010.

QUEIROZ, Cristina. *O princípio da não reversibilidade dos direitos fundamentais sociais*: princípios dogmáticos e prática jurisprudencial. Coimbra: Coimbra Ed., 2006.

QUINTANA, Segundo V. Linares. *Tratado de la ciencia del derecho constitucional*. Buenos Aires: Plus Ultra, 1988.

RAMOS, André de Carvalho. Pluralidade das ordens jurídicas: uma nova perspectiva na relação entre o direito internacional e o direito constitucional. *Revista da Faculdade de Direito da Universidade de São Paulo*, v. 106/107, p. 497-524, jan./dez. 2011/2012.

RAMOS, André de Carvalho. *Direitos humanos na integração econômica*. Rio de Janeiro: Renovar, 2008.

RAMOS, André de Carvalho. Pluralidade das ordens jurídicas: uma nova perspectiva na relação entre o Direito Internacional e o Direito Constitucional. *Revista da Faculdade de Direito da Universidade de São Paulo*, v. 106/107, p. 497-524, jan./dez. 2011/2012.

RAMOS, André de Carvalho. *Processo internacional de direitos humanos*. 6. ed. São Paulo: Saraiva, 2019.

RAMOS, Elival da Silva. *A inconstitucionalidade das leis:* vício e sanção. São Paulo: Saraiva, 1994.

RAMOS, Rui; SOUZA, Bernardo Vasconcelos; MONTEIRO, Nuno Gonçalo. *História de Portugal*. 5. ed. Lisboa: Esfera dos Livros, 2009.

RANGEL, Tauã Lima Verdan. *O reconhecimento da proteção à maternidade como direito social*: ponderações à luz do STF. Disponível em: https://ambitojuridico.com.br/edicoes/revista-148/o-reconhecimento-da-protecao-a-maternidade-como-direito-social-ponderacoes-a-lu-do-stf/. Acesso em: 4 ago. 2021.

RANIERI, Nina Beatriz Stocco (org.). *Direito à educação:* aspectos constitucionais. São Paulo: Edusp, 2009.

RAO, Neomi. On the use and abuse of dignity in constitutional law. *Columbia Journal of European Law*, v. 14, n. 2, p. 201-256, 2008.

RÁO, Vicente. *O direito e a vida dos direitos*. São Paulo: Revista dos Tribunais, 1999.

RAWLS, John. *Uma teoria da justiça*. São Paulo: Martins Fontes, 2008.

RAWLS, John. *O liberalismo político*. São Paulo: Martins Fontes, 2011.

RAWLS, John. *Justiça como equidade*. São Paulo: Martins Fontes, 2011.

RESENDE, Vera Lúcia Pereira. *Os direitos sociais como cláusulas pétreas na Constituição Federal de 1988*. Dissertação (mestrado) – Unifieo, Osasco, 2006.

REZEK, Francisco. *Direito internacional público*. 10. ed. São Paulo: Saraiva, 2005.

REZENDE, Renato Monteiro. *A constitucionalidade dos serviços obrigatórios e o Programa Mais Médicos*. Brasília: Senado Federal, Núcleo de Estudos e Pesquisas da Consultoria Legislativa, ago. 2013.

RIBEIRO FILHO, João Costa. *União Europeia:* Federação ou confederação? Dissertação (mestrado). Disponível em: http://150.161.6.101:8080/bitstream/handle/123456789/4350/arquivo5498_1.pdf?sequence=1&isAllowed=y.

RIBEIRO, Marilda Rosado de Sá. Princípio da cooperação no direito internacional. In: *Dicionário de princípios jurídicos*. Rio de Janeiro: Elsevier, 2011.

RIBEIRO, Patrícia Gomes. O direito à saúde e o princípio da reserva do possível. *Revista Eletrônica Jurídico-Institucional do Ministério Público do Estado do Rio Grande do Norte*. Disponível em: http://www.mprn.mp.br/revistaeletronicamprn/abrir_artigo.asp?cod=16.

RIZZATTO NUNES, Luiz Antonio. *O princípio constitucional da dignidade da pessoa humana*. São Paulo: Saraiva, 2002.

RIZZATTO NUNES, Luiz Antonio Rizzatto. *Curso de direito do consumidor*. São Paulo: Saraiva, 2007.

RODRÍGUEZ-ARANA, Jaime. *derecho administrativo y derechos sociales fundamentales*. Sevilha: Derecho Global, 2015.

ROJAS, Claudio Nash. *Derecho internacional de los derechos humanos en Chile:* recepción y aplicación em el ámbito interno. Santiago: Universidad de Chile, Centro de Derechos Humanos, 2012.

ROUSSEAU, Jean-Jacques. *O contrato social*. São Paulo: Martins Fontes, 1999.

ROUSSEAU, Jean-Jacques. *Discurso sobre a origem da desigualdade entre os homens*. Disponível em: http://www.dominiopublico.gov.br/download/texto/cv000053.pdf.

RUDAS, Mónica Arbeláez. La protección constitucional del derecho a la salud: la jurisprudencia de la Corte Constitucional colombiana. *DS*, v. 14, n. 2, jul./dez. 2006.

SAGÜÉS, Néstor Pedro. *Manual de derecho constitucional*. 2. ed. Buenos Aires: Astrea, 2014.

SALDANHA, Jânia Maria Lopes; BRUM, Márcio Morais. *A margem nacional de apreciação e sua (in)aplicação pela Corte Interamericana de Direitos Humanos em matéria de anistia:* uma figura hermenêutica a serviço do pluralismo ordenado? Disponível em: https://ac.els-cdn.com/S1870465415000070/1-s2.0-S1870465415000070-main.pdf?_tid=b76c515d-3d01-45c4-b1b6-6147eb9b0778&acdnat=1523241590_979b6360206df602e6d13fc5127b9792.

SAMPAIO, Jorge Silva. *O controlo jurisdicional das políticas públicas de direitos sociais*. Coimbra: Coimbra Ed., 2014.

SAMPAIO, José Adércio Leite. *Direito adquirido e expectativa de direito*. Belo Horizonte: Del Rey.

SANSON, Alexandre. Os grupos de pressão e a consecução de políticas públicas. *In:* SMANIO, Gianpaolo Poggio; BERTOLIN, Patrícias Tuma Martins (org.). *O direito e as políticas públicas no Brasil*. São Paulo: Atlas, 2013.

SANTANO, Ana Cláudia. Direitos sociais e desenvolvimento: uma abordagem do ativismo judicial na corte interamericana de direitos humanos. *Revista de Direito Administrativo & Constitucional*, ano 3, n. 11 (jan/mar 2003), Belo Horizonte: Fórum, 2003.

SANTOS, Fernando Ferreira dos. *Princípio constitucional da dignidade da pessoa humana*. São Paulo: Celso Bastos Editor, 1999.

SANTOS, Juliana Corbacho Neves dos. A execução das decisões emanadas da Corte Interamericana de Direitos Humanos e do Sistema Jurídico Brasileiro e seus efeitos. *Revista Prismas: Direito Político, Público e Mundial*, Brasília, v. 8, n. 1, p. 261-307, jan./jun. 2011.

SANTOS, Natália Souza dos. Afinal, por que os conscritos não votam? *Revista Jurídica Consulex*, n. 386, 15, fev. 2013 (2005).

SANTOS, Yule Luiz Tavares dos. A aplicabilidade da doutrina da margem de apreciação no Sistema Interamericano de Proteção aos Direitos

Humanos. Anais do Congresso Direito Internacional e Direitos Humanos II. Florianópolis: CONPEDI, 2014. Disponível em: <http://publicadireito.com.br/artigos/?cod=14bc3485c0d01cc6>. Acesso em 29 jan. 2020.

SARLET, Ingo Wolfgang. *A eficácia dos direitos fundamentais.* Porto Alegre: Livr. do Advogado Ed., 2007.

SARLET, Ingo Wolfgang. *O direito ao mínimo existencial não é uma mera garantia de sobrevivência.* Disponível em: http://www.conjur.com.br/2015-mai-08/direitos-fundamentais-assim-chamado-direito-minimo-existencial.

SARLET, Ingo Wolfgang. *Os direitos sociais como direitos fundamentais:* contributo para um balanço aos vinte anos da Constituição Federal de 1988. Disponível em: http://www.stf.jus.br/arquivo/cms/processoAudienciaPublicaSaude/anexo/artigo_Ingo_DF_sociais_PETROPOLIS_final_01_09_08.pdf.

SARLET, Ingo Wolfgang et al. *Curso de direito constitucional.* 8. ed. São Paulo: Saraiva, 2019.

SARLET, Ingo Wolfgang; FIGUEIREDO, Mariana Filchtiner. Reserva do possível, mínimo existencial e direito à saúde: algumas aproximações. *In: Direitos fundamentais.* Porto Alegre: Livr. do Advogado Ed., 2010.

SARMENTO, Daniel. *A liberdade de expressão e o problema do "hate speech".* Disponível em: http://www.dsarmento.adv.br/content/3-publicacoes/18-a-liberdade-de-expressao-e-o-problema-do-hate-speech/a-liberdade-de-expressao-e-o-problema-do-hate-speech-daniel-sarmento.pdf.

SARMENTO, Daniel. *Dignidade da pessoa humana.* Conteúdo, trajetórias e metodologia. Belo Horizonte: Fórum, 2016.

SARMENTO, Daniel; SOUZA NETO, Cláudio Pereira de. *Direito constitucional*: teoria, história e métodos de trabalho. 2. ed. Belo Horizonte: Fórum, 2016.

SCHERKERKEWITZ, Isso Chaitz. *Renda Mínima.* Disponível em: http://www.pge.sp.gov.br/centrodeestudos/revistaspge/revista3/rev2.htm. Acesso em: 4 ago. 2021.

SCHEUERMAN, Willian E. *Carl Schmitt:* the end of law. Maryland: Rowman & Littlefield Publishers, 1965.

SCHMITT, Carl. *Teoría de la Constitución.* Madrid: Revista de Derecho Privado, 1980.

SCHMITT, Carl. *O guardião da Constituição*. Belo Horizonte: Del Rey, 2007.

SERAU JÚNIOR, Marco Aurélio. *Análise do Caso "Cinco Pensionistas vs. Peru"*, da Corte Interamericana de Direitos Humanos. Disponível em: http://dspace.uces.edu.ar:8180/xmlui/bitstream/handle/123456789/899/Analise_do_caso_Sera.pdf?sequence=1.

SCAFF, Fernando Facury. *Reserva do possível pressupõe escolhas trágicas*. Disponível em: http://www.conjur.com.br/2013-fev-26/contas-vista-reserva-possivel-pressupoe-escolhas-tragicas.

SGARBOSSA, Luís Fernando. *Crítica à teoria dos custos dos direitos*: reserva do possível. Porto Alegre: Sergio Antonio Fabris, 2010. v. 1.

SIEYÈS, Emmanuel Joseph. *A constituinte burguesa (Qu'est-ce que le Tiers État)*. Rio de Janeiro: Lumen Juris, 2009.

SILVA, Chiara Michelle Ramos Moura da. *Direito animal:* uma breve digressão histórica. Disponível em: http://www.conteudojuridico.com.br/artigo,direito-animal-uma-breve-digressao-historica,48729.html.

SILVA, José Afonso da. *Curso de direito constitucional positivo*. São Paulo: Malheiros, 2013.

SILVA, José Afonso da. *Aplicabilidade das normas constitucionais*. 8. ed. São Paulo: Malheiros, 2015.

SILVA, José Afonso da. *Poder constituinte e poder popular*. São Paulo: Malheiros, 2002.

SILVA, H. F. *Teoria do Estado Plurinacional*. Curitiba: Juruá, 2014.

SILVA, Liliane Coelho da. A ideia de mínimo existencial de acordo com a teoria rawlsiana. *Revista Derecho y Cambio Social*. Disponível em: http://www.derechoycambiosocial.com/revista042/A_IDEIA_DE_MINIMO_EXISTENCIAL.pdf.

SILVA, Virgílio Afonso da. *A constitucionalização do direito:* os direitos fundamentais nas relações entre particulares. São Paulo: Malheiros, 2008.

SILVA, Virgílio Afonso da. *Direitos fundamentais*. conteúdo essencial, restrições e eficácia. São Paulo: Malheiros, 2009.

SILVA, Virgílio Afonso da. O proporcional e o razoável. *Revista dos Tribunais*, n. 798, p. 23-50, 2002.

SILVA, Virgílio Afonso da. *Interpretação constitucional*. São Paulo: Malheiros, 2007.

SILVA, Virgílio Afonso da. Princípios e regras: mitos e equívocos acerca de uma distinção. *Revista Latino-Americana de Estudos Constitucionais 1* (2003): 607-630. Disponível em: <https://constituicao.direito.usp.br/wp-content/uploads/2003-RLAEC01-Principios_e_regras.pdf>. Acesso em: 29 jan. 2020.

SILVEIRA NETO. *Direito constitucional*. São Paulo: Max Limonad, 1970.

SINGER, Peter. *Libertação animal*. São Paulo: Martins Fontes, 2013.

SIQUEIRA, Dirceu et. al. Desigualdade econômica: uma abordagem sobre distribuição de renda *versus* o mínimo existencial e a renda básica como proposta. *Economic Analysis of Law Review*, v. 11, n. 3, p. 28-48, set-dez, 2020.

SIQUEIRA JÚNIOR, Paulo Hamilton. *Direito processual constitucional*. 4. ed. São Paulo: Saraiva, 2010.

SIQUEIRA JÚNIOR, Paulo Hamilton. Cidadania e políticas públicas. *Revista do Instituto dos Advogados de São Paulo*, v. 18, p. 1199-223, jul./dez. 2006.

SMANIO, Gianpaolo Poggio. As dimensões da cidadania. *Revista da ESMP*, ano 2, p. 13-23, 2009.

SMANIO, Gianpaolo Poggio. A conceituação da cidadania brasileira e a Constituição Federal de 1988. *In*: MORAES, A.; GRINOVER, Ada Pelegrini (coord.). *Os 20 anos da Constituição da República Federativa do Brasil*. São Paulo: Atlas, 2009.

SMANIO, Gianpaolo Poggio. *Legitimidade jurídica das políticas públicas:* a efetivação da cidadania. Disponível em: <https://teses.usp.br/teses/disponiveis/2/2133/tde-20012015-114657/publico/Dissertacao_Guilherme_Tilkian_2014.pdf>. Acesso em: 29 jan. 2020.

SMANIO, Gianpaolo Poggio (org.). *Os direitos e as políticas públicas no Brasil*. São Paulo: Atlas, 2013.

SMANIO, Gianpaolo Poggio; BERTOLIN, Patrícias Tuma Martins (org.). *O direito e as políticas públicas no Brasil*. São Paulo: Atlas, 2013.

SOARES, José de Ribamar Barreiros. A natureza jurídica do Tribunal de Contas da União. *Revista de Informação Legislativa*, Brasília, aNO 33, n. 132, out./dez. 1996.

SOARES, Ricardo Maurício Freire. *O princípio constitucional da dignidade da pessoa humana*. São Paulo: Saraiva, 2010.

SOUSA, Eliane Ferreira de. *Direito à educação:* requisito para o desenvolvimento do país. São Paulo: Saraiva, 2010.

SOUZA, Motauri Ciocchetti de. *Direito educacional*. São Paulo: Verbatim, 2010.

STEARNS, Maxell L. *Constitutional process*. Michigan: The University of Michigan Press, 2000.

STREFLING, Sérgio Ricardo. A concepção de paz na *Civitas* de Marsílio de Pádua. *Acta Scientiarum Education*, Maringá, v 32, n. 2, p. 153-161, 2010.

STEWART, Ian. *Uma história da simetria na matemática*. Rio de Janeiro: Zahar, 2012.

SUNSTEIN, Cass R. *One case at a time*: judicial minimalismo in the Supreme Court. Cambridge: Harvard University, 1999.

SUNSTEIN, Cass R. *Beyond judicial minimalism*. University of Chicago Law School. Disponível em: http://www.law.uchicago.edu/files/files/LE432.pdf.

SUNSTEIN, Cass R. *The rights of animals:* a very short primer. The Law School. The University of Chicago.

SUNSTEIN, Cass R. *Democracy and the problem of free speech*. New York: Free Press, 1995.

SUNSTEIN, Cass R. *Designing democracy*: what constitutions do. New York: Oxford University Press, 2001.

SÜSSEKIND, Arnaldo. As cláusulas pétreas e a pretendida revisão dos direitos constitucionais do trabalhador. *Revista TST*, Brasília, v. 67, n. 2, abr./jun. 2001.

SVALOV, Bárbara. O direito à informação e a proteção dos direitos da personalidade. *In:* GOZZO, Débora (coord.). *Informação e direitos fundamentais*. São Paulo: Saraiva, 2012.

TAVARES, André Ramos. *Curso de direito constitucional*. 13. ed. São Paulo: Saraiva, 2015.

TAVARES, André Ramos. A Constituição é um documento valorativo? *Revista Brasileira de Direito Constitucional – RBDC*, n. 9 – jan./jul. 2007.

TAVARES, André Ramos. *Tratado da arguição de preceito fundamental*. São Paulo: Saraiva, 2001.

TELLES JÚNIOR, Goffredo. *Iniciação na ciência do direito*. São Paulo: Saraiva, 2001.

TSAGOURIAS, Nicholas. Transnational constitucionalism: international and European models. Cambridge University Press, 2007.

TAVARES, André Ramos. *Curso de direito constitucional*. São Paulo: Saraiva, 2002.

TELLES JÚNIOR, Goffredo. *Iniciação na ciência do direito*. 4. ed. São Paulo: Saraiva, 2011.

TILKIAN, Guilherme. *O princípio da confiança legítima sob a perspectiva das práticas reiteradamente observadas pelas autoridades administrativas em matéria tributária*. Dissertação (mestrado) – Universidade de São Paulo, São Paulo.

TOLEDO, Cláudia. Mínimo existencial: a construção de um conceito e seu tratamento pela jurisprudência constitucional brasileira e alemã. *In:* MIRANDA, Jorge. *Hermenêutica, justiça constitucional e direitos fundamentais*. Curitiba: Juruá, 2016. p. 821-834.

TORRES, Ricardo Lobo. O mínimo existencial e os direitos fundamentais. *Revista de Direito Administrativo*, Rio de Janeiro, n. 177, p. 29-49, jul./set. 1989.

TORRES, Sebastián Escobar. *El juez constitucional como garante de los derechos sociales en Colombia:* una mirada crítica al activismo judicial de la Corte Constitucional colombiana. Disponível em: http://cienciasjuridicas.javeriana.edu.co/documents/3722972/4350738/7+el+juez+constitucional+125-156.pdf/6f7d3646-64d7-4f90-bab0-7a370cd777be.

TRIBE, Laurence H. *Constitucional choices*. Cambridge: Harvard University Press, 1985.

TRINDADE, Antônio A. Cançado. *A proteção internacional dos direitos humanos*. Rio de Janeiro: Destaque, 1988.

URUBURU, Álvaro Echeverri. *Teoría constitucional y ciencia política*. 7. ed. Buenos Aires: Astrea, 2014.

URUBURU, Álvaro Echeverri. Los derechos sociales como derechos subjetivos fundamentales. *Revista Iusta*, Bogotá, n. 61.

YOUNG, Katherine G. Constituting economic and social rights. *Oxford Constitutional Theory*, 2012.

YOUNG, Katherine G. The minimum core of economic and social rights: a concept in search of content. Boston College Law School Faculty Papers. *Yale International Law Journal 33*, 2008: 113-175. Disponível em: http://lawdigitalcommons.bc.edu/cgi/viewcontent.cgi?article=1920&context=lsfp.

VALENTE, Manoel Adam Lacayo. O domínio público dos terrenos fluviais na Constituição Federal de 1988. *Revista de Informação Legislativa*, Brasília, ano 37, n. 147, jul./set. 2000.

VARGAS, Denise Soares Vargas. *Mutação constitucional via decisões aditivas*. São Paulo: Saraiva, 2014.

VASAK, Karel. *The international dimensions of human rights*. Paris: Greenwook Press, 1982.

VELOSO, Maria Cristina Brugnara. *A condição animal*: uma aporia moderna. Dissertação (mestrado) – PUC Minas, Belo Horizonte.

VIEHWEG, Theodor. *Tópica e jurisprudência*. Porto Alegre: Sergio Antonio Fabris, 2008.

VIEIRA, Andrea Marília Demétrio Gaia. *O direito fundamental ao lazer na pandemia de Covid-19*. Disponível em: http://escola.mpu.mp.br/publicacoes/obras-avulsas/e-books-esmpu/direitos-fundamentais-em-processo-2013-estudos-em-comemoracao-aos-20-anos-da-escola-superior-do-ministerio-publico-da-uniao/3_o-direito-fundamental-do-lazer-1.pdf. Acesso em: 4 ago. 2021.

VILAR, Arturo del. *El federalismo humanista de Pi y Margall*. Madrid: Biblioteca de Divulgación Republicana, 2006.

VOLTAIRE. *Dicionário filosófico*. Disponível em: http://www.dominiopublico.gov.br/download/texto/cv000022.pdf.

XIMENES, Salomão Barros. *Direito à qualidade na educação básica*: teoria e crítica. São Paulo: Quartier Latin, 2014.

WEBER, Thadeu. A ideia de um "mínimo existencial" de J. Rawls. *Kriterion*, Belo Horizonte, v. 54, n. 127, p. 197-210, jun. 2013.

WOLKMER, Antonio Carlos (org.). *Fundamentos de história do direito*. 3. ed. Belo Horizonte: Del Rey, 2006.